Schlicht von Rabenau · Der philosophische Begriff des Gebrauchs

Mathias Schlicht von Rabenau

Der philosophische Begriff des Gebrauchs

Platon, Kant, Wittgenstein

mentis
MÜNSTER

Bibliografische Information der Deutschen Nationalbibliothek

Die Deutsche Nationalbibliothek verzeichnet diese
Publikation in der Deutschen Nationalbibliografie;
detaillierte bibliografische Daten sind im Internet über
http://dnb.dnb.de abrufbar.

Gedruckt auf umweltfreundlichem, chlorfrei gebleichtem
und alterungsbeständigem Papier ∞ ISO 9706

© 2014 mentis Verlag GmbH
Eisenbahnstraße 11, 48143 Münster, Germany
www.mentis.de

Alle Rechte vorbehalten. Dieses Werk sowie einzelne Teile desselben sind urheberrechtlich
geschützt. Jede Verwertung in anderen als den gesetzlich zulässigen Fällen ist ohne vorherige
Zustimmung des Verlages nicht zulässig.

Printed in Germany
Einbandgestaltung: Anna Braungart, Tübingen
Druck: AZ Druck und Datentechnik GmbH, Kempten
ISBN 978-3-89785-071-2 (Print)
ISBN 978-3-95743-986-4 (E-Book)

Inhaltsverzeichnis

	Danksagung	9
0	Einleitung	11
0.1	Problemaufriss	11
0.2	Aufriss der Untersuchung	13
0.3	Untersuchungsmethoden	14
0.4	Stand der Forschung	15
1	Der Begriff des Gebrauchs bei Platon	19
1.1	Einführung	19
1.1.1	Stand der Forschung und Aufgaben der Interpretation	19
1.1.2	Aufriss der Untersuchung	28
1.2	Der Begriff und die Vorführung des Gebrauchs in den Dialogen *Charmides* und *Lysis*	28
1.2.1	Problemaufriss und Stand der Forschung	28
1.2.2	Der Begriff des Gebrauchs im *Charmides*	34
1.2.3	Der Begriff des Gebrauchs im *Lysis*	41
1.2.4	Theorie und Gebrauch im *Charmides* und *Lysis*	48
1.2.4.1	Theoretisches Wissen im *Charmides* und *Lysis*	50
1.2.4.2	Sicherheit im untheoretischen Gebrauch im *Charmides* und *Lysis*	53
1.2.5	Der Gebrauch der Theorie in der dialogischen Situation	62
1.3	Platons Gebrauch der Schrift	66
1.3.1	Problemaufriss und Stand der Forschung	66
1.3.2	Möglichkeiten und Grenzen des Gebrauchs der Schrift	68
1.3.3	Platons Gebrauch der Dialogform	78
1.4	Der Gebrauch der Ideen	81
1.4.1	Problemaufriss und Stand der Forschung	81
1.4.2	Unthematische Ideen	84
1.4.3	Der funktionale Sinn der Ideenannahme	89
1.4.4	Der Gebrauch der Idee des Guten	94
1.5	Zusammenführung der Ergebnisse	100
2	Der Gebrauch der Vernunft nach Kant	105
2.1	Einführung	105
2.1.1	Problemaufriss	105

2.1.2	Statistischer Textbefund: Kants Gebrauch des Begriffs des Gebrauchs	106
2.1.3	Stand der Forschung und Aufgaben der Interpretation	108
2.1.4	Aufriss der Untersuchung	114
2.2	Die Notwendigkeit der Rede vom Gebrauch der Vernunft auf dem Kampfplatz der Metaphysik	115
2.3	Der Selbstentwurf der Vernunft in ihrem entwerfenden Gebrauch	120
2.3.1	Der Gebrauch der Begriffe in der Philosophie	122
2.3.2	Die Unterscheidungen Sinnlichkeit-Denken und Form-Inhalt	125
2.3.3	Verstandesgebrauch als Entwurf von Ordnungen	130
2.3.4	Die Brauchbarkeit der Erkenntnisse des Verstandes	134
2.3.4.1	Die Widerspruchsfreiheit als formal-einschränkende Bedingung des Verstandesgebrauchs	138
2.3.4.2	Die Zweckmäßigkeit als pragmatisch-erweiternde Bedingung des Verstandesgebrauchs	139
2.3.4.3	Zwischenergebnis (Kapitel 2.3.4)	147
2.3.5	Der Gebrauch der Ideen der Vernunft	149
2.3.6	Der Selbstentwurf der Vernunft in ihrem selbstbezüglichen Gebrauch	156
2.4	Die Selbsterhaltung der Vernunft in ihrem selbstkritischen Gebrauch	163
2.5	Die Praxis des Gebrauchs der Vernunft	172
2.6	Zusammenführung der Ergebnisse (Kapitel 2)	182
3	DER GEBRAUCH DER SPRACHE NACH WITTGENSTEIN	189
3.1	Einführung	189
3.2	Logik und Gebrauch der Sprache im *Tractatus logico-philosophicus* – Die Einheit des Gebrauchs der Sprache in der Einheit ihrer Logik	195
3.2.1	Einführung	195
3.2.1.1	Der Textbefund: Wittgensteins Gebrauch des Begriffs des Gebrauchs im *Tractatus*	195
3.2.1.2	Problemaufriss und Stand der Forschung	196
3.2.2	Der Gebrauch von Namen	201
3.2.3	Die Einheit von *Logik und Gebrauch der Sprache*	204
3.2.4	Der Gebrauch als »Subjekt« der Sprache	207
3.2.5	Zwischenergebnis (Kapitel 3.2)	212
3.3	Von der Einheit der Logik der Sprache zur Vielfalt ihres Gebrauchs	213
3.3.1	Problemaufriss und Stand der Forschung	213

3.3.2	Logik und Gebrauch der Sprache	217
3.3.3	Vielfalt des Gebrauchs statt logischer Einheit von Regeln der Sprache	223
3.3.4	Die Vielfalt des Gebrauchs der Sprache und die Methode(n) der Philosophie	232
3.3.5	Zwischenergebnis (Kapitel 3.3)	241
3.4	Die Vielfalt des Gebrauchs der Sprache – Wörter, Sprachspiele, Lebensformen	242
3.4.1	Problemaufriss und Stand der Forschung	242
3.4.2	Die Vervielfältigung und Verzeitlichung der Bedeutung von Wörtern *durch ihren Gebrauch*	247
3.4.3	Der Gebrauch von Wörtern in Sprachspielen	255
3.4.4	Das Spielen *des Sprachspiels in Lebensformen*	264
3.4.5	Zwischenergebnis (Kapitel 3.4.2 bis 3.4.4)	267
3.4.6	Wittgensteins eigener Gebrauch der Sprache in den *Philosophischen Untersuchungen*	268
3.5	Zusammenführung der Ergebnisse (Kapitel 3)	271
4	SCHLUSS: GEBRAUCH ALS BEDINGUNG VON THEORIE – DREI HERAUSRAGENDE HISTORISCHE BEISPIELE FÜR DIE PHILOSOPHISCHE BEDEUTSAMKEIT DES BEGRIFFS DES GEBRAUCHS	277
	ZITIERWEISE	290
	SIGLENVERZEICHNIS	291
	LITERATURVERZEICHNIS	294
	Personenregister	316
	Behandelte Platon-Dialoge	320

Danksagung

Die vorliegende Arbeit wurde im März 2014 von der Philosophischen Fakultät der Ernst-Moritz-Arndt-Universität in Greifswald als Dissertation angenommen. Ihre leitende Fragestellung entstammt einem im Jahre 2006 gehaltenen Hauptseminar meines Doktorvaters Herrn Prof. Dr. Werner Stegmaier, dem mein erster Dank gilt. Nachdem er mich bereits während meines Studiums gefördert hat, übernahm er auch die Betreuung dieser Dissertation. Ich danke ihm für die über Jahre hinweg geleistete vielfältige Unterstützung und die gemeinsame Zeit in Greifswald. Vor allem aber danke ich ihm für die strenge philosophische Schule, die ich bei ihm durchlaufen durfte und ohne die die vorliegende Arbeit nicht zustande gekommen wäre. Zu großem Dank bin ich außerdem Frau PD Dr. Ekaterina Poljakova verpflichtet, die die Arbeit in ebenso kritischen wie außerordentlich förderlichen Diskussionen begleitet und schließlich ihre Zweitbegutachtung übernommen hat.

Für wertvolle Anregungen und Korrekturvorschläge danke ich auch Herrn Dr. Enrico Müller, Frau Weronika Morawiec und Frau Elisa Neuschulz. Ich danke den Kommilitonen in unserem Greifswalder Doktoranden-Kolloquium für ihre Bereitschaft, viele Teile meiner Arbeit in freundschaftlicher Atmosphäre mit mir zu diskutieren. Mein Dank gilt außerdem Herrn PD Dr. Hartwig Frank, der mein Promotionsprojekt bereitwillig und wohlwollend durch Gutachten unterstützt hat.

Auch ohne die erhebliche finanzielle Förderung durch mehrere Institutionen wäre diese Arbeit nicht zustande gekommen. So danke ich zunächst dem Land Mecklenburg-Vorpommern, welches mir für zwei Jahre ein Landesgraduiertenstipendium gewährte. Mein Dank gebührt außerdem der *Trebuth-Stiftung für die Förderung des wissenschaftlichen Nachwuchses im Fach Philosophie*, die mich durch unbürokratisch gewährte Kurzstipendien und mit einem Zuschuss zu den Druckkosten dieser Arbeit unterstützte. Für sein freundliches Entgegenkommen bei der Aufnahme des Buches in das Programm des mentis Verlags sei Herrn Dr. Michael Kienecker herzlich gedankt.

Ganz besonders aber danke ich meiner Frau Christina und meinen Eltern Anita und Ekkehard Schlicht, die mir während der gesamten Promotionszeit mit Rat und Tat, Zuspruch und vielfältiger Unterstützung zur Seite standen.

0
Einleitung

0.1 Problemaufriss

Die Frage nach der philosophischen Relevanz des Begriffs des Gebrauchs mag ungewöhnlich erscheinen. Doch schon Platon fragte nicht nur nach der Wahrheit des Wissens, sondern auch nach Formen des Wissens, von denen auf unterschiedliche Weise *Gebrauch* (χρῆσις) gemacht werde, und seine Ideen sollten in pragmatischen Lebenszusammenhängen vor allem *brauchbar* sein. Auch in Aristoteles' *Nikomachischer Ethik* ging es weniger um die Begründung allgemeiner Handlungsnormen als um erworbene Haltungen (ἕξεις), von denen in individuellen Situationen der rechte Gebrauch (χρῆσις) zu machen ist.[1] Descartes gab keine abstrakte Bestimmung der Vernunft, sondern wollte dazu anleiten, »sie gesund zu *gebrauchen*.«[2] (Hervorh. MSvR) Nach Kant hat in der »allgemeine[n] Menschenvernunft [...] ein jeder seine Stimme« (KrV, A 752/B 780), die, wie jede Stimme, unverwechselbar individuell ist: Man kann von der Vernunft, was immer sie sei, nur individuellen *Gebrauch* machen. Zuvor entwickelte Leibniz in kritischer Auseinandersetzung mit der repräsentationstheoretischen Sprachauffassung Lockes eine Gebrauchskonzeption der Sprache: Die Bedeutung sprachlicher Ausdrücke liege nicht in »Ideen«, welche durch sie repräsentiert würden, sondern im *Gebrauch*, der von ihnen gemacht wird. Wir lernen Bedeutungen von Wörtern, indem wir darauf achten, »die Worte nach dem Gebrauch der anderen anzuordnen.«[3] Damit nahm Leibniz wichtige Elemente der späten Sprach-

---

[1] Vgl. Aristoteles: Nikomachische Ethik, hg. v. Günther Bien, 4. Aufl., Hamburg 1985, 1098, b 31–33, 1040 a 24f., 1113 a 33, 1128 a 32, und dazu Werner Stegmaier: Philosophie der Orientierung, Berlin/New York 2008, S. 569f.

[2] René Descartes: Von der Methode des richtigen Vernunftgebrauchs und der wissenschaftlichen Forschung, übers. v. Lüder Gäbe, Hamburg 1978 (= Philosophische Bibliothek; Bd. 26a), S. 1f.

[3] Vgl. Gottfried W. Leibniz: Neue Abhandlungen über den menschlichen Verstand, in: ders.: Philosophische Schriften, Bd. 3/2, hg. und übers. v. Wolf von Engelhardt/Hans Heinz Holz, 2. Aufl., Darmstadt 1985, S. 35. Vgl. zu Leibniz, seiner Kritik der lockeschen Repräsentationstheorie der Sprache und seiner Entwicklung einer Gebrauchskonzeption der Sprache in Abgrenzung zu Locke Smail Rapic: Erkenntnis und Sprachgebrauch. Lichtenberg und der englische Empirismus, Göttingen 1999 (= Lichtenberg-Studien; Bd. VIII), S. 248–256. Vgl. zu Rapics Auseinandersetzung mit der Gebrauchskonzeption der Sprache auch Kapitel 3.2.2, Anm. 296.

philosophie Wittgensteins vorweg, der die Bedeutung eines Wortes in dessen *Gebrauch* fand.

Schon dieser kurze Überblick zeigt die vielfache und vielfältige Verwendung des Begriffs des Gebrauchs in der Philosophiegeschichte. Dennoch wurde in der philosophiehistorischen Forschung bisher kaum auf ihn geachtet. Bislang findet sich weder im *Historischen Wörterbuch der Philosophie*[4] noch in anderen philosophischen Wörterbüchern und Lexika ein Lemma »Gebrauch«. Auf diese Forschungslücke soll hier hingewiesen und begonnen werden, sie zu schließen.

Wir knüpfen dabei an die Diskussion um pragmatische und performative Ansätze in der gegenwärtigen Philosophie an. Der Begriff des Gebrauchs bringt die pragmatischen Bedingungen, die philosophische Theorien ausblenden müssen, um sich überhaupt als Theorien konstituieren zu können, wieder ins Spiel. Heidegger, der mit *Sein und Zeit* bewusst hinter die Theorie zurückging, um nach ihren Bedingungen im »In-der-Welt-Sein« des »Daseins« zu fragen, prägte dazu die Unterscheidung von Vorhandenheit und Zuhandenheit und ordnete das *gebrauchende* »Besorgen« der »Zuhandenheit« von »Zeug« zu. So hoffte er, einen untheoretischen, »vorontologischen« Zugang zum In-der-Welt-sein des Daseins zu erschließen.[5] Doch so hilfreich diese Unterscheidung Heideggers sein mag – die fundamentalontologischen Implikationen eines Anschlusses an Heidegger sollen im Folgenden vermieden werden. Denn während Heidegger mit seinem Ansatz zuletzt auf ein *allgemeines* Verstehen des ›Sinns von Sein im Horizont der Zeit‹ und der Zeit aus den allgemeinen, ›existenzialen‹ Strukturen des Daseins abzielt, wird unsere Untersuchung des Gebrauchs zeigen, dass dieser gerade dort zur Geltung kommt, wo der Anspruch auf philosophische Allgemeinheit durchbrochen wird.

Anders kann der Begriff des Gebrauchs von der *Philosophie der Orientierung* aus verstanden werden, die Werner Stegmaier 2008 vorgelegt hat.[6] Stegmaier zufolge ist schon der Begriff der Orientierung vor aller theoretischen Bestimmung *im Gebrauch*. Er werde laufend zur Definition anderer Begriffen herangezogen, ohne selbst definiert zu werden – und dies zu Recht: Alle Definitionen, auch eine Definition des Begriffs der Orientierung, setzt schon Orientierung voraus. So ist er ein »Letzt- und Grundbegriff«.[7] Ori-

---

[4] Joachim Ritter/Karlfried Gründer/Gottfried Gabriel (Hg.): Historisches Wörterbuch der Philosophie, 13 Bde., Basel 1971–2007.
[5] Vgl. Martin Heidegger: Sein und Zeit, 18. Aufl., Tübingen 2001; vgl. zum Gebrauch bei Heidegger: Massimo Ulivari: Die Welt des Gebrauchs im Spannungsfeld zwischen Platon und Heidegger. Ein Beitrag zum Politischen, Marburg 2007, insbes. S. 151–276.
[6] Stegmaier: Philosophie der Orientierung.
[7] Siehe ebd., insbes. S. XVf. Auch die europäische Philosophiegeschichte wird von Stegmaier aus der Perspektive ihrer Orientierungsleistung für den Menschen betrachtet. Wichtige Quelle für

entierung gibt Halt im Ungewissen; sie kann nichts weiter voraussetzen als diese Ungewissheit und »Anhaltspunkte« der jeweiligen Situationen,[8] von denen sie (vortheoretischen und vorontologischen) Gebrauch macht, um zu Halt zu kommen. Dabei entstehen vielfältige Medien und Formen des Sich-Orientierens, die Stegmaier umfassend analysiert. Der Gebrauch, der von der Orientierung gemacht wird, erhellt den philosophischen Sinn des Begriffs des Gebrauchs überhaupt: So wie man (nach Kant) Rechts und Links unterscheiden kann, ohne sie als Rechts und Links wahrnehmen oder definieren zu können, muss man im Gebrauch von Begriffen schon orientiert sein, ohne zuvor eine Theorie des Gebrauchs zu haben oder ihrer auch nur zu bedürfen, und umgekehrt muss man von Theorien einen angemessenen Gebrauch zu machen verstehen, wenn sie in Situationen, auch in Situationen wissenschaftlicher Forschung und Erklärung, Sinn haben sollen. Auch Theorien haben Orientierungsfunktionen, sie sind sinnvoll, soweit sie in der Ungewissheit der Welt, deren An-sich wir nicht kennen können, Halt verschaffen. Dass man von Begriffen und Theorien Gebrauch machen muss, ohne von ihnen zuvor schon eine Theorie zu haben, macht den Begriff des Gebrauchs seinerseits zu einem »Letzt- und Grundbegriff«.

0.2 Aufriss der Untersuchung

Untersucht wird die Bedeutung und die Entwicklung des Begriffs des Gebrauchs in der europäischen Philosophie. Dabei wird kein Anspruch auf historische Vollständigkeit erhoben. Stattdessen werden exemplarisch die Philosophien Platons, Kants und Wittgensteins in den Blick genommen. Mit ihnen sind die markantesten Einschnitte der europäischen Philosophiegeschichte berührt. Eine Einschränkung auf sie lässt eine deutliche Linie der philosophischen Prägung des Begriffs des Gebrauchs in den sich wandelnden philosophiehistorischen Kontexten sichtbar werden. In allen drei Philosophien ist der Begriff des Gebrauchs zentral und betrifft ihren systematischen Kern. Bei Leibniz und Heidegger hingegen wird er zwar entwickelt und er erfüllt auch bei ihnen die Funktion, die pragmatischen Bedingungen von Theoriebildungen anzuzeigen. Dennoch nimmt er hier eine eher untergeordnete Stellung ein. Für die Neuzeit ließe sich auch die Philosophie Descartes' behandeln, ist der Begriff des Gebrauchs bei ihm doch wie bei Kant auf den

---

Stegmaiers Orientierungsbegriff ist Kants Schrift *Was heißt: sich im Denken orientieren?*, in der Kant im Bedürfnis der Vernunft nach Orientierung eine Bedingung ihrer Selbsterhaltung ausmacht.

[8] Zum Begriff der Situation vgl.: ebd., insbes. S. 151–158, 163, 215f., 468, 569f., zum Begriff des Anhaltspunkts ebd., insbes. S. 237–266.

Verstand bzw. die Vernunft bezogen, betrifft somit den zentralen Begriff seiner Philosophie. Dennoch ist der Begriff des Gebrauchs bei Kant signifikanter, seine Verwendung zieht sich in hoher Dichte durch sein gesamtes Werk.[9] So wird die Untersuchung auf Platon (Kapitel 1), Kant (Kapitel 2) und Wittgenstein (Kapitel 3) eingehen.

Im Ergebnis soll es nicht bei einer bloßen, unverbundenen Aneinanderreihung dieser Einzelanalysen bleiben, wie sie typisch für philosophische Wörterbücher wäre. Es soll vielmehr anhand der drei ausgewählten Philosophien die philosophische Bedeutung des Begriffs des Gebrauchs im Ganzen deutlich und gezeigt werden, dass er in den unterschiedlichen Kontexten eine vergleichbare systematische Funktion hat: das Verhältnis von Theorie und Praxis zueinander zu bestimmen.

0.3 Untersuchungsmethoden

Unsere vorrangigen Methoden müssen entsprechend unserer Aufgabenstellung die hermeneutische und die komparative sein:

Die Bedeutung des Begriffs des Gebrauchs im Werk der drei Philosophen wird einerseits ausgehend vom einzelnen Kontext seiner Verwendung, andererseits ausgehend von der jeweiligen philosophischen Gesamtkonzeption gedeutet. Ihre Interpretation und die Bedeutung des Begriffs des Gebrauchs bleiben voneinander abhängig. So bewegen wir uns stets in einem hermeneutischen Zirkel. Er ist zielführend, wenn sich durch die Einbeziehung der neuen Perspektive des Gebrauchs auch die Deutung der jeweiligen philosophischen Gesamtkonzeption erneuert.

Da Kant anders als Platon und Wittgenstein den Begriff des Gebrauchs zwar überaus häufig verwendet, ihn aber nicht selbst zum Thema macht, treten wir hier verstärkt über die Interpretation der Gesamtkonzeption der kantischen Transzendentalphilosophie in den hermeneutischen Zirkel ein. Bei Platon und Wittgenstein hingegen, bei denen der Begriff des Gebrauchs selbst thematisch verhandelt wird, werden wir den Weg in den hermeneutischen Zirkel verstärkt über die Interpretation der entsprechenden Textstellen beschreiten.

Die Konzeptionen Platons, Kants und Wittgensteins werden hinsichtlich der Rolle des Begriffs des Gebrauchs in ihnen aneinander gespiegelt (Kapitel 4). Diese Spiegelung muss so erfolgen, dass Unterschiede und Gemeinsamkeiten in der Verwendung des Begriffs des Gebrauchs und ihren Auswirkungen auf die Gesamtkonzeption deutlich werden.

---

[9] Vgl. Kapitel 2.1.2.

Am Ende wird unsere Untersuchung mit der auf hermeneutischem und komparativem Wege herausgearbeiteten Funktion, die der Begriff des Gebrauchs in systematischen Zusammenhängen der Philosophie erfüllt, im Ganzen einen hermeneutischen Zirkel beschritten haben, indem zugleich der Begriff des Gebrauchs in seiner philosophiehistorischen Tradition gedeutet und die Philosophiegeschichte ihrerseits dann wieder von dem gewonnenen Verständnis des Begriffs des Gebrauchs her beleuchtet wird.

0.4 Stand der Forschung

Dass der Begriff des Gebrauchs bei Platon eine wichtige Rolle spielt, ist durchaus bemerkt worden und nunmehr anerkannt. Dennoch ist die Forschungsliteratur übersichtlich. Vor allem Wolfgang Wieland machte auf die wichtige Rolle des Gebrauchs im Zusammenhang mit der platonischen Konzeption verschiedener Wissensformen aufmerksam.[10] Von der Unterscheidung theoretischen Wissens und pragmatischen Gebrauchswissens ausgehend, deutet Wieland auch Platons dialogische Form seiner philosophischen Schriftstellerei und seine vermeintliche Ideenlehre. Die Ergebnisse Wielands sind uns ein wichtiger Anschlusspunkt. Dass Platon auch in seinen frühen Dialogen *Charmides* und *Lysis* einen Begriff des Gebrauchs (χρῆσις) entwickelt, bemerkt Wieland allerdings nicht. In diesem Punkt können wir an die Deutungen Werner Stegmaiers anknüpfen, der auf die Bedeutung des Gebrauchs für beide Dialoge aufmerksam macht. So arbeitet er insbesondere die Bedeutung des Gebrauchs für den Dialog *Charmides* deutlich heraus. Vor allem eine genaue Untersuchung des Gebrauchs im Dialog *Lysis* muss noch geleistet werden.[11] Massimo Ulivari wiederum will durch eine Untersuchung des Begriffs des Gebrauchs bei Platon und Heidegger eine neue Perspektive in der politischen Philosophie eröffnen.[12] Er nähert sich ihr über die Unter-

---

[10] Vgl. Wolfgang Wieland: Platon und die Formen des Wissens, 2. durchges. und um einen Anh. und ein Nachw. erw. Aufl., Göttingen 1999. Zur Deutung der Dialogform vgl. ebd., S. 13–94; zur Deutung der Ideenannahme vgl. S. 95–223. Theodor Ebert unternimmt einen Versuch, Platons Philosophie im Ganzen als unmetaphysisch zu verstehen (Theodor Ebert: Meinung und Wissen in der Philosophie Platons. Untersuchungen zum ›Charmides‹, ›Menon‹ und ›Staat‹, Berlin 1974).

[11] Vgl. Werner Stegmaier: Philosophieren als Vermeiden einer Lehre. Inter-individuelle Orientierung bei Sokrates und Platon, Nietzsche und Derrida, in: Josef Simon, (Hg.): Distanz im Verstehen, Frankfurt a. M. 1995 (= Zeichen und Interpretation; Bd. 2), S. 213–238, hier S. 221–226; ders.: Wahrheit und Orientierung. Zur Idee des Wissens, in: Volker Gerhardt/Norbert Herold (Hg.): Perspektiven des Perspektivismus. Gedenkschrift zum Tode Friedrich Kaulbachs, Würzburg 1992, S. 287–307, insbes. S 287–292.

[12] Vgl. Ulivari: Die Welt des Gebrauchs im Spannungsfeld zwischen Platon und Heidegger.

scheidung von ›herstellen‹ und ›gebrauchen‹. Diese stehe bei Platon vor allem in Zusammenhang mit dem Begriff der τέχνη und werde primär in seinen mittleren Dialogen, besonders im *Kratylos* und im *Euthydemos*, entfaltet, von deren Interpretation Ulivari in seiner Deutung des Gebrauchs bei Platon dann ausgeht. Weil seine Untersuchung jedoch weitgehend auf die politische Perspektive beschränkt bleibt, sind Ulivaris Ergebnisse für uns nur bedingt relevant. Obwohl er den Gebrauch als zentralen Aspekt des Zugangs zur Lebenswelt des Menschen nach Platon sieht, wird dessen Rolle für die von Platon konzipierten Formen des Wissens sowie für die Ideenannahme nicht weiter herausgearbeitet. Auf das Werk Wielands, der eben darauf aufmerksam macht, nimmt Ulivari keinerlei Bezug. Auch die Dialoge *Charmides* und *Lysis* behandelt er kaum. Zudem bleiben die Konsequenzen unberücksichtigt, die die Gebrauchsdimension für die schriftstellerische Form des platonischen Werkes hat. Die performativen Elemente werden sich für die Erörterung der Gebrauchsthematik in den Dialogen als fruchtbar erweisen. Dorothea Frede hat zu einer nicht-metaphysischen, pragmatischen Deutung der platonischen Ideen beigetragen, indem sie sich ihnen explizit über den Begriff des Gebrauchs nähert.[13]

Besonders erstaunlich ist, dass die Rolle des Begriffs des Gebrauchs in der Philosophie Kants bislang nicht untersucht wurde, obwohl er gerade dort sehr auffällig ist. Kant spricht nicht nur in seinem gesamten Werk vom Gebrauch des Verstandes und der Vernunft, der Begriff steht in engem Zusammenhang mit zentralen Begriffen seiner Transzendentalphilosophie überhaupt. Dennoch hat er, soweit ich sehe, in der Kant-Forschung bislang keine Aufmerksamkeit erfahren, sodass gerade hier ein massives Forschungsdesiderat vorliegt. Selbst Josef Simon, der den individuellen Gebrauch der Vernunft bei Kant in besonderer Weise betont und hierin einen wesentlichen Anschlusspunkt für uns bilden wird, geht nicht näher auf den Sinn des Begriffs des Gebrauchs bei Kant ein.[14] Wir werden also nicht auf Vorarbeiten zum Begriff des Gebrauchs bei Kant zurückgreifen können; betreten hier Neuland.

Lediglich im Blick auf die späte Sprachphilosophie Wittgensteins ist die Bedeutung des Begriffs des Gebrauchs vielfach betont und untersucht worden. Dies verwundert nicht, hat Wittgenstein den Gebrauch der Sprache doch unübersehbar zum zentralen thematischen Gesichtspunkt der pragmatischen Wende seiner Philosophie gemacht. Jedwede Untersuchung der wittgen-

---

[13] Vgl. Dorothea Frede: Platons Ideen: Form, Funktion, Struktur, in: Information Philosophie, 2 (2011), S. 44–57. Der Aufsatz ist bislang nur in dieser kurzen Form ohne wissenschaftlichen Apparat erschienen.

[14] Josef Simon: Kant. Die fremde Vernunft und die Sprache der Philosophie, Berlin/New York 2003.

steinschen Spätphilosophie kreist damit auch um den Begriff des Gebrauchs. Dementsprechend können wir hier auf ein breites Feld an Forschungsarbeiten zurückgreifen, das in einem kurzen Abriss darzustellen an dieser Stelle nicht möglich ist. Wenig erforscht ist dagegen die Stellung des Begriffs des Gebrauchs in Wittgensteins frühem Werk, dem *Tractatus logico-philosophicus*, und insbesondere seine Rolle für den Übergang Wittgensteins vom frühen zum späten Werk. Eine Arbeit dazu liegt bislang nicht vor. Wir werden darum einen besonderen Akzent hierauf setzen. Es wird sich zeigen, dass gerade der Kontrast zwischen den Konzeptionen des Gebrauchs im frühen und im späten Werk Wittgensteins sowie seine Bedeutung für den Übergang zwischen beiden, die systematische Funktion des Gebrauchs nicht nur bei Wittgenstein selbst, sondern auch bei Platon und Kant, in besonderem Maße deutlich werden lässt. Grundsätzlich bietet es sich an, den neueren Forschungsansatz Gebauers, Goppelsröders und Volbers' aufzugreifen, die darauf hinweisen, dass Wittgenstein aufgrund seines sprachanalytischen Ansatzes lange zu Unrecht ausschließlich der angelsächsischen Philosophietradition zugeordnet wurde. Sie betonen, dass Wittgenstein gerade mit seinem *Tractatus*, der auf eine indirekte Begrenzung des Mystischen abzielt und keinesfalls allein zum Ziel hatte, der Wissenschaft eine logische Sprache zur Verfügung zu stellen, tief in der kontinentaleuropäischen Philosophietradition verwurzelt ist.[15]

Mit Ulivaris umfangreicher Interpretation der Gebrauchsproblematik bei Platon und Heidegger liegt eine erste Untersuchung vor, die die Verwendung des Begriffs des Gebrauchs über die Philosophiegeschichte hinweg fokussiert und seine Verwendung durch verschiedene Philosophen in systematischer Hinsicht zueinander in Beziehung setzt. Ulivari will mit seiner pragmatischen bzw. mit Husserl gesprochen: »lebensweltlichen«[16] Perspektive auf das Politische die Gebrauchsdimension nicht nur im Denken Platons, sondern auch Heideggers reflektieren, macht aber in diesem Rahmen auch auf die Rolle des Gebrauchs bei Aristoteles, Augustinus und Hegel aufmerksam.[17] Geklärt werden soll die Beziehung zwischen der Gebrauchs- und der Herstellungsdimension in unserem Weltzugang. Dem politischen Potential der Gebrauchsthematik nähert sich Ulivari zudem über eine Reflexion der Überlegungen Hannah Arendts, die durch die Unterscheidung zwischen Herstellen und Arbeiten einen Begriff des politischen Handelns entwickelt, welches sich in »Worten und Taten« vollziehe und anders als das Herstellen nichts hervorbringe. Könne die griechische Polis als Muster für politisches Handeln in diesem Sinne angesehen werden, so habe das »animal laborans«, welches »von

---

[15] Vgl. den jüngst erschienenen Band von Gunter Gebauer/Fabian Goppelsröder/Jörg Volbers (Hg.): Wittgenstein – Philosophie als ›Arbeit an Einem selbst‹, München 2009.
[16] Ulivari: Die Welt des Gebrauchs im Spannungsfeld zwischen Platon und Heidegger, S. 7.
[17] Vgl. ebd., S. 48–76.

Arbeit und Verbrauch [lebe] und [...] nichts von Herstellen und Gebrauchen weltbezogener Dinge [wisse]«, heute seinen »Siegeszug« angetreten.[18] Ulivari liefert damit einen wichtigen Beitrag nicht nur zur Erforschung der philosophischen Bedeutung des Begriffs des Gebrauchs von Platon bis Heidegger und Arendt, sondern auch dazu, seine systematischen philosophischen Möglichkeiten überhaupt zu erschließen und aufzuzeigen. Wir können an diese Arbeit anknüpfen, werden jedoch die Untersuchung nicht auf die von Ulivari gewählte, speziell politische Relevanz der Gebrauchsproblematik eingrenzen. Sie wird thematisch deutlich weiter gefasst die Bedeutung des Gebrauchs für das Denken und von ihm ausgehend auch das Handeln des Menschen überhaupt innerhalb seines pragmatischen Bedingungsgeflechts in den Blick nehmen.

---

[18] Ebd., S. 9.

1
Der Begriff des Gebrauchs bei Platon

1.1 Einführung

1.1.1 Stand der Forschung und Aufgaben der Interpretation

Platon formuliert in seinen Dialogen keine philosophische Lehre in eigenem Namen. Die Frage, ob er mit seinen Dialogen dennoch eine philosophische ›Lehre‹ und wenn ja, welche er vermitteln wollte, ist in der Geschichte der Platon-Interpretation sehr unterschiedlich beantwortet worden. So wird etwa in der sogenannten Sprachrohrtheorie, die bereits auf Diogenes Laertius zurückgeht und besonders in der analytischen Philosophie wieder aufgegriffen wird, die Auffassung vertreten, dass Platon die von ihm vertretene philosophische Lehre einigen seiner Dialogfiguren, insbesondere Sokrates, in den Mund gelegt habe.[19] Ein in Tübingen entwickelter Ansatz geht unter Rückgriff auf aristotelische Überlieferungen hingegen davon aus, dass Platon eine letzte Prinzipien enthaltende philosophische Lehre vertrat. Diese habe er mündlich in seiner Schule verbreitet, aber aus verschiedenen Gründen nicht schriftlich fixiert, etwa weil er sie als ein esoterisches Geheimwissen betrachtete, das nur ausgewählten Personen, nicht aber der lesenden Öffentlichkeit zur Verfügung stehen sollte. Mit dem Versuch, diese geheimen Lehren aus antiken Überlieferungen zu rekonstruieren, sind vor allem die Namen von Krämer[20] und Gaiser[21] verbunden. Bis heute unterstellen viele

---

[19] Diogenes Laertius sah die Lehre Platons eindeutig durch die Figuren des Sokrates, des Timaios, des Athenischen Gastfreundes und des Fremden aus Elea verkündet. Vgl. Diogenes Laertius, Buch III, 52, in: ders.: Leben und Meinungen berühmter Philosophen, übers. und erläutert von Otto Apel, neu hg. und mit einem Vorw. versehen von Hans Günter Zekl, 3. Aufl., Hamburg 1990; sowie in: ders: Vitae philosophorum. Excerpta Byzantina et Indices, hg. v. Miroslav Marcovich und Hans Gärtner, 3 Bde., Stuttgart/Leipzig 1999 (Bd. 1 und 2), München/Leipzig 2002 (Bd. 3: Indices). So auch Gregory Vlastos: Socrates, Ironist and Moral Philosopher, Cambridge 1991, insbes. S. 50–53. Zur Sprachrohrtheorie äußerte sich schon Stenzel kritisch. Vgl. Julius Stenzel: Literarische Form und philosophischer Gehalt des platonischen Dialogs, in: ders.: Studien zur Entwicklung der platonischen Dialektik von Sokrates bis Aristoteles, Leipzig/Berlin 1931, S. 139.

[20] Vgl. Hans J. Krämer: Arete bei Platon und Aristoteles. Zum Wesen und zur Geschichte der platonischen Ontologie, Heidelberg 1959 (= Abh. d. Heidelberger Akademie d. Wiss., phil.-hist. Kl., Jg. 1959, Nr. 6).

[21] Vgl. Konrad Gaiser: Platons ungeschriebene Lehre. Studien zur systematischen und geschichtlichen Begründung der Wissenschaften in der Platonischen Schule, Stuttgart 1962; mit einem Nachw. vers. 2. Aufl., Stuttgart 1968.

Interpreten Platon eine prinzipiell identifizierbare und daher auch mitteilbare oder ›rekonstruierbare‹ Lehre. Hegel hingegen vermutete die Lösung an anderer Stelle: Er blieb mit seiner Auffassung lange ungehört, wenn er meinte: »Das Esoterische ist das Spekulative, das geschrieben und gedruckt ist, und doch ein Verborgenes bleibt für die, die nicht das Interesse haben, sich anzustrengen. Ein Geheimnis ist es nicht, und doch verborgen.«[22] Diese Gedanken Hegels werden wieder aufgenommen, wenn Interpreten meinen, die Gründe dafür, dass sich Platon einer direkten Mitteilung seiner Lehre enthielt, seien in der Art des zu vermittelnden ›Gegenstandes‹ zu suchen. Ferber etwa erkennt zwar noch an, dass den Dialogen eine ungeschriebene Lehre von letzten Prinzipien zugrunde liege, allerdings sei diese logisch nicht erfassbar, nicht mitteilbar und daher auch nicht rekonstruierbar, sondern im Bereich des Nichtpropositionalen anzusiedeln.[23] Schefer geht nicht mehr von einer den Dialogen zugrunde liegenden Prinzipienlehre aus, sei sie nun propositional erfassbar oder nicht, sondern von einem nicht-mitteilbaren kultischen Gotteserlebnis, dessen Ausdruck die Dialoge seien.[24] Den wichtigsten Anschlusspunkt für uns bildet, wie erwähnt, der Ansatz Wolfgang Wielands, der zu der Einsicht gelangte, bei dem, worum es Platon in seinem Philosophieren ging, »handel[e] es sich um dispositionelle Fähigkeiten, wie sie sich im sachgerechten Umgang mit Dingen und Inhalten aller Art« zeigten.[25] Mit Wielands Ansatz gerät erstmals der Begriff des Gebrauchs in den Blick der Platon-Forschung. Wieland will die »Fähigkeiten« des Umgangs durch den Begriff des »Gebrauchswissens« erfassen. Das Gebrauchswissen zeichne sich dadurch aus, dass es weder vollständig theoretisch erfassbar noch angemessen sprachlich formulierbar sei, wodurch es sich von rein theoretischen Wissensformen unterscheide. Platons Werk im Ganzen könne nur dann sinnvoll gedeutet werden, wenn man seiner philosophischen Konzeption verschiedene theoretische bzw. propositionale und untheoretische bzw. ›nichtpropositionale‹ Formen des Wissens zugrunde lege.[26] Auch Platons vermeintliche Ideenlehre deutet Wieland aus einer pragmatischen Perspektive und nimmt ihr so ihren metaphysischen Charakter.[27]

---

[22] Siehe Georg W. F. Hegel: Vorlesungen über die Geschichte der Philosophie. Zweiter Band, in: ders.: Sämtliche Werke. Jubiläumsausgabe in 20 Bänden, hg. v. Hermann Glockner, 18. Bd., Stuttgart 1928, S. 238.
[23] Vgl. Rafael Ferber: Warum hat Platon die ›ungeschriebene Lehre‹ nicht geschrieben?, München 2007 (erweiterter Nachdr. von: Die Unwissenheit des Philosophen oder warum hat Platon die ›ungeschriebene Lehre‹ nicht geschrieben?, St. Augustin 1991).
[24] Vgl. Christina Schefer: Platons unsagbare Erfahrung. Ein anderer Zugang zu Platon, Basel 2001.
[25] Wieland: Platon und die Formen des Wissens, S. 49.
[26] Vgl. Wieland: Platon und die Formen des Wissens, Kapitel 3: Formen des Wissens, S. 224–322, und hier vor allem den § 13: Propositionales und nichtpropositionales Wissen, S. 224–236.
[27] Vgl. ebd., S. 13–94; zur Deutung der Ideenannahme vgl. S. 95–223.

1.1 Einführung

Will Platon Wieland zufolge das Gebrauchswissen, da es mit sprachlichen Mitteln nicht erfassbar ist, in seinen Dialogen durch die Gestaltung von Handlungssituationen vorführen und so auf eine eigene, ihm gemäße Weise zugänglich machen, so übersieht Wieland doch, dass Platon einen solchen Begriff des Gebrauchs (χρῆσις) seinen Dialogen nicht allein durch die literarische Inszenierung stillschweigend zugrunde legt, sondern ihn in den Dialogen *Charmides* und *Lysis* zugleich auch explizit entwickelt. Erstaunlicherweise gehen die vorliegenden Interpretationen der beiden Dialoge kaum auf die dortige Entfaltung des Begriffs ein. Lediglich Werner Stegmaier weist auf seine Bedeutung für beide Dialoge hin. Er geht auf den Gebrauch im Dialog *Lysis* kurz im Rahmen eines Aufsatzes ein, ohne die Thematik hier vollständig entfalten oder gar von ihr ausgehend eine auf das platonische Werk im Ganzen bezogene Interpretation entwickeln zu können.[28] Die Bedeutung des Gebrauchs für den Dialog *Charmides* arbeitet Stegmaier in einem weiteren Aufsatz hingegen deutlicher heraus.[29] Wir werden uns der Gebrauchs-Thematik bei Platon also zunächst nähern, indem sie den in den Dialogen *Charmides* und *Lysis* enthaltenen Begriff des Gebrauchs herausarbeitet (Kapitel 1.2).

Wenn es Platon in seinen Dialogen nicht nur um die Vermittlung propositionaler, sondern auch um nichtpropositionale Inhalte geht, so ist davon das Verhältnis zwischen philosophischem Inhalt und schriftstellerischer Form der platonischen Dialoge überhaupt betroffen: Schon Schleiermacher war der Auffassung, dass der thematische Inhalt der Dialoge nicht aus dem dramatischen Handlungsgeschehen herausgelöst werden dürfe und dass literarische Form und philosophischer Inhalt bei Platon nicht unabhängig voneinander zu denken seien. Schleiermacher verstand Platons Dialogform als eine Konsequenz aus der im *Phaidros* dargelegten Schriftkritik, mit der er die Diskrepanz zwischen schriftlicher Fixierung und mündlichem Gespräch überwand.[30] Allerdings schreibt er der Einheit von philosophischem Inhalt und dialogischer Form einen lediglich didaktischen Sinn zu. Platon habe mit seinen Schriften eine sprachlich formulier- und lehrbare philosophische Lehre vertreten, die er dialogisch inszeniert habe, um so den Leser dazu anzuhalten, sich die Lehren durch eigene Interpretationsleistung selbst zu erarbeiten. Dass die dialogische Form aber notwendig sein könnte, weil das, worum es Platon ging, sich prinzipiell der Möglichkeit entzieht, sprachlich erfasst und formuliert zu werden, hat er nicht in Erwägung gezogen.

---

[28] Vgl. Werner Stegmaier: Philosophieren als Vermeiden einer Lehre, insbes. S. 221–226.
[29] Vgl. Werner Stegmaier: Wahrheit und Orientierung, insbes. S 287–292.
[30] Vgl. Friedrich D. E. Schleiermacher: Einleitung, in: ders.: Platons Werke, Theil 1, Bd. 1, 3. Aufl., Berlin (1818) 1855, S. 5–36; auch in: Konrad Gaiser (Hg.): Das Platonbild. Zehn Beiträge zum Platonverständnis, Hildesheim 1969, S. 1–32).

1 Der Begriff des Gebrauchs bei Platon

In Rückbezug auf Schleiermacher misst heute auch Erler der platonischen Dialogform einen didaktischen Sinn zu,[31] den er ebenfalls aus einer Interpretation der platonischen Schriftkritik gewinnt. Die Dialoge erfüllen demnach die Funktion, »Erinnerungshilfe für schon Wissende«[32] zu sein oder aber mit ihrem aporetischen Ende dazu anzuregen, die jeweiligen Fragen immer wieder aufs Neue zu durchdenken. Schließlich sei es dabei »möglich, zu einem Ergebnis zu kommen«, die Aporien also aufzulösen und den philosophischen Gehalt der Dialoge zu identifizieren und in sprachlich formulierbare Lehren zu überführen. Dass es in den Dialogen darum gehen könnte, etwas vorzuführen, das ungeeignet ist, in allgemeinen Lehren vermittelt zu werden, wird auch von Erler nicht in Erwägung gezogen.

Das Gebot, Form und Inhalt der platonischen Dialoge zusammenzudenken, ist in Schleiermachers Nachfolge sowohl in Deutschland, wo es jedoch nie ganz vergessen wurde, als auch in der englischsprachigen Forschung zunächst vernachlässigt worden. Bisweilen wurde die Dialogform als irrelevant für den von Platon intendierten philosophischen Sinn angesehen. So sprach Hermann davon, dass der Dialogform »nicht mehr als eine äußerliche Bedeutung« zukomme.[33] Auch Hegel und Zeller maßen der szenischen Gestaltung der Dialoge keine philosophische Bedeutung zu.[34] In der Folge beurteilten beispielsweise Bonitz und Eckert die literarische Formung der Dialoge sogar als eher störende Einkleidung, die die Vermittlung des philosophischen Sinns beeinträchtige.[35] Die Auffassung, derzufolge die literarische Form irrelevant oder sogar störend für das Verständnis des philosophischen Gedankens sei, liegt auch dort stillschweigend zugrunde, wo ein philosophischer Sinn der Dialogform nicht explizit negiert wird, sondern ihre Diskussion gar nicht erst erfolgt, weil die Interpretation ausschließlich direkt auf die inhaltlichen Erörterungen der Dialoge fokussiert. Beispiele hierfür sind auch die erwähnten Deutungen Ulivaris und Fredes.[36] Die Dialogform scheint danach unnötig, sie verkompliziert die Mitteilung der Lehre.

---

[31] Vgl. Michael Erler: Der Sinn der Aporien in den Dialogen Platons. Übungsstücke zur Anleitung im philosophischen Denken, Berlin/New York 1987 (= Untersuchungen zur antiken Literatur und Geschichte; Bd. 25).

[32] Ebd., S. 16.

[33] Siehe Karl F. Hermann: Geschichte und System der Platonischen Philosophie, Heidelberg 1839, S. 352.

[34] Vgl. Hegel: Vorlesungen über die Geschichte der Philosophie. Zweiter Band, S. 182 f.; Eduard Zeller: Die Philosophie der Griechen in ihrer geschichtlichen Entwicklung II, 1. Aufl., Tübingen 1862, Nachdr.: Darmstadt 2006, hier S. 569–578, insbes. S. 575.

[35] Vgl. Hermann Bonitz: Platonische Studien, 3. Aufl., Berlin 1886; Wilhelm Eckert: Dialektischer Scherz in den frühen Gesprächen Platons, Erlangen 1911.

[36] Vgl. Ulivari: Die Welt des Gebrauchs im Spannungsfeld zwischen Platon und Heidegger; Frede: Platons Ideen: Form, Funktion, Struktur, hier insbes. S. 44. Frede bedauert hier, dass Platons

1.1 Einführung

Die vielfachen Inkonsistenzen in Sokrates' Aussagen schrieb man dann zumeist mit Hilfe eines genetischen Interpretationsansatzes einer philosophischen Entwicklung Platons zu, die sich in seinen Werken niederschlage. Dieser Ansatz geht auf Herbart zurück und wurde dann von Hermann weiterentwickelt.[37] Dabei seien die Dialoge auf der jeweiligen Entwicklungsstufe in Platons Denken jeweils als »treuer Abdruck seines Geistes«[38] zu verstehen. In der historischen Schule wurde der genetische Ansatz dann insbesondere von Pohlenz und Wilamowitz-Moellendorff konsequent weitergetrieben, und auch Guthrie nimmt ihn entschieden auf.[39] Auch in der analytischen Philosophie dominierte der genetische Ansatz lange Zeit die Platoninterpretation. Der wohl einflussreichste Vertreter der entwicklungsgeschichtlichen Perspektive dürfte hier Gregory Vlastos sein, demzufolge der frühe Platon noch weitgehend die Positionen des historischen Sokrates vertritt, der späte Platon sich dann wohl vom historischen Sokrates emanzipiert, seine Gedanken aber sowohl in der frühen als auch in der späten Phase vor allem seiner Figur des Sokrates in den Mund legt.[40] So beschränkte sich die analytische Philosophie weitgehend auf die Analyse der im Text vorliegenden Argumentationsstrukturen und die in ihnen fixierten Gedankengänge, die sie jeweils unterschiedlichen Entwicklungsstufen der Philosophie Platons zuschrieb.

»sparsame[...] Bemerkungen« über die Ideen »auch noch über mehrere Dialoge verstreut sind, so dass man sie wie ein Puzzle-Spiel zusammenfügen muss.«

[37] Vgl. Johann F. Herbart: De Platonici systematis fundamento communitatio (1805), in: ders.: Sämtliche Werke, Bd. 1, in chronolog. Reihenfolge hg. v. Karl Kehrbach/Otto Flügel, Aalen 1964, S. 311–348; Hermann: Geschichte und System der Platonischen Philosophie; vgl. zu Hermanns Interpretationsansatz: Eugène N. Tigerstedt, Interpreting Plato, Uppsala 1977, S. 27 ff.

[38] Hermann, Geschichte und System der Platonischen Philosophie, S. 352: »[J]e mehr wir seine Schriften als den treuen Abdruck seines Geistes betrachten, desto mehr nöthigt uns ihre Verschiedenheit, gewisse Stadien in seinem eigenen Entwickelungsprocesse (sic!) anzunehmen, deren Unterschiede gewiss tiefer als in der blossen didaktischen Berechnung eines methodischen Lehrcursus begründet sind, und was die dialogische Form betrifft, die sie alle gemeinschaftlich haben, so hat sich dieser selbst jene Verschiedenheit zu deutlich mitgetheilt, als dass wir ihr mehr als eine äusserliche Bedeutung beilegen können.«

[39] Vgl. Max Pohlenz: Platons Werdezeit. Philologische Untersuchungen, Berlin 1913; sowie z. B. Ulrich von Wilamowitz-Moellendorff: Platon. Leben und Werke. Beilagen und Textkritik, 2 Bde., Berlin 1920; William K. C. Guthrie: A History of Greek Philosophy, 6 Bde., Cambridge 1962–1981.

[40] Vgl. Vlastos: Socrates, Ironist and Moral Philosopher, insbes. S. 50–53. Allgemein zur genetischen Deutungsmethode äußert sich Oehler und gibt einen guten Überblick. Er selber rechnet allerdings stärker mit Konstanten als mit Entwicklungen im platonischen Denken und hängt einer esoterischen Platon-Deutung an. Vgl. Klaus Oehler: Der Entwicklungsgedanke als heuristisches Prinzip der Philosophiehistorie, Zeitschr. f. Philos. Forschung 17 (1963), S. 377–392.

Gegen Diogenes Laertius' Zuschreibung platonischer Lehren an einzelne Dialogfiguren haben Cooper und Corlett überzeugende Einwände erhoben. Auf eine platonische Philosophie könne allenfalls aus einem ganzheitlich aufgefassten Text im Ganzen (»the text as a whole«) geschlossen werden.[41] Charles Kahn übte eine auch im englischsprachigen Raum vielbeachtete Kritik an der entwicklungsgeschichtlichen Deutungsmethode[42] und belebte damit einen sogenannten unitarischen Ansatz aufs Neue, der bis dahin weitgehend als »kontinental« und damit als veraltet galt,[43] in Deutschland aber immer präsent blieb. Ausgehend von Kahns Kritik wandte man sich wieder verstärkt dem Zusammenhang von philosophischem Argument und dialogischer Form zu. Michael Frede etwa formulierte zur Interpretationsmethode der platonischen Dialoge: »A good part of their lessons does not consist in what gets said or argued, but in what they show, and the best part consists in the fact that they make us think about the arguments they present. For nothing but our own thought gains us knowledge.«[44]

An diese neuere Tendenz, neben dem propositionalen philosophischen Inhalt auch die schriftstellerische Form in die Interpretation einzubeziehen, soll hier angeknüpft werden. Beide sind aufeinander bezogen und daher auseinander jeweils besser zu verstehen. Denn wenn es Platon in seinen Dialogen nicht nur um die Vermittlung propositionaler Inhalte, sondern auch um Nichtpropositionales ging, das sprachlich nicht vollständig erfasst werden kann, dann *zeigt* die Form dieses Nichtpropositionale. Gerade bei Platon liegt, wie Wieland zu bedenken gibt, eine besonders starke literarische Formung des philosophischen Gedankens vor; der philosophische Gedanke selbst sei

---

[41] Siehe: John M. Cooper: Introduction, in: ders. (Hg.): Plato Complete Works, Indianapolis 1997, S. ix–xxix; J. Angelo Corlett: Interpreting Plato's Dialogues, Las Vegas 2005, insbes. S. 7f., hier S. xix–xxiv.

[42] Vgl. Charles H. Kahn: Plato and the Socratic Dialogue. Zu Gegenargumenten gegen eine entwicklungsgeschichtliche Deutung vgl. desweiteren auch: Paul Shorey: The Unity of Plato's Thought, Chicago 1903; Rosamond K. Sprague: Platonic Unitarianism, or what Shorey said, in: Classical Philology 71 (1976), S. 109–112, sowie jüngeren Datums: Debra Nails: Agora, Academy and the conduct of of Philosophy, Dordrecht/Boston/London 1995, S. 53ff., und: Debra Nails: Problems with Vlastos's Platonic Develomentalism, in: Ancient Philosophy 13 (1993), S. 273–291.

[43] Vgl. z. B. Drew Hyland: Questioning Platonism. Continental Interpretations of Plato, Albany 2004, S. 13.

[44] Michael Frede: Plato's Arguments and the Dialogue Form, in: James Klagge/Nicholas Smith (Hg.): Methods of Interpreting Plato and his Dialogues, Oxford 1992, S. 219. Vgl. zu Ansätzen, die den philosophischen Inhalt und die dialogische Form zusammen zu denken versuchen, auch: Andrea W. Nightingale: Genres in Dialogue. Plato and the Construct of Philosophy, Cambridge 1995; Ann N. Michelini (Hg.): Plato as Author, Leiden 2003; Rolf Geiger: Dialektische Tugenden. Untersuchungen zur Gesprächsform in den platonischen Dialogen, Paderborn 2006.

in hohem Maße der literarischen Form »anvertraut«.[45] Was das Gespräch nicht mehr erfasst, wird durch die Gestaltung von Handlungssituationen vorgeführt.

Wir gehen im Folgenden also davon aus, dass philosophischer Gehalt und dialogische Gestaltung miteinander korrespondieren. Sowohl im *Charmides* als auch im *Lysis* wird der Begriff des Gebrauchs darüber hinaus theoretisch entwickelt. So wird im *Charmides* (Kapitel 1.2.2) einerseits die Besonnenheit als eine Form des Gebrauchs von Wissen erörtert, ohne dass es zu einer abschließenden Festlegung käme, was sie sei, andererseits wird diese Besonnenheit, wie Stegmaier ausführlich darlegt, zugleich in der Szenerie der Handlung vorgeführt. Unsere Untersuchung wird zeigen, dass auch im *Lysis* (Kapitel 1.2.3) der Gebrauch als ein Gebrauch von Wissen einerseits thematisch erörtert und andererseits in der Szenerie der Dialogsituation vorgeführt wird. Der Dialog zeigt, wie von einem Wissen – einem Wissen in Fragen der Freundschaft – erfolgreich oder auch weniger erfolgreich Gebrauch gemacht wird. So geht es Platon letztlich weniger um ein abstraktes Wissen, als vielmehr um ein Wissen im Sinne einer Sicherheit in der Orientierung. Der szenische Rahmen vermittelt jeweils das, was theoretisch nicht abschließend formuliert werden kann. Darauf, dass es etwas geben könnte, was nur *gezeigt*, nicht aber *gesagt* werden kann, gibt Platon selbst zu Beginn des *Lysis* einen ausdrücklichen Hinweis: In Bezug auf die Kunst, einen Geliebten zu gewinnen, lässt er Sokrates dem bisher erfolglosen Hippothales auf dessen Bitte antworten: Diese Kunst könne er ihm nicht einfach »sagen« (εἰπεῖν), aber anhand eines Gesprächs mit dem jungen Lysis »zeigen« (ἐπιδεῖξαι) (Lys. 206c).[46] Auch die Art und Weise, wie Platon in den Dialogen *Charmides* und *Lysis* das Wissen konzipiert, nämlich als eines, das sich vor allem in seinem pragmatischen Gebrauch bewährt, indem es eine Form von Sicherheit angesichts der Ungewissheit als des Grundproblems der alltäglichen Orientierung ermöglicht, wird nicht nur *gesagt* und explizit zur Sprache gebracht, sondern

---

[45] Vgl. Wieland: Platon und die Formen des Wissens, S. 69.
[46] Günter Abel hat in diesem Sinne die Differenz von *Sagen* und *Zeigen* aus zeichentheoretischer Sicht ausgearbeitet (vgl. etwa: Günter Abel: Sprache, Zeichen, Interpretation, Frankfurt a. M. 1999, S. 169–208). So behandelt er »die Frage nach dem Verhältnis dessen, was überhaupt in einer Sprache *gesagt* werden kann, und dem, was einer sprachlichen Identifikation und Artikulation entzogen ist, sich jedoch am sprachlichen oder am nicht-sprachlichen Zeichen selbst *zeigt*.« (S. 169) In der Abgrenzung der Bereiche des Sagens und des Zeigens voneinander können wir an die Ausarbeitungen Abels anschließen. Ganz in unserem Sinne spricht Abel von einem möglichen »Primat des Zeigens gegenüber dem Sagen« (S. 207). Insbesondere in einer Auseinandersetzung mit Wittgensteins *Tractatus* spricht Abel davon, dass »[i]n jedem tatsächlichen Sprechen/Sagen [...] der Aspekt des Zeigens [...] bereits im Spiel« (S. 173) sei. Das Zeigen hat insofern einen »tiefe[ren] Sitz [...] im Leben«. Es wird sich zeigen, dass die Unterscheidung von Sagen und Zeigen in eben diesem Sinne auch schon von Platon gebraucht wurde.

auch durch den praktischen Handlungskontext *gezeigt* und am Gegenstand der Besonnenheit bzw. der Freundschaft vorgeführt.

Von der Interpretation der Dialoge *Charmides* und *Lysis* ausgehend, kann dann allgemeiner das Verhältnis zwischen sprachlich vermittelbarer Theorie einerseits und sprachlich nicht vollständig erfassbarem, untheoretischem Gebrauch andererseits zum Thema gemacht werden (Kapitel 1.2.4). Durch die dialogische Inszenierung der Gesprächsinhalte macht Platon auf die pragmatischen Bedingungen sprachlich-theoretischer Erörterungen aufmerksam. Die Theorie wird in den Dialogen selbst zu etwas, auf dessen Gebrauch man sich verstehen muss, der dann selbst aber nicht mehr theoretisch erfasst werden kann (Kapitel 1.2.5). So zeigt Platon, was sprachlich-theoretische Wissensformen zu leisten und nicht zu leisten vermögen. Die Grenzen sprachlicher Mitteilungsmöglichkeiten sind aber nicht nur der in den Dialogen vorgeführten gesprochenen Sprache gezogen, sondern auch der geschriebenen Sprache und damit Platons eigenen Dialogen selbst. Die Untersuchung des Begriffs des Gebrauchs eröffnet damit auch eine neue Perspektive im Verständnis des Gebrauchs schriftlicher Sprache durch Platon (Kapitel 1.3). Er inszeniert Dialoge, in denen Individuen mit anderen Individuen unter pragmatischen Bedingungen kommunizieren, verkündet aber an keiner Stelle in eigenem Namen eine allgemeine Lehre. Daher bleibt zu fragen, ob man nicht überhaupt darauf verzichten kann, Platon zu unterstellen, dass er eine positive philosophische Lehre vertreten bzw. vermitteln wollte, oder ob es nicht näher liegt, dass er mit seinen Dialogen kritisch die Grenzen von Lehrbarkeit überhaupt aufzuzeigen versuchte.[47]

Mit der Dialogform zeigt Platon die Theorie unter den pragmatischen Bedingungen, unter denen sie immer steht und innerhalb derer von ihr Gebrauch gemacht wird. Die Theorie, durch die er seine größte philosophiehistorische Wirkung entfaltet hat, ist jedoch zweifellos Platons sogenannte Ideenlehre. Wir werden daher fragen, ob Platon hier die Begründung einer metaphysischen Ideenlehre im Sinn hatte oder ob nicht auch die Ideen ausgehend vom Gebrauch verstanden werden können und müssen (Kapitel 1.4). Denn obwohl Platons Ideenlehre als systematischer Kern seiner Philosophie gilt, kann den Dialogen an keiner Stelle eine in sich schlüssige und systematisch vollständige Ideenlehre direkt entnommen werden. In seinem Werk wird lediglich an unterschiedlichen Stellen auf unterschiedliche Weise von Ideen gesprochen. Dass in den Dialogen keine endgültigen Aussagen darüber zu finden sind, was der Inhalt einer solchen Ideenlehre sei, wurde schon oft, so etwa von Hegel, beklagt.[48] Dennoch hält man zumeist daran fest,

---

[47] Vgl. Stegmaier: Philosophieren als Vermeiden einer Lehre.
[48] Vgl. Georg W. F. Hegel: Vorlesungen über die Ästhetik. Erster Band, in: ders.: Sämtliche Werke, Bd. 12, Stuttgart 1927, S. 46; ders.: Vorlesungen über die Geschichte der Philosophie. Zweiter

dass den platonischen Dialogen eine theoretische Ideenlehre zugrunde liegen müsse, die daher zu »re«-konstruieren sei. Weil sich aber ausgehend von den Äußerungen, die sich in den Dialogen über die Ideen finden, nur schwer eine konsistente und Platon zuzuschreibende Ideenlehre identifizieren lässt, wurde auch zum Verständnis der Ideen die genetische bzw. entwicklungsgeschichtliche Untersuchungs- und Deutungsmethode herangezogen. Die Inkonsistenzen, die in der »Re«-Konstruktion der Ideenlehre verbleiben, sollten aufgelöst werden, indem man sie durch eine Entwicklung des platonischen Denkens der Ideen erklärte. Doch auch bei diesem Ansatz verblieben Unklarheiten.[49] Einen Ausweg auch aus diesen Schwierigkeiten bietet der Ansatz beim Gebrauch und die mit ihm verbundene performative Interpretationsmethode, indem also nicht nur darauf geachtet wird, *was* über die Ideen gesagt wird, sondern vielmehr darauf, *wie* im Zusammenhang mit den Ideen *gehandelt* wird. Platons Dialoge müssen dann weniger in der chronologischen Abfolge ihres Entstehens als vielmehr, wie schon von Wieland[50] und lange zuvor schon von Munk,[51] in der Abfolge ihres fiktionalen Inhalts betrachtet und interpretiert werden. Denn Platon lässt Sokrates in den Dialogen in dessen verschiedenen Lebensaltern unterschiedlich mit der Ideenannahme umgehen. Einen Schlüsseltext stellt in diesem Zusammenhang der Dialog *Parmenides* dar, in dem der noch junge Sokrates eine theoretische Ideenlehre vertritt, die jedoch von dem ihm überlegenen Parmenides gründlich widerlegt wird. Und doch ist es Parmenides, der Sokrates ermuntert, sich, obwohl oder weil eine theoretische Ideenlehre unhaltbar ist, im Gebrauch von Ideen zu üben. Es könnte Platon also auch mit seiner Ideenannahme um ihren pragmatischen Gebrauch und weniger um die Möglichkeiten ihrer theoretischen Fixierung gegangen sein.

Neben Wieland[52] können wir auch an Dorothea Frede anknüpfen.[53] Auch sie versteht die Ideen ausgehend von ihrer Funktionalität in Gebrauchszusammenhängen. Nacheinander nimmt sie die verschiedenen Formen von Ideen bei Platon in den Blick und weist nach, dass diese nicht metaphysisch zu verstehen sind, sondern jeweils einen funktionalen Charakter haben. Eine Untersuchung der pragmatischen Rolle der Idee des Guten spart sie jedoch aus und nähert sich den Ideen, wie erwähnt, auch nicht über die literarische Szenerie, wie dies hier geschehen soll.

Band, S. 178, 199 ff; zum Vorwurf der Inhaltsleere der platonischen Ideen auch Wieland: Platon und die Formen des Wissens, S. 96 ff.
49 Vgl. hierzu: Wieland, Platon und die Formen des Wissens, S. 86; Frede, Platons Ideen, S. 45.
50 Wieland, Platon und die Formen des Wissens, S. 83–94.
51 Eduard Munk: Die natürliche Ordnung der platonischen Schriften, Berlin 1857.
52 Vgl. Wieland: Platon und die Formen des Wissens, S. 95–223.
53 Vgl. Dorothea Frede: Platons Ideen: Form, Funktion, Struktur.

1.1.2 Aufriss der Untersuchung

So werden wir uns der Gebrauchs-Thematik bei Platon nähern, indem sie zunächst sowohl den thematischen Inhalt als auch den literarischen Handlungsrahmen der Dialoge *Charmides* und *Lysis* auf einen in ihnen enthaltenen Begriff des Gebrauchs hin untersucht (Kapitel 1.2). Sprachlich vermittelbare Theorie und sprachlich nicht vollständig erfassbarer, untheoretischer Gebrauch werden einander gegenübergestellt (Kapitel 1.2.4) und das Verhältnis zwischen ihnen zum Thema gemacht (Kapitel 1.2.5). Der Begriff des Gebrauchs eröffnet dabei eine neue Perspektive im Verständnis der platonischen Dialogform (Kapitel 1.3). Diese wird als Konsequenz der platonischen Schriftkritik verstanden, hinter der sich eine Kritik am theoretischen Charakter der Schriftsprache verbirgt, aber auch, wie zu zeigen sein wird, als Konsequenz einer platonischen Kritik dessen, was schriftliche oder mündliche Sprache überhaupt zu leisten vermögen. Schließlich wird der Versuch unternommen, auch die platonischen Ideen ausgehend vom Gebrauch zu verstehen (Kapitel 1.4). Sie werden dann nicht als unabhängige, ontologische Einheiten verstanden, denen eine eigene metaphysische Existenz zugesprochen werden müsste. Aus der Perspektive des Gebrauchs wären die Ideen dann vielmehr, wie insbesondere eine Interpretation des Dialogs *Parmenides* zeigt, als Voraussetzungen zu verstehen, die das Denken macht, um in der Ausrichtung auf sie überhaupt erst Gegenständliches in der Welt identifizieren und dann im Weiteren mit diesen Gegenständen umgehen zu können.

1.2 Der Begriff und die Vorführung des Gebrauchs in den Dialogen *Charmides* und *Lysis*

1.2.1 Problemaufriss und Stand der Forschung

In Platons Dialogen *Charmides* und *Lysis* wird der Begriff des Gebrauchs sowohl thematisch entwickelt als auch literarisch inszeniert. Im folgenden Abschnitt sollen zunächst die Verwendung des Begriffs des Gebrauchs durch Platon untersucht und dabei seine verschiedenen Facetten sichtbar gemacht und dann die philosophisch-systematischen Zusammenhänge geklärt werden, aus denen heraus er als philosophisch relevanter Terminus ausgewiesen und expliziert werden kann.

Dabei stellt sich, anders als später bei Kant und Wittgenstein, das philologische Problem, dass Platon als Grieche das Wort »Gebrauch« nicht verwendet. Es müssen zuvor also die sprachlichen Äquivalente geklärt wer-

1.2 Begriff und Vorführung des Gebrauchs im *Charmides* und *Lysis*

den.⁵⁴ Das deutsche Wortfeld, das den Begriff des Gebrauchs umgibt und Wörter wie ›gebrauchen‹, ›Brauchbarkeit‹ oder ›brauchbar‹ umfasst, wird im Griechischen weitgehend durch den Begriff ›χρῆσις‹ und sein Wortfeld repräsentiert.⁵⁵ Im Deutschen finden sich Wörter, deren Wortfeld sich mit dem des Wortes ›Gebrauch‹ überschneiden. ›Brauchbar‹ kann z. B. ähnlich verwendet werden wie ›nützlich‹, ›gebrauchen‹ ähnlich wie ›verwenden‹ oder ›benutzen‹, während dem ›Nutzen‹ kein Wort aus dem Wortfeld ›Gebrauch‹ entspricht. Im Griechischen sind in ähnlicher Weise Verschränkungen des Wortfelds von ›χρῆσις‹ mit anderen Wortfeldern auszumachen. So fällt bei Platon eine enge Verbindung zum Wortfeld ›ὠφελία‹ auf, was ins Deutsche mit ›Nutzen‹, aber auch mit ›Hilfe‹ übersetzt wird. Tatsächlich wird sich in der Untersuchung immer wieder eine sehr ähnliche Verwendung beider Begriffe zeigen. So finden sich Stellen, an denen Platon die Begriffe ›χρήσιμος‹ und ›ὠφέλιμος‹ unmittelbar aufeinander folgend benutzt, als ob sie austauschbar wären. In der auf Schleiermacher zurückgehenden Übersetzung wird dann – wohl aus sprachästhetischen Gründen – auf das Wortfeld zu ›Nutzen‹ zurückgegriffen (Charm. 174a f.; 175a f.; Lys. 214e). An anderen Stellen wird wiederum ›χρήσιμος‹ mit ›nützlich‹ statt mit ›brauchbar‹ (Charm. 172c) übersetzt, ›ἄχρηστός‹ mit ›wenig nutz‹ statt mit ›unbrauchbar‹ (Lys. 204b f.) oder ›χρηστόν‹ mit ›Nutz‹ oder ›Nützliches‹ statt mit ›Brauchbares‹ (Charm. 175a). So kommt es in den Übersetzungen durchaus zu Verschränkungen beider Wortfelder. Sie sind, was den deutschen Sprachgebrauch anbelangt, durchaus legitim. Fokussiert man jedoch in der Interpretation auf den Begriff des Gebrauchs, kommt es zu Komplikationen, auf die an entsprechender Stelle hingewiesen wird. Der pragmatische Aspekt des Gebrauchs, der für

---

[54] Platon wird im Weiteren zitiert nach: ders.: Werke in 8 Bänden. Griechisch und Deutsch, hg. v. Gunther Eigler, Wissenschaftliche Buchgesellschaft, 4. unveränd. Aufl. 2005. Der griechische Text der Ausgabe ist der von »Les Belles Lettres« in der jeweils letzten Ausgabe; die dt. Übers. beruht mit leichten Anpassungen in allen Dialogen, die von Friedrich Schleiermacher übersetzt wurden, auf dessen Textfassungen aus: ders.: Platons Werke, 2. verb. Aufl., Berlin 1817–1828. Die Briefe liegen in Übers. v. Dietrich Kurz vor, *Timaios*, *Kritias*, *Minos* und die *Gesetze* in Übers. v. Hieronymos Müller u. Klaus Schöpsdau.

[55] Ulivari stellt seiner Untersuchung eine aufschlussreiche »semantische Übersicht des Wortes ›Gebrauch‹ in der griechischen Welt« voran (Ulivari, Die Welt des Gebrauchs im Spannungsfeld zwischen Platon und Heidegger, S. 16–21). Davon ausgehend plädiert er dafür, ›Gebrauch‹ nicht allein in seiner heute üblichen semantischen Verengung als die Verwendung eines Gegenstandes zu einem bestimmten Zweck zu verstehen, sondern die ganze semantische Breite des χρῆσις-Begriffs in die Reflexion einzubeziehen. Zu ihr gehört demnach »*erstens* ein Brauchen von etwas, das eine Not lindert; dazu gehört die Sehnsucht oder der Wunsch nach etwas. Gebrauch meint *zweitens* eine Anwendung von etwas im Gegensatz zum bloßen Besitz. *Drittens* heißt Gebrauch, einem Brauch zu folgen; d. h. im Spielraum spezifischer Sitten und Gebräuche zu leben.« (ebd., S. 7). Diese vielfältigen Bedeutungsfacetten lassen es nicht zu, die Gebrauchsthematik vorschnell auf eine bestimmte Perspektive einzuschränken.

unsere Zwecke vor allem von Bedeutung ist, kommt sowohl ›χρῆσις‹ als auch ›ὠφελία‹ zu.

Die Rolle des Gebrauchs hat insbesondere Konsequenzen für die Frage, wie das Ende des Dialogs zu deuten ist. Es ist bislang unterschiedlich, aber aporetisch interpretiert worden. Bonitz und (noch ein Jahrhundert später) Gloy werteten es als Zeichen dafür, dass Platon das im Dialog diskutierte Konzept eines selbstbezüglichen Wissens des Wissens ablehne, das sich in der Bestimmung der Besonnenheit aufdrängte, eine Ansicht, die lange vorherrschte.[56] Pohlenz sah in dem Dialog eine Auseinandersetzung mit einer gegnerischen Position: Mit der Aporie habe Platon das Konzept eines selbstbezüglichen Wissens des Wissens scheitern lassen, seine Unhaltbarkeit zeigen wollen.[57] Dabei wurden unterschiedliche Gegner, die Platon womöglich im Blick hatte, ins Auge gefasst.[58] Wilamowitz-Moellendorff brachte dagegen erste Einwände gegen die These vor.[59] Schirlitz und Tuckey wiederum waren der Auffassung, dass Platon die Antwort auf die Frage nach der Möglichkeit eines Wissens vom Wissen bewusst unentschieden lassen wollte,[60] während Erler meinte, im Text fänden sich deutliche Anzeichen dafür, dass Platon sie keinesfalls ablehne. Geht man in der Deutung vom thematischen und performativen Gebrauch aus, steht am Ende des Dialogs der theoretischen Aporie ein durchaus nicht-aporetisches pragmatisches Ergebnis gegenüber. Platon könnte es in seiner Konzeption der Besonnenheit weniger um ein abstraktes und sprachlich erfassbares Wissen als vielmehr um einen untheoretischen Gebrauch von Wissen gegangen sein, von dem es nicht wieder ein theoretisches, sprachlich formulierbares Wissen geben kann.

Man hat es dann mit einem selbstbezüglichen Wissens vom Gebrauch des Wissens zu tun. Dies berührt die Frage, ob Platon das Problem der Reflexion aufgeworfen hat, wie Oehler meinte.[61] Mit dem Motiv der Reflexion habe er die Grundzüge einer neuzeitlichen Bewusstseinsphilosophie vorwegge-

---

[56] Hermann Bonitz: Platonische Studien, 3. Aufl., Berlin 1886, S. 245; Karen Gloy: Platons Theorie der ἐπιστήμη ἑαυτῆς im *Charmides* als Vorläufer der modernen Bewußtseinstheorien, in: Kant-Studien 77 (1986), S. 137–164, 81 ff.

[57] Pohlenz, Max: Aus Platos Werdezeit. Philologische Untersuchungen, Berlin 1913, S. 53 f.

[58] Vgl. Bernd Effe: Platons Charmides und der Alkibiades des Aischines von Sphettos, in: Hermes 99 (1971), S. 198–208.

[59] Ulrich von Wilamowitz-Moellendorff: Platon, 1. Bd: Leben und Werke, 2. Aufl., Berlin 1920, S. 65–66.

[60] Vgl. Carl Schirlitz: Der Begriff des Wissens vom Wissen in Platons Charmides und seine Bedeutung für das Ergebnis des Dialogs, in: Jahrbücher für classische Philologie 43 (1897), S. 451–476, 513–537, hier S. 475; Th. Godfrey Tuckey: Plato's Charmides, London 1951.

[61] Vgl. Klaus Oehler: Die Lehre vom noetischen und dianoetischen Denken bei Platon und Aristoteles, München 1962, S. 103–129.

1.2 Begriff und Vorführung des Gebrauchs im *Charmides* und *Lysis*

nommen, so Krüger.[62] Auch für diese Frage hat der Ansatz beim untheoretischen Gebrauch Konsequenzen, worauf schon Wieland aufmerksam gemacht hat.[63] Denn wenn man in der Bestimmung der Besonnenheit zwar von einem selbstbezüglichen Wissen vom Gebrauch des Wissens ausgeht, dieses jedoch untheoretisch bleibt, so braucht man nicht zur These einer platonischen Begründung eines Selbstbewusstseins modernen Charakters Zuflucht zu nehmen.

Der zweite Dialog, in dem der Begriff des Gebrauchs eine zentrale Rolle spielt, ist der Dialog *Lysis*. Auch er stellte für die philosophische Interpretation stets eine besondere Herausforderung dar. Weit verbreitet ist die Einschätzung, dass er kein besonders gelungener Dialog von hohem philosophischen Wert sei. Im 19. Jahrhundert wurde ihm aufgrund seiner angeblichen philosophischen ›Inhaltsleere‹ sogar gänzlich die Autorschaft Platons abgesprochen. Friedrich Ast sah in ihm ein »gehaltloses Sophisma über das Wort φίλον [...] ohne die mindeste Andeutung von dem, was Platon im Phaedros und Symposion unter Liebe versteht«.[64] Ebenso vermutete Josef Socher, dass Platon nicht der Autor des *Lysis* sein könne.[65] Auch Cholava sprach dem Dialog nach einer umfassenden Untersuchung seine Echtheit ab, wurde hierin jedoch überzeugend von Kvičala und Bonitz widerlegt.[66] Heute ist die Echtheit des *Lysis* weitgehend unbestritten. Dennoch gilt er manch einem Interpreten wie etwa Szlezák als frustrierender Dialog.[67] Guthrie beurteilt den *Lysis* gar folgendermaßen: »[...] I must confess to my own, which is simply that it [der Dialog *Lysis*] is not a success. Even Plato can nod.«[68] Wie im Dialog *Charmides* endet auch hier das Gespräch aporetisch, und so bleibt die Ausgangsfrage nach dem, was Freundschaft ist, theoretisch ungeklärt. Die wenigen würdigenden Interpretationsansätze, die es zum *Lysis* gibt, versuchen in der Regel dennoch, wenn auch unter Anwendung völlig unter-

---

[62] Gerhard Krüger: Die Herkunft des philosophischen Selbstbewußtseins, in: ders.: Freiheit und Weltverwaltung Freiburg/München 1958, S. 11–69.

[63] Vgl. Wieland, Platon und die Formen des Wissens, S. 311–316, 262.

[64] Siehe Friedrich Ast: Platons Leben und Schriften. Ein Versuch, im Leben wie in den Schriften des Platon das Wahre und Aechte vom Erdichteten und Untergeschobenen zu scheiden, und die Zeitfolge der ächten Gespräche zu bestimmen. Als Einleitung in das Studium des Platon, Leipzig/Frankfurt 1816, S. 428–434, hier: S. 431.

[65] Vgl. Josef Socher: Über Platons Schriften, München 1829, S. 137–144, hier S. 141.

[66] Stephan Cholava: Über die Unechtheit des Dialogs Lysis, in: Zeitschrift für die Österreichischen Gymnasien 9, (1858), S. 793–802); Jan Kvičala: Über Platon's Lysis, in: Zeitschrift für die Österreichischen Gymnasien 10 (1859) S. 275–284; Hermann Bonitz: Anmerkungen zu dem vorstehenden Aufsatz [Kvičala, Über Platon's Lysis], in: Zeitschrift für die Österreichischen Gymnasien 10 (1859), S. 285–287.

[67] Vgl. Thomas A. Szlezák: Platon und die Schriftlichkeit der Philosophie. Interpretationen zu den frühen und mittleren Dialogen, Berlin/New York 1985, S. 117.

[68] William K. C. Guthrie: A History of Greek Philosophy, Bd. 4, Cambridge 1975, S. 143

schiedlicher Methoden, dem Dialog eine identifizierbare theoretische Lehre von der Freundschaft zu entnehmen. Ein Beispiel jüngeren Datums stammt von Don Adams.[69] Horst Peters unternimmt den Versuch, im Anschluss an Krämer das »Rätsel« des *Lysis* vor dem Hintergrund der »ungeschriebenen Lehre« zu »lösen«, indem er eine im *Lysis* enthaltene Theorie der Freundschaft unter der Voraussetzung einer »ungeschriebenen Lehre« Platons zu (»re-«)konstruieren versucht.[70] Und Terry Penner und Christopher Rowe meinen, eine kohärente »theory – not just about friendship, but about love, including and especially the ›romantic‹ sort, and desire, all of which turns out to be treated together under the umbrella of *philia*« als den propositionalen Gehalt des Dialogs identifizieren zu können, der auch ihnen zufolge jedoch nicht allein aus den sprachlichen Aussagen des Dialogs, sondern ebenso sehr aus Elementen der dramatischen Inszenierung des Dialoggeschehens rekonstruiert werden müsse.[71]

Der Dialog wird thematisch zumeist im Zusammenhang mit dem *Phaidros* und dem *Symposion* interpretiert und erscheint in diesem Vergleich dann, was die Freundschaft angeht, als philosophisch deutlich weniger aussagekräftig. Kahn etwa sieht im *Lysis* lediglich einige philosophische Aspekte des *Symposions* vorbereitet.[72] Auch für Penner und Rowe ist der *Lysis* nur eine »Miniatur« neben den »Meisterstücken« Platons und insbesondere dem *Symposion* – wenn sie ihm auch durchaus zugestehen, »für sich selbst zu stehen« und einen von den anderen Dialogen unabhängigen eigenen philosophischen Wert zu besitzen.[73]

Die gemeinhin eher geringe Wertschätzung des philosophischen Gehalts des *Lysis* resultiert aus der Fixierung auf den propositionalen Gehalt des Dialogs, der in einer identifizierbaren und Platon selbst zuzuschreibenden Lehre oder Theorie der Freundschaft bzw. der Liebe vermutet wird. Wenn es Platon aber mit diesem Dialog eher um Inhalte ginge, die sich einer direkten sprachlichen, theoretischen Mitteilung entziehen und nur performativ durch die literarische Form vorgeführt werden können, dann kommt man diesen Inhalten auch im *Lysis* vom Begriff des Gebrauchs (χρῆσις) her auf die Spur. Dessen Thematisierung im Dialog wurde im Bann der Fixierung auf einen theoretischen Gehalt bislang kaum bemerkt, wobei Stegmaier hier,

---

[69] Don Adams: A Socratic Theory of Friendship, in: International Philosophical Quarterly 35 (1995), S. 269–282.
[70] Horst Peters: Platons Dialog *Lysis*. Ein unlösbares Rätsel?, Frankfurt a. M./Berlin/Bern [u. a.] 2001; vgl. auch ders.: Platons Lysis: Untersuchungen zur Problematik des Gedankenganges und zur Gestaltung des Kunstwerks, Diss. Kiel 1968.
[71] Penner/Rowe: Plato's Lysis, Cambridge 2005, S. xii.
[72] Vgl. Charles H. Kahn: Plato and the Socratic Dialogue. The Philosophical Use of a Literary Form, Cambridge 1996, S. 266.
[73] Vgl. Terry Penner/Christopher Rowe: Plato's Lysis, S. xii, 300–312.

1.2 Begriff und Vorführung des Gebrauchs im *Charmides* und *Lysis*

wie erwähnt, eine Ausnahme bildet. Unter der Berücksichtigung pragmatischer Aspekte, die durch den Begriff des Gebrauchs und die literarische Form ins Spiel gebracht werden, bleibt es dann auch im *Lysis* nicht bei einer theoretischen Aporie. Unsere Untersuchung gelangt stattdessen zu einem ›philosophischen Gehalt‹ des Dialogs, der keinesfalls so dürftig ist, wie er oft beurteilt wird. Auch der Interpretationsansatz von Penner und Rowe, die den philosophischen Gedanken des *Lysis* ausdrücklich als »fully integrated with its literary and dramatic frame«[74] erkennen, hilft hier weiter. In ihrem Bestreben, unter dieser methodischen Maßgabe doch wieder zu einer kohärenten Theorie der Freundschaft zu gelangen, nehmen sie freilich die literarisch-dramatische Form des Dialogs nicht in letzter Konsequenz ernst. Denn sie erkennen sie zwar als ein sinnstiftendes Element an, jedoch nicht als notwendig – sofern Platon mit dem Dialog gar keine identifizierbaren Theorien propositionalen Gehalts vermitteln wollte, sondern etwas, das sich nur im Gebrauch zeigt.

Gezeigt werden soll also, dass der Begriff des Gebrauchs in beiden Dialogen nicht allein, aber vor allem im Zusammenhang mit der Frage nach dem möglichen *Gebrauch von Wissen* steht. Im *Charmides* wird die Besonnenheit ausdrücklich als eine Art Wissen vom rechten Gebrauch von Wissen zu bestimmen versucht. Und auch im *Lysis* wird das Wissen, das jemand zu gebrauchen versteht, zu einem wichtigen Gesichtspunkt in den Versuchen zur Bestimmung der Freundschaft.

So wird sich zeigen, dass Platon in einem zweifachen Sinn von ›Wissen‹ spricht: zum einen als sprachlich vermittelbares, zum anderen als untheoretisch gebrauchtes. Beide vermitteln auf unterschiedliche Weise *Sicherheit* angesichts der Ungewissheit das Grundproblem alltäglicher Orientierung. Auch wenn wir hier an Wieland anknüpfen können, der Platons Werk im Ganzen ausgehend von der Unterscheidung eines theoretischen Wissens und eines untheoretischen Gebrauchswissens deutete, werden wir seinen Terminus des »Gebrauchswissens« nicht übernehmen. Denn der Begriff des Gebrauchs lässt sich besser erschließen, wenn man die Terminologie des Wissens verlässt und stattdessen auf eine Begrifflichkeit zurückgreift, die dem untheoretischen Charakter des Gebrauchs besser entspricht. Nach der Interpretation der beiden Dialoge (Kapitel 1.2.2, 1.2.3) sollen die Merkmale des theoretischen Wissens und des untheoretischen Gebrauchs, wie sie sich in den Dialogen zeigen, expliziert (Kapitel 1.2.4) und dann die Vermittlung beider in der Inszenierung dialogischer Handlungssituationen aufgezeigt werden (Kapitel 1.2.5).

---

[74] Vgl. Penner/Rowe: Plato's Lysis, S. xii.

1.2.2 Der Begriff des Gebrauchs im Charmides

Der Begriff des Gebrauchs spielt im *Charmides* eine zentrale Rolle im Hinblick auf die Frage, was als besonnen gelten kann und was nicht. Er wird dabei selbst kaum zum Thema gemacht, sondern bleibt in seiner Verwendung über weite Strecken eine unhinterfragte Plausibilität, in der sich die Gesprächsteilnehmer ›verstehen‹. Was auch immer als »Besonnenheit« gelten kann, sie müsse etwas Brauchbares und Nützliches sein.[75]

Im Dialog bleibt die Frage, was die Besonnenheit sei, letztlich unbeantwortet. Was diese ist, lässt sich nicht theoretisch *sagen*, nicht festlegen. Am Anspruch, sie als ein Allgemeines und für alle Gleichbleibendes und gleichermaßen Gültiges fassen zu wollen, lässt Platon die Gesprächsteilnehmer scheitern. Wohl *zeigt* sie sich aber am konkreten individuellen Einzelfall, der in der Dialogsituation in Szene gesetzt wird.[76] In ihr, der individuellen Handlungssituation, erweisen sich die am Gespräch Beteiligten in deutlich unterschiedenen Weisen und Graden als besonnen. Der Theorie liegt damit, wie Platon sie im *Charmides* zeigt, letztlich kein Allgemeines zugrunde, keine unbedingte Allgemeingültigkeit, sondern ein individueller Gebrauch in individuellen Situationen. Der Dialog *Charmides* zeigt solche individuellen Bedingungen besonders lebhaft und deutlicher als viele andere seiner Dialoge.

Dies beginnt schon damit, dass es hier tatsächlich zu einem echten »Gespräch« kommt, in dem Sokrates' Dialogpartner dessen Äußerungen nicht nur, wie so häufig, einfach bestätigen und allenfalls knapp kommentieren. Im *Charmides* hat Sokrates stattdessen in Kritias einen ihm weitgehend ebenbürtigen Gesprächspartner. Die Überlegenheiten wechseln im Dialog mehrfach. Platon zeigt aber auch die leiblichen Bedingungen, unter denen theoretische Erörterungen hervorgebracht werden, nämlich wenn er die Rolle des Eros hervorhebt.[77]

---

[75] Ulivari geht in seiner Analyse des *Charmides* nicht auf den Begriff des Gebrauchs ein. Dennoch sei für seine Analyse des Gebrauchs bei Platon der *Charmides* »entscheidend«, weil sich hier über das Motiv der »Erkenntnis seiner selbst« »mit der ἀρετή die Universalisierbarkeit einer Art von apriorischer Gegenstandsbezogenheit verdeutlichen ließ.« (Ulivari: Die Welt des Gebrauchs im Spannungsfeld zwischen Platon und Heidegger, S. 151)

[76] Ulivari berücksichtigt in seiner Interpretation des *Charmides* die Handlungsebene, auf der sich die Besonnenheit im Dialog im Gebrauch zeigt, nicht. Dementsprechend spielt die hier in der Interpretation des *Charmides* erstmals angezeigte und im weiteren Verlauf zu verfolgende Unterscheidung theoretischen und formulierbaren Wissens einerseits und einer untheoretischen Sicherheit im Gebrauch, das sich nur in Handlungssituationen zeigen und auswirken kann, andererseits bei Ulivaris Charmides-Interpretation keine Rolle. Vgl. Ulivari: Die Welt des Gebrauchs im Spannungsfeld zwischen Platon und Heidegger, S. 98–102.

[77] Vgl. Stegmaier: Wahrheit und Orientierung, S. 290. Er weist hier auch darauf hin, dass Sokrates die »Sprache«, die »Endgültigkeit« des Wissens und die »Kraft der Vernunft« nicht nur dadurch

1.2 Begriff und Vorführung des Gebrauchs im *Charmides* und *Lysis*   35

Platon lässt Sokrates, der von einem dreijährigen Feldzug heimgekehrt ist, also über eine längere Zeit sinnlichen Genüssen aller Art entsagen musste, in eine Palaistra einkehren und dort von seinen Erlebnissen berichten. Bald darauf erkundigt er sich nach interessanten Jünglingen, woraufhin Charmides in die Runde geholt wird. Er gilt den Athener Männern sowohl bezüglich seines Geistes als auch seiner körperlichen Gestalt als der Bestgebildete unter den Jünglingen und gibt eine so außergewöhnlich schöne Erscheinung ab, dass er sogleich Sokrates' äußerstes erotisches Begehren weckt (vgl. Charm. 153d–155e). Charmides seinerseits wird Sokrates von Kritias jedoch als der »besonnenste[] unter den Jünglingen« vorgestellt (Charm. 157d), was Sokrates zum Anlass nimmt, ihn in ein Gespräch über die Besonnenheit (σωφροσύνη) zu verwickeln. Doch was ihn antreibt und geradezu nötigt, das Gespräch mit Charmides zu suchen, ist, wie Platon drastisch zeigt, dessen von allen gepriesene Schönheit.

Charmides' Besonnenheit, so wird gesagt, sei eine *natürliche*, die ihm mit seiner edlen »Abstammung« (Charm. 157d f.) mitgegeben ist. Sie verdankt sich also gerade keinem bewussten, theoretischen Reflexions- oder Lernprozess. Sokrates unterstellt nun, wenn Charmides besonnen sei, müsse ihm auch ein *Wissen* von der Besonnenheit innewohnen. Ein solches Wissen müsse dann auch sprachlich formulierbar, Charmides folglich in der Lage sein, zu beobachten, wie sich die Besonnenheit an ihm zeigt, und dann auch zu *sagen*, was die Besonnenheit sei (Charm. 158e f.). Sokrates geht hier gegenüber seinen Gesprächspartnern davon aus und bleibt darin unwidersprochen, dass etwas, was sich phänomenal *zeigt*, damit auch Gegenstand eines verfügbaren Wissens sein könne und dass die Sprache ein Werkzeug sei, mithilfe dessen sich zeigende Phänomene in sprachliche Ausdrucksformen überführt werden könnten. Was sich *zeigt*, könne auch *gesagt* werden.

Tatsächlich scheint sich Charmides' Besonnenheit schon bald zu *zeigen*, nämlich wenn er auf die Frage des Sokrates, ob er sich auch selbst für ausreichend besonnen halte, nicht antwortet, sondern lediglich beschämt ›errötet‹ (Charm. 158c). Wie Stegmaier festhält, werden vor allem zu Beginn des Dialogs Tugenden wie »Scham, Zurückhaltung, Rücksicht auf andere in der *Äußerung* der Wahrheit« herangezogen, um die Besonnenheit zu bestimmen.[78] An einer frühen Stelle im Dialog werde auch festgestellt, dass die Besonnenheit es nicht erlaube, sie sich selbst zuzuschreiben (Charm. 158d). Andererseits könne der Besonnene die Besonnenheit auch schlecht verleugnen

---

begrenzt, dass er ihre individuellen Bedingungen sichtbar macht, sondern ebenso durch den Eros und die inhaltliche Bestimmung der Besonnenheit, welche hier schon behandelt wurden, sowie durch den Mythos. Dieser ›stoße‹ den Logos nicht nur im *Charmides*, sondern auch in anderen Dialogen ›an‹. Vgl. Stegmaier: Wahrheit und Orientierung, S. 290 f.

[78] Stegmaier: Wahrheit und Orientierung, S. 291.

und sie sich selbst absprechen. Sokrates bringt Charmides also in Bedrängnis, wenn er ihn fragt, ob er sich selbst für ausreichend besonnen halte (Charm. 158c). So kann es nur eine Antwort geben – keine Antwort, stattdessen Charmides' verschämtes Erröten, in dem sich seine Besonnenheit sichtbar *zeigt*, wobei wohl nur die ihrerseits Besonnenen dies zu erkennen vermögen. Zur Sprache gebracht werden kann sie hier nicht, ohne dass sie sich dadurch in ihr Gegenteil verkehrte – der Besonnene kann weder sagen, er sei besonnen, noch, er sei es nicht. Charmides wird auch im Weiteren nicht in der Lage sein, die Besonnenheit abschließend und ohne Selbstwiderspruch zu bestimmen. Die Voraussetzung, dass sich das, was sich phänomenal an jemandem zeigt, auch Gegenstand eines expliziten Wissens sein und daher Gegenstand einer theoretischen Aussage werden kann, ist damit bereits infrage gestellt.

Sokrates drängt Charmides dennoch weiter zu einer theoretischen Bestimmung. Doch auch dieses Drängen ist nicht vorrangig durch ein theoretisches Interesse motiviert, sondern abermals durch ein erotisches. Was Sokrates antreibt, ist, sich vor Charmides und den anderen Anwesenden gegenüber seinem Konkurrenten Kritias auszeichnen zu wollen und dessen Autorität zu untergraben. So widerlegt er Charmides' These, die Besonnenheit bedeute, ›das Seine zu tun‹, wie dieser von Kritias gelernt hat. Sokrates meint, derjenige, von dem er sie habe, könne sie nicht ernst gemeint haben oder müsse ein »alberne[r] Mensch« sein, wobei er zugleich »lächelt« und »nach dem Kritias hin[sieht]« (Charm. 162a f.). Diesem bleibt nichts, als sich gegen die Bloßstellung zu wehren. So heißt es: »Dem Kritias aber war schon lange deutlich anzusehen, wie gepeinigt er war und wie gern er sich gezeigt hätte vor dem Charmides und vor den Anwesenden und wie er sich schon vorher nur mit Gewalt zurückgehalten hatte, nun aber konnte er es gar nicht mehr.« Er verliert die Besonnenheit. Damit unterliegen auch die weiteren Versuche zur Bestimmung der Besonnenheit Kommunikationsbedingungen, die ganz untheoretischer Natur sind.

Auf der Ebene der theoretischen Erörterung kommt der Begriff des Gebrauchs im Dialog bereits mit Charmides' zweitem Definitionsversuch ins Spiel: Auf Sokrates' Anweisung hin, Charmides solle beobachten, wie sich die Besonnenheit an ihm äußere, um dann einen Vorschlag machen zu können, was sie sei, äußert der errötete Charmides die Vermutung, diese müsse ein Schamgefühl sein. Doch Sokrates weist die Hypothese mit dem Argument zurück, dass das Schamgefühl einem Manne nicht brauchbar oder nützlich (κεχρημένῳ) sei. Die Annahme aber, dass die Besonnenheit etwas Unbrauchbares sei, erscheint so abwegig, dass dieser Versuch des Charmides, die Besonnenheit zu bestimmen, im Folgenden als widerlegt gilt (Charm. 161a, vgl. auch Charm. 169b). Die Annahme, die Besonnenheit müsse etwas Brauchbares sein, wird im weiteren Verlauf des Dialoges nicht mehr infrage gestellt. Sie bestimmt ihn bis hin zur letzten Argumentation des Sokrates, mit der das

1.2 Begriff und Vorführung des Gebrauchs im *Charmides* und *Lysis* 37

Gespräch aporetisch endet, und stellt damit eine Plausibilität dar, die weder argumentativ untermauert noch geprüft wird, sondern für beide Seiten selbstverständlich ist.[79] Sokrates sagt lediglich: »denn dass die Besonnenheit etwas Gutes (ἀγαθόν) und Nützliches (ὠφέλιμόν) sein müsse, das ahndet mir wohl« (Charm. 169b). Wer besonnen ist, der handelt demnach auch »brauchbar« (χρηστός) oder »nützlich« (ὠφέλιμος).

Auffällig ist, dass das Brauchbare hier mit dem Schönen und dem Guten identifiziert und damit auf eine ästhetische und moralische Ebene gehoben wird. Bei Platon besteht in der Tat ein enger funktionaler Zusammenhang zwischen den Ausdrücken der Brauchbarkeit und des Nutzens einerseits und dem des Guten andererseits. An vielen Stellen scheinen sie austauschbar zu sein. Wer besonnen ist, handelt nicht nur nützlich, sondern eben darin auch »schön« (καλός) und tut das »Gute« (ἀγαθός), keinesfalls aber das »Schädliche« (βλαβερά) (vgl. z. B. Charm. 163c–e, aber auch Charm. 159c–161a).[80]

Nützliche, schöne und gute Handlungen beruhen Sokrates' Hypothese zufolge immer auf einer Form der Erkenntnis, auf einem Wissen. Der Arzt vermag den Kranken zu heilen, weil er über die Heilkunde als einer Form der Erkenntnis verfügt (vgl. Charm. 165c). Wer nützlich handelt, kann nicht allein deshalb schon als besonnen gelten, denn, so folgert Sokrates, dann wäre auch besonnen, wer vom nützlichen, schönen und guten Charakter seiner Handlung nichts weiß. Doch der nun in das Gespräch eingebundene Kritias will diese These seines Konkurrenten nicht gelten lassen. So ergibt das Gespräch, der aus seinem Wissen heraus Handelnde müsse, damit er als besonnen gelten kann, auch ein Wissen vom nützlichen, schönen und guten Charakter seines Handelns haben (vgl. Charm. 164a–d).

Besonnenheit liege, wie Kritias weiter ausführt, nicht in einer auf Erkenntnis gegründeten Handlung, sondern sei ein selbstbezügliches Wissen oder

---

[79] Zum Begriff der Plausibilität vgl. Stegmaier: Philosophie der Orientierung, S. 15. Hier definiert er: »Als selbstverständliche werden Plausibilitäten nicht artikuliert, nicht explizit gemacht. Sie werden fraglos vorausgesetzt. Werden sie erst artikuliert, werden sie damit Nachfragen ausgesetzt und dadurch fraglich. Man lässt sie ›auf sich beruhen‹. Erst wenn sie, unter besonderen Umständen, von sich aus fraglich werden, ›bringt‹ man sie ›zur Sprache‹.«
[80] Auch Wolfgang Wieland weist darauf hin, dass die Begriffe des Guten und des Brauchbaren oder Nützlichen an vielen Stellen funktionsgleich und austauschbar sind. Er stellt folgende Stellen zusammen: Apol. 28b; Lach. 192a; Charm. 163e f., 172d, 174b ff.; Euthyphr. 13b; Lys. 210d, 217b, 220c; Hipp. Mai. 284d f., 295c, 296d, 303e; Men. 77b f., 87e ff., 96e, 98c, 99b; Gorg. 468c, 470a, 474b, 477a, 499d, 513e, 525b; Prot. 333e, 358b; Euthyd. 280b f., 291c f., 292d; Rep. 333b, 335d, 343b, 348c, 357a f., 379b, 457d, 461a, 518d f., 558e, 608c; Krat. 416e ff., 419a; Theait. 177d; Phil. 11b; Alk. I 114e f., 116c; Nom. 652a, 904b. Vgl. Wolfgang Wieland, Platon und die Formen des Wissens, S. 166. Vgl. zur Thematik auch die Ausführungen zur Idee des Guten: Kapitel 1.4.4.

eine »Erkenntnis seiner selbst« (τὸ γιγνώσκειν ἑαυτόν, Charm. 164d), wie sie der Gott in Delphi anempfiehlt (vgl. Charm. 164c–165b). Doch auch die so gefundene, an die hohe göttliche Autorität appellierende Bestimmung wird auf Sokrates' Einwände hin mit einem Verweis darauf verworfen, dass ein solches selbstbezügliches Wissen für sich genommen *unbrauchbar* sei. Brauchbar sei allein ein fremdbezügliches, auf Gegenstände bezogenes Wissen von etwas, nicht aber das selbstbezügliche Wissen von einem Wissen. »Die Heilkunde als die Erkenntnis des Gesunden« sei beispielsweise »nützlich« (χρησίμη) (Charm. 165c f.), weil sie dem Arzt ermögliche, das Richtige zur Heilung zu tun. Ein vergleichbarer pragmatischer Nutzen sei von einem Wissen von der Art einer reinen Selbsterkenntnis hingegen kaum zu erwarten (Charm. 174d–175a). Der Gang des Gesprächs weist damit die Besonnenheit als ein rein selbstbezüglich strukturiertes Wissen vom Wissen als unbrauchbar aus. Etwas zu wissen, ohne zu wissen, was man weiß, was also der Inhalt des Wissens ist, wäre ein rein abstraktes Wissen. Es wäre ohne jeden Gegenstandsbezug letztlich von der konkreten Lebenswirklichkeit abgekoppelt (vgl. Charm. 169e–171c). Die Bestimmung der Besonnenheit muss also unter der Voraussetzung, dass diese etwas Brauchbares ist, ein fremdbezügliches Element enthalten.

»Höchst nützlich« (ὠφέλιμον) (Charm. 171d), so ergibt das Gespräch dementsprechend, wäre ein selbstbezügliches Wissen des Wissens, wenn es zugleich ein Wissen vom Gegenstand eines Wissens einschlösse. Besonnenheit könnte dann eine Erkenntnis der Erkenntnis selbst *und* ihrer »anderen Erkenntnisse« (Charm. 166c) und damit sowohl selbst- als auch fremdbezüglich sein. So könne es sich, obwohl selbstbezüglich, dennoch auf pragmatische Handlungssituationen beziehen. Auf solche Weise besonnen, könnten wir sowohl eigenes fehlerhaftes Handeln als auch das anderer vermeiden. Das, worauf wir uns nicht verstehen, würden wir anderen überlassen und das, worauf andere sich nicht verstehen, würden wir ihnen nicht überlassen. Die Fragen nach einem geordneten und guten Zusammenleben in der Gemeinschaft wären so ebenfalls gelöst. Hauswesen und Polis im Ganzen würden gut regiert und die Menschen »notwendig ein schönes und gutes Leben führen« (Charm. 171d–172a). So wird deutlich, dass in der Frage nach der Möglichkeit eines nützlichen und auf das Gute ausgerichteten besonnenen Handelns sowohl ein selbstbezügliches und auf den Handelnden selbst zurückbezogenes als auch ein fremdbezügliches, auf die Probleme der jeweiligen Handlungssituation bezogenes Wissen berücksichtigt werden muss. Besonnenheit, so ergibt das Gespräch, könnte dann als ein *Wissen vom rechten Gebrauch des Wissens* gelten.

Platon lässt aber auch dieses Verständnis der Besonnenheit nicht stehen. »Vielleicht aber auch«, so lässt er Sokrates zur vollständigen Verwunderung seiner Gesprächspartner einwerfen, »haben wir etwas ganz Unnützes (οὐδὲν

1.2 Begriff und Vorführung des Gebrauchs im *Charmides* und *Lysis*

χρηστόν) gesucht« (Charm. 172c). Denn Sokrates merkt nun an, dass jedem Wissen ein Wissen von dem vorgeschaltet sein müsse, was das Gute (ἀγαθόν) und was das Böse (κακόν) ist (Charm. 174a–d). Mag die Besonnenheit als ein Wissen noch so sehr zum rechten Gebrauch der Dinge befähigen (vgl. Charm. 174c), ohne die Fähigkeit, Gut und Böse voneinander zu unterscheiden, könne letztlich nicht gewährleistet werden, dass sie den Menschen in letzter Konsequenz wirklich nützlich ist. Denn jedes Wissen und jeder Gebrauch kann guten oder auch schädlichen Zwecken dienen. Ohne ein Wissen vom Guten und Bösen wäre daher auch alles Wissen vom Gebrauch des Wissens, auch die Besonnenheit in letzter Konsequenz unbrauchbar, was jedoch der Ausgangsplausibilität des Gesprächs, dass die Besonnenheit brauchbar sei, widerspräche. Denn hierzu müsste ihr ein Wissen vom Guten (ἀγαθόν) und Bösen (κακόν) vorgeschaltet sein.

Damit mündet die theoretische Erörterung dessen, was die Besonnenheit sei, in die Aporie. Die Voraussetzung, die Sokrates zu Beginn des Dialogs macht, nämlich dass es von etwas, was sich als Eigenschaft phänomenal an jemandem *zeigt*, eine Form von Wissen geben und es damit sprachlich adäquat formuliert, also *gesagt* werden können müsse, wird nicht eingelöst. Dass Charmides »von Gemüt so besonnen« (Charm. 175d) ist, wird, obwohl er keine haltbare Bestimmung der Besonnenheit nennen kann, dennoch nicht bezweifelt.

Schließlich bringt Sokrates selbst eine Unterscheidung ins Spiel, mit der er die Widersprüche auflöst. So erklärt er Charmides mit Blick auf den gescheiterten Bestimmungsversuch, dass es auf den Erfolg im Gespräch letztlich nicht ankomme, weil er, wenn er das »große Gut« der Besonnenheit »besitzt«, auch so »glückselig« sein könne (Charm. 175e, 176a). Platon führt damit, wie Stegmaier bemerkt, durch die Figur des Sokrates die Unterscheidung eines theoretischen Wissens und eines pragmatischen ›Wissens‹ im Sinne einer bloßen Fähigkeit des Gebrauchs von etwas ein.[81] Es kommt demnach bei der Besonnenheit darauf an, in ihrem Sinn zu *handeln*, nicht, sie theoretisch bestimmen zu können. Dem letzten Bestimmungsversuch der Besonnenheit im Dialog zufolge gehört zweierlei zu ihr: zum einen, dass sie auf einem Wissen beruhte, zum anderen aber auch, dass sich der Besonnene auf den Gebrauch dieses Wissens versteht. Er hat ein Wissen von seinem Wissen – von der Art, dass er angemessen mit ihm umgehen kann. Die Besonnenheit besteht demnach in einem ›Wissen‹ vom rechten Gebrauch des Wissens. Dieses pragmatische ›Wissen‹, das kein sprachlich formulierbares sein muss, besteht in der Sicherheit im Umgang mit dem jeweiligen Gegenstand, die nicht aus einer theoretischen Reflexion und Bestimmung kommt. Sie muss selbst nicht auf Regeln gebracht und ausdrücklich benannt werden können. Der Besonnene

---

[81] Vgl. Stegmaier: Wahrheit und Orientierung, S. 291.

ist nicht weniger besonnen, wenn er nicht explizit zur Sprache bringen kann, was Besonnenheit ist. Denn was die Besonnenheit auch immer sein mag – letztlich kommt es darauf an, dass man in ihrem Sinne handelt. So zieht Platon, indem er die Ergründung des Begriffs der Besonnenheit scheitern lässt, diese aber unter ihren pragmatischen, individuellen Gebrauchsbedingungen *zeigt*, der Bedeutung der Theorie selbst eine Grenze.

Wird die Besonnenheit als ein Wissen verstanden, dass nicht abstrakt-theoretisch, sondern untheoretisch-pragmatisch ist, müssen die Versuche, es abschließend festzulegen und theoretisch zu bestimmen, ihrerseits fehlschlagen. So wird deutlich, warum der Dialog im Versuch der theoretischen Bestimmung der Besonnenheit aporetisch endet. In dem Moment, in dem sie theoretisch erfasst würde, verlöre sie ihren pragmatischen Charakter, würde zu einem theoretischen Wissen, dessen Brauchbarkeit seinerseits nicht gewährleistet wäre. Die Brauchbarkeit, so zeigt sich, entzieht sich zuletzt jeder theoretischen Bestimmung. Das aporetische Ende des Dialogs ist nicht die Konsequenz dessen, dass Platon die Bestimmung der Besonnenheit als eine selbstbezügliche Wissensstruktur ablehnt und diese Konzeption im Dialog daher scheitern lassen will, sondern der Hinweis darauf, dass sich die Besonnenheit als eine untheoretische Sicherheit im Gebrauch prinzipiell einer Definition entzieht. Die Besonnenheit als ein selbstbezügliches Wissen vom Gebrauch des Wissens bestünde dann, obwohl es selbstbezüglich ist, nicht in einer Reflexions- und wäre damit keine moderne Bewusstseinsleistung, weil dieses Wissen letztlich als eine untheoretische Fähigkeit des Umgangs zu verstehen ist. In diesem Sinne führt der Dialog auch nach Wieland nicht auf moderne Reflexionsstrukturen hin, weil diese letztlich funktionslos für den leitenden Gesichtspunkt des Dialoges wären. Dieser aber sei für Sokrates die Brauchbarkeit und das mit ihr verbundene Gute.[82]

Die Besonnenheit kann sich daher allenfalls pragmatisch, nämlich in individuellen und theoretisch nicht verallgemeinerbaren Handlungssituationen *zeigen*, die von Platon im Dialog in Szene gesetzt werden. Der Leser wird auf diese Weise dazu angehalten, nicht nur auf den theoretischen Verlauf des Gesprächs zu achten, wenn er etwas über Besonnenheit lernen will, sondern auch darauf, wie sich diese im Dialog pragmatisch *zeigt*. Er kann und muss sich selbst ein Bild davon machen, was er dem Dialog über die Besonnenheit entnimmt. Eine verallgemeinerbare Theorie wird ihm nicht geboten, sondern im Gegenteil demonstrativ verweigert. Platon *zeigt*, was Besonnenheit sein könnte: an den beteiligten Figuren selbst und an ihnen jeweils auf unter-

---

[82] So Wieland bezüglich der Problematik der verschiedenen Wissenskonzeptionen als einem rein selbstreferentiellen Wissen einerseits und einem selbst-, aber zugleich auch fremdreferentiell konzipierten Wissen andererseits, die im *Charmides* diskutiert werden. Vgl. Wieland, Platon und die Formen des Wissens, S. 311–316, 262.

schiedliche Weise.[83] So hat zwar Sokrates immer größere Schwierigkeiten, sich gegen die Argumente seiner Gesprächspartner zu behaupten, und er selbst gibt zu, angesichts der Schwierigkeiten in der Bestimmung der Besonnenheit ein schlechter Forscher in theoretischen Dingen zu sein. Überhaupt weist er den Besitz irgendeines (theoretischen) Wissens beständig von sich. Und dennoch kann es als Beispiel für sokratische Ironie gelten, wenn er sich hier als »schlechter Forscher« bezeichnet, versteht er sich doch, worauf es ankommt, wie kein anderer auf den Gebrauch von Wissen. Die Weise, wie er seine Gespräche führt, wie er je nach den Erfordernissen der jeweiligen Situation und je nach Gesprächspartner die treffenden Argumente wählt und gebraucht, ist ihm letztlich doch »höchst nützlich« und macht ihn »glückselig«, was sich zuletzt in dem auf pragmatischer Ebene keinesfalls aporetischen Ergebnis zeigt, dass sich der begehrenswerte Charmides »alle Tage« wieder mit Sokrates über Besonnenheit unterhalten will (Charm. 176af.). Indem es Sokrates versteht, das theoretische Gespräch so zu führen, dass er es sich innerhalb der Handlungssituation zunutze macht, macht er von der Theorie selbst pragmatischen Gebrauch. Es gelingt ihm, sich vor Charmides gegenüber seinem Konkurrenten Kritias als der bessere »Forscher« hervorzutun, sich interessanter zu machen und auf diese Weise den ihn durch seine Schönheit erotisch affizierenden Charmides für sich zu gewinnen. Und eben darin erweist er sich als besonnen.

1.2.3 Der Begriff des Gebrauchs im Lysis

Im *Lysis* hebt die thematische Erörterung des Begriffs des Gebrauchs in Sokrates' erstem Gespräch mit dem jungen Lysis an (Lys. 206e–210e). Hier geht es zunächst um die Liebe seiner Eltern zu ihm. Sie müssten, so Sokrates zu Lysis, aufgrund ihrer Liebe wollen, dass er glücklich ist, und ihn folglich das tun lassen, was er will. Stattdessen, so ergibt das Gespräch, verwehren

---

[83] Die Frage, inwiefern sich Sokrates oder auch Charmides ihrerseits im Dialog als besonnen erweisen, ist immer wieder diskutiert worden. Insbesondere die Tatsache, dass mit Charmides und Kritias ausgerechnet zwei Protagonisten der Tyrannis zu Hauptfiguren eines Dialogs über Besonnenheit gemacht werden, irritierte die Interpreten. Beide Figuren könnten dem antiken Leser also gerade als Beispiel für Unbesonnenheit gegolten haben. Der Dialog spielt aber, wie Stegmaier betont, auf fiktiver Ebene zu einem Zeitpunkt, »bevor die beiden die Gelegenheit hatten, [ihre Besonnenheit] wirklich zu beweisen«, während Platons zeitgenössischen Lesern zugleich sowohl die späteren Biographien von Charmides und Kritias vor Augen standen, als auch die Besonnenheit, die »Sokrates in seinem Tod [...] bewiesen hat.« (Stegmaier: Wahrheit und Orientierung, S. 288.) Zur historischen Figur des Charmides vgl. den von Debra Nails erarbeiteten Index der in Platons Werk auftretenden historischen Figuren (Debra Nails: The people of Plato: A Prosopography of Plato and Other Socratics. Indianapolis/Cambridge 2002, S. 90 ff; zur im folgenden Kapitel 1.2.3 im Fokus stehenden Lysis vgl. S. 195 ff.).

sie ihm etwa das Fahren des Wagens des Vaters oder auch das Führen des Maultiergespanns und trauen diese Tätigkeiten an seiner statt eher einem unfreien Wagenführer und einem Maultiertreiber zu. Im Haushalt verwehrt es die Mutter Lysis, die Gerätschaften in der Weberei anzurühren, und nicht einmal über sich selbst lassen ihn die Eltern frei verfügen, sondern unterstellen ihn einem Knabenführer und einem Lehrer. Lysis erklärt die von seinen Eltern auferlegten Einschränkungen mit dem Umstand, er habe eben »noch nicht die Jahre dazu« (Lys. 209a), woraufhin Sokrates einwendet, dass sein Alter nicht der Grund hierfür sein könne, denn das Schreiben und Vorlesen oder das Spielen der Lyra verwehrten die Eltern ihm ja auch nicht.

Das Gespräch gelangt schließlich bezüglich des Begriffs des Gebrauchs zu einem im weiteren Verlauf keineswegs in einer Aporie endenden Ergebnis. Die Passage ist für unsere Auslegung des platonischen Verständnisses dessen, was hier Wissen meint, und vor allem für die Interpretation des Begriffs des Gebrauchs von so zentraler Bedeutung, dass sie hier vollständig wiedergegeben wird:

[...] Was mag also nur, o Lysis, die Ursache sein, daß sie dir hier [im Schreiben, Vorlesen und im Spielen der Lyra] nicht wehren, wohl aber in dem, was wir vorher sagten [im Wagenlenken, im Treiben des Maultiergespanns und bei den Geräten in der Weberei der Mutter]? – Ich glaube, sprach er, weil ich dieses <u>verstehe</u> [ἐπίσταμαι], jenes aber nicht.

– Wohl, antwortete ich, Bester! Nicht also deine Jahre erwartet dein Vater, um dir alles zu überlassen, sondern welchen Tag er glauben wird, du seist <u>klüger</u> [σε βέλτιον αὑτοῦ φρονεῖν] als er, an dem wird er dir sich selbst und alles das Seinige überlassen. – Das glaube ich selbst, sagte er. – Wohl, sprach ich; wie aber der Nachbar? Hat der nicht dieselbe Regel deinetwegen, wie dein Vater? Meinst du, er wird dir sein Hauswesen zu verwalten überlassen, sobald er glaubt, du <u>verstehest dich besser auf</u> [σε [...] βέλτιον [...] ἑαυτοῦ φρονεῖν] die Haushaltungskunst als er, oder er wird ihm dann noch selbst vorstehen wollen? – Er wird es mir <u>überlassen</u> [ἐπιτρέφειν], meine ich. – Und wie die Athener? Glaubst du, sie werden dir nicht ihre Angelegenheiten übergeben, wenn sie merken, daß du <u>Klugheit</u> genug besitzest [ὅτι ἱκανῶς φρονεῖς]? – Ich glaube es.

– Und beim Zeus, fuhr ich fort, wie wohl der große König? Ob er wohl seinem ältesten Sohn, auf den die Regierung von Asien kommt, wenn Fleisch gekocht wird, eher erlauben wird, alles in die Brühe zu werfen, was er nur hineinwerfen will, als uns, wenn wir nämlich zu ihm kämen und ihm zeigten, daß wir uns besser <u>verständen</u> [φρονοῦμεν] als sein Sohn <u>auf</u> die Zubereitung der Speisen? – Uns offenbar, sagte er. – Und jenen zwar würde er auch nicht das mindeste hineinwerfen lassen, uns aber, wollten wir auch ganze Hände voll Salz nehmen, ließe er doch hineinwerfen. – Wie sollte er nicht? – Wie aber, wenn sein Sohn an den Augen litte, ließe er ihn wohl an seinen eignen Augen etwas tun, wenn er ihn für keinen Arzt hält, oder verböte er es ihm? – Er verböte es gewiß. – Uns aber, wenn er uns für Arzneikundige hielte, wollten

1.2 Begriff und Vorführung des Gebrauchs im *Charmides* und *Lysis*   43

wir ihm auch die Augen aufreißen und mit Asche einstreuen, würde er doch, meine ich, nicht wehren, wenn er glaubte, daß wir es gründlich verständen [ὀρθῶς φρονεῖν]. – Du hast recht. – Würde er nicht auch alles andere eher uns überlassen [ἐπιτρέποι] als sich und seinem Sohne, worin nämlich wir ihm weiser [σοφώτεροι] zu sein schienen als sie beide? – Notwendig, o Sokrates.

– So verhält es sich also, lieber Lysis, sagte ich. Darüber, wovon wir uns richtige Einsichten erworben [φρόνιμοι γενώμεθα], wird jedermann uns schalten [ἐπιτρέψουσιν] lassen, Hellenen und Ausländer, Männer wie Frauen; wir werden darin tun, was wir nur wollen, und niemand wird uns gern hindern, sondern wir werden hierin ganz frei sein, und auch gebietend über andere [ἄλλων ἄρχοντες], und dieses wird das Unsrige sein, denn wir werden Genuß davon haben. Wovon wir aber keinen Verstand erlangt [νοῦν [...] κτησώμεθα] haben, damit wird uns niemand verstatten zu tun, was uns gut dünkt; sondern alle werden uns hinderlich sein, soviel sie können, nicht die Fremden allein, sondern Vater und Mutter, und wenn uns jemand noch näher verwandt sein könnte als sie. Vielmehr werden wir selbst, was diese Dinge betrifft, andern folgsam sein, und sie werden uns also fremd sein, denn wir werden keinen Genuß von ihnen haben. Räumst du ein, daß es sich so verhalte? – Ich räume es ein.

– Werden wir also jemanden lieb sein, und wird uns jemand lieben in Hinsicht auf dasjenige, wozu wir unnütz [ἀνωφελεῖς.] sind? – Nicht füglich, sagte er. – Jetzt also liebt weder dich dein Vater noch sonst jemand jemanden, insofern er unbrauchbar [ἄχρηστος] ist. – Es ist nicht zu glauben, sagte er. – Wenn du aber verständig [σοφός] wirst, o Sohn, dann werden alle dir freund und alle dir zugetan sein, denn du wirst brauchbar [χρήσιμος] sein und gut. Wenn aber nicht: so wird weder irgend ein anderer dir freund sein, noch selbst dein Vater oder deine Mutter oder deine Verwandten. Ist es also wohl möglich, o Lysis, sich damit viel zu wissen [μέγα φρονεῖν], worin man noch nichts weiß [φρονεῖ]? – Und wie könnte man, sagte er. – Wenn also du noch des Lehrers bedarfst, weißt [φρονεῖς] du noch nicht? – Richtig. – Also weißt du dich auch nicht viel [μεγαλόφρων], wenn du doch noch unwissend [ἄφρων] bist. – Wahrlich, o Sokrates, sagte er, ich glaube auch nicht. [...]

(Lys. 209b–210d; Hervorh. MSvR)

Der Gang des Dialogs führt hier einerseits auf den Begriff des Wissens hin, andererseits auf den der Brauchbarkeit. So gelangen Sokrates und Lysis zu dem Ergebnis, dass jemandem Dinge (χρῆμαι) nicht aufgrund seines Alters, das er erlangt hat, zugetraut oder »überlassen« (ἐπιτρέπειν, Lys. 209 c) bzw. nicht zugetraut oder nicht überlassen werden. Anhand verschiedener Beispiele wird verdeutlicht, dass jemandem das überlassen wird, was er versteht, ›worauf er sich versteht‹, worin er ›klug‹ oder ›weise‹ ist oder »Verstand erlangt« hat oder auch, wovon er »richtige Einsichten erworben« hat. In diesen Dingen lässt man jemanden »schalten« und sogar ›über andere gebieten‹. Allein weil Lysis in den angeführten Dingen noch kein entsprechendes Wissen hat und hier daher unbrauchbar ist, lassen ihn die Eltern auch nicht frei tun, was er gerne täte.⁸⁴ Dinge aber, von denen wir »keinen Verstand erlangt haben«, überlassen wir anderen. Die im angeführten Zitat verwandten Begrifflichkeiten von ›verstehen‹, ›sich auf etwas verstehen‹, ›Einsichten erwerben‹ oder ›Verstand erlangen‹ bzw. ›haben‹ werden dann enger geführt und münden schließlich in die weitere Verwendung des Verbs »wissen« (φρονεῖν), das dann in den flektierten Fassungen »weiß« (φρονεῖ), »weißt« (φρονεῖς) oder »unwissend« (ἄφρων) verwendet wird.⁸⁵

In der angeführten Textpassage geht es offensichtlich um ein zu erwerbendes Wissen, das zu einem sachgemäßen Umgang mit den Dingen befähigen soll, um die es jeweils geht, wie etwa einem Maultiergespann. Zum Maßstab, jemandem eine Sache zum Umgang zu überlassen, wird in dem angeführten Zitat das Wissen, welches dieser von der betreffenden Sache hat. Dieses ›Wissen‹ ist jedoch sichtlich nicht als ein rein theoretisches und sprachlich formulierbares zu verstehen, sondern in erster Linie als ein pragmatisches, das zum rechten Umgang mit den Dingen, zu ihrem rechten Gebrauch befähigt. Denn den Maultiertreiber etwa befähigt nicht ein abstraktes Wissen zum Führen des Maultiergespanns, sondern ein Wissen, das auch unthematisch

---

⁸⁴ In der Forschung ist auch die Auffassung vertreten worden, es gehe Sokrates hier in Wirklichkeit darum, Lysis aufzuzeigen, dass sich seine Eltern nicht angemessen um ihn sorgen, weil sie lediglich darauf bedacht seien, einen Nutzen von ihm zu haben, obwohl es ihnen doch mit Verboten eher darum gehen solle, Schaden von ihm abzuwenden (vgl. etwa David Bolotin: Plato's Dialogue on Friendship. An Interpretation of the Lysis with a New Translation, Ithaca/London 1979, S. 85; Francisco J. Gonzales: Plato's *Lysis*: An Anactment of Philosophical Kinship, in: Ancient Philosophy 15, (1995), S. 69–90, hier S. 73; Ferdinand Horn: Platonstudien I, Wien 1893, S. 111; Ursula Wolf: Die Freundschaftskonzeption in Platons Lysis, in: Emil Angehrn/Hinrich Fink-Eitel/Christian Iber/Georg Lohman (Hg.): Dialektischer Negativismus. Michael Theunissen zum 60. Geburtstag, Frankfurt a. M. 1992, S. 103–129, hier: S. 107; Michael Bordt: Kommentar, in: Platon Werke. Übersetzung und Kommentar, Bd. V 4 Lysis, Göttingen 1998, S. 137.). Dabei kann das Argument ebenso gewendet werden: Ein Nutzen, den die Eltern von Lysis haben, ist ein Nutzen für die ganze Familie und ein Schaden, den sie abgewandt haben, ist von der ganzen Familie abgewandt. Und damit kommt der Nutzen letztlich auch Lysis zugute, und der Schaden wird auch von Lysis abgewandt. Die Auffassung, derzufolge Sokrates Lysis den Egoismus seiner Eltern vor Augen führen wolle, gehört nicht zufällig auch in den Umkreis einer Deutung, nach der Platon hier gerade eine Kritik der Gebrauchskonzeption der Freundschaft übe. Diese Auffassung wird im Weiteren wieder aufgegriffen und ihrerseits kritisiert werden.

⁸⁵ Außerdem auch in der Wendung »weißt du dich viel« (μεγαλόφρων). Mit μέγα φρονεῖν ist jedoch eine feste Wendung im Griechischen verbunden, was bei Schleiermacher nicht unbedingt deutlich wird. Es bedeutet nicht einfach »viel wissen«, sondern in etwa so viel wie »wer weiß was von sich denken«, »sich großartig dünken«, »viel von sich halten«. Platon spielt hier mit dem Wort φρονεῖν, das er innerhalb eines Satzes sowohl in seiner wörtlichen als auch in seiner sprichwörtlichen Bedeutung verwendet. Sokrates fragt Lysis sinngemäß, ob es möglich sei, in einem Bereich, in dem man über kein Wissen verfügt, viel von sich halten, und schlussfolgert aus Lysis' Verneinung, dass sich dieser, sofern er unwissend ist, auch nicht ›großartig dünke‹.

1.2 Begriff und Vorführung des Gebrauchs im *Charmides* und *Lysis* 45

bleiben kann, ohne dadurch unbrauchbar zu werden (es taugt womöglich gerade in dieser Form zum pragmatischen Gebrauch), und sich beispielsweise durch Erfahrung ansammelt. Wissen wird damit in seiner Nutzen bringenden Funktion thematisiert, die es für die alltägliche Orientierung des Menschen hat. Unter ihm ist auch hier so etwas wie eine Art Sicherheit im Nutzen bringenden Umgang mit etwas zu verstehen.

Wer über eine derartige Sicherheit im nützlichen Gebrauch verfügt, wer im Umgang mit den Dingen geübt und mit ihnen vertraut ist und darin Kompetenzen erworben hat, so ergibt das Gespräch weiterhin, werde seinerseits ›nützlich‹ für andere. Die anderen lassen ihn dann mit den Dingen umgehen (»schalten«), sie betrauen ihn mit bestimmten Aufgaben, bezüglich derer sie ihn für kompetent halten, und haben so selbst einen Nutzen davon. An dieser Stelle führt das Gespräch wieder auf das Thema der Freundschaft zurück, denn wir sind, so heißt es weiter, aus diesem Grunde einander auch in dem Maße zugeneigt, in dem wir füreinander aufgrund unseres Wissens oder Unwissens ›nützlich‹ oder ›unnütz‹ (ὠφελεῖς / ἀνωφελεῖς) oder, wie es dann im Text heißt, insofern wir füreinander ›brauchbar‹ (χρήσιμος) oder ›unbrauchbar‹ (ἄχρηστος) sind (Lys. 210c, d). Freunde sind einander »freund«, sofern sie einander »auch nützlich« (χρήσιμος) sind und voneinander »Nutzen« (ὠφελίαν, χρείαν) haben (Lys. 214e, 215b, vgl. auch Lys. 222b f.).[86] Nachdem Wissen als eines aufgefasst wird, das zum sicheren Gebrauch der Dinge

---

[86] Dass Platon im *Lysis* eine Gebrauchskonzeption der Freundschaft entwickelt, ist in der Forschung in Zweifel gezogen worden. Während der analytisch orientierte Gregory Vlastos die Auffassung vertrat, dass Platon im *Lysis* die Konzeption einer auf Egoismus beruhenden Freundschaft entwickle (vgl. Gregory Vlastos: Platonic Studies, 2. Aufl., Princeton 1981, insbes. S. 3–11; vgl. auch die Auseinandersetzung mit dieser Position Vlastos' durch Michael D. Roth: Did Plato Nod? Some Conjectures on Egoism and Friendship in the *Lysis*, in: Archiv für Geschichte der Philosophie 77 (1995), S. 1–20, sowie: Bordt: Kommentar, S. 137–140), sahen andere Forscher im *Lysis* gerade eine Kritik an der Verbindung von Brauchbarkeit/Nutzen und Freundschaft. So vertritt Bordt die Auffassung, dass Sokrates selbst die Annahme, die Brauchbarkeit eines Menschen sei bereits ein hinreichendes Kriterium dafür, ihm Freund zu sein, ad absurdum führt. Dies geschehe, wenn Sokrates Lysis die Zustimmung zu den Thesen abringt, auch der Nachbar würde ihm die Verwaltung seines Hauswesens überlassen, wenn er sich als brauchbarer hierfür erweise als er selbst, bzw. der Großkönig der Perser werde ihm erlauben, händeweise Salz in seine Suppe zu werfen und Asche in die erkrankten Augen seines Sohnes zu streuen, wenn er sich nur als kompetenter Koch oder Arzt ausweise. Sokrates gebe damit selbst einen Hinweis darauf, dass die Brauchbarkeit einer Person vielleicht bloß ein notwendiges, nicht aber schon ein hinreichendes Kriterium dafür sei, jemandem Freund zu sein. »Platons These ist, dass der Nutzen ein notwendiges Kriterium der Freundschaft ist und sich jede Freundschaft unter dem Kriterium des Nutzens beschreiben können lassen muss. Das bedeutet aber nicht, dass Freundschaft um des Nutzens willen geschlossen und aufrecht erhalten wird.« (Bordt: Kommentar, S. 80, vgl. auch S. 137f.). Auch Goldbacher ist der Auffassung, dass der Nutzen bzw. die Brauchbarkeit im *Lysis* nur als ein, wenn auch sehr wichtiger, Aspekt der Freundschaft beleuchtet würde (vgl. Alois Goldbacher: Zur Erklärung und Kritik

befähigt, werden nun auch seine Inhaber selbst unter dem Gesichtspunkt der Freundschaft als brauchbar für andere thematisiert. Seine Brauchbarkeit innerhalb der Zusammenhänge des alltäglichen Lebens wird damit im *Lysis* zu einem Gesichtspunkt, durch den das Wissen hier auf mehreren Ebenen in einen pragmatischen Horizont eingebettet wird.

Dieser im *Lysis* entwickelte Begriff des Gebrauchs wird in der Szenerie des Dialogs und den dargestellten Handlungssituationen gespiegelt. Sokrates wird im ersten Gespräch zwischen ihm, Ktesippos und Hippothales als jemand eingeführt, der sich auf einen rechten Gebrauch seines Wissens in Liebesfragen und auf einen sicheren Umgang mit Fragen der Liebe selbst versteht – im Gegensatz zu dem in Lysis verliebten Hippothales. Dieser wirbt vor allem mit seinen Lobliedern in so ungeschickter Weise um Lysis, dass sich Ktesippos über dessen Unvermögen lustig macht. Sokrates will von Hippothales genauer hören, wie dieser um Lysis wirbt, »auf welche Art du deinen Liebling behandelst« (προσφέρει), um selbst beurteilen zu können, ob dieser »auch weiß[] (ἐπίστασαι), wie dem Verliebten gezieme, über seinen Liebling zu diesem selbst und zu anderen zu reden« (Lys. 205a f.; Hervorh. MSvR). Sokrates spricht auch hier von einem ›Wissen‹, doch ist dieses unverkennbar nicht als ein formuliertes theoretisches Wissen konzipiert: Es wird als ein Wissen verstanden, das seinen Träger in die Lage versetzt, seinen ›Liebling‹ richtig zu ›behandeln‹, von dem ›Wissen‹ also rechten Gebrauch zu machen und souverän und erfolgreich in der Kommunikation mit dem Geliebten zu agieren, um diesen schließlich für sich zu gewinnen. Formuliert und theoretisch erfasst werden muss dieses ›Wissen‹ nicht.[87]

Sokrates bescheinigt Hippothales bald, die Sache falsch anzugehen. Vor allem dessen Loblieder auf Lysis führten eher zu »Einbildung und Hochmut« bei diesem und verringerten gar Hippothales' Aussichten auf einen Erfolg seines Werbens. Schließlich bittet Hippothales Sokrates, ihm einen Ratschlag

---

des Lysis, Graz 1893 (= Analecta Graeciensia), S. 123–140, hier: S. 130.), während Wolf meint, Platon animiere uns zur Reflexion dessen, dass wir letztlich nur sehr bedingt in der Lage seien, den Eigennutz aus der Freundschaft auszuschließen (vgl. Ursula Wolf: Die Freundschaftskonzeption in Platons Lysis, S. 108.). Wir tendieren hingegen eher dazu, dass Platon im *Lysis* tatsächlich eine Konzeption der Freundschaft unter dem Aspekt der Brauchbarkeit entwickelt. Mit seinen die Gebrauchskonzeption der Freundschaft ad absurdum führenden Argumenten scheint Platon eher darauf aufmerksam machen zu wollen, dass der Gebrauch stets in unübersichtlich komplexe Kontexte verflochten ist, es also nicht immer einfach ist, das, was das Brauchbare ist, eindeutig zu bestimmen. Wenn die Freundschaft auch unter dem Gesichtspunkt der Brauchbarkeit der Freunde füreinander konzipiert ist, bedeutet dies doch nicht, dass im Einzelnen immer eindeutig und theoretisch erfasst werden kann, was das Brauchbare und was die Freundschaft im Konkreten sind, der Versuch ihrer Festlegung, nicht die Brauchbarkeit, führt zu Schwierigkeiten.

[87] Wieland würde eben hier von einem »Gebrauchswissen« sprechen. Vgl. ders.: Platon und die Formen des Wissens.

1.2 Begriff und Vorführung des Gebrauchs im *Charmides* und *Lysis* 47

zu erteilen, wie er seine Sache besser machen könne. Obwohl Sokrates zu Beginn des Dialogs mit Ktesippos und Hippothales bescheiden angemerkt hat, er sei womöglich zu nichts zu *gebrauchen* (ἄχρηστος, Lys. 204b f.), würde Sokrates aufgrund seiner spezifischen Sicherheit im Umgang mit den Geliebten, also Gebrauch von seinem Wissen in Liebesfragen zu machen, dann im oben ausgeführten Sinne seinerseits brauchbar für Hippothales. Doch Sokrates spricht auf die Bitte des Hippothales hin die bereits erwähnten Worte: Dies sei nicht leicht zu *sagen*, in einem direkten Gespräch mit Lysis könne er aber den Versuch unternehmen, Hippothales zu *zeigen*, wie so etwas anzustellen sei (Lys. 206c). Auch hier macht Platon von dieser Unterscheidung Gebrauch.

Sokrates schlägt vor, dass sich Hippothales während des Gesprächs mit dem jungen Lysis und dessen Freund Menexenos hinter einer Säule verbirgt, um das Geschehen zu beobachten und die Lektion des Sokrates durch Beobachtung des Handlungsvollzugs zu lernen. Doch Platon macht deutlich, dass Hippothales auch hier nicht verständig ist, denn anstatt zuzuschauen, wie Sokrates mit Lysis umgeht, achtet dieser ausschließlich auf den Inhalt des Gesprächs: Bereits nach dem ersten Gespräch zwischen Sokrates und Lysis deutet sich dies an, wenn Hippothales zunächst mit »Angst und Verwirrung« »über das Gesagte« reagiert (Lys. 210e). Anstatt Sokrates' Umgang mit dem Jüngling zu beobachten, scheint er wegen der Einsicht besorgt zu sein, dass er selbst, wenn er Lysis für sich gewinnen will, für diesen in irgendeiner Weise brauchbar und nützlich sein muss. Er muss über Kompetenzen verfügen oder solche erwerben, die er an Lysis weitergeben kann und durch die er für ihn attraktiv wird. Sokrates' Lektion, die er Lysis erteilt, gilt auf diese Weise auch für Hippothales.[88] Kann ihm diese Einsicht zwar durchaus noch nützlich werden, steht sich Hippothales in seiner Fixierung auf den Inhalt des Gesprächs schließlich selbst im Weg, was spätestens deutlich wird, wenn Platon ihn in dem Moment vor Freude, wie es heißt, »alle Farben« wechseln lässt (Lys. 222b), in dem die theoretische Erörterung zu dem Zwischenergebnis gelangt, dass der Liebende notwendig vom Geliebten wieder geliebt werden müsse (Lys. 222a f.). Anstatt darauf zu achten, wie Sokrates die Zuneigung des Lysis gewinnt, glaubt Hippothales nun aufgrund der theoretischen Überlegungen, sich seiner Sache sicher sein zu dürfen. Ob Hippothales am Ende etwas Brauchbares ›gelernt‹ hat, bleibt fraglich. Der Dialog endet inhaltlich aporetisch. Was Freundschaft ist, bleibt in theoretischem Sinne ungeklärt. Auf der Handlungsebene jedoch endet der Dialog wie schon der *Charmides* keineswegs aporetisch, denn Sokrates ist zum Freund des Lysis und des Menexenos geworden und beweist, dass er, wenn er auch über kein letztes theoretisches Wissen in Bezug auf die Frage, was Freundschaft sei, verfügt, sich dennoch im rechten Umgang mit denen, die er seine Freunde

---

[88] So auch die Deutung Bordts. Vgl. Bordt: Kommentar, S. 132.

nennen will, bewährt hat.[89] Er ›weiß‹, was Freundschaft ist, ohne über ein abschließend formulierbares Wissen davon verfügen zu müssen. Er hat die erforderliche Erfahrung im Gebrauch, auf die es in der Handlungssituation ankommt und die ihm im Gegensatz zu Hippothales die souveräne und die Situation beherrschende Rolle verschafft.

Die Szenerie des Dialogs legt nahe, dass die in der thematischen Erörterung vorgeführte und durch den Begriff des Gebrauchs angezeigte Sicherheit im Umgang mit Personen und Situationen nicht gleichberechtigt neben dem theoretischen Wissen steht, sondern dass dem Gebrauch auf der Handlungsebene eine Vorrangstellung vor der Theorie zukommt. Denn mit Hippothales wird eine Figur in Szene gesetzt, die im Laufe der Handlung über keinerlei Fähigkeiten im rechten Gebrauch verfügt. Gerade Hippothales hat aber offensichtlich die Erwartung, ein Wissen, durch das Handlungssituationen souverän beherrscht werden können, lasse sich rein theoretisch erwerben. Er glaubt, von Sokrates theoretische und dann einfach in die Praxis umsetzbare Ratschläge erhalten zu können, wie man erfolgreich um den Geliebten wirbt. Während er dem Gespräch zwischen Sokrates und Lysis lauscht, wähnt er sich seiner Sache bereits allein aufgrund der theoretischen Überlegungen sicher, die zu einem in seinem Sinne günstigen Ergebnis führen. Sokrates hingegen, der zuletzt bekundet, zu keiner Antwort auf die Frage, was Freundschaft sei, gelangt zu sein, steht gerade als derjenige da, der sich durch seine Erfahrung im Umgang mit anderen Menschen, durch seine erworbenen Fähigkeiten im Gebrauch untheoretischen Wissens, nun dennoch zu den Freunden des Lysis und des Menexenos zählen kann.

Mit den Figuren Hippothales und Sokrates wird damit die Differenz eines theoretischen Wissens einerseits und eines untheoretischen Wissens im Sinne einer Sicherheit im Gebrauch andererseits dialogisch vorgeführt. Dabei fällt Hippothales die Rolle desjenigen zu, der sich vor allem an die Theorie hält und damit scheitert. Sokrates hingegen beherrscht auch die Erörterung theoretischen Wissens wie kein anderer. Er beherrscht sie so gut, dass er auch die Grenzen dieses Wissens einsieht. Er verfügt also auch über die Kriterien theoretischen Wissens. Er kann unterscheiden und entscheiden, wo Theorie brauchbar ist und wo nicht.

1.2.4 *Theorie und Gebrauch im* Charmides *und* Lysis

So liegt beiden Dialogen deutlich die Unterscheidung eines sprachlich formulierbaren theoretischen Wissens und eines untheoretischen rechten Gebrauchs zugrunde. Während die Fähigkeit zu untheoretischem Gebrauch –

---

[89] Dies macht schon Stegmaier deutlich. Vgl. ders.: Philosophieren als Vermeiden einer Lehre, insbes. S. 221 f.

1.2 Begriff und Vorführung des Gebrauchs im *Charmides* und *Lysis*

etwa von Besonnenheit und Freundschaft – weder exakt formuliert noch gelehrt werden kann und in dieser Hinsicht einem theoretischen Wissen unterlegen ist, ermöglicht sie es, kompetent mit Gegenständen oder Personen umzugehen und in Handlungssituationen zu agieren – etwa besonnen zu handeln oder Freunde zu erwerben. Im Weiteren wird untersucht, wie ein theoretisches Wissen und ein untheoretischer rechter Gebrauch in den beiden Dialogen Platons zur Geltung kommen und in ihnen konzipiert sind. Dabei wird sich zeigen, dass sowohl das theoretische Wissen als auch die untheoretische Fähigkeit zum rechten Gebrauch eine spezifische Form von Sicherheit angesichts der Ungewissheit als des Grundproblems der Orientierung darstellen: Ermöglicht das theoretische Wissen Sicherheit im Denken, so bietet die Fähigkeit zu untheoretischem rechtem Gebrauch eine Sicherheit der Orientierung in Handlungssituationen. In der modernen Erkenntnistheorie versuchte man, die untheoretische Fähigkeit zum sicheren Gebrauch terminologisch ebenfalls als ein »Wissen« zu begreifen. Zwei sehr verschiedene dieser erkenntnistheoretischen Ansätze, mit denen die Rolle nicht-theoretischer Wissensformen in Abgrenzung zu theoretischen ins Zentrum der philosophischen Reflexion gestellt wird, sind mit Michael Polanyi und Gilbert Ryle verbunden. Thematisiert Polanyi die Rolle des nicht-theoretischen Wissens in den Naturwissenschaften, ist Ryle vor allem für seine Unterscheidung eines »know-that«, das ein theoretisches Wissen beschreibt, von einem »know-how« als einem untheoretischen Wissen bekannt.[90] Von Ryle ausgehend entwickelte sich eine Diskussion, die zur Zeit auch um die Unterscheidung von propositionalem und nicht-propositionalem Wissen geführt wird.[91] Auch Wieland bedient sich dieser Terminologie, wenn er Platons Werk die Unterscheidung von theoretischem Wissen und Gebrauchswissen oder propositionalem und nicht-propositionalem Wissen zugrunde legt. Im Weiteren werden wir uns jedoch weniger erkenntnistheoretischer Terminologie bedienen, sondern, um den pragmatischen Charakter derjenigen Phänomene, um die es geht, hervorzuheben, ein »theoretisches Wissen« (Kapitel 1.2.4.1) von einer untheoretischen »Sicherheit im Gebrauch« (Kapitel 1.2.4.2) unterscheiden. Im Folgenden wird gezeigt, wie theoretisches Wissen einerseits und der sichere Gebrauch andererseits in den Dialogen als prinzipiell unterschiedliche Zugänge zu den Problemen in den Dialogen zutage treten und den Figuren auf unterschiedliche Weise Orientierung ermöglichen. Auf dieser Grundlage können wir uns dann der Frage nach der von Platon in den Dialogen konzipierten Beziehung zwischen beiden zuwenden (Kapitel 1.2.5).

---

[90] Vgl. Michael Polanyi: Personal Knowledge. Towards a post-critical Philosophy, London 1973; Gilbert Ryle: The Concept of Mind, London 1949.
[91] Vgl. Joachim Bromand/Guido Kreis (Hg.): Was sich nicht sagen lässt. Das Nicht-Begriffliche in Wissenschaft, Kunst und Religion, Berlin 2010, sowie die weitere, hier angegebene Literatur.

1.2.4.1 Theoretisches Wissen im *Charmides* und *Lysis*

Wie gezeigt wurde, versucht sich vor allem Hippothales im Dialoggeschehen mithilfe theoretischen Wissens zu orientieren. Insbesondere zwei Szenen verdeutlichen dies: zum einen die, in der Hippothales Sokrates um einen Rat fragt, wie er es anstellen könne, Lysis für sich zu gewinnen, und zum anderen die Szene, in der er sich hinter einer Säule versteckt, um dem Gespräch zu lauschen und seine Aufmerksamkeit weniger auf Sokrates' Umgang mit Lysis richtet als vielmehr auf den Inhalt des Gesprächs zwischen beiden. Aber auch an der Figur des Sokrates kommt das theoretische Wissen zur Geltung. Die verschiedene Merkmale theoretischen Wissens, die in den Dialogen zum Ausdruck kommen, sollen im Folgenden verdeutlicht werden.

Als wichtige Unterscheidung in den Dialogen *Charmides* und *Lysis* wurde der von Sokrates gemachte Unterschied zwischen *sagen* und *zeigen* herausgestellt. Das *Sagen* verweist zweifelsohne auf den Bereich der Sprache und der sprachlichen Aussage. Dass es sprachlich formulierbar ist, ist in beiden Dialogen ein zentrales Merkmal theoretischen Wissens.[92] In der sprachlich artikulierten Aussage scheint Wissen überprüfbar und zu objektiver Geltung fähig zu sein. Auch Sokrates wird von Platon so dargestellt, dass er stets darauf dringt, Wissen sprachlich zum Ausdruck zu bringen. Danach müsse Charmides, wenn er doch der besonnenste unter den Jünglingen sei, selbstverständlich wissen, was die Besonnenheit als solche sei, und Lysis und Menexenos, wenn sie einander als Freunde bezeichnen, müssten auch sagen können, was die Freundschaft ausmache. Hippothales wiederum erwartet selbstverständlich, dass Sokrates ihm sein ›Wissen‹ über den rechten Umgang mit den Geliebten sprachlich mitteilen kann, sodass er über dieses dann in gleicher Weise verfügen und es nutzen kann.

Wissen ist nach einem solchen und uns heute gemeinhin auch selbstverständlichen Modell ein Wissen von etwas, von einem Gegenstand, der vom Wissen, das sich auf ihn bezieht, und vom Wissenden selbst unterschieden und unabhängig ist. Der Gegenstand des Wissens wird dem Wissenden dann durch das Wissen von ihm verfügbar. Der Wissende steht in Distanz zu dem scheinbar von ihm selbst unabhängig vorhandenen Gegenstand seines Wissens. Wer ›Theorie‹ betreibt, meint, den Gegenstand der Theorie ›betrachten‹, alles Relevante an ihm vollständig erfassen und so über ihn im Denken, und dann – so die Hoffnung – auch im Handeln verfügen zu können. Die theoretische Distanz wird im *Lysis* vor allem durch das Bild des sich in sicherer Distanz hinter einer Säule versteckenden Hippothales veranschaulicht. Hippothales will aus sicherer Entfernung die Szenerie betrachten und hofft, den

---

[92] Vgl. zu den Merkmalen theoretischen Wissens auch Wieland: Platon und die Formen des Wissens, insbes. S. 224–229.

1.2 Begriff und Vorführung des Gebrauchs im *Charmides* und *Lysis* 51

Gegenstand des erstrebten Wissens vollständig erfassen und diesen in der Folge beherrschen zu können.

Wahrheit ist dann als Wahrheit einer Aussage in der Richtigkeit einer Referenz zwischen Aussage und autonomem Gegenstand begründet. Eine Aussage kann dann immer auch falsch sein, nämlich wenn sie nicht auf den von ihr als unabhängig vorgestellten Gegenstand zutrifft, wenn ihr Inhalt nicht ›der Fall‹ ist. Da immer die Alternative besteht, dass eine Aussage wahr oder falsch ist, unterliegt sie einer Wahrheitsdifferenz, ist sie ›wahrheits-‹ bzw. ›irrtumsfähig‹. Und auch im Fall, dass ›nicht entscheidbar‹ ist, ob eine Aussage wahr oder falsch ist, wird sie doch an diesem Maßstab gemessen.[93]

Ein solches Wissen kann, weil es gegenüber seinem Träger scheinbar autonom ist, als *objektiv* gelten. Eine Identifikation mit in Sätzen der Sprache vorliegendem Wissen ist nicht notwendig, eine Distanzierung von ihm jederzeit möglich. In der Wissenschaft kann die Geltung von Sätzen nicht nur, sondern soll sogar möglichst unabhängig von ihrer Beziehung zu dem, der sie ausspricht, analysiert werden. Folglich ist niemand für dieses Wissen verantwortlich – ein Aspekt, der bei der Erörterung der platonischen Schriftkritik von Bedeutung sein wird. Weil Wissen als objektivierbar gilt, wird es als mitteilbar und nachvollziehbar und daher als allen gleichermaßen zugänglich verstanden. Was Sokrates über den Umgang mit den Jünglingen ›weiß‹, kann Hippothales vermeintlich einfach übernehmen. Denn es kann in Form sprachlicher Sätze weitergegeben und in eben dieser Form angeeignet werden. Hippothales kann daher davon ausgehen, sich Sokrates' Wissen, wenn er es ihm mitteilt, ohne weiteres aneignen zu können. Und Sokrates müsste demnach das, was er ›weiß‹, Hippothales einfach durch Sätze der Sprache lehren können.

Die Sachverhalte, die ein solches Wissen begründen, müssen von dem, der das Wissen übernimmt, dann nicht mehr selbst erschlossen werden. Wer beispielsweise etwas über fremde Länder liest, erlangt ein Wissen über sie, welches wahr oder falsch sein kann, aber nicht auf eigener Anschauung dieser Länder beruhen muss. Hippothales erhofft sich eine Teilhabe an Sokrates' Wissen, ohne selbst den Umgang mit dem Gegenstand dieses Wissens eingeübt zu haben. Er hofft, dass ihm Sokrates seine Sicherheit im Umgang mit den Jünglingen als ›Wissen‹ vermittelt.

Ein Wissen, das allein über die Sprache und ohne eigene Erfahrungen mit seinem Gegenstand erworben werden kann, ist ›abstrakt‹, von seinem

---

[93] In der logischen und analytischen Tradition spricht man in diesem Sinne, wie Wieland ausführlich darstellt, auch von einem ›zweiwertigen‹ oder ›bivalenten‹ Wissen. Man spricht von diskursivem Wissen im Gegensatz zu intuitivem, von prädikativem Wissen im Gegensatz zu vorprädikativem oder auch von propositionalem Wissen im Gegensatz zu nichtpropositionalem Wissen. Vgl. hierzu: ebd.

Gegenstand ›abgezogen‹. Im *Charmides* ist dies das reine selbstbezügliche Wissen des Wissens, das sich selbst genügt. Jedoch gilt es den Dialogfiguren zu Recht als unbrauchbar. In seinen Dialogen führt Platon deutlich vor Augen, dass eine ausschließliche Orientierung an einem theoretischen Wissen die Gefahr birgt, die Verluste, die sich mit ihm einstellen, aus den Augen zu verlieren. Denn Aussagenwahrheiten sind nicht deshalb ›objektiv‹, weil sie die Dinge so, wie sie sind, nämlich in einem mehr oder weniger weitläufigen, prinzipiell unüberschaubaren Bedingungsgeflecht mit allem Übrigen, zur Sprache brächten, was gar nicht möglich wäre, sondern weil sie ihren Gegenstand aus eben diesem Geflecht isolieren. In der Theorie werden unvermeidlich, um Bestimmtes hervorzuheben, Kontexte ausgeblendet, wird Komplexität reduziert.[94] Damit erzeugen Aussagenwahrheiten den Schein von Vollständigkeit und Abgeschlossenheit. Der Aneignungsprozess, in dem sich entscheidet, welche Kontexte ausgeblendet werden, bleibt in der Aussage unsichtbar.

In der Philosophie scheint es bis heute oft selbstverständlich, Probleme in rein sprachliche zu transformieren, um sie mit den Mitteln einer logischen Analyse der Sprache zu lösen. Das bietet methodische Vorteile, was die heutige Vorrangstellung sprachlich-theoretischer Wissens- und Wahrheitskonzeptionen verständlich macht. So konnte die logische Analyse der Sprache zu einer dominierenden Methode in der Philosophie werden. Weil sich letztlich jedes Problem in sprachliche Aussagen transformieren lässt, scheint diese Methode auch universell einsetzbar zu sein. Dass die Wirklichkeit in des Umgangs mit Situationen damit nicht hinreichend erfasst ist, wird in Kauf genommen. Platon hingegen, der als Begründer des theoretischen Wissens gilt, weist in den Dialogen *Charmides* und *Lysis* auch auf das untheoretische Gebrauchen-können hin, berücksichtigt auch die pragmatischen Aspekte unserer Lebensführung.

Obwohl sich Hippothales in seiner Situation am Maßstab theoretischen Wissens orientiert, zeigt sich, dass dieser über die Kriterien und Grenzen desselben letztlich nicht verfügt. Er kann nicht unterscheiden, in welcher Situation ihm theoretisches Wissen weiterhilft und in welcher nicht. So verkennt er den abstrakten Charakter theoretischen Wissens, das seinen Träger nicht schon zum richtigen Gebrauch der Dinge und zum Umgang mit Situationen in ihrem jeweiligen individuellen Bedingungsgeflecht befähigt.

---

[94] Nach Stegmaier ist »[d]ie Theoretizität der wissenschaftlichen Orientierung […] hoch effizient. Sie bedient sich unterschiedlicher Verfahren gradueller Abkürzung, durch die nicht nur der Zeichengebrauch diszipliniert, sondern auch die Randbedingungen der Untersuchungsgegenstände kontrolliert werden; am Spektrum der Wissenschaften ist abzulesen, wie Genauigkeit und Zuverlässigkeit der Orientierung mit dem Grad der Abkürzung, also der Reduktion situativer Komplexität steigt.« Stegmaier: Philosophie der Orientierung, S. 518.

1.2 Begriff und Vorführung des Gebrauchs im *Charmides* und *Lysis*

Sokrates' Sicherheit im Umgang mit anderen Menschen wird von ihm als ein theoretisches und sprachlich vermittelbares Wissen gedeutet, weshalb er hofft, es sich in einem Prozess sprachlich-theoretischer Vermittlung aneignen zu können.

Es ist Sokrates, der in den Gesprächen mit Kritias und Charmides, und mit Lysis und Menexenos zunächst ganz selbstverständlich als jemand auftritt, der von einem theoretischen Wissensverständnis ausgeht. Er will *wissen*, was Besonnenheit bzw. was Freundschaft ist. Platon lässt diese Wissen-wollen aber in der Aporie enden. Im Sinne des theoretischen Wissens bleibt Sokrates am Ende ein Nicht-Wissender. Am Maßstab theoretischen Wissens lässt Platon ihn scheitern – und damit in diesem Falle auch den Maßstab des theoretischen Wissens selbst.

Dass die Theorie bei allem, was sie zu leisten vermag, an Grenzen stößt, ist in der philosophischen Tradition nie vergessen worden, wenn ihr zumeist auch eine Vorrangstellung eingeräumt wurde. Darin dass Sokrates im *Charmides* selbst bekundet, es sei letztlich nicht wichtig, ›sagen‹ zu können, was Besonnenheit ist, es komme darauf an, besonnen zu sein, und dass Platon gerade Hippothales trotz dessen Fixierung auf theoretisches Wissen schließlich im konkreten Umgang mit Handlungssituationen scheitern und hier ›unbrauchbar‹ sein lässt, werden diese Grenzen angezeigt. Wer sich wie Hippothales einzig an das theoretische und ›isolierende‹ Wissen hält, läuft Gefahr, andere Strategien der Orientierung, die ihm in Handlungssituationen effektiver weiterhelfen können, weil sie das unübersichtliche Bedingungsgeflecht der Welt weniger abkürzen, vorzeitig auszuschließen. Sokrates ist diejenige Figur, die es demgegenüber am ehesten vermag, die Kriterien und Grenzen theoretischen Wissens, das, was es zu leisten und was es nicht zu leisten vermag, und wann es auf andere, untheoretische Fähigkeiten im Umgang mit Gegenständen, Personen und Situationen ankommt, einzuschätzen.

1.2.4.2 Sicherheit im untheoretischen Gebrauch im *Charmides* und *Lysis*

Die Philosophie kann sich als eine Disziplin verstehen, die die Grenzen unseres Denkens ausmacht, um dann hinter diese zurückzugehen und auf diese Weise neue Perspektiven und damit auch neue Orientierungs- und Lebensmöglichkeiten zu erschließen. Aus dieser kritischen Sicht stellt sich die Frage nach den Möglichkeiten eines nicht-theoretischen Gebrauchs, eines sicheren Umgangs mit Gegenständen und Situationen, der nicht auf bewusster Reflexion beruht und sich nicht in sprachlichen Aussagen darstellen lassen muss. In einer solchen Fähigkeit des Gebrauchs wären die in der Theorie ausgeblendeten Kontexte in eigener Weise erschlossen und gingen nicht verloren, sofern sie nicht theoretisiert und in die Strukturen sprachlicher Darstellung überführt würden.⁹⁵ Ein solches Vermögen des Gebrauchs wird in den interpretierten Dialogen behandelt und in der Dialogszenerie vorgeführt.

Ohne Zweifel ist die philosophische Beschäftigung mit einem Gebrauch, der sich nicht ohne Verlust in sprachliche und mit sprachlogischen Methoden analysierbare Sätze überführen lässt, methodischen Nachteilen ausgesetzt. In parmenideischer Tradition konnte sie daher als irrational aus dem Reflexionsbereich der Philosophie ausgeschlossen werden.⁹⁶ Dennoch ist uns ein großer Teil unserer Fähigkeit, uns zu orientieren, im Vermögen untheoretischen Gebrauchs gegeben.⁹⁷ Das theoretische, in Sätzen vorliegende Wissen über die Welt macht nur einen Teil unserer Vertrautheit mit ihr aus und befähigt uns nur in bestimmten Fällen zum rechten Umgang mit den Dingen und den Situationen des alltäglichen Lebens. Womöglich können wir oftmals gerade deshalb effektiv handeln, weil wir zum Teil ohne theoretisches Wissen auskommen, etwa indem wir Routinen erwerben, die es ermöglichen, sicher zu handeln, ohne dieses Handeln zugleich zum Gegenstand bewusster Reflexion machen zu müssen.⁹⁸ Wenn die Philosophie hinter die Grenzen, die durch das theoretische Wissen gezogen werden, um Bestimmtes sichtbar zu machen, wieder zurückgeht, kann sie die Bereiche, die gleichsam hinter ihr liegen und durch sie ›verstellt‹ werden, neu erschließen und wieder fruchtbar machen.

Es wäre allerdings ein Anachronismus, Platon und Sokrates eine solch moderne kritische Sicht auf das Theoretische zu unterstellen, gelten sie doch als diejenigen, die das Theoretische, die Vernunft, den Logos, als Reflexionsinstanz oder als »Gegentyrannen« in einer Welt, die ansonsten von rein pragmatischem Verstehen und Handeln geprägt war, allererst implementier-

---

[95] Wieland analysiert eine solche Fähigkeit des Umgangs ausführlich in seinen Untersuchungen zum nichtpropositionalen Wissen. Vgl.: Wieland: Platon und die Formen des Wissens, insbes. S. 229–236.

[96] Vgl. Wieland: Platon und die Formen des Wissens, S. 229 f.

[97] Während Wieland hier den Begriff des Gebrauchswissens prägte, spricht Stegmaier im Rahmen seiner Philosophie der Orientierung von einem »Orientierungswissen«. Seine Verwendungsweise des Begriffs grenzt er allerdings von der Jürgen Mittelstraß' ab, der diesen Begriff bekannt gemacht und in seiner *Enzyklopädie Philosophie und Wissenschaftstheorie* »als universales wissenschaftlich-philosophisches Wissen« versteht. Demnach ist Orientierungswissen »auf Begründungen bezogene und strengen Überprüfungspostulaten unterliegende Kenntnis« (Jürgen Mittelstraß: Art. Wissen, in: Enzyklopädie Philosophie und Wissenschaftstheorie, hg. v. dems., Stuttgart/Weimar 1996, Bd. 4, S. 717–719, hier S. 717), während Stegmaier unter Orientierungswissen ein untheoretisches »Alltagswissen« versteht, »das weitgehend ohne Begründungen auskommt.« (Stegmaier: Philosophie der Orientierung, S. 306)

[98] Natürlich kann die Theorie bei der Ausbildung einer Routine wiederum eine Rolle gespielt haben. Zum Begriff der Routine im Rahmen von Stegmaiers Philosophie der Orientierung vgl. ebd., S. 291–320.

1.2 Begriff und Vorführung des Gebrauchs im *Charmides* und *Lysis*

ten und so die europäische Philosophie begründeten.[99] Die Menschen der Polis, die Sokrates auf dem Markt in Gespräche verwickelt, verfügen über unreflektierte pragmatische Erfahrungen mit dem, was etwa Mut, Besonnenheit oder Freundschaft sind. Sokrates aber ist in der Rolle desjenigen, der diese rein pragmatische Vertrautheit zunächst aus einer theoretischen Perspektive hinterfragt, der Theorie und logisch-sprachliche Analyse qua Dialektik praktiziert und damit zunächst bei vielen in der Polis auf Unverständnis stößt. Während es in der modernen Philosophie als Aufgabe verstanden werden kann, gegenüber der Theorie, die geradezu zu einer Lebensform des modernen Menschen geworden ist, durch Kritik neue Spielräume zu eröffnen, wollten Platon und Sokrates die Theorie erst ermöglichen, um aus ihr neue Orientierungsleistungen für das Leben zu gewinnen.

Wenn Platon und seine Sokrates-Figur einen Rahmen möglicher Theorie abzustecken beabsichtigen, so verweisen sie auch auf die Grenzen dieses Rahmens und machen sie sichtbar. So führt Platon in der Figur des Sokrates vor Augen, wie die Reflexion gerade des Grenzbereichs zwischen theoretischem Wissen und untheoretischer Erfahrenheit im Gebrauch fruchtbar sein kann. Gerade derjenige, der die Grenzen theoretischen Wissens kennt, wird über strengere Kriterien seiner Brauchbarkeit verfügen und erfolgreicher in seinem Gebrauch sein. Die Theorie erhält dadurch ihr Recht vor dem Hintergrund einer Praxis. Inwiefern Platon neben der Theorie auch der Fähigkeit zum sicheren Gebrauch einen Platz einräumt und diese von dem im vorigen Kapitel behandelten theoretischen Wissen abgrenzt, soll im Folgenden deutlich werden.

Eine Fähigkeit zu untheoretischem, aber sicherem Gebrauch, die nicht den Strukturen des theoretischen Wissens entspricht, findet sich Wieland zufolge beispielsweise in dem, was man Geschicklichkeit, Erfahrung, Können oder auch Fertigkeit nennt.[100] Was wir in Platons *Charmides* und im *Lysis* als untheoretisches ›Wissen‹ vom rechten Gebrauch ausgemacht haben, beschreibt eben solche ins Unmittelbare, Untheoretische und nicht-sprachlich Vermittelte reichende Formen des Umgangs mit Gegenständen und Situationen des alltäglichen Lebens. Auf den Gebrauch versteht sich, wer über eine pragmatische Vertrautheit mit Gegenständen oder bestimmten Situationen verfügt, wer Erfahrungen gesammelt und Handlungsfähigkeit erworben hat. Die Welt wird dann nicht in isolierte Objekte zergliedert. Pragmatische Vertrautheit,

---

[99] Vgl. zu diesem Gedanken insbesondere Enrico Müller: Die Griechen im Denken Nietzsches, Berlin/New York 2005 (= Monographien und Texte zur Nietzsche-Forschung; Bd. 50), bes. S. 250 f. Er handelt von ihm im Rahmen einer Auseinandersetzung mit dem Sokrates-Verständnis Nietzsches, von dem auch der Begriff des »Gegentyrannen« stammt (vgl. Friedrich Nietzsche: Götzen-Dämmerung, Das Problem des Sokrates 9, in: ders.: KSA 6, S. 71).

[100] Vgl. Wieland: Platon und die Formen des Wissens, S. 230.

gesammelte Erfahrungen und erworbene Urteilsfähigkeit äußern sich darin, dass ihr Inhaber geübt und souverän im Gebrauch von und im Umgang mit diesen Gegenständen und Situationen ist und dass er sich trotz prinzipieller Unabgeschlossenheit und Unübersichtlichkeit des Bedingungsgefüges in diesem zu orientieren in der Lage ist.[101] In diesem Sinne wird Sokrates im *Charmides* und *Lysis* als besonnen im Umgang mit anderen Menschen dargestellt und als souverän darin, ihre Zuneigung und Freundschaft zu erwerben. Er bedarf am Ende keines theoretischen Wissens von dem, was Besonnenheit und was Freundschaft ist oder wie man sich die Freundschaft anderer erwirbt, obwohl er eben danach sucht. Dennoch versteht er sich auf den jeweiligen Gebrauch. Seine eigene Voraussetzung, dass Charmides wissen müsse, was Besonnenheit ist, wenn er doch besonnen ist, und dass Lysis und Menexenos wissen müssten, was Freundschaft ist, wenn sie doch Freunde sind und sich als solche bezeichnen, kann dann als Beispiel sokratischer Ironie verstanden werden.[102]

---

[101] Zu diesem Ergebnis gelangt auch Aristoteles in seiner *Nikomachischen Ethik* im Zusammenhang mit dem Begriff der φρόνησις. Vgl. Gyburg Radke-Uhlmann (Hg.): Phronesis – die Tugend der Geisteswissenschaften: Beiträge zur rationalen Methode in den Geisteswissenschaften, Heidelberg 2012. In der Einleitung wird eine solche Konzeption der φρόνησις als praktischer Vernunfttätigkeit vorgestellt, die aufgrund der vielen Akzidentien im Bereich des täglichen Lebens nicht allein auf ein theoretisches Wissen, sondern auf ein Erfahrungswissen zurückgreift.

[102] Der Begriff des Gebrauchs wirft ein Licht auch auf die Sokratische Ironie. In den meisten Deutungen bezeichnet sie die Fähigkeit, theoretisch nicht eindeutige Aussagen dennoch zu verstehen. Für Schlegel ist Ironie »ein Gefühl von dem unauflöslichen Widerstreit [...] der Unmöglichkeit und Notwendigkeit einer vollständigen Mitteilung«. Siehe hierzu Friedrich Schlegel: Lyceumsfragment 108, in: Friedrich Schlegel 1794–1802. Seine prosaischen Jugendschriften, hg. v. J. Minor, Bd. 2: Zur deutschen Literatur und Philosophie, Wien 1882, S. 198f. Schlegel wird hierin zustimmend von Paul Friedländer zitiert: Paul Friedländer: Platon I, Berlin 1964, S. 156. Auch die Deutung Kierkegaards war überaus einflussreich: ihr zufolge zeigt sich in Sokrates Haltung eine »Negativität«, die »unendlich [ist], denn sie verneint nicht diese oder jene Erscheinung; sie ist absolut, denn dasjenige, kraft dessen sie verneint, ist ein Höheres, das jedoch nicht ist.« (Sören Kierkegaard: Über den Begriff der Ironie mit ständiger Rücksicht auf Sokrates, in: ders.: Gesammelte Werke, hg. v. Emanuel Hirsch und Hayo Gerdes, 31. Abteilung, 2. Aufl., Gütersloh 1991, hier S. 266) Friedländers existentialistische Deutung der Sokratischen Ironie hat ihre Wurzeln neben der Existenzphilosophie Martin Heideggers und Karl Jaspers' auch in diesen Deutungen Schlegels und Kierkegaards. So ist laut Friedländer die Verneinung eines Wissens durch Sokrates nicht gewollt, sondern »gemusst«, weil Wahrheit nach Platon nicht aussprechbar ist, sondern sich im philosophischen Gespräch vollzieht. Die Sokratische Ironie resultiert danach aus der Spannung zwischen einem Nichtwissen im Bereich des theoretisch Aussagbaren, dem aber ein existentielles Wissen gegenübersteht (vgl. Friedländer, Platon I, S. 152f.). Die hier thematisierte untheoretische Sicherheit im Gebrauch könnte als ein eben solches existentiell verstandenes Wissen aufgefasst werden, aus dessen Spannung zum theoretisch Aussagbaren die sokratische Ironie resultiert. Geht man dagegen davon aus, Sokrates verfüge in Wirklichkeit über ein aussagbares Wissen, dessen Preisgabe er sich lediglich

1.2 Begriff und Vorführung des Gebrauchs im *Charmides* und *Lysis*   57

Solch ein Gebrauch ist weder objektivierbar noch unterliegt er einer Wahrheitsdifferenz. Über eine Fähigkeit des sicheren Umgangs kann man nur verfügen oder nicht verfügen. Auf den Gebrauch kann man sich nur verstehen oder nicht verstehen. Er kann weder wahr noch falsch sein.[103] Man kann über ihn allenfalls wie Sokrates in größerem oder wie Hippothales in geringerem Maße verfügen.

Daher ist im Bereich des Gebrauchs anders als in dem der Theorie auch keine Meinung möglich. Denn in einer Meinung kann man sich irren, sie kann sich als falsch herausstellen. Sie ist immer eine Meinung davon, ob etwas ›der Fall‹ ist oder nicht, ob eine Aussage der von ihr unabhängigen ›Wirklichkeit‹ entspricht oder nicht. Im Gebrauch aber ist man auf eine spezifische Art mit den Gegenständen und Situationen vertraut. Die Fähigkeit des kompetenten, sicheren Umgangs ermöglicht es, sich auch in neuen Orientierungssituationen über vertraute Anhaltspunkte zurechtzufinden.[104] Dabei macht sie diese nicht zum Gegenstand einer theoretischen Intention. Wer etwas gebraucht, fragt nicht, ob etwas, was in einer sprachlichen Aussage fixiert ist, der Fall ist oder nicht, weshalb es hier eben keine Meinung geben kann. Umgekehrt stellen richtige Meinungen nicht schon die Kompetenzen sicher, die jemanden zum rechten Gebrauch von Dingen und zum angemessenen Umgang mit Situationen befähigen.

Der Gebrauch kann durchaus an Zielen ausgerichtet sein, etwa um etwas Bestimmtes zu erreichen oder handwerklich herzustellen, ohne dass dieses Wissen sprachlich formuliert werden müsste. Der gekonnte Umgang des Zimmermanns mit dem Hammer oder das fachmännische Kneten eines Teiges kann weder vollständig sprachlich erfasst werden noch muss es dies. Der Gebrauch kann allenfalls eingeübt werden. Unsere alltägliche Erfahrung, dass pragmatischer Umgang mit Dingen durchaus durch theoretische Gebrauchsanleitungen vermittelt werden kann, widerspricht dem nicht, weil durch sie

---

enthält, ist Ironie vollständig mithilfe theoretischen Wissens zu verstehen und eine Übung im Umgang mit ihm.« »Sokratisch« ist demnach, »sich unwissend stellen« (Robert Musil: Aus einem Rapial und anderen Aphorismen: Tagebücher, Aphorismen, Essays und Reden, Hamburg 1958, S. 558). In der neueren Forschung folgt dem Michael Erler. Nach ihm ist die sokratische Ironie wie die platonische Aporie einer »pädagogischen Aufgabe« (vgl. Michael Erler: Der Sinn der Aporien in den Dialogen Platons. Übungsstücke zur Anleitung im philosophischen Denken, Berlin/New York 1987 (= Untersuchungen zur antiken Literatur und Geschichte; Bd. 25), S. 8) geschuldet und besteht im willentlichen Zurückhalten eines Wissens, über das der platonische Sokrates aber prinzipiell verfügt und das Sokrates, wenn Platon ihn nur wollen ließe, als Lehre vortragen könnte.

[103] Vgl. Wolfgang Wielands Erläuterungen zum Erfahrungswissen in: Platon und die Formen des Wissens, S. 230 ff.

[104] Vgl. zum Begriff der Situation bei Stegmaier: Philosophie der Orientierung, insbes. S. 151–158, 163, 215 f., 468, 569 f.; zum Begriff des Anhaltspunktes vgl. ebd., insbes. S. 237–266.

nicht die Fähigkeit des Gebrauchs einer Sache selbst übermittelt wird. Sie können allenfalls Hinweise geben, an denen man sich beim Erwerb und beim Einüben eines sicheren Gebrauchs orientieren kann. Nicht zuletzt sind Gebrauchsanleitungen ihrerseits in ihrer Brauchbarkeit immer auch davon abhängig, inwiefern ihr Leser sich wiederum auf ihren richtigen Gebrauch versteht. Heute greift man hingegen vermehrt auf bildliche Anleitungen zurück, die ein Verständnis vom Gebrauch anscheinend besser befördern. Platon liefert uns in seinen Dialogen eine Vielzahl an Beispielen für die untheoretische Fähigkeit pragmatischen Gebrauchs, die den ganzen Bereich der antiken menschlichen Lebenswelt umfassen. So stützt sich beispielsweise im *Lysis* das Vermögen des Wagenführers nicht auf allgemeingültige sprachlich vermittelbare Regeln des Gebrauchs eines Wagengespanns, sondern auf eigens erworbene Geschicklichkeit und Erfahrung im Führen des Wagens selbst. Die Gerätschaften in der Weberei der Mutter des Lysis bedürfen, will man sie sachgerecht benutzen, einer im Gebrauch selbst erworbenen Sicherheit, nicht allein einer theoretischen Einweisung, weshalb dem Lysis verwehrt ist, sie anzurühren. Ein theoretisches und sprachlich vermitteltes Wissen ist hingegen nie so unmittelbar mit dem Handeln und den Handlungen verwachsen, sondern muss erst in eine Handlung umgesetzt werden. Auch das Auswählen der richtigen Mittel, Werkzeuge oder Instrumente und das angemessene Reagieren auf unvorhergesehene und sich nie exakt wiederholende Situationen gehört in den Bereich des Gebrauchs, der nicht auf allgemeine Regeln gebracht werden kann.

Dabei muss der Sicherheit im Gebrauch, die sich auf die Herstellung von Gegenständen bezieht, nicht auch ein sicherer Umgang mit den hergestellten Gegenständen selbst entsprechen. So wird bei Platon an verschiedenen Stellen der Unterschied zwischen dem Wissen desjenigen, der einen Gegenstand herstellt, und dem Wissen desjenigen, der ihn gebraucht, thematisiert. Im zehnten Buch der *Politeia* findet sich hierzu eine besonders anschauliche Passage. Hier wird herausgestellt, dass sich etwa der Instrumentenmacher am Flötenspieler ausrichten muss, der die Flöte spielen können muss:[105]

> Nun aber bezieht sich doch eines jeglichen Gerätes und Werkzeuges sowie jedes lebenden Wesens und jeder Handlung Tugend, Schönheit und Richtigkeit auf nichts anderes als auf den Gebrauch, wozu ein jegliches angefertigt oder von der Natur hervorgebracht ist.
> Richtig.
> Notwendig also ist auch der Gebrauchende [χρώμενον] immer der Erfahrenste und muss dem Verfertiger Bericht erstatten, wie sich das, was er gebraucht, gut oder schlecht zeigt im Gebrauch. Wie der Flötenspieler dem

---

[105] Vgl. auch das in der *Politeia* gegebene Beispiel der Idee des Bettes (Rep. 597b–d) und dazu Frede: Platons Ideen, S. 46–48.

1.2 Begriff und Vorführung des Gebrauchs im *Charmides* und *Lysis* 59

Flötenmacher Bescheid sagen muss von den Flöten, welche ihm gute Dienste tun beim Blasen und ihm angeben muß, wie er sie machen soll, dieser aber Folge leisten muß.
Natürlich.
Der eine also als Wissender gibt an, was gute und schlechte Flöten sind, der andere aber verfertigt sie als Glaubender?
Ja.
Von demselben Gerät also hat der Verfertiger einen richtigen Glauben, wie es schön sei oder schlecht, weil er mit dem Wissenden umgeht und genötigt wird, auf diesen Wissenden [εἰδότος] zu hören; die Wissenschaft [ἐπιστήμην] davon aber hat der Gebrauchende [χρώμενος]. (Rep. 601d ff.)[106]

Derjenige, der ein Ding zu gebrauchen weiß, weiß demnach mehr über dieses, als der, der es herstellt – ein Aspekt, der später auch im Zusammenhang mit der Schriftkritik noch eine Rolle spielen wird. Etwas wird in erster Linie zu dessen Gebrauch hergestellt. Der Hersteller kann zwar Meinungen haben, wie diese beschaffen sein müssen, der Gebrauchende hingegen verfügt letztlich über eine viel weitergehende Urteilsfähigkeit darüber, ob ein Gegenstand gut gefertigt oder eben unbrauchbar ist.[107] Er ist letztlich derjenige, dem im eigentlichen Sinne überhaupt erst ein richtiges ›Wissen‹ von dem Gegenstand zukommt – ein Wissen, das nicht sprachlich formulierbar sein muss, sondern sich im untheoretischen Gebrauch der Gegenstände bezeugt.

Die Fähigkeit zu sicherem, untheoretischem Gebrauch kann dann nicht wie ein theoretisches Wissen von seinem Träger, dem Gebrauchenden, getrennt werden. Erfahrungen im rechten Gebrauch von Dingen sind immer an ihren Träger gebunden. Von ihnen kann man sich weder distanzieren noch sind sie ohne Weiteres auf andere übertragbar, weshalb Sokrates eben meint, dem Hippothales einen brauchbaren Rat allenfalls in Gestalt einer Vorführung, nicht aber in Form einer Rede geben zu können. Eine Sicherheit im Gebrauch ist daher nicht wie das theoretische Wissen objektivierbar. Erfahrungen kann man immer nur selbst machen, pragmatisches Können und Sicherheit im Gebrauch immer nur selbst erwerben, sich in den rechten und nützlichen Gebrauch von Dingen stets nur selbst einüben. Wer Sicherheit im Gebrauch erwirbt, macht dadurch eine Erfahrung über sich und verändert sich damit zugleich selbst. Eine Distanz wie zu verbalisierbarem und theoretischem Wissen ist hier nicht möglich. Der Gebrauch, auf den man sich

---

[106] Auch Wieland nimmt auf diese Stelle Bezug, wenn er seinen Begriff eines Gebrauchswissens bei Platon entwickelt. Siehe Wieland: Platon und die Formen des Wissens, S. 292 ff.

[107] Den Vorrang des Gebrauchens vor dem Herstellen bei Platon hat Ulivari, der über diese Unterscheidung eine politische Perspektive in der Platon-Deutung eröffnet, insbesondere in einer ausführlichen Interpretation des *Kratylos* nachgewiesen (vgl. Ulivari: Die Welt des Gebrauchs im Spannungsfeld zwischen Platon und Heidegger, S. 117–134, insbes. S. 126–134).

versteht, die Kompetenzen, über die man verfügt, tragen zugleich dazu bei, dass man der ist, der man ist.

Zwar können auch über die Bereiche des untheoretischen Gebrauchs sprachliche Sätze formuliert und diese dann anderen mitgeteilt werden, kompetentes Reden über Erfahrungen im Gebrauch kann aber stets nur ein Hinweis auf tatsächliche Erfahrenheit im Gebrauch sein. Ob sich jemand tatsächlich auf den Gebrauch versteht, bleibt für den anderen letztlich ungewiss, bis es sich im konkreten Gebrauch erweist. Wird die Fähigkeit zu sicherem Gebrauch in Aussagesätze transformiert und auf diese Weise objektiviert, verliert sie damit gerade ihren Charakter und wird zu bloßer Theorie. Derjenige, der sie dann gleichsam als Lehre empfängt, wird über ihre Inhalte doch nur theoretisch verfügen können. Die Sicherheit im Gebrauch, über die sein ursprünglicher Träger verfügte und die über Erfolg oder Misserfolg im Handeln entscheiden kann, kann so jedoch nicht angeeignet werden.

In diesem Zusammenhang ist zu berücksichtigen, dass vor allem in den frühen Dialogen Platons die Auseinandersetzung mit den Sophisten eine wichtige Rolle spielt. Sie dreht sich um die Frage, ob das, was jene in ihrer Lehrtätigkeit an Erkenntnissen vermitteln zu können vorgeben, überhaupt von der Art eines objektivierbaren Lehrgegenstandes ist. Die Kritik an der Käuflichkeit der Dienste der Sophisten ist weniger eine bloß moralische als vielmehr eine Kritik an der Auffassung, Wissen könne wie eine Ware behandelt und wie das Geld, mit dem es bezahlt wird, weitergegeben werden.[108]

Auf diese Weise kann nun tiefer verstanden werden, weshalb Sokrates Hippothales nicht theoretisch unterweist. Er weiß, dass ein so vermitteltes Wissen nicht leisten kann, was es soll, selbst wenn es inhaltlich als richtig gelten kann – nämlich Hippothales ein Wissen zu vermitteln, das sich auch im konkreten Gebrauch bewährt. Weil dieses ›Wissen‹ anders als sprachlich formuliertes, theoretisches Wissen nicht mitteilbar und weder theoretisch lehrbar noch lernbar ist, kann der Inhaber eines Wissens vom sicheren Gebrauch andere allenfalls dazu anleiten, sich dieses selbst zu erwerben, wie es etwa der geübte Dialektiker bei Platon versteht. Sokrates kann bei diesem Wissenserwerb lediglich gleich einer »Hebamme« »Geburtshilfe« leisten (vgl. Theait. 148e–151d). Das Wissen kann nur in fremde Seelen »gesät« und »gepflanzt« werden, muss dort aber von selbst »gedeihen« und sich »aus sich

---

[108] Die auf das Moralische verkürzte Deutung des Umstands, dass Platon die Sophisten und ihre Tätigkeit ablehnte, ist in der Platoninterpretation üblich und weit verbreitet. Vgl. z. B. Michael Erler, der in seinem Überblick über das Verhältnis Platons zu den Sophisten hervorhebt, dass dieser die »Relativierung der Werte« durch die Sophisten ablehnte (Michael Erler: Sophisten, in: Christoph Horn/Jörn Müller/Joachim Söder (Hg.): Platon-Handbuch, S. 83–86, hier S. 85). Im Sinne der hier vorgetragenen Auffassung, der zufolge die Ablehnung der Sophisten aus Platons pragmatischem Wissensverständnis resultiert, vgl. auch Wieland: Platon und die Formen des Wissens, S. 257.

1.2 Begriff und Vorführung des Gebrauchs im *Charmides* und *Lysis* 61

heraus weiter« »nähren« (vgl. hierzu: Phdr. 276d ff.; vgl. Ep. VII 341c ff.). Das bei Platon gängige Argumentationsschema des Elenchos etwa, in dem Sokrates seinen Gesprächspartner auf einem Gebiet in Widersprüche verwickelt, auf dem dieser über sicheres theoretisches Wissen zu verfügen glaubt, ist dazu ein nur erstes Element. Der Gesprächspartner soll dabei nicht nur etwas in der Sache, sondern vor allem etwas über sich selbst lernen. Er soll auf die eigenen Defizite aufmerksam und so für ›Pflanzungen‹ empfänglich werden.

Wenn Platon diese spezifische Sicherheit im Gebrauch des Dialektikers auch kaum direkt thematisiert, so wird Sokrates doch als eine Figur inszeniert, die über eine solche verfügt. Im *Parmenides* wird er selbst als noch junger Mann dargestellt, der sich noch nicht ausreichend in der dialektischen Kunst geübt hat und folglich seine Ideenlehre dort auch nicht gegen Parmenides zu verteidigen vermag. Im *Lysis* beweist der gereifte Sokrates dann seine dialektischen Fähigkeiten im Hinblick auf Hippothales, indem er ihm die Kunst, einen Geliebten für sich zu gewinnen, nicht einfach theoretisch lehrt, sondern ihm diese vorführt. Dafür, dass dies gelingt, gibt es allerdings keine Gewähr, dies hängt letztlich auch vom Geschick des Lernenden ab – und im Falle des Hippothales hilft die Kunst des Sokrates letztlich wenig.[109] Doch selbst wenn solches gelingen mag, kann Sicherheit im Gebrauch, über die verschiedene Personen verfügen, nur begrenzt verglichen werden, jedenfalls nicht darin, dass es wahrheitsfähig wäre wie Sätze.

In den angeführten Dialogen Platons ist also von einem ›Wissen‹ in erster Linie im Sinne einer Sicherheit des Gebrauchs, einer Sicherheit im Umgang, die Rede. Ihre nun herausgearbeiteten Merkmale seien abschließend zusammengefasst: Die Fähigkeit zu sicherem Gebrauch bezieht sich nicht auf ein aus seinen Kontexten isoliertes Objekt, das Gegenstand einer theoretischen Reflexion sein könnte. Sie ist nicht durch bloße sprachliche Mitteilung übertragbar und damit in theoretischem Sinne weder lehrbar noch lernbar. Vielmehr umfasst sie ein erworbenes und individuelles Vermögen, sich in einer Situation des alltäglichen Lebens zu orientieren und mit den hier begegnenden Gegenständen und Umständen sicher und erfolgreich umzugehen, ohne dieses Vermögen seinerseits auf theoretische Regeln gebracht werden könnte und müsste. Zwischen ihm und seinem Inhaber besteht keine theoretische Distanz, es ist insofern fest mit ihm verbunden und erschließt diesem die Welt in einer individuellen, unmittelbaren, situativen Weise.

---

[109] Auch in Bezug auf Charmides kann die Frage gestellt werden, inwieweit er letztlich angesichts seiner dem zeitgenössischen Leser vor Augen stehenden historischen Karriere im Tyrannenregime das Geschick bewies, sich in die Tugend der Besonnenheit einzuüben.

1.2.5 Der Gebrauch der Theorie in der dialogischen Situation

In der Frage, wie Platon das Verhältnis zwischen theoretischem Wissen einerseits und der Fähigkeit zu sicherem Gebrauch andererseits in den untersuchten Dialogen konzipiert, deutete sich bereits an, dass er dem Gebrauch einen Vorrang vor der Theorie einräumt. Im Folgenden soll die Frage gestellt werden, worin sich diese Vorrangstellung des Gebrauchs vor der Theorie in ihrem Wert für die alltägliche Orientierung bei Platon begründen könnte und von welcher Art sie wäre. Das lässt sich am besten daran zeigen, wie beide Wissensformen von Platon in den Dialogen ins Spiel gebracht und in Szene gesetzt werden.

Wir haben bereits festgestellt, dass die Theorie sprachlich vermittelt wird und dem Bereich des *Sagens* zuzuordnen ist, während der Gebrauch nicht nur sprachlich vermittelt werden kann, sondern auch vorgeführt und erprobt werden muss und daher dem Bereich des *Zeigens* zuzuordnen ist. Beide Bereiche finden sich in Platons Dialogen wieder, zum einen auf der Ebene der thematischen Erörterungen, zum anderen auf der Handlungsebene. Es liegt nahe, dass sich das von Platon intendierte Verhältnis zwischen Theorie und Gebrauch in dem Verhältnis beider Ebenen zueinander spiegelt, dass der philosophische Gedanke damit in der Konstruktion der schriftstellerischen Form des Dialogs zum Ausdruck kommt.[110]

In Platons Dialogen stehen die Ebene der theoretischen Erörterung und die Handlungsebene nicht unverbunden nebeneinander, sondern die thematischen Erörterungen sind mit einem Handlungskontext verflochten. Dabei haben wir bereits festgestellt, dass es im *Charmides* nicht nur um Besonnenheit geht, sondern sich das Verhalten des Charmides, vor allem aber des Sokrates auch auf der Handlungsebene als mehr oder minder besonnen erweist. Im *Lysis*, in dem die Freundschaft thematisiert wird, geht es auf der Handlungsebene darum, Freundschaft zu erwerben. So ist der Handlungskontext deutlich auf die thematische Erörterung zugeschnitten. Der platonische Dialog ›zeigt‹ eine Handlungssituation, innerhalb derer theoretische Erörterungen angestellt werden. Theorie wird nicht isoliert dargestellt, als wäre sie unabhängig von den pragmatischen Lebenskontexten, innerhalb derer sie relevant ist und innerhalb derer sie Bedeutung erhält.

Zwar betonen Sokrates und seine Gesprächspartner stets, dass dieser Kontext, zu dem auch die an den Gesprächen beteiligten Persönlichkeiten zu rechnen sind, keine Rolle für die Erörterung spielen soll, doch ist offensichtlich, dass nicht nur die theoretischen Überlegungen auf den Handlungs-

---

[110] Wie Wieland schreibt, ist bei Platon der philosophische Gedanke selbst in einem Maße, wie es in der Philosophiegeschichte kaum wieder erreicht wurde, der literarischen Form »anvertraut«. Siehe: Wieland: Platon und die Formen des Wissens, S. 69.

1.2 Begriff und Vorführung des Gebrauchs im *Charmides* und *Lysis*

kontext einwirken und auf dieser Ebene Teil von ihm sind, sondern dass umgekehrt die theoretischen Erörterungen durchaus und teils in erheblichem Maße durch Elemente des Handlungskontextes motiviert sind und aus ihm erst hervorgehen. Zu den wichtigsten Elementen des Kontextes gehören in einem Dialog natürlich die Umstände, die die Persönlichkeiten betreffen, die in ihn verwickelt sind, z. B. dass Sokrates durch die erotische Ausstrahlung von Charmides und Lysis angezogen wird. Sokrates berücksichtigt in den theoretischen Erörterungen wohl stets die Bindung theoretischer Wissensformen an seinen jeweiligen Träger, er mahnt aber zugleich beständig, die eigene Person, wenn es um die Wahrheit geht, zurückzustellen. Er stellt die Orientierung auf eine mögliche gemeinsame Wahrheit in den Vordergrund, aber Platon lässt den pragmatischen, hier erotischen Hintergrund in beiden Dialogen stets deutlich hervorscheinen.

Die Bedeutung der individuellen Persönlichkeit der Figuren wird dadurch unterstrichen, dass hinter den meisten Figuren der Dialoge, allen voran hinter Sokrates selbst, auch historische Persönlichkeiten stehen, die der zeitgenössische Leser kannte. So bringen die Figuren, worauf Wieland aufmerksam macht und was Stegmaier, ohne es eigens zu betonen, beachtet, doch den ganzen historischen und biographischen Kontext ihrer individuellen Persönlichkeit in die Dialoge mit ein, obwohl sie zugleich literarisch inszeniert sind.[111]

Darauf, dass Sokrates nicht nur berücksichtigt, was jemand sagt, sondern auch, wer etwas sagt und welches Bild dieser von sich selbst hat, beruht gerade seine Überlegenheit in Gesprächssituationen. Ihm ist klar, dass man seinen Gesprächspartner in dessen Äußerungen nicht verstehen kann, wenn man nicht berücksichtigt, wer dieser ist.[112] Dieses Wissen deutet Sokrates in seinen Äußerungen nur an, beweist es aber durch sein Verhalten im Umgang mit seinen Gesprächspartnern, etwa wenn er Hippothales rät, nicht einfach um Lysis zu werben, indem er »Loblieder« auf ihn singt.

Auch in der theoretischen Erörterung gehen die Gespräche oft von einem direkten Bezug auf die Gesprächspartner des Sokrates aus, etwa wenn es darum geht, dass Charmides besonnen oder Lysis und Menexenos Freunde

---

[111] Vgl. hierzu Wieland, Platon und die Formen des Wissens, S. 54f.; Stegmaier: Wissen und Orientierung, S. 288.

[112] Coventry und Blondell haben darauf aufmerksam gemacht, dass in der literarischen Inszenierung die vorgetragenen Argumente genau auf die auftretenden Charaktere zugeschnitten sind. Auf der dramatischen Handlungsebene der Dialoge werden die argumentativen Positionen demnach bereits in Szene gesetzt, bevor sie überhaupt explizit zur Sprache gebracht und diskutiert werden (Siehe Linda Coventry: The Role of the Interlocutor in Plato's Dialogues. Theory and Practice, in: Christopher Pelling (Hg.): Characterisation and Individuality in Greek Literature, Oxford 1990, S. 174–196; Ruby Blondell: The Play of Character in Plato's Dialogues, Cambridge 2002).

sind. Wie man etwa dem *Laches* entnehmen kann, führen die Gespräche, nachdem sie bald von den Gesprächspartnern selbst wegführen, letztlich doch wieder auf die beteiligten Personen zurück. Diese würden nämlich, so stellt Nikias in dem Dialog fest, von Sokrates soweit gebracht, dass sie letztlich sich und ihr eigenes Leben reflektierten und darüber Rechenschaft ablegen müssten. So heißt es:

> Du scheinst gar nicht zu wissen, daß, wer der Rede des Sokrates nahe genug kommt und sich mit ihm einläßt ins Gespräch, unvermeidlich, wenn er auch von etwas ganz anderem zuerst angefangen hat zu reden, von diesem so lange ohne Ruhe herumgeführt wird, bis er ihn da hat, daß er Rede stehen muß über sich selbst, auf welche Weise er jetzt lebt und auf welche er das vorige Leben gelebt hat [...] (Lach. 187 e f.)

Und auch Alkibiades schildert im *Symposion* in ähnlicher Weise, dass er sich aufgrund der Reden des Sokrates genötigt sehe, sich »einzugestehen«, »daß [ihm] selbst noch gar vieles mangelt«, und folglich sein Leben zu ändern (vgl. Symp. 215d ff.). Die Dialoge, die Sokrates führt, ermöglichen den Beteiligten schließlich ein Stück Selbsterkenntnis, die sie verändert. Theoretische Erörterung und Handlungskontext sind nicht voneinander zu trennen und müssen auseinander verstanden werden.

Die Bedingtheit der Theorie wird auch in der Weise anschaulich, wie das Gespräch im *Lysis* endet: Die erneute Aporie, in die das Gespräch abschließend mündet, hindert Sokrates offenbar nicht daran, dieses zunächst doch weiterführen zu wollen und einen neuen Anlauf in der Untersuchung zu unternehmen. Eben will er »einen anderen von den Älteren [zum Gespräch] in Bewegung setzen«, doch da erscheinen die »Knabenführer«, um ihre Schützlinge nach Hause zu bringen. Die Untersuchung, die Theorie, kommt somit nicht zu einem theoretischen Ende, indem sie sich entweder schließt oder aber indem nachgewiesen wird, dass sie sich nicht zu einem systematischen Schluss bringen lässt, sondern zu einem pragmatischen, das sich aus alltäglichen Kontexten ergibt.

Indem Platon theoretische Erörterungen in Handlungssituationen einbettet, zeigt er, was durch sprachliche Mittel allein nicht mehr gesagt werden kann, aber für das Verständnis dessen, worum es geht, unerlässlich ist. Bedeutungen von Begriffen können nie ganz von den Kontexten, in denen sie relevant sind, getrennt werden. Auf diese Weise wird die Theorie bei Platon selbst zu etwas, von dem man den rechten Gebrauch machen können muss.

Dies zeigt sich auch darin, dass bei Platon nicht nur von dem, was sprachlich erfasst und wovon gesprochen werden kann, ein untheoretischer Gebrauch erfolgt, sondern natürlich auch von der Sprache selbst. Dabei hat Platon beispielsweise den Politiker im Blick, für den rhetorische Fähigkeiten unverzichtbar sind. Was die Sicherheit im Gebrauch der Rede angeht, ist der

1.2 Begriff und Vorführung des Gebrauchs im *Charmides* und *Lysis* 65

Dialektiker der kompetente Fachmann. Er macht die Fähigkeit der Rede zu einer Kunst, die über bloß erlernbare Kenntnis hinausgeht. Der Dialektiker muss sich darauf verstehen, die relevanten Kontexte, um die es geht, die Situation, in der er redet, zu berücksichtigen. Genügen zum Bilden richtiger Sätze oder zum richtigen Feststellen von Sachverhalten schon bloße Kenntnisse der Sprache und der Sachverhalte, so braucht, wer seine Zuhörer überzeugen will, dazu eine besondere Kunst, die er nicht nur durch Theorie erwerben kann, sondern für die er eigene »Übung« und »Erfahrung« und letztlich auch Begabung mitbringen muss.[113]

Das theoretische und sprachlich vermittelte Wissen ist so gesehen ein Wissen, das sich von den pragmatischen Kontexten freizuhalten sucht und diese ausblendet, um sich dadurch die spezifischen Vorteile der theoretischen Illusion isolierter Sachverhalte nutzbar zu machen. Die Theorie, die ihre Gegenstände aus dem Kontext des Bedingungsgeflechts isoliert, ist selbst in solche Kontexte verwoben und von ihnen bedingt, ohne dass sie dies reflektieren würde. Durch die Einbettung in die pragmatischen Zusammenhänge der Dialogsituation werden diese Kontexte für den Leser sichtbar gemacht, ohne sie zu benennen. Die Theorie wird in die pragmatischen Zusammenhänge, denen sie entspringt, von denen sie sich selbst jedoch lossagt, reintegriert und so selbst zu etwas, wovon man mehr oder minder erfolgreich Gebrauch machen kann.

So inszeniert Platon Dialoge, in denen Individuen mit anderen Individuen unter pragmatischen Bedingungen Gespräche führen, verkündet aber nirgendwo in seinem Werk eine Lehre in eigenem Namen.[114] Die in seinen

---

[113] Wieland deutet in diesem Sinne die Kunst des Dialektikers als untheoretisches Gebrauchswissen. Er schreibt über den Dialektiker, dieser zeichne »sich durch Erfahrung aus, die er nur durch langdauernde Übung gewinnen kann. [...] Was ihn auszeichnet, ist nicht die Kenntnis bestimmter Sätze, sondern eine Fähigkeit, mit Sätzen umzugehen, bestimmte Fähigkeiten zu praktizieren.« (Wieland: Platon und die Formen des Wissens, S. 297 f.)

[114] Dieses Problem ist in der Forschung mit dem Ausdruck der »Platonischen Anonymität« zu fassen versucht worden (vgl. etwa Ludwig Edelstein: Platonic Anonymity, in: American Journal of Philology 83 (1962), S. 1–22; Gerald Press (Hg.): Who Speaks for Plato? Studies in Platonic Anonymity, Lanham 2000). Auffällig ist in diesem Zusammenhang, dass Platon gerade im *Lysis*, in dem der Begriff des Gebrauchs eine so zentrale Rolle spielt, nicht nur keine Lehre im eigenen Namen vorträgt, sondern auch seine Dialogfiguren keine theoretische Position vertreten lässt. Weder stellen Sokrates' noch jugendliche Gesprächspartner eigene Thesen auf, die sie zu vertreten in der Lage wären, sondern werden lediglich gefragt, ob sie das ihnen von Sokrates Vorgeschlagene für plausibel halten, noch stellt Sokrates selbst an irgendeiner Stelle im Dialog eine These auf, die er selbst als wahr verträte. Er stellt lediglich Hypothesen zur Diskussion, die er teilweise im Anschluss an bekannte Dichter aufwirft (vgl. Lys. 213e–214a, 215c; vgl. hierzu auch Bordt: Kommentar, S. 65), worin ein weiterer Hinweis zu sehen ist, dass es Platon gerade im *Lysis* nicht um sprachlich artikulierbare Lehren geht, sondern um den Umgang mit solchen, um ihren Gebrauch. Es war eben diese angebliche »Inhaltsleere«

Dialogen vorgetragenen möglichen Lehren treten damit aber nicht völlig in den Hintergrund, werden nicht obsolet. Ihre Bedeutung wird lediglich relativiert und der Fokus auf den funktionalen Charakter, den sie in unterschiedlichen Situationen haben können und durch den sie bedingt sind, verschoben. Es geht Platon keinesfalls um eine Diskreditierung sprachlich-theoretischer Wissensformen, die zu etablieren er ja selbst antritt, sondern lediglich darum, auf den pragmatischen Kontext, durch den sprachlich-theoretische Erörterungen stets bedingt sind, aufmerksam zu machen und ihn zu berücksichtigen. Platon zeigt damit, was sprachlich-theoretische Wissensformen zu leisten und nicht zu leisten in der Lage sind. In modernem Vokabular ausgedrückt, nimmt Platon eine *Kritik* sprachlich vermittelter theoretischer Wissensformen vor, in der er einerseits auf die begrenzten Möglichkeiten sprachlich vermittelten Wissens aufmerksam macht, dieses Wissen von dort aus und in diesem Rahmen allerdings sein volles Recht erhält.

1.3 Platons Gebrauch der Schrift

1.3.1 Problemaufriss und Stand der Forschung

Platons Begründung der Theorie, die als Reflexionsform ein kulturelles Novum war, erfolgt somit durch eine Kritik der Sprache mithilfe des Begriffs des Gebrauchs. Diese Kritik bezieht sich zunächst auf die in Platons Dialogen vorgeführte gesprochene Sprache und macht auf die Grenzen sprachlicher Mitteilungsmöglichkeiten aufmerksam. Diese Grenzen sind aber nicht nur der in den Dialogen vorgeführten gesprochenen Sprache gezogen. Sie sind, wie man weiß, ebenso und um so mehr der geschriebenen Sprache gezogen. Was Platon schriftlicher Sprache zutraut und was nicht, kann in seinem Werk an verschiedenen Stellen festgemacht werden: Die Grenzen schriftlich-sprachlicher Mitteilungsmöglichkeiten werden in seiner berühmten Schriftkritik im Dialog *Phaidros* und in dem in seiner Echtheit bis heute umstrittenen *Siebten Brief*[115] aufgezeigt. Auch die Überlegungen zu den Eigenarten von Gesetzen im *Politikos* können in diesem Zusammenhang aufschlussreich sein.

---

der Grund für Friedrich Ast und Josef Socher, dem Dialog seine Echtheit abzusprechen (vgl. Anm. 64–66).

[115] Zur Diskussion um die Echtheit des *Siebten Briefes* vgl. den Überblick von Michael Erler: Platon, Basel 2007 (= Grundriss der Geschichte der Philosophie. *Ueberweg*: Antike 2/2), S. 314–318, sowie Joachim Söder: Zu Platons Werken, in: Horn/Müller/Söder (Hg.): Platon-Handbuch, S. 19–59, hier S. 20f.

1.3 Platons Gebrauch der Schrift

Platons Dialoge liegen selbst in schriftlich-sprachlicher Form vor. So ist in der Forschung die Frage diskutiert worden, ob nicht konsequenter Weise auch Platons eigene Schriften, seine Dialoge, unter die Schriftkritik fallen. Manchen Interpreten, wie etwa Ebert, fällt es schwer, diese Schlussfolgerung zu akzeptieren. Platons eigene Schriften, so Ebert, könnten »ganz sicher nicht« durch die Schriftkritik ›erklärt‹ werden.[116] Wir werden hingegen den Versuch unternehmen, Platons Schriftkritik auch auf dessen eigene Schriften zu beziehen, ohne ihm in der Folge Inkonsequenz unterstellen zu müssen.

Unter denjenigen Interpreten, die davon ausgehen, dass Platons Schriften selbst unter die Schriftkritik fallen, sehen die meisten die Dialoge dadurch philosophisch abgewertet. Sie stehen dabei in der Tradition Blaise Pascals, der den Dialogen einen ›Spielcharakter‹ zuschreibt. Nicht nur in Bezug auf Platon, sondern auch auf Aristoteles schreibt er: »[W]enn sie sich zurückgezogen haben, um ihre Bücher über die Gesetze oder die Politik zu schreiben, so geschah es wie im Spiel; das war die am wenigsten philosophische und am wenigsten ernsthafte Seite ihres Lebens«.[117] Szlezák betont in diesem Sinne, dass für Platon der Philosoph eben »Wertvolleres« im »Hintergrund« habe, als er seinen Texten anvertraut.[118] Philosoph sei für Platon, wer sich nicht auf äußeren Wissenserwerb verlasse, sondern wie ein vernünftiger Bauer seinen Samen in geeigneten Boden säe statt in »Adonisgärtchen«, in denen rasch Triebe sprießen, die ebenso schnell verwelken. Die Dialoge repräsentieren danach nicht alle und nicht die wertvollsten Seiten des platonischen Philosophierens.[119] Die hieran anschließende Frage, worin dieses ›Wertvollere‹ bestehen könnte, das nicht schriftlich niedergelegt wird, wird von den Interpreten dann unterschiedlich beantwortet. Andere Interpreten zeigen hingegen, dass die Dialoge philosophisch durch ihren Spielcharakter – wenn sie ihn denn hätten – durchaus nicht abgewertet werden müssten.[120] So etwa Gundert und Roochnik, für die gerade er das Interessante und den Interpreten Herausfordernde an den Dialogen darstellt.[121] Ihnen soll hierin beigepflichtet werden.

---

[116] Theodor Ebert: Meinung und Wissen in der Philosophie Platons, S. 27.
[117] Blaise Pascal: Pensées. Über die Religion und über einige andere Gegenstände, übertr. und hg. v. Ewald Wasmuth, 9. Aufl., Darmstadt 1994, S. 162 (Nr. 331).
[118] Thomas A. Szlezák: Platon lesen, Stuttgart/Bad-Cannstadt 1993, S. 67–71.
[119] Vgl. Szlezák: Platon lesen, S. 60; Walter Burkert: Griechische Religion der archaischen und klassischen Epoche, Stuttgart 1977, S. 274–275; Gerhard J. Baudy: Adonisgärten. Studien zur antiken Samensymbolik, Frankfurt a. M. 1986, S. 9. Zur Diskussion vgl. Detlef Thiel: Platons Hypomnemata. Die Genese des Platonismus aus dem Gedächtnis der Schrift, Freiburg/München 1993, S. 160ff.
[120] [...], wovon Erler wie selbstverständlich ausgeht. Vgl. Erler: Platon, S. 93.
[121] Vgl. Hermann Gundert: Der platonische Dialog, Heidelberg 1968, S. 15, 54; David Roochnik: The Tragedy of Reason. Toward a Platonic Conception of Logos, London 1990, S. 164–176.

Letztlich kommt man nicht umhin, in der Interpretation der platonischen Dialoge zu berücksichtigen, welche Vorstellung Platon selbst davon gehabt haben könnte, inwieweit schriftlich-sprachliche Darstellungsmittel geeignet sind, einen bestimmten Sinn zu transportieren, und welche Absichten andere, nicht-sprachliche Darstellungsmittel erfordern. Platon hat die Dialogform gewählt, weil er sie, gemessen an dem, was ihm zufolge schriftlich fixierte Sprache zu leisten bzw. nicht zu leisten vermag, für das bestgeeignete Darstellungsmittel hielt.[122] Die Dialogform gleicht die durch die Schriftkritik aufgezeigten Mängel der Schrift vielleicht nicht aus, wie Kühn etwa meint,[123] entzieht Platons Schriften nicht dem Gültigkeitsbereich der Schriftkritik. Sie stellt aber für Platon die unter den Bedingungen der Schriftkritik sinnvollste Strategie dar, nicht gänzlich auf das Verfassen von Texten verzichten zu müssen. So führt Platon nicht nur in seinen Dialogen die Differenz zwischen sprachlich vermittelter Theorie und ihrem untheoretischen Gebrauch vor, sondern er macht mit seinen Dialogen selbst von schriftlicher Sprache einen spezifischen Gebrauch.

Im Folgenden wird die platonische Schriftkritik im Hinblick auf die gestellte Problematik gedeutet (Kapitel 1.3.2). Ihre Reflexion wird dann den Sinn der Dialogform und damit die Rolle des Gebrauchs in Platons Werk noch klarer hervortreten lassen (Kapitel 1.3.3).

1.3.2 *Möglichkeiten und Grenzen des Gebrauchs der Schrift*

In der platonischen Schriftkritik geht es nicht darum, die Schrift als Darstellungsmedium zur Vermittlung von Sinn gänzlich zu diskreditieren. Anderenfalls ergäbe sich allein schon dadurch, dass sie selbst in schriftlicher Form überliefert ist, ein performativer Widerspruch. Es geht ihm vielmehr darum, auf die spezifischen Eigenarten schriftlich fixierter Sprache aufmerksam zu machen und so aufzuzeigen, »wo angewendet [das Schreiben] gut ist und wo unschicklich« (Phdr. 274b). Es geht also um die Möglichkeiten und Grenzen ihres Gebrauchs. Das Verständnis schriftlicher Mitteilungen steht unter bestimmten Voraussetzungen und ist von Bedingungen abhängig, die die Brauchbarkeit der Schrift in spezifische Schranken verweist. Platon

---

[122] Vgl. Rolf Geiger: Literarische Aspekte der Schriften Platons, in: Horn/Müller/Söder (Hg.): Platon-Handbuch, S. 363–386, hier S. 380 ff.

[123] Wilfried Kühn: Welche Kritik an wessen Schriften? Der Schluss von Platons Phaidros, nichtesoterisch interpretiert, in: Zeitschrift für philosophische Forschung, 52 (1998), S. 23–39; siehe hierzu auch die Kritik durch Thomas A. Szlezák in: ders.: Gilt Platons Schriftkritik auch für die eigenen Dialoge? Zu einer neuen Deutung von Phaidros 278 b8–e4, in: Zeitschrift für philosophische Forschung, 53 (1999), S. 259–267.

1.3 Platons Gebrauch der Schrift

geht es darum, zu einem angemessenen Umgang mit Schriftzeugnissen anzuleiten. Demnach wäre es nicht das Ziel der Schriftkritik, ein theoretisches Wissen von Texten zu vermitteln, sondern eine Fähigkeit zum angemessenen Umgang mit ihnen.

Die Schriftkritik wird gegen Ende des Dialogs *Phaidros* in einem Abschnitt vorgetragen, in dem die zu beachtenden Regeln beim Verfertigen einer Rede thematisiert werden (Phdr. 274b–278b). Schließlich geht es um die Frage, wann es sinnvoll ist, eine Rede zu verschriftlichen. Die Schriftkritik wird im Rahmen eines von Sokrates vorgetragenen Mythos' über die Erfindung der Schrift eingeführt (Phdr. 274c ff.). Der Mythos erzählt von einem Gespräch über die Schrift, das Sokrates und Phaidros anschließend weiterführen. Mythos und fiktive Wirklichkeit gehen so ineinander über.

Damit wird die Schriftkritik innerhalb einer, wie man mit Kierkegaard sagen könnte, mehrfach »indirekten Mitteilung« entwickelt. In seiner Schrift *Über meine Wirksamkeit als Schriftsteller* reflektiert auch Kierkegaard die Möglichkeiten und Grenzen schriftlicher Mitteilungsformen und seinen eigenen Gebrauch der Schrift als Schriftsteller. Indem er einer ›direkten‹ bzw. ›unmittelbaren Mitteilung‹ im Sinne eines theoretischen und sprachlich vermittelten Lehrens mit »Vollmacht« eine »indirekte Mitteilung« entgegensetzt, zeigt er die Spielräume seiner zugleich religiösen und philosophischen Schriftstellerei auf. Demnach kann er dem Leser nur helfen, selbst einen Weg zum Gegenstand seiner ›Lehre‹, zum Christentum, zu finden bzw. ihm nur helfen, sich letztlich selbst für oder gegen das Christsein zu entscheiden. Direkt vermitteln lässt sich dieses Kierkegaard zufolge nicht.[124] »Indirekte Mitteilungen« sind in diesem Sinne mit Stegmaier als Anhaltspunkte der Orientierung zu denken.[125] Die Orientierung des Lesers ersetzen können Schriften nicht.

Eine eben solche Struktur liegt, wie sich im Weiteren zeigt, Platons ›Vermittlung‹ der Schriftkritik durch einen Mythos zugrunde: In den literarisch fiktiven Dialog zwischen Sokrates und Phaidros wird ein Mythos eingebaut. Mythen haben es an sich, dass sich niemand ihres Wahrheitsgehalts sicher sein kann und dass sich niemand für diesen verbürgt, wie auch Sokrates die Wahrheit des im Mythos Überlieferten ausdrücklich nicht zu garantieren gewillt ist. Dies könnten nur die »Alten«, die den Mythos ursprünglich überliefert hätten (Phdr. 274c), also allein die Augenzeugen, die nicht bereits sprachlich Formuliertes weitergeben, sondern das Berichtete selbst erlebt und sich an-

---

[124] Vgl. Sören Kierkegaard: Über meine Wirksamkeit als Schriftsteller, in: ders.: Gesammelte Werke, hg. v. Emanuel Hirsch/Hayo Gerdes, 33. Abteilung (Die Schriften über sich selbst), 2. Aufl., Gütersloh 1991, S. 3–17, insbes. S. 3–11.
[125] Vgl. Stegmaier: Philosophie der Orientierung, S. 237f.

geeignet hätten, jedoch mittlerweile verstorben sind.[126] Es liegt dann beim Zuhörer selbst, was er dem im Mythos Gesagten zu entnehmen bereit ist und was er damit anfangen will bzw. kann.

Hierin trägt der Mythos bereits der Schrift überraschend ähnliche Charakterzüge. Nach einer von Derrida in der Auseinandersetzung mit Platon entwickelten die Formel zeichnet sich die Schrift durch die ›doppelte Abwesenheit‹ einerseits des durch sie Bezeichneten andererseits aber auch ihres Autors aus.[127] In der Schrift wie im Mythos sind sowohl der in ihnen verhandelte Gegenstand als auch derjenige, der allein in der Lage wäre, sich für die Wahrheit des abwesenden oder in der Vergangenheit versunkenen Inhalts zu verbürgen, der Autor, abwesend. Wie der Mythos wird die Schrift unabhängig von ihrem Autor weiterverbreitet, die Leser und die Kontexte, in denen gelesen wird, ändern sich jedoch.

So wird die platonische Schriftkritik im *Phaidros* letztlich gleich dreifach vermittelt vorgebracht: Sie wird nicht als allgemeine Lehre vorgetragen, sondern in einem Dialog vorgeführt. In ihm wird ein Mythos erzählt, in dem wiederum nicht etwa eine Lehre vorgetragen, sondern wieder nur ein Gespräch geführt wird. Auch das im Mythos Erzählte ist keine Lehre, die den Anspruch allgemeingültiger Wahrheit erhebt, sondern sie bleibt in das Bedingungsgeflecht einer Kommunikationssituation eingebunden, in dem von sprachlichen Äußerungen Gebrauch gemacht wird. Platon, der die Schriftkritik im *Phaidros* entwickelt, distanziert sich also zugleich auf sehr eigentümliche Weise durch die Form seiner Schriftstellerei von ihr. Er will auf sie offenbar nicht als auf eine sprachlich formulierbare und theoretisch vermittelbare Lehre festgelegt werden, sondern gibt dem Leser Mythen und Gespräche zu bedenken, deren Inhalt dieser, wie der Leser Kierkegaards, selbst deuten und von dem er eigenen Gebrauch machen muss. So wird niemand mit letzter Sicherheit sagen können, ob Platon tatsächlich die u. a. im *Phaidros* enthaltene Schriftkritik wirklich selber vertrat. Es wäre vermessen, jemandem eine Lehre, derer er sich offensichtlich enthielt, zuschreiben zu wollen.[128] Dennoch lassen sich in einer Zusammenschau die Schriftkritik, die

---

[126] Zu dem Motiv des Sich-Berufens auf Gehörtes vgl. Sylvia Usener: Isokrates, Platon und ihr Publikum. Hörer und Leser von Literatur im 4. Jahrhundert v. Chr., Tübingen 1994, sowie Michael Erler: Vom Werden zum Sein. Über den Umgang mit Gehörtem in Platons Dialogen, in: Elenor Jain/Stephan Grätzel (Hg.): Sein und Werden im Lichte Platon. Festschrift für Karl Albrecht, Freiburg/München 2001, S. 123–143.

[127] Vgl. Jacques Derrida: Signature événement contexte, in: ders.: Marges de la Philosophie, Paris 1972, S. 365–393, hier S. 376, dt. Ausgabe: Signatur Ereignis Kontext, in: ders.: Randgänge der Philosophie, hg. v. Peter Engelmann, 2. überarb. Aufl., Wien 1999, S. 325–351, hier S. 334; ders.: Platons Pharmazie, in: ders.: Dissemination, hg. v. Peter Engelmann, übers. v. Hans-Dieter Gondek, Wien 1995, S. 69–193.

[128] Vgl. Stegmaier: Philosophieren als Vermeiden einer Lehre, insbes. S. 215–226.

1.3 Platons Gebrauch der Schrift

allgemeine Sprachkritik und die Dialogform der platonischen Schriften in einem sinnvollen Zusammenhang deuten:[129]

Der Mythos, um ihn noch einmal kurz wiederzugeben, erzählt von Theuth, einer ägyptischen Gottheit, der neben verschiedenen anderen Erfindungen – genannt werden »Zahl und Rechnung [...], dann die Meßkunst und die Sternkunde, ferner das Brett und Würfelspiel« – auch die der Schrift zugeschrieben wird (Phdr. 274c f.). Theut führt die Schrift dem ägyptischen Gottkönig Thamos vor, um die Segnungen dieser Erfindung durch ihn dem ganzen Volk zugute kommen zu lassen. Daraus ergibt sich ein kontroverses Gespräch über den »Nutzen« (ὠφέλειαν, Phdr. 274d) der Schrift. Theuth preist die Schrift als ein Mittel, »die Ägypter weiser [σοφωτέρους] und gedächtnisreicher« (Phdr. 274e) zu machen.

Demgegenüber stellt Thamos die Frage in den Mittelpunkt, welchen »Schaden und Vorteil« (βλάβης τε καὶ ὠφελείας) die Schrift »denen bringen [werde], die sie gebrauchen werden (χρῆσθαι).« (Phdr. 274e) Er kommt zu der Einschätzung, die Schrift werde »vielmehr Vergessenheit einflößen aus Vernachlässigung des Gedächtnisses, weil sie im Vertrauen auf die Schrift sich nur von außen vermittels fremder Zeichen, nicht aber innerlich sich selbst und unmittelbar erinnern werden.« (Phdr. 275a) Wer sich stets der Schrift bedient, verliert die Kraft, sich selbst zu erinnern, und macht sich von äußeren Dingen abhängig, anstatt die eigenen Gedächtniskräfte zu entwickeln. Dieser Kritikpunkt wird zugleich im Handlungsgang des Dialogs vorgeführt: Denn eben der Schriften liebende Phaidros kann sich an mehreren Stellen des Dialogs nicht mehr an das zuvor Gesagte erinnern und ist dann auf Sokrates angewiesen (vgl. Phdr. 272c, 277b). Auch dem Wissen sei die Schrift abträglich, denn mit ihrer Hilfe erwürbe man »von der Weisheit [...] nur den Schein« und würde allenfalls »dünkelweise (δοξόσοφοι) statt weise« (Phdr. 275a f.). Damit endet der Mythos. Thamos macht also geltend, dass ein schriftlich vermitteltes Wissen von grundlegend anderer Qualität sei als ein selbst erworbenes und angeeignetes. Es ist in diesem Sinne von theoretischem Charakter und mit einer Sicherheit, die zum Gebrauch der Dinge befähigt, nicht zu vergleichen. So warnt Thamos Theuth vor der Vorstellung,

---

[129] Im Zusammenhang mit einer Erörterung der platonischen Schriftkritik schreibt Wieland: »Im ›Phaidros‹ begründen solche Überlegungen eine Kritik des geschriebenen Wortes, die jedoch nicht zu einer allgemeinen Sprachkritik ausgeweitet wird. [...] Grundsätzlich ist aber auch das gesprochene Wort niemals mit Sicherheit den Gefahren enthoben, die sich ergeben, wenn man es aus dem Realkontext isoliert, verdinglicht und damit seiner funktionellen Bedeutung nicht mehr gerecht wird«. Wieland weist darauf hin, dass eine allgemeine Sprachkritik in Phdr. 277 e allenfalls angedeutet wird. Wir haben gezeigt, dass eine allgemeine Sprachkritik den Dialogen *Lysis* und *Charmides* anhand der Unterscheidung von Sagen und Zeigen entnommen werden kann. Vgl. Wieland, Platon und die Formen des Wissens, S. 24.

schriftlich niedergelegtes Wissen reiche schon aus und auf seinen Gebrauch komme es nicht an.

Über die Unterscheidung von schriftlich fixierbarem theoretischem Wissen und seinem Gebrauch hinaus zeigt sich in dem Mythos auch die oben bereits erörterte Unterscheidung von Herstellen und Gebrauchen.[130] Das Wissen dessen, der eine Sache nur herzustellen vermag, ist hier dem Wissen dessen, der sie zu gebrauchen versteht, klar untergeordnet. Gegenüber Theuth als dem Erfinder und ›Hersteller‹ der Schrift macht Thamos auf die Unverzichtbarkeit eines entsprechenden Wissens vom Gebrauch aufmerksam. Thamos ist in der Lage, die Schrift in die pragmatischen Kontexte einzuordnen und zu entscheiden, wie weit sie brauchbar und gut ist oder schädlich.[131] Dies unterstreicht, dass es Platon nicht um eine gänzliche Diskreditierung der Schrift geht. Die Schrift an sich ist weder gut noch schlecht. Es kommt darauf an, sie den Kontexten entsprechend zu gebrauchen.

In diesem Zusammenhang ist die Beobachtung Geigers interessant, der darauf aufmerksam macht, dass der Mythos nicht berichtet, welche politischen Konsequenzen Thamos aus der Schriftkritik zog. Historisch aber – und das war auch Platon selbst bekannt (vgl. Tim. 23a) – habe sich der Gebrauch der Schrift in Ägypten durchaus etabliert. So könne man, so Geiger, auch für Platons Mythos davon ausgehen, dass in ihm unausgesprochen blieb, aber dem damaligen Leser präsent war, dass die Schrift trotz ihrer Kritik in Gebrauch genommen wurde – nur eben im Bewusstsein dessen, was sie zu leisten vermag und was nicht.[132] Und dies trifft dann ebenfalls auf Platon selbst zu, der trotz seiner Schriftkritik von der Schrift Gebrauch macht.

Sokrates und Phaidros diskutieren anschließend den Mythos. Die Schrift erwecke leicht den Eindruck, dass derjenige, der über sie verfügt, schon im Besitz echten Wissens bezüglich dessen sei, was sie thematisiert. Vor dem Hintergrund unserer Untersuchungen in Kapitel 1.2.4 lässt sich sagen: Dies tut sie, weil sie die Kontexte abschneidet und deshalb als vollständig erscheint. Stegmaier spricht in diesem Sinne vom Zeichengebrauch als einer Weltabkürzungskunst zum Zwecke der Orientierung.[133] Der Sinn eines gesprochenen Wortes lässt sich jedoch wie der der geschriebenen Sprache nie vollständig diesem selbst entnehmen, sondern ergibt sich immer auch aus dem situativen Kontext, innerhalb dessen es vorkommt.[134] Ein Beispiel, welches dies besonders anschaulich werden lässt, ist wiederum die Ironie. Wer Hinweise darauf ausgemacht zu haben glaubt, dass es sich bei einer Mitteilung um Ironie han-

---

[130] Vgl. Kapitel 1.2.5.
[131] Vgl. Wieland: Platon und die Formen des Wissens, S. 17.
[132] Rolf Geiger: Literarische Aspekte der Schriften Platons, S. 377.
[133] Vgl. Stegmaier: Philosophie der Orientierung, S. 282–285.
[134] Vgl. ebd., S. 269–282.

1.3 Platons Gebrauch der Schrift

deln könnte, wird seine Aufmerksamkeit vom Wortlaut einer Äußerung ab- und sie dem Kontext, in dem sie geäußert wird, etwa den vermuteten Absichten des Sprechers, zuwenden, um darin deutlichere Anhaltspunkte dafür zu finden, wie das Gesagte zu verstehen sei. Und auch sonst ergibt sich der Sinn einer mündlichen und schriftlichen Äußerung nie vollständig aus ihr selbst, sondern stets auch aus ihrem Äußerungskontext. Ein weiteres Beispiel ist die überaus reichhaltige Metaphorik in Platons Dialogen, denn der Sinn von Metaphern erschließt sich nicht aus ihrem Wortlaut, sondern vielmehr aus den Kontexten, innerhalb derer sie gebraucht werden.

Die Schrift vermag jedoch bereits erworbenes Wissen zu reaktivieren (Phdr. 276d). Sie dient dem »zur Erinnerung, der schon das weiß, worüber sie geschrieben« (Phdr. 275d) ist, kann also dabei helfen, sich an ein einmal angeeignetes Wissen zu erinnern. Der bereits Wissende werde daher »einen Vorrat von Erinnerungen [...] sammeln«, auf den er im »vergessliche[n] Alter« zurückgreifen kann (Phdr. 276d). Aber es sei aussichtslos, eine Kunst (τέχνη) schriftlich fixieren und so weitergeben zu wollen. Gerade der Bereich der τέχνη ist, wie Platon Sokrates hier ausdrücklich sagen lässt, weitgehend nicht schriftlich lehrbar (vgl. Phdr. 275c f.), sondern erfordert eigene Einübung, zu der man allenfalls angeleitet werden kann.

Im Weiteren erörtert Platons Sokrates die Eigenheiten schriftlicher Texte. So verselbständige sich die Schrift gegenüber ihrem Autor. Dies scheint zunächst ein Vorteil zu sein, entpuppt sich aber bald als Nachteil. Denn die Schrift ist nur ein Werkzeug in der Hand ihres Autors, in dem das Wissen eigentlich beheimatet ist. Nur der Autor selbst kann dem Geschriebenen im wörtlichen Sinne Autorität verleihen. Darüber hinaus kann die Schrift aber anderen Lesern in die Hände fallen, die ganz unterschiedliche Verstehensvoraussetzungen haben: »Ist sie aber einmal geschrieben, so schweift überall jede Rede gleichermaßen unter denen umher, die sie verstehen, und unter denen, für die sie sich nicht gehört, und versteht nicht, zu wem sie reden soll und zu wem nicht.« (Phdr. 275d f.)[135] Im Dialog *Parmenides* beklagt dementsprechend Zenon, dass ihm eine Schrift, die er vor langer Zeit geschrieben habe, gestohlen worden sei (Parm. 128d f.).[136] Das Geschriebene kann nicht in gleicher Weise für jedermann bestimmt sein, und nur der Autor weiß, wem es jeweils zugedacht und angemessen ist. Der Autor kann der Schrift, wenn sie innerhalb anderer Kontexte des Verstehens missdeutet würde, nicht zu »Hilfe« kommen. Sie ist nicht in der Lage, sich gegen ein Missverstehen

---

[135] Zu diesem sogenannten ›dialektischen‹ oder ›esoterischen‹ Argument vgl. Wolfgang Kullmann: Platons Schriftkritik, in: Hermes 119 (1991), S. 1–21, hier S. 3.
[136] Vgl. dazu Wolfgang Kullmann: Hintergründe und Motive der platonischen Schriftkritik, in: ders./Markus Reichel (Hg.): Der Übergang von der Mündlichkeit zur Literatur bei den Griechen, Tübingen 1990, S. 317–337, hier S. 326–328.

»zu schützen noch sich zu helfen« (Phdr. 275e). So macht Sokrates darauf aufmerksam, dass die Schrift immer nur ein unselbstständiges Medium zwischen dem Autor und dem Leser und darauf angewiesen ist, dass der rechte Gebrauch von ihr gemacht wird.

Die mündliche Rede aber weiß nicht nur, wem gegenüber sie wie »reden« muss, sie weiß auch, wem gegenüber »zu schweigen« angebracht ist (Phdr. 275e f.). Derjenige, der die Schrift recht zu gebrauchen weiß, wird sie gebrauchen, um sich anhand ihrer wieder an sein Wissen zu erinnern, sich ansonsten aber an die mündliche Unterredung mit anderen »Seelen« (vgl. Phdr. 276e f.) halten, deren Wirkungen er kontrollieren kann. Ihr Vorzug ist es, dass den an ihr Beteiligten die situativen Kontexte, in denen sie eine Funktion erfüllt, auf die hin sie entworfen wird und in denen sie daher erst ihren vollen Sinn entfaltet, stets vor Augen stehen und immer schon – bewusst oder unbewusst – in die Deutung des Gesprochenen einbezogen werden.

Die Schrift hingegen ermöglicht es allzu leicht, sie den Kontexten zu entheben. Ihre Aussagen scheinen unabhängig von den pragmatischen Gesichtspunkten zu sein, unter denen sich erst ihre Bedeutung vollständig konstituiert, wie den an der Kommunikation beteiligten Personen sowie den Umständen, in denen sie geäußert werden. Dies ist der Grund für ihre Vieldeutigkeit. Je nach Veränderung der Kontexte, in denen sie gelesen werden, wandelt sich ihr Sinn. Der Geltungsanspruch des Geschriebenen erscheint als endgültig, die der gesprochenen Rede hingegen als vorläufig. Die Schrift birgt damit die Gefahr der Illusion echten Wissens, wo doch nur ein Scheinwissen vorliegen könnte (vgl. Phdr. 275a f.). Damit wird aber auch deutlich, weshalb im Mythos von Theuth und Thamos sowohl »Zahl«, »Rechnung« und »Meßkunst« – also der Bereich des Mathematischen – als auch die Schrift mit der Figur des Theuth demselben Erfinder zugeschrieben werden. Beide haben mit einer Isolierung von Kontexten zu tun.

Die Bedeutung der Schrift bleibt, weil sie mit den sich wandelnden Kontexten verwoben ist, stets etwas Vorläufiges. Ein ›echtes Wissen‹ ist in ihr nicht schon enthalten, sondern sie kann dem, der sich im Gebrauch bereits auskennt, zusätzliche Orientierung geben, es sich selbst zu erarbeiten. Deshalb hat der Gebrauch, wie wir gesehen haben, schon im Schriftmythos eine Vorrangstellung inne, denn der Schriftkritik zufolge erwirbt die Seele Kompetenzen und ringt sie den Dingen mühsam ab, indem sie von ihnen Gebrauch macht (vgl. Phdr. 276e f.). Die auf die Schrift bezogene Sicherheit im Gebrauch ist daher anders als die Schrift selbst untrennbar mit ihrem Träger verbunden und nicht in objektivierter Form auf andere übertragbar. Dass Wissen letztlich nicht direkt durch Schrift mitgeteilt werden kann, sondern diese dem Leser, sofern der sich auf ihren Gebrauch versteht, allenfalls Hinweise und Hilfestellungen geben kann, sich Wissen selbst anzueignen, drückt sich u. a. in der von Sokrates benutzten organischen Metaphorik aus. In ihr ist etwa von »Samen«, »Früchten«, »Landbau«, »Unfruchtbarkeit« oder auch von »säen«, »pflanzen« oder auch »gedeihen« die Rede (vgl. Phdr. 276d f.). Wissen kann »gesät« oder »gepflanzt« werden, »wachsen« muss es aber von allein. Diese Metaphorik des Wachsens weist zugleich darauf hin, dass der Erwerb von Erkenntnis durchaus einen gewissen Zeitaufwand erfordert, der sich auch durch die Schrift nicht umgehen lässt.[137] So macht die Schriftkritik auf die Grenzen von Lehrbarkeit überhaupt aufmerksam.[138]

Dieser Befund lässt sich durch eine Betrachtung des *Siebten Briefes* unterbauen. Dieser ist zwar bis heute in seiner Echtheit umstritten, schließt aber bekanntermaßen, was die Schriftkritik anbelangt, an das im *Phaidros* Gesagte an (vgl. Ep. VII 341a–342a.). Auch hier weist der Autor des Briefes die Vorstellung zurück, die Früchte philosophischer Erkenntnis könnten »wie andere Lerngegenstände« aufgeschrieben und auf diesem Wege weitergegeben werden. Nur im direkten Gespräch, »aus häufiger gemeinsamer Bemühung um die Sache selbst und aus dem gemeinsamen Leben«, also aus ähnlich wahrgenommenen Kontexten, entstünden diese »plötzlich – wie ein Feuer, das von einem übergesprungenen Funken entfacht wurde – in der Seele und nährt sich dann schon aus sich heraus weiter« (Ep. VII 341c f.). Gerade hier, wo eine untheoretische, die Kontexte nicht abschließende Kommunikation thematisiert wird, welche nicht als Übertragung eines objektivierten Inhaltes, sondern aus einer untheoretischen Fähigkeit des Umgangs mit anderen in der Kommunikation konzipiert ist, weicht Platon konsequenter Weise in eine metaphorische Beschreibungsweise aus. Die Fähigkeit, mit den Äußerungen anderer umzugehen, wird nicht als theoretisch erfassbarer Mechanismus, sondern als nicht weiter zu ergründendes und sich »aus sich heraus weiter« »nähr[endes]« »Feuer« beschrieben. Wahre Erkenntnisse würden »plötzlich« entfacht, also unerwartet, weil sie nicht aus Vorhergehendem, theoretisch abgeleitet würden. Die Schrift könne, wie es außerdem heißt, die

---

[137] Vgl. zu diesem Aspekt auch Ep. VII 344b.
[138] In diesem Zusammenhang kann evtl. doch der von Schleiermacher ausgehenden These, derzufolge die Dialogform einen didaktischen Sinn hat, etwas abgewonnen werden. Doch erfüllt sie nach unserer Einschätzung für Platon nicht den Zweck, einem Publikum Lehren leichter zugänglich zu machen, die von einem Fachmann auch in direkter Weise erschlossen werden könnten. Dies scheint schon deshalb abwegig, weil ein solches didaktisches Konzept in seiner Zielsetzung dann als verfehlt gelten müsste, erschwert es die schriftstellerische Form der Dialoge Kritikern zufolge doch gerade, ihnen eindeutige Lehren zu entnehmen. Sofern man von einem von Platon mit der Dialogform verbundenen didaktischen Konzept sprechen will, wäre dies nur so sinnvoll zu verstehen, dass dieses genau deshalb erforderlich wird, weil die Lehrbarkeit von Lehren von Platon überhaupt infrage gestellt wird. Wenn es Platon also nicht darum geht, eine Lehre zu vermitteln, ist die Dialogform keine didaktische Einkleidung einer Lehre, sondern die einzig verbleibende Möglichkeit eines Versuchs, den Leser dazu anzuleiten, sich Einsichten selbst zu erwerben.

Erkenntnisse nicht an »weite Kreise« vermitteln, sondern erreiche allenfalls »einige wenige«, denen sie lediglich »Hinweise[]«, also Anhaltspunkte der schon vorausgesetzten Orientierung, zu geben vermag, mithilfe derer sie die Erkenntnisse dann selbst finden (Ep. VII 341d f.). Diese Stelle des *Siebten Briefes* bestätigt also die Schriftkritik des *Phaidros*.

Die im *Phaidros* und im *Siebten Brief* formulierte Schriftkritik lässt sich durch die im *Politikos* erörterte Problematik geschriebener Gesetze noch ergänzen (Pol. 293c–301a).[139] Hier stellt sich die Frage, ob sich neben dem Volk auch der Staatsmann den geschriebenen Gesetzen unterwerfen soll oder nicht. Es ist die Frage nach dem Verhältnis zwischen allgemeinem und sprachlich fixiertem Gesetz und der individuellen Fähigkeit zum sicheren Gebrauch der Gesetze durch den Staatsmann, also die Frage nach dem Verhältnis zwischen sprachlich fixierter Theorie und dem Vermögen ihres sicheren Gebrauchs. Ist der Staatsmann dem Gesetz unterworfen und das Gesetz selbst die höchste Instanz, so eröffnet sich die Problematik, dass ein Gesetz Anspruch auf Allgemeingültigkeit für alle Einzelfälle ungeachtet ihrer individuellen Merkmale beansprucht. Während die Einzelfälle letztlich immer andere sind und keiner dem anderen gleicht und sich auch die Verhältnisse, in denen die Einzelfälle vorkommen, ständig wandeln, beanspruchen die Gesetze sowohl überindividuelle als auch überzeitliche Gültigkeit. Der Mannigfaltigkeit der Einzelfälle kann ein allgemeines und daher immer abstraktes und theoretisches Gesetz daher nie gerecht werden. Dabei stellen Gesetze keinen Selbstzweck dar, sondern erhalten ihre Legitimation gerade dadurch, dass sie durch ihren allgemeinen Charakter eine orientierende Funktion für die Einzelfälle erfüllen. Wie schon im Allgemeinen für die Schrift in der Schriftkritik, so gilt auch für das geschriebene Gesetz, dass es den konkreten Lebenskontexten, auf die hin es entworfen wurde und in denen es seinen Sinn hat, enthoben ist. Und wie in der Schriftkritik eine Berücksichtigung des Bedingungsgeflechts, dem sie entstammt, angemahnt wird, so soll das Gesetz durch den Staatsmann, der von ihnen also den rechten Gebrauch zu machen verstehen muss, an die alltäglichen Kontexte des Lebens zurückgebunden werden.

So bleibt das Gesetz der Spannung verhaftet, dass es, um zu allgemeinen Kriterien für das zu gelangen, was als gerecht anzusehen ist, von der Differenz der Einzelfälle absehen muss. Daher vertritt der Fremde aus Elea die Auffassung, es bedürfe der Instanz eines Staatsmannes, der selbst nicht den Gesetzen unterworfen ist. Der Staatsmann wird in dieser Sicht als eine Instanz gesehen, die mit einer pragmatischen Fähigkeit zum sicheren Gebrauch ausgestattet ist. Er ist in der Lage, den pragmatischen Sinn der Gesetze im Blick zu behalten. Daher vermag er es, zu beurteilen, an welcher Stelle die Gesetze zu korrigieren sind, ist idealerweise aber auch kompetent, zu entscheiden,

---

[139] Vgl. zur Deutung in diesem Sinne auch Wieland, Platon und die Formen des Wissens, S. 27–35.

wie die individuellen Einzelfälle überhaupt unter die einzelnen Gesetze zu subsumieren sind.

So wenig wie der Sinn der Schrift durch die Schriftkritik gänzlich infrage gestellt wird, so wenig stellt auch die Gesetzeskritik den Sinn des Gesetzes überhaupt infrage. In der Hand eines Staatsmannes ist es ein unverzichtbares Instrument. Denn selbst der weiseste Staatsmann vermag es nicht, die Summe aller Einzelfälle stets im Blick zu behalten. Es bedarf der Abstraktion und der Theorie der Gesetze. Steht der Staatsmann über dem Gesetz, bleibt das theoretische Gesetz jedoch stets unter der Kontrolle seiner Fähigkeit zum sicheren Gebrauch. Es kommt also zuletzt darauf an, von Gesetzen einen angemessenen Gebrauch zu machen, sich in den Spielräumen ihrer Interpretation und ihrer Anwendung sicher und zum Wohle des Staates orientieren zu können.[140] Innerhalb dieser Grenzen haben Gesetze dann ihr volles Recht. Verdeutlicht wird die Funktion und Legitimität von Gesetzen anhand verschiedener Beispiele. So muss derjenige, der zu Leibesübungen anleitet, bei einer größeren Zahl von Schülern, die er gleichzeitig unterrichtet, seine Übungsanweisungen an den Durchschnittsbedürfnissen ausrichten. Seine Anweisungen sind zunächst für alle gleich. Dies ist durchaus zweckmäßig, weil der Übungsleiter bei besonderem Bedarf seine Anweisungen einem Einzelfall anpassen kann (vgl. Pol. 294d f.). Ebenso gibt etwa der Arzt Anweisungen, die er selbst bei Bedarf, wie etwa einer Veränderung des Zustandes des Patienten, korrigieren und den neuen Verhältnissen anpassen kann (vgl. Pol. 295b-d).

Die Beispiele machen deutlich, dass allgemeine, vom konkreten situativen Bedingungsgeflecht abstrahierte und theoretische Regeln nützliche und unverzichtbare Instrumente sind, die jedoch in der Hand eines kompetenten Fachmannes bleiben müssen. Denn dieser versteht sich darauf, unter Berücksichtigung der jeweiligen situativen Kontexte individuellen Gebrauch von ihnen zu machen und sie den Situationen gemäß zu erlassen, abzuändern oder aufzuheben. Für den Gebrauch der Gesetze kann es dann keine weiteren theoretischen Gesetze mehr geben, sondern der Staatsmann macht seine »Kunst zum Gesetz«. Die »Kraft [dieser] Kunst« steht dann »höher als die Gesetze« (Pol. 297a). So erfährt die Theorie auch hier, im *Politikos*, einerseits ihre Einschränkung, andererseits aber auch ihr volles Recht durch den individuellen und seinerseits untheoretischen Gebrauch, der von ihr gemacht wird.

---

[140] Zum Thema des Rechts in unserer Orientierung vgl. Stegmaier: Philosophie der Orientierung, insbes. S. 493–505.

1.3.3 Platons Gebrauch der Dialogform

Platons allgemeine Sprachkritik (Kapitel 1.2) und seine Schriftkritik (Kapitel 1.3.2) können nun auf ihre Bedeutung für Platons eigenen Gebrauch der Schrift hin gedeutet werden. Wir hatten festgestellt, dass durch die Sprache überhaupt das Bedingungsgeflecht in seiner Komplexität reduziert wird und dass sie so erst Gegenstände aus ihm isoliert. Dabei birgt sie die Gefahr der Illusion eines unabhängigen, objektivierbaren und vermittels der Sprache mitteilbaren Wissens, das auf theoretische Weise angeeignet und dann gebraucht werden könne. Was hier für die Sprache überhaupt gilt, verschärft sich der Schriftkritik zufolge im Falle der schriftlichen Mitteilung. Durch ihre materielle Gestalt, die es erlaubt, längst Vergangenes in großer zeitlicher und räumlicher Distanz zu thematisieren, sowie die Abwesenheit des Urhebers der Schrift, der nicht mehr wie im Falle der mündlichen Rede eingreifen kann, wenn ein Missverstehen offenkundig wird, wird das je Thematisierte noch schärfer als im Falle mündlicher Rede von seinen Kontexten isoliert. Wie Platon aber die durch mündliche Rede vermittelte Theorie durch die Inszenierung von Dialogen in ihre pragmatischen Horizonte reintegriert, so macht er mit seiner Schriftkritik auf die pragmatischen Zusammenhänge aufmerksam, in denen die Schrift immer steht, weil sie funktionalen Charakter hat und stets daraus verstanden werden muss.

So inszeniert Platon Dialoge, in denen Individuen mit anderen Individuen unter pragmatischen Bedingungen Gespräche führen, einander Mythen erzählen, gegen- oder miteinander argumentieren, ohne eine Lehre im eigenen Namen zu verkünden. Die in seinen Dialogen vorgetragenen möglichen Lehren können Platon nicht selbst zugeschrieben werden. Doch werden sie damit nicht irrelevant. Der Fokus ist lediglich auf den funktionalen Charakter, den sie in unterschiedlichen Situationen haben können und durch den sie bedingt sind, zu verschieben.

Die Rolle der Dialogform als Platons eigene Weise, von der Schrift Gebrauch zu machen, soll daraus nun genauer verstanden werden: Zum Einen wird die Schriftkritik selbst nicht in Form einer Lehre vermittelt, sondern, wie wir festgestellt hatten, dialogisch inszeniert und in einer dreifach indirekten Form vorgetragen. Sie weist gerade auf die Grenzen hin, die den Möglichkeiten direkter Mitteilung gezogen sind. Die Schrift kann nur Hilfestellungen liefern, wahres ›Wissen‹ im Sinne einer Fähigkeit zum sicheren Umgang muss der Lernende sich zuletzt stets selbst erarbeiten und aneignen. Der Vorwurf, die Schriftkritik bilde einen performativen Widerspruch, weil sie selbst von Platon in schriftlicher Form dargelegt wird, greift nicht, weil es keinen Widerspruch bildet, in einer Schrift darauf aufmerksam zu machen, was die Schrift nicht leisten kann. Doch bedarf es dieses Argumentes nicht einmal, weil Platon eine solche Mitteilung gar nicht direkt formuliert. Dem

1.3 Platons Gebrauch der Schrift

Leser werden vielmehr vermittels des Erzählens von Mythen und des Vorführens von Gesprächen, also durch die Dialogform, Gedankenanstöße gegeben, von denen er zum Erwerb eigener Einsichten Gebrauch machen kann oder auch nicht. Er muss selbst zu der Einsicht in die spezifischen Möglichkeiten, die die Schrift bietet bzw. die sie nicht bietet, gelangen.

Wer davon ausgeht, dass sich Fähigkeiten des sicheren Umgangs mit der Schrift der Möglichkeit direkter Mitteilung entziehen, weil sie damit ihre Gebrauchsdimension verlören, kann weder diese Fähigkeiten selbst noch das Wissen hiervon (als Schriftkritik) in direkter Form mitteilen und damit lehren wollen. Die Dialogform bietet hier einen Ausweg, nicht gänzlich wie Sokrates auf das Verfassen philosophischer Schriften verzichten zu müssen. Denn die Bedenken der Schriftkritik greifen auf der Ebene des fiktiv gestalteten Dialogs ebensowenig wie die der allgemeinen Sprachkritik. Durch die Dialogform werden theoretische Aussagen in die Bedingungen persönlicher mündlicher Kommunikation und den die Kommunikation umgebenden Lebenskontext, die durch die Dialogform nicht eigens zum Thema gemacht, aber mitgeliefert werden, integriert. Sie deutet damit an und ›zeigt‹, was mit sprachlichen Mitteln nicht mehr gesagt werden könnte. Platon lässt die Figuren seiner Dialoge in konkreten Situationen über angeblich situationsunabhängige allgemeine Wahrheiten sprechen und zeigt damit performativ, dass sie letztlich doch nicht situationsunabhängig sind.

Wer davon ausgeht, dass jede Theorie ihren ganzen Sinn erst innerhalb solcher pragmatischer Zusammenhänge erhält, der wird Theorien auch nur innerhalb dieser pragmatischen Zusammenhänge vorführen. Er wird ein Bild von ihrem Gebrauch zeichnen. Der Leser kann einem konkreten beispielhaften Bild nicht ohne Weiteres eine allgemeine Lehre entnehmen. Damit vermeidet es Platon, den Leser glauben zu machen, ihm würde objektives Wissen vermittelt. Er vermeidet es, vorzutäuschen, die Schrift könne etwas leisten, was sie nicht leisten kann. Der Leser kann sich angesichts der Dialoge keiner Lehre, auch nicht der Schriftkritik, gewiss sein, sondern er ist gezwungen, sich selbst mit dem Vorgeführten auseinanderzusetzen und es für den eigenen Gebrauch fruchtbar zu machen.

Wenn das, worum es Platon geht, eine individuelle Fähigkeit zum sicheren Gebrauch ist, die nicht durch sprachliche Lehren allein zu übertragen ist und an ihren jeweiligen Träger gebunden bleibt, so muss es als die Intention seines schriftlichen Werkes angesehen werden, den Leser zum Erwerb eigener individueller Sicherheit im Umgang mit schriftlicher Theorie anzuleiten. Die Dialogform ist das konsequente Mittel dazu, denn in ihr wird kein Wissen ›vermittelt‹, sondern der Leser wird angeregt, seinerseits von der Schrift Gebrauch zu machen, sich Sicherheit im Umgang mit ihr zu erwerben und sie sich zunutze zu machen. Platons Dialoge zwingen, sich ein eigenes Bild zu machen.

Dabei spiegelt sich die Vielfalt der Lebenskontexte bei Platon in der Vielfalt von Variationsmöglichkeiten, die darzustellen ihm die Dialogform erlaubt.[141] Je nachdem, ob etwa ein eristisches, agonales oder advokatorisches Gespräch, ein Elenchos, ein synergistisches oder ein Lehrgespräch vorliegt oder ob ein Publikum anwesend ist oder nicht, müssen Intention der Sprecher und damit auch der jeweilige Wert ihrer Handlungen und Aussagen unterschiedlich bewertet werden. Bezüglich der literarischen Komposition solcher Zusammenhänge hat beispielsweise Diskin Clay untersucht, inwiefern die Anwesenheit eines Publikums, den Charakter der Gespräche und des Gesprächsverhaltens der Figuren beeinflusst.[142] Charles H. Kahn und Joachim Dalfen kamen zu der Einschätzung, dass die Anwesenheit eines Publikums die Entwicklung eines agonalen Charakters der geführten Gespräche begünstigt.[143] Umgekehrt dürfte auch gelten, dass sich bestimmte Gesprächsformen erst unter Abwesenheit eines Publikums ergeben, wie etwa am Beispiel des *Phaidros'* und des dort inszenierten, allein und außerhalb der Stadt stattfindenden Gesprächs zwischen Phaidros und Sokrates deutlich wird. So wird der Dialog den komplexen und individuellen Bedingungen, denen ein Gespräch unterliegt, gerecht.

Entsprechend müssen eine ganze Reihe von Passagen in den Dialogen, in denen das dialektische Gespräch zugunsten anderer Formen in den Hintergrund tritt, so verstanden werden, dass hier der Bedingungskontext für die getroffenen Aussagen von verringerter Bedeutung ist. Zu denken ist hier an Passagen, in denen der Gesprächsanteil eines oder mehrerer Gesprächspartner nur auf kürzeste Antworten reduziert wird, wie etwa in den *Nomoi* oder über weite Strecken in der *Politeia*.[144] Aber auch wenn die behandelte Thematik anders als bei Platon üblich kaum etwas mit den beteiligten Personen zu tun hat, tritt der Bedingungskontext des Gesprächs weiter in den Hintergrund. Gemeint sind darüber hinaus auch die überaus zahlreichen Stellen, in denen sich einer der Gesprächsteilnehmer einer monologischen Rede bedient (bekannteste Beispiele sind hier wohl die Monologe in der *Apologie* und im *Symposion*) oder einen Mythos vorträgt (wie im *Phaidros*). Insbe-

---

[141] Verschiedene Klassifikationsvarianten sind schon in der Antike, etwa von Albinos (Burkhard Reis (Hg.): Der Platoniker Albinos und sein sogenannter Prologos (kritische Edition der *Eisagoge* mit Übersetzung), Wiesbaden 1999) oder Diogenes Laertius (vgl. Diogenes Laertius, Buch III.), entwickelt worden.

[142] Diskin Clay: Platonic Questions. Dialogues with the Silent Philosopher, Pennsylvania 2000, S. 151–163, insbes. S. 158.

[143] Vgl. Charles H. Kahn: Drama and Dialectic in Plato's Gorgias, in: Oxford Studies in Ancient Philosophy 1 (1983), S. 75–121, sowie Joachim Dalfen: Platonische Intermezzi. Diskurse über Kommunikation, in: Grazer Beiträge 16 (1989), S. 71–123, hier S. 87.

[144] Vgl. zu den »[u]nterschiedliche[n] Typen von Antworten«, die Sokrates Gesprächsteilnehmer geben: Geiger: Literarische Aspekte der Schriften Platons, S. 169f.

sondere Thesleff und Szlezák betonen die Bedeutung der Monologe für das Verständnis Platons. Sie schenken der dramatischen Inszenierung der Dialoge dementsprechend in ihren Interpretationen nur geringe Aufmerksamkeit.[145] Geiger hat kürzlich noch einmal herausgestellt, dass monologische und rhetorische Redeformen gegenüber dialektischen Gesprächsformen tatsächlich »einen beträchtlichen Umfang« haben und in weiten Teilen des platonischen Werkes zu finden sind.[146]

Entscheidend für uns ist jedoch, dass die Dialogform auch in diesen Fällen, in denen theoretische Aspekte weiter in den Vordergrund rücken, stets gewahrt bleibt. Die Bedeutung des situativen Kontextes, in dem Gespräche immer auch einen funktionalen Charakter und einen Gebrauchswert haben, wird je nach dramatischer Gestaltung mal mehr, mal weniger betont. Sie wird in Platons Werk aber an keiner Stelle aufgegeben.

1.4 Der Gebrauch der Ideen

1.4.1 Problemaufriss und Stand der Forschung

Die Theorie, für die Platon bekannt wurde und durch die er seine größte philosophiehistorische Wirkung entfaltet hat, ist seine sogenannte Ideenlehre. Man sah in ihr, wie man es von jedem großen Philosophen erwartete, ein System. Dennoch kann den Dialogen bekanntlich keine in sich schlüssige systematische Ideenlehre entnommen werden. In seinem Werk wird an unterschiedlichen Stellen auf unterschiedliche Weise und in unterschiedlichem Sinne von Ideen gesprochen oder auf sie angespielt. Was die Ideen sind und wie sie etwa ontologisch aufzufassen wären, wird jeweils unterschiedlich, aber nie endgültig beantwortet. Der Ansatz beim Gebrauch könnte sich auch hier gut bewähren.

Dass in Platons Schriften keine endgültigen Aussagen zur sogenannten Ideenlehre und dazu, was überhaupt ihr Inhalt sein soll, zu finden sind, wurde in der Platon-Rezeption oft beklagt. So sah Hegel in der »Inhaltslosigkeit« der platonischen Ideenlehre einen Grund dafür, dass das philosophische Denken in seiner Geschichte über Platon hinausgehen musste.[147] Dennoch sucht man bis heute eine konsistente Konzeption jener Ideenlehre zu rekonstruieren. So-

---

[145] Holger Thesleff: Studies in the Style of Plato, Helsinki 1967, S. 55–62, sowie Thomas A. Szlezák: Theaitetos und der Gast als Elea. Zur philosophischen Kommunikation in Platons Sophistes, in: Hans-Christian Günther/Antonios Rengakos (Hg.): Beiträge zur antiken Philosophie. Festschrift für Wolfgang Kullmann, Stuttgart 1997, S. 81–101, hier S. 82.

[146] Vgl. Geiger: Literarische Aspekte der Schriften Platons, S. 372–375.

[147] Vgl. Georg W. F. Hegel: Vorlesungen über die Ästhetik. Erster Band, S. 46; ders.: Vorlesungen über die Geschichte der Philosophie. Zweiter Band, S. 178, 199ff; zum Vorwurf der Inhaltsleere

weit dies nicht gelang, zog man die oben erläuterte genetische oder entwicklungsgeschichtliche Untersuchungs- und Deutungsmethode zum Verständnis der Ideen heran und fand damit breite Zustimmung. Auch die Unklarheiten und Unterschiede bei der Thematisierung der Ideen in den einzelnen Dialogen sollten dadurch aufgelöst werden, dass man dem platonischen Denken der Ideen eine Entwicklung unterstellte.[148] Danach spielt die Ideenannahme in Platons früheren Jahren keine Rolle. Sie habe sich erst über mehrere Entwicklungsstufen zu einer abgeschlossenen Ideenlehre entwickelt, von der der späte Platon dann aufgrund verbliebener systematischer Probleme wieder abgerückt sei. Doch dann fragt sich, wie die Ideenlehre im *Timaios*, der zweifelsfrei nach dem *Parmenides* entstanden ist, in dem sie am wirkungsvollsten destruiert wird, wieder vertreten werden konnte. Auch warum Aristoteles eine so große Mühe darauf verwendet hat, Platons Ideenvorstellung zu kritisieren, wenn sich doch schon der alte Platon von ihr distanziert haben soll, ist unklar.[149]

Einen Ausweg aus den Schwierigkeiten bietet nun der Ansatz beim Gebrauch. Danach darf die Interpretation nicht allein berücksichtigen, *was* in den Dialogen über die Ideen *gesagt* wird, sondern muss zugleich darauf achten, *wie* die Ideen in den Dialogen ins Spiel gebracht werden, was im Zusammenhang mit ihnen geschieht und wie gehandelt wird. Dabei kommt es dann weniger auf die Genese einer Platon selbst zuzuschreibenden Ideenlehre als vielmehr auf die Genese der Ideenannahme auf der literarisch-fiktionalen Ebene des platonischen Werkes an. Neben der absoluten und der relativen Chronologie der platonischen Dialoge hat die fiktive Chronologie bislang wenig Beachtung gefunden, was auch daran liegen dürfte, dass die literarische Form überhaupt bislang kaum zur Platon-Interpretation herangezogen worden ist.[150] Vor Wieland, der zuletzt in seiner Interpretation auf die literarisch-fiktive Chronologie der Dialoge eingegangen ist, hat sie (lange zuvor) lediglich Munk berücksichtigt.[151] Dieser erkannte die fiktive Chronologie zwar

---

der platonischen Ideen auch Wieland: Platon und die Formen des Wissens, S. 96 ff., 141, der hier auch die Positionen Paul Shoreys, Werner Jaegers und Robert Craigie Cross' erörtert.

[148] Mit der entwicklungstheoretischen Deutung der Ideen sind vor allem die Namen Hermanns (Hermann: Geschichte und System der Platonischen Philosophie; vgl. zu Hermanns Interpretationsansatz: Eugène N. Tigerstedt, Interpreting Plato, Uppsala 1977, S. 27 ff.), später Pohlenz' (Max Pohlenz: Platons Werdezeit. Philologische Untersuchungen, Berlin 1913) und Wilamowitz-Moellendorff (z. B. Ulrich von Wilamowitz-Moellendorff: Platon, sowie in jüngerer Zeit auch Guthries' (William K. C. Guthries: A History of Greek Philosophy, 6 Bde., Cambridge 1962–1981) und Vlastos' (Vlastos: Socrates, Ironist and Moral Philosopher, insbes. S. 50–53) verbunden.

[149] Vgl. Wieland, Platon und die Formen des Wissens, S. 86; Frede, Platons Ideen, S. 45.

[150] Vgl. Wieland, Platon und die Formen des Wissens, S. 83–94.

[151] Eduard Munk: Die natürliche Ordnung der platonischen Schriften, Berlin 1857.

1.4 Der Gebrauch der Ideen

in ihrer Bedeutung, seine Annahme aber, fiktive und relative Chronologie könnten in Deckung gebracht werden, ist nicht mehr haltbar.

Rückt man die fiktive Chronologie der Dialoge ins Zentrum, ist weniger von Interesse, in welchem Lebensalter Platon über die Ideen schreibt, sondern in erster Linie, wie er die literarisch gestaltete Figur des Sokrates in dessen verschiedenen Lebensaltern mit den Ideen umgehen lässt. In der fiktiven Chronologie hat man es mit einer Gestaltung der verschiedenen Lebensalter des Sokrates zu tun, derzufolge der Dialog *Parmenides*, der zum platonischen Spätwerk zählt, einen jungen Sokrates darstellt, während etwa *Lysis*, *Protagoras* und *Charmides* einen Sokrates im reifen Mannesalter zeigen. *Theaitetos*, *Sophistes* und *Politikos* gehen dann den Dialogen *Euthyphron*, der *Apologie*, *Kriton* und *Phaidon* voraus, welche wiederum den alten Sokrates und seinen Tod in Szene setzen. Als Schlüsseltext wird im Folgenden insbesondere der Dialog *Parmenides* untersucht, in dem der noch junge Sokrates eine Ideenlehre vertritt, die von dem ihm überlegenen Parmenides destruiert wird. Gerade Parmenides warnt aber vor der Konsequenz, die Ideenlehre gänzlich aufzugeben und ermuntert Sokrates, sich, obwohl diese als theoretische Lehre unhaltbar ist, in ihrem Gebrauch zu üben. Der gealterte Sokrates betont dann im Dialog *Phaidon* den funktionalen Charakter der Ideenannahme und reflektiert seinen eigenen wie auch den fremden Gebrauch der Ideen.

In der pragmatischen Deutung der Ideen können wir neben den umfangreichen Ausarbeitungen vor allem Wolfgang Wielands[152] auch an den kürzlich erschienenen Beitrag Dorothea Fredes anknüpfen, in dem sie sich einer nichtmetaphysischen, fiktionalen Deutung der platonischen Ideen explizit über den Begriff des Gebrauchs nähert.[153] Ihr zufolge ist »zu fragen, ob es wirklich wahr ist, dass Platon [mit seiner Ideenlehre] die Welt der Sinne verlassen hat.«[154] Stattdessen versteht Frede die Ideen ausgehend von ihrer Funktion in Gebrauchszusammenhängen. Nacheinander nimmt sie die verschiedenen, bei Platon vorkommenden Arten von Ideen in den Blick und weist, ganz in unserem Sinne, ihren funktionalen Charakter nach. Doch spart sie (bisher) eine Untersuchung der pragmatischen Rolle der Idee des Guten aus. Zudem lässt sie die Bedeutung der literarischen Szenerie, in welche die Rede von den Ideen bei Platon stets eingebettet ist, in ihren Überlegungen unberücksichtigt. So wird bei ihr nicht klar, dass sich derjenige am besten auf den Gebrauch von den Ideen versteht, der sie zwar voraussetzt, doch zugleich darauf verzichtet, sie zum Gegenstand einer Lehre zu machen. Entsprechend spricht

---

[152] Vgl. Wieland: Platon und die Formen des Wissens, S. 95–223.
[153] Vgl. Dorothea Frede: Platons Ideen: Form, Funktion, Struktur, in: Information Philosophie, 2 (2011), S. 44–57.
[154] Ebd., S. 45.

Frede selbst von Platons Ideenannahme als einer »Ideenlehre«, wovon wir Abstand nehmen. Auch den Schluss, dass Platon einen solchen Gebrauch der Ideenannahme in seinen Dialogen vorführt, zieht Frede nicht. Eben deshalb wird es ihr zum Ärgernis, dass Platons »sparsame Bemerkungen« über die Ideen »auch noch über mehrere Dialoge verstreut sind, so dass man sie wie ein Puzzle-Spiel zusammenfügen muss.«[155]

Im Folgenden werden wir uns anhand der bewährten performativen Methode einem pragmatischen Verständnis der Ideen ausgehend vom Begriff des Gebrauchs nähern. Wir werden dabei untersuchen, wie Platon die Ideen in seinen Dialogen, insbesondere im *Parmenides*, ins Spiel bringt und wie von ihnen Gebrauch gemacht wird (Kapitel 1.4.2). Es wird sich zeigen, dass Platon unter den Ideen weniger unabhängige ontologische Entitäten verstand, sondern dem Menschen zum pragmatischen Gebrauch dienliche Voraussetzungen im Denken und Handeln (Kapitel 1.4.3). Abschließend wird gefragt, wie dann die Idee des Guten zu verstehen ist (Kapitel 1.4.4).

1.4.2 Unthematische Ideen

Weil im Dialog *Parmenides* die vom jungen Sokrates vertretene Ideenlehre durch den alten Parmenides destruiert wird, sehen die entwicklungstheoretischen Interpretation in ihm zumeist das Zeugnis einer Distanzierung des älteren Platon von der Ideenlehre. Doch bleibt bei dieser Deutung fraglich, warum Platon hier gerade den jungen Sokrates der Destruktion seiner Ideenannahme aussetzt. Denn auf der literarisch-fiktionalen Ebene vertritt Sokrates in seinem fortgeschrittenen Lebensalter die in seinen jungen Jahren durch Parmenides widerlegte Ideenannahme dann wieder, ohne dass Platon an irgendeiner Stelle die Gegenargumente des Parmenides entkräften ließe.

Das Bild muss also ergänzt werden: Der in der relativen Chronologie zu den späteren Dialogen zählende *Parmenides* schildert innerhalb der fiktiven Chronologie der Dialoge eine Episode aus der Jugend des Sokrates. Das Gespräch zwischen ihm und Parmenides wird dabei mehrfach vermittelt, womit bereits die Möglichkeit ausgeschlossen ist, dem Geschehen eine eindeutig identifizierbare und Platon zuzurechnende Lehre zu entnehmen: Der Erzähler Kephalos von Klazomenai erzählt bei einer Begegnung mit Adeimantos und Glaukon, was ihm von Antiphon, ihrem »Halbbruder mütterlicher Seite«, als dieser »noch ein Knabe« war, über eine Erzählung des Pythodoros von einem Gespräch zwischen Sokrates und Parmenides berichtet wurde, welches »schon lange her« war (vgl. Parm. 126a-c). Sokrates vertritt in dem Dialog zunächst eine Ideenlehre, wird hierin jedoch von Parmenides gänzlich widerlegt. Sokrates muss erfahren, dass seine theoretische Ideenlehre so

---

[155] Ebd., S. 44.

1.4 Der Gebrauch der Ideen 85

nicht haltbar ist. Damit stattet Platon seinen Sokrates mit Hilfe der Figur des Parmenides auf der literarisch-fiktionalen Ebene bereits in jungen Jahren mit Argumenten gegen eine Ideenannahme aus. Auf diese Weise unterschiebt er in der relativen Chronologie seiner Sokrates-Figur, die er bis zum Verfassen des *Parmenides* Gebrauch von der Ideenannahme hat machen lassen, nachträglich die Kenntnis der von Parmenides vorgetragenen Gegenargumente gegen eine theoretische Ideenlehre. Weil man der Sokrates-Figur im reifen Mannesalter aus der Rückschau auf die vor dem *Parmenides* entstandenen Dialoge nun die Kenntnis der in seiner Jugend erfahrenen Ideenkritik unterstellen muss, werden damit die früheren Argumente des reifen und alten Sokrates für die Ideen in ein besonderes Licht gerückt: Mit dem Dialog *Parmenides* wird das Augenmerk darauf gelenkt, dass Platon Sokrates auch in den früheren Dialogen stets nur sehr vorsichtig und nie im Sinne einer systematischen Lehre von den Ideen hat reden lassen. So liegt es nahe, dass Platon seinen Sokrates bereits vor dem Verfassen des *Parmenides* die Ideenannahme nicht als eine systematische Lehre vertreten lassen wollte. Wohl nicht ohne Zufall findet sich keine Stelle in Platons Dialogen, an der so bestimmt für eine Ideenlehre argumentiert wird wie im *Parmenides*, wo dann jedoch noch ausgefeiltere Einwände gegen sie erhoben werden. Womöglich war es nur der Blick der Interpreten, der in Platons Dialogen eine systematische Ideenlehre ausfindig machen wollte. Wo dies nicht gelang, schob man dies dann Platon selbst als ein Defizit in der Darstellung seiner angeblichen Ideenlehre unter. Denkbar ist auch, dass Platon bereits selbst eine Missdeutung seiner Ideenannahme als eine systematische Lehre befürchtete und darauf mit dem relativ späten *Parmenides* aufmerksam machen wollte.

Doch wird die Ideenannahme im *Parmenides* keineswegs vollständig aufgegeben. Gerade Parmenides ist es, der Sokrates schließlich ermahnt, »daß du nicht nur etwas als seiend voraussetzt und untersuchst, was sich aus der Voraussetzung ergibt, sondern auch, daß jenes nicht sei, mußt du hernach zugrunde legen« (Parm. 135e f.). Parmenides weist also als erfahrener Dialektiker darauf hin, dass auch die gegenteilige Möglichkeit zu überprüfen sei. Und bei dieser Überprüfung finden sich durchaus Bedenken gegen eine gänzliche Aufgabe der Ideenannahme. Diese sind dann allerdings weniger theoretischer als vielmehr pragmatischer Natur: Denn niemand, so heißt es, wird dasjenige

> haben, wohin er seinen Verstand wende, wenn er nicht eine Idee für jegliches Seiende zuläßt, die immer dieselbe bleibt, und so wird er das Vermögen der Untersuchung gänzlich aufheben [...]. (Parm. 135b f.)

Parmenides weist hier darauf hin, dass derjenige, der vollständig auf die Ideenannahme verzichtet, womöglich in noch größere Schwierigkeiten geraten könnte als derjenige, der sie zu einer Theorie zu verdichten strebt. Die völlige

Negation der Ideenannahme würde zugleich die Aufhebung der Dialektik bedeuten. Denn mit der Ideenannahme sei dem »Verstand« seine Ausrichtung genommen. Damit ist die Ideenannahme trotz aller Gegenargumente auch für Parmenides keine, die man überhaupt ernsthaft aufzugeben erwägen könnte, weil sie als die Voraussetzung zum einen von vernünftigem Denken und zum anderen von Kommunikation überhaupt unverzichtbar ist. Wer sich auf ein Gespräch einlässt, hat sich demnach implizit schon auf die Voraussetzung der Ideen eingelassen, er macht bereits Gebrauch von ihnen und kann sie daher nicht mehr sinnvoll in einem Gespräch infrage stellen.

Als Argument gegen eine Aufgabe der Ideenannahme ist dies allerdings dann weniger ein theoretisches als vielmehr ein performatives Argument. Parmenides behandelt die Ideen offensichtlich nicht als unabhängige Entitäten, sondern als Hypothesen oder Annahmen, die zu machen insofern legitim ist, als sie eine Funktion haben, die jedoch nicht dogmatisch formuliert wird. Parmenides verschiebt im Dialog den Blickwinkel von der Frage, ob es die Ideen wirklich gibt und ob bzw. wie sie zu fassen sind, auf die, inwiefern ihre Annahme brauchbar wäre bzw. welche Konsequenzen der Verzicht auf sie hätte.

Der Dialog *Parmenides* markiert also nicht ein Abrücken von der Ideenannahme, sondern rückt diese in ein rechtes Licht. Bei ihr kommt es nicht so sehr darauf an, ob man über die richtige Theorie von ihnen verfügt. Gerade Parmenides verfügt über keine solche Theorie. Vielmehr kommt es ihm zufolge darauf an, ob man Gebrauch von ihnen zu machen versteht. Legt man nun die obigen Ergebnisse zugrunde (insbes. Kapitel 1.2.4.2), denen zufolge der sichere Gebrauch nur bedingt theoretisch erlernt werden kann, dass er vielmehr als Praxis durch eigenen Umgang und eigenes Einüben erworben werden muss und dass dasjenige, um dessen Gebrauch es geht, im Gebrauch selbst auch unthematisch bleiben kann, so folgt, dass Sokrates Parmenides womöglich nicht etwa unterlegen ist, weil er überhaupt eine Ideenannahme macht. Sokrates ist Parmenides deshalb nicht gewachsen, weil er die Ideen zum Gegenstand einer Theorie macht, zu ihrem pragmatischen Gebrauch hingegen weniger in in der Lage ist.

Eben deshalb ermahnt Parmenides Sokrates, sich im Gebrauch der Ideen zu »üben« (Parm. 135C ff.). Mit dieser Anweisung fällt ein anderes Licht auf die in der Forschung viel diskutierte Frage, wie der zweite Teil des *Parmenides* auf den ersten zu beziehen sei. Bisweilen vermutete man wie etwa Ryle, dass die beiden Teile des Dialogs ursprünglich zwei voneinander getrennte und erst später zusammengefügte Werke gewesen seien.[156] Die weitaus meis-

---

[156] Siehe Gilbert Ryle in seinem Addendum von 1963 zu seinem Aufsatz von 1939: Plato's Parmenides (I+II), Mind 48 (1939), S. 129–151, 302–325; auch in: Reginald E. Allen (Hg.): Studies in Plato's Metaphysics, London 1965, S. 97–147.

ten Interpreten gehen jedoch von einer ursprünglichen Zusammengehörigkeit beider Teile aus. In diesem Falle dominiert die Auffassung, dass die Ideenkritik des ersten Teils nicht Platons eigene Ansicht darstellt. Unter dieser Voraussetzung neigen dann viele Interpreten dazu, im zweiten Teil einen Schlüssel zur Auflösung der im ersten Teil aufgeworfenen Probleme bzw. zur Zurückweisung der nicht entkräfteten Ideenkritik zu sehen und so die Möglichkeit einer Platon zuzuschreibenden theoretischen Ideenlehre zu erhalten. So ist Meinwald beispielsweise der Auffassung, der zweite Teil des *Parmenides* lege eine Unterscheidung zweier Arten von Prädikation nahe, durch deren Berücksichtigung sich die Probleme des ersten Teils auflösen ließen.[157] Einen anderen Versuch, den zweiten Teil des *Parmenides* auf den ersten zu beziehen, unternahm Rickless, nach dem das Ziel habe, die im ersten Teil gemachte Annahme, dass Ideen konträre Eigenschaften hätten, zu widerlegen. Eine Ideenlehre, die diese Annahme nicht mache, könne der von Parmenides vorgebrachten Kritik entgehen.[158] Burnet und Taylor wiederum glauben, dass der zweite Teil eine Karikatur eleatischer Argumentation darstellt. Diese solle lächerlich gemacht und so die Ideenlehre gegen ihre Einwände gerettet werden.[159]

Die Ideenannahme soll hier um jeden Preis als konsistente und Platon zuzuschreibende theoretische Lehre gerettet werden. Darauf kann man verzichten. Denn wenn Parmenides Sokrates ermahnt, sich im Gebrauch der Ideen zu »üben« (Parm. 135c ff.), kann der zweite Teil des Dialoges so verstanden werden, dass mit ihm Übungen zum Ideengebrauch angeboten werden. Auf diese Weise bereitet der Dialog auf der literarisch-fiktiven Ebene die weitere Entwicklung des Sokrates vor. Dass Sokrates auf der fiktiven Ebene der Dialoge in höherem Alter wie niemand sonst die Ideen zu gebrauchen vermag, lässt ihn Platon in den zeitlich bereits zuvor entstanden Dialogen unter Beweis stellen. Denn in ihnen inszenierte er seinen Sokrates als diejenige Figur, die im Gebrauch der Ideen, also in der Kunst der dialektischen Gesprächsführung, geübt und allen seinen Gesprächspartnern überlegen ist.

Werfen wir also mit zwei weiteren Dialogen, dem *Sophistes* und dem *Phaidon*, einen kurzen Blick darauf, wie Platon seinen Sokrates in der fiktiven Zeitordnung als gealterten Mann weiterhin mit der Ideenannahme umgehen lässt:

---

[157] Vgl. Constance C. Meinwald: Plato's Parmenides, Oxford 1991, insbes. S. 153–163; dies.: Good-bye to the Third Man, in: Richard Kraut (Hg.): Cambridge Companion to Plato, Cambridge 1992, S. 365–396.

[158] Vgl. Samuel Rickless: How Parmenides Saved the Theory of Forms, in: Philosophical Review 107 (1998), S. 501–554.

[159] Vgl. John Burnet: Greek Philosophy, London 1924; Alfred E. Taylor: The Parmenides of Plato, Oxford 1934.

In dem zweitem Dialog, in dem Ansätze einer systematischen Ideenlehre ausgearbeitet werden, im *Sophistes* und hier im Abschnitt über die Gigantomachie (Soph. 246a–251a), geschieht dies zunächst wie im *Parmenides* nur, damit sie gleich im Anschluss daran kritisiert werden kann.[160] Der hier bereits gealterte Sokrates fungiert in den Gesprächen weitgehend als Zuhörer. In einem »Riesenkrieg« (Soph. 246a) treten zwei Gruppen in der Diskussion um die Frage nach dem Sein gegeneinander an. Eine Ideenlehre wird hier also nicht durch Sokrates vorgetragen, sondern durch die Vertreter einer der Gruppen. Die einen, die Materialisten, sehen das Sein nur in Körperlichem gegeben, die anderen aber, die Ideenfreunde, allein in den Ideen. Schließlich vermögen es weder die Materialisten noch die Ideenfreunde, ihre Position zu verteidigen. Die Existenz der Ideen wird damit weder erfolgreich bewiesen noch bestritten. Aber auch, ob sie beweis- oder bestreitbar ist, wird offen gelassen. Im Zusammenhang mit der Frage nach der Erkennbarkeit des Seins ergeben sich im Dialog Schwierigkeiten, die eine Korrektur der Theorie erfordern, zu der es in dem Dialog dann jedoch nicht mehr kommt.

Der Leser wird also über die Möglichkeiten zur Beantwortung der strittigen Frage im Unklaren gelassen. Platon zeigt damit, dass es auf ihre Beantwortung gar nicht ankommt. Die Vertreter der Ideenlehre unternehmen den Versuch, eine Theorie der Ideen zu entwerfen, doch eine solche Theorie befähigt offensichtlich noch nicht zu ihrem angemessenen Gebrauch, weshalb sie es nicht vermögen, ihre Lehre zu verteidigen. Andererseits bedarf es zu einem angemessenen Gebrauch der Ideen gar keiner Theorie von ihnen – ja, die Theoretisierung könnte einen gekonnten Gebrauch womöglich gerade verhindern, wie die Figur des Hippothales zeigte. Platons Sokrates zeigt jedenfalls nach dem *Parmenides* nicht wieder das Bestreben, eine solche Lehre zu entwickeln, auch wenn er fortan souveräner als alle anderen Dialogfiguren Gebrauch von ihnen zu machen versteht.

Das dem *Parmenides* entgegengesetzte Ende in der Entwicklung der Ideenannahme in der fiktiven Chronologie bildet schließlich der Dialog *Phaidon*. Denn er handelt nicht vom jungen Sokrates, sondern von dessen Tod. Obwohl er in der fiktiven Zeitordnung der letzte Dialog ist, deutlich vor dem *Parmenides* entstanden.[161] Gerade in ihm, in dem der alte – und man

---

[160] Vgl. die Interpretation des Gigantomachie-Abschnitts im *Sophistes* durch Wieland, an die hier angeschlossen wird (Wieland: Platon und die Formen des Wissens, S. 106–112).
[161] Vgl. zur Chronologie der platonischen Werke Michael Erler: Platon, S. 24 f.; Leonard Brandwood: The Chronology of Plato's Dialogues, Cambridge 1990, S. 249–252; Charles M. Young: Plato and Computer Dating, in: Oxford Studies in Ancient Philosophy, 12 (1994), S. 227–250, hier S. 240, oder auch Gerald R. Ledger: Re-Counting Plato. A Computer-Analysis of Plato's Style, Oxford 1989, die sämtlich wie die meisten Forscher den *Phaidon* vor dem *Parmenides* entstanden sehen. Zu einem Überblick über den Stand der Forschung siehe Horn/Müller/Söder: Platon-Handbuch, S. 24 f.

sollte annehmen: »weiseste« – Sokrates dargestellt wird, wird, wie Wieland unterstreicht,[162] besonders stark auf den funktionalen Charakter der Ideenannahme verwiesen (Phd. 96a–102a). Hier reflektiert Sokrates seinen eigenen früheren Umgang mit der Philosophie des Anaxagoras. Dieser wird zunächst vor allen anderen älteren Naturphilosophen besonders gewürdigt, schließlich aber doch kritisiert. Sowohl Würdigung als auch Kritik werden jeweils mit Argumenten vorgenommen, die funktionale Aspekte implizieren. Die Würdigung bezieht sich darauf, dass Anaxagoras durch das von ihm entwickelte Prinzip der Vernunft (νοῦς) besonders viele Phänomene erklären könne. Mit diesem Prinzip werde es gelingen, »alles [zu] ordnen und jegliches [zu] stellen, so wie es sich am besten befindet.« (Phd. 97c) Eine Ordnung aber muss kein Selbstzweck sein, sondern ist immer auch von hohem pragmatischem Wert. Anaxagoras, so die anschließende Kritik, vermöge es jedoch letztlich nicht – und hier tritt der pragmatische Aspekt deutlicher in den Vordergrund – angemessen Gebrauch von seinem Prinzip zu machen, weil er mit der Vernunft, wie es heißt, »gar nichts anfängt« (Phd. 98b). Deshalb schaffe es Anaxagoras mit seinem Prinzip ebensowenig wie die früheren Philosophen, das Gute zu bestimmen (vgl. Phd. 98a f). Damit wird das Prinzip des Anaxagoras nicht allein im Hinblick auf seine theoretische Haltbarkeit, sondern vor allem im Hinblick auf die Möglichkeiten seines Gebrauchs bewertet.

Im *Parmenides* war Sokrates noch bemüht, eine Theorie der Ideen so zu entfalten, dass er sie auch gegen Einwände zu verteidigen in der Lage ist. Damit scheitert er gegen einen Parmenides, der die Ideenlehre zwar zu widerlegen vermag, zugleich aber um ihren pragmatischen Wert als Bedingung von Denken und Kommunikation weiß und daher unter diesem Gesichtspunkt mahnt, sie nicht voreilig aufzugeben. Im *Phaidon* haben wir es demgegenüber mit dem gealterten Sokrates zu tun, der die Ideenannahme nicht mehr zu einer Theorie zu entfalten strebt, der nun aber seinen eigenen Gebrauch der Ideen reflektiert. Er hat in seinem Leben die Lektion, die ihm in seiner Jugend von Parmenides gelehrt worden ist, beherzigt, sich im Umgang mit Ideen geübt und bewertet ihre Annahme nun auch unter dem Gesichtspunkt ihrer Brauchbarkeit.

1.4.3 Der funktionale Sinn der Ideenannahme

Sobald von Ideen gesprochen wird, werden sie zumindest im logischen und grammatischen Sinne unwillkürlich vergegenständlicht, metaphysiziert. Überall dort, wo in Platons Dialogen Aussagen bezüglich der Ideen getroffen werden, die es erlauben, die Ideenannahme zu einer theoretischen Ideenlehre zu erweitern, vor allem in den Dialogen *Parmenides* und *Sophistes*, können

---

[162] Wieland: Platon und die Formen des Wissens, S. 92f.

diese Aussagen letztlich nicht gegen Einwände verteidigt werden können. Wo immer in Platons Dialogen eine Ideenlehre fixiert wird, erweist sie sich als nicht haltbar. Denen, die eine Ideenlehre zu behaupten suchen, wird damit ein unangemessener Gebrauch der Ideen bescheinigt. Wenn Platon dies in seinen Dialogen vorführt, kann er selbst nicht auf eine die Ideen vergegenständlichende theoretische Lehre festgelegt werden.

Wer über Ideen nicht wie über Gegenstände reden will, der muss, sofern sie unverzichtbar sind, von ihrem Gebrauch reden. Und über den Gebrauch, der von den Ideen gemacht wird, wird in den Dialogen umso mehr gesagt. Da sie sich letztlich nicht als gegenständliche Entitäten fassen lassen, wird man sie funktional verstehen müssen und zwar aus ihrer auf die konkrete, sinnlich wahrnehmbare Welt bezogenen Funktionalität. Die notorisch schwierigen Fragen nach dem logischen oder ontologischen Status der Ideen stellen sich dann gar nicht. Ein funktionales Verständnis der platonischen Ideen findet sich bei Wieland, zuletzt aber auch bei Frede, derzufolge es fraglich sei, »ob es wirklich wahr ist, dass Platon die Welt der Sinne verlassen hat.«[163] Sie betont, dass der von ihr konstatierte funktionale Charakter der Ideen keinesfalls auf Ideen von Gegenständen beschränkt ist, sondern dass der »Umfang des Bereichs der Funktions-Ideen« auch abstrakte Ideen, etwa die der Gerechtigkeit oder von mathematischen Größen, Zahlen etc., umfasst.[164] Der Forschung ist es auch sonst nicht entgangen, dass Platon in der Frage der Ideen Formen wie Funktionen behandelt.[165] Sedley bemerkt, dass sich Platon die Form eines Tisches offensichtlich als seine ›ideale Funktion‹ vorstelle,[166] während Barnes in direkter Antwort noch darauf besteht, dass nicht jeder Form eine Funktion zugeschrieben werden könne.[167] Wir knüpfen an das von Frede herausgearbeitete funktionale Verständnis der Ideen an. Allerdings geht Frede, obwohl sie die Ideen untheoretisch und funktional versteht, wie erwähnt nicht auf den Sinn der literarischen Inszenierung der Ideenannahme ein.

Die Ideen richten, wie das oben schon angeführte Zitat zeigt, den »Verstand« aus. Um etwas von anderem unterscheiden zu können, »wende[t]« man seinen »Verstand«, sein Denken, zur Idee von diesem Etwas hin (Parm. 135b f.). Wer etwas identifizieren will, muss solange einen unveränderlichen Sinn dieses Etwas' unterstellen, um darauf sein Denken auszurichten und es zu erfassen. Er muss jedoch nicht eine Idee unterstellen, die in unabhängiger

---

[163] Frede: Platons Ideen, S. 45.
[164] Ebd., S. 52 ff.
[165] Vgl. David Ross: Plato's Theory of Ideas, Oxford 1951, S. 41 f.
[166] Vgl.: David Sedley: Creationism an its Critics in Antiquity, Berkley 2007, S. 108.
[167] Vgl. Jonathan Barnes: Review of: Creationism an its Critics in Antiquity by David Sedley, in: London Review of Books 30.11 (2008), S. 30–31.

1.4 Der Gebrauch der Ideen

und gegenständlicher Form existent wäre. Die Ideen können mit Wieland auch als Sinn-Hypothesen verstanden werden, die dann vorläufig sind und sich in ihrer Anwendung auf die Dinge, die durch sie verstanden werden sollen, bewähren müssen.[168] Eine solches Verständnis führte zu der bekannten Zwei-Welten-Theorie. Platon, so die Vorstellung, sei von einer von der wahrnehmbaren Sinnenwelt unabhängigen Ideenwelt ausgegangen. Fine und Smith wiesen die Zwei-Welten-Theorie zurück,[169] und auch Wieland zufolge ist Platons Ideenannahme nicht als eine ontologische Lehre von zwei getrennt existierenden Welten aufzufassen. Die Ideen seien lediglich als »Veranschaulichungsmittel« zu verstehen. Treffend heißt es: »Bei Platon werden daher die Ideen nicht verdinglicht, sondern die Dinge werden idealisiert, weil sie sich unabhängig von der Bezugnahme auf Ideen weder identifizieren noch differenzieren lassen.«[170]

Die Ideen müssen sich daher stets an dem Bereich messen, auf den sie bezogen werden. Sie müssen sich an ihn halten, denn sie erfüllen nur dann ihre pragmatische Funktion, wenn sie diesen Bezugsbereich brauchbar zu strukturieren in der Lage sind. Sie sind daher selbst in das Bedingungsgeflecht einbezogen, welches sie strukturieren, und damit ebenso vorläufig wie dieses. Insofern wird von ihnen Gebrauch gemacht. Die Ideen dienen so der vorläufigen Identifikation von Anhaltspunkten der Orientierung. Sie sind

---

[168] Vgl. Wieland: Platons und die Formen des Wissens, S. 150–159, hier S. 158, der mit Blick auf den Dialog *Phaidon* schreibt: »Hypothesen können in Frage gestellt werden. Man kann auch, wenn es verlangt wird, über eine Hypothese mithilfe einer anderen Hypothese Rechenschaft geben. Diese Methode kann man solange anwenden, bis man zu etwas ›Hinreichendem‹ kommt. Hinreichend in diesem Sinne ist aber vor allem die Ideenannahme. Sie kann von dem, der ihren Sinn verstanden hat, nicht mehr angegriffen werden. Sokrates räumt ein, dass es sich um eine sehr einfache, ja einfältige Annahme handelt. Doch diese Einfachheit ist nur die Kehrseite jener Sicherheit, hinsichtlich derer sich die Ideenhypothese von keiner anderen Hypothese übertreffen lässt. Diese Sicherheit macht die Ideenannahme gegenüber allen eristischen Angriffen immun.« Die Deutung der Ideen als Hypothese geht vor allem auf Natorp zurück, hat also in der neukantianischen, den Begriff der Methode ins Zentrum stellenden Platon-Deutung ihren Ursprung. Wieland schließt daran an, rückt nun jedoch im Ideenverständnis gegenüber der Fokussierung auf eine methodengeleitete Reflexion den nichtpropositionalen, untheoretischen Charakter der Ideen in den Vordergrund.

[169] Vgl. Gail Fine: Separation, in: Oxford Studies in Ancient Philosophy, 2 (1984), S. 31–87; auch erschienen in: dies.: Plato on Knowledge and Forms. Selected Essays, Oxford 2003, Kapitel: Separation, S. 252–300. Auch in: Knowledge and Belief in Republic V, in: Archiv für Geschichte der Philosophie 60 (1978), S. 121–139, weist Fine die Zwei-Welten-Theorie zurück. So werde der These, dass Ideen Gegenstände des Wissens und Sinnendinge Gegenstände des Meinens seien, in Pol. 506c ausdrücklich widersprochen, wenn Sokrates hier bekennt, er habe von der Idee des Guten ein Wissen, sondern nur Meinungen. Vgl. zur Thematik in diesem Sinne auch Nicholas D. Smith: Plato on Knowledge as a Power, in: Journal of the History of Philosophy 38 (2000), S. 145–168.

[170] Wieland, Platon und die Formen des Wissens, S. 144.

›Gesichtspunkte‹, unter denen die Identifikation von Anhaltspunkten vorgenommen wird.[171] An das je Identifizierte, Gegenstände, Eigenschaften etc., kann man sich im Denken und in der Folge auch im Handeln und in der Kommunikation vorläufig halten. Die Orientierung kann solche Ideen ins Spiel bringen oder nicht und sie kann es hier und da auf unterschiedliche Weise. So werden die Ideen gebraucht und erweisen sich in ihrem Gebrauch je als mehr oder weniger brauchbar.

Dieser funktionale Charakter der Ideen wird in den Dialogen besonders im Falle des Herstellens von Gegenständen deutlich.[172] Wer einen Gegenstand herstellen will, orientiert sich an einer Idee dessen, was er herstellen will. Er fertigt genau genommen nicht etwa eine Flöte, sondern aus den erforderlichen Materialien etwas, was so beschaffen ist, dass es die Funktion erfüllt, die unter der Idee der Flöte gedacht ist. Die Idee der Flöte kann sich dabei in ihrer Umsetzung während der Herstellung der Flöte, obwohl sie dabei als unveränderlich vorausgesetzt wird, durchaus verändern. Denn manches lässt sich eben nicht so umsetzen, wie man es sich gedacht hat. Ideen sind daher im Falle des Herstellens in etwa mit Planskizzen vergleichbar. Zuletzt aber wird die Flöte daran gemessen, ob sie zum Gebrauch taugt, der von ihr gemacht werden soll. Maßgebend ist derjenige, der die Flöte gebraucht, sofern er zuvor gezeigt hat, dass er einen guten Gebrauch von Flöten zu machen versteht, Erfahrung darin hat, also ein Fachmann ist. Der Herstellende hat sich letztlich dem pragmatischen Urteil des Flötenspielers, ob die Flöte gelungen und brauchbar ist, zu unterwerfen. Vorrangig ist bei Platon die Fähigkeit zum sicheren Gebrauch durch denjenigen, der mit dem Hergestellten umgeht und für den es eine pragmatische Funktion erfüllt. Darauf, dass dieser funktionale Charakter der Ideen keinesfalls auf Gegenstände beschränkt ist, die zum Zwecke ihres Gebrauchs gefertigt werden, macht, wie erwähnt, Frede besonders deutlich. Der »Umfang des Bereichs der Funktions-Ideen« erstrecke sich ebenso auf abstrakte Ideen, etwa die der Gerechtigkeit oder auch auf Ideen von mathematischen Größen, Zahlen etc.[173]

Die Ideen bleiben in ihrem Gebrauch zumeist unthematisch. Sie werden, wenn etwas unter ihnen gedacht wird, ihrerseits nicht zu gleicher Zeit zum Gegenstand der Reflexion gemacht. Die Vergegenständlichung von Anhaltspunkten, an die sich die Orientierung hält, durch Ideen als Gesichtspunkten dieser Identifikation, kann nicht zugleich, während sie als Anhaltspunkte in Gebrauch sind, erfolgen, sondern nur in getrennter (philosophischer) Reflexion; was im Gebrauch ist, kann nicht zugleich aus seinen Gebrauchskontex-

---

[171] Vgl. zum Begriff des Anhaltspunktes: Stegmaier: Philosophie der Orientierung, insbes. S. 237–266, zum Begriff des Gesichtspunktes, insbes. S. 200f.
[172] Vgl. zur Thematik des Herstellens die Ausführungen in Kapitel 1.2.4.2.
[173] Siehe Frede: Platons Ideen, S. 52ff.

1.4 Der Gebrauch der Ideen

ten isolierter Gegenstand theoretischer Reflexion sein. Die Ideen orientieren das Denken, ohne dass sie selbst zugleich zum Gegenstand des Denkens werden; sie verlieren ihren Charakter und ihre Kraft, das Denken und das Handeln zu orientieren, Wenn sie zum Gegenstand der Reflexion oder einer theoretischen Lehre gemacht werden. Umgekehrt verliert etwas seinen rein theoretischen und gegenständlichen Charakter in jenem Moment, in dem es in Gebrauch genommen wird und damit nicht mehr losgelöst von den Bedingungskontexten seines Gebrauchs betrachtet wird. Als das Denken orientierende Elemente sind sie damit Voraussetzungen durch Sätze identifizierenden propositionalen Denkens, die sich ihrerseits der vollständigen Erfassung durch dieses Denken entziehen.[174] Die Idee ist immer schon implizit vorausgesetzt, wenn ein Urteil gesprochen, wenn eine Aussage über etwas gemacht, wenn etwas als etwas identifiziert wird, wird dabei aber nicht explizit gemacht.

Auch jeder Thematisierung einer Idee als Gegenstand, erst recht jedem Versuch einer vollständigen systematischen Erfassung aller möglichen Ideen oder der Ideenwelt geht immer schon eine Orientierung an einer unthematischen Idee voraus. Mit dem pragmatischen Argument, dass Ideen eine Bedingung der Möglichkeit des Denkens und der Kommunikation darstellen, bleibt ihre Voraussetzung im *Parmenides* denn auch trotz aller Einwände ausdrücklich legitim (Parm. 135b). Auf ihre Annahme kann, wenn das Denken und seine Kommunikation selbst denkbar sein sollen, gar nicht verzichtet werden. Selbst um Einwände gegen sie zu erheben, müssen Ideen vorausgesetzt werden.

Die untheoretische Sicherheit im Gebrauch von Ideen führt nicht immer zuverlässig zum Erfolg. Eine theoretische Betrachtung kann die Defizite dann zu beheben versuchen. Wenn es in der Orientierung an den Ideen zu Schwierigkeiten kommt, kann es ein Mittel sein, sie aus den aktuellen pragmatischen Gebrauchszusammenhängen herauszulösen, sie selbst zu thematisieren und zu fragen, was sie eigentlich bedeuten. Nichts anderes tut Sokrates, wenn er seine Gesprächspartner in den Dialogen nach den Bedeutungen geläufiger Begriffe fragt. Sokrates macht dann in wechselnden Situationen gegenüber wechselnden Gesprächspartnern selbst einen wechselnden Gebrauch von der Idee der Ideen. Doch die theoretische Reflexion einer Idee führt nicht automatisch zur Fähigkeit ihres sicheren Gebrauchs zurück. Dieser muss erneut eingeübt werden, wobei die Ideen wieder unthematisch werden. Und eine Thematisierung von Ideen geschieht jeweils unter der stillschweigenden Voraussetzung anderer Ideen, von denen dann ihrerseits ein unthematischer

---

174 Aus der Sicht der neukantianischen Platon-Deutung Natorps sind die Ideen insofern »verständigend, nicht verstehbar; logisierend, nicht selber zu logisieren«. Paul Natorp: Platons Ideenlehre, 2., durchges. und um einen metakritischen Anh. verm. Ausg., Leipzig 1921, S. 471.

Gebrauch erfolgt. Sicher kann man versuchen, aus den Äußerungen, die sich bei Platon über die Ideen finden, eine systematische Ideenlehre zu konstruieren. Auch eine solche Ideenlehre, wenn man denn zu einer haltbaren gelangte, würde aber niemals das leisten können, was eine Ideenannahme, von der man untheoretischen Gebrauch macht, zu leisten vermag. Sicheren Gebrauch von den Ideen kann nur derjenige machen, der sie, wie Parmenides oder auch der gealterte Sokrates, voraussetzt und zugleich darauf verzichtet, sie zum Gegenstand einer Lehre zu machen. Eben einen solchen Gebrauch der Ideenannahme beschreibt und macht Platon in seinen Dialogen.

So lässt sich in Bezug auf die Ideenannahme zusammenfassen, dass den Ideen nicht der Status von gegenständlichen, autonomen Entitäten zukommt. Sie können stattdessen funktional verstanden werden, indem sie als Gesichtspunkte zur vorläufigen Identifikation von Anhaltspunkten der Orientierung dienen. Mit ihrer Hilfe erst kann die Mannigfaltigkeit der sich in stetem Wandel befindlichen Welt strukturiert, in ihr Gegenständliches, aber auch Abstraktes, wie etwa Freundschaft oder Besonnenheit, im konkreten Fall identifiziert, benannt und für den Gebrauch tauglich gemacht werden, ohne dass deshalb schon gesagt werden könnte, was die Idee selbst sei. Die Ideenannahme ist damit Bedingung der Möglichkeit von Denken und Kommunikation sowie Bedingung eines strukturierten Gebrauchs der Dinge innerhalb der Lebenskontexte. Als Voraussetzungen des Denkens werden sie selbst in Gebrauch genommen. Damit ist ihr Gebrauch genau dann am effizientesten, wenn sie darin unthematisch bleiben und nicht zugleich selbst intendiert werden, woraus sich die »Inhaltsarmut« und die Zurückhaltung Platons bei inhaltlichen Aussagen über die Ideen erklärt. Platon zeigt in seinem Werk den unthematischen Gebrauch der Ideen und enthält sich einer Theorie oder eines System derselben.

1.4.4 Der Gebrauch der Idee des Guten

Unter den Ideen nimmt bei Platon, wie dem sechsten und siebten Buch der *Politeia* zu entnehmen ist, die Idee des Guten eine besondere Stellung ein. Sie ist nicht leicht zu beschreiben. Denn auch über ihren Inhalt lässt sich bei Platon nur wenig finden. Nirgendwo in Platons Dialogen wird eine Theorie der Idee des Guten entwickelt. Wie aber wird die Sonderstellung der Idee des Guten gegenüber den anderen Ideen gerechtfertigt? Auch sie muss nicht in einem besonderen ontologischen Status, sondern könnte in einer besonderen Funktion begründet sein. Wir gehen wieder davon aus, wie die Idee des Guten literarisch eingeführt und wie mit ihr im pragmatischen Handlungskontext der Dialogsituationen umgegangen wird.

Die zentralen Texte, in denen die Idee des Guten behandelt wird, sind die drei berühmten Gleichnisse der *Politeia*. Sie werden von Sokrates vorgetra-

1.4 Der Gebrauch der Ideen

gen und sind eingebettet in einen Rahmendialog zwischen Sokrates selbst und Adaimantos und Glaukon, den Brüdern Platons. Das Rahmengespräch thematisiert die Strukturen des in der *Politeia* erdachten Modellstaates und diskutiert unter anderem die Frage, welche Qualifikationen die Regenten des Modellstaates mitbringen müssten und wie die Erziehung eines künftigen Herrschers oder Regenten angelegt sein müsse (vgl. Rep. 503e ff.). Nachdem verschiedene Lehrinhalte wie »Gerechtigkeit, Besonnenheit, Tapferkeit und Weisheit« (δικαιοσύνη, σωφροσύνη, ἀνδρεία, σοφία, Rep. 504a) erörtert wurden, wird die Frage nach den »größten Lehrgegenständen« (τὰ μέγιστα μαθήματα)[175] gestellt, denen sich ein künftiger Regent stellen müsse (Rep. 503e). Der »größte Lehrgegenstand« (μέγιστον μάθημα)[176] aber bestehe in der Einsicht in die Idee des Guten (Rep. 505a). Auf sie müsse die ganze Erziehung letztlich ausgerichtet werden.

Adaimantos und Glaukon drängen Sokrates in dem Dialog dazu, etwas Positives über die Idee des Guten zu sagen. Mit den Gleichnissen *zeigt* Sokrates die Bedeutung der Idee des Guten jedoch nicht im Rahmen einer Theorie, sondern im Rahmen von Erzählungen auf. Über die Idee des Guten kann man offensichtlich nicht in gleicher Weise reden wie über andere Dinge, auch nicht wie über die anderen Ideen:

> Daß du uns, beim Zeus, o Sokrates, sprach Glaukon, nur nicht noch am Ende im Stich lässt. Denn wir wollen zufrieden sein, wenn du auch nur ebenso, wie du über die Gerechtigkeit und Besonnenheit und das übrige geredet hast, auch über das Gute reden willst.
>
> Auch ich, sprach ich, lieber Freund, wollte gar sehr zufrieden sein! Aber daß ich es nur nicht unvermögend bin und, wenn ich es dann doch versuche, mich ungeschickt gebärde und euch zu lachen gebe! (Rep. 506d f.)

Sokrates befreit sich aus der Verlegenheit, in die er durch seine Gesprächspartner gebracht wird, indem er Gleichnisse erzählt, in denen zwar positive Aussagen formuliert werden können, die es aber nicht erlauben, ihn selbst

---

[175] Schleiermacher übersetzt an dieser Stelle »schwerste Forschungen«. Seine Beweggründe für diese Übersetzungsweise sind unklar, legt sie doch nahe, dass es sich hier um eine Tätigkeit handelt. Doch »μαθήματα« ist nicht schon das Lernen oder »Forschen« selbst, sondern es sind die Gegenstände der Forschung, der μάθησις, also des Lernens. »τὰ μέγιστα μαθήματα« sind also ›die größten Forschungs-‹ oder ›Lehrgegenstände‹.

[176] Vgl. Anm. 175. An dieser Stelle übersetzt Schleiermacher »μέγιστον μάθημα« nicht mit ›größter Erkenntnis-‹, ›Forschungs-‹ oder ›Lehrgegenstand‹, wie es heißen müsste, sondern mit »größte[r] Einsicht«. Warum Schleiermacher hier nicht nur anders übersetzt, sondern im Vergleich mit seiner Übersetzung von »τὰ μέγιστα μαθήματα« als »schwerste Forschungen« auch noch einen Wechsel seiner eigenen Terminologie vornimmt, ist unklar. Interessant ist zudem, dass diese Passage fast unmittelbar, unter Zwischenschaltung der drei Gleichnisse, der eingehenden Erörterung der Rolle des Quadriviums, also der mathematischen Erkenntnisgegenstände, als Propädeutikum für eine philosophische Ausbildung, vorangeht.

auf das Gesagte als seine eigenen positive Lehre festzulegen. Für die Einsicht in die Idee des Guten gelte, dass man für sie einen »weiteren Weg« auf sich nehmen und sich »im Forschen anstrengen« müsse. (Rep. 504d) Sokrates besteht darauf, dass man sich bei ihrer Bestimmung einer »größte[n] Genauigkeit« (ἀκρίβεια, Rep. 504e) bedienen müsse, einer größeren als bei der Bestimmung anderer Lehrgegenstände. Auch Gerechtigkeit, Besonnenheit, Tapferkeit und Weisheit seien zuvor, so bekundet Sokrates zum Erstaunen seiner Gesprächspartner, letztlich nur mit »mangelhafter Genauigkeit« (Rep. 504b) bestimmt worden. Die Idee des Guten zeichnet sich aber vor den anderen Ideen nicht nur dadurch aus, dass sie einer höheren Genauigkeit in ihrer Bestimmung bedarf, sondern auch dadurch, dass sie es letztlich selbst ist, die eine solche Genauigkeit zu gewährleisten in der Lage ist. »ἀκρίβεια« ist dabei jedoch nicht im Sinne einer besonders scharfen theoretischen Definition gemeint, sondern als eine Genauigkeit im Sinne einer Angemessenheit für eine konkrete Situation. So wird in den oben besprochenen Zusammenhängen im *Politikos* die gebotene »ἀκρίβεια« den Gesetzen abgesprochen (vgl. Pol. 294b). Ihnen mangele es an Genauigkeit, weil sie nur allgemeinen und statischen Charakter besäßen, nicht aber in der Lage seien, die immer anderen Einzelfälle zu berücksichtigen und zu bewerten (vgl. Pol. 294b). Die nötige »ἀκρίβεια« wird hingegen dem *Politikos* zufolge durch die untheoretische Sicherheit des idealen Regenten im Gebrauch gewährleistet. Denn dieser versteht sich besser, als es alle allgemeingültig konzipierten Sätze regeln könnten, darauf, von den theoretischen Gesetzen einen dem Individuellen angemessenen Gebrauch zu machen. Auch die mangelnde Genauigkeit in der Bestimmung der Gerechtigkeit, wie sie in der *Politeia* vorgenommen wird, liegt genau darin, dass sie allgemein und theoretisch ist und darum nicht aus sich selbst heraus ihren angemessen Bezug auf das Individuelle garantieren kann.[177] ›Genauer‹ als eine theoretische Bestimmung der Gerechtigkeit ist daher ein unthematischer, aber sicherer Gebrauch der Idee des Gerechten. Als unthematische, der Orientierung dienliche ›Gegenstände‹ des Gebrauchs ermöglichen die Ideen ein höheres Maß an Genauigkeit als theoretische Bestimmungen.

Die Idee des Guten soll eben die so verstandene pragmatische Genauigkeit sicherstellen. Durch sie, durch die Einsicht in und die Ausrichtung auf sie, soll sichergestellt werden, dass das Theoretische angemessen auf das in die pragmatischen Bedingungen des Lebens verflochtene Individuelle bezogen wird. Sie ermöglicht einen angemessenen Gebrauch von Theorie. Auch von ihr wird in diesem Sinne Gebrauch gemacht. Auch sie kann daher nicht

---

[177] Zur Deutung der in der *Politeia* aufgeworfenen »Frage nach der Gerechtigkeit innerhalb des lebensweltlichen Horizonts der πόλις« vgl. auch Ulivari: Die Welt des Gebrauchs im Spannungsfeld zwischen Platon und Heidegger, S. 102–109.

1.4 Der Gebrauch der Ideen

angemessen theoretisch erfasst werden. Angesichts ihrer Funktion bedarf die Idee des Guten keiner weiteren allgemeinen Theorie. Platon gibt sie auch nicht.

Demnach stellen sich Fragen: Wodurch zeichnet sich die Idee des Guten vor den anderen Ideen an Genauigkeit aus. Die Idee des Guten ermöglicht, so haben wir gesagt, ein höheres Maß an Genauigkeit als alle anderen Ideen. Aber wenn von Ideen ein unthematischer Gebrauch gemacht wird und dieser hinreichen sicher ist, wozu bedarf es dann noch einer Idee des Guten? Und warum heißt sie »Idee des Guten«? Inwiefern ist eine Idee, die einen angemessenen Bezug von Ideen auf ihre Gegenstände ermöglicht, eine Idee des Guten? Wir beginnen bei der zweiten Frage.

In der Politeia heißt es über die Funktion der Idee des Guten, dass

> das Gerechte und alles, was sonst Gebrauch von ihr macht (προσχρησάμεθα), nützlich (χρήσιμα) und heilsam (ὠφέλιμα) wird. [...] [W]enn wir sie aber nicht kennen, weißt du wohl, daß, wenn wir auch ohne sie alles andere noch so gut wüßten, es uns doch nicht hilft, wie auch nicht, wenn wir etwas hätten ohne das Gute. Oder meinst du, es helfe uns etwas, alle Habe zu haben, nur die gute nicht? Oder alles zu verstehen ohne das Gute, aber nichts Schönes und Gutes zu verstehen? (Rep. 505a f.)

Danach stellt die Idee des Guten sicher, dass das Gerechte, wie alle anderen Ideen, brauchbar (χρήσιμα) und nützlich (ὠφέλιμα) ist. Ohne Einsicht in das Gute sind alle anderen Güter, auch alles Wissen, letztlich unbrauchbar. Wo von Brauchbarkeit oder vom Brauchbaren, von Nützlichkeit oder vom Nutzen die Rede ist, spielt auch die Idee des Guten eine wichtige Rolle. In der Tat wird, wie oben bereits angemerkt, der Begriff des Guten bei Platon häufig mit denen des Brauchbaren und Nützlichen gleichgesetzt oder steht zumindest in einem engen funktionalen Zusammenhang zu ihnen.

Bei Platon wird an vielen Stellen deutlich, dass zunächst jede Einsicht, jedes Wissen, aber auch jedes Handeln sowohl gut und brauchbar als auch schlecht und schädlich sein kann und in Hinsicht auf verschiedene mögliche Zwecke beides möglich ist. So erscheint etwa die im *Charmides* thematisierte Besonnenheit zunächst durchaus als nützlich, ist aber in letzter Konsequenz für sich genommen doch weder gut noch schlecht. Um zu gewährleisten, dass sie dem Menschen letztlich wirklich brauchbar und damit gut für ihn ist, muss ihr ein Verständnis davon vorgeschaltet sein, was überhaupt das Gute (ἀγαθόν) ist, sie muss also an der Idee des Guten ausgerichtet sein. Ist die Besonnenheit nicht an der Idee des Guten ausgerichtet, kann sie letztlich schädlichen Zwecken dienen. Auch die Schrift ist weder an sich gut noch schlecht, sondern Platon macht auf die Bedingungen aufmerksam, unter denen sie erst brauchbar und gut oder schädlich und schlecht wird. In dem angeführten Gespräch in der *Politeia* macht Sokrates in gleicher Weise deutlich, dass auch die Kenntnis des Gerechten, wie alles andere Wissen, in letzter Konsequenz nicht brauchbar ist, wenn sie nicht an der Idee des Guten orientiert ist (vgl. Rep. 505a f.).[178]

Doch ist das Brauchbare und Nützliche bei Platon nicht in jeder Hinsicht mit dem Guten gleichzusetzen, sondern durchaus auch funktional von ihm unterschieden. Etwas Brauchbares und Nützliches kann immer nur brauchbar und nützlich im Hinblick auf einen angestrebten Zweck sein. Das Gute kann zwar gut *für* etwas sein, es kann aber auch *an sich* gut sein. Als solches steht es bei Platon an der Spitze einer Teleologie.[179] Sokrates geht stets davon aus, dass der Mensch sein Handeln auf das, was er als gut erkannt zu haben glaubt, ausrichtet, wobei er darin, was er für das Gute hält, auch falsch liegen kann. Richtet sich das Handeln nicht an einem für gut Gehaltenen aus, dann nur um eines höheren Gutes willen, für das ein Schlechtes in Kauf genommen werden kann oder muss. Dieses zunächst Schlechte ist dann, weil es dennoch in letzter Instanz auf das Gute ausgerichtet ist und in Betracht der Summe der Entscheidungen trotzdem als gut zu bewerten. Umgekehrt kann sich etwas, was zunächst nützlich und gut erscheint, letztlich als schlecht entpuppen, wenn es nicht in letzter Instanz auf ein letztes Gutes ausgerichtet ist. Auch was in seinen kurzfristigen Auswirkungen als schlecht erscheint, kann längerfristig betrachtet zu guten und brauchbaren Ergebnissen führen und umgekehrt. Dies war das Bedenken, das Sokrates dagegen vorbrachte, die Besonnenheit vorbehaltlos als etwas Brauchbares und Gutes zu qualifizieren. Erst wenn sich das Handeln in letzter Konsequenz an der Einsicht in ein Höchstes und an sich selbst Gutes, an der Idee des Guten schlechthin, ausrichtet, wird auch das in die teleologische Hierarchie eingeordnete Brauchbare und Nützliche seinerseits letztlich brauchbar und gut.

So ordnet Sokrates das jeweils Brauchbare und das Nützliche in eine Teleologie ein, innerhalb derer es erst brauchbar und gut wird. Nun wäre denkbar, dass das Handeln mehreren Teleologien folgend an verschiedenen Ideen des Guten ausgerichtet werden kann. Zwischen Ihnen müsste im Handeln jeweils entschieden werden, ohne dass diese Entscheidung ihrerseits wieder an einem höheren ausgerichtet werden könnte. Dann bliebe das Problem, wie etwas in einer Teleologie gut und in einer anderen zugleich schlecht sein könnte. Ausreichende Orientierung im Handeln wäre somit nicht gegeben. Die einzige Möglichkeit besteht nach Sokrates darin, alle anderen Zwecke sowie das menschliche Denken und Handeln nützlich auf einen einzigen Zweck

---

[178] Wieland nennt noch eine Reihe weiterer Beispiele, die belegen, dass jedes Wissen, jede Kunst und jede Handlung potentiell ambivalent ist und dass es letztlich darauf ankommt, ob sie an der Idee des Guten ausgerichtet ist. Vgl. Wieland, Platon und die Formen des Wissens, S. 174 ff.

[179] Zum Guten innerhalb einer Teleologie des Handelns vgl. auch Wieland, Platon und die Formen des Wissens, S. 166, 172 ff., 263–273.

hin auszurichten – nicht weil es einen solchen gibt, sondern weil nur so das Denken Orientierung finden und gutes Handeln nicht anders gedacht werden könne.

Ist der Mensch in der Lage, das Gute und das Schädliche voneinander zu unterscheiden, dann kann er Sokrates zufolge nicht anders, als sein Handeln auf diesen letzten Zweck des Guten auszurichten, denn Schlechtes und Schädliches könne der Mensch nicht wollen. In diesem Falle ist das innerhalb der Teleologie Brauchbare immer brauchbar, das Gute zu bewirken. Es ist daher dann selbst mit dem Guten identisch. Ist er aber nicht in der Lage, das Gute und das Schädliche voneinander zu unterscheiden, so ist auch das innerhalb einer Teleologie des Handelns brauchbare Handeln auf das wahre Gute bezogen letztlich dennoch verfehlt und unbrauchbar. Der Gedanke eines Vermögens, die Ideen ihrerseits gut und nützlich gebrauchen zu können, wäre dann seinerseits die Idee des Guten. Sie ist demnach als eine *Idee des guten Gebrauchs der Ideen* zu verstehen.

So wird nun deutlich, weshalb es der bedeutendste Lehrgegenstand in der Ausbildung eines künftigen Regenten sein muss, Einsicht in die Idee des Guten zu erwerben. Nur die vorausgesetzte Möglichkeit einer Einsicht in die Idee des Guten vermag es, in letzter Konsequenz sicherzustellen, dass seine Entscheidungen brauchbar und gut sind. Sie sind dies dann in dem Sinne, dass sie nicht an kurzfristigem Nutzen orientiert sind, sondern dass sie langfristig das staatliche Handeln an der Idee des einen Guten orientieren und damit in der Summe der Entscheidungen zum Wohl des Gemeinwesens führen.

So ergibt sich zusammenfassend nun ein klareres Bild von der Idee des Guten und ihrem Verhältnis zu den übrigen Ideen: Die einzelnen Ideen, seien es Ideen von Gegenständen wie einer Flöte, seien es Ideen von Abstrakta wie etwa der Besonnenheit oder der Gerechtigkeit, sind für sich genommen zunächst nützlich und damit gut. Denn in der Ausrichtung des Denkens auf die Ideen kann mit ihrer Hilfe die Mannigfaltigkeit der sich in stetem Wandel befindlichen Welt strukturiert und in ihr jeweils Gegenständliches, aber auch Abstraktes wie Besonnenheit, Freundschaft oder Gerechtigkeit im konkreten Fall identifiziert, benannt und dieses für den Gebrauch tauglich gemacht werden, ohne dass sie deshalb selbst inhaltlich erfasst werden könnten. Sie sind als unthematische Ideen Instanzen, auf die sich eine Sicherheit im Gebrauch richtet, die einen angemessenen Umgang mit ihnen garantiert. Stehen sie jedoch in einem einander widerstreitenden Verhältnis zueinander oder sind sie längerfristig betrachtet oder im Zusammenhang mit anderen Ideen sogar an einem schädlichen Ziel ausgerichtet, sind sie letztlich doch unbrauchbar. Es kommt also auf eine übergeordnete teleologische Ausrichtung der verschiedenen Ideen auf ein höchstes Nützliches und Gutes an. Eine solche Ausrichtung denkbar sein zu lassen und so Orientierung im Denken und Handeln zu bieten, ist die Funktion der Idee des Guten. Sie ist damit als die Idee eines guten Gebrauchs der Ideen überhaupt zu verstehen. Wie die übrigen Ideen ist sie kein unabhängige, gegenständliche Entität, sondern eine funktionale Voraussetzung des Denkens, die, indem von ihr Gebrauch gemacht wird, selbst unthematisch bleibt. Die Idee des Guten unterscheidet sich also lediglich in ihrem Bezugsbereich, den brauchbar und gut zu machen ihre Funktion ist. Dieser besteht aus den anderen Ideen. Durch die mit der Idee des Guten bewirkten Ausrichtung aller anderen Ideen auf sie als einem obersten Gut, das selbst aber unthematisch bleibt, bewirkt sie, dass diese in ihren Zwecken nicht einander widerstreiten oder sich gar an Schädlichem ausrichten, sondern dass die Ideen in ihrem Zusammenhang brauchbar und gut werden; was die Idee des Guten inhaltlich ist, kann jedoch theoretisch nicht erfasst werden, ohne dass sie aus ihren konkreten Gebrauchskontexten isoliert würde und ihre Kraft, den Gebrauch der Ideen erfolgreich zu regulieren und erfolgreich in Gebrauch zu nehmen, verlöre.

1.5 Zusammenführung der Ergebnisse

Unsere Untersuchung des Begriffs des Gebrauchs bei Platon zeigt, dass dieser nicht das Konkrete und Individuelle ausgehend von einem abstrakten Allgemeinen denkt, sondern umgekehrt das Allgemeine, sei es das Wissen, seien es Ideen, ausgehend von ihrer auf das Konkrete und Individuelle bezogenen Funktion konzipiert. Dem Allgemeinen liegt damit stets sein individueller Gebrauch in verschiedenen und sich wandelnden Situationen zugrunde.

Die Interpretation der Dialoge *Charmides* und *Lysis* (Kapitel 1.2) zeigte zunächst, dass Platon hier thematisch einen Begriff des Gebrauchs entwickelt, der auf eine Unterscheidung eines theoretischen Wissens und einer untheoretischen Sicherheit im Gebrauch hinführt. So wird die Besonnenheit im *Charmides* (Kapitel 1.2.2) fraglos als etwas ›Brauchbares‹ verstanden und in der dialektischen und zu Aporien führenden Diskussion zumindest zeitweilig als ein Wissen vom rechten Gebrauch des Wissens bestimmt, während Platon im *Lysis* (Kapitel 1.2.3) im Hinblick auf den Begriff der Freundschaft die Konzeption einer Fähigkeit zum sicheren Gebrauch von Wissen entwickelt, welcher für seinen Träger wie für andere pragmatischen Wert besitzt. Die Interpretation beider Dialoge zeigte, dass Platon ihnen eine Konzeption zugrunde legt, in der ein sprachlich vermittelbares theoretisches Wissen von einer untheoretischen Sicherheit im Gebrauch unterschieden ist (Kapitel 1.2.4). Sokrates wird dabei als diejenige Figur inszeniert, die wie keine andere über die Kriterien theoretischen Wissens verfügt, die sich aber gerade deshalb auch mehr als jede andere Figur ihrer Grenzen bewusst ist und daher am ehesten zu entscheiden vermag, in welchen Situationen man mit theoretischem Wissen weiterkommt und in welchen nicht. Denn während sich

1.5 Zusammenführung der Ergebnisse

das theoretische Wissen dadurch auszeichnet, dass es Einzelnes aus seinen Kontexten und seinem Bedingungsgeflecht, in das es innerhalb der Welt stets verflochten ist, isoliert und dadurch sprachlich erfass- und benennbar und damit lehr- und lernbar macht, wird im Gebrauch gerade nicht Einzelnes aus seinen Kontexten isoliert. Der sichere Gebrauch ist daher auch nicht sprachlich kommunizierbar, sondern kann allenfalls durch eigenes Einüben in eine Praxis erschlossen und angeeignet werden. Er befähigt jedoch, weil er die Kontexte nicht abschließt, auf besondere Weise zur Orientierung innerhalb des Geflechts von Bedingungen und Kontexten, in die wir im alltäglichen Denken und Handeln verflochten sind, und dazu, mit Gegenständen und Handlungssituationen erfolgreich umzugehen. Gerade weil es ihm in seinen Dialogen um die Etablierung der Reflexionsform der Theorie geht, muss Platon auch auf die Grenzen dieser Wissensform gegenüber dem Bereich des untheoretischen Gebrauchs aufmerksam machen. Weil sich der untheoretische Gebrauch und seine Grenze zur Theorie jedoch der Möglichkeit sprachlicher Mitteilung entziehen, können sie in den Dialogen von Sokrates nicht allein mit theoretischen Mitteln angemessen behandelt, sondern müssen durch die szenische Gestaltung von Handlungssituationen, in denen Sokrates agiert, *gezeigt* und vorgeführt werden (Kapitel 1.2.5). Das Ende der beiden inhaltlich aporetisch endenden Dialoge ist dementsprechend jeweils ein pragmatisches, an dem sich Sokrates auf der Handlungsebene als durchaus erfolgreich im theoretisch und sprachlich nicht erfassbaren Gebrauch erweist. Eine Interpretation der Dialoge muss die literarisch inszenierte Handlungsebene daher ebenso einbeziehen wie die thematischen Gesprächsinhalte.

So ergab unsere Untersuchung der Grenze und des Verhältnisses zwischen theoretischem Wissen und untheoretischem Gebrauch, dass im Abstecken des Bereichs möglicher Theorie diese durch die von Platon inszenierten Dialogsituationen an die pragmatischen Zusammenhänge zurückgebunden wird, in denen von der Theorie selbst stets Gebrauch gemacht wird. Die Theorie wird damit in das pragmatische Bedingungsgeflecht, dem sie entstammt, von dem sie sich selbst jedoch lossagt, um Theorie sein zu können, reintegriert. Durch den in den Dialogen vorgeführten pragmatischen Gebrauch der Theorie wird dieser einerseits der Bereich zugewiesen, innerhalb dessen sie begründet möglich und brauchbar ist, andererseits werden ihr gerade darin zugleich ihre Grenzen gezogen. So erfolgt in Platons Dialogen eine Begründung der Theorie durch eine gleichzeitige Kritik derselben vermittels des Begriffs des Gebrauchs. Sie macht auf die Grenzen sprachlicher Mitteilungsmöglichkeiten aufmerksam und ist insofern auch eine Kritik der Sprache, die sich zunächst auf die in Platons Dialogen vorgeführte gesprochene Sprache bezieht.

Die Grenzen sprachlicher Mitteilungsmöglichkeiten sind aber nicht nur der in den Dialogen vorgeführten gesprochenen Sprache gezogen, sondern ebenso und um so mehr der geschriebenen. Platons Dialoge selbst sind jedoch in schriftlicher Sprache verfasst. Daher muss in der Interpretation seiner Dialoge berücksichtigt werden, welche Vorstellung Platon davon hat, inwieweit schriftlich-sprachliche Darstellungsmittel überhaupt geeignet sind, einen Sinn zu vermitteln. So eröffnet die Untersuchung des Begriffs des Gebrauchs auch eine neue Perspektive im Verständnis der platonischen Dialogform (Kapitel 1.3). Demnach hat Platon die Dialogform gewählt, weil er sie, gemessen an dem, was ihm zufolge schriftlich fixierte Sprache zu leisten bzw. nicht zu leisten vermag, für das bestgeeignete Darstellungsmittel hielt.

Was Platon schriftlicher Sprache zutraut und was nicht, konnte an der platonischen Schriftkritik festgemacht werden (Kapitel 1.3.2). Ihr zufolge vermag die Schrift eine direkte Übermittlung von Wissen nicht zu leisten. Sie kann dem Lernenden in letzter Konsequenz stets nur Hilfestellungen geben, sich das Wissen selbst anzueignen. Wer dies einsieht, kann dann weder das Wissen hiervon (als Schriftkritik) noch irgend ein anderes Wissen in direkter Form vermittels einer Lehrschrift mitteilen wollen. Die Dialogform bietet hier einen Ausweg, nicht gänzlich wie Sokrates auf das Verfassen philosophischer Schriften verzichten zu müssen (Kapitel 1.3.3). Denn was sprachlich nicht direkt ausgedrückt und mitgeteilt werden kann, kann auf der literarischen Handlungsebene durch die Gestaltung der Dialogsituationen *gezeigt* werden. Durch die Dialogform werden jedwede theoretischen Aussagen sowohl in die Bedingungen persönlicher mündlicher Kommunikation als auch in den die Kommunikation umgebenden pragmatischen Kontext, die durch die Dialogform nicht eigens zum Thema gemacht, aber mitgeliefert werden, integriert. Sie deutet damit an und verweist auf das, was mit sprachlichen Mitteln nicht mehr gesagt werden könnte. Auch die Schriftkritik selbst wird in den Dialogen nicht direkt formuliert. Dem Leser werden vielmehr im Erzählen von Mythen und im Vorführen von Gesprächen, also durch die Dialogform, Gedankenanstöße gegeben, von denen er zum Erwerb eigener Einsichten Gebrauch machen kann oder auch nicht. Der Leser kann also seinerseits von den schriftlich fixierten Dialogen individuellen Gebrauch machen, um sich selbst eigenes individuelles Wissen von den spezifischen Möglichkeiten, welche die Schrift bietet bzw. welche sie nicht bietet, anzueignen. Die Dialogform gibt ihm Gelegenheit dazu.

Mit der Dialogform reintegriert Platon die Theorie in ihre pragmatischen Kontexte des Lebens, denen sie entspringt und in denen von ihr Gebrauch gemacht wird, von denen sie sich selbst jedoch lossagt. Er zeigt sie unter den pragmatischen Bedingungen, unter denen sie immer steht und innerhalb derer von ihr Gebrauch gemacht wird. Diejenige Form von Theoriebildung jedoch, die als systematischer Kern der platonischen Philosophie gilt und durch die er seine größte philosophiehistorische Wirkung entfaltet hat, ist seine sogenannte Ideenlehre. Der Ansatz beim Gebrauch bietet eine Möglichkeit, die

1.5 Zusammenführung der Ergebnisse

Ideen nicht metaphysisch zu verstehen (womit man sich mannigfache Folgeprobleme einhandelt), sondern pragmatisch (Kapitel 1.4). In die Deutung der platonischen Ideen muss dann neben dem, was thematisch in den Dialogen über sie gesagt wird, auch die dialogische Inszenierung der Ideenannahme einbezogen werden. In einem performativen Interpretationsansatz muss die Weise, wie die Ideen in den Dialogen ins Spiel gebracht werden, was im Zusammenhang mit ihnen geschieht und wie gehandelt wird, berücksichtigt werden. Denn in Dialogen kann man Ideen in ihrem situativen Gebrauch zeigen und dabei auch noch von diesem Gebrauch reden. Diesem Ansatz nach lässt sich in Platons Werk eine literarisch-fiktionale Ordnung der Dialoge ausmachen, welche die Sokrates-Figur in verschiedenen Abschnitten seiner biographisch-intellektuellen Entwicklung inszeniert (Kapitel 1.4.2). In ihr vertritt Sokrates als junger Mann im Dialog *Parmenides* zunächst eine Ideenlehre, die von Parmenides destruiert wird. Parmenides, der über die besten Argumente gegen eine theoretische Ideenlehre verfügt, weiß jedoch auch um den pragmatischen Wert der Ideenannahme und mahnt den jungen Sokrates, diese nicht unbedacht fallen zu lassen, ist sie doch als Voraussetzung vernünftigen Denkens unverzichtbar. Es kommt demnach auf den Gebrauch der Ideen an, welcher genau dann am besten ist, wenn sie nicht Gegenstand einer theoretischen Lehre, sondern eines pragmatischen Gebrauchs sind, in dem sie nicht aus ihren konkreten Gebrauchskontexten isoliert werden. Im *Sophistes* zeigt sich dementsprechend, dass weder die dort auftretenden Vertreter einer theoretischen Ideenlehre noch die Gruppe der Materialisten, welche die Ideen gänzlich zurückweisen, ihre Positionen zu verteidigen vermögen. Beide verstehen nicht, erfolgreich Gebrauch von einer Ideenannahme zu machen. Parmenides hingegen empfiehlt dem noch jungen Sokrates, statt eine thematische Lehre von den Ideen zu entwickeln, lieber ihren Gebrauch zu *üben*, wozu der zweite Teil des *Parmenides* anleitet. In den Dialogen, in denen sich Sokrates im reiferen Mannesalter befindet, hat dieser die in seiner Jugend von Parmenides erhaltene Lektion beherzigt und vermag es nun wie kein anderer, die Ideen souverän zu gebrauchen und sie der individuellen Dialogsituation angemessen, also jeweils unterschiedlich einzuführen, so dass am Ende keine einheitliche Lehre zustande kommt. Gerade der gealterte Sokrates betont im Dialog *Phaidon* den funktionalen Charakter der Ideenannahme und reflektiert seinen eigenen wie auch fremden Gebrauch der Ideen.

Im Ergebnis (Kapitel 1.4.3) zeigte sich, dass den Ideen bei Platon nicht der Status von gegenständlichen und unabhängigen Entitäten zukommt. Sei werden vielmehr als Sinn-Hypothesen, als Voraussetzungen im Denken und in der Folge auch im Handeln und in der Kommunikation in Gebrauch genommen und erhalten so einen funktionalen Sinn. Sie dienen als Gesichtspunkte zur vorläufigen Identifikation von Anhaltspunkten der Orientierung, dazu, in der Ausrichtung des Denkens auf sie die Mannigfaltigkeit der sich in stetem Wandel befindlichen Welt zu strukturieren, in ihr Gegenständliches, aber auch Abstraktes zu identifizieren, zu benennen und für den Gebrauch tauglich zu machen, ohne dass deshalb schon gesagt werden müsste und könnte, was sie selbst jeweils sind. Denn in ihrem Gebrauch werden die Ideen nicht zugleich selbst intendiert und so von den pragmatischen Kontexten des Lebens isoliert, sondern bleiben in diese verflochten und daher unthematisch. In seinem Werk inszeniert und zeigt Platon dann diesen unthematischen Gebrauch der Ideen und enthält sich einer Theorie oder eines Systems derselben.

Eine solche pragmatische Funktion kommt schließlich auch der Annahme der obersten Idee, der Idee des Guten, zu (Kapitel 1.4.4): Die einzelnen Ideen der Ideenwelt sind für sich genommen zunächst nützlich und damit ›gut‹, denn in der Ausrichtung des Denkens auf Ideen kann die Mannigfaltigkeit der sich in stetem Wandel befindlichen Welt strukturiert und in ihr Einzelnes identifiziert, benannt und für den Gebrauch tauglich gemacht werden, ohne dass sie deshalb selbst zum Gegenstand gemacht werden müssten oder auch nur könnten. Stehen die Ideen jedoch in einem einander widerstreitenden Verhältnis zueinander oder sind sie gar, in ihrem Zusammenspiel doch an einem schädlichen Ziel ausgerichtet, können sie letztlich selbst unbrauchbar oder schädlich sein. Damit die Ideen zusammen brauchbar sind, bedarf es wiederum einer Idee ihrer gemeinsamen Brauchbarkeit. Dies ist die Funktion der Idee des Guten, die sich nun als eine Idee des guten Gebrauchs der Ideen selbst verstehen lässt. Sie wird wie die übrigen Ideen nicht als gegenständliche, unabhängige gedacht, sondern erhält einen funktionalen Sinn. Sie ist demnach eine Voraussetzung im Denken, die, indem sie in Gebrauch genommen wird, selbst unthematisch bleibt. Von anderen Ideen unterscheidet sie sich lediglich in ihrem Bezugsbereich, der aus dem Zusammenhang der übrigen Ideen besteht, welche im Ganzen gut gebrauchen zu lassen ihre Funktion ist. Als gegenständliche, unabhängige kann die Idee des Guten jedoch nicht erfasst werden, ohne dass sie eben dadurch ihre Kraft verlöre, den Gebrauch der Ideen erfolgreich zu regulieren und diese in Gebrauch zu nehmen.

So zeigt die Interpretation der Rolle des Begriffs des Gebrauchs bei Platon, dass dieser die verschiedenen Formen von Theoriebildung, die er mit seinem Werk erst zu etablieren sucht, in einen pragmatischen Horizont stellt. Sie erhalten einen guten und befriedigenden Sinn vor dem Hintergrund der Bedingungen und Möglichkeiten ihres Gebrauchs, auf den hin er sie entwirft. Auf sie hin reflektiert Platon auch seinen eigenen Gebrauch, den er von der Theorie in seinem Werk macht, und gestaltet dieses in der Konsequenz nicht als theoretische, von den pragmatischen Lebenskontexten abstrahierte Lehrschrift, sondern macht mit der dialogischen Form seiner Schriftstellerei seinerseits entsprechend ihrer Bedingungen und Möglichkeiten von der Theorie pragmatischen Gebrauch.

2
Der Gebrauch der Vernunft nach Kant

2.1 Einführung

2.1.1 *Problemaufriss*

Der philosophischen Tradition gilt Platon als Vertreter der antiken Seinsphilosophie, der Ontologie, der es um eine Erkenntnis des Seins ging, wie dieses ›an sich‹ und unabhängig von uns selbst, den Erkennenden, ist. Der uns vor allem durch die platonischen Dialoge bekannte Sokrates wiederum wird als derjenige gesehen, der die Theorie in der europäischen Philosophie als diejenige Erkenntnisform etablierte, in der allein das Sein angemessen zu erfassen sei. Mit Immanuel Kant, der in der Tradition der neuzeitlichen, von Descartes ausgehenden Bewusstseinsphilosophie steht, wird die Ontologie den Erkenntnisbedingungen des selbstbezüglich strukturierten Subjekts unterworfen, das die Dinge der Welt genau deshalb ›objektiv‹ erkennen kann, weil es sie in den Formen seines eigenen Denkens selbst hervorbringt. Diejenige Instanz aber, von der jedes Erkennen und jede Theoriebildung ausgehen, fasst Kant bekanntlich in dem Begriff der Vernunft.

Doch schon Platon ging, wie sich gezeigt hat, nicht einfach von einem Sein aus, von dem es ein Wissen zu erlangen gilt, in welchem sein Träger in theoretischer Distanz zum Erkannten steht, sondern er nahm verschiedene Formen des Wissens in den Blick, die seinen Träger auf unterschiedliche Weise zum Handeln in pragmatischen Situationen, also zum Gebrauch desselben, befähigen. Und Platons Ideenannahme ließ sich in ihrer pragmatischen Funktion als Bedingung der Möglichkeit von Denken und Kommunikation verstehen. Danach sind die verschiedenen Instanzen von Theoriebildung bei Platon im Hinblick auf ihren Gebrauch entworfen. So fragt sich, ob sich nicht in verwandter Weise auch die Vernunft als oberste Instanz der Theoriebildung in der kantischen Philosophie weniger als eine allgemeine denken lässt, an der alle vernunftbegabten Wesen gleichermaßen Anteil haben sollen und mit deren Begriff Kant dann ein vorrangig systematisch-theoretisches Interesse verfolge, sondern ebenfalls als eine, die aus ihrem Gebrauch in pragmatischen Zusammenhängen des Denkens und Handelns zu verstehen ist.

2.1.2 Statistischer Textbefund: Kants Gebrauch des Begriffs des Gebrauchs

Tatsächlich spricht Kant häufig nicht von der Vernunft selber, sondern vielmehr vom ›Gebrauch der Vernunft‹ oder vom ›Vernunftgebrauch‹. ›Gebrauch‹ wird aber nicht nur auf die Vernunft bezogen. Von ›Gebrauch‹ spricht Kant an Tausenden von Stellen. Eine computergestützte Suche nach dem Wort ›Gebrauch‹ (1436 Treffer)[180] ergibt zusammen mit den flektierten Formen ›Gebrauches‹ (8), ›Gebrauchs‹ (506) und ›Gebrauche‹ (397) zunächst 2347 Treffer. Das Verb ›brauchen‹ inklusive seiner flektierten Formen findet sich 360 mal, das Adjektiv ›brauchbar‹ 149 mal (darunter 28 mal die substantivierte Form ›Brauchbarkeit‹), und ›Brauch‹ drei mal. Hinzu kommen die Komposita ›Vernunftgebrauch‹ mit flektierten Formen 139 mal und ›Verstandesgebrauch‹ 81 mal. So ergeben sich 3059 Verwendungen von zum Wortfeld ›Gebrauch‹ gehörenden Formen. Allerdings kommt ›Gebrauch‹ keinesfalls nur als philosophischer Begriff vor, sondern wird oft auch alltagssprachlich verwendet.

779 mal aber ist der Begriff auf die Vernunft bezogen und dann auch ein philosophischer Begriff. Davon ist er 138-mal im Kompositum ›Vernunftgebrauch‹ enthalten, 623-mal in der Genitiv-Verbindung ›Gebrauch der Vernunft‹ sowie in 18 weiteren Verbindungen. In 443 Fällen wird der Gebrauch anhand von Adjektiven differenziert, unter anderem in den ›theoretischen‹ (44) und den ›praktischen‹ (118) Vernunftgebrauch, eine für Kant besonders wichtige Unterscheidung. Außerdem unterscheidet Kant (im Weiteren in alphabetischer Reihenfolge) einen ›absoluten‹ (2), ›ächten‹ (1), ›analytischen‹ (1), ›angemessenen‹ (1), ›apodiktischen‹ (1), ›architektonischen‹ (2), ›beliebigen‹ (1), ›chimärischen‹ (1), ›dialektischen‹ (3), ›discursiven‹ (1), ›dogmatischen‹ (5), ›doppelten‹ (1), ›einhelligen‹ (1), ›einstimmigen‹ (1), ›empirischen‹ (60), ›erfahrungsfreien‹ (1), ›erlaubten‹ (1), ›falschen‹ (1), ›freien‹ bzw. ›freyen‹ (4), ›gemeinen‹ bzw. ›gemeinsten‹ Vernunftgebrauch (5), einen ›gemeinsten praktischen‹ Vernunftgebrauch (1), einen ›gesamten‹ (1), ›gesetzlosen‹ (1), ›gewissen‹ (1), ›größtmöglichen‹ (1), ›hyperphysischen‹ (4), ›hypothetischen‹ (2), ›immanenten‹ (7), ›instrumentalen‹ (1), ›logischen‹ bzw. ›formalen‹ (11), ›materialen‹ (1), ›mathematischen‹ (2), ›mechanischen‹ bzw. ›nachahmenden‹ (3), ›metaphysischen‹ (1), ›moralischen‹ (5), ›natürlichen‹ (7), ›nothwendigen‹ (1), ›passiven‹ (2), ›philosophierenden‹ (1), ›physischen‹ (3), ›polemischen‹ (3), ›öffentlichen‹ (5), ›rationalen‹ (1), ›realen‹ (2), ›rechtmäßigen‹ (1), ›regulativen‹ (3), ›reinen‹ (24), ›richtigen‹ (4), ›sceptischen‹ (2), ›sicheren‹ (2), ›speculativen‹ (46), ›synthetischen‹ (4), ›systematischen‹ (3), ›technischen‹ (1), ›transcendentalen‹ (12), ›transcendenten‹ (12) ›unentbehr-

---

[180] Im weiteren werden die Trefferzahlen in Ziffernform und in Klammern hinter dem jeweiligen Wort angegeben.

2.1 Einführung

lichen‹ (1), ›ursprünglichen‹ (1), ›verschiedenen‹ (1), ›zuständigen‹ (1) und einen ›zwiefachen‹ (1) ›Vernunftgebrauch‹ bzw. ›Gebrauch der Vernunft‹. Das sind nicht immer, wie beim theoretischen und praktischen Vernunftgebrauch, trennscharfe Unterscheidungen, was beim ›gesamten‹, ›gewissen‹, ›richtigen‹, ›sicheren‹, ›verschiedenen‹ oder auch ›zuständigen‹ Vernunftgebrauch offensichtlich ist. Kant verbindet, deutlich terminologischer, ›Gebrauch‹ aber auch mit ›Vernunftlehre‹ (1), ›Vernunfteinheit‹ (4), ›Anlage unserer Vernunft‹ (1), ›Natur der Vernunft‹ (1), ›Principien‹ bzw. der regulativen ›Principien‹ der Vernunft (4), ›Vernunftbegriffen‹ (3), einem ›Hang der Vernunft‹ (1), der ›Idee des Begriffs der Vernunft‹ (1), ›natürlichen Gesetzen der Vernunft‹ (1) sowie dem ›Begriff der praktischen Vernunft‹ (1).

Bekanntlich differenziert Kant auch die Vernunft selbst, unterscheidet sie als Oberbegriff in Unterbegriffe:[181] Zunächst Vernunft als Einheit der Verstandesbegriffe (Vernunft im engeren Sinne), dann als Einheit von Verstand, Urteilskraft und Einbildungskraft. Auch in Bezug auf sie spricht Kant von ›Gebrauch‹: Beim Verstand 334 mal, davon in den Verbindungen ›Verstandesgebrauch‹ und ›Gebrauch des Verstandes‹ zusammen 296 mal, 47 mal in weiteren Verbindungen. Auch der Gebrauch des Verstandes wird weiter durch Adjektive differenziert (111): So spricht Kant vom ›assertorischen‹ (1), ›bedächtigen‹ (1), ›beliebigen‹ (1), ›besonderen‹ (5), ›bestimmten‹ (2), ›dialectischen‹ (1), ›einhelligen‹ (1), ›empirischen‹ (34), ›ganzen‹ (2), ›gemeinen‹ bzw. ›gemeinsten‹ (2), ›größtmöglichen‹ (1), ›guten‹ (2), ›logischen‹ bzw. ›formalen‹ (15), ›herumschweifenden‹ (1), ›hyperphysischen‹ (1), ›künstlichen‹ (2), ›materiellen‹ (1), ›mystischen‹ (1), ›natürlichen‹ (1), ›nothwendigen‹ (1), ›physiologischen‹ (1), ›practischen‹ bzw. ›reinen praktischen‹ (4), ›rationalen‹ (1), ›realen‹ (4), ›reinen‹ (7), ›richtigen‹ (4), ›speculativen‹ (3), ›systematischen‹ (1), ›theoretischen‹ (3), ›transcendentalen‹ (2), ›transcendenten‹ (1), ›nothwendigen‹ (1), ›unentbehrlichen‹ (1), ›vollständigen‹ (1) oder auch ›zusammenhängenden‹ (1) ›Verstandesgebrauch‹ bzw. ›Gebrauch des Verstandes‹. Von ›Gebrauch‹ ist auch bei ›Verstandesregeln‹ (1), den ›Grundsätzen‹ des Verstandes (11), der ›Verstandeswissenschaft‹ (1), dem ›Wort‹ bzw. ›Begriff‹ ›Verstand‹ (2), bei ›Verstandesgesetzen‹ (1) und ›-begriffen‹ (29), bei der ›Synthesis der reinen Verstandesbegriffe‹ (1) sowie ›sinnlicher Vorstellungen im Verstande‹ (1) die Rede.

Vom ›Gebrauch‹ der Urteilskraft spricht Kant deutlich seltener, nämlich 23 mal, davon neunmal in Adjektiv-Verbindungen, nämlich vom ›ästhetischen‹ (2), ›empirischen (1), ›logischen‹ (1), ›objectiven‹ (1), ›richtigen‹ (2),

---

[181] Stegmaier hat darauf verwiesen, dass die Vernunft je nach den ihr zugeschriebenen Funktionen immer weiter differenziert werden kann, was im Verlauf des 19. Jahrhunderts auch geschah (Werner Stegmaier: Interpretationen. Hauptwerke der Philosophie. Von Kant bis Nietzsche, Stuttgart 1997, S. 36 f. Im Weiteren Stegmaier: Von Kant bis Nietzsche).

›teleologischen‹ (1) und ›transcendentalen‹ (1) Gebrauch der Urteilskraft sowie vom Gebrauch von Urteilen (9). ›Gebrauch der Einbildungskraft‹ kommt sieben mal vor, der eines Schemas und der eines Bildes jeweils ein mal.

Interessant sind noch folgende Beispiele des Gebrauchs von ›Gebrauch‹: So spricht Kant vom ›Gebrauch‹ der ›Sinnlichkeit‹, der ›Sinne‹, der ›Sinnenwelt‹ oder der ›sinnlichen Anschauung‹ (12), der ›Erfahrung‹ (11) und den (sinnlichen und intellektuellen) ›Anschauungen‹ (7). Insgesamt fällt eine starke Verwendung des Begriffes in theoretischen Zusammenhängen auf: So spricht Kant vom Gebrauch von ›Argumenten‹ (1), der ›Causalität‹ (13), des ›Denkens‹ (1) bzw. der ›Anlagen zum Denken‹ (1), von ›Erkenntnis‹ (70) und vom Gebrauch der ›Freiheit‹ bzw. der ›freien Willkür‹, des ›Willens‹ oder ›freien Willens‹ (zusammen 128), eines ›Gedankens‹ (3), der ›Gelehrsamkeit‹ (2), von ›Gesetzen‹ (19), ›Grundsätzen‹ (28), ›Ideen‹ (38), ›Kategorien‹ (39), ›Kenntnissen‹, ›Erkenntnissen‹, ›Einsichten‹ oder ›Wissen‹ (zusammen 44), ›allgemeinen Lehren‹ (1), der ›Logik‹ (7), der ›Metaphysic‹ (10), einer ›Methode‹ (4) bzw. des ›Leitfadens einer Methode‹ (1), der ›Philosophie‹ (4), von ›Prinzipien‹ (40), ›Regeln‹ (39), eines ›Systems‹ (3), von ›Theorien‹ (1), von ›Ursachen‹ bzw. des ›Begriffs der Ursache‹ (9), von ›Vermögen‹ (51) bzw. ›Erkenntnisvermögen‹ (25), von ›Verstandesbegriffen‹ (29), von ›Weisheit‹ bzw. ›Weltweisheit‹ (4), der ›Wissenschaften‹ bzw. ›Naturwissenschaften‹ (zusammen 24), von ›Vorstellungen‹ (11), ›Kräften‹ (ohne Urteils- und Einbildungskraft 73), der ›Mathematik‹ (31), ›Mitteln‹ zu Zwecken (67), ›Zweckmäßigem‹, ›Zwecken‹ oder des ›Begriffs des Zwecks‹ (13). Bezogen auf die Sprache ist vom Gebrauch von Sätzen (ohne Grundsätze) (25), Begriffen (196), Ausdrücken (47), Wörtern (76), einer Unterscheidung bzw. eines Unterschiedes (3), der Unterscheidungskraft (1), eines Unterscheidungs- (1) und eines Bestimmungsgrundes (1) sowie einer Bestimmung (3) die Rede. Häufig kommt auch der ›Gebrauch‹ ›äußerer Dinge‹, von ›Gegenständen‹, ›Objekten‹, ›Sachen‹, von ›Besitz‹ oder einfach von ›Brauchbarem‹ u. Ä. (zusammen 281), von ›Menschen‹, ›Völkern‹, ›der Menschheit‹ u. Ä. (zusammen 78) vor, schließlich auch und auffallend häufig der ›Gebrauch‹ der ›Geschlechtsorgane‹ u. Ä. (zusammen 31). Und natürlich spricht Kant auch einfach von ›Gebräuchen‹ (54).

2.1.3 Stand der Forschung und Aufgaben der Interpretation

Trotz dieser auffällig dichten Verwendung des Begriffs des Gebrauchs und seiner engen Verknüpfung mit dem der Vernunft als zentralem Begriff der kantischen Philosophie ist die Forschung bislang kaum auf ihn eingegangen; dem Thema ist keine einzige Studie gewidmet worden. Von den gängigen Handbüchern und Begriffslexika der Kant-Forschung weisen nur wenige ein Lemma zum Begriff des Gebrauchs auf. Im neuen Kant-Handbuch von

2.1 Einführung

Gerd Irrlitz findet sich kein entsprechender Eintrag.[182] Kurze Einträge gibt es immerhin bei Eisler[183], Ratke[184] und Schmid[185]. Sie nennen nur die Stellen und erläutern einige wenige Verwendungsweisen ohne jeden Anspruch auf Vollständigkeit.

Das geringe Interesse am Begriff des Gebrauchs erklärt sich zu einem gewissen Grad dadurch, dass man das Kant-Verständnis vor allem auf eine allgemeine, mit normativem Anspruch ausgestattete Vernunft fokussierte. Der Gebrauch der Vernunft erscheint dann als sekundär. Ausgehend vom Begriff des Gebrauchs wäre dagegen zu prüfen, ob es Kant nicht vielmehr darum ging, einen Begriff der Vernunft zu bilden, der in pragmatischer Hinsicht ›brauchbar‹ ist.

Doch Kants Philosophie ist auch unter pragmatischen Gesichtspunkten gedeutet worden. So wertet Vaihinger im Rahmen seiner *Philosophie des Als Ob* die pragmatische Dimension des kantischen Denkens auf. Danach macht das Denken *Gebrauch* von sogenannten Fiktionen, die helfen, Probleme zu lösen. Vaihinger konzentriert sich dabei vor allem auf die Deutung der Ideen.[186] Kaulbach versteht die kantische Vernunft im Ganzen als »pragmatische Vernunft«;[187] daran werden wir anschließen. Einen Beitrag zu einer pragmatischen Kant-Deutung liefert auch Hutter, indem er die Begriffe des »Interesses« und des »Bedürfnisses« der Vernunft ins Zentrum rückt, von denen ausgehend ein »Verständnis des systematischen Gesamtzusammenhangs der kantischen Vernunftkritik« gewonnen werden soll.[188] Kuhlmann deutet Kant als Vertreter einer »Transzendentalpragmatik«, jedoch mit dem Ziel der

---

[182] Gerd Irrlitz: Kant. Handbuch. Leben und Werk, 2. überarb. u. erg. Aufl., Sonderausgabe, Stuttgart 2010.

[183] Rudolf Eisler: Kant-Lexikon. Nachschlagewerk zu Kants sämtlichen Schriften, Briefen und handschriftlichem Nachlaß, 10. unveränd. Nachdr. d. Ausg. Berlin 1930, Hildesheim/Zürich/New York 1998, S. 174f.

[184] Heinrich Ratke: Systematisches Handlexikon zu Kants Kritik der reinen Vernunft, Hamburg 1991, S. 84.

[185] Carl C. E. Schmid: Wörterbuch zum leichtern Gebrauch der Kantischen Schriften, neu hg., eingel. und mit neuem Personenregister versehen von Norbert Hinske, 3., um ein Nachwort erg. Aufl., Darmstadt 1996, S. 256.

[186] Vgl. Hans Vaihinger: Die Philosophie des Als Ob. System der theoretischen, praktischen und religiösen Fiktionen der Menschheit auf Grund eines idealistischen Positivismus, Berlin 1913, S. 613–790, insbes. S. 618–641.

[187] Vgl.: Friedrich Kaulbach: Weltorientierung, Welterkenntnis und pragmatische Vernunft bei Kant, in: Friedrich Kaulbach/Joachim Ritter (Hg.): Kritik und Metaphysik. Studien. Heinz Heimsoeth zum achtzigsten Geburtstag, Berlin 1966, S. 60–75.

[188] Vgl. Axel Hutter: Das Interesse der Vernunft. Kants ursprüngliche Einsicht und ihre Entfaltung in den transzendentalphilosophischen Hauptwerken, Hamburg 2003, hier S. 1.

2 Der Gebrauch der Vernunft nach Kant

»Letztbegründung« eines homogenen, einheitlichen Vernunftbegriffs. Dem werden wir nicht folgen.[189]

Josef Simon macht deutlich auf die pragmatische Dimension der kantischen Philosophie aufmerksam. Obwohl er dem Begriff des Gebrauchs keine besondere Beachtung schenkt, versteht er die von Kant konzipierte Vernunft nicht als eine allgemeine, an der alle Vernunftwesen gleichermaßen Anteil hätten, die dem »Interesse einer erkenntnis- und wissenschaftstheoretischen Begründung des *Wissens* sowie der Sicherstellung *moralischer* Selbstgewißheit« diente und der Ontologisierung der Vernunft Vorschub leistete.[190] Stattdessen rückt Simon Kants Begriff einer »fremden« und damit individuellen Vernunft ins Blickfeld. Er verschiebt die Perspektive von einer als allgemein und damit auch normativ verstandenen Vernunft hin zu einer ästhetisch bedingten, standpunktgebundenen und daher unhintergehbar differenten *eigenen* und *fremden, mir* prinzipiell unzugänglichen Vernunft. So lassen sich dann auch Linien zu Nietzsche und Lévinas ziehen, die Kant nicht widerlegt, sondern weitergedacht hätten.[191]

Schließt man hieran an, ist der Gebrauch der Vernunft nicht aus einem einheitlichen Begriff zu verstehen, sondern ihr Begriff aus ihrem vielfältigen und vorab nicht festgelegten Gebrauch. Wie Platon keine einheitliche Theorie eines abstrakten Wissens begründete, sondern unterschiedliche Formen des Wissens in unterschiedlichen Handlungssituationen vorführte, von denen auf unterschiedliche Weise Gebrauch gemacht werden kann, ist dann auch die kantische Vernunft nicht als abstrakte Entität von normativer Geltung zu verstehen, sondern sie zeigt sich in unterschiedlichen Kontexten unterschiedlich.

Für eine Transzendentalphilosophie ist das nicht selbstverständlich. Es bedeutet, dass Kant seine Philosophie nicht so sehr unter rein theoretischen Gesichtspunkten entworfen hat, als mit Blick auf ihren Wert für das Leben der Menschen überhaupt. Schon Vaihinger suchte Kant so zu verstehen, dass er den Zweck logischer Denkprozesse darin sah, »das Leben der Organismen

---

[189] Vgl. Wolfgang Kuhlmann: Kant und die Transzendentalpragmatik, Würzburg 1992, bes. S. 38–63; vgl. Werner Flach: Immanuel Kant: Die Idee der Transzendentalphilosophie, Würzburg 2002; hierzu und zu ähnlichen Ansätzen auch Alfred Berlich: Elenktik des Diskurses. Karl-Otto Apels Ansatz einer transzendentalpragmatischen Letztbegründung, in: Wolfgang Kuhlmann/Dietrich Böhler (Hg.): Kommunikation und Reflexion. Zur Diskussion der Transzendentalpragmatik. Antworten auf Karl-Otto Apel, Frankfurt a. M. 1982, S. 251–287; Herbert Keuth: Fallibilismus versus transzendentalpragmatische Letztbegründung, in: Zeitschrift für allgemeine Wissenschaftstheorie 14 (1983), S. 320–337.

[190] Vgl. Simon: Kant, Vorwort, S. VI.

[191] Vgl. Simon, Kant; in dieser Hinsicht auch Volker Gerhardt: Immanuel Kant. Vernunft und Leben, Stuttgart 2002, S. 23 f.; hierzu insbes. auch Kapitel 2.4.

2.1 Einführung

zu erhalten und zu bereichern«[192] und nicht darin, die Wirklichkeit nur abzubilden. Simmel hingegen betrachtete gerade die praktische Philosophie Kants als »Vergewaltigung des Lebens durch die Logik«.[193] Im Anschluss an seinen Lehrer Friedrich Kaulbach interpretiert jedoch Volker Gerhardt die kantische Philosophie als eine »Philosophie des Lebens«. Die Begriffe der Vernunft und des Lebens begründen sich ihm zufolge bei Kant gegenseitig und sind nur auseinander zu verstehen. Gerhardt geht so weit, die kantische Philosophie, also Kants eigene ›Vernunft‹, vor dem Hintergrund seiner Biographie auszulegen, was freilich kaum konsistent gelingt.[194] Simon wiederum betont, Kants theoretische Philosophie stehe weniger »im Dienst des Wissens (und damit auch nicht der Wissenschaften als eines Selbstzwecks), sondern des Lebens mit dem Zweck, einen vernunftgemäßen Begriff des Wissens in seiner Bedeutung für das Leben zu vermitteln.«[195] Höffe behandelt insbesondere Kants praktische Philosophie vor dem Hintergrund der lebenspraktischen Handlungskontexte.[196] Speziell das ästhetische Urteilen interpretiert Brandt als ursprüngliche Tätigkeit der Vernunft, die sich als Gefühl des Lebens angesichts allen Erkennens und Begehrens äußert.[197] Und Kaulbach hatte schon »eine enge Verwandtschaft« zwischen der kantischen »Welt der pragmatischen Vernunft« und Husserls »Lebenswelt« gesehen.[198] Schließlich deutete Löw die kantische Philosophie ausgehend von einer Untersuchung des Begriffs des Organischen als eine *Philosophie des Lebendigen*.[199]

Dem Gewicht, das Kant auf den Gebrauch der Vernunft im Leben legt, kommt der von Kant betonte ›Primat‹ der praktischen vor der theoretischen Philosophie entgegen. Gerhardt deutet den Vorrang des Praktischen so, dass alle theoretischen Fragen des Menschen letztlich in seinen praktischen Lebenszusammenhängen wurzeln.[200] Nach Josef Simon zeigt er sich darin, dass

---

[192] Vaihinger: Die Philosophie des Als Ob, S. 22.
[193] Vgl. Georg Simmel: Das individuelle Gesetz. Ein Versuch über das Prinzip der Ethik, in: ders.: Das individuelle Gesetz. Philosophische Exkurse, hg. und eingel. v. Michael Landmann, Frankfurt a. M. 1987, S. 174–230, hier S. 186.
[194] Vgl. Volker Gerhardt: Immanuel Kant, hier S. 31.
[195] Siehe Josef Simon: Kant, S. 6.
[196] Vgl. Otfried Höffe: Lebenskunst und Moral. Oder macht Tugend glücklich? München 2007.
[197] Vgl. Reinhard Brandt: Die Schönheit der Kristalle. Überlegungen zu Kants Kritik der Urteilskraft, in: Giuseppe Riconda/Giovanni Ferretti/Andrea Poma (Hg.): Giudizzio e Interpretazione in Kant, Università dagli Studi di Macerata, Publicazioni della Facoltà di Lettere e Filosofia, Bd. 63, Genova 1992, S. 117–137; siehe zur Position Brandts auch Anm. 274.
[198] Vgl. Kaulbach: Weltorientierung, Welterkenntnis und pragmatische Vernunft bei Kant, S. 73.
[199] Vgl. Reinhard Löw: Philosophie des Lebendigen. Der Begriff des Organischen bei Kant, sein Grund und seine Aktualität, Frankfurt a. M. 1980.
[200] Vgl. Gerhardt: Immanuel Kant, S. 122.

nach Kant »[a]uch das sich selbst als rein theoretisch verstehende Erkennen […] als ein Handeln« aufzufassen sei.[201]

Eine pragmatische Perspektive in der Kant-Deutung nimmt auch Stegmaier ein, wenn er die kantische Philosophie unter dem von Kant selbst in seiner Schrift *Was heiß: Sich im Denken orientieren?* aufgeworfenen Gesichtspunkt der Orientierungsleistung deutet, die sie dem Menschen in seinem Leben erbringt.[202] Schon Kaulbach stellte den Begriff der Orientierung in einen Zusammenhang mit dem kantischen Begriff der Vernunft, die nach einer »Rückwendung zur Subjektivität« als »pragmatische Vernunft« Weltorientierung ermögliche.[203] In einer Untersuchung jüngeren Datums wendet sich auch Jensen Kants Orientierungsschrift zu, um die »historische und systematische Bedeutung des ›Orientierungsaufsatzes‹ zu analysieren und auf Kants Vernunftkritik zu beziehen«, wobei er insbesondere die Begriffe des Bedürfnisses und des Gefühls für die Vernunft in den Mittelpunkt rückt.[204]

Wie Stegmaier darlegt, verfasste Kant den nicht an die ›Schule‹, sondern an die ›Welt‹ gerichteten Text als Antwort auf eine Schrift des kurz zuvor verstorbenen Moses Mendelssohn. Der Ausgangspunkt für beide war die Selbstbezüglichkeit der aufklärerischen Vernunft, die zu ihrer eigenen Kritik

---

[201] Vgl. Simon: Kant, insbesondere Vorwort, S. VII; siehe zum Vorrang des Praktischen in Bezug auf die Idee des Fortschritts auch: Stegmaier: Hauptwerke der Philosophie, S. 8 f.; kontrastierend dazu Werner Flach, der entgegen Kants eigener Betonung eine Art Vorrangstellung des Theoretischen bei Kant sieht (Flach: Immanuel Kant: Die Idee der Transzendentalphilosophie, S. S. 30–33; Anm. 333).

[202] Vgl. u. a. Werner Stegmaier: ›Was heißt: Sich im Denken Orientieren?‹ Zur Möglichkeit philosophischer Weltorientierung nach Kant, in: Allgemeine Zeitschrift für Philosophie 17.1 (1992), S. 1–16; ders.: Hauptwerke der Philosophie, insbes. S. 15–135; Josef Simon/Werner Stegmaier (Hg.): Fremde Vernunft, Frankfurt a. M. 1998 (=Zeichen und Interpretation, Bd. 4), Vorwort, S. 7–22; Werner Stegmaier: Orientierung an anderer Orientierung. Zum Umgang mit Texten nach Kant, in: Dieter Schönecker/Thomas Zwenger (Hg.): Kant verstehen/Understanding Kant. Über die Interpretation philosophischer Texte, Sonderausgabe, Darmstadt 2010, S. 199–234; ders.: Nietzsches und Luhmanns Aufklärung der Aufklärung, in: Renate Reschke (Hg.): Nietzsche. Radikalaufklärer oder radikaler Gegenaufklärer?, Internationale Tagung der Nietzsche-Gesellschaft in Zusammenarbeit mit der Kant-Forschungsstelle Mainz und der Stiftung Weimarer Klassiker und Kunstsammlungen von 15.–17. Mai 2003 in Weimar, Berlin 2004 (Nietzscheforschung, Sonderband 2), S. 167–178; ders.: Philosophie der Orientierung, insbes. S. 78–96.

[203] Vgl. insbes.: Kaulbach: Weltorientierung, Welterkenntnis und pragmatische Vernunft bei Kant, insbes. S. 70 ff., hier S. 68; siehe zu diesem Ansatz auch: ders.: Der Begriff des Standpunktes im Zusammenhang des Kantischen Denkens, Archiv für Philosophie 12 (1963), S. 14–45, inbes. S. 14 ff.; ders.: Das Prinzip der Handlung in der Philosophie Kants, Berlin/New York 1978; ders.: Philosophie des Perspektivismus, 1. Teil: Wahrheit und Perspektive bei Kant, Hegel und Nietzsche, Tübingen 1990.

[204] Vgl. Bernhard Jensen: Was heißt: sich im Denken orientieren? Von der Krise der Aufklärung zur Orientierung der Vernunft nach Kant, München 2003, hier S. 15.

fähig sein soll. Kant ging davon aus, dass sich die Vernunft auf die sich in ständigem Wandel befindliche Welt von einem Standpunkt aus bezieht, dem Standpunkt eines Menschen, der Teil der empirischen Welt ist. An ihn ist die Vernunft in ihrer scheinbar unbegrenzten »Reichweite« gebunden und durch ihn auf Horizonte ihrer Erkenntnis beschränkt. Insofern betont Kant in *Was heißt: Sich im Denken orientieren?*, dass die Vernunft »Mangel« leidet und »Bedürfnisse« hat. Ein »Bedürfnis[] der Vernunft« nach »Einsicht« (O., AA VIII, 138, Anm. 3) »rechtfertigt« nach Kant, Voraussetzungen und Annahmen zu machen, die nicht durch objektive Gründe gerechtfertigt sind. Kant spricht von »abgenötigte[n] Voraussetzung[en]« (ebd.), die sich die Vernunft als Anhaltspunkte der Orientierung angesichts der Unübersichtlichkeit der nie vollständig, sondern immer nur begrenzt wahrgenommenen Welt schafft. Die Vernunft wird so zu einem bestimmten Gebrauch innerhalb der unübersichtlich vielfältigen Kontexte der Sinnenwelt ›genötigt‹.

Für diesen Gebrauch der Vernunft gibt es keinen absoluten, theoretischen Maßstab, sondern es bleibt bei einer untheoretischen Sicherheit des Gebrauchs, die kein theoretisches Wissen voraussetzt und bisweilen auch versagen kann. Auf diese Weise führt Kant, wie Stegmaier betont, »den Begriff der Orientierung [...] als Supplement des Begriffs der Vernunft« ein.[205] Am deutlichsten wird dies an einem von Kant selbst stammenden Anhaltspunkt: der Unterscheidung von Rechts und Links, auf die Kant an mehreren Stellen in seinem Werk verweist.[206] Trotz des offensichtlichen Unterschieds von rechter und linker Hand lassen sich beide doch nicht durch Merkmale unterscheiden. Rechts und Links kann man, wie Kant darlegt, nur zirkulär als Negation des jeweils anderen verstehen. Man kann zwar, so Stegmaier, *nach* rechts und links, nicht aber Rechts und Links selbst sehen. Somit können sie weder gedacht noch wahrgenommen werden; und dennoch ist der Unterschied ›gegeben‹. Aber auch wenn die Rechts-Links-Unterscheidung weder wahrgenommen noch gedacht werden kann, lässt sie sich zur Orientierung mehr oder weniger zuverlässig, untheoretisch gebrauchen.

So führt gerade die Perspektive der Orientierung auf die Rolle des Gebrauchs bei Kant hin. Einen theoretisch geschlossenen, definitiven Vernunftbegriff zu bilden, ist nach Kant womöglich gar nicht nötig. Es könnte genügen, die Vernunft wie die platonische Idee des Guten im Denken und Handeln und als Bedingung der Möglichkeit von Kommunikation vorauszusetzen, von der ein sicherer Gebrauch, der keiner Theorie bedarf, gemacht werden kann – wenn denn die Philosophie letztlich dazu dient, dem Menschen als ei-

---

[205] Stegmaier: Philosophie der Orientierung, S. XVIII.
[206] Vgl. VUGR, 2.2; De mundi, AA II; Prol. AA IV, 285ff.; MA, AA IV, 483f. Zur Rechts-Links-Unterscheidung bei Kant vgl. auch: Stegmaier: Philosophie der Orientierung, S. 83ff.

nem ästhetisch bedingten Wesen Möglichkeiten des pragmatischen Umgangs mit den Verhältnissen in der Welt anzubieten.

2.1.4 Aufriss der Untersuchung

Obwohl Kant Gebrauch vom Begriff des Gebrauchs macht, legt er nirgendwo Rechenschaft über seine Motive dafür ab. Er gebraucht ihn, macht den Begriff anders als Platon und später Wittgenstein jedoch nicht selbst zum Thema. Daher müssen wir hier grundlegend anders ansetzen und die Bedeutung des Gebrauchs der Vernunft stärker ausgehend von den Gesamtzusammenhängen der kantischen Philosophie erschließen.

So soll zunächst Kants ›eigene‹ Vernunft, sein eigener philosophischer Entwurf, aus den pragmatischen Funktionen verstanden werden, die sie dem Menschen erfüllt. Es wird sich zeigen, dass dieser im Ganzen auf die damals für ihn aktuellen philosophischen Bedürfnisse hin entworfen ist. Es geht Kant darum, einen sicheren Gebrauch der Vernunft zu ermöglichen, der auf dem ›Kampfplatz der Streitigkeiten‹ der Metaphysik und angesichts des Widerstreits zwischen rationalistischer und empiristischer Philosophie zu seiner Zeit bedroht ist, der ihm aber für das Leben der Menschen unverzichtbar scheint. Diese spezifische Bedrohungslage wird zunächst herausgearbeitet und so deutlich gemacht, dass Kants Entwurf seiner Philosophie ein im Ganzen pragmatisch motiviertes Unternehmen ist (Kapitel 2.2).

Wenn es Kant darum geht, angesichts des ›Kampfplatzes der Metaphysik‹ einen ›brauchbaren‹ Begriff der Vernunft zu ermöglichen und erneut zur Verfügung zu stellen, dann ist damit zunächst ein im Weiteren *entwerfend* genannter Vernunftgebrauch gemeint, der durch das Entwerfen und Bereitstellen von Ordnungen des Denkens die den Menschen umgebende sinnlich-konkrete, erfahrbare Welt verstehen und sie sich zunutze machen lässt (Kapitel 2.3). Kant behandelt ihn zunächst mit der Ausarbeitung seiner theoretischen Philosophie. Die Untersuchung des entwerfenden Vernunftgebrauchs wird schließlich zu einem Verständnis der Neugründung der Vernunft als einem Selbstentwurf in ihrem Gebrauch führen (Kapitel 2.3.6). Der auf die Sinnenwelt bezogene entwerfende Gebrauch der Vernunft lässt dann ein Korrektiv notwendig werden, das die Ordnungen der Vernunft als hypothetische Entwürfe im Bewusstsein hält und so ihren Geltungsanspruch kritisch begrenzt, dadurch zugleich jedoch auch absichert. Eine solche Absicherung durch Begrenzung wird im Folgenden ein *selbstkritischer* Vernunftgebrauch genannt. Die Untersuchung wird zeigen, dass dieser selbstkritische Gebrauch den Selbstentwurf der Vernunft als einen Prozess der *Selbsterhaltung* der Vernunft verstehen lässt (Kapitel 2.4). Es ist die Erfahrung ›fremder‹ Vernunft, die als praktisches Gebot zur kritischen Selbstprüfung anhält, womit zugleich eine praktische Dimension des Vernunftgebrauchs eröffnet ist. Es zeigt sich schließlich, dass die Vernunft auch in ihrem Selbstentwurf und in ihrer Selbsterhaltung kein bloß theoretisches, sondern zuletzt ein vornehmlich praktisches Vermögen ist (Kapitel 2.5).

2.2 Die Notwendigkeit der Rede vom Gebrauch der Vernunft auf dem Kampfplatz der Metaphysik

Welche Bedeutung dem Begriff des Gebrauchs bei Kant zukommt, erschließt sich aus der Aufgabe, die sich Kant angesichts des Zustands der Philosophie seiner Zeit stellte. Obgleich die Forschung diese Frage so bislang nicht gestellt hat, wird aus ihr deutlich, dass Kant die Vernunft unter dem pragmatischen Gesichtspunkt der Orientierungsleistung konzipierte und für unverzichtbar hielt, die sie dem Menschen bietet.

›Vernunft‹ ist seit der griechischen Antike ein zentraler Begriff für das Selbst- und das Weltverständnis des Menschen. Ihr Begriff soll Kriterien für das vorgeben, was überindividuelle Geltung beanspruchen kann. Die Philosophie wiederum war stets diejenige Instanz, die diese Vernunft dachte und die Kriterien für das, was als vernünftig gelten kann, begründete. In der Neuzeit jedoch gerieten bekanntlich die sich als Metaphysik verstehende Philosophie und mit ihr der etablierte Vernunftbegriff in eine schwere Krise. Im Weiteren wird diese Krise der Philosophie, vor die sich Kant gestellt sah, näher umrissen, denn aus ihr wird deutlich, dass Kants philosophisches Bestreben zur Neubegründung des Vernunftbegriffs im Ganzen als ein gebrauchsorientiertes aufzufassen ist, das weniger der Feststellung apriorischer Wahrheiten diente als vielmehr der Wiedergewinnung und Sicherung der Möglichkeit eines Vernunftbegriffs um seines in seiner Orientierungsleistung für den Menschen unverzichtbaren sicheren theoretischen und praktischen Gebrauchs willen. Gerade dadurch, dass es Kant nicht mehr um die Vernunft an sich, sondern um ihren vielfältigen Gebrauch geht, bewahrt er diese davor, gänzlich bestritten zu werden. Diese Einsicht gibt dann auch der weiteren Interpretation der Rolle des Begriffs des Gebrauchs in den systematischen Zusammenhängen der kantischen Philosophie, damit aber auch der systematischen Zusammenhänge der kantischen Philosophie aus der Perspektive des Begriffs des Gebrauchs eine Richtung vor.

Den Ausgangspunkt für Kants eigenständiges philosophisches Denken bildete bekanntlich die Erfahrung der Spaltung der abendländischen Philosophie in die einander widerstreitenden Schulen des Rationalismus und des Empirismus, die nach einer erneuten Grundlegung der Philosophie verlangte. Der neuzeitliche Rationalismus rückte gegenüber der neuplatonisch-aristotelischen Tradition das erkennende Subjekt in den Mittelpunkt des Erkenntnisprozesses. War bislang der Begriff Gottes der höchste, an dem die ganze Metaphysik hing und von dem aus alles andere verstanden und begründet wurde, so wurde im Rationalismus die Subjektivität, das cartesische ›cogito sum‹, zur letzten Evidenz, zur letzten feststehenden Gewissheit und damit zum Ausgangspunkt, von dem aus dann wieder deduktiv zu allgemeinen Wahrheiten zu gelangen ist.[207] In der Frage, welchen Wert gegenüber dem cogitare, dem Denken, die von ihm unterschiedene Sinnlichkeit für die Erkenntnis hat, hebt sich später der Empirismus vom Rationalismus deutlich ab. Und eben diese Frage nach der Bedeutung des Denkens und der Sinnlichkeit für die Erkenntnis wurde zum zentralen Angelpunkt, durch dessen Umgestaltung Kant anstrebte, den ›Kampfplatz der Metaphysik‹ zu befrieden und die Philosophie auf eine neue Grundlage zu stellen. Von hier ausgehend erlangt dann der Begriff des Gebrauchs seine Bedeutung in den systematischen Zusammenhängen der kantischen Philosophie.

Für den Rationalisten vollzieht sich das Erkennen vor allem im und durch das Denken. Es allein ermögliche mit mathematischer Schärfe und Deutlichkeit eine überzeitliche, eine über die Zeit hinweg maßgebliche, und damit absolute Wahrheit im Erkennen. Doch weil der Begriff der Vernunft in der in Streitigkeiten verfallenen rationalistischen Metaphysik zwar allseits gebraucht, aber schließlich doch von allen unterschiedlich gebraucht wurde, stellten ihn die Empiristen überhaupt in Frage und gingen in ihrer Konzeption von Erkenntnis fortan von der Sinnlichkeit aus. Weil alles von der unbeständigen Sinnlichkeit abhänge, sei auch keine Metaphysik, die ewig feststehende, allgemeingültige Wahrheiten oder Werte erkennen könnte, mehr möglich. Von Hume wurde schließlich selbst die dem alltäglichen Sachverstand zunächst völlig einleuchtende und selbstverständliche Gültigkeit des Kausalsatzes, der Annahme einer Relation von Ursache und Wirkung bezweifelt. Eine solche Verknüpfung sei, so Hume, rein gedanklich, ihre Realität jedoch unbeweisbar.[208]

Der Zweifel Humes an der Gültigkeit des Kausalsatzes war es schließlich, der diese Bedrohung der Möglichkeit der Wissenschaft überhaupt offen zutage treten ließ und auch Kant, dessen eigenem Bekunden nach aus dem »dogmatischen Schlummer« (Prol., Vorwort, AA IV 260) der rationalistischen Metaphysik weckte. Zugleich löste dies Beunruhigung in höchstem

---

[207] Zum Verhältnis zwischen den Philosophien Descartes‹ und Kants siehe Anton F. Koch: Subjekt und Natur. Zur Rolle des ›Ich denke‹ bei Descartes und Kant, Paderborn 2004, der systematische Parallelen zwischen den Ansätzen Descartes' und Kants herausarbeitet und beide auch vor dem Hintergrund der modernen naturwissenschaftlichen Diskussion reflektiert.

[208] Vgl. hierzu: David Hume: An Enquiry Concerning Human Understanding, 4.: Of Probability, Part 1., in: ders.: Philosophical Works, hg. v. Thomas H. Green/Thomas H. Grose, Bd. 4, Aalen 1992 (Reprint of the new edition London 1882), S. 3–135; David Hume: Treatise of Human Nature, Book 1: Of the Understanding, Part 3: Of Knowledge and Probability, 14: Of the Idea of Necessary Connexion, Bd. 1, in: ders.: Philosophical Works, S. 450–466.

2.2 Die Notwendigkeit der Rede vom Gebrauch der Vernunft

Maße bei ihm aus, weil durch dieses »ungeheure[] Fragezeichen«[209], das auch Kant fortan an den Begriff der Kausalität zu setzen bereit war, einerseits objektive Erkenntnis und damit Wissenschaft, andererseits eine allgemeingültige Moral offensichtlich unmöglich sein würden.[210] In diesem Sinne nannte Kant die »Skeptiker« metaphorisch »Nomaden, die allen beständigen Anbau des Bodens verabscheuen« (KrV, Vorrede A, IX).[211]

Den Zustand der Metaphysik aber – und mit ihr der Wissenschaft und der Moral seiner Zeit – beschreibt Kant mit den Worten, es »herrsch[e] Überdruß und gänzlicher Indifferentism, die Mutter des Chaos und der Nacht« (KrV, Vorrede A, X). Es blieb Kant daher nichts anderes übrig, als selbst auf den ›Kampfplatz der Streitigkeiten‹ zu treten und diesen zu befrieden, um die Möglichkeit von Metaphysik, Wissenschaft und Moral zu erhalten. Es geht ihm in dieser Situation vor allem darum, die Möglichkeit zum einen von Wissenschaft (im theoretischen Gebrauch der Vernunft) und zum anderen von Moral (im praktischen Gebrauch der Vernunft) sicherzustellen, weil er sie als unverzichtbaren Halt im Leben der Menschen ansah – eine unhinterfragte Plausibilität seines Denkens, die im Laufe des 19. Jahrhunderts an Selbstverständlichkeit verlieren sollte.[212] Im Theoretischen könne sich der Mensch zwar zur Not eines Urteils enthalten und so »vor allem Irrthum gesichert bleiben« (O., AA VIII, 136), im Praktischen aber stehe nicht einmal diese Möglichkeit zur Verfügung. Nach der Möglichkeit objektiver Erkenntnis als eines nützlichen Werkzeugs müsse der Mensch streben, auf Moral aber könne er nicht verzichten, er sei zum moralischen Urteilen gezwungen.[213]

---

[209] Nietzsche, Friedrich: Die fröhliche Wissenschaft, 357, in: ders.: Sämtliche Werke. Kritische Studienausgabe (KSA), hg. v. Giorgio Colli und Mazzino Montinari Kritische Studienausgabe Bd. 3, Neuausgabe, München [u. a.] 1999, S. 598.

[210] Auf Kants »Lösung des Humeschen Problems« und seine Auseinandersetzung mit Humes Zweifel am Kausalsatz muss an dieser Stelle nicht im Detail eingegangen werden. Siehe hierzu Andreas Kamlah: Kants Antwort auf Hume und eine linguistische Analyse seiner Modalbegriffe, in: Kant-Studien 100 (2009), S. 28–52, der insbesondere die kantischen Modalbegriffe sowie die Frage diskutiert, ob Kant auch das humesche Induktionsproblem gelöst habe, was er verneint. Siehe weiterführend die dortigen Literaturangaben.

[211] Siehe zu Kants Auseinandersetzung mit dem Skeptizismus Luis E. Hoyos: Der Skeptizismus und die Transzendentalphilosophie. Deutsche Philosophie am Ende des 18. Jahrhunderts, Freiburg 2008.

[212] Sie wird ab dem 19. Jahrhundert, etwa für Schopenhauer, Nietzsche, Heidegger und den französischen Poststrukturalismus nicht mehr fraglos gelten – ein Zweifel, der seinerseits Abwehrreaktionen hervorruft: vgl. z. B. Jürgen Habermas: Der philosophische Diskurs der Moderne, Frankfurt a. M. 1985; Karl-Otto Apel: Die Herausforderung der totalen Vernunftkritik und das Programm einer philosophischen Theorie der Rationalitätstypen, Concordia 11 (1987), S. 2–23.

[213] Vgl. dazu ebenfalls Kant: O., AA VIII, 139, sowie: Simon/Stegmaier (Hg.): Fremde Vernunft, S. 9.

Mit einem Verzicht auf die Möglichkeit sicherer Vernunfterkenntnis, vor allem aber einer verbindlichen, allgemeingültigen Moral aus Vernunft, musste daher ein für Kant nicht hinnehmbarer Verlust der spezifischen Orientierungsleistung, die diese dem Menschen in dessen Lebenszusammenhängen erbringt, einhergehen. Die Metaphysik, so klagt Kant, sei in den metaphysischen Auseinandersetzungen »dunkel, verwirrt und *unbrauchbar* geworden« (Hervorh. MSvR; KrV, Vorrede A X), während der Skeptiker wiederum »alles ungebraucht zur Seite« lege (VTF, AA VIII, 415). Dementsprechend sah er seine eigene Aufgabe darin, den Begriff der Vernunft, die bis in die Gegenwart hinein als Grundlegung moderner Rationalität gilt, auf eine neue, sichere Grundlage zu stellen und »vorsichtig das Reich abzustecken«[214], innerhalb dessen sie doch möglich ist und *brauchbar* sein kann. Da Kant die Ansprüche der rationalistischen Tradition auf sichere Vernunfterkenntnis nicht aufrecht erhalten, doch auf die Möglichkeit eines sicheren Gebrauchs der Vernunft auch nicht verzichten und daher aus pragmatischen Gründen dem Skeptizismus nicht stattgeben kann, bleibt ihm nur, die Rechtmäßigkeit eines Vernunftbegriffes zu entwerfen, der zwar nicht erkannt, aber doch *zum Zwecke seines Gebrauchs* als pragmatische Hypothese rechtmäßig vorausgesetzt werden darf.

So wird deutlich, dass Kants Anliegen im Ganzen ein pragmatisches, gebrauchsorientiertes ist: Sein Unternehmen zur Neubegründung der Metaphysik ist letztlich nicht durch den Willen zur Feststellung einer apriorischen Wahrheit um ihrer selbst willen motiviert, sondern durch ein pragmatisches Interesse. Es dient nicht der Erkenntnis einer ›Vernunft an sich‹, sondern der Ermöglichung des für Kant in seiner Orientierungsleistung für den Menschen unverzichtbaren sicheren theoretischen (Wissenschaft) und praktischen (Moral) Gebrauchs eines hypothetisch vorausgesetzten Vernunftbegriffs in seiner Funktion, Übereinstimmung im Urteilen zu ermöglichen.[215]

---

[214] Friedrich Nietzsche: Die fröhliche Wissenschaft, 357, KSA 3, S. 598.

[215] In seinem Ansatz, ausgehend von Kant eine Transzendentalpragmatik zu entwerfen, deutet auch Wolfgang Kuhlmann die kantische Transzendentalphilosophie in eben diesem Sinne als ein pragmatisch motiviertes Unternehmen: Dies zeige sich u. a. darin, dass Kant die theoretische Philosophie nicht durch eine Frage wie »Woraus besteht und was ist die Struktur der Welt?«, sondern durch die vom »Interesse« des Subjekts ausgehende Frage, »Was kann ich wissen?«, bestimmt sieht. Kuhlmann: »Die theoretische Philosophie hat bei Kant nicht mehr die Aufgabe, unmittelbar die Welt (Gott, Mensch und Welt) zu erforschen, sie soll vielmehr etwas anderes untersuchen: das erkennende Subjekt und sein Erkenntnisvermögen. Und dies soll sie nicht untersuchen als einen theoretischen Gegenstand unter anderen, der für sich genommen als theoretischer Gegenstand das ungeteilte Interesse verdient, sondern vielmehr darum, weil Einsicht in diesen besonderen Gegenstand *nützlich* für etwas anderes ist, nämlich für unsere theoretische Bemühung in Wissenschaft und Metaphysik um all das andere, was nicht selbst Erkenntnis oder Erkenntnisvermögen ist.« Es gehe Kant letztlich »um Kontrolle und Sicherheit

2.2 Die Notwendigkeit der Rede vom Gebrauch der Vernunft

Die Erfahrung der Spaltung der abendländischen Philosophie wurde so zum Ausgangspunkt für Kants eigenständiges philosophisches Denken und gab diesem seine Zielstellung vor. Seine Neugründung der Metaphysik beginnt er mit der Veröffentlichung der *Kritik der reinen Vernunft* in ihren zwei Ausgaben. In ihr begründet Kant zunächst die theoretische Philosophie neu, indem er einerseits die Ansprüche des Rationalismus auf reine Vernunfterkenntnis einschränkt, andererseits jedoch zugleich die Möglichkeit eines Vernunftbegriffs gegen den dem Empirismus erwachsenden Skeptizismus absichert. Kants Ausführungen zur konkreten Gestalt eines pragmatischen Gebrauchs der theoretischen Vernunft folgen dann in der *Kritik der Urteilskraft*. Zwar hat die praktische Philosophie für Kant, wie oben dargestellt, Vorrang vor der theoretischen, weil die Antworten auf ihre Fragestellungen für das Leben des Menschen gänzlich unverzichtbar sind (vgl. O., AA VIII, 136, 139), doch geht diese jener zeitlich und systematisch voraus. Denn bevor in der praktischen Philosophie, der sich Kant vor allem mit der *Grundlegung zur Metaphysik der Sitten*, der *Kritik der praktischen Vernunft* sowie der *Metaphysik der Sitten* zuwendet, die Wirklichkeit der Freiheit und der Vernunft verhandeln kann, muss sich in der theoretischen Philosophie zunächst ihre Möglichkeit erweisen. So geht es Kant zunächst um die Bedingungen der Möglichkeit objektiver, d. h. wissenschaftlicher Erkenntnis. Der Schwerpunkt wird daher zunächst auf Kants theoretischer Philosophie liegen müssen.

Die Neugründung der Philosophie erfolgt dann, indem Kant einerseits durch die Bindung der Vernunft an die Sinnlichkeit die Erkenntnisansprüche des Rationalismus einschränkt, andererseits jedoch zugleich, um nicht »alles ungebraucht zur Seite« zu legen (VTF, AA VIII, 415), die Möglichkeit eines Vernunftbegriffs gegen den dem Empirismus erwachsenden Skeptizismus absichert. Seine Transzendentalphilosophie als der Versuch, die Metaphysik gegen den Skeptizismus zu erhalten, muss insofern, wie Kant schreibt, das »Wissen aufheben, um zum Glauben Platz zu bekommen« (KrV, Vorrede B XXX). Gerade in diesem Bereich, in dem er mit der *Kritik der reinen Vernunft* rationalistischen Anspruch auf eine objektive Erkenntnis der Welt und ihrer Gesetzlichkeit, wie diese ›an sich‹ sind, in der Ontologie, aber auch den Anspruch auf reine Vernunfterkenntnis in der Metaphysik, aufgibt, wird der Begriff des Gebrauchs seine Bedeutung erhalten. Hier werden die Weichen so gestellt, dass der Gebrauch zunächst im Theoretischen und von dort aus-

---

und darum, die Anmaßungen und Übergriffe der Dogmatiker und Skeptiker abweisen zu können«, und somit in dem oben ausgeführten Sinne darum, Ordnungen bereitzustellen, in denen wir mit der uns umgebenden Sinnenwelt umgehen können (Kuhlmann: Kant und die Transzendentalpragmatik, S. 41f.). Von Kuhlmanns Konzept einer »Letztbegründung« einer »homogenen und einheitlich angesehenen Vernunft« (S. 19) werden wir uns im Weiteren hingegen distanzieren.

gehend dann auch im Praktischen seine Bedeutung erhält: Denn dort, wo zuvor Anspruch auf sichere Erkenntnis erhoben worden war, werden nun durch das vernünftige Subjekt vorläufige Wahrheiten in den Modi des Fürwahrhaltens entworfen, die nur insofern als legitim gelten können, als sie die Sinnenwelt als Ganzes widerspruchsfrei und zweckmäßig verstehen lassen und sich insofern als *brauchbar* erweisen. Andererseits soll die Vernunft im Praktischen moralisch gebraucht werden. Hier ›befiehlt‹ sie und ist in ihrem Gebrauch ein Faktum. Von der Einsicht, dass Kant im Entwurf seiner Transzendentalphilosophie in erster Linie von einem dem Leben dienlichen, nicht von einem theoretischen Interesse geleitet ist, sollte daher auch die folgende Interpretation eben dieser als ihrem Interpretationshorizont ausgehen. Dies wirkt dann wiederum auf das Verständnis des Charakters und des Status jener Instanz zurück, deren Gebrauch er ermöglichen will: der Vernunft.

2.3 Der Selbstentwurf der Vernunft in ihrem entwerfenden Gebrauch

Wenn es Kant mit seiner Neugründung des Vernunftbegriffs darum geht, dem Menschen eine ›brauchbare‹ Orientierungsleistung erneut zur Verfügung zu stellen und diese in ihrer Möglichkeit abzusichern, dann ist damit zunächst ein hier im Weiteren *entwerfend*[216] genannter Vernunftgebrauch gemeint, der durch das Entwerfen und Bereitstellen gedanklicher Ordnungen die sinnlichkonkrete, erfahrbare Welt verstehen und sie sich zunutze machen lässt. An ihrer unterschiedlichen Bewertung von Sinnlichkeit und Denken im Hinblick auf die Frage nach der Möglichkeit von Erkenntnis wurde der Widerstreit zwischen Rationalismus und Empirismus festgemacht. Dieser Zugang wurde nicht nur deshalb gewählt, weil an ihr Kants Neubegründung der Philosophie verständlich gemacht werden kann, sondern weil sich aus Kants Neujustierung des Verhältnisses zwischen Sinnlichkeit und Denken als nun zweier gleichwertiger »Stämme der menschlichen Erkenntnis« (KrV, A 15/B 29) auch die Rolle des Begriffs des Gebrauchs wird verstehen lassen. Der Begriff des Gebrauchs bei Kant wird im Weiteren zunächst aus der Bindung der Vernunft an die Sinnlichkeit und damit aus seiner Konzeption des Menschen als eines im Denken wie im Handeln ästhetisch bedingten Wesens zu verstehen sein. Dementsprechend heißt es in der *Kritik der reinen Vernunft*:

> In Ansehung der Erscheinungen läßt sich allerdings Verstand und Vernunft *brauchen*; aber es frägt sich, ob diese auch noch einigen Gebrauch haben, wenn der Gegenstand nicht Erscheinung (Noumenon) ist, [...] welche Frage wir verneinend beantwortet haben. (KrV, A 257/B 313; Hervorh. MSvR)

---

[216] Vgl. zur Plausibilisierung dieses Begriffs insbes. Kapitel 2.3.3.

2.3 Der Selbstentwurf der Vernunft in ihrem entwerfenden Gebrauch

»Verstand und Vernunft« lassen sich also »brauchen«, sofern sie sich auf die Erscheinungen innerhalb der Sinnenwelt beziehen. Fehlt ihnen dieser Bezug, »haben« sie diesen »Gebrauch« nicht.

Der pragmatische, auf den Gebrauch ausgerichtete Charakter der kantischen Philosophie wurde im vorangegangenen Kapitel aufgezeigt, indem ihr Sinn und ihre Aufgabenstellung aus dem Zusammenhang ihrer konkreten philosophiehistorischen Kontexte abgeleitet wurden, denen sie entstammen. Wendet man sich dem philosophischen Entwurf Kants selbst zu, so wird ihr pragmatischer Charakter zunächst schon aus den Voraussetzungen deutlich, von denen Kant in Bezug auf die Eigenart der Begriffe und der Sprache der Philosophie ausgeht. Da diese nach Kant dem alltäglichen Sprachgebrauch entspringen, versteht er sie, wie die Untersuchung zeigen wird, als Ordnungen, die auf die pragmatischen Bedürfnisse des Menschen in der sinnlich-konkreten Welt hin *entworfen* sind. Kants Auffassung der philosophischen Sprache, die er insbesondere in der *Transzendentalen Methodenlehre*[217] der *Kritik der reinen Vernunft* darlegt, wird daher zuerst in den Blick genommen (Kapitel 2.3.1), bevor wir uns den begrifflichen Entwürfen Kants selbst zuwenden.

Die von Kant neu gedeutete Unterscheidung von Sinnlichkeit und Denken (Kapitel 2.3.2) führt uns im Weiteren zu einem Verständnis seiner Neukonzeption von Erkenntnis als einem Gebrauch des Verstandes, der als vorläufiges Entwerfen von Ordnungen in der den Menschen umgebenden Natur erfolgt (Kapitel 2.3.3). Dies geschieht nach dem pragmatischen Kriterium ihrer »Zweckmäßigkeit«, die im Sinne von *Brauchbarkeit* gedeutet werden kann (Kapitel 2.3.4). Von dort ausgehend wird die Einsicht möglich, dass auch Kants Neugründung der Metaphysik vom pragmatischen Gesichtspunkt ihres Gebrauchs bestimmt ist (Kapitel 2.3.5). Und schließlich lässt sich in diesem Rahmen Kants Verständnis der Vernunft selbst in den Blick nehmen: Diese entwirft sich demnach, als diejenige Instanz, von der alle Ordnung ausgeht, im Akt ihrer Selbstkritik[218] selbst. Der Selbstentwurf der Vernunft wiederum kann, so wird sich zeigen, allein ausgehend von ihrem

---

[217] Die Geschichte der Rezeption der *Tranzendentalen Methodenlehre* muss hier nicht dargestellt werden. Es sei dennoch darauf verwiesen, dass sie als der zweite Teil der KrV bis heute zu wenig Beachtung findet. Als Beispiel jüngeren Datums sei auf Otfried Höffe verwiesen, in dessen erst 2004 überarbeitet erschienenen Buch *Immanuel Kant* das Kapitel zur KrV mit der Erläuterung der *Transzendentalen Elementarlehre* endet (bzw. mit dem letzten Teil dieser, der *Transzendentalen Dialektik*), als ob ihr die *Transzendentalen Methodenlehre* nicht auf gleicher Ebene nebengeordnet folgen würde oder bedeutungslos wäre. Vgl. Otfried Höffe: Immanuel Kant, 5. überarb. Aufl., München 2000.

[218] Vgl. die Deutung des Titels der KrV durch Peter Baumanns: Kants Philosophie der Erkenntnis. Durchgesehener Kommentar zu den Hauptkapiteln der ›Kritik der reinen Vernunft‹, Würzburg 1997, S. 87–91; vgl. hierzu auch insbes. Kapitel 2.3.6.

Gebrauch gedacht werden, womit Kants ganzes kritisches Geschäft letztlich beim Gebrauch und hier notwendiger Weise endet (Kapitel 2.3.6).

2.3.1 Der Gebrauch der Begriffe in der Philosophie

Gilt es Kant zufolge, die Vernunft, als den traditionellen europäischen Maßstab von Rationalität, der in seiner Brauchbarkeit auf dem ›Kampfplatz der Metaphysik‹ nun gefährdet ist, neu zu begründen, so bedeutet dies, einen tragfähigen *Begriff* von ihr bereitzustellen. Die Philosophie soll die Streitigkeiten der Metaphysik überwinden, indem sie einen neuen brauchbaren Begriff der Vernunft ausbildet, diesen diszipliniert und weiter ausdifferenziert. Aus der *Transzendentalen Methodenlehre* geht hervor, wie eine solche Disziplinierung des philosophischen Sprachgebrauchs methodisch anzugehen ist, wie also ein angemessener philosophischer Sprachgebrauch und ein brauchbarer Begriff der Vernunft ausgebildet werden können. Hierzu ist es vonnöten, sich die Besonderheiten dieses Sprachgebrauchs vor Augen zu führen.

Anders als die konstruierend verfahrende Mathematik, die ihre Begriffe losgelöst von aller Erfahrung und zugeschnitten auf die eigenen Zwecke *macht*, findet die Philosophie Kant zufolge ihre Begriffe bereits vor. Sie entnimmt sie dem alltäglichen Sprachgebrauch, in dem sie »gegeben[]« (KrV, A 730/B 758) sind und in dem sie stets schon eine unübersichtliche Anzahl von Funktionen erfüllen. Dass sie der Philosophie bereits gegeben sind, bedeutet jedoch nicht, dass auch ihr Gebrauch schon festgelegt wäre. Kant beschreibt den alltäglichen Sprachgebrauch wie folgt:

> Man bedient sich gewisser Merkmale nur so lange, als sie zum Unterscheiden hinreichend sind; neue Bemerkungen dagegen nehmen welche weg und setzen einige hinzu, der Begriff steht also niemals zwischen sicheren Grenzen. (KrV, A 728/B 756)

Die Sprache des Alltags und mit ihr die der Philosophie werden hier als Werkzeuge verstanden, deren man sich zur Unterscheidung des Mannigfaltigen anhand von Merkmalen bedient. Weil sich die Alltagssprache auf immer unterschiedliche und nicht gleich wiederkehrende Situationen[219] bezieht, sind ihre Begriffe nie endgültig definierbar. Ihnen wird immer nur im Hinblick auf die der jeweiligen Situation entsprechenden Erfordernisse ihres Gebrauchs hinreichende Deutlichkeit durch hinreichend sorgfältige Unterscheidung des Mannigfaltigen verliehen. Unterscheidungen sind Grenzziehungen, die in

---

[219] Vgl. zum Begriff der Situation in Zusammenhang mit der Orientierung des Menschen: Stegmaier: Philosophie der Orientierung, S. 151–158. An den hier ausgearbeiteten Situationsbegriff soll hier angeschlossen werden.

2.3 Der Selbstentwurf der Vernunft in ihrem entwerfenden Gebrauch

den jeweiligen Situationen und auf diese hin vorgenommen werden müssen und zu denen es, weil sie erst gezogen werden, stets Alternativen gibt. So werden in den unterschiedlichen Situationen des Gebrauchs von Begriffen Bedeutungselemente wegfallen oder »hinzugesetzt«.[220] Die Bedeutung der philosophischen Begriffe verändert sich daher mit ihrem Gebrauch in anderen Kontexten.

Unterscheidungen werden anhand einzelner Merkmale dann so weit vorgenommen, bis »hinreichend« unterschieden worden ist. Doch hinreichend in Bezug worauf? Das Kriterium für »hinreichend« kann nur ihr jeweiliger Verwendungszweck, ihre Brauchbarkeit für die Erfordernisse der jeweiligen Handlungskontexte sein. Die Frage, wie unterschieden wird, wie und in welcher Bedeutung ein der Philosophie gegebener Begriff gebraucht wird, hängt daher letztlich davon ab, welche Unterscheidung eine für die jeweiligen Zwecke *brauchbare* Unterscheidung darstellt.

In der Sprache des alltäglichen Gebrauchs wird Kant zufolge nun jedoch, obwohl dieser nicht mit eindeutigen Definitionen arbeitet, ohnehin »immer ein guter und sicherer Gebrauch« (KrV, A 731/B 759) von den Begriffen gemacht. Eine Disziplinierung desselben ist hier also in der Regel nicht nötig. Für die Wissenschaft hingegen, um deren Ermöglichung es Kant geht, ist der alltägliche Sprachgebrauch in Klarheit und Exaktheit nicht »hinreichend«. Sie verlangt nach einer Deutlichkeit, die über die des alltäglichen Sprachgebrauchs hinausgeht.[221] Begriffe der Wissenschaft müssen, wenn diese brauchbar sein sollen, schärfer sein. Denn hier sollen sie für verschiedene Personen in sich wandelnden Gebrauchssituationen stets die gleiche, allgemeine Bedeutung haben, sie müssen daher in der Wissenschaft eigens festgelegt werden. Auch die Philosophie kann es daher, wenn sie wissenschaftliche Erkenntnis ermöglichen soll, nicht bei unscharfen Begriffen belassen – sie muss deshalb selbst Wissenschaft werden. Soweit sie Wissenschaft sein soll, muss sie es als ihre Aufgabe verstehen, die philosophischen Begriffe in ihrem Gebrauch zu disziplinieren und auszudifferenzieren, d. h. ihre Grenzen und ihr Verhältnis zu anderen Begriffen schärfer hervortreten zu lassen, sie schärfer zu unterscheiden und sie damit auch nach wissenschaftlichen Maßstäben *brauchbar* zu machen.

Weil die Philosophie auf die ihr vom alltäglichen Sprachgebrauch vorgegebenen Begriffe angewiesen ist, kann sie dabei nicht mathematisch-konstruierend vorgehen und so eine Begrifflichkeit erfinden, die ungeachtet aller konkreten Verhältnisse scharf unterschieden und systematisch geordnet ist. Ihren Begriffen wird der »Ehrenname« der Definition daher verweigert. Ihr

---

[220] Hier wird sich in erstaunlicher Weise Wittgensteins Bild von der Struktur sprachlicher Begriffe als einer Netzstruktur wieder finden. Vgl. die vorliegende Arbeit, insbes. Kapitel 3.4.2.
[221] Vgl. hierzu: Stegmaier: Von Kant bis Nietzsche, S. 35.

begriffliches ›Material‹ ist ihr gegeben und so bleibt ihr einzig, ihre Begriffe zu »explizieren« (KrV, A 727/B 755) oder zu »erklären« (KrV, A 730/B 758), indem sie sie feiner anhand von »Merkmalen« und nach dem Kriterium ihrer Brauchbarkeit unterscheidet.[222]

Der philosophische Sprachgebrauch wird so ausgehend vom alltäglichen, untheoretischen Sprachgebrauch diszipliniert und verdichtet, was immer nur besser oder schlechter in Anbetracht ihrer jeweiligen Gebrauchskontexte gelingt. Der philosophischen Theorie ist damit stets eine untheoretische Lebenspraxis vorgeschaltet. Sie bleibt in ihrer Sprache stets auf den alltäglichen Sprachgebrauch, der Quelle ihrer Bedeutungen ist, bezogen. Zuletzt wird sie wie dieser an ihrer Brauchbarkeit, ihrer zweckmäßigen Unterscheidungskraft in Bezug auf ihre Gebrauchskontexte, gemessen. Zu vollständigen und abschließenden Definitionen kommt es hingegen nur, sofern die Sprache, wie in der Mathematik, aber auch wie in der alten Metaphysik, vom gegebenen Konkreten vollständig abgekoppelt und deshalb nach Kants Begrifflichkeit »konstruiert« wird.[223] Kant wird die Philosophie jedoch gerade

---

[222] Insbesondere die analytische Philosophie hat enorm viel für die Entwicklung eines Instrumentariums zur Verfeinerung der philosophischen Begrifflichkeit geleistet. Der pragmatische Rahmen, in dem Kant die philosophische Begriffsbildung versteht, droht dabei jedoch bisweilen aus dem Blickfeld zu geraten. Ein jüngstes Beispiel hierfür scheint die Arbeit Rico Hauswalds zu sein (Rico Hauswald: Umfangslogik und analytisches Urteil bei Kant, in: Kant-Studien 101 (2010), S. 283–308). In seiner Untersuchung zu »Inhalt und Umfang von Begriffen bei Kant« bleibt das obige Zitat (KrV, A 728/B 756) unberücksichtigt. Gefragt wird zwar nach »Inhalt und Umfang« von Begriffen bei Kant, die Frage jedoch, wie es nach Kant selbst überhaupt zu »Inhalt und Umfang« von Begriffen kommt, wird nicht gestellt. Angesichts der Akribie der Bemühungen um Begriffsklärung fragt sich, ob durch die weitgehende Abkopplung von den konkreten Gebrauchskontexten diese nicht ein Stück weit zum Selbstzweck und damit gerade nach Kant zu ›unbrauchbarer‹ »Schwärmerei« zu werden drohen. Zu weiterer Literatur insbesondere mit analytischem Schwerpunkt, die Begriffsbildung nach Kant behandelt, siehe die Angaben bei Hauswald.

[223] »In der Mathematik gehört die Definition ad esse, in der Philosophie ad melius esse« (KrV, A 731/B 759, Anm. 1), also zum Sein bzw. zum Bessersein. Simon macht darauf aufmerksam, dass die philosophische Sprache, weil sie ihren Ursprung in der alltäglichen hat, also an das Konkrete gebunden ist, auch individuell sein muss. Denn das Konkrete wird von jedem anders, nämlich von seinem individuellen Standpunkt aus, wahrgenommen. Die philosophische Sprache könne daher auch nicht für alle gleichermaßen verständlich sein: »Außerhalb der Mathematik aber sind (und bleiben) die Sprachzeichen Wörter, die jeder nach seinem Sprachgebrauch und in seinem sympragmatischen Umfeld anders als andere verstehen kann« – dies jedoch hat gerade aus der Perspektive des Gebrauchs einen guten Sinn, denn Simon fügt noch hinzu: »[...] und im Interesse seiner eigenen Orientierung in der Welt auch anders verstehen können muß.« (Simon: Kant, S. 100) Zum Wert einer veränderbaren, nicht abschließend festgelegten Sprache für die Orientierung vgl. Stegmaier: Philosophie der Orientierung, S. 398–408.

hier als »unbrauchbar« (KrV, Vorrede A X) und als »Schwärmerei« entlarven.[224]

Folgendes kann also festgehalten werden: Die Philosophie bedient sich nach Kant nicht einer von allem Sinnlich-Konkreten abstrahierten und daher abschließenden und definitiven Sprache, sondern es geht ihr darum, in Bezug auf die pragmatischen Bedürfnisse in der mannigfaltigen, noch nicht von sich aus unterschiedenen und sich wandelnden Sinnenwelt, die uns im alltäglichen Sprachgebrauch gegebenen Begriffe in ihrer Unterscheidungskraft zu schärfen und so *brauchbare* philosophische Begriffe zu entwickeln – bzw. zu ›entwerfen‹. Eben dieser Maßgabe entsprechend wird Kant einen neuen, nämlich einen *brauchbaren*, an die Sinnlichkeit gebundenen Begriff der Vernunft und eine Begrifflichkeit der Philosophie überhaupt etablieren und auf diese Weise den ›Kampfplatz der Metaphysik‹ befrieden.

2.3.2 Die Unterscheidungen Sinnlichkeit-Denken und Form-Inhalt

Wenn Kant mit der Vernunft diejenige Instanz als obersten Begriff der Philosophie auf brauchbare Weise neubegründen will, die seit jeher sichere Erkenntnis und Moral denkbar werden lässt, so knüpft er hierzu an traditionsreiche Unterscheidungen der Philosophiegeschichte an und durchdenkt sie neu. Hiermit ist zunächst die auf Platon zurückgehende Unterscheidung von Denken und sinnlicher Wahrnehmung gemeint, an der die Widersprüche zwischen Empirismus und Rationalismus festgemacht wurden. Eine Neubestimmung des Verhältnisses von Denken und Sinnlichkeit zueinander wird für Kant dann auch zum Ansatzpunkt, die Philosophie grundlegend zu reformieren, und wie bereits angeführt, wird aus ihr die Bedeutung des Begriffs des Gebrauchs für seine Philosophie zu verstehen sein.

Um diese Zusammenhänge zu erschließen, hat sich ein differenztheoretischer Forschungsansatz als fruchtbar erwiesen. An ihn soll hier angeschlossen werden, weil er die Vernunft als im Erkennen von sich aus Ordnungen *entwerfend* wird verstehen lassen und die Untersuchung auf die Zweckmäßigkeit der Urteile der entwerfenden Vernunft und damit auf den Begriff des Gebrauchs hinführt. Demnach bediente sich Kant zur Neubestimmung des Verhältnisses von Denken und sinnlicher Wahrnehmung einer weiteren

---

[224] Vgl. KrV, A 731/B 759, Anm. 1: »Die Philosophie wimmelt von fehlerhaften Definitionen, vornehmlich solchen, die zwar wirklich Elemente zur Definition, aber noch nicht vollständig enthalten. Würde man nun eher gar nichts mit einem Begriffe anfangen können, als bis man ihn definiert hätte, so würde es gar schlecht mit allem Philosophieren stehen. Da aber, so weit die Elemente (der Zergliederung) reichen, immer ein guter und sicherer *Gebrauch* davon zu machen ist, so können auch mangelhafte Definitionen, d. i. Sätze, die eigentlich noch nicht Definitionen, aber übrigens wahr und also Annäherungen zu ihnen sind, sehr *nützlich gebraucht* werden.« [Hervorh. MSvR]

traditionsreichen Unterscheidung, nämlich der aristotelischen von Form und Inhalt.[225] Wenden wir uns zunächst der Unterscheidung von Denken und Wahrnehmen zu: Differenztheoretisch gedeutet, geht sie traditionell vom Denken aus. Dieses unterscheidet sich selbst vom Wahrnehmen als demjenigen, was das Denken ›affiziert‹, ihm überhaupt erst zu denken gibt.[226] Das Wahrnehmen ordnet Kant der philosophischen Tradition entsprechend dem Erkenntnisvermögen der Sinnlichkeit zu. Sinnlichkeit und Denken unterscheiden sich nach Kant in Hinsicht auf ihren jeweiligen Bezug zum Gegenstand, denn dieser wird in der Wahrnehmung »gegeben«, durch das Denken aber, das Kant in dieser Funktion »Verstand« nennt, »gedacht« (KrV, A 19/ B 34). Aufgabe des Denkens wäre es dann, Beständigkeiten im unablässigen Wechsel der Wahrnehmungen zu ermöglichen, indem es diesem feste Gestalt verschafft. Es soll so Bestand im Unbeständigen, Deutlichkeit im Undeutlichen, Unterscheidbarkeit im Ununterschiedenen, Ruhe im Unruhigen und Gewissheit im zunächst Ungewissen ermöglichen. Dazu muss es selbst fest und beständig sein. Um dies zu gewährleisten, denkt Kant die Unterscheidung von Denken und Sinnlichkeit durch die von Form und Inhalt. Er versteht das Denken als feste und beständige Form, welche die Sinnlichkeit zu ihrem Inhalt hat. Die Unterscheidung von Form und Inhalt ist dazu geeignet, weil die Form nach aristotelischem Verständnis fest, unwandelbar und zeitlos ist und ihren sich wandelnden, wechselnden und immer anderen Inhalten feste Gestalt gibt. Ist die Wahrnehmung nach Kant rezeptiv und nimmt die Welt hin, wie sie uns erscheint und dabei ständig sich wandelnd anders ist, ist der Verstand hingegen spontan und gibt den Wahrnehmungen als seinen wechselnden Inhalten denkend eine Form.

Wahrnehmung und Verstand sind auf diese Weise im Erkennen stets schon aufeinander bezogen, weil nach Kant eine Form nicht ohne ihren Inhalt denkbar ist und ein Inhalt nie ohne seine Form. Eine Form ist dem kantischen

---

[225] In dieser differenztheoretischen Deutung schließen wir an die Interpretation Werner Stegmaiers an. Vgl. Stegmaier: Von Kant bis Nietzsche, S. 26–30, 42–45. Stegmaier zufolge denkt Kant die Unterscheidung von Denken und sinnlicher Wahrnehmung durch die von Form und Inhalt. Die Form-Inhalt-Unterscheidung wiederum wird dann in Kants transzendentalem Idealismus von Raum und Zeit auf sich selbst angewandt. Ein Anschluss an diesen Ansatz bietet sich an dieser Stelle besonders an, weil so deutlich gemacht werden kann, wie das Subjekt im Erkennen selbstbezüglich wird. Von hier ausgehend kann dann, obwohl Stegmaier selbst den Begriff des Entwerfens nicht gebraucht, plausibilisiert werden, inwiefern das Subjekt im Erkennen ›entwerfend‹ wird, nämlich indem es von sich aus Ordnungen in der Natur entwirft.

[226] Vgl. Stegmaier: Von Kant bis Nietzsche, S. 26 f.; Kuhlmann nennt die Vernunft »das gegenüber der erkennbaren Welt ganz andere« (Kuhlmann: Kant und die Transzendentalpragmatik, S. 11). Ein aufschlussreicher philosophiehistorischer Abriss über die Geschichte dieses Verhältnisses zwischen »Seele und Aussenwelt« findet sich bei Heinz Heimsoeth: Die sechs großen Themen der abendländischen Metaphysik und der Ausgang des Mittelalters, 6. Aufl., Darmstadt 1974 (unveränderter reprographischer Nachdr. der 3. durchges. Aufl).

2.3 Der Selbstentwurf der Vernunft in ihrem entwerfenden Gebrauch 127

Verständnis nach immer nur als Form eines Inhaltes und ein Inhalt stets nur als Inhalt einer Form zu denken. Gegenstände liegen dann immer nur als Einheit ihrer Form und ihres Inhaltes vor. Diese Unterscheidung von Form und Inhalt ist die zweite zentrale Unterscheidung in der Metaphysik des Aristoteles. Sie wird auch von Kant in seiner KrV fraglos verwendet. Sowohl Kant als auch Aristoteles denken Begriffe als feste Formen, die ihrem flüchtigen sinnlichen Inhalt einen Halt und über die Zeit hinweg Stabilität verleihen. Die Form umschließt dabei ihren Inhalt und lässt ihn vollständig identifizierbar werden. Diese Konzeption ist zwar keinesfalls selbstverständlich, aber doch die zu Kants Zeit gängige.[227] Kants Vorwurf an den Rationalismus war gerade der, dass dieser versuche, Erkenntnisse aus reinen Verstandesbegriffen ohne zugehörige Anschauung abzuleiten, während der Empirismus, sofern dieser nur die Sinnlichkeit gelten lässt, jedwede Erkenntnis undenkbar werden lasse. Denn »[o]hne Sinnlichkeit würde uns kein Gegenstand gegeben, und ohne Verstand keiner gedacht werden. Gedanken ohne Inhalt sind leer, Anschauungen ohne Begriffe sind blind.« (KrV, A 51 / B 75)[228]

Erkenntnis, um die es im theoretischen Vernunftgebrauch geht, ist nach Kant nur möglich, indem beide, die sinnliche Wahrnehmung als Inhalt sowie das begriffliche Denken des Verstandes als Form, zusammenkommen, sich aufeinander beziehen und miteinander vermittelt werden. Allem, was erkannt werden will, muss demnach ein Gegenstand in der Erfahrung entsprechen.[229] Im Erkennen muss das Denken stets auf den Bereich des sinnlich Wahrnehmbaren referieren, innerhalb dessen der Verstand allein zu sicheren Aussagen berechtigt ist und innerhalb dessen auch apriorische Gesetze des Denkens, wie Kant sie in seiner Kategorientafel zusammenstellt, gelten.[230] Das Den-

---

[227] Sie ist später infrage gestellt und grundlegend anders konzipiert worden. Nach Luhmann etwa beschreibt sie die Grenzlinie einer Unterscheidung: Eine »Unterscheidung ist eine Grenze, das Markieren einer Differenz. [...] Diese Grenzlinie, wird auch als ›form‹ [sic!] bezeichnet [...]. Eine ›form‹ [sic!] hat zwei Seiten.« (Niklas Luhmann: Einführung in die Systemtheorie, hg. v. Dirk Baecker, 4. Aufl., Heidelberg 2008, S. 74 f.)

[228] Zur genauen Ausdeutung dieses Satzes vgl. den Aufsatz von Mario Caimi: ›Gedanken ohne Inhalte sind leer‹, in: Kant-Studien 96 (2005), S. 135–146, in dem dieser herausarbeitet, wie der Satz die »Anerkennung der Anschauung als notwendige Bedingung der Erkenntnis« gegenüber der »leibniz-wolffschen Philosophie« (S. 145) zum Ausdruck bringe.

[229] Vgl. KrV, Vorrede B XXV, B XXVI: »[...] [D]aß wir [...] keine Elemente zur Erkenntnis der Dinge haben, als so fern diesen Begriffen korrespondierende Anschauung gegeben werden kann, folglich wir von keinem Gegenstande als Ding an sich selbst, sondern nur so fern es Objekt der sinnlichen Anschauung ist, d. i. als Erscheinung, Erkenntnis haben können, wird im analytischen Teile der Kritik bewiesen.«

[230] Kant will die Kategorien als die reinen Verstandesbegriffe in der Transzendentalen Analytik deduzieren. Vgl. zur Übersicht über die Kategorien die Kategorientafel: KrV, B 106. Ob Kant die Deduktion gelungen ist, ist umstritten. Bereits Hegel übte Kritik an der metaphysischen Deduktion, die dann von Heidegger wieder aufgenommen wurde (vgl. Georg F. W.

ken, die Vernunft als Form der Erkenntnis, die ursprünglich-synthetische transzendentale Apperzeption, bleibt damit auf sinnliche Inhalte angewiesen. Damit aber stellt sich dann immer auch die Frage, wie Denken und Wahrnehmen, Verstand und Sinnlichkeit, Allgemeines und Konkretes in der Erkenntnis aufeinander bezogen, miteinander vermittelt werden, und eben diese Frage wird ein Verständnis dessen eröffnen, was es nach Kant bedeutet, von seiner Vernunft *Gebrauch* zu machen. Wir werden diesen Gedanken später weiterverfolgen (siehe Kapitel 2.3.3). Sie muss noch einige Voraussetzungen hierzu klären und daher zunächst zur Form-Inhalt-Unterscheidung zurückkehren.

Nach Kant bleibt das Denken »leer«, wenn es sich nicht als Form auf Inhalte der Anschauung bezieht, weshalb es, wenn es Erkennen werden will, als auf den Bereich der sinnlichen Wahrnehmung bezogen gedacht werden muss. Unberücksichtigt blieb bislang, dass das Denken, wenn es sich auf Inhalte der Anschauung bezieht, selbst von diesem abhängig und so zu etwas Empirischem, Aposteriorischem wird. Dann aber ist keine apodiktische Wissenschaft mehr von ihm möglich und die Vernunft selbst ist in ihrem Bestand

---

Hegel: Wissenschaft der Logik. Zweiter Teil. Die Subjektive Logik oder Lehre vom Begriff, in: ders.: Sämtliche Werke, Bd. 5, Stuttgart 1928, S. 52 f.; Martin Heidegger: Kant und das Problem der Metaphysik, 3. Aufl., Frankfurt a. M. 1965, S. 56.). Gegen die bis in die 20er Jahre des 20. Jahrhunderts vorherrschende Auffassung, behauptete Reich die Vollständigkeit der Deduktion, indem er zeigte, wie Kant den analytischen und den synthetischen Gehalt der logischen Funktion unterschied. Seine Interpretation sah er außerdem dadurch bestätigt, dass Kant ihm zufolge diese Vollständigkeit in entgegengesetzter Reihenfolge als in der Darstellung der Kritik, also nicht von der Qualität zur Modalität, sondern von der Modalität über die Relation und die Qualität zur Quantität, gedacht habe (Klaus Reich: Die Vollständigkeit der kantischen Urteilstafel, Berlin 1932, hier: 3. Aufl., Hamburg 1986, S. 69.). Entgegen neuer Zweifler wie Krüger (Lorenz Krüger: Wollte Kant die Vollständigkeit seiner Urteilstafel beweisen?, in: Kant-Studien 59 (1968), S. 333–356.) vertrat Brandt die Auffassung der Vollständigkeit der Deduktion (Reinhard Brandt: Die Urteilstafel, Kritik der reinen Vernunft A 67–76; B 92–201, Hamburg 1991), ebenso wie Wolff (Michael Wolff: Die Vollständigkeit der kantischen Urteilstafel. Mit einem Essay über Freges Begriffsschrift, Frankfurt a. M. 1995), während angloamerikanische Forscher wie Rorty und Davidson die transzendentale Begründungsweise überhaupt infrage Stellen, womit sich für sie auch die Frage nach der Vollständigkeit der Deduktion erübrigt (Richard Rorty: Transzendentale und holistische Methoden in der Philosophie. Einführung zu einem Kolloquium, in: Dieter Henrich (Hg.): Kant oder Hegel. Über Formen der Begründung in der Philosophie, Stuttgart 1983, S. 408–411; Donald Davidson: A Coherence Theory of Truth and Knowledge, in: Dieter Henrich (Hg.): Kant oder Hegel. Über Formen der Begründung in der Philosophie, Stuttgart 1983, S. 423–438). Eine Auseinandersetzung aus analytischer Perspektive, die wie ein Kommentar zur transzendentalen Deduktion gelesen werden kann, liefert hingegen Reinhard Heckmann: Kants Kategoriendeduktion. Ein Beitrag zu einer Philosophie des Geistes, Freiburg/München 1997. Zuletzt hat Simon Kants Versuch der transzendentalen Deduktion selbst noch einmal unternommen, allerdings, im Gegensatz zu Kant selbst, ausgehend von der Unterscheidung von Möglichkeit und Wirklichkeit (siehe Simon: Kant).

2.3 Der Selbstentwurf der Vernunft in ihrem entwerfenden Gebrauch 129

gefährdet. Wenn Kant die Möglichkeit einer wissenschaftlichen Vernunft sichern will, muss er also die Frage lösen, wie sich das Denken auf empirische Inhalte beziehen und dabei selbst rein bleiben kann.

Dies wäre nur möglich, wenn sich das Denken als reine Form auf Inhalte bezieht, die selbst rein sind. Der Verstand als Form muss, um selbst rein zu bleiben, reine Inhalte haben, welches Problem Kant mit seinem transzendentalen Idealismus von Raum und Zeit löst. Zwar seien Räumliches und Zeitliches, nicht aber Zeit und Raum selbst wahrnehmbar. Sie könnten deshalb nichts Empirisches sein, müssten der Wahrnehmung daher »schon zum Grunde liegen« (KrV, A 25f./B 39f.). Als reine Begriffe müssen sie bereits vorausgesetzt sein, damit Wahrnehmung denkbar ist. Kant fasst Raum und Zeit nun ihrerseits als Formen, nämlich als reine Formen der Anschauung. Seine Lösung (letztlich der Frage, wie synthetische Urteile a priori möglich sind) liegt also in einer Selbstanwendung der Form-Inhalt-Unterscheidung auf sich selbst: Der Verstand als reine Form hat Anschauungen zum Inhalt, die ihrerseits Raum und Zeit als reine Formen aufweisen. Oder: die reinen Formen der Anschauung sind zugleich die reinen Inhalte der reinen Form ›Verstand‹.[231]

So ordnet Kant anders als Empiristen und Rationalisten in der Unterscheidung von Denken und sinnlicher Wahrnehmung keine ihrer beiden Seiten in ihrem Wert für die Erkenntnis der jeweils anderen unter, sondern spricht von zwei gleichwertigen »Stämme[n] der menschlichen Erkenntnis« (KrV, A 15/B 29).[232] Maß die traditionelle Philosophie dem als unwandelbar vorausgesetzten Denken aufgrund der zeitlichen und räumlichen Unbeständigkeit der Wahrnehmung stets einen höheren Wert bei, sieht Kant gerade in der transzendentalen Idealität, derzufolge Raum und Zeit zeitlose und unwandelbare Formen der Anschauung sind, dasjenige, was die Sinnlichkeit zu einem dem Denken gleichwertigen Stamm der Erkenntnis qualifiziert.

Ermöglichte die Unterscheidung von Form und Inhalt also, das Denken an die zeitliche Wahrnehmung zu binden, so bleibt es durch die Verschränkung der Form-Inhalt-Unterscheidung im transzendentalen Idealismus von Raum und Zeit zugleich von diesem als Zeitloses unterschieden und unabhängig, sodass die Möglichkeit, apodiktische Aussagen über das Denken als einer überzeitlichen Form der Wahrnehmung treffen zu können, erhalten bleibt. Das reine Denken und wie es das Feld der Sinnlichkeit gestaltet, können streng wissenschaftlich untersucht und apodiktische Aussagen über sie getroffen werden, worüber Kant in seiner Analyse zu den Kategorien als den

---

[231] Vgl. Stegmaier: Von Kant bis Nietzsche, S. 26–32, 42–45.
[232] Vgl. zu den zwei Stämmen der Erkenntnis: Karl Jaspers: Die großen Philosophen, Bd. 1, 6. Aufl., München 1991, S. 428–430.

reinen Formen des Verstandes und schließlich zur Schematismus-Thematik gelangt.[233]

Dadurch dass sich die Vernunft selbst als Form der Sinnlichkeit versteht, erhält sie sich also selbst, indem sie den rationalistischen Anspruch auf reine und über alle Erfahrung hinausgehende Vernunfterkenntnis zurückweist und sich stattdessen als eine Form für sinnliche Inhalte versteht, wodurch sie den Bereich möglicher Erkenntnis auf den der Erfahrung einschränkt, in dem dann allerdings aufgrund des transzendentalen Idealismus von Raum und Zeit apodiktische Aussagen möglich sind. Die Möglichkeit von Metaphysik und damit die von Wissenschaft und verbindlicher Moral kann Kant auf diese Weise in gewandelter Form erhalten.[234]

Durch die Selbstanwendung der Form-Inhalt-Unterscheidung im transzendentalen Idealismus von Raum und Zeit auf sich selbst rettet Kant einerseits die Möglichkeit der Metaphysik, anderseits sind dadurch Verstand und Sinnlichkeit im Erkennen nun fest aneinander gebunden, ist das erkennende Denken stets ein Denken der Sinnenwelt. Gebrauch von seiner Vernunft zu machen, bedeutet insoweit, nicht losgelöst von allem Sinnlichen in »Schwärmerei« zu verfallen, sondern sie als Verstand funktional zu verwenden, um die Sinnenwelt zu erkennen und sich so wissenschaftlich in dieser zu orientieren. Viel ist damit allerdings noch nicht gewonnen, besagt dies insoweit doch nicht mehr, als dass theoretische Erkenntnis auch pragmatisch brauchbar ist und dass es Kant eben darauf ankam. Die Bedeutung des Begriffs des Gebrauchs erschließt sich erst, wenn die Konsequenzen des kantischen Entwurfs weiter verfolgt werden. Denn die Selbstanwendung der Form-Inhalt-Unterscheidung im transzendentalen Idealismus von Raum und Zeit auf sich selbst bringt weitreichende Folgen für das Verständnis der sinnlichen Gegenstände des Erkennens mit sich. Die Frage, wie das Denken zu seinen sinnlichen Inhalten gelangt und wie sich demnach der Gebrauch der Vernunft im Erkennen vollzieht, soll daher – ebenfalls entlang des bislang gewählten differenztheoretischen Leitfadens – weiter verfolgt und noch deutlicher gestellt werden. Kant gibt die Antwort, indem er einen hypothetischen Gebrauch der Vernunft bzw. des Verstandes, an die Stelle der Ontologie setzt.

2.3.3 Verstandesgebrauch als Entwurf von Ordnungen

Durch den transzendentalen Idealismus von Raum und Zeit und die durch ihn bewirkte Anwendung der Form-Inhalt-Unterscheidung auf sich selbst wird zwar eine strenge Wissenschaft der Vernunft denkbar, dies allerdings um den Preis, dass dadurch das transzendentale Subjekt im Erkennen selbst-

---

[233] Zur Schematismus-Problematik vgl. Anm. 272.
[234] Siehe hierzu: Stegmaier: Von Kant bis Nietzsche, S. 26 f.

2.3 Der Selbstentwurf der Vernunft in ihrem entwerfenden Gebrauch 131

bezüglich wird. Erkenntnis ist nun nicht mehr als bloße Richtigkeit einer Referenz des Denkens auf unabhängig von ihm gegebene Gegenstände konzipiert, sondern die in der Sinnlichkeit gegebenen Gegenstände (vgl. KrV, A 51/B 75) erhalten ihre Gestalt durch die im Subjekt selbst beheimateten Formen der Anschauung. Das Subjekt ist im Erkennen nicht mehr nur referenziell, sondern darin zugleich selbstreferenziell. Es bringt also, indem es Gebrauch von seinem Verstand macht, die Gegenstände, die es erkennt, obgleich ihnen noch empirische Inhalte zugrunde liegen, in ihrer formenden Gestalt doch selbst hervor. Die Selbstbezüglichkeit des Subjekts ist hier eine problematische Grundlage eines Erkenntniskonzeptes: Sie ist letztlich paradox, weil sie das zu Erkennende zumindest zu einem Teil im Subjekt schon voraussetzt. Es wird sich zeigen, dass dies für das kritische Unternehmen Kants im Ganzen sogar uneingeschränkt gilt: denn in ihm wird die Vernunft durch die Vernunft selbst kritisiert, ist die Vernunft sowohl Subjekt als auch Objekt der Kritik und konstituiert sich somit in ihrem Gebrauch selbst. Doch zurück zum Verstand, auf den bezogen die Selbstbezüglichkeit des Subjekts im Erkennen zunächst ein neues Verständnis der Möglichkeiten und der Methodik der theoretischen Philosophie zur Folge hat:

Kant findet für den Selbstbezug des Subjekts in der Form-Inhalt-Unterscheidung Vorbilder in der Mathematik und den sich im 18. Jahrhundert entwickelnden Naturwissenschaften. Den »sicheren Gang einer Wissenschaft« (KrV, Vorrede B VII), in den er die Metaphysik durch den Selbstbezug in der Form-Inhalt-Unterscheidung führen will, sieht er hier längst beschritten. Bereits im griechischen Altertum hat in Bezug darauf, wie die Mathematik ihre Objekte verstand – denn nach Kant hat es auch die Mathematik mit der Erkenntnis von Objekten der Anschauung zu tun – eine »Revolution der Denkart« (KrV, Vorrede B XI) stattgefunden; nämlich mit der Einsicht Euklids, dass geometrische Sätze nicht einfach durch Beobachtung gewonnen werden, sondern aus reinen Begriffen konstruiert werden müssen. In der Konsequenz kann man von einer Sache nur das wissen, was man zuvor selbst in ihren Begriff hineingelegt hat.[235] Auch die sich in der Neuzeit entwickelnden Naturwissenschaften übernahmen diesen methodischen Ansatz. Der Naturwissenschaftler ist seitdem nicht mehr in der Position »[…] eines Schülers, der sich alles vorsagen läßt, was der Lehrer will, sondern eines be-

---

[235] Vgl. KrV, B XIV: »Und so hat sogar Physik (sic!) die so vortheilhafte Revolution ihrer Denkart lediglich dem Einfalle zu verdanken, demjelnigen, was die Vernunft selbst in die Natur hineinlegt, gemäß dasjenige in ihr zu suchen (nicht ihr anzudichten), was sie von dieser lernen muß, und wovon sie für sich selbst nichts wissen würde. Hiedurch (sic!) ist die Naturwissenschaft allererst in den sicheren Gang einer Wissenschaft gebracht worden, da sie so viel Jahrhunderte durch nichts weiter als ein bloßes Herumtappen gewesen war.«

stallten Richters, der die Zeugen nöthigt auf die Fragen zu antworten, die er ihnen vorlegt« (KrV, B XIII). So wird die sich seit der Antike als beobachtend verstehende Physik auf dem von Kopernikus, Galilei und Torricelli in ihren Experimenten praktizierten Weg, demzufolge die Vernunft nur das von der Natur erkennt, »was sie selbst nach ihrem *Entwurfe* hervorbringt« (KrV, Vorrede B XIII; Hervorh. MSvR), nach Kants Verständnis überhaupt erst zur Wissenschaft.

Dieselbe »Revolution der Denkart« wurde schon von Descartes, der das Erkennen ausgehend vom erkennenden Subjekt selbst dachte, auf die Philosophie übertragen, und auch Kant verordnet ihr diesen Weg, damit die Metaphysik zu einer Wissenschaft werde, was heute als Kants Kopernikanische Wende gilt.[236] Er erreicht sie mit dem Selbstbezug des erkennenden Subjektes in der Form-Inhalt-Unterscheidung. Die Metaphysik soll bei einem in der Erkenntnis selbst schöpferisch werdenden Subjekt ansetzen. Seine Begriffe sollen nicht als Abbildung dessen, was völlig unabhängig vom Denken ›an sich‹ ist, verstanden werden, sondern nach naturwissenschaftlichem Vorbild als hypothetische *Entwürfe*, mit deren Hilfe die Welt in Verstandesurteilen widerspruchsfrei und insofern sinnvoll geordnet und damit überhaupt erst als geordnetes Ganzes *hervorgebracht* werden kann. Denn die zur objektiven Erkenntnis gehörenden allgemeinen Elemente sollen nun nicht mehr dem Gegenstand entstammen, sondern dem erkennenden Subjekt selbst. Kant spricht auch davon, dass die reinen Formen des Verstandes und der Anschauung »a priori aller möglichen Erfahrung ihr Gesetz *vorschreiben*« (Prol. AA IV 375; Hervorh. MSvR).[237] Daher, so postuliert er, sind »die **Bedingungen der Möglichkeit der Erfahrung überhaupt** […] zugleich **Bedingungen der Möglichkeit der Gegenstände der Erfahrung**« (KrV, A 158/B 197). Die Erkenntnis soll sich dementsprechend nicht länger nach dem Gegenstand, sondern dieser sich nach der Erkenntnis richten.[238] Subjektivität und Objektivität gehen bei Kant also ein neues Verhältnis zueinander ein. Sie sind nicht mehr einfach als Gegensätze zu verstehen, sondern nach Kant kann un-

---

[236] Auf die Thematik der Kopernikanischen Wende muss an dieser Stelle nicht im Detail eingegangen werden. Eine neuere Auseinandersetzung mit ihrer Bedeutung für die KrV findet sich bei Murray Miles: Kant's Copernican Revolution: Towards Rehabilitation of a Concept and Provision of a Framework for the Interpretation of the *Critique of Pure Reason*, in: Kant-Studien 97 (2006), S. 1–32.

[237] An dieser Stelle geht es vor allem um die reinen Formen der Anschauung, Raum und Zeit, durch die der Natur ihre Gesetze vorgeschrieben werden. Zu den Kategorien als den reinen Formen des Verstandes, des Denkens, die »der Natur, als dem Inbegriffe aller Erscheinungen (natura materialiter spectata), Gesetze a priori *vorschreiben*«, siehe: KrV, B 163; Hervorh. MSvR.

[238] Vgl. hierzu die Darstellung Höffes: Immanuel Kant, S. 50–54.

2.3 Der Selbstentwurf der Vernunft in ihrem entwerfenden Gebrauch

ter bestimmten Bedingungen einem Subjekt etwas als objektiv gelten.[239] Die Ontologie wird damit in Abhängigkeit zum erkennenden Subjekt gebracht. Eine vom Subjekt unabhängige Ontologie ist deshalb seit Kant nicht mehr möglich.[240]

Dass die Gegenstände der Erfahrung in ihrer Gestalt, ihrer Form, dem Subjekt selbst entspringen, von diesem nach seinem eigenen »Entwurfe« ›hervorgebracht‹ werden (vgl. KrV, Vorrede B XIII), führt Kant zu der Unterscheidung von Erscheinungen und ›Dingen an sich selbst‹: Das Denken denkt als reine Form die Gegenstände als seine Inhalte nicht, wie sie ›an sich‹ sein mögen, sondern wie sie wiederum vom Subjekt in den reinen Formen seiner Anschauung als sinnliche Bedingungen seiner Erkenntnis zur Erscheinung gebracht werden. Die Gegenstände der Erkenntnis sind allein in den Formen unserer Anschauung zugänglich und insofern Erscheinungen oder auch »Phaenomena«, deren Gestalt ihren Ursprung im Subjekt selbst haben. Ihnen müssen dann »Dinge an sich selbst« oder auch »Noumena« zugrunde liegend unterstellt werden, zu welchen jedoch keine Erkenntnis gelangen kann (vgl. hierzu: KrV, A 235–260/B 294–315).[241]

Der Selbstbezug des Subjekts in der Form-Inhalt-Unterscheidung bedeutet also, dass das Subjekt in der Erkenntnis von Gegenständen insofern auf sich selbst bezogen ist, als es sich im Denken als reiner Form auf Gegenstände als Inhalte bezieht, die ihrerseits Erscheinungen (von Dingen an sich) sind, weil diese dem Subjekt entstammende reine Formen der Anschauung enthalten. Wenn sich der Gegenstand als Erscheinung erst in der Erkenntnis und ihren Formen konstituiert, Erkenntnis nicht mehr nur referentiell, sondern zugleich selbstreferentiell gedacht wird, dann stellt sie nicht mehr Tatsachen ›an sich‹ fest. Erkenntnis muss dann vielmehr als Methode verstanden werden, mit deren Hilfe das vernunftbegabte Subjekt zu Tatsachen gelangt, sie erst erschafft.[242] Das Subjekt bringt die Erscheinungen in seiner Erkenntnis von ihnen selbst hervor, es *entwirft* sie in den Formen seiner Erkenntnis in Verstandesurteilen.

Eben hier, wo das Subjekt in der Erkenntnis selbst schöpferisch wird, kommt der Begriff des Gebrauchs zur Geltung. Indem der *Gebrauch* des

---

[239] Vgl. in diesem Zusammenhang die Ausführungen zum Entwurf von Wahrheiten in den Modi des Fürwahrhaltens in Kapitel 2.4.
[240] Siehe hierzu Jaspers: Die großen Philosophen, S. 430–436.
[241] Die Diskussion um die »Dinge an sich selbst« bei Kant kann und muss an dieser Stelle nicht voll entfaltet werden. Siehe hierzu Gerold Prauss: Kant und das Problem der Dinge an sich, Bonn 1974; Marcus Willaschek: Die Mehrdeutigkeit der kantischen Unterscheidung zwischen Dingen an sich und Erscheinungen, in: Volker Gerhardt/Rolf-Peter Horstmann/Ralph Schumacher, (Hg.): Kant und die Berliner Aufklärung. Akten des IX. Internationalen Kant-Kongresses, Bd. 2, Berlin/New York 2001, S. 679–690.
[242] Vgl. zu Wahrheit als Methode: Stegmaier: Von Kant bis Nietzsche, S. 23–26.

Verstandes erfolgt, wird dieser als Allgemeines mit dem Konkreten vermittelt, der Verstand als Form auf seine sinnlichen Inhalte bezogen. Das Subjekt müsste demnach im Verstandesgebrauch die Objekte seiner Erkenntnis jedoch zugleich selbst hervorbringen. Vom Verstand Gebrauch zu machen bedeutet demnach, in Verstandesurteilen hypothetische Ordnungen zu entwerfen, in denen die sinnlich-konkrete Mannigfaltigkeit der uns umgebenden und affizierenden Welt gegenständlich gedacht und erkannt werden kann. So können wir von einem *entwerfenden* Gebrauch der Vernunft bzw. in diesem Falle des Verstandes als dem für die Erkenntnis der Sinnenwelt zuständigen Vernunftvermögen sprechen, in dem die Gegenstände, indem sie erkannt werden, zugleich von der Vernunft gleichsam entworfen und so erst hervorgebracht werden.

2.3.4 Die Brauchbarkeit der Erkenntnisse des Verstandes

Unter der Voraussetzung, dass die Objekte der Erkenntnis als Ordnungen des Mannigfaltigen nicht den ›Dingen an sich‹, sondern dem Subjekt selbst entstammen, stellt sich notwendiger Weise die Frage, woran sich der Verstandesgebrauch ausrichtet, wie er geleitet ist. Es stellt sich die Frage nach richtunggebenden *Kriterien* bzw., sofern das Denken von Gegenständen durch den Verstand kein bewusster Prozess ist und Entscheidungen hier nicht möglich sind, nach *Prinzipien* des Verstandesgebrauchs. In einer traditionellen metaphysischen Ontologie, in der es darum ging, die Dinge und ihre Bezüge zueinander zu erkennen, wie sie ›an sich‹ sind, muss die Übereinstimmung mit der unabhängig vom Subjekt gegebenen und einsehbaren Wirklichkeit das Kriterium der Wahrheit sein. Der Verstandesgebrauch muss darauf ausgerichtet sein, die ›Welt an sich‹ zu erkennen und im Denken in die ihr eigentümliche widerspruchsfreie Ordnung zu bringen. Ein Inhalt ›an sich‹ ist hier maßgeblich für die Form des Verstandes, die sich selbst diesem Inhalt so weit wie möglich angleichen soll. Wird Wahrheit nun so verstanden, dass das erkennende Subjekt sie im Erkennen selbst hervorbringt, als eine Methode, mit deren Hilfe das Subjekt im Denken überhaupt erst zu Erkenntnisobjekten gelangt, können auch die Kriterien des Verstandesgebrauchs nicht mehr in der Übereinstimmung mit vom Subjekt unabhängigen Gegenständen bestehen. Sie können nach Kants Kopernikanischer Wende keine bloß »äußeren« mehr, sondern müssen ebenfalls im Subjekt selbst zu suchen sein.[243] Kants

---

[243] Auf den rein subjektimmanenten, reflexiven Charakter der Kriterien des Verstandesgebrauchs macht Bek aufmerksam (Michael Bek: Die Vermittlungsleistung der reflektierenden Urteilskraft, in: Kant-Studien 92 (2001), S. 296–327, hier inbes. S. 309, 312). Zum kantischen Wahrheitsbegriff siehe die Untersuchung Hiltschers, der diesen zum einen vom traditionellen adäquationstheoretischen Wahrheitsverständnis abgrenzt und zum anderen mit den auf Kant

2.3 Der Selbstentwurf der Vernunft in ihrem entwerfenden Gebrauch

Verschränkung der Form-Inhalt-Unterscheidung im transzendentalen Idealismus zufolge sind Form und Inhalt des Erkennens nun beide vom Subjekt abhängig, damit aber auch beide variabel. Sie werden frei gegeneinander und sind nun Kriterium füreinander.[244] Die Kriterien der Angleichung in der Vermittlung von Form und Inhalt, von Allgemeinem und Konkretem, können in einer Untersuchung des nach Kant hierfür und damit für den Gebrauch des Verstandes zuständigen Vermögens der Urteilskraft freigelegt werden.

Dieses steht im Zentrum der dritten Kritik, der *Kritik der Urteilskraft*, die damit in unser Interesse rückt. Ihr Verhältnis zu den ersten beiden Kritiken, ihre Stellung und Bedeutung im gesamten kritischen Unternehmen Kants ist bis heute Anlass zur Diskussion in der Kant-Forschung und wird sehr unterschiedlich bewertet. So wird die *Kritik der Urteilskraft* von den einen als systematische Vollendung des Unternehmens der Kritik gedeutet.[245] Auch Höffe betont das Systeminteresse der *Kritik der Urteilskraft*, allerdings lediglich als eine ihrer Aufgaben, die neben anderen stehe.[246] Anderen Forschern zufolge zeigt sich an der *Kritik der Urteilskraft* gerade, dass sich die Kritik nicht systematisch schließen lasse. Nach Kudielka schloss sich die Kant-Forschung zunächst stillschweigend der These Schopenhauers an, der die Einheit der drei Kritiken ebenso wie die der *Kritik der Urteilskraft* für sich genommen bestritt.[247] Laut Bartuschat betrachten sie vor allem die Neukantianer als einen Anhang zu den ersten beiden Kritiken, mit dem es Kant gesondert um das Ästhetische gegangen sei,[248] während er selbst einen systematischen Ansatz zur Deutung der *Kritik der Urteilskraft* vertritt.[249] Sie wurde aber auch, wie von Gadamer, vorrangig als Begründung der Naturwissenschaft ge-

---

folgenden Wahrheitsbegriffen des frühen Fichte und Hegels kontrastiert (Reinhard Hiltscher: Wahrheit und Reflexion. Eine transzendentalphilosophische Studie zum Wahrheitsbegriff bei Kant, dem frühen Fichte und Hegel, Bonn 1998).

[244] Vgl. in diesem Sinne Stegmaier: Von Kant bis Nietzsche, S. 107.

[245] Vgl. hierzu etwa Joseph Früchtl: Ästhetische Erfahrung und moralisches Urteil. Eine Rehabilitierung, Frankfurt a. M. 1996, insbes. S. 422; Reinhard Loock: Idee und Reflexion bei Kant, Hamburg 1998 (= Schriften zur Transzendentalphilosophie; Bd. 12); den Sammelband von Reinhard Hiltscher/Stefan Klinger/David Süß (Hg.): Die Vollendung der Transzendentalphilosophie in Kants ›Kritik der Urteilskraft‹, Berlin 2006.

[246] Vgl. Otfried Höffe: Einführung in Kants *Kritik der Urteilskraft*, in: ders. (Hg.): Immanuel Kant. Kritik der Urteilskraft, Berlin 2008, S. 1–21.

[247] Vgl. Robert Kudielka: Urteil und Eros. Erörterungen zu Kants Kritik der Urteilskraft, Tübingen 1977, S. 16.

[248] Vgl. Wolfgang Bartuschat: Zum systematischen Ort von Kants Kritik der Urteilskraft, Frankfurt a. M. 1972, S. 7.

[249] Zu einer kritischen Auseinandersetzung vgl. auch Jochen Bojanowski: Kant über das Prinzip der Einheit von theoretischer und praktischer Philosophie (Einleitung I–V), in: Höffe (Hg.): Immanuel Kant. Kritik der Urteilskraft, S. 23–39, insbes. S. 25

lesen, wonach die teleologische Urteilskraft in ihrem Mittelpunkt stünde.[250] Andere Interpreten sehen hingegen in ihr die Bedeutung der Sinnlichkeit unterstrichen. Nach Römpp etwa geht es um eine Ergänzung der bisherigen Konzeption von Freiheit in dem Sinne, dass Freiheit und Sinnlichkeit nicht als Gegensätze aufzufassen seien, sondern dass Freiheit innerhalb der Sinnenwelt denkbar werden solle.[251] Die *Kritik der Urteilskraft* wird aber auch als eine Art Erweiterung des kritischen Unternehmens gedeutet.[252] Auch die Frage, inwiefern sie einfach als Ausarbeitung einer Philosophie der Kunst gedeutet werden kann,[253] wird diskutiert, wobei zugleich von einigen bestritten wird, dass sie überhaupt eine solche enthalte.[254] Böhme und auch schon Spremberg nutzen die *Kritik der Urteilskraft* für eine Auseinandersetzung mit der modernen Kunst.[255] Zeigt »die Vielfältigkeit und Widersprüchlichkeit der Kant-Interpretationen« Marquard zufolge »nur die Vieldeutigkeit und Zerrissenheit Kants« selbst,[256] so orientieren wir uns vor allem an jenen Interpretationen, die es unternehmen, die *Kritik der Urteilskraft* in sich selbst, wie auch im Zusammenhang des Gesamtwerkes konsistent auszulegen, und die es zu vermeiden suchen, Kant Unschlüssigkeiten oder gar Widersprüchlichkeiten zu unterstellen. Einen solchen Versuch legt Hutter in seiner pragmatisch orientierten Interpretation der Urteilskraft im »systematischen Gesamtzusammenhang[] der Kantischen Vernunftkritik« vor.[257] Die Selbsterhaltung der Vernunft als ihr ursprüngliches »Interesse« äußere sich im Verstandesvermögen als ihrem »Werkzeug« zunächst in einer »primären ›Sorge‹ um ›Güter, Gesundheit und Leben‹«,[258] das Bedürfnis nach »*Selbstbehauptung der Vernunft*« werde hingegen im Gefühl des Erhabenen greifbar,

---

[250] Vgl. Hans-Georg Gadamer: Wahrheit und Methode, Tübingen 1972, S. 51 f.
[251] Vgl. Georg Römpp: Schönheit als Erfahrung von Freiheit. Zur transzendentallogischen Bedeutung des Schönen in Schillers Ästhetik, in: Kant-Studien 89 (1998), S. 428–445.
[252] Vgl. Hjördis Nerheim: Zur kritischen Funktion ästhetischer Rationalität in Kants Kritik der Urteilskraft, Frankfurt a. M. 2001.
[253] In dieser Perspektive hatten schon Goethe und Schiller die *Kritik der Urteilskraft* gelesen, später hat vor allem Jean-François Lyotard diese Perspektive weiterentwickelt. Vgl. Jean-François Lyotard: Die Analytik des Erhabenen. Kant-Lektionen, Kritik der Urteilskraft, §§ 23–29, aus dem Franz. v. Christine Pries, München 1994.
[254] Siehe hierzu z. B.: Serge Trottein: Esthétique ou philosophie de l'art?, in: Herman Parret (Hg.): Kants Ästhetik, Kant's Aesthetics, L'esthétique de Kant, Berlin 1998, S. 660–673; Christel Fricke: Kants Theorie der schönen Kunst, in: Herman Parret (Hg.): Kants Ästhetik, S. 674–689.
[255] Vgl. Heinz Spremberg: Die Bedeutung von Kants Begründung der Ästhetik für die Philosophie der Kunst, Köln 1959; Gernot Böhme: Kants Kritik der Urteilskraft in neuer Sicht, Frankfurt a. M. 1999.
[256] Odo Marquard: Skeptische Methode im Blick auf Kant, 3. Aufl., Freiburg 1982, S. 53.
[257] Hutter: Das Interesse der Vernunft, S. 1.
[258] Ebd., S. 176.

2.3 Der Selbstentwurf der Vernunft in ihrem entwerfenden Gebrauch

während nur die Urteilskraft zwischen beiden unterschiedlichen »Interessen« der Vernunft vermittele.[259] Steigleder wiederum kritisiert gerade, dass Kants Werk in der Forschung »meist als äußerst uneinheitlich« und »die einzelnen Werke, überspitzt gesagt, als ein Sammelsurium von gescheiterten Argumenten, groben Fehlschlüssen und weit verfehlten Beweiszielen« betrachtet wird.[260] Auch wenn man sich um eine konsistente Auslegung bemüht, sollte aber berücksichtigt werden, dass sich auch Kants eigene Sicht auf die *Kritik der Urteilskraft* änderte: So scheiterte er mit seinem in der ersten Einleitung zur *Kritik der Urteilskraft* formulierten Anspruch, in ihr die ersten beiden Kritiken und damit die Vernunft selbst in ein System einzuschließen, weshalb er in der zweiten Einleitung die Begriffe des Systems und der Einheit vermeidet und stattdessen nur noch von »Verknüpfung« und »Übergang« zwischen den »zwei Teilen der Philosophie (der theoretischen und der praktischen)« (KU, H 60/61) spricht.[261] Diesen Unterschied zwischen erster und zweiter Einleitung ignoriert z. B. Bojanowski.[262] Wir gelangen hingegen zu der Einsicht, dass die *Kritik der Urteilskraft* mit dem geschaffenen Übergang zwar das kritische Unternehmen vollendet, dass dieses in ihr mit der Urteilskraft aber zugleich an eine Grenze stößt, an der die Vernunft »der Natur ihr Geheimnis« nicht mehr »gänzlich ablocken« kann (KU, B 57). Und indem die *Kritik der Urteilskraft* auf die Interpretation der theoretischen Philosophie Kants bezogen wird, zeigt sich, dass diese letztlich auf einen pragmatischen Gebrauch der Vernunft hinausläuft, denn an eben dieser Grenze, an der Kant mit der *Kritik der Urteilskraft* auf das »Rätselhafte« (KU, Vorrede B IX) der Vernunft stößt, kann diese nur durch einen solchen weiterkommen.

Die Kriterien der Angleichung zwischen Form und Inhalt, Allgemeinem und Konkreten sind dann pragmatische Kriterien. Im Weiteren wird sich zeigen, dass nach Kant der Gebrauch des Verstandes, also der Entwurf der Gegenstände des Erkennens, so erfolgt, dass diese widerspruchsfrei (Kapitel 2.3.4.1), vor allem aber in pragmatischer Hinsicht *brauchbar* und damit unserem Leben dienlich (Kapitel 2.3.4.2) sind.[263] Der Gebrauch, so die zu be-

---

[259] Ebd., S. 173–181.
[260] Klaus Steigleder: Kants Moralphilosophie. Die Selbstbezüglichkeit reiner praktischer Vernunft, Stuttgart 2002, S. XI.
[261] Vgl. hierzu auch Stegmaier: Von Kant bis Nietzsche, S. 102.
[262] Jochen Bojanowski: Kant über das Prinzip der Einheit von theoretischer und praktischer Philosophie. Eine ausführliche Gegenüberstellung beider Einleitungen liefert Jens Kulenkampff: Kants Logik des ästhetischen Urteils, Frankfurt a. M. 1978, S. 43–66; zur Entstehung der ersten Einleitung siehe Norbert Hinske: Zur Geschichte des Textes, in: Kant, Immanuel: Erste Einleitung in die Kritik der Urteilskraft. Faksimile und Transskription, hg. v. Norbert Hinske, Festgabe f. Wilhelm Weischedel zum 60. Geburtstag, Stuttgart-Bad Cannstadt 1965, S. III–XII.
[263] Stegmaiers vor allem auf die Schrift *Was heißt: Sich im Denken orientieren?* gestützter Interpretation zufolge »rechtfertigt« nach Kant ein »Bedürfnis für Einsicht« (O., AA VIII, 138,

stätigende These, bildet eine Art Kriterium, von dem aus nach Kant jedwede Ontologie ihren Sinn erhält.[264]

2.3.4.1 Die Widerspruchsfreiheit als formal-einschränkende Bedingung des Verstandesgebrauchs

Dass das Subjekt die uns umgebende Welt der Kopernikanischen Wende zufolge in den Formen seiner Erkenntnis denkt und ihr so Ordnungen verleiht, bedeutet zunächst, dass sie sie *widerspruchsfrei* denkt. Der Verstand, nach Kant das »Vermögen der Regeln« (KrV, A 126) oder das »Vermögen der Einheit der Erscheinungen vermittelst der Regeln« (KrV, A 302/B 359), denkt seine Objekte nach widerspruchsfreien Regeln. Der Sinn des Kriteriums der Widerspruchsfreiheit des Verstandes verändert sich jedoch mit dem Selbstbezug des Subjekts im Erkennen bei Kant: Ginge es im Verstandesgebrauch um die Erkenntnis der Dinge, wie sie ›an sich‹ sind, müsste ihre Erkenntnis nur insofern widerspruchsfrei sein, als man den ›Dingen an sich‹ Widerspruchsfreiheit unterstellt. Wenn sich jedoch das Subjekt im Erkennen auf Objekte bezieht, die es im Erkennen zugleich selbst entwirft, so wird auch die Widerspruchsfreiheit zu einem selbstbezüglichen, internen Kriterium des Verstandesgebrauchs. Insofern sich der Verstand als Form auf einen intelligiblen Inhalt, die ebenfalls im Subjekt beheimateten Formen der Anschauung, bezieht, wird aus dem widerspruchsfreien Bezug auf vermeintlich widerspruchsfreie ›Dinge an sich‹ die selbstbezügliche, widerspruchsfreie Übereinstimmung des Verstandes in seinem Gebrauch, im Denken der Natur, mit sich selbst.

Fällt die Übereinstimmung mit den ›Dingen an sich‹ als Kriterium des Denkens weg, bleibt zunächst allein das Kriterium der Widerspruchsfreiheit des Denkens im Entwerfen von Objekten mit sich selbst. So wird die Widerspruchsfreiheit im Selbstbezug des Subjekts zu einem logisch-formalen

---

Anm. 3), als ein »Bedürfnis[] der Vernunft [...], als eines subjektiven Grundes, etwas vorauszusetzen und anzunehmen, was sie durch objektive Gründe zu wissen sich nicht anmaßen darf«. Der Entwurf von Ordnungen durch die Vernunft sei nach Kant nicht etwa als eine »logische[] Notwendigkeit«, sondern als eine »Lebensnotwendigkeit« gerechtfertigt. Stegmaier verweist auch darauf, dass »[a]n der Wende zum 20. Jahrhundert, bei Dilthey und Nietzsche, [...] diese Einsicht vom Rand in den Mittelpunkt der Philosophie [rückt].« (Werner Stegmaier: Orientierung an anderer Orientierung, S. 212 f.; vgl. auch Werner Stegmaier: Philosophie der Fluktuanz. Dilthey und Nietzsche, Göttingen 1992, S. 273, 321–324)

[264] Vgl. in diesem Sinne zur Einbettung der Theorie in den Horizont der Praxis bei Kant auch Simon: Kant, S. VII: »Auch das sich selbst als rein theoretisch verstehende *Erkennen* wird [...] als ein *Handeln* verstanden, durch das der Mensch sich zum Zweck der Orientierung [...] ein *Bild*, und d. h. hier: *sein* Bild von der Welt zu *machen* versucht.«

Kriterium.²⁶⁵ Die Widerspruchsfreiheit des Verstandes ist hierbei jedoch – anders als, wie sich noch zeigen wird, die der Vernunft, wenn diese die einzelnen Verstandeserkenntnisse in einer absoluten Einheit der Natur zusammendenkt – keine Frage bewusster Reflexion, daher weniger ›Kriterium‹, sondern eher ›Prinzip‹. Denn wenn der Verstand die Mannigfaltigkeit der Anschauungen in eine regelhafte Einheit von Gegenständen synthetisiert, können solche Einheiten nur als immer schon widerspruchsfrei gedacht sein. Enthielten sie einen Widerspruch, wären sie gerade keine Einheiten.

Die Widerspruchsfreiheit bleibt jedoch – und das ist der für uns entscheidende Gesichtspunkt – ein rein ›negatives‹ Kriterium. Es schränkt den Verstandes- und auch den Vernunftgebrauch lediglich ein, jedoch ohne ihn definitiv auszurichten, ihn abschließend festzulegen. Zu den entworfenen Ordnungen des Verstandes sind immer Alternativen möglich. Wenn aber stets so oder auch anders widerspruchsfrei unterschieden, Ordnungen entworfen oder unter Begriffe subsumiert werden kann, stellt sich die Frage, welches Kriterium den Verstand auf eine bestimmte der immer möglichen, widerspruchsfreien Alternativen festlegt. Was lässt uns die Welt so und nicht anders denken, wo sie doch immer auch anders widerspruchsfrei und in sinnvollen Ordnungen gedacht werden könnte, wenn nach der Kopernikanischen Wende nicht mehr die Übereinstimmung mit einer Welt der ›Dinge an sich‹ als Kriterium angelegt werden kann, sondern nur noch die Übereinstimmung mit einer Welt der Erscheinungen, deren Gestalt jedoch durch das Subjekt selbst erzeugt wird? Fragen wir also im Weiteren nach einem ›positiven‹ Kriterium des Verstandesgebrauchs.

2.3.4.2 Die Zweckmäßigkeit als pragmatisch-erweiternde Bedingung des Verstandesgebrauchs

Ein Hinweis auf die Antwort, auf das gesuchte Kriterium, findet sich bei Kopernikus: Das Kriterium, gegenüber dem geozentrischen Weltbild des Ptolemäus ein heliozentrisches vorzuziehen, war nicht dasjenige, dass dieses die Welt erkläre, wie sie ›an sich‹ ist, während jenes in diesem Sinne ›falsch‹ sei. Kopernikus hatte keinerlei ›Beweise‹ für die Richtigkeit seiner Vorstellung von den Bewegungen der Gestirne. Sein heliozentrisches Weltbild ließ diese lediglich weitaus einfacher und zuverlässiger berechnen und verstehen.

---

²⁶⁵ Stegmaier hat darauf hingewiesen, dass sich die Vernunft dadurch, dass sie sich selbst im Gebrauch immer aufs Neue von Widersprüchen freihält bzw. diese ausräumt, gerade ihrer »Selbsterhaltung« vergewissert (vgl. Werner Stegmaier: Nietzsches und Luhmanns Aufklärung der Aufklärung, S. 170 f.). Vgl. hierzu auch die Anm. 286, 319. Wir werden hieran anschließen, wenn auch darauf hinweisen, dass die Selbsterhaltung der Vernunft keineswegs allein in der Reinigung von Selbstwidersprüchen besteht, sondern überhaupt in ihrem Gebrauch erfolgt.

Das Argument, das für das heliozentrische Weltbild sprach, war kein primär ontologisches, sondern ein pragmatisches. Es ging weniger um Wahrheit im Sinne einer ›richtigen‹ Referenz auf eine ›Welt an sich‹ als vielmehr um ihre möglichst einfache und widerspruchsfreie Berechnung und damit Denkbarkeit. Das Kriterium ist hier also letztlich eine Art Handhabbarkeit der Welt im Sinne einer *Brauchbarkeit* eines Erklärungsmodells, durch welches die Welt verstanden werden kann.[266] Das heliozentrische Weltbild ist nicht an sich wahr, sondern eine entworfene Ordnung, die sich in seinem wieder und wieder erfolgenden Gebrauch besser als das geozentrische bewährt, weil es die Welt widerspruchsfrei, vor allem aber einfacher als das geozentrische verstehen ließ. Das entscheidende Kriterium liegt also im Gebrauch, wobei ›Gebrauch‹ hier natürlich nicht einfach im Sinne eines pragmatischen Umgangs zu verstehen ist, sondern im Sinne eines intellektuellen Umgangs, der uns zunächst die Welt so übersichtlich und klar strukturiert wie möglich verstehen lässt, in dessen Folge sich dann jedoch z. B. auch Handwerk und Technik an den Verstandesgebrauch anschließen lassen, gibt doch das Verstehen erst einen Leitfaden zum Umgang oder Hantieren mit den Dingen oder zur technischen Gestaltung der Natur.[267]

Nun fällt das angeführte Beispiel des Kopernikus zwar gar nicht in den Bereich des Objekte denkenden Verstandes, sondern in den der die Welt in ihrem Zusammenhang denkenden Vernunft. Dennoch wird eine im Folgenden aufzuzeigende Parallele Aufschluss auch über den Gebrauch des Verstandes geben. Denn die Ordnungen der Vernunft werden nach Kant wie die Begriffe des Verstandes durch dasselbe Vermögen und nach demselben, ihm zugrunde liegenden Prinzip entworfen. Der konkrete Gebrauch des Verstandes, in dem Allgemeines und Konkretes vermittelt werden, verläuft über die Urteilskraft als oberem sowie die Einbildungskraft als unterem Erkenntnisvermögen. Nicht schon der Verstand selbst strukturiert die Mannigfaltigkeit der Anschauungen, nicht er selbst ist schon das Vermögen, welches die Ordnungen *entwirft*. Er liefert nur die Formen, in denen die Strukturierung zwangsläufig verlaufen wird, legt jedoch nicht schon fest, auf welche der möglichen Ordnungen sich das erkennende Subjekt letztlich festlegen wird. Wie unterschieden oder subsumiert wird, wie konkret vom Verstand als Form

---

[266] Galilei hingegen beanspruchte, die Welt erkannt zu haben, wie sie ›an sich‹ ist. Dementsprechend wollte bekanntlich auch Kardinal Bellarmin Galilei nicht verwehren, seine ›Erkenntnisse‹ zu vertreten und zu veröffentlichen, sondern ermahnte ihn, diese lediglich mit dem Anspruch eines brauchbaren mathematischen Erklärungsmodells, einer Hypothese, zu verbinden, wozu dieser jedoch nicht bereit war.

[267] Axel Hutter (Hutter: Das Interesse der Vernunft) spricht davon, dass das »Interesse der Vernunft« in theoretischer Hinsicht als einer »primäre[n] Sorge« um »Güter, Gesundheit und Leben« (S. 173) vom Verstand als einem »Werkzeug der natürlichen Selbsterhaltung des Menschen« (S. 158) gestillt werde.

2.3 Der Selbstentwurf der Vernunft in ihrem entwerfenden Gebrauch   141

Gebrauch gemacht wird, die allgemeinen Formen des Verstandes mit dem konkreten Mannigfaltigen vermittelt werden, ist stattdessen eine Frage, die in der Urteilskraft verhandelt wird –[268] und eben in Zusammenhang mit diesen Vermögen spricht Kant, wenn auch nicht wörtlich von »Brauchbarkeit« als einem Prinzip, welches dem Entwurf von Ordnungen wie denen der Verstandesbegriffe zugrunde liege und diese leite, so doch von »Zweckmäßigkeit«. Ihr Begriff wird zwar schon in der *Kritik der reinen Vernunft* etabliert, er kommt dann aber vor allem in der *Kritik der Urteilskraft* zur Geltung.

Was ›zweckmäßig‹ ist, weist dem Sprachgebrauch zu Kants Zeit zufolge Regelmäßigkeiten oder eine Ordnung auf. »Zweckmäßigkeit«, schreibt er, »ist eine Gesetzmäßigkeit des Zufälligen als eines solchen« (KU, H 23). Das Zweckmäßige ergibt insofern Sinn im zuvor Unsinnigen, und eben deshalb kann in der Folge auch pragmatisch mit diesem umgegangen werden. Nur was Ordnungen aufweist, einen Sinn ergibt, lässt sich fassen, gibt Möglichkeit, mit ihm entsprechend seiner ihm eigenen Ordnung ›angemessen‹ umzugehen. In diesem Sinne schien das heliozentrische Weltbild des Kopernikus ›zweckmäßiger‹ zu sein als das geozentrische, weil es die Bewegungen der Gestirne in eine klarere und einfacher zu berechnende gedankliche Ordnung brachte, die dem Menschen in der Neuzeit wiederum auch neue, zuvor ungekannte technische Möglichkeiten eröffnete. So kann der Begriff der Zweckmäßigkeit hier durchaus im Sinne von ›Brauchbarkeit‹ verstanden werden. Auf den Bereich des Verstandes übertragen bedeutet dies: ihn zu gebrauchen heißt, das Allgemeine des Verstandes, den Verstand als Form, mit dem Konkreten, seinen sinnlichen Inhalten, widerspruchsfrei und zweckmäßig zu vermitteln und so einen pragmatischen Umgang mit zum Gebrauch tauglichen Dingen in der Welt zu ermöglichen.[269] Im Gebrauch des durch Urteils- und Einbildungskraft mit dem Konkreten und Mannigfaltigen vermittelten Verstandes strukturiert das vernünftige Subjekt die Sinnesdaten nach zweckmäßigen Re-

---

[268] Vgl. Bek: »Festzuhalten bleibt, dass der Verstand nicht selbst schon die empirische Mannigfaltigkeit strukturiert; sein im Hinblick auf die Erscheinungen konstitutiver Status besagt lediglich, daß die [...] Realsynthesis eines Mannigfaltigen rezipierter Daten in jedem Fall in den Formen der reinen Verstandesbegriffe geschehen wird. Wie, bleibt a priori unbestimmt; der Verstand *allein* als ein Vermögen der Spontanität weiß das faktisch vorliegende Mannigfaltige der Anschauung durchaus nicht zusammenzusetzen« (Bek: Die Vermittlungsleistung der reflektierenden Urteilskraft, hier insbes. S. 304). Fraglich bleibt, weshalb Bek allein die reflektierende Urteilskraft als dieses Vermögen der Vermittlung und damit des Gebrauchs hervorhebt, denn auch unter gegebene Begriffe kann das Mannigfaltige immer so und auch anders subsumiert werden. Die Strukturierung der Sinnenwelt in der Erkenntnis, der Gebrauch also des Verstandes, erfolgt nicht allein in der reflektierenden, sondern ebenso in der bestimmenden Urteilskraft.

[269] Vgl.: »Pragmatische Vernunft schließt also auch Kenntnis der Zwecke ein« (Kaulbach: Weltorientierung, Welterkenntnis und pragmatische Vernunft bei Kant, S. 69).

geln in Begriffen, sodass ein erfolgreicher Umgang mit dem so Gedachten möglich wird. Da der Gebrauch des Verstandes, die zweckmäßige Vermittlung, über die Vermögen der Urteils- und der Einbildungskraft verläuft, sind sie im Weiteren näher zu befragen.

In der *Kritik der reinen Vernunft*, wo die Zweckmäßigkeit als Prinzip »der Natur zum Grunde« (KrV, 4,597) gelegt wird,[270] sah Kant offensichtlich noch nicht die Notwendigkeit, die Vermögen der Urteils- und der Einbildungskraft und mit ihnen das Prinzip der Zweckmäßigkeit so ausführlich wie später in der *Kritik der Urteilskraft* zu verfolgen. Es kann nur spekuliert werden, ob dies bedeutet, dass Kant damit auch die in der *Kritik der reinen Vernunft* bereits angelegte, volle Bedeutung der Zweckmäßigkeit und mit ihr den pragmatischen Charakter des Verstandes erst mit der späteren *Kritik der Urteilskraft* vollständig ermessen hat. Wenn daher im Weiteren der Blick auf die *Kritik der Urteilskraft* gerichtet wird, wird die Perspektive der Untersuchung damit auch ein Stück weit in Kants eigene spätere, mit der *Kritik der Urteilskraft* eingenommene Perspektive verschoben.[271]

In der *Kritik der reinen Vernunft* und dann auch in der *Kritik der praktischen Vernunft* behandelt Kant die Urteilskraft zunächst allein als Vermögen der Subsumtion des zunächst noch gestaltlosen Mannigfaltigen unter Verstandesregeln – im theoretischen Vernunftgebrauch als Subsumtion des konkreten Mannigfaltigen unter gegebene Begriffe, im Praktischen als Subsumtion konkreter Handlungen unter Maximen des Willens. Die Ordnung der Welt im

---

[270] Bek macht nachdrücklich darauf aufmerksam, dass damit, dass die Zweckmäßigkeit der Urteilskraft als *Prinzip* zugrundegelegt ist, der transzendentale »Status« der Zweckmäßigkeit als der »Bedingung der Möglichkeit begrifflicher Erkenntnis des Empirischen« angezeigt ist (vgl. Bek: Die Vermittlungsleistung der reflektierenden Urteilskraft, S. 319). Von ihr wird damit als einer hypothetischen Voraussetzung im Denken, sofern sie notwendig und für die Möglichkeit von Erkenntnis unverzichtbar ist, Gebrauch gemacht.

[271] In der Forschung wird zum Teil die Auffassung vertreten, dass die KU eine Fortsetzung oder gar eine Art Anhang zur theoretischen Philosophie der KrV darstelle (vgl. etwa die Einschätzung Christian Wohlers, derzufolge Kants theoretische Philosophie als Wissenschaftstheorie gelesen werden muss. Die teleologische Urteilskraft sei ein Bestandteil des theoretischen Denkens, die Kritik der teleologischen Urteilskraft daher »nur als Anhang zur« KrV zu lesen (Christian Wohlers: Kants Theorie der Einheit der Welt. Eine Studie zum Verhältnis von Anschauungsformen, Kausalität und Teleologie bei Kant, Würzburg 2000, S. 23)). Wir schließen uns hingegen solchen Auffassungen an, denen zufolge die in der KU behandelte Urteilskraft grundsätzlich kein theoretisches Vermögen, sondern ein drittes, zwischen dem theoretischen und dem praktischen Vernunftgebrauch angesiedeltes, eher pragmatisch zu nennendes Vermögen der Vermittlung ist. Gleichwohl ist der Kontext, in dem dieses wirksam wird, zunächst ein erkenntnistheoretischer (vgl. die gelungene Darstellung der Rolle der Urteilskraft von Bek: Die Vermittlungsleistung der reflektierenden Urteilskraft, hier insbes. S. 297 f.) Zur vielfältigen Rolle der Urteilskraft als vermittelndes Vermögen in praktischen Zusammenhängen vgl. Wolfgang Wieland: Urteil und Gefühl. Kants Theorie der Urteilskraft, Göttingen 2001, insbes. § 9, S. 160–184.

2.3 Der Selbstentwurf der Vernunft in ihrem entwerfenden Gebrauch 143

Verstandesgebrauch vollzieht sich in diesem Falle also nicht als ein Entwerfen der Begriffe, in denen die Welt geordnet wird, sondern als Subsumtion unter gegebene, also bereits zuvor entworfene Verstandesbegriffe. Auch eine Subsumtion des Mannigfaltigen unter Verstandesregeln kann stets so oder anders vorgenommen werden und wie wir sie im Gebrauch der Urteilskraft vornehmen, wird von unseren pragmatischen Bedürfnissen abhängen. Die Urteilskraft bedient sich dabei des Schematismus'.[272] Da Verstandesbegriffe und Anschauungen »ganz ungleichartig« sind, bedarf es eines vermittelnden Dritten, des Schemas, das sowohl als intellektuell als auch als sinnlich gedacht ist (KrV, A 138/B 177). Demzufolge verschafft sich die Einbildungskraft als »unteres« oder »empirisches« Erkenntnisvermögen Anschauungen von Gegenständen »auch ohne [deren] Gegenwart« (KrV, B 151), unter die verschiedene konkrete, empirische Anschauungen subsumiert werden können und in denen die Vermittlung vollzogen wird. Wie jedoch die Einbildungskraft ihre Schemata hervorbringt, verfolgt Kant nicht weiter. Für die Vermittlung der Regeln des Verstandes mit den Regeln der Einbildungskraft, kann es nicht wiederum Regeln geben, führte dies doch in einen infiniten Regress, denn auch diese Regeln müssten erneut vermittelt werden. Stattdessen spricht Kant von einer wohl »verborgene[n] Kunst in den Tiefen der menschlichen Seele, deren wahre Handgriffe wir der Natur schwerlich jemals abraten, und sie unverdeckt vor Augen legen werden.« (KrV, A 141/B 180f.)

Eben das gilt dann auch für das »obere« Erkenntnisvermögen der Urteilskraft, das etwas »Rätselhaftes« (KU, B IX) an sich habe. Die Urteilskraft und damit der konkrete Gebrauch des Verstandes sind damit nicht selbst auf Regeln zurückzuführen, sondern »ein besonderes Talent« (KrV, A 133/B 172). Sie können somit auch nicht theoretisch erlernt oder gelehrt werden. Die Urteilskraft kann höchstens mit mehr oder weniger Erfolg »geübt« (ebd.) werden, kann aber auch »sehr gelehrten Männern« fehlen (KrV, B XIII). In Kants Urteil ist daher »[d]er Mangel an Urteilskraft […] eigentlich das, was man Dummheit nennt, und einem solchen Gebrechen ist gar nicht abzuhelfen.« (KrV, A 133/B 172, Anm. 1) Und an anderer Stelle heißt es: »Dumm heißt vornehmlich der, welcher zu Geschäften nicht gebraucht werden kann, weil er keine Urtheilskraft besitzt.« (Anth., AA VII 210) Die Urteilskraft ist hier ausdrücklich mit der Fähigkeit zu sicherem Gebrauch verknüpft. Als die Fähigkeit zum Gebrauch der Erkenntnisvermögen ist sie letztlich nicht

---

[272] Mit dem Schematismus ist ein weites Diskussionsfeld verbunden, das an dieser Stelle jedoch weder entfaltet werden kann noch muss. Vgl. stattdessen Klaus Düsing: Schema und Einbildungskraft in Kants *Kritik der reinen Vernunft*, in: Lothar Kreimendahl (Hg.): Aufklärung und Skepsis. Studien zur Philosophie und Geistesgeschichte des 17. und 18. Jhs., Günter Gawlick zum 65. Geburtstag, Stuttgart/Bad Cannstatt 1995, S. 47–71; Joseph L. Hunter: Kant's Doctrine of Schemata, Blacksburg 2000.

vollständig theoretisierbar und auf Regeln zu bringen, die sie lehrbar und erlernbar machen. Man kann sich nur mehr oder eben, wenn man »dumm« ist, weniger auf den Gebrauch verstehen, und diesem »Gebrechen« auch nicht ohne weiteres in einem theoretischen Lernprozess »abhelfen«. Bedeutet der Verstand eine explizite Kenntnis der Regeln und das Vermögen, über sie zu verfügen, ist die Urteilskraft das Vermögen des Gebrauchs dieser Regeln, ihrer zweckmäßigen Vermittlung mit dem Konkreten, die selbst nicht mehr auf Regeln zurückgeführt werden kann.

In der *Kritik der Urteilskraft* nennt Kant die Urteilskraft als Vermögen der Subsumtion dann die »bestimmende« Urteilskraft, um von ihr eine »reflektierende« zu unterscheiden. Bei ihr geht es umgekehrt darum, zu einem Mannigfaltigen, das noch nicht geregelt und bestimmt ist, eine Ordnung, eine Regel, einen passenden Begriff oder im Praktischen eine passende Maxime überhaupt erst zu finden. Für das, was der Verstand nicht auf Regeln zu bringen vermag, soll die Urteilskraft, indem sie ›reflektiert‹ oder ›überlegt‹, einen passenden Begriff finden. »Reflectieren (Überlegen) aber ist: gegebene Vorstellungen entweder mit anderen, oder mit seinem Erkenntnißvermögen, in Beziehung auf einen dadurch möglichen Begrif [sic!], zu vergleichen und zusammen zu halten.« (KU, H 16) Für das ›Passen‹ kann es an dieser Stelle, wie bei der bestimmenden Urteilskraft, ebenfalls keine festen Regeln geben. Das Gefühl der Lust bzw. Unlust angesichts der Passungen, das ein Zeichen dafür ist, ob etwas zweckmäßig ist, bleibt hier letztes Kriterium und letzter Anhaltspunkt der Urteilskraft.[273] Die Urteilskraft muss daher letztlich ausgehend von der Ästhetik (als ästhetische Urteilskraft) gedacht werden.[274]

---

[273] In der KrV und der KpV gelang es Kant jeweils, das »Rätselhafte« der Vernunft, also dass die Vernunft im Theoretischen »durch Fragen belästigt wird«, die sie weder »beantworten« noch »abweisen« kann (KrV, A VII), bzw. das unerklärliche »Factum der Vernunft« (vgl. Kapitel 2.5) im Praktischen, durch die Unterscheidung von Erscheinung und ›Ding an sich‹ kritisch auszugrenzen. Mit der nicht theoretisierbaren Urteilskraft hingegen stößt Kant an eine Grenze, an der die theoretische Vernunft »der Natur ihr Geheimnis« nicht »gänzlich ablocken«, das Rätselhafte also nicht gänzlich ausgegrenzt werden kann. So verbleiben das Kriterium des Passens und das Gefühl der Lust angesichts von Passungen als letzte Kriterien und es zeigt sich, dass die theoretische Philosophie letztlich auf einen pragmatischen Gebrauch der Vernunft hinauslaufen muss, weil sie anders nicht weiterkommt. Zur Frage dieser Grenzziehung im theoretischen und im praktischen Bereich siehe Wilhelm Vossenkuhl: ›Von der äußeren Grenze aller praktischen Philosophie‹, in: Otfried Höffe (Hg.): Grundlegung zur Metaphysik der Sitten. Ein kooperativer Kommentar, Frankfurt a. M. 1993, S. 299–313, insbes. S. 311. Zur Frage, wie das Gefühl der Lust als Zeichen für Zweckmäßigkeit im Bezug auf das Erkennen zu verstehen ist, vgl. insbes. Wolfgang Wieland: Urteil und Gefühl, S. 362ff; Dieter Henrich: Aesthetic Judgment and the Moral Image of the World. Studies in Kant, Stanford 1992, S. 43 f.

[274] Zum ästhetischen Charakter der Urteilskraft vgl. Bek: Die Vermittlungsleistung der reflektierenden Urteilskraft, S. 317. Brandt interpretierte das ästhetische Urteilen als eine ursprüngliche Tätigkeit der Vernunft, die sich als ein Gefühl des Lebens angesichts allen Erkennens und

2.3 Der Selbstentwurf der Vernunft in ihrem entwerfenden Gebrauch   145

Kant geht in der *Kritik der Urteilskraft* auch tatsächlich so vor, wenn er in der Kritik der ästhetischen Urteilskraft das interesselose Entwerfen von Gestalten in der Kunst und das Genie[275] als »die musterhafte Originalität der Naturgabe eines Subjekts im f r e i e n Gebrauche seiner Erkenntnisvermögen« (KU, B 200) ins Zentrum seiner Überlegungen rückt.[276]

Erst von der Ästhetik ausgehend kann Kant also im zweiten Teil des Werkes zur teleologischen Urteilskraft übergehen. Diese entwirft die Ordnungen der Natur, nach denen diese als zweckmäßig ausgerichtet gedacht werden kann. Solche Ordnungen sind etwa die Verstandesbegriffe, in denen die Natur sinnvoll unterschieden werden kann, indem der Verstand die Mannigfaltigkeit der Affektionen durch die Sinne auf Regeln bringt und so zur Einheit von Erscheinungen synthetisiert.[277] Gemeint sind aber auch Naturgesetze und ganze kosmologische Ordnungen, durch die wir die einzelnen unterschiedenen Gegenstände unserer Welt in einem Zusammenhang verstehen können. Diese fallen allerdings thematisch erst in das folgende Kapitel, sind sie doch Gegenstand der Vernunft, nicht des Verstandes. Obwohl nach Kant solche zweckmäßigen, teleologischen Ordnungen – seien es Verstandesbegriffe oder sich nicht unmittelbar auf die Sinnlichkeit beziehende Vernunftordnungen – nicht der Natur ›an sich‹ zugeschrieben werden können, so muss man sie aus »hevristische[n]« (sic!) (KU, H 9) Gründen dieser doch als »Prinzip« unterstellen, die Natur denken, »als ob«[278] (KU, B XXVII) ihr ein »teleologische[r] Grundsatz[]« (KU, B 296) zugrunde läge, um sie denken und beschreiben zu

---

Begehrens äußert. Die Urteilskraft wird damit letztlich auf den Begriff des Lebens zurückgeführt, an dem seinerseits alle weiteren Theoretisierungen scheitern müssen (Reinhard Brandt: Die Schönheit der Kristalle, S. 177-137).

[275] Das Genie als »mystischer Name« für ein Subjekt, welches es versteht, der Kunst musterhafte Ordnungen und Maßstäbe des Schönen zu stiften, darin aber gerade nicht auf bereits vorgegebene, theoretisierbare Ordnungen zurückgreift, wird von Desmond dementsprechend als ambivalenter, paradoxer Begriff untersucht. Siehe: William Desmond: Kant and the terror of Genius: Between Enlightenment and Romanticism, in: Herman Parret (Hg.): Kants Ästhetik, S. 594-614.

[276] Stegmaier weist darauf hin, dass »[d]ie Kritik der reflektierenden Urteilskraft [...] Kant über den Begriff der Vernunft hinaus zum Begriff des Geistes als einem Begriff nicht mehr für die Einheit, sondern für die Dynamik der Erkenntniskräfte« führt. Vgl. Stegmaier: Hauptwerke der Philosophie, S. 115.

[277] Eine umfangreiche Untersuchung des Begriffs der Synthesis legte zuletzt Aportone vor. Er behandelt darin die Formen der Einheit in den transzendentalen Bedingungen der Synthesis der Erfahrung und thematisiert nacheinander die architektonische Einheit der Philosophie, die Entdeckung der Kategorien sowie deren Anwendungsmöglichkeiten in der Synthesis (Anselmo Aportone: Gestalten der transzendentalen Einheit. Bedingungen der Synthesis bei Kant, Berlin/New York 2009 (= Kant-Studien Ergänzungshefte; Bd. 161)).

[278] Vaihinger entwickelt eine pragmatisch orientierte Welt- und Lebensauffassung, die ihn insbesondere auch in der Auseinandersetzung mit Kant und Nietzsche zu einer instrumentalistischen Auffassung von Erkenntnis führt. Seine Ausgangsfrage lautet: »Wieso erreichen wir

können. Und in diesem Sinne wäre neben den Verstandesbegriffen etwa auch das oben erwähnte kopernikanische heliozentrische Weltbild zu verstehen: als eine ›passende‹ Ordnung, durch die sich das Denken den Kosmos, wenn man sie ihm unterstellt, zweckmäßig einrichtet. Kant bezieht dieses Prinzip auf die Natur überhaupt, und daher etwa auch auf den Bereich der Biologie: An einem Lebewesen etwa solle man als »einem organisierten Wesen nichts von dem, was sich in der Fortpflanzung desselben erhält, als unzweckmäßig […] beurteilen«, weil die Ordnungen, die wir uns von der Natur machen, sonst »in der Anwendung sehr unzuverlässig werden« (KU, B 371). Das transzendentale Prinzip der Urteilskraft bringt Kant auf folgende Formel:

> [D]ie Natur spezifiziert ihre allgemeinen Gesetze nach dem Prinzip der Zweckmäßigkeit für unser Erkenntnisvermögen, d.i. zur Angemessenheit mit dem menschlichen Verstande in seinem notwendigen Geschäfte, zum Besonderen, welches ihm die Wahrnehmung darbietet, das Allgemeine, und zum Verschiedenen (für jede Spezies zwar Allgemeinen) wiederum Verknüpfung in der Einheit des Prinzips zu finden […]. (KU, B XXXVII).

Kant spricht hier von der Zweckmäßigkeit ausdrücklich als einem »Prinzip«, nicht als einem »Kriterium« des Verstandesgebrauchs. Denn im Verstandesgebrauch ist, wie im Falle der Widerspruchsfreiheit, das, was zweckmäßig ist, nicht Gegenstand einer bewussten Entscheidung. Vielmehr ist das Prinzip der Zweckmäßigkeit nach Kant immer schon dem Verstandesgebrauch als Grundlage vorausgesetzt. Wenn die Urteilskraft eine Ordnung der Natur entwirft, ist dies nach Kant immer schon nach dem Prinzip der Zweckmäßigkeit erfolgt. In ihm wird die Natur durch den Verstand, ›als ob‹ sie zweckmäßig wäre, in Begriffen und Gesetzen geordnet und so auch zum Gebrauch, zum pragmatischen, nützlichen Umgang mit ihr, eingerichtet.[279] Damit wir

---

oft Richtiges mit bewusst falschen Annahmen?« Alle Ordnungen der Natur oder Begriffe wie Atom, Gott oder Seele betrachtet Vaihinger letztlich als nützliche bzw. *brauchbare* Fiktionen, die für uns jedoch Bedeutung erlangen, »als ob« diese wahr seien. Ihre Rechtfertigung erhalten sie letztlich durch die lebenspraktischen Zwecke, die sie erfüllen und unentbehrlich machen. Dabei stehen die Fiktionen stets unter Vorbehalt. Sie können aufgegeben werden, wenn sich brauchbarere finden. Vaihinger schreibt: »Das menschliche Vorstellungsgebilde der Welt ist ein ungeheures Gewebe von Fiktionen voll logischer Widersprüche, d. h. von wissenschaftlichen Erdichtungen zu praktischen Zwecken bzw. von inadäquaten, subjektiven, bildlichen Vorstellungsweisen, deren Zusammentreffen mit der Wirklichkeit von vornherein ausgeschlossen ist.« Vgl. Vaihinger: Die Philosophie des Als Ob, hier S. 14.

[279] Vgl. Stegmaier: Von Kant bis Nietzsche, S. 130, wo es treffend und in Anlehnung an Nietzsches Wort von den lebensnotwendigen Fiktionen heißt: »Es ist das Prinzip der Nutzbarmachung der Natur für uns. Wir müssen die Natur als ein ›System der Zwecke‹ entwerfen, wenn wir von ihr leben und sie uns gefügig machen wollen. Wenn wir die Natur nutzen, sie für uns ›arbeiten‹ lassen wollen, müssen wir sie als in sich nützlich betrachten. Auch wenn diese eine Fiktion bleibt, ist es doch eine Fiktion, die wir zum Leben brauchen, eine für uns lebensnotwendige

2.3 Der Selbstentwurf der Vernunft in ihrem entwerfenden Gebrauch

erfolgreich in ihr leben und in ihr zurechtkommen, müssen wir die Natur als zweckmäßig eingerichtet betrachten, wenn wir auch nicht sagen können, dass sie es ›an sich‹ ist, denn nur so erhalten wir auch pragmatisch einen Leitfaden, z. B. in Handwerk und Technik, um mit ihr umzugehen, sie uns dienstbar zu machen.[280] Die Zweckmäßigkeit ist damit eine schlichte Voraussetzung, ein bloßer Glaube, dass die Vernunft sinnvoll eingerichtet ist und auch der Mensch selbst in die Welt passe, weil sich nur so in ihr leben lässt.

Dass Zweckmäßigkeit als Kriterium des Gebrauchs des Verstandes dienen soll, erscheint tautologisch: Kriterium des Gebrauchs des Verstandes soll seine Brauchbarkeit sein. Doch die Verdeutlichung an Kopernikus zeigte, wie dies zu verstehen ist: Während Widerspruchsfreiheit vorliegt oder nicht vorliegt, können widerspruchsfreie Ordnungen mehr oder minder zweckmäßig, nämlich einfacher und klarer oder komplexer und unklarer sein. Kriterium des Verstandesgebrauchs ist die Brauchbarkeit der entworfenen Ordnungen im Sinne einer nicht nur widerspruchsfreien Ordnung, sondern auch einer Ordnung, die durch einen möglichst hohen Grad an Einfachheit und Übersichtlichkeit eine möglichst einfache und effektive intellektuelle und in der Folge auch pragmatisch-technische Handhabbarkeit ermöglicht.

2.3.4.3 Zwischenergebnis (Kapitel 2.3.4)

Damit sind wir zu folgenden Zwischenergebnissen gelangt: Wenn das Subjekt die Ordnungen, in denen es die Welt denkt, von sich aus entwirft, kann das Kriterium des Gebrauchs des Verstandes, als des auf die Sinnenwelt bezogenen Erkenntnisvermögens, nicht mehr die Übereinstimmung des Denkens mit ›an sich‹ und unabhängig von uns in der Welt vorhandenen Ordnungen sein. Die dem Verstandesgebrauch zugrunde liegenden Kriterien bzw. Prinzipien müssen dann ebenfalls dem Subjekt selbst entstammen und auf dieses bezogen sein. Im Gebrauch des Verstandes, im Erkennen, ist damit nicht mehr ein Inhalt ›an sich‹ maßgebend für die Form, die sich diesem Inhalt anzugleichen hat, sondern beide sind frei gegeneinander. Die Angleichung

---

Fiktion. Denn nur so können wir an die ›Technik‹, die wir der Natur unterstellen, unsere eigene maschinelle Technik anzuschließen versuchen.«

[280] So ist nach Simon die Urteilsbildung des Subjekts bei Kant von einem pragmatischen Interesse am Zweck der Orientierung in der Welt geleitet (Simon: Kant). Simon spricht vom »pragmatischen Gesichtspunkt der Urteilsbildung [des Subjektes] im Interesse einer besseren Orientierung im Handeln« (S. 70). Zugleich sei das Subjekt »in letzter Bestimmung der (moralische) Standpunkt der Urteilsbildung«. So werde der Begriff des Zwecks zum »Hauptbegriff des Kantischen Denkens« (S. 206), insofern nämlich das Urteilen als Handlung des Subjekts Natur- und Freiheitskategorien sowie die theoretische und die praktische Philosophie miteinander verknüpft.

erfolgt durch die Urteilskraft, die darin nach den Prinzipien des Subjekts verfährt.

Zunächst ist die bloße Widerspruchsfreiheit als Prinzip des Verstandesgebrauchs auszumachen. Sie ist einerseits logisch-formelles, andererseits negatives Kriterium, das den Verstandesgebrauch lediglich begrenzt. Die Frage nach einem Prinzip, nach dem sich der Verstand im Entwerfen von Ordnungen der Welt, in der Ordnungen auf verschiedene Weise widerspruchsfrei entworfen werden können, ausrichtet und Festlegungen ermöglicht, führt hingegen zu Kants Begriff der Zweckmäßigkeit. Sie ist das Prinzip der Urteilskraft, die, insofern sie das Allgemeine des Verstandes und das Konkrete der Sinnlichkeit miteinander vermittelt, als das eigentliche Vermögen zu verstehen ist, vom Verstand *Gebrauch* zu machen. Indem der Verstand in seinem Gebrauch über Urteils- und Einbildungskraft mit dem Konkreten und Mannigfaltigen vermittelt wird, strukturiert das vernünftige Subjekt die Empfindungen der Sinne nach brauchbaren Regeln in Begriffen oder etwa in Naturgesetzen. Das Prinzip der Zweckmäßigkeit der entworfenen Ordnungen ist hier im Sinne einer anzustrebenden ›regelmäßigen‹ Ordnung zu verstehen, die einen möglichst hohen Grad an Klarheit und Übersichtlichkeit in der Natur gewährleistet, in deren Folge auch eine möglichst effiziente pragmatisch-technische Nutzbarmachung derselben möglich wird.

So ist das letzte Kriterium zum Gebrauch des Verstandes kein ontologisches, sondern ein pragmatisches. Der Entwurf der Ordnungen, in denen wir die Natur, die Welt der Erscheinungen, verstehen und mit ihr umgehen, erfolgt immer innerhalb der pragmatischen Lebenszusammenhänge, ist von ihnen bedingt, auf ihre Bedürfnisse zugeschnitten und soll uns Lebensmöglichkeiten in ihnen eröffnen. Anstatt Wahrheiten ›an sich‹ festzustellen, erfolgt nach Kant im Gebrauch des Verstandes der Entwurf von Wahrheiten nach dem Kriterium ihrer Brauchbarkeit für unser Leben. Zu ihnen sind immer auch Alternativen möglich. Die auf diese Weise erlangten Erkenntnisse des Verstandes, in denen Sinneswahrnehmungen unter Begriffen gedacht werden, sind somit nicht unverrückbar. Sie bleiben stets an die sich ihrerseits wandelnde Sinneswahrnehmung gebunden. Neue Empfindungen, Wahrnehmungen oder Beobachtungen können neue Verstandesbegriffe, im Bereich der Vernunft auch neue Naturgesetze oder Erklärungsmodelle, erforderlich werden lassen. Aber auch ein und dieselbe sinnliche Erfahrung kann so oder anders geordnet und begrifflich unterschieden werden. Wie die Ordnung erfolgt, hängt dabei nicht von einer vorgegebenen Welt ›an sich‹ ab, sondern davon, was für die jeweilige Situation und ihre Bedürfnisse und Erfordernisse eine brauchbare Ordnung darstellt.

Die Urteilskraft als das Vermögen, ›passende‹ Ordnungen zu finden bzw. sinnvoll unter gegebene Begriffe zu subsumieren, kurz: Gebrauch vom Verstand zu machen, ist dabei »ein besonderes Talent« (KrV, A 133/B 172), das weder auf theoretischem Wege erlern- noch lehrbar ist, allenfalls »geübt« werden (ebd.) kann. Es ist selbst nicht mehr auf Regeln zurückzuführen und hat allein noch das Gefühl der Lust an der Regelung des Zufälligen als Anzeichen, womit die kantische Analyse unserer Erkenntnisvermögen letztlich beim Gebrauch endet, über den man nicht verfügt und auf den man sich mehr oder weniger versteht.

Nach der Untersuchung der Zweckmäßigkeit als dem Prinzip des Verstandesgebrauchs kann festgehalten werden, dass der nicht abschließend festlegbare und nicht zu theoretisierende Gebrauch den Horizont bildet, vor dem jedwede Ontologie denkbar wird und ihren Sinn erhält. Mit der Kopernikanischen Wende vollzieht Kant dementsprechend eine Umstellung von der ontologischen Frage nach dem, was ›an sich‹ ist, auf die Frage danach, wie unser Verstand etwas denkt, damit es in pragmatischer Hinsicht brauchbar und unserem Leben dienlich sein kann. Im Gebrauch und nach Maßgabe der pragmatischen Bedürfnisse entwirft die Urteilskraft die Ordnungen der Natur, welche im Erkennen somit zugleich gesetzt werden. Doch mit dem Verstand als dem für die Erkenntnis der Natur zuständigen Vernunftvermögen unterscheidet Kant nur einen Teilbereich des Vernunftvermögens. Wir wenden uns daher nun anderen Bereichen des Vernunftgebrauchs zu, um zu prüfen, inwiefern auch sie ausgehend vom Gesichtspunkt ihres Gebrauchs zu verstehen sind.

2.3.5 Der Gebrauch der Ideen der Vernunft

Die durch Formen der Anschauung und Kategorien bedingten Erkenntnisse des auf Anschauungen der Sinnenwelt gerichteten Verstandes stellen ein in neuem Sinne ›objektives‹, ein brauchbares Wissen dar. Doch die Verstandeserkenntnisse bleiben zunächst immer von anderen Verstandeserkenntnissen bedingt. Sie können, obwohl sie für sich selbst genommen objektiv und zweckmäßig sind, in Widerspruch oder auch in unzweckmäßigem Verhältnis zu anderen Verstandeserkenntnissen stehen. Von diesen ausgehend können sie dann immer in Frage gestellt und in Zweifel gezogen werden. Eine abschließende Erkenntnis ist daher nach Kant nur durch einen systematischen Zusammenhang, eine systematische Einheit der Verstandeserkenntnisse möglich. Nur ein einheitliches System der Verstandeserkenntnisse, vermag es, die Natur insgesamt als widerspruchsfreie Einheit und durch die Urteilskraft zweckmäßig entworfen und ausgerichtet verstehen zu lassen. Das oben angesprochene kopernikanische heliozentrische Weltbild wäre z. B. als ein solches System, in dem die Natur im Ganzen brauchbar eingerichtet ist, zu verstehen.

Um das Vermögen zu bezeichnen, das eine solche systematische Einheit aller Erkenntnisse denkt, und es gesondert zu thematisieren, unterscheidet

Kant vom Begriff des Verstandes den der Vernunft in einem engeren Sinne. Er bestimmt ihren Begriff folgendermaßen:

> Der Verstand mag ein Vermögen der Einheit der Erscheinungen vermittelst der Regeln sein, so ist die Vernunft ein Vermögen der Einheit der Verstandesregeln unter Prinzipien. Sie geht also niemals zunächst auf Erfahrung, oder auf irgend einen Gegenstand, sondern auf den Verstand, um den mannigfaltigen Erkenntnissen desselben Einheit a priori durch Begriffe zu geben, welche Vernunfteinheit heißen mag, und von ganz anderer Art ist, als sie von dem Verstande geleistet werden kann. (KrV, A 302/B 359)

Während der Verstand als das Vermögen gedacht ist, das den Erscheinungen ihre regelhafte Einheit in Begriffen verleiht, soll die Vernunft also dasjenige Vermögen sein, das der Gesamtheit der Urteile, Regeln und Gesetze des Verstandes ihrerseits in systematische Einheit versetzt. Kant beschreibt die angestrebte Vernunfteinheit als »absolutes Ganzes« (KrV, A 327/B 386) oder auch als »absolute Totalität«:

> Denn die reine Vernunft überläßt alles dem Verstande, der sich zunächst auf die Gegenstände der Anschauung [...] bezieht. Jene behält sich allein die absolute Totalität im Gebrauche der Verstandesbegriffe vor, [...] (KrV, A 326/B 382f.)

Die Vernunft bringt die Verstandeserkenntnisse in eine widerspruchsfreie, vor allem aber systematische Ordnung zueinander. Weil sie dies Kant zufolge nach ihren eigenen Gesetzen vollzieht, nennt er sie das »Vermögen der Prinzipien« (KrV, A 299/B 356). Die Gesamtheit der Verstandeserkenntnisse wird in eine prinzipiengeleitete, systematische Einheit versetzt, welche Konsistenz und Kohärenz verlangt und aus deren Einheit ihre Teile jeweils abgeleitet werden können. Sie richtet sich zum einen auf Vollständigkeit der Verstandesbegriffe, zum anderen auf möglichst weitgehende Ausweitung in der Anwendung derselben.

Um die Gesamtheit der Verstandesbegriffe als ›absolutes Ganzes‹ denken zu können, sind Begriffe notwendig, die keiner Sinneserfahrung entsprechen, nach Kant z. B. die Unsterblichkeit der Seele, die Freiheit des Willens und Gott. Er nennt diese Vernunftbegriffe »Ideen«: »Ich verstehe unter der Idee einen notwendigen Vernunftbegriff, dem kein kongruierender Gegenstand in den Sinnen gegeben werden kann.« (KrV, A 327/B 383) Es kann von ihnen keine Erkenntnis geben, da sie keine Entsprechung in Sinneswahrnehmungen haben. Ihre Wirklichkeit ist nach Kant nicht bewiesen, weil ihnen keinerlei Sinneserfahrungen entsprechen, womit sie letztlich Hypothesen darstellen.[281] Dennoch müssen sie vorausgesetzt werden, weil anderenfalls ein »absolutes

---

[281] In der Terminologie Vaihingers, der Hypothesen von Fiktionen unterscheidet, müssen die Ideen eher als »Fiktionen« gelten. Der Unterschied liegt nach Vaihinger darin, dass Hypothesen

2.3 Der Selbstentwurf der Vernunft in ihrem entwerfenden Gebrauch 151

Ganzes« der Welt undenkbar wäre.[282] Damit geht es in der Metaphysik nach Kant nicht mehr um reine Vernunfterkenntnis von ›Objekten‹, die jeder sinnlichen Wahrnehmung entbehren, sondern lediglich in kritischem Sinne um die Bedingungen ihrer berechtigen spekulativen Annahme. Diese findet ihre Legitimation allein in der Unverzichtbarkeit der Ideen für ein angestrebtes theoretisches System aller Verstandesbegriffe, in dem die Welt widerspruchsfrei und brauchbar geordnet ist. Die Ideen sind insofern »notwendige Illusionen der Vernunft, keine willkürliche Sophisterei.«[283] Sie dienen daher als »Richtschnur des empirischen Gebrauchs der Vernunft« (KrV, A 675/B 703) und sind somit nicht als konstitutive, sondern als »regulative Ideen« zu verstehen, worin sich ihr pragmatischer Sinn abzeichnet.

Auch »[d]as absolute Ganze aller Erscheinungen« selbst ist nach Kant als Inbegriff aller Erscheinungen »nur eine Idee« (KrV, A 328/B 384). Denn wir machen nicht nur faktisch die ständige Erfahrung, dass uns die Natur nicht als wohlgeordnetes Ganzes, als »Ordnung und Zwecke begünstigend[]«, sondern als »ganz unabsichtlich wirkend[], ja eher noch verwüstend[]« und als »Produkt[] wilder allgewaltiger Kräfte [] im chaotischen Zustande« (KU, B 384) oder als »rohes chaotisches Aggregat« erscheint »und nicht die mindeste Spur eines Systems« erkennen lässt (KU, H 14). Vielmehr kann es gar keine Erkenntnis von ihr geben, weil das Subjekt selbst stets an seinen individuellen Standpunkt gebunden und sein Blick ›auf‹ die Welt von seinem individuellen Horizont begrenzt bleibt.[284] Da die Welt so im Ganzen nie auf einmal wahrgenommen werden kann, kann diese in ihrer Totalität nie sinnlich vorliegen. Die Welt im Ganzen, ihre Totalität, kann daher nur eine als Idee gedacht sein. Als solche aber dient sie als Fluchtpunkt des Denkens, nach dem dieses stets nur streben und an dem es sich ausrichten kann, der aber wohl nie endgültig erreicht werden wird.[285]

Während der durch Urteils- und Einbildungskraft vermittelte Verstand, wie festgestellt, darin seinen pragmatischen Sinn erhält, dass er den Anschau-

---

verifiziert, Fiktionen aber lediglich gerechtfertigt werden müssten. Vgl. Vaihinger: Philosophie des Als Ob.

[282] Klimmek untersucht den »systematische[n] Ort der kantischen Ideenlehre« in der Philosophie Kants sowie »Begriff und Aufgabe der ›subjektiven‹ Deduktion der transzendentalen Ideen«. Er fragt jedoch nicht nach der pragmatischen Dimension der Voraussetzung der Ideen. (Nikolai F. Klimmek: Kants System der transzendentalen Ideen, Berlin/New York 2005, S. 4–6, 7–16.)

[283] So treffend Jaspers in: Die großen Philosophen, S. 466.

[284] Vgl. zu diesem Gedankengang Kapitel 2.4.

[285] Ähnlich dem Streben der Physiker danach, zu einer großen, vereinheitlichten Theorie, einer ›Weltformel‹, zu gelangen. Auch diese Theorie wirkt wie ein Fluchtpunkt des Denkens in der Physik, auf den der Physiker den Entwurf physikalischer Modelle ausrichtet. Dass man bislang nicht zu ihr gelangt ist, beeinträchtigt die Anwendung, den Gebrauch, der Physik hingegen durchaus nicht.

ungen der Sinne zweckmäßige Einheit in konstitutiven Begriffen verleiht, die uns in die Lage versetzt, die Natur zu verstehen und mit ihr umzugehen und darin letztlich den Bedürfnissen unseres Lebens dient (vgl. Kapitel 2.3.4), bezieht sich die Vernunft nicht unmittelbar auf die Anschauung, in der es Ordnungen zu schaffen gilt. Kants Vorwurf an die Rationalisten war es gerade, dass diese den Bereich der Erkenntnis ohne Rücksicht auf die Grenze der sinnlichen Erfahrung ins Transzendente erweitern. Die Vernunft scheint in eben diesem Sinne zunächst leer zu laufen, rein selbstbezüglich und das System der Natur also Selbstzweck, bloße »Schwärmerei« (z. B. KrV, Vorrede B XXXIV) zu sein.[286] Wenn sich die Vernunft aber als Form nicht direkt auf die sinnliche Anschauung als ihren Inhalt und Gegenstand bezieht und mit

---

[286] Die Kant-Forschung hat sich intensiv mit den Selbstbezüglichkeiten sowie den ihnen entspringenden Paradoxien bei Kant auseinandergesetzt. Die Vernunft kann man demnach mit einem selbstreferenziellen System im Sinne Luhmanns vergleichen, das »die Elemente, aus denen es besteht, als Funktionseinheiten selbst konstituiert und [...] die Selbstkonstitution [...] laufend reproduziert« (Luhmann: Soziale Systeme, S. 59). Werner Stegmaier hebt in Anschluss an Luhmann hervor, dass die Selbstbezüglichkeit zu Paradoxien, zugleich aber auch zur Erweiterung des Denkens führt (eine entsprechende Definition von »Paradoxie« liefert Stegmaier in: Philosophie der Orientierung, S. 9 ff.), eine These, die er im Zusammenhang mit der Frage nach der »Aufklärung der Aufklärung« aufstellt, in der die Vernunft zugleich Subjekt und Objekt derselben ist (Stegmaier: Nietzsches und Luhmanns Aufklärung der Aufklärung, S. 167–178). Paradoxien sind demnach weder zu vermeiden noch sind sie Hindernis, sondern vielmehr Mittel der Kommunikation (vgl. Niklas Luhmann: Ökologische Kommunikation. Kann die moderne Gesellschaft sich auf ökologische Gefährdungen einstellen?, Opladen 1986, S. 54 ff.). Nach Stegmaier gerät die Selbsterhaltung der Vernunft bei Kant jedoch durch ihre Selbstbezüglichkeit in ihrer Selbstkritik gerade wieder in Gefahr. Denn der ›Kampfplatz der Streitigkeiten‹ entstand in der rationalistischen Metaphysik gerade dort, wo es um das Denken reiner, nur dem Denken gegebener Gegenstände ging, wo das Denken also nicht mehr fremd-, sondern rein selbstreferenziell war. Nach Stegmaier schafft Kant diese Selbstbezüglichkeit nicht ab, sondern verlagert sie lediglich an eine andere Stelle, nämlich auf den Begriff der Form in der transzendentalen Deduktion der Kategorien, wodurch er nur scheinbar eine Entparadoxierung bzw. eine »Paradoxieninvisibilisierung« im Sinne Luhmanns erreichte (vgl. Stegmaier: Nietzsches und Luhmanns Aufklärung der Aufklärung, S. 170 f.). In der praktischen Philosophie erfolgt die Entparadoxierung hingegen über die Unterscheidung von Wille und Gebrauch der Willkür (vgl. Niklas Luhmann: Tautologie und Paradoxie in den Selbstbeschreibungen der modernen Gesellschaft (1987), in: Kai-Uwe Hermann (Hg.): Protest. Systemtheorie und soziale Bewegungen, Frankfurt a. M. 1996, S. 79–106, hier S. 84). Vgl. hierzu weiterhin: Anm. 319. Vgl. zum Thema der Selbstbezüglichkeit des Selbstbewusstseins bei Kant und der Bedeutung der Kategorien in diesem Zusammenhang auch zwei Aufsätze Klaus Düsings: Subjektivität und Freiheit. Untersuchungen zum Idealismus von Kant bis Hegel, Stuttgart-Bad Cannstatt 2002, bes. die Aufsätze: Gibt es einen Zirkel des Selbstbewußtseins? Ein Aufriß von paradigmatischen Positionen und Selbstbewußtseinsmodellen von Kant bis Heidegger, S. 111–140, sowie: Konstitution und Struktur der Identität des Ich. Kants Theorie der Apperzeption und Hegels Kritik, S. 143 ff. Vgl. zum Thema der Paradoxien bei Kant auch Heiner F. Klemme, der methodische und inhaltliche Paradoxien bei Kant unterscheidet. Er versteht jede »widersinnige und befremdliche« Aussage als Paradoxie (Heiner F. Klemme: Kant und die Paradoxien der

2.3 Der Selbstentwurf der Vernunft in ihrem entwerfenden Gebrauch

diesen vermittelt ist, so fragt sich, in welchem Sinne Kant dann überhaupt noch vom ›Gebrauch der Vernunft‹ spricht?

Und dennoch erbringt auch die Vernunft, obwohl sie sich nicht direkt auf einen sinnlichen Inhalt bezieht, eine auf die Natur bezogene Ordnungsleistung für das Denken und Handeln des Menschen. Denn setzt die Vernunft im engeren Sinne des Begriffs zwar Verstandesurteile schon voraus, so hat sie trotzdem diese Verstandesurteile zu ihrem Gegenstand und ist über sie in ihrer Funktion doch mittelbar auf die sinnliche Anschauung bezogen. Sie ist damit über den Verstand als ihren Gegenstand und über Urteils- und Einbildungskraft mit der Sinnlichkeit vermittelt und bezieht ihre Funktion und ihr Recht aus einer auf die Sinnenwelt bezogenen Ordnungsleistung. Kant begründet den Anspruch, die Erfahrungsgrenze zu überschreiten, dadurch, dass und genau so weit wie dies notwendig sei, damit objektive Erkenntnis im Bereich des Erfahrbaren denkbar werde, damit die Welt des sinnlich Erfahrbaren gedanklich geordnet und mit ihr umgegangen werden könne. Er setzt dem Transzendenten in diesem Sinne seinen Begriff des Transzendentalen entgegen, mit dem kein Erkenntnisanspruch verbunden ist, sondern lediglich der Anspruch, Voraussetzungen machen zu dürfen, sofern diese notwendig sind, um Erkenntnis denkbar werden zu lassen. Die Voraussetzung der Ideen der Vernunft ist gerechtfertigt, sofern diese, wenn ihnen auch »kein kongruierender Gegenstand in den Sinnen gegeben werden kann«, doch als transzendentale Ideen »notwendig[e] Vernunftbegriff[e]« (KrV, A 327/B 383) sind, sofern sie die Funktion erfüllen, die Welt als zweckmäßig eingerichtete, brauchbare Einheit denkbar werden zu lassen. Auch bei ihnen geht es also um ihre Brauchbarkeit, ihren Gebrauch.

Dementsprechend bedient sich die Vernunft auch im Entwurf der Ideen und des Systems der Natur der teleologischen Urteilskraft, die das System der Natur insgesamt, wie schon der Verstand die Verstandesbegriffe, nach dem Prinzip der Zweckmäßigkeit, also der Brauchbarkeit für unser Leben, entwirft und einrichtet.[287] Laut Kant erfolgt die Voraussetzung eines »allgemeinen, aber zugleich unbestimmten Princip[s] einer zweckmäßigen Anordnung der Natur in einem System, gleichsam zu Gunsten unserer Urtheilskraft« (KU, H 18f.) und zu ihrem »Behuf« (KU, H 21). Denn die Urteilskraft

---

kritischen Philosophie, in: Kant-Studien 98 (2007), S. 40–56). Auch die kopernikanische Wende gilt ihm zufolge als Paradoxie im kantischen Denken. Die Selbstbezüglichkeit der Vernunft, auf die Kants Transzendental-Philosophie aufbaut, wird uns im Weiteren als Thema begleiten.

[287] Zur Vernunfteinheit der Welt vgl. Christian Wohlers: Kants Theorie der Einheit der Welt, der die teleologisch reflektierende Urteilskraft als Vermögen systematischen Denkens untersucht, das die Einheit der Natur zweckmäßig organisiert, sie als Produkt entwirft, in dem das Weltganze in den äußeren Zweck-Mittel-Relationen, in den internen Kausalbeziehungen der Lebewesen und schließlich als organisches oder immanent zweckmäßiges System aller reinen und empirischen Naturgesetze erklärt wird (vgl. bes. S. 180–183).

nimmt in einem »Idealism[]« der Zweckmäßigkeit (KU, B 246) an, dass »die Natur[] ihre allgemeinen Gesetze zu empirischen [spezifiziert], gemäß der Form eines logischen Systems« (KU, H 21), etwa indem sie schon der *Kritik der reinen Vernunft* zufolge der Natur »Homogenität«, d. h. »Gleichartigkeit des Mannigfaltigen«, »Spezifikation«, d. h. »Varietät des Gleichartigen«, und »Kontinuität«, d. h. »Affinität aller Begriffe«, als »Formen« unterstellt (KrV, A 642ff./B 670ff., insbes. A 657f./B 685f.).

So geht es auch mit den Ideen, wie wie mit dem System der Natur, letztlich um ihren Gebrauch: Denn liegt der Zweck einer systematischen Vernunfteinheit wie auch der regulativen Ideen in der Möglichkeit einer »absolute[n] Totalität im Gebrauche der Verstandesbegriffe« (KrV, A 326/B 382f.), also der Begriffe, die sich auf die sinnlich wahrnehmbare Welt beziehen, so richten sie sich letztlich auf die gleichen Zwecke wie diese. Die Vernunft strebt nach einem durch die teleologische Urteilskraft entworfenen System der Natur als einem »System von Zwecken« (KU, B 386), das dann seinerseits wie die Verstandesbegriffe im Einzelnen ›zweckmäßig‹ ist. Die nicht mit dem Anspruch objektiver Erkenntnis verbundene, spekulative Annahme der Ideen und das Streben nach einem System der Natur erhalten ihr Recht dadurch, dass sie ›regulativ‹ wirken, indem sie die Gesamtheit der einzelnen, ihnen vorausgehenden Verstandesbegriffe in eine Einheit versetzen und so die Welt auch in ihrem Ganzen sinnvoll und brauchbar ausrichten, diese als Einheit theoretisch verstehen und dadurch auch pragmatisch handhabbar werden lassen.[288] Erst die Vernunft ermöglicht somit eine »absolute Totalität im Gebrauche der Verstandesbegriffe« und lässt die nach dem Kriterium ihrer Brauchbarkeit entworfenen Verstandesbegriffe durch ihre widerspruchsfreie zweckmäßige systematisch Abstimmung aufeinander oder Ausrichtung aneinander auch in ihrer Gesamtheit brauchbar werden.[289]

---

[288] An dieser Stelle ergibt sich eine deutliche Parallele zu Platon. Die geschilderte Funktion der teleologischen Urteilskraft übernimmt bei Platon die Idee des Guten (vgl. Kapitel 1.4.4). Wieland macht darauf aufmerksam, dass diese Parallele insofern irritiert, als die philosophische Tradition in der Urteilskraft zumeist gerade kein oberes Erkenntnisvermögen sah, sondern eher, wie auch Kant, ein unteres (vgl. Wieland, Platon und die Formen des Wissens, S. 164). Die Erkenntnis, so die Überzeugung, könne auf das Konkrete verzichten, das Handeln aber könne es nicht.

[289] Die am 20. und 21. Juni 2008 in Frankfurt a. M. im Akademischen Zentrum Rabanus Maurus und in Kooperation mit der Kant-Gesellschaft abgehaltene Tagung zum Thema »Über den Nutzen von Illusionen. Die regulativen Ideen in Kants theoretischer Philosophie« zeigt das aktuell deutliche Interesse der Kant-Forschung, die Ideen-Voraussetzung bei Kant aus ihrem pragmatischen Sinn zu verstehen. Vgl. den Tagungsband von Bernd Dörflinger/Günter Kruck: Über den Nutzen von Illusionen. Die regulativen Ideen in Kants theoretischer Philosophie, Hildesheim/Zürich/New York 2011 (= Studien und Materialien zur Geschichte der Philosophie; Bd. 81). Der regulative Gebrauch der Ideen-Voraussetzung wird hier ausgehend von dem pragmatischen »Bedürfnis[]« der Vernunft gedeutet, »das Unbedingte zu erkennen« (Vorwort,

2.3 Der Selbstentwurf der Vernunft in ihrem entwerfenden Gebrauch

Im Gegensatz dazu warnt Kant ausdrücklich davor, dass ein ontologisches und damit von ihrem Gebrauch abgehobenes Verständnis der Ideen ihren pragmatischen Sinn unterlaufen könnte:

> Also werden die transscendentalen Ideen allem Vermuthen nach ihren guten [...] Gebrauch haben, obgleich, wenn ihre Bedeutung verkannt und sie für Begriffe von wirklichen Dingen genommen werden, sie transzendent in der Anwendung und eben darum trüglich sein können. (KrV, A 643/B 671)

Die regulativen Ideen und mit ihnen die Vorstellung einer als systematische Totalität strukturierten Welt im Ganzen sind gerechtfertigt, sofern sie dem »Gebrauch[] der Verstandesbegriffe« (KrV, A 326/B 383) dienlich sind. Sie erhalten daher nicht durch ontologische Argumente, sondern durch Argumente des Gebrauchs, ihrer Brauchbarkeit für das Leben des Menschen, ihre Legitimation.

So obliegt es letztlich der Vernunft, danach zu streben, die auf die Sinnenwelt bezogenen Verstandesurteile zu einem sinnvollen, d. h. widerspruchsfreien und in sich zweckmäßigen Ganzen zu formen, dessen Teile aus ihm abgeleitet werden können und das seinerseits aus seinen Teilen abgeleitet werden kann, das den Menschen die ihn umgebende Welt verstehen lässt und ihn damit befähigt, sie sich zunutze zu machen und in ihr zu leben.[290] Die Metaphysik überhaupt, unter der Kant nun nicht mehr die Erkenntnis von Gegenständen versteht, die jeder sinnlichen Anschauung entbehren, sondern lediglich in kritischem Sinne ihre spekulative Annahme, wird damit nicht ohne Rücksicht auf die Erfahrungsgrenze überschritten, sondern reicht bis an diese heran und ist damit nach Kant genau soweit gerechtfertigt, wie sie dazu dient, die Sinnenwelt als ein zweckmäßig geordnetes und damit brauchbar eingerichtetes Ganzes zu verstehen.

Auch der Entwurf und die Voraussetzung der Ideen und der systematischen Vernunfteinheit der Sinnenwelt sind damit allein in ihrer Funktion bezüglich der Sinnenwelt gerechtfertigt. Ihr Entwurf erfolgt im Gebrauch der Vernunft, also durch die zweckmäßige Vermittlung des Allgemeinen der

---

S. 7). Ein Bericht über die Tagung von Margit Ruffing findet sich in: Kant-Studien 99 (2008), S. 393–395.

[290] Nach Stegmaier besteht für Kant ein »Bedürfnis für Einsicht« (O., AA VIII, 138, Anm. 3), aufgrund dessen er von »abgenötigte[n] Voraussetzung[en]« (ebd.) spricht. Die Voraussetzung der Ideen stellt demnach für Kant letztlich eine »Lebensnotwendigkeit« dar, die nicht theoretischen Zwängen, sondern pragmatischen Bedingungen entspringt (siehe: Stegmaier: Orientierung an anderer Orientierung, S. 212 f.). Auch Kaulbach spricht entsprechend von einem »Bedürfnis« der Vernunft »nach absoluter umfassender Welteinheit und danach, diese Welt von einem unendlichen Intellekt regiert zu wissen.« (Kaulbach: Weltorientierung, Welterkenntnis und pragmatische Vernunft bei Kant, S. 70)

Vernunft mit der Mannigfaltigkeit der Verstandeserkenntnisse im Vermögen der Urteilskraft. Hier wird die Natur teleologisch als ein sinnvoll geordnetes und brauchbar eingerichtetes Ganzes entworfen, das in seinem Entwerfen seinerseits nicht mehr auf Regeln gebracht werden kann, womit nach der kantischen Analyse des Verstandesvermögens auch die des Vernunftvermögens beim Gebrauch endet.

2.3.6 Der Selbstentwurf der Vernunft in ihrem selbstbezüglichen Gebrauch

Die Voraussetzung der die Grenze der sinnlichen Erfahrung überschreitenden Vernunftideen ist also gerechtfertigt, sofern diese als »transzendentale« Ideen gedacht sind, was bedeutet, dass sie als »notwendig[e] Vernunftbegriff[e]« (KrV, A 327/B 383) die Erkenntnis einer widerspruchsfrei und brauchbar eingerichteten Welt überhaupt erst denkbar werden lassen. Sie sind also nicht als apriorische Wahrheiten, sondern als pragmatische Voraussetzungen im Hinblick auf ihre Brauchbarkeit in Bezug auf die Sinnenwelt gerechtfertigt. Dies muss dann jedoch auch für die transzendentalen Begriffe überhaupt, eingeschlossen ihren obersten, den der Vernunft selbst, gelten, aus dem Kant alle weiteren transzendentalen Begriffe ableitet. In seiner ›Transzendentalphilosophie‹ geht es insgesamt um die Bedingungen der Möglichkeit von Erkenntnis oder, wie Kant schreibt, um Urteile, »[...] die sich nicht sowohl mit Gegenständen, sondern mit unserer Erkenntnisart von Gegenständen, insofern diese a priori möglich sein soll, überhaupt beschäftig[en]« (KrV, B 25). Die transzendentalphilosophischen Begriffe und mit ihnen die Vernunft als ihrem obersten inklusive ihrer Differenzierungen (Vernunft in engerem Sinne, Verstand, Urteils- und Einbildungskraft, aber auch die Formen der Anschauung und des Verstandes), übersteigen die Sinnlichkeit, ihre Erkenntnis ist daher nicht möglich. Ihre Legitimität beziehen sie als hypothetische Voraussetzungen zwar nicht daraus, dass sie die Sinnenwelt direkt denken, wohl aber daraus, dass sie als Bedingungen der Möglichkeit, die Sinnenwelt zu denken, notwendig sind und sich somit in ihrer Funktion doch mittelbar auf die Sinnlichkeit beziehen. Wie schon bei den Ideen und den Verstandesbegriffen, so geht es auch bei ihnen nicht darum, apriorische Wahrheiten festzustellen, sondern um ihre hypothetische Voraussetzung nach dem Kriterium ihrer auf die Sinnenwelt bezogenen Brauchbarkeit.

Die transzendentalen Begriffe sollen dabei nicht planlos und unzusammenhängend entworfen werden, sondern, wie es schon galt, die Verstandesbegriffe zu einem »absoluten Ganzen« zusammenzuschließen, ein systematisches Ganzes ergeben, in dem ein Element aus dem anderen abgeleitet wird:

2.3 Der Selbstentwurf der Vernunft in ihrem entwerfenden Gebrauch

Die Transzendental-Philosophie ist die Idee einer Wissenschaft, wozu die Kritik der reinen Vernunft den ganzen Plan architektonisch, d. i. aus Prinzipien, entwerfen soll, mit völliger Gewährleistung der Vollständigkeit und Sicherheit aller Stücke, die dieses Gebäude ausmachen. Sie ist das System aller Prinzipien der reinen Vernunft. (KrV, A 14/B 27)

Allerdings ist nach Kant die *Kritik der reinen Vernunft* selbst noch nicht der Versuch eines solchen Systems, sondern lediglich

[...] eine Vorbereitung, wo möglich, zu einem Organon, und wenn dieses nicht gelingen sollte, wenigstens zu einem Kanon derselben, nach welchem allenfalls dereinst das vollständige System der Philosophie der reinen Vernunft [...] dargestellt werden könnte. (KrV, A 12/B 25)

Obwohl also nach Kant noch kein System, keine Wissenschaft der Vernunft erreicht ist, so »verzeichnet« dennoch bereits die *Kritik der reinen Vernunft* »den ganzen Umriß derselben, sowohl in Ansehung ihrer Grenzen, als auch den ganzen inneren Gliederbau derselben« (KrV, B XXIIf.).[291]

Die Vernunft (nun im weiteren Verständnis) ist der höchste der transzendentalen Begriffe in diesem Gliederbau, von dem ausgehend alle anderen abgeleitet und ihre Verhältnisse zueinander bestimmt werden sollen. Was für den ganzen »Gliederbau« der aus ihm abzuleitenden transzendentalen Begriffe gilt, gilt daher auch für den Begriff der Vernunft: Von ihr kann es als transzendentalem Begriff keine Erkenntnis geben. Die kantische Transzendentalphilosophie behauptet daher nicht, dass es die Vernunft in ontologischem Sinne ›gibt‹. Ihre Existenz als ontologische Entität kann nicht rechtmäßig behauptet (so wenig wie bestritten) und Kants Transzendentalphilosophie nicht einfach als ›an sich wahr‹ bewiesen werden. Dementsprechend heißt es in der *Kritik der reinen Vernunft* lediglich, »die Hauptfrage« bleibe »immer [...], wie ist das **Vermögen zu Denken** selbst möglich?« (KrV, Vorrede A XVII). Die Vernunft und mit ihr Kants ganze Transzendentalphilosophie können sich allenfalls als legitimes Konzept erweisen, als berechtigte hypothetische Voraussetzung des Denkens, die ihre Rechtfertigung darin finden, dass sie etwas Pragmatisches leisten und zum ›Gebrauch‹ taugen, nämlich indem sie wissenschaftliche Erkenntnis und Moral aus Vernunft denkbar werden lassen.

---

[291] Siehe zum »Gliederbau« und zur Systematik der Philosophie Kants den Sammelband von Hans Friedrich Fulda/Jürgen Stolzenberg (Hg.): Architektonik und System in der Philosophie Kants. System der Vernunft, Hamburg 2001 (= Kant und der deutsche Idealismus; Bd. 1). Spezieller zur Systematik der KrV siehe Ina Goy: Architektonik oder Die Kunst der Systeme. Eine Untersuchung zur Systemphilosophie der ›Kritik der reinen Vernunft‹, Paderborn 2007, die in der KrV zwei Systeme, das der »30 Erkenntnisprinzipien a priori« und »das der metaphysischen Wissenschaften, das sich in Abhängigkeit von den Erkenntnisprinzipien a priori ergibt« (ebd., S. 13), unterscheidet.

So eröffnet sich ein Selbstbezug, aus dem Kants Begriff der Vernunft zu verstehen ist. Ganz in der Tradition der neuzeitlichen Philosophie nimmt er die Neugründung der Vernunft so vor, dass sie, gleich dem nun in den Menschen selbst hineinverlegten Gottesbegriff, sich selbst, also in selbstreferentieller Weise, gründet. Die Form, die Kant hierzu wählt, ist die der Kritik: die Vernunft als selbstbezüglich strukturierte Instanz, die sich selbst kritisiert,[292] d. h. die eigenen Grenzen bestimmt und ihren eigenen Begriff dann weiter systematisch differenziert. Sie entwirft ihren eigenen Begriff dann lediglich als hypothetische Voraussetzung im Denken. Diese wiederum erfährt ihre Legitimation in ihrer Brauchbarkeit. Sie muss nach dem Vorbild der Naturwissenschaften in einem »Experiment der Vernunft« (KrV, B XVI) in ihrem Gebrauch auf ihre Brauchbarkeit hin überprüft werden. Die Transzendentalphilosophie selbst muss sich als hypothetischer Entwurf dadurch selbst als legitim erweisen, dass sie sich in ihrem wieder und wieder erfolgenden Gebrauch als brauchbar bewährt.

Alternativen zur Vernunft sind damit prinzipiell denkbar. Für Kant steht es indessen außer Frage, dass nur die Vernunft die Möglichkeit von Erkenntnis und damit von Wissenschaft sowie Moral sicherzustellen vermag. Ohne eine Neugründung ihres Begriffs scheinen ihm diese verloren – eine Plausibilität seines Denkens, die im Laufe des 19. Jahrhunderts an Selbstverständlichkeit verlieren wird. Letztlich ist auch Kant durchaus bewusst, dass er sich für den Gebrauch des Begriffs der Vernunft erst entscheiden muss, weshalb er das ganze Unternehmen seiner Transzendentalphilosophie schließlich dem Leser zum eigenen Urteil vorlegt (vgl. KrV, Vorrede A XV).

Sein »Experiment der Vernunft« (KrV, B XVI), in dem diese in ihrem Gebrauch auf ihre Brauchbarkeit hin überprüft werden soll, nimmt Kant zunächst in der *Transzendentalen Ästhetik* und der *Transzendentalen Analytik* vor, indem er in ihnen die Objektivität der Mathematik und der Naturwissenschaft begründet. Der zweite Teil dieses Experiments findet sich in der *Transzendentalen Dialektik*, in der er nachweist, dass nach bisheriger Erkenntnisweise ein Unbedingtes »ohne Widerspruch gar nicht gedacht werden kann« (KrV, B XX) und sich die Metaphysik aus diesem Grunde in Antinomien verstricken müsse. Stattdessen zeigt Kant, dass sich diese Antinomien unter Anwendung seiner veränderten Methode auflösen. Diese hat sich für ihn als neue Methode in ihrem Gebrauch bewährt, sie hat sich als brauchbar erwiesen, da man mit ihr »in den Aufgaben der Metaphysik [...] besser

---

[292] So ist der im Titel der *Kritik der reinen Vernunft* enthaltene Genitiv als doppelter zu verstehen, als genitivus subjektivus und als genitivus objektivus. Vgl. zur Deutung des Titels der KrV: Baumanns: Kants Philosophie der Erkenntnis, S. 87–91.

2.3 Der Selbstentwurf der Vernunft in ihrem entwerfenden Gebrauch 159

fortkommen« (KrV, B XVI) könne. Und genau deshalb kann sie nach Kant vorläufig als wahr betrachtet werden.[293]

So ist die Vernunft letztlich eine Hypothese, deren Begriff so gedacht ist, dass er sich selbst aufstellt, begründet, weiter ausdifferenziert und letztlich im Erfolg seines pragmatischen Gebrauchs verifiziert: darin, dass mit ihr auf theoretischem Felde im Verstand Gegenstände gedacht werden können, die sich mithilfe transzendentaler Ideen in einer transzendentalen Einheit der Natur begreifen lassen, und darin, dass sie auf praktischem Felde Freiheit und Moral[294] denkbar werden lassen; also darin, dass sie dem Denken und Handeln innerhalb der Sinnenwelt Orientierung an sich bewährenden Ordnungen bietet.

Dass die Vernunft damit im theoretischen Gebrauch stets an ihre auf die Sinnenwelt bezogene Funktion gebunden bleibt, ist Kant zufolge geradezu die Bedingung dafür, dass sinnvoll von ihr ›Gebrauch‹ gemacht werden kann: Bedingung für die Möglichkeit eines Gebrauchs ist, dass das Denken nicht »von aller Sinnlichkeit ab[ge]sondert« (KrV, A 248/B 305) wird, sondern funktional auf die Sinnenwelt bezogen bleibt.[295] Zu einem »transzendenten Gebrauch« hingegen sei »unser Verstand gar nicht ausgerüstet« (KrV, A 636/B 664). Wahrheit, in Kants Sinne als vorläufig im Gebrauch nicht widerlegte, jedoch bewährte Hypothese verstanden, bedeutet auf die Vernunft bezogen: Kant setzt nicht einfach einen positiven Vernunftbegriff voraus, sondern dieser wird auf Zwecke innerhalb der Sinnenwelt hin hypothetisch entworfen und verifiziert sich in seinem wiederholt erfolgreichen Gebrauch.

Damit aber ist die Vernunft auf ihren Gebrauch hin entworfen und in ihrer konkreten Gestalt von diesem bedingt. Was bedeutet dies für den Begriff der Vernunft? Der Gebrauch findet stets in konkreten Situationen, unter den Bedingungen der sich wandelnden Sinnlichkeit und in immer anderen Kontexten statt. Und weil der Gebrauch nicht einheitlich, sondern offen und vielfältig ist, ist auch die Vernunft als Begriff, dem kein Gegenstand in der Anschauung entspricht, ebenso vielgestaltig wie dieser selbst. Wird die Vernunft aus ihrem Gebrauch verstanden, auf ihn hin entworfen, kann sie nicht mehr auf eine abstrakte Einheit, einen abschließenden und einheitlichen Begriff, festgelegt werden. Sie wird je nach Funktion, je nach Gebrauch einen jeweils anderen, z. B. theoretischen, praktischen, reinen, empirischen,

---

[293] Vgl. hierzu: Höffe: Immanuel Kant, S. 52 f.
[294] Vgl. Kapitel 2.5.
[295] Vgl. Volker Gerhardt: »Gerade weil er [Kant] entdeckt, dass die Vernunft an ihre begrifflichen Opponenten, an Natur, Gefühl und Anschauung gebunden ist, unternimmt er das schwere Geschäft einer ›Grenzbestimmung‹ der Vernunft« (Gerhardt: Immanuel Kant, S. 20). Gerhardt bezieht diesen Gedanken auf das philosophische Geschäft zurück: »Die Philosophie der Schule geht aus den Lebensfragen hervor, und ihre spezialisierten Antworten können nur so lange als philosophisch gelten, wie sie den Bezug zum Leben nicht verlieren.« (ebd. S. 19)

dogmatischen, hypothetischen, spekulativen, transzendentalen, transcendenten, regulativen, skeptischen usw.,[296] Charakter annehmen.[297] Sie ist nicht als abstrakte Einheit mit normativer Geltung entworfen, sondern als eine Art ›Vernünftigkeit‹, die sich in unterschiedlichen Kontexten, in denen man unterschiedlichen Gebrauch von der Vernunft macht, unterschiedlich zeigt.

Für diese Deutung spricht auch, dass Kant in der grundsätzlichen Anlage seines kritischen Unternehmens nicht von einem einheitlichen Prinzip der Vernunft ausgeht, sondern von der Differenz zwischen theoretischem und praktischem Gebrauch der Vernunft. Beide folgen unterschiedlichen Prinzipien und sind in der Anlage des kantischen Werkes zunächst unverbunden nebeneinander gestellt.[298] Zwar hofft Kant zunächst noch, wie er in der ersten Einleitung der *Kritik der Urteilskraft* darlegt, die ersten beiden Kritiken in ein System zusammenschließen und sie auf ein einheitliches Prinzip zurückführen zu können, doch als er mit diesem Anspruch scheitert, lässt er die Begriffe ›System‹ und ›Einheit‹ in der zweiten Einleitung fallen und spricht stattdessen nur noch von »Verknüpfung« und »Übergang« zwischen den »zwei Teilen der Philosophie (der theoretischen und der praktischen)« (KU, H 60/61). Auf die Einheit der Vernunft kommt es Kant also, wenn sie auch wünschenswert wäre, letztlich nicht an. Es genügt, von ihr je nach Bedürfnis Gebrauch machen zu können. Die Brauchbarkeit seines Vernunftbegriffs ist dadurch, dass dieser nicht auf ein einziges Prinzip zurückgeführt werden

---

[296] Vgl. Kapitel 2.1.2.

[297] Grundlegend für den hiermit skizzierten Gedankengang ist der Interpretationsansatz Josef Simons, demzufolge Kant, wie dann noch deutlicher seine Nachfolger, die von ihm konzipierte Vernunft nicht als eine allgemeine, immer gleiche Einheit verstanden habe, an der alle Vernunftwesen gleichermaßen Anteil haben. Stattdessen sei schon Kant von der Vielfalt der Vernunft ausgegangen. Allerdings macht Simon mit der bei Kant angelegten unhintergehbaren Differenz zwischen *meiner* eigenen und der mir prinzipiell unzugänglichen *fremden* Vernunft eine noch andere als die hier behandelte Dimension der Vielfalt der Vernunft in ihrem Gebrauch zum zentralen Aspekt seiner Interpretation. Vgl. Josef Simon, Kant. Vgl. zur Differenz der eigenen und fremden Vernunft Kapitel 2.4.

[298] Wir wenden uns damit auch gegen transzendental-pragmatische Kant-Interpretationen, sofern diese der Auffassung sind, in der Transzendentalphilosophie sei eine »Letztbegründung« der Vernunft im Sinne einer abschließenden Festlegung eines einheitlichen, allgemeinen Vernunftbegriffs unverzichtbar, da der Gebrauch der Vernunft anderenfalls nicht gewährleistet sei. Beispielhaft wird hierfür auf den Ansatz Wolfgang Kuhlmanns (vgl. Kuhlmann: Kant und die Transzendentalpragmatik) verwiesen: Dieser gesteht zwar die Differenz von theoretischer und praktischer Vernunft bei Kant durchaus zu, dies habe seine Ursache jedoch lediglich in »offenbaren Begründngsdefizite[n]« in der praktischen Philosophie Kants (ebd. S. 21). »Zur Grundidee von Transzendentalphilosophie gehör[e] [hingegen] die Idee der Letztbegründung« (ebd. S. 13) einer »homogenen und einheitlich angesehenen Vernunft« (ebd. S. 19). Vgl. zu ähnlichen Ansätzen auch Berlich: Elenktik des Diskurses/Keuth: Fallibilismus versus transzendentalpragmatische Letztbegründung.

2.3 Der Selbstentwurf der Vernunft in ihrem entwerfenden Gebrauch 161

kann, dass also keine als Einheit begriffene Vernunft am Ende seiner Kritik steht, keineswegs beeinträchtigt.

In einer Deutung der Vernunft aus der Perspektive des vielfältigen Gebrauchs ist eine abschließende Festlegung des kantischen Vernunftbegriffs auf eine abstrakte theoretische Einheit, aus der auch normative Ansprüche abgeleitet werden könnten, oder gar ihr Verständnis als einer ontologischen Entität also nicht möglich.[299] Ein solcher Vernunftbegriff müsste um seiner selbst willen zum Gegenstand philosophischer Reflexion gemacht werden. Ausgehend von einem Verständnis der Vernunft als einer theoretisch-normativen Einheit oder gar als ontologischer Realität ist der Blick auf ihren Gebrauch verstellt. Denn dieser erscheint als abgeleitet, also als sekundär oder unwesentlich, wenn man von einem normativen Begriff der Vernunft ausgeht, von dessen Beschaffenheit abhängt, welchen Gebrauch man von ihr machen kann. Die traditionelle Metaphysik suchte stets nach solch einem abstrakten, normativen Begriff einer vom einzelnen Menschen unabhängigen und allgemeingültigen Vernunft, die in einer die Sinneswahrnehmung überschreitenden Weise erkannt werden sollte. Folglich konnte das, was nicht den je eigenen Kriterien für Vernünftigkeit entsprach, als irrational, d. h. unvernünftig, diskreditiert werden, weil es den Kriterien für Vernünftigkeit schlechthin widersprach.[300]

Doch nach Kant ist es ihre Brauchbarkeit, ihre Funktionalität, auf die hin er die Ideen, die transzendentalen Begriffe insgesamt und in der Konsequenz auch den Begriff der Vernunft selbst entwirft und einführt. Er leitet Erkenntnis und Moral nicht einfach aus einem allgemeinen Begriff der Vernunft ab, sondern entwickelt umgekehrt, wie Kapitel 2.2 deutlich macht, einen Vernunftbegriff, um Erkenntnis und Moral denkbar und möglich werden zu lassen und so den spezifischen Bedürfnissen nach Ordnungen im menschlichen Leben zu entsprechen. Es geht ihm auf theoretischem Felde darum, im Umgang mit der Natur einen berechtigten hypothetischen Vernunftbegriff zu bilden, der als Voraussetzung im Denken in pragmatischer Hinsicht ›brauchbar‹ ist. Auf praktischem Felde geht es um die für das Leben des Menschen unverzichtbare Möglichkeit von Freiheit, damit so moralisches

---

[299] Ausgehend von der wittgensteinschen Sprachphilosophie oder auch von Josef Simons Philosophie des Zeichens wird diese Auffassung plausibel. Beiden zufolge stehen die Bedeutungen von Wörtern bzw. von Zeichen nie fest. Anderenfalls würden sie gerade dadurch unbrauchbar, weil sich die Situationen, in denen Sprache gebraucht wird, ändern bzw. weil ein beschränktes Repertoire an Zeichen in immer anderen Situationen angewandt werden können muss (vgl. hierzu Teil 3 der vorliegenden Untersuchung bzw. Josef Simon: Philosophie des Zeichens, Berlin 1989). Kant scheint in diesem Sinne einen wesentlichen Zug der wittgensteinschen Sprachphilosophie und Simons Philosophie des Zeichens in der Konzeption seiner Transzendentalphilosophie vorweggenommen zu haben.

[300] Vgl. hierzu: Simon/Stegmaier: Fremde Vernunft, S. 7 f.

Urteilen denkbar werde. Es genügt also, die Vernunft zur Orientierung im Denken und Handeln und als Bedingung der Möglichkeit vernünftiger Kommunikation vorauszusetzen, sie selbst als Hypothese zu entwerfen und im Hinblick auf die pragmatischen Bedürfnisse unseres Lebens von ihr Gebrauch zu machen.

Schon der Selbstentwurf der Vernunft als Hypothese ist dabei ein Gebrauch der Vernunft, der in der teleologischen Urteilskraft nach dem Prinzip der Zweckmäßigkeit erfolgt und selbst nicht mehr auf Regeln zurückzuführen ist. Die selbstbezügliche Vernunft, die sich zum Zwecke ihres Gebrauchs in einem Akt ihres Gebrauchs selbst entwirft und sich im Weiteren als Hypothese auch im Gebrauch bewähren und sich so selbst bestätigen muss, scheint damit zunächst sowohl Ausgangspunkt als auch Ergebnis ihrer Selbstkritik und somit letzter Begriff der kantischen Kritik, darin zugleich aber paradox zu sein. Doch dieses Bild soll erweitert werden: Der hypothetische Entwurf der Vernunft ist ein Selbstentwurf, den diese im Gebrauch vollzieht. Im Gebrauch entwirft sie sich in einem Akt ihrer Selbstkritik selbst, und im erfolgreichen Gebrauch bewährt sie sich, erweist sich als zweckmäßig, sprich: brauchbar. Nicht ihr Gebrauch wird ausgehend von ihrem einheitlichen Begriff, sondern dieser ausgehend von ihrem vielfältigen Gebrauch, gedacht, weshalb die Vernunft kritisch betrachtet nur in ihrem jeweiligen Gebrauch identifiziert werden kann. Vom Gebrauch abstrahiert, kann nichts über ihren Begriff gesagt werden. Der vielfältige, nicht als Einheit begriffene und nicht mehr weiter ableitbare Gebrauch ist der Vernunft damit immer schon vorgeschaltet. Den Begriff des Gebrauchs selbst aber macht Kant nicht mehr zum Gegenstand, denn über den Gebrauch der Verunft kann nichts gesagt werden, ohne dass eben darin ein solcher selbst schon erfolgt. Der Gebrauch der Vernunft setzt sie in ihrem Gebrauch eo ipso voraus.[301] So endet Kants kritisches Geschäft nicht schon bei der Vernunft selbst als ihrem letzten Begriff, sondern beim Gebrauch und hier notwendiger Weise.

---

[301] Dieter Henrich schreibt in seinem *Versuch über Fiktion und Wahrheit*, in dem er u. a. die Zusammenhänge zwischen theoretischen Fiktionen bzw. Wahrheiten und ihrem Gebrauch thematisiert, in einem dem hier Gesagten verwandten Sinne, es gebe einen »Gebrauch, in dem das, woraufhin der Gebrauch erfolgt, nicht von einem [...] Medium [das Leben in seiner puren Faktizität], das sich vorgängig aus sich selbst versteht, umgriffen ist, so daß der Gebrauch aus ihm beherrscht und begrenzt wird. Wer [...] Gebrauch macht von seiner Vernunft, muß nicht auf einen Zweck aus sein, der ihm schon vor Augen steht. Gebrauch kann auf etwas gehen, das sich erst erschließt, indem der Gebrauch erfolgt.« Siehe Henrich: Bewußtes Leben, S. 145.

2.4 Die Selbsterhaltung der Vernunft in ihrem selbstkritischen Gebrauch

Die sich selbst entwerfende Vernunft ist in ihrem Gültigkeitsanspruch aber nicht nur vorläufig, sie ist auch individuell. Simon verschob im Verständnis der Vernunft die Perspektive von einer als allgemein und normativ verstandenen Vernunft auf die einer ästhetisch bedingten und in der Folge differenten eigenen und fremden Vernunft, die an einen individuellen Standpunkt gebunden und im Erkennen durch individuelle Erkenntnishorizonte beschränkt ist. Der entwerfende Gebrauch der Vernunft erzeugt jedoch die Gefahr, sich selbst und die eigenen, individuellen Urteile in ihrem Gültigkeitsanspruch in ungerechtfertigter Weise als verbindlich und allgemeingültig zu setzen. Er lässt daher eine Art Korrektiv notwendig werden, welches »Irrtümer zu verhüten« (KrV, A 795/B 823) hilft, indem es die durch die Vernunft entworfenen Ordnungen als hypothetische Entwürfe und damit ihre Vorläufigkeit wieder ins Bewusstsein ruft. Dieses Korrektiv findet sich in einem im Weiteren »*selbstkritisch*« genannten Vernunftgebrauch, in dem der Gültigkeitsanspruch der Ordnungen der Vernunft auf den Status vorläufig und privat entworfener Ordnungen begrenzt und die Vernunft so für Alternativen offen gehalten wird. Der entwerfende Vernunftgebrauch erfährt darin eine zusätzliche Absicherung.

Das Verständnis des Selbstentwurfs der Vernunft in ihrem Gebrauch, der bislang als einzelner Akt beschrieben wurde, kann dann um die Beschreibung des Gebrauchs als einem Wechselspiel von entwerfendem und selbstkritischem Gebrauch erweitert werden. Dieses Wechselspiel kann schließlich als ein Prozess der Selbsterhaltung der Vernunft beschrieben werden. Auf das für die kantische Philosophie zentrale Motiv der Selbsterhaltung der Vernunft haben vor allem Sommer und Hutter aufmerksam gemacht, an die im Folgenden angeschlossen werden kann.[302]

Wurde bisher gezeigt, dass die theoretische Vernunft ausgehend von ihrem Gebrauch zu denken ist, im Gebrauch aber stets in ihrer Funktion, eine Ordnung der Sinnenwelt zu ermöglichen, ästhetisch bedingt ist, so folgt daraus, dass das transzendentale Subjekt immer auf einen individuellen ›Stand-

---

[302] Siehe: Manfred Sommer: Die Selbsterhaltung der Vernunft, Stuttgart-Bad Cannstatt 1977; vgl. auch den zuvor erschienen Aufsatz: ders.: Ist Selbsterhaltung ein rationales Prinzip?, in: Hans Ebeling (Hg.): Subjektivität uns Selbsterhaltung. Beiträge zur Diagnose der Moderne, Frankfurt a. M. 1976, S. 345–374; Hutter: Das Interesse der Vernunft; siehe zu beiden Ansätzen die Anm. 318, 319, 334. Vgl. zum Thema außerdem den Sammelband von Hans Ebeling (Hg.): Subjektivität und Selbsterhaltung. Beiträge zur Diagnose der Moderne, Frankfurt 1976, sowie dessen eigene Beiträge: Das neuere Prinzip der Selbsterhaltung und seine Bedeutung für eine Theorie der Subjektivität, ebd., S. 9–40 und: Grundsätze der Selbstbestimmung und Grenzen der Selbsterhaltung, ebd., S. 375–394.

punkt‹, von dem aus es sich zur empirischen Welt verhält, beschränkt und letztlich an diesen gebunden ist.³⁰³ »[...] [D]er höchste Punkt, an dem man allen Verstandesgebrauch, selbst die ganze Logik, und, nach ihr, die Transcendental-Philosophie heften muß [...]« (KrV, B 134, Anm. 1) ist dieses ästhetisch bedingte und daher an seinen individuellen Standpunkt gebundene transzendentale Subjekt. Vom individuellen Standpunkt des Subjekts aus ist ein vollständiges Überblicken der Welt in ihrer Totalität unmöglich. Das Subjekt hat daher stets nur eine begrenzte Sicht auf die Welt, weshalb diese in ihrer Totalität nur eine gedachte Idee sein kann.³⁰⁴ Seine Perspektive³⁰⁵ ist, wie Kant in seinen Vorlesungen zur Logik herausarbeitet, stets durch »Horizonte« seiner Erkenntnis begrenzt, durch welchen Begriff er die Grenzen der »Fähigkeiten und Zwecke[] des Subjects« (Log., AA IX, 40) in seinem Erkenntnisvermögen metaphorisch zu fassen sucht.³⁰⁶ Solche Horizonte können sich zwar verschieben, gleichwohl wird die Erkenntnis des Subjekts immer durch Horizonte begrenzt sein und werden sich diese nicht auflösen lassen.

Andere Subjekte, so muss dann angenommen werden, nehmen je andere individuelle Standpunkte ein, sind daher anders ästhetisch bedingt und in ihrer Erkenntnis folglich auch von anderen Horizonten begrenzt. Diese können sich in konkreten Fragen der Erkenntnis mit den eigenen überschneiden, müssen es aber nicht. »[D]as Subjektive [wird] nicht allen Andern auf gleiche Art beiwohnen« (Log., AA IX, 57), schreibt Kant. Für den Begriff der Vernunft bedeutet dies: Ist sie ausgehend vom Gebrauch zu verstehen, der aber seinerseits stets von einem individuellen Standpunkt aus und innerhalb individueller ›Horizonte‹ möglicher Erkenntnis erfolgt, so muss Kant in der

---

³⁰³ Vgl. Simon: Kant, S. VII, 131, 266, 334. Siehe zur Ausarbeitung des Begriffes des Standpunktes im Rahmen seiner Orientierungsphilosophie auch Stegmaier, Philosophie der Orientierung, insbes. S. 199–216. Zum Begriff des Standpunktes bei Kant siehe Béatrice Longuenesse: Kant on the Human Standpoint, Cambridge 2005.

³⁰⁴ Vgl. hierzu Kapitel 2.3.5.

³⁰⁵ Zur Interpretation der kantischen Philosophie im Ganzen als eine Philosophie des Perspektivismus siehe Friedrich Kaulbach: Philosophie des Perspektivismus, S. 11–136. Vgl. in diesem Zusammenhang zum Begriff des Standpunktes bei Kant auch Kaulbach: Der Begriff des Standpunktes im Zusammenhang des Kantischen Denkens, S. 14 ff.

³⁰⁶ Ganz im Sinne Kants nutzt Stegmaier den Begriff des Horizonts im Rahmen seiner *Philosophie der Orientierung*. Er bringt ihn wie Kant mit den Begriffen des Standpunktes und der Perspektive in Zusammenhang: Vgl. Stegmaier: Philosophie der Orientierung, S. 94–96, 194–216. Vgl. ebenfalls zu Kants Horizont-Begriff sowie dessen vorherigem Gebrauch durch Leibniz, Baumgarten und Meier: Hans-Jürgen Engfer: Artikel Horizont II, in: Historisches Wörterbuch der Philosophie, 3. Bd., Basel/Darmstadt 1974, Sp. 1194–1200, sowie Josef Simon: Das Ich und seine Horizonte. Zur Metapher des Horizontes bei Kant, in: Ralf Elm (Hg.): Horizonte des Horizontbegriffs. Hermeneutische, phänomenologische und interkulturelle Studien, Sankt Augustin 2004, S. 85–102.

2.4 Die Selbsterhaltung der Vernunft

Konsequenz auch die Vernunft als ein individuelles Vermögen verstehen und eine Differenz zwischen der jeweils eigenen und einer immer anders bedingten, somit grundsätzlich anderen und von der eigenen unterschiedenen Vernunft berücksichtigen. Simon unterschied in diesem Sinne die eigene von der ›fremden Vernunft‹ bei Kant.

Weil andere Subjekte stets anders ästhetisch bedingt und durch andere Horizonte in ihrem Erkenntnisvermögen begrenzt sind, stellt sich jedoch das Problem, dass das, was für ein transzendentales Subjekt objektiv ist oder was als transzendentale Idee im eigenen Denken widerspruchsfrei ist und sich im pragmatischen Gebrauch als zweckmäßig bewährt hat, für andere deswegen noch nicht ebenfalls gelten muss. Was dem eigenen Denken als unvernünftig gilt, weil es womöglich außerhalb der eigenen Horizonte liegt, müsse »darum«, so Kant, »nicht über den Horizont anderer« (R., AA XVI, 1962) hinausgehen und dürfe daher nicht sogleich als unvernünftig schlechthin diskreditiert werden. Die ästhetische Bedingtheit und die aus ihr folgende Standpunktgebundenheit der durch Horizonte in ihrem Erkenntnisvermögen beschränkten Vernunft hat dann zur Folge, dass die Gültigkeit ihrer zwar ›objektiven‹ Urteile auf den Status eines individuellen »Fürwahrhaltens« beschränkt werden muss, wie Kant insbesondere in der *Transzendentalen Methodenlehre* der *Kritik der reinen Vernunft* hervorhebt (siehe KrV, A 820ff./B 848ff.).[307] Das individuelle Fürwahrhalten ist nach Kant dann in drei unterschiedliche Modi des Fürwahrhaltens zu differenzieren, die nach der *Transzendentalen Methodenlehre* der *Kritik der reinen Vernunft* vor allem in der *Kritik der Urteilskraft* erneut Bedeutung erlangen. Es sind die Modi des Meinens, des Wissens und des Glaubens. Kant expliziert sie wie folgt:

> Das Fürwahrhalten, oder die subjektive Gültigkeit des Urteils, in Beziehung auf die Überzeugung (welche zugleich objektiv gilt) hat folgende drei Stufen: Meinen, Glauben und Wissen. Meinen ist ein mit Bewußtsein sowohl subjektiv, als objektiv unzureichendes Fürwahrhalten. Ist das letztere nur subjektiv zureichend und wird zugleich für objektiv unzureichend gehalten, so heißt es Glauben. Endlich heißt das sowohl subjektiv als objektiv zureichende Fürwahrhalten das Wissen. Die subjektive Zulänglichkeit heißt Überzeugung, (für mich selbst), die objektive, Gewißheit (für jedermann). (KrV, A 822/B 850)

Die Problematik besteht darin, dass die Modi des Fürwahrhaltens vom Standpunkt der eigenen, beschränkten Vernunft aus nicht sicher unterschieden werden können. So kann man überzeugt sein, objektiv hinreichende Gründe für

---

[307] Auch die Modi des Fürwahrhaltens erhalten erst dann ihr Gewicht in der Kant-Interpretation, wenn man wie Simon eine ästhetisch bedingte, je eigene und fremde Vernunft in Rechnung stellt. (Vgl. Simon: Kant).

sein Fürwahrhalten zu haben, also zu *wissen*, wo man tatsächlich nur subjektiv hinreichende Gründe hat, also glaubt. Dementsprechend ist die Ursache des Irrtums nicht etwa die ästhetische Bedingtheit unserer Urteile, denn diese ist grundsätzlich und unhintergehbar unserem Erkenntnisvermögen vorausgesetzt. Der Irrtum ist vielmehr Folge des Vergessens, Nichtbeachtens oder Ignorierens der Standpunktgebundenheit des eigenen Urteilens und damit seines Charakters als einem sich in die drei Modi differenzierenden Fürwahrhaltens.[308] Wenn wir uns die Standpunktgebundenheit unseres Fürwahrhaltens im Urteilen nicht bewusst machen, können wir »das bloß Subjective mit dem Objectiven verwechsel[n]« (Log., AA IX, 54), unseren subjektiven Glauben für objektiv zureichendes und damit auch für andere verbindliches Wissen halten.[309] Tatsächlich kann man sich nach Kant seines Wissens nie sicher sein. So kommt es zur Selbstanwendung der Unterscheidung der Modi des Fürwahrhaltens: Man kann allenfalls subjektiv hinreichende Gründe haben, etwas für objektiv zu halten, also glauben, etwas zu wissen.

Unser früheres Ergebnis, demzufolge Kant die Objektivität im Erkennen in die Abhängigkeit vom seinerseits ästhetisch bedingten Subjekts stellt, kann damit weiter ausgedeutet werden: Um die Metaphysik gegen den Skeptizismus zu erhalten, muss Kant einen Teil des »Wissen[s] aufheben, um zum Glauben Platz zu bekommen« (KrV, Vorrede B XXX). Er gibt mit seiner Transzendentalphilosophie einen Teil des rationalistischen Erkenntnisanspruchs auf, indem er dem Subjekt nur noch einen subjektiv zureichenden Glauben zubilligt, etwas »mit Bewußtsein« dessen, dass es ein subjektiver Glaube ist, also mit Überzeugung, nicht jedoch mit Gewissheit, auch für objektiv gültig zu halten.[310] Die Ontologie wird damit bei Kant in den Hori-

---

[308] In O., AA VIII 136, schreibt Kant: »Man kann vor allem Irrthum gesichert bleiben, wenn man sich da nicht unterfängt zu urtheilen, wo man nicht so viel weiß, als zu einem bestimmenden Urtheile erforderlich ist. Also ist Unwissenheit an sich die Ursache zwar der Schranken, aber nicht der Irrthümer in unserer Erkenntniß.« Vgl. auch ebd., 141.

[309] Vgl. hierzu Simon/Stegmaier (Hg.): Fremde Vernunft, Vorwort, S. 10 f. Was hiermit über den Irrtum im Urteilen gesagt ist, gilt dann auch für den praktischen Bereich. Denn die Quelle des Bösen sind nicht die Neigungen, ihre gänzliche Abschaffung (was unmöglich wäre) ist daher auch nicht der Weg zum Guten. Dieser liegt vielmehr im steten Infragestellen der dem eigenen Handeln zugrundeliegenden Motivation und dem Bedenken, dass das eigene moralische Urteilen nicht unfehlbar ist. Er liegt in der Selbstbefragung des Handelnden, inwiefern er sich im Handeln seiner Vernunft bedient hat oder sich durch Neigungen ästhetisch bedingen ließ. Wenn also das Gute wie das Böse nicht den Neigungen selbst entspringen, dann entspringen beide, wie der Irrtum, dem freien, entweder zweckmäßigen oder unzweckmäßigen Gebrauch der Vernunft, in dem das Subjekt mit seinen Neigungen umgehen muss.

[310] Vgl. Simon, Kant, S. 79–81, insbes. S. 81. Die Bedeutung der Modi des Fürwahrhaltens wurde auch von Kaulbach hervorgehoben. Für ihn bietet ihre Unterscheidung die Möglichkeit, Kants Philosophie mit ihren zwei unterschiedlichen Perspektiven der Naturgesetzlichkeit und der Freiheit ausgehend von Nietzsches Perspektivismus zu verstehen. Die Unterscheidung

2.4 Die Selbsterhaltung der Vernunft

zont des erkennenden Subjekts gestellt, unabhängig von dem sie danach nicht mehr möglich ist.

Aus der Ununterscheidbarkeit von Glauben und Wissen *in concreto* folgt dann die Notwendigkeit einer Kritik des zunächst bloß entwerfenden Gebrauchs der Vernunft. Denn die Überzeugungen der eigenen Vernunft können stets ausgehend von der fremden Vernunft in Zweifel gezogen werden. Die fremde Vernunft birgt die ständige Gefahr, das eigene, vermeintlich objektive Wissen in seiner »Privatgültigkeit« (KrV, A 821/B 849) und damit in seiner Subjektivität zu entlarven. Sie ruft daher nach Kant moralisch dazu auf, sich die Bedingtheit der eigenen Vernunft und ihrer entworfenen Ordnungen immer wieder in Erinnerung zu rufen und sich ihrer bewusst zu bleiben.

Damit erhält die Vernunft zugleich die Gelegenheit, sich selbst, indem sie im eigenen Denken die eigene Beschränktheit berücksichtigt, zu »erweitern« (Log., AA IX, 43). Das eigene Denken muss zwar nicht angesichts eines fremden aufgegeben werden, »[d]enn man kann doch vielleicht recht [sic!] haben in der Sache, und nur unrecht [sic!] in der Manier, d. i. dem Vortrage« (Log., AA IX, 57), wohl gibt es aber Anlass zur »Prüfung« des eigenen Denkens, dazu, »unser Verfahren im Urteilen zu untersuchen« (Log., AA IX, 57). Überhaupt legte Kant den Akzent seines philosophischen Unternehmens weniger auf den entwerfenden Gebrauch der Vernunft als vielmehr auf dessen kritische Aufgabe, »die Fehltritte der Urteilskraft (lepsus judicii) im Gebrauch der wenigen reinen Verstandesbegriffe, die wir haben, zu verhüten« (KrV, A 135, B 174). Und eben in der Prüfung unserer »Gründe« des »Fürwahrhaltens«, »ob sie auf fremde Vernunft eben dieselbe Wirkung tun, als auf die unsrige«, haben wir die Möglichkeit, »die bloße Privatgültigkeit unseres Urteils« zu »entdecken« (KrV, A 821/B 849). Unseren Glauben zu wissen

---

von Glauben und Wissen ermögliche Kant eine Perspektivierung der Metaphysik sowie der Sichtweise auf die Welt durch jedes Subjekt, das von seiner Vernunft Gebrauch macht. Vgl. das Kapitel 14: »Glauben und Wissen in Perspektivistischer Sicht« in: Kaulbach: Philosophie des Perspektivismus, S. 95–102. Die ›verbindliche‹ theoretische und die praktische Vernunft erfahren eine »Rückwendung zur Subjektivität« und dienen demnach der Weltorientierung des mit »pragmatischer Vernunft« ausgestatteten Subjekts, wobei »pragmatisch« hier wohl im Sinne von »unter dem Gesichtspunkt des Gebrauchs« verstanden werden kann (siehe Kaulbach: Weltorientierung, Welterkenntnis und pragmatische Vernunft bei Kant, S. 68). Am Beispiel der »Transzendentalpragmatik« Wolfgang Kuhlmanns (Kuhlmann: Kant und die Transzendentalpragmatik) hingegen sieht man, welche Konsequenzen es hat, wenn man die Rolle der Modi des Fürwahrhaltens unberücksichtigt lässt. Denn Kuhlmann gelangt zu der Überzeugung, die Möglichkeit einer »alternativen Vernunft« (ebd. S. 16, 19 ff.), die an differente »Standpunkte« gebunden ist, sei nicht nur nicht »hilfreich« und zudem »selbstdestruktiv«, weil ein »absolut unverzichtbarer Wahrheitsanspruch« so unmöglich würde (ebd. S. 20); von einer differenten und auf einen Standpunkt beschränkten Vernunft auszugehen, sei vielmehr »undenkbar und unmöglich«, begebe man sich doch in einen »performativen Widerspruch«, weil damit schon ein universeller Anspruch für sich erhoben werde.

können wir so entweder als Täuschung entlarven oder aber diesen durch nun noch bessere Gründe legitimieren. In beiden Fällen kann es gelingen, entweder das eigene Denken noch besser zu begründen oder auch die Erfahrung anderen Denkens, die Erfahrung der fremden Vernunft, in das eigene Denken zu integrieren und so schließlich der angestrebten Vernunfteinheit der Welt in der eigenen Vernunft ein Stück weit näher zu kommen.

So tritt neben das Gebot der Widerspruchsfreiheit, dass die Vernunft mit sich selbst übereinstimmen muss, und neben das den Gebrauch der Vernunft leitende Prinzip der Zweckmäßigkeit, welches die Ordnungen der Vernunft brauchbar ausrichtet, das praktische Gebot der Prüfung der eigenen Vernunft. Widerspruchsfreiheit und Zweckmäßigkeit zeichneten den im vorangegangenen Kapitel untersuchten entwerfenden Gebrauch der Vernunft aus (Kapitel 2.3), von dem sich nun ein entsprechend *selbstkritischer* Vernunftgebrauch unterscheiden lässt. In ihm wird die Philosophie zur Prüfungskunst, die nicht das Ziel hat, apriorische Wahrheiten festzustellen oder auch nur vorläufige Wahrheiten zu entwerfen, sondern vor allem, »Irrtümer zu verhüten« (KrV, A 795/B 823). Die Vernunft entwirft sich also nicht nur im Gebrauch und zum Gebrauch (Kapitel 2.3.6), sondern der Vernunftgebrauch erfolgt auch selbstkritisch, um sich selbst abzusichern und die Ordnungsleistung der entwerfenden Vernunft zu erhalten und zu steigern.

Kant schlägt ein Prüfverfahren vor, das seinen Ausgang eben bei der Erfahrung fremder Vernunft nimmt, die in das vermeintliche Wissen der eigenen entwerfenden Vernunft einbricht und ihr vor Augen führt, dass ihr Wissen nur in einem subjektiv hinreichenden Glauben, zu wissen, gründet. Die Prüfung der eigenen Vernunft ist demnach als »Vergleichung« (Log., AA IX 57) der eigenen mit fremder Vernunft, als Überprüfung der eigenen an fremder Vernunft, möglich.[311] In der Frage nach einem angemessenen Umgang mit der fremden Vernunft, der als entsprechendes Prüfverfahren Bedeutung für die eigene Vernunft erlangt, kann auf die von Kant an verschiedenen Stellen seines Werkes formulierten drei Maximen der Aufklärung verwiesen werden.[312] Der ersten Maxime zufolge gilt es, zunächst selber, das bedeutet »ohne Leitung eines anderen«, zu Urteilen zu gelangen, »sich seiner eigenen

---

[311] Die Frage, wie nach Kant die Vernunft sich selbst, die Ergebnisse ihrer eigenen, Ordnungen entwerfenden Vernunft infrage stellt, behandelt Simon ausschließlich ausgehend von der Erfahrung einer differenten fremden Vernunft (vgl. z. B. Simon: Kant, insbes. S. 73–81). Doch die Vernunft kann nach Kant auch durch andersartige Erfahrungen zu einer kritischen Selbstprüfung angehalten werden, etwa durch den einfachen Fall neuer sinnlicher Erfahrungen, die mit den bisherigen, z. B. naturwissenschaftlichen, Erklärungsmodellen der Vernunft nicht in Einklang zu bringen sind.

[312] Vgl. Kant: Log., AA IX, 57; Anth., AA VII, 200; KU, B 157f.; siehe weiterhin zu den Maximen der Aufklärung und ihrem Zusammenhang mit der Deutung des Kategorischen Imperativs: Stegmaier: Hauptwerke der Philosophie, S. 61–94.

2.4 Die Selbsterhaltung der Vernunft

Vernunft zu bedienen« (aus: BFA), also seine eigene Vernunft zu *gebrauchen* und sich nicht auf den Vernunftgebrauch anderer zu verlassen. Hierbei ist die eigene Vernunft noch ›bei sich‹, muss als entwerfende Vernunft zunächst zu selbständigen Ergebnissen kommen und ist noch nicht durch eine fremde relativiert. Der zweiten Maxime zufolge soll die eigene Vernunft dann versuchen, sich in fremde Vernunft hineinzuversetzen und so sich selbst zu prüfen – zu prüfen, ob sie den Gründen und Argumenten der fremden Vernunft standhält, auch wenn dies letztlich, als »nur Subjektives[] Mittel« (KrV, A 821/B 849), wiederum allein vom eigenen Standpunkt aus möglich ist:

> [...] [D]er Versuch aber, den man mit den Gründen [...], die für uns gültig sind, an anderer Verstand macht, ob sie auf fremde Vernunft eben dieselbe Wirkung tun, als auf die unsrige, ist doch ein, obzwar nur subjektives, Mittel, [...] die bloße Privatgültigkeit des Urteils [...] zu entdecken. (KrV, A 821/B 849)

In der Prüfung an fremder Vernunft wird die eigene Vernunft beobachtbar und von der fremden ausgehend als durch individuelle Horizonte begrenzt unterscheidbar. Denjenigen, der die Urteile fremder Vernunft ignoriert und die eigene Vernunft zum Maßstab macht, nennt Kant hingegen einen »logischen Egoisten«.[313] Da aber auch die fremde Vernunft nur einen begrenzten Horizont haben kann, darf man sich der dritten Maxime nach auch auf sie nicht verlassen und muss schließlich doch Urteile in Eigenverantwortung fällen.[314] Dies geschieht nun mit besseren Gründen und nach einer Prüfung der eigenen Vernunft. Gleich also, ob sie die eigenen Ordnungen aufgrund der Prüfung revidieren muss oder nicht, kann sie sich selbst durch den selbstkritischen Gebrauch der Vernunft »erweitern« (Log., AA IX, 43), weil sie die an der Andersheit der fremden Vernunft erfahrene Beschränktheit der eigenen in ein vorsichtigeres Urteil einbezogen haben wird.

Dies muss abermals auch für Kants eigene Vernunft gelten. Dementsprechend beherzigt er das von ihm vorgesehene Prüfverfahren und wendet es entsprechend auf seine eigene Transzendentalphilosophie an, indem er diese im Ganzen dem Leser zu dessen Urteil und zur eigenen Prüfung vorlegt. Entsprechend heißt es in der Vorrede A zur *Kritik der reinen Vernunft*:

---

[313] Vgl. zum Egoismus bei Kant insbes.: Anth., AA VII, 128–131; vgl. hierzu auch die Ausführungen in Reinhard Brandt: Kritischer Kommentar zu Kants Anthropologie in pragmatischer Hinsicht (1798), Hamburg 1999 (= Kant-Forschungen; Bd. 10), S. 120f.

[314] Vgl. hierzu Volker Gerhardt: Immanuel Kant, S. 24: »Es [das kantische Philosophieren] ist das Programm eines entschiedenen philosophischen Individualismus, der nur durch den sachlichen Gehalt der Einsichten und durch die existenzielle Verbindlichkeit des Lebens gezügelt werden kann. Alles, was Kant im Einzelnen vorträgt, steht unter dem Vorbehalt der Prüfung durch den Einzelnen.«

Ob ich nun das, wozu ich mich anheischig mache, in diesem Stücke geleistet habe, das bleibt gänzlich dem Urteile des Lesers anheim gestellt, weil es dem Verfasser nur geziemet, Gründe vorzulegen, nicht aber über die Wirkung derselben bei seinen Richtern zu urteilen. (KrV, Vorrede A XV)

Damit geht Kant davon aus, dass auch seine *Kritik der reinen Vernunft* nur einem begrenzten Horizont und einem besonderen unter vielen Standpunkten zuzuordnen ist. Er geht davon aus, dass die Urteile seiner eigenen Vernunft vorläufige, subjektiv-hypothetisch entworfene Ordnungen sind, die sich stets an denen fremder Vernunft prüfen lassen müssen, will er größtmögliche Legitimität seiner eigenen Urteile in Anspruch nehmen dürfen.

Eine besondere Bedeutung in der Prüfung der eigenen an fremder Vernunft im selbstkritischen Vernunftgebrauch erhält dann die Sprache, denn die Prüfung kann nur erfolgen, indem die zu prüfenden Urteile in sprachlichen Zeichen mitgeteilt werden und die Vernunft in eine Kommunikation mit fremder Vernunft eintritt.[315] Die Vernunft selbst erscheint dann als sprachliches Zeichen in der Kommunikation, das in ihrem Gebrauch nur vorläufig-hypothetische Gültigkeit beanspruchen kann: Im Praktischen wird von ihr, wie noch darzustellen sein wird (Kapitel 2.5), als ein Zeichen für den Respekt, den die Einzelnen einander entgegenbringen müssen, sofern Kommunikation zwischen ihnen möglich sein soll, Gebrauch gemacht,[316] im Theoretischen und in der philosophischen Kommunikation wiederum als ein Zeichen auf dem ›Kampfplatz der Metaphysik‹, das durch Explikation zu verdeutlichen ist und Übereinstimmung in der wissenschaftlichen und moralischen Kommunikation denkbar werden lassen soll. Die durch die Erfahrung fremder Vernunft veranlasste kritische Selbstprüfung der Vernunft wird somit zu einer Prüfung der eigenen Begriffe, die als entworfene hypothetische Ord-

---

[315] Schon früh, etwa von Hamann und Herder, wurde Kant vorgeworfen, er habe die Bedeutung der Sprache verkannt (siehe: Johann Georg Hamann: Metakritik über den Purismus der Vernunft, in: Nadler, Josef (Hg.): Johann Georg Hamann. Werke, 3. Bd: Schriften über Sprache, Mysterien, Vernunft: 1772–1788, Wien 1951, S. 281–289; Johann Gottfried Herder: Eine Metakritik zur Kritik der reinen Vernunft, Berlin 1955). Mit dieser alten Kritik an Kant setzt sich Römpp auseinander und weist sie schließlich zurück (siehe Georg Römpp: Die Sprache der Freiheit. Kants moralphilosophische Sprachauffassung, in: Kant-Studien 95 (2004), S. 182–203). Auch Simon thematisiert die Bedeutung der Sprache bei Kant, ausgehend eben von der Differenz der je eigenen und fremden Vernunft (vgl. Simon: Kant). Zur Thematik der Sprache bei Kant siehe auch Jürgen Villers: Kant und das Problem der Sprache. Die historischen und systematischen Gründe für die Sprachlosigkeit der Transzendentalphilosophie, Konstanz 1997 (= Reflexionen zur Sprachtheorie; Bd. 1), insbes. S. 337–366.

[316] Josef Simon stellt die Begriffe der Sprache und des Zeichens in den Mittelpunkt seiner Kant-Interpretation. Zum Thema der Zeichen bei Kant vgl. Simon: Kant, insbes. S. 337–363. Siehe auch in Anschluss an Simon Stegmaiers Interpretation des kantischen Zeichenverständnisses in: Orientierung an anderer Orientierung, S. 216–220, sowie seinen eigenen Gebrauch des Zeichenbegriffes in: Philosophie der Orientierung, S. 269–290.

2.4 Die Selbsterhaltung der Vernunft

nungen, als Unterscheidungen, die immer auch Alternativen zulassen, wieder ins Bewusstsein treten.

Zur Ruhe, zum Abschluss der Selbstprüfung, wird die Vernunft jedoch nicht gelangen, weil ihre Entwürfe und Passungen immer wieder aufs Neue infrage gestellt werden können. Sie können jederzeit durch die nicht verfügbare fremde Vernunft, aber auch durch die sich wandelnde Erfahrung der Sinnenwelt, durch neue Einzelerkenntnisse des Verstandes oder neue Affektionen der Sinne in Zweifel gezogen und so ›unpassend‹ werden. Die hypothetischen Ordnungen der eigenen Vernunft müssen dann korrigiert werden. Im Zusammenspiel mit dem kritischen Gebrauch wird aus der Orientierung, die der entwerfende Gebrauch ermöglicht, daher immer auch eine ständige Umorientierung.[317]

Für die Selbstkonstitution der Vernunft im Gebrauch bedeutet dies, dass diese nicht als einzelner oder gar abschließender Akt, sondern als ein fortlaufender, zwischen entwerfendem und selbstkritischem Vernunftgebrauch oszillierender Prozess erfolgt. Das Verständnis des im entwerfenden Gebrauch erfolgenden Selbstentwurfs der Vernunft ist damit zu erweitern: Dieses hatte ergeben, dass von der Vernunft als einer hypothetischen Voraussetzung im Denken und Handeln Gebrauch gemacht wird. Sie entwirft sich selbst nicht nur zu ihrem Gebrauch, sondern auch in ihrem Gebrauch, in dem sie sich zu bewähren hat. So wurde die Vernunft nicht als abstrakte Einheit begriffen, aus deren Begriff die Möglichkeiten ihres Gebrauchs abgeleitet werden, sondern umgekehrt konnte die selbstbezügliche Vernunft allein aus dem vielfältigen und seinerseits nicht weiter ableitbaren Gebrauch verstanden werden. Mit dem selbstkritischen Gebrauch wird aus dem einzelnen Akt ihres Selbstentwurfs im entwerfenden Gebrauch nun ein fortlaufender Prozess des Selbstentwerfens der Vernunft angesichts dessen, dass sie immer wieder aufs Neue infrage gestellt wird – und damit ein Prozess der Selbsterhaltung der Vernunft.[318] Schließlich ist Kants eigenes kritisches Unternehmen, als

---

[317] In diesem Sinne ist wohl Kaulbach zu verstehen, wenn er meint: »Wenn nämlich betont wurde, daß diese [pragmatische] Vernunft den Weg zu immer weiteren Standpunkten und Maßstäben der Weltbeurteilung geht, indem sie sich orientiert, so resultiert daraus: daß diese Orientierung zugleich auch immer eine Umorientierung sein muß. Jeder neu gewonnene Maßstab nämlich hat zur Folge, daß bisher Verborgenes aufgedeckt und bisherige Irrtümer und Irrmeinungen entlarvt und korrigierbar werden. Die Orientierung, welche die pragmatische Vernunft [– also der Vernunftgebrauch –] leistet, ist eine ständige Umorientierung und Entlarvung.« (Kaulbach: Weltorientierung, Welterkenntnis und pragmatische Vernunft bei Kant, S. 75.)

[318] Sommer sah im »Prinzip der Selbsterhaltung der Vernunft« »das Zentrum« der kantischen Philosophie (vgl.: Sommer: Die Selbsterhaltung der Vernunft, hier S. 12). Er versteht die Selbsterhaltung der Vernunft als eine Selbststrukturierung, mit der bei Kant auch eine Selbsterkenntnis der Vernunft, eine Erkenntnis der eigenen Rationalität, einhergehe. In diesem Sinne »erschließt« »[e]rst die Selbsterhaltung der Vernunft [...] die Rationalität von Selbsterhaltung«

ein einzelner Akt des Selbstentwurfes im Prozess der Selbsterhaltung der Vernunft im Wechselspiel von Selbstentwurf und Selbstkritik zu verstehen, der auf dem zum ›Kampfplatz‹ gewordenen Feld der Metaphysik erfolgt.[319] Und wie für den Selbstentwurf der Vernunft so gilt auch für ihre Selbsterhaltung, in der sie sich immer wieder aufs Neue selbst entwirft, prüft und sich so ihrer selbst vergewissert, dass diese im Gebrauch erfolgt, nur von diesem ausgehend gedacht werden kann. Der Gebrauch, nicht die Vernunft selbst, bleibt die letzte Instanz, von der ausgehend Selbstentwurf und nun auch Selbsterhaltung der Vernunft und mit ihr das kantische Unternehmen der Vernunftkritik zu verstehen sind.

2.5 Die Praxis des Gebrauchs der Vernunft

Die Vernunft ist damit als hypothetische Voraussetzung beschrieben, die sich in ihrem entwerfenden Gebrauch selbst entwirft und durch ihren selbstkritischen Gebrauch in einen Prozess ihrer Selbsterhaltung eintritt. Darin jedoch ist sie nicht mehr ein bloß theoretisches Vermögen. Wenn Selbstentwurf und Selbsterhaltung der Vernunft stets im Gebrauch erfolgen, so ist dies nicht

---

(vgl. S. 13). Auch Hutter stellt die Selbsterhaltung der Vernunft ins Zentrum seiner Interpretation der kantischen Philosophie. Er bestimmt die Selbsterhaltung als das ursprüngliche »Interesse« der Vernunft bzw. das »Bedürfnis« oder die »Natur« der Vernunft, von denen ausgehend ein »Verständnis des systematischen Gesamtzusammenhangs der Kantischen Vernunftkritik« gewonnen werden könne (vgl. Hutter: Das Interesse der Vernunft, hier S. 1). Dabei diene das Verstandesvermögen »als Werkzeug« zunächst einer »primäre[n] Sorge« um »Güter, Gesundheit und Leben«, während das Bedürfnis nach »Selbstbehauptung der Vernunft« hingegen im Gefühl des Erhabenen greifbar werde (S. 176).

[319] Vgl. Kapitel 2.3.6. Sommer zufolge ist die kantische Vernunftkritik selbst ein Beitrag zum Prozess der Selbsterhaltung der Vernunft auf dem ›Kampfplatz der Metaphysik‹. »In der transzendentalen Dialektik [werde] demonstriert, wie eine die Vernunft zur Selbstvernichtung treibende Metaphysik ausschließlich in der Intention der Selbsterhaltung aufgebaut, diese Intention aber mangels Einsicht in Wesen und Grundsatz der Vernunft pervertiert werden konnte – eine Aufdeckung, die ihrerseits ein Selbsterhaltungsakt ist und nur durch die Einsicht [Kants] in den Zusammenhang von Vernunft und Selbsterhaltung möglich wurde.« (Sommer: Die Selbsterhaltung der Vernunft, S. 13) Bei Kant sorge die Vernunft in den beiden Bereichen der praktischen und der theoretischen Philosophie auf je eigene Weise, nach eigenen Prinzipien, selbst für ihre eigene Erhaltung, nämlich »einmal in der Konstitution moralischer Autonomie; zum anderen in der theoretischen Selbstbeschränkung der Vernunft« (ebd.). Wie dargestellt, war der ›Kampfplatz der Streitigkeiten‹ in der rationalistischen Metaphysik dort entstanden, wo es um das Denken reiner, nur dem Denken gegebener Gegenstände ging, wo das Denken also nicht mehr fremd-, sondern rein selbstreferenziell war. Nach Stegmaier gerät jedoch die Selbsterhaltung der Vernunft auch bei Kant durch ihre Selbstbezüglichkeit in ihrer Selbstkritik zunächst gerade wieder in Gefahr, was Kant durch eine scheinbare Entparadoxierung bzw. »Paradoxieninvisibilisierung« im Sinne Luhmanns verschleiert habe (vgl. Anm. 286).

2.5 Die Praxis des Gebrauchs der Vernunft

mehr bloß als theoretischer Akt aufzufassen, sondern auch als praktischer, als *Handlung*, die dann auch von moralischer Relevanz ist. Mit dem im vorangegangenen Kapitel beschriebenen Verhältnis zwischen eigener und fremder Vernunft wurde derjenige Bereich, in dem Selbstentwurf und Selbsterhaltung der Vernunft eine praktische Dimension erhalten, bereits zum Thema gemacht: Dass die Vernunft zu ihrer kritischen Selbstprüfung angehalten wird, ist vor allem ein praktisches Gebot, um gegenüber fremder Vernunft nicht ungerecht zu werden. Im Folgenden wird über die Darlegung einiger grundsätzlicher Strukturen diese praktische Dimension des Vernunftgebrauchs, des Selbstentwurfs der Vernunft und ihrer Selbsterhaltung nun näher beleuchtet.

Kant entwickelt seine praktische Philosophie konsequent in Anlehnung an seine theoretische. Während der theoretische Gebrauch der Vernunft nach Kant zum Erkennen der Natur in den Formen des eigenen Denkens und Wahrnehmens befähigt, besteht ihr praktischer Gebrauch im Handeln aus eigener Verantwortung. Objektives Erkennen wird der *Kritik der reinen Vernunft* zufolge möglich, indem die Vernunft im Selbstbezug der Form-Inhalt-Unterscheidung[320] im transzendentalen Idealismus von Raum und Zeit von allem Empirischem rein gehalten, ihr Gebrauch aber auf den Bereich der sinnlich wahrnehmbaren Natur eingeschränkt wird, das Subjekt also im Gebrauch der Vernunft ästhetisch bedingt ist. Auch im praktischen Vernunftgebrauch geht die Selbstreferenz der Referenz voraus. Die praktische Vernunft ist von Kant so gedacht, dass sie gerade nicht in den Grenzen und unter den Bedingungen der Natur steht und erst im Handeln ihren Bezug auf das Konkrete der Natur erfährt. Das Handeln müsste anderenfalls als bloßes, wenn auch darin nie ganz durchschaubares Verhalten nach Naturgesetzen, für welches das Subjekt nicht verantwortlich gemacht werden kann, betrachtet werden, womit es sich jeder moralischen Beurteilung entzöge. In ihrem praktischen Gebrauch muss daher, so formuliert es Kant, die »reine Vernunft [...] für sich allein praktisch sein« (KpV, 44).

Kant muss in der praktischen Philosophie also zunächst vom Allgemeinen ausgehen, ohne Anhalt an einem Konkreten zu suchen. Moralität besteht demnach allein schon im Bewusstsein der Verbindlichkeit eines praktischen Gesetzes. Will die Ethik wissenschaftlich sein und zu allgemeingültigen Aussagen gelangen, so kann sie nicht bei individuellen Handlungen, von denen nichts Allgemeines ausgesagt werden kann, sondern muss von vornherein beim Allgemeinen selbst ansetzen. Kant findet es in den allgemeinen »Regeln« des Verhaltens, die er »Maximen«[321] nennt, auf deren Grundlage man

---

[320] Vgl. Kapitel 2.3.2.
[321] Dass Kants praktische Philosophie nicht bei der Frage nach der Moralität konkreter Handlungen ansetzt, sondern bei der Frage nach der Moralität von Handlungsgrundsätzen, dass sie also eine Maximenethik ist, wurde in der Forschung ausführlich herausgestellt. Siehe dazu etwa

mit subjektiver, nicht jedoch schon objektiver »Zulänglichkeit« (vgl. KrV, A 822/B 850) handelt, wobei er die Gesamtheit solcher Maximen eines Individuums als dessen »Charakter« (vgl. KpV, 271) bezeichnet. Die Aufgabe der Philosophie kann jedoch nicht darin bestehen, normativ bestimmte Handlungsmaximen vorzugeben, weil der ihr zugeschriebene moralische Wert von den jeweils konkreten Umständen, in denen sie zur Anwendung kommen, abhängt. Maximen werden stattdessen ohnehin von jedem im alltäglichen Lebensvollzug zahlreich ausgebildet. Der Philosophie verbleibt demnach die Aufgabe, Kriterien und ein Prüfverfahren zu entwickeln, mit dessen Hilfe bereits vorliegende Maximen auf ihre moralische Haltbarkeit hin überprüft werden können und das einen Charakter im Ganzen anleiten kann, sich zu einem moralisch guten zu bilden. Kant wird diese Prüfverfahren bekanntlich in seinem Kategorischen Imperativ finden.[322]

Otfried Höffe: Immanuel Kant, S. 186ff; ders.: Kants Kategorischer Imperativ als Kriterium des Sittlichen, in: Zeitschrift für philosophische Forschung 31 (1977), S. 354–384, insbes. S. 356; siehe auch Oswald Schwemmer: Philosophie der Praxis. Versuch zur Grundlegung einer Lehre vom moralischen Argumentieren in Verbindung mit einer Interpretation der praktischen Philosophie Kants, Frankfurt a. M. 1971, S. 132–140; ders.: Vernunft und Moral. Versuch einer kritischen Rekonstruktion des Kategorischen Imperativs bei Kant, in: Gerold Prauss (Hg.): Kant. Zur Deutung seiner Theorie von Erkennen und Handeln, Köln 1973, S. 255–273. insbes. S. 258f.; allgemein zum Begriff der Maxime siehe Maria Schwartz: Der Begriff der Maxime bei Kant. Eine Untersuchung des Maximenbegriffs in Kants praktischer Philosophie, Berlin 2006.

[322] Indem der Kategorische Imperativ also niemals auf konkrete Handlungen, nur auf Maximen anwendbar ist, bleibt Kants Maximenethik rein von allem Konkreten. Dies ermöglicht ihr einen Rigorismus, der zumeist abgelehnt, von einigen Forschern jedoch auch befürwortet wird. Vgl. zur letzteren Haltung z. B. Julius Ebbinghaus: Die Formeln des kategorischen Imperativs und die Ableitung inhaltlich bestimmter Pflichten, in: Prauss (Hg.): Kant. Zur Deutung seiner Theorie von Erkennen und Handeln, S. 274–291. Irritiert haben immer wieder Kants eigene konkrete Beispiele (siehe hierzu: Ingeborg Heidemann: Die Funktion des Beispiels in der kritischen Philosophie, in: Kaulbach/Ritter (Hg.): Kritik und Metaphysik, S. 21–39, die die Funktion von Beispielen im Rahmen der Vermittlungsfunktion der Urteilskraft erörtert), etwa das der Lüge (eine Auseinandersetzung mit diesem Beispiel liefert jüngst Heiner F. Klemme: Perspektiven der Interpretation: Kant und das Verbot der Lüge, in: Schönecker/Zwenger (Hg.): Kant verstehen/Understanding Kant, S. 85–105), des Selbstmords oder das des Despotismus. Dabei hat auch Kant selber auf die Unvollkommenheit seiner Beispiele hingewiesen. Dass der Kategorische Imperativ keine sichere moralische Orientierung bezogen auf konkretes Handeln bietet, wird Kant nicht selten als Defizit seiner Maximenethik angerechnet (vgl. etwa Sven Becker: Kant zur moralischen Selbsterkenntnis, in: Kant-Studien 97 (2006), S. 163–183. Er legt das »Defizit« des Kategorischen Imperativs allerdings nicht nur negativ aus, sondern merkt durchaus an, dass es einem recht realistischen Menschenbild entspricht). Als lebensnäher müsste jedoch die Einschätzung gelten, derzufolge das Individuum in konkreten Situationen stets genötigt ist, zu urteilen oder Entscheidungen zu treffen, ohne dabei auf letzte Sicherheiten vertrauen zu können. Seine stets individuelle moralische Urteilskraft, die gerade nicht aus allgemeinen Prinzipien begriffen und auf eindeutige Regeln zurückgeführt werden kann, ist so immer wieder aufs Neue gefragt (vgl. hierzu: Kaulbach: Das Prinzip der Handlung

2.5 Die Praxis des Gebrauchs der Vernunft

Um dieses Prüfungsverfahren zu entwickeln, bedient sich Kant nun analog der *Kritik der reinen Vernunft* abermals der Form-Inhalt-Unterscheidung:[323] Der *Kritik der reinen Vernunft* zufolge waren die Anschauungen der Sinnlichkeit Inhalte, denen die Vernunft im Erkennen eine Form verleiht, die ihrerseits jedoch bereits Allgemeines, nämlich reine Formen der Anschauung, enthielten. Dementsprechend sollen die Maximen allgemeine, aber zugleich sinnliche, nämlich »mit Annehmlichkeit affiziert[e]« (KpV, 41) Handlungsregeln sein, die Gegenstand einer Prüfung durch die Vernunft auf ihre Moralität hin werden und durch die Prüfung die Form objektiver Gesetze erhalten sollen. Wie das theoretische Erkennen dadurch möglich wurde, dass die Sinnesanschauungen durch die Form des sie denkenden Verstandes Objektivität erhalten, so liegt analog dazu die Moralität von Maximen allein in ihrer bloßen Form allgemeiner Gesetzmäßigkeit (KpV, 46).[324] Wie das Subjekt im theoretischen Gebrauch der Vernunft in Urteilen Objekte entwirft, so macht es im Praktischen von seiner Vernunft Gebrauch, indem es Urteile über die moralische Haltbarkeit von Handlungsmaximen fällt.

Über das hingegen, was am Handeln Natur ist, also seine natürlichen Bedingungen, wie etwa Triebe oder Neigungen, aber auch seine unter den Bedingungen der Natur stehenden Wirkungen, kann die Vernunft nach Kant nicht verfügen. Es kann der Vernunft daher auch nicht zugeschrieben werden, weshalb die Moralität in ihnen auch nicht ihre Begründung finden kann. Zugeschrieben werden kann der Vernunft nur das, worin sie frei ist. Sie ist dies nach Kant im ›Willen‹, der das Handeln wider alle Neigungen zu lenken vermag und dem Maximen zugrunde liegen, die Kant als Formen des Handelns deutet. Allein in den Maximen als den Formen des Handelns kann das

---

in der Philosophie Kants, S. 258; siehe auch ebd., S. 259–331). Zur Anwendbarkeit allgemeiner Regeln in concreto bei Kant siehe auch Verena Mayer: Das Paradox des Regelfolgens in Kants Moralphilosophie; in: Kant-Studien 97 (2006), S. 343–368.

[323] Vgl. zu dieser Interpretation der kantischen praktischen Philosophie ausgehend von der Form-Inhalt-Unterscheidung abermals Stegmaier: Von Kant bis Nietzsche, S. 69f., an den hier angeschlossen wird. Vgl. auch schon Kapitel 2.3.

[324] Schon Hegel machte in seiner Kritik der praktischen Philosophie Kants auf die Schwierigkeiten aufmerksam, die in Zusammenhang mit der Form-Inhalt-Unterscheidung und der aus ihr verstandenen konkreten Anwendung des Kategorischen Imperativs entstehen. Vgl. Georg F. W. Hegel: Über die wissenschaftlichen Behandlungsarten des Naturrechts, seine Stelle in der praktischen Philosophie, und sein Verhältnis zu den positiven Rechtswissenschaften, in: ders.: Sämtliche Werke, Bd. 1, Stuttgart 1927, S. 435–537. Siehe zu Hegels Auseinandersetzung mit der kantischen Moralphilosophie z. B. auch Pirmin Steckeler-Weithofer: Kultur und Autonomie. Hegels Fortentwicklung der Ethik Kants und ihre Aktualität, in: Kant-Studien 84 (1993), S. 185–203; Zur Deutung des Kategorischen Imperativs als eines Prüfverfahrens zur Selektion von Maximen sowie der Möglichkeiten seiner Anwendung siehe Christian F. R. Illies: Orientierung durch Universalisierung. Der Kategorische Imperativ als Test für die Moralität von Maximen, in: Kant-Studien 98 (2007), S. 306–328.

Moralische liegen.³²⁵ »Praktisch«, so formuliert Kant, »ist alles, was durch Freiheit möglich ist« (KrV, A 800/B 828).³²⁶ Ein Handeln aus freiem Willen ist dann ein Handeln nicht aufgrund von Ursachen, die aus der Natur an die Vernunft herantreten, sondern aufgrund von Motiven, die allein der Vernunft selbst entstammen, dann jedoch in die Natur hinein wirksam werden. So setzt Kant der Kausalität der Natur eine Kausalität aus Freiheit entgegen, die den Motiven der Vernunft entspringt. Ihr zufolge ist das Handeln nicht heteronom, nämlich durch Naturursachen, in deren Reihe es steht, bedingt, sondern es ist selbst in der Lage, aus Freiheit zu handeln und so eine Reihe von Ursachen in der Natur autonom anzustoßen. Das Handeln lässt sich, wenn es frei ist, seine Gesetze nicht von der Natur vorschreiben, sondern schreibt seinerseits der Natur, in die es aus Freiheit eingreift, eine Gesetzmäßigkeit vor. Schränkt der transzendentale Idealismus die Gültigkeit der Naturgesetze auf den Bereich der sinnlichen Wahrnehmung ein, ermöglicht er dadurch zugleich eine Freiheit jenseits der Natur. Indem der Mensch dem transzendentalen Idealismus zufolge zwar als Teil der Natur Naturwesen ist und selbst unter die Naturgesetze fällt, als Vernunftwesen jedoch zugleich Ursprung selbiger Naturgesetze ist, sind Kausalität durch Freiheit und die Autonomie der Vernunft möglich.

Eben an dieser Stelle, an der die zunächst vom Sinnlichen völlig rein gehaltene praktische Vernunft als schöpferisch gedacht werden kann und als fähig, selbst in die Natur, das Konkrete, einzugreifen, indem sie von sich aus Kausalreihen anstößt, erhält sie einen Bezug auf das Konkrete. Für die Denkbarkeit von Moral, um die es Kant neben der Denkbarkeit von Erkenntnis in seinem kritischen Unternehmen geht,³²⁷ ist dies unverzichtbar, weil das Handeln, sofern es als moralisch angesehen werden können soll, nicht ›erklärt‹ werden und nicht auf Naturursachen zurückgeführt werden darf. Es muss stattdessen als aus Motiven einer autonomen Vernunft entsprungen und durch freien Willen bewirkt hingenommen werden können.

---

[325] Diese sind nicht mit »Absichten« zu verwechseln (so z. B. Steigleder: Kants Moralphilosophie, S. 132). Sie spielen im Recht eine Rolle, dass sich in seinen Urteilen in Abgrenzung zur Ethik nicht auf Maximen, sondern auf konkrete Handlungen bezieht, aber ebenso auch »Absichten« berücksichtigt, die zwischen Maximen und Handlungen stehen und zwischen beiden vermitteln.

[326] Bojanowski rekonstruiert den kantischen Freiheitsbegriff und verteidigt ihn gegen die von ihm ausgemachten Haupteinwände, die gegen den kantischen Freiheitsbegriff erhoben werden. Siehe Jochen Bojanowski: Kants Theorie der Freiheit. Rekonstruktion und Rehabilitierung, Berlin/New York 2006. Zur Frage der Differenz einer Freiheit in spekulativer und einer in praktischer Hinsicht siehe Georg Geismann: Kant über Freiheit in spekulativer und in praktischer Hinsicht, in: Kant-Studien 98 (2007), S. 283–305.

[327] Vgl. hierzu die Ausführungen in Kapitel 2.2.

2.5 Die Praxis des Gebrauchs der Vernunft

Durch den transzendentalen Idealismus wird Freiheit zwar denkbar, werden Kausalität durch Freiheit und damit praktischer Gebrauch der Vernunft auf diese Weise möglich, jedoch nicht deshalb auch schon wirklich. Die Möglichkeit der Freiheit kann zwar nicht geleugnet, allein deshalb aber nicht schon ›erkannt‹ werden. Denn der sinnlich wahrnehmbaren Handlung kann doch stets unterstellt werden, sie sei Wirkung einer natürlichen Ursache – auch wenn man diese (noch) nicht anzugeben vermag. Nach Kant kann aber auch die Wirklichkeit der Freiheit ›erfahren‹ werden, die praktische Vernunft zeige sich sogar als ein unbestreitbares »Faktum der Vernunft« (KpV, 56). Die Wirklichkeit der Freiheit werde im praktischen Gebrauch der Vernunft, im Handeln selbst, deutlich. In der Erfahrung der moralischen Nötigung im Handeln durch das Grundgesetz der praktischen Vernunft, dem Kategorischen Imperativ, spreche sich letztlich die Vernunft selbst als ein »Faktum« aus, welches nicht aus vorab Gegebenem abgeleitet ist:

> Man kann das Bewußtsein dieses Grundgesetzes ein Faktum nennen, weil man es nicht aus vorhergehenden Datis der Vernunft, z. B. dem Bewußtsein der Freiheit (denn dieses ist uns nicht vorher gegeben), herausvernünfteln kann, sondern weil es sich für sich selbst uns aufdringt als synthetischer Satz a priori, der auf keiner, weder reinen noch empirischen Anschauung gegründet ist [...]. (KpV, 55f.)[328]

Die Vernunft zeige sich als Faktum im Widerstand gegen die natürliche Neigung, im Kategorischen Imperativ des ›Du sollst‹, welches die Stimme der Vernunft ausruft. In der Erfahrung dieser moralischen Nötigung erhält das Subjekt die Gewissheit, dass Kausalität aus Freiheit möglich ist und dass es selbst gegen alle Naturgesetzmäßigkeit eine Wirklichkeit hervorzubringen in der Lage ist. Dies ist eine Wirklichkeit, die nicht einfach erkannt, sondern eine, die im praktischen Gebrauch der Vernunft, in der »That«, aus Freiheit hervorgebracht wird und an deren Möglichkeit praktisch nicht gezweifelt werden kann, weil im Zweifel eben die bezweifelte Freiheit bereits in Anspruch genommen wäre:

> Denn wenn sie, als reine Vernunft, wirklich praktisch ist, so beweist sie ihre und ihrer Begriffe Realität durch die That wird [...], und alles Vernünfteln wider die Möglichkeit, es zu sein, ist vergeblich. (KpV, 3)

So ist diese von der Vernunft in ihrem praktischen Gebrauch geschaffene Wirklichkeit im Gegensatz zur Natur, in der alles als aus Naturgesetzmä-

---

[328] Vgl. auch KpV, 81: »Auch ist das moralische Gesetz gleichsam als ein Factum der reinen Vernunft, dessen wir uns *a priori* bewußt sind und welches apodiktisch gewiß ist, gegeben, gesetzt daß man auch in der Erfahrung kein Beispiel, da es genau befolgt wäre, auftreiben könnte.«

ßigkeit entspringend gedacht werden muss, ein »Reich der Freiheit«, in dem alles der Autonomie der Vernunft entspringt.

Kant weist der im praktischen Vernunftgebrauch im Handeln gesetzten Wirklichkeit gegenüber der im theoretischen Gebrauch im Verstandesurteil hervorgebrachten dann auch einen Vorrang zu: Beide bedürfen der *Kritik der praktischen Vernunft* zufolge eines »Kreditivs« (siehe KpV, 83), das sie aufgrund eines Faktums glaubhaft werden lässt. Dem Kreditiv der Affektion durch die Sinne im theoretischen Vernunftgebrauch, steht als Faktum im praktischen Vernunftgebrauch jedoch das der Nötigung durch das moralische Gesetz gegenüber, welches Kant als ein viel stärkeres betrachtet.[329] Während die Ergebnisse der theoretischen Vernunft – inklusive ihres eigenen Begriffs – immer vorläufig-hypothetisch entworfene Ordnungen bleiben müssen, die zwar Orientierung in der Welt ermöglichen, aber immer auch von der eigenen Erfahrung oder von fremder Vernunft bestritten werden können, versteht Kant die Nötigung durch das Sittengesetz und die in ihr autonom wirkende praktische Vernunft hingegen als die einzig tatsächlich »unleugbar[e]« Wirklichkeit, »wider« deren »Möglichkeit« jedwedes »Vernünfteln« »vergeblich« sei (KpV, 56, Anm.).

Die Vernunft selbst zeigt sich nach Kant in ihrem praktischen Gebrauch in einem viel höheren Sinne, nämlich »unleugbar«, als ›wirklich‹.[330] Diese höchste und »unleugbar[e]« Wirklichkeit der Vernunft ist dann keine theoretisch erkennbare. Die Erfahrung der moralischen Nötigung ist keine sinnliche Erfahrung, das Reich der Freiheit keine theoretisch-objektive, sondern allein eine praktisch-objektive Realität (vgl. KpV, 97). Die sich in ihrem Gebrauch selbst entwerfende und erhaltende Vernunft ist damit nicht mehr eine bloß hypothetisch-theoretische Voraussetzung im Sinne einer sich pragmatisch bewährenden Vernunftidee, sondern sie besitzt in ihrem Gebrauch eine viel glaubhaftere, nämlich eine praktische ›Wirklichkeit‹.

Zu ihrem Selbstentwurf und ihrer Selbsterhaltung wird die Vernunft demnach auch und vor allem praktisch genötigt. Es ist kein bloß theoretisches Interesse, sondern vor allem eine moralische Nötigung, welche die Vernunft zu ihrem Selbstentwurf und ihrer Selbsterhaltung anhält und mit einem »du sollst« aufruft. Wenn Kants Neugründung des Vernunftbegriffes kein theoretischer Selbstzweck war, sondern vor allem zur Ermöglichung ihres sichereren Gebrauchs in Wissenschaft und Moral erfolgte (vgl. Kapitel 2.2), so

---

[329] Siehe hierzu auch Stegmaier: Von Kant bis Nietzsche, S. 76.

[330] Entsprechend dieses Vorrangs des Praktischen ist ›Weisheit‹ für Kant auch keine theoretische, sondern eine praktische Qualität. Sie kommt nicht einer abstrakt gedachten Vernunft zu, sondern einer Vernunft, die im vernünftigen, moralischen Handeln deutlich wird: Sie ist nach Kant die »Idee vom gesetzmäßig-vollkommenen praktischen Gebrauch der Vernunft«, Anth., AA VII, 200. Vgl. auch Stegmaier, Von Kant bis Nietzsche, S. 19.

2.5 Die Praxis des Gebrauchs der Vernunft

zeigt sich hier, dass die Möglichkeit einer allgemeingültigen Ethik für Kant dabei deutlich im Vordergrund stand. Allerdings stellt sich die Frage, worin die moralische Nötigung zum Selbstentwurf und zur Selbsterhaltung der Vernunft nach Kant besteht. Ihr soll nachgegangen werden:

Obwohl Kant wie gezeigt die Vernunft nicht als abstrakte Einheit versteht, sondern als eine in ihrem vielfältigen eigenen und fremden Gebrauch differente Vernunft, so spricht er doch zugleich von einer »allgemeine[n] Menschenvernunft« (KrV, A 752/B 780). Er versteht diese allgemeine Vernunft als hypothetisch-vorläufige und im Gebrauch in ihrer Brauchbarkeit zu bestätigende Voraussetzung im Denken und Handeln, die dem Zweck dient, die als different erfahrbaren individuellen Urteile eigener und fremder Vernunft, welche auch nach einer Prüfung different bleiben können, dennoch als vernünftig, vernünftig auf je ihre Weise, begreifen zu können. Erst im Hinblick auf einen als allgemein gedachten Begriff der Vernunft kann differentes eigenes und fremdes Urteilen so betrachtet werden, dass es jeweils ein zwar beschränktes, aber dennoch von berechtigten Rationalitätsmaßstäben geleitetes Urteilen ist. Die erfahrbaren Differenzen im Denken werden als unterschiedlicher und je anders bedingter Gebrauch einer als allgemein gedachten Vernunft verstehbar, in der ein jeder anders bedingt ist und in der insofern »ein jeder seine Stimme hat« (KrV, A 752/B 780). Der Begriff einer allgemeinen Vernunft lässt, indem von ihm als einer ›Richtschnur‹ des Denkens Gebrauch gemacht wird, das fremde wie das eigene Urteilen ungeachtet ihrer Verschiedenheit als jeweils vernünftiges – oder eben als einen *Vernunft*gebrauch – verstehen und respektieren. Die Idee der allgemeinen und dennoch immer anders bedingten »Menschenvernunft« dient so einerseits dazu, einander nicht zu diskreditieren, indem Differenzen in dem, was als vernünftig angesehen wird, legitimiert werden: Ihre Voraussetzung verhütet, dass man fremder Vernunft gegenüber vom eigenen beschränkten Standpunkt aus anmaßend wird.[331] Andererseits bringt die hypothetische Voraussetzung einer »allgemeinen Menschenvernunft« auch die Verpflichtung mit sich, sich in der Kommunikation auf diese auszurichten, die Horizonte des eigenen Erkennens durch kritische Selbstprüfung an der fremden Vernunft zu erweitern und so im Urteilen doch so weit wie möglich übereinkommen zu wollen –

---

[331] Sie kann natürlich ebensogut dazu dienen, anmaßende Ansprüche fremder Vernunft zurückzuweisen, indem sie es ermöglicht, für das eigene, vom Üblichen abweichende Urteilen dennoch Vernünftigkeit in Anspruch nehmen zu dürfen. Die Nähe der kantischen Gedanken zu denen von Emmanuel Lévinas, der den Anderen in den Mittelpunkt seiner Ethik stellt, ist an dieser Stelle offenkundig. Zu der Beziehung zwischen beiden Philosophen siehe Norbert Fischer/Dieter Hattrup: Metaphysik aus dem Anspruch des Anderen. Kant und Lévinas, Paderborn, München, Wien, Zürich 1999.

wenn auch davon auszugehen ist, dass eine vollständige Übereinstimmung wohl nie erreicht werden kann.[332]

Auch dem theoretischen Vernunftgebrauch liegt damit eine zuletzt moralische Motivation zugrunde. So »nennt« Kant das Erkennen, die Synthesis des Mannigfaltigen, in der Ordnungen entworfen werden, ausdrücklich eine »Handlung« (vgl. KrV, A 77/B 102), womit der theoretische Vernunftgebrauch zugleich in den Bereich des Praktischen fällt. Im selbstkritischen Gebrauch der Vernunft geht es nicht nur darum, Irrtümer um der Orientierung in der Natur willen zu verhüten, sondern letztlich auch darum, gegenüber fremder Vernunft durch falsche Urteile im Theoretischen nicht ungerecht zu werden. Das Vermögen des Vernunftgebrauchs – das Vermögen, im Denken und Handeln zwischen allgemeinem Intelligiblem und Konkretem zu vermitteln, im Theoretischen das Einzelne unter allgemeinen Begriffen zu denken bzw. im Praktischen das Allgemeine praktisch wirksam und ›wirklich‹ werden zu lassen – erweist sich im Ganzen als ein theoretisch nicht vollständig erfassbares, sondern als ein letztlich praktisches Vermögen, von dem Gebrauch gemacht wird, damit Übereinstimmung in der wissenschaftlichen und moralischen Kommunikation denkbar wird. Der theoretische Vernunftgebrauch ist demnach für Kant eine speziell disziplinierte Form des praktischen Vernunftgebrauchs, der seine letzte Quelle in einer moralischen Nötigung hat. Kant selbst bezeichnet das Vermögen des Gebrauchs der Vernunft mit einem weiteren Begriff, der dafür steht, dass an ihm theoretischer Erkenntnisanspruch scheitern muss: »Das Vermögen eines Wesens, seinen Vorstellungen gemäß zu handeln« so schreibt er, »heißt das Leben.« (MS, AA VI, 211) Der Gebrauch der Vernunft ist damit nach Kant nicht nur ein dem Leben dienliches Vermögen, sondern wird an dieser Stelle geradezu mit dem Leben identifiziert.

Dies gilt nun aber nicht nur für den auf die Natur bezogenen entwerfenden Gebrauch der Vernunft, sondern ebenso für den Entwurf der Vernunft selbst. Das moralische Gebot, nach Übereinstimmung der eigenen Ordnungen mit denen anderer zu streben, um ihnen gegenüber nicht ungerecht und anmaßend zu werden, die eigene Vernunft so zu gebrauchen, dass sie für andere einsehbar wird, ist damit auch dasjenige moralische Gebot, welches die Vernunft zu ihrem Selbstentwurf und ihrer Selbsterhaltung im Gebrauch aufruft und den Gebrauch als praktische *Handlung* in Gang setzt. Die Vernunft erhält auf diese Weise in der aus Freiheit entsprungenen Handlung des Selbstentwurfs und der Selbsterhaltung und damit im Gebrauch der Ver-

---

[332] Auf diese Weise zeigt sich die »allgemeine Menschenvernunft« bei Kant als kommunikationsphilosophische Voraussetzung, die dazu dient, angesichts der Erfahrung der konkreten, voneinander differierenden Rationalitätsmaßstäbe und Urteile Einzelner dennoch ›vernünftige‹, d. h. auf ›Vernünftigkeit‹ ausgerichtete, Kommunikation zu ermöglichen.

2.5 Die Praxis des Gebrauchs der Vernunft 181

nunft eine praktische Wirklichkeit. In ihrem Gebrauch zeigt sich die Vernunft selbst nicht mehr bloß als vorläufige, immer wieder zu bestätigende theoretische Hypothese, sondern als unbedingtes, nicht mehr durch die Sinnlichkeit eingeschränktes Gebot, als praktisches Faktum. Und vorrangig aufgrund dieser moralischen Nötigung zum Selbstentwurf und zur Selbsterhaltung der Vernunft bildet sich die Vernunft dann auch als theoretische Vernunft aus.[333] Der Vernunft, so hatte sich ergeben, geht im Selbstentwurf und in der Selbsterhaltung immer schon ein Gebrauch voraus.[334] Er ist damit letzte Instanz im kantischen kritischen Unternehmen, unabhängig von der nichts über die Vernunft gesagt werden kann (vgl. Kapitel 2.3.6; 2.4). Dieser aber wird nicht in erster Linie von einem theoretischen Interesse angetrieben, sondern entspringt einer für Kant viel stärkeren praktischen Quelle, nämlich einer moralischen Nötigung, mit der die Vernunft selbst in ihrem Gebrauch eine »unleugbar[e]« (KpV, 56, Anm.) praktische Realität erhält. Die sich in ihrem Gebrauch selbst entwerfende und erhaltende Vernunft erweist sich damit als nicht mehr bloß vorläufige und in ihrer Brauchbarkeit immer wieder zu bestätigende, theoretische Hypothese, sondern sie zeigt sich in der moralischen Nötigung, von ihr theoretischen und praktischen *Gebrauch* zu machen, als ein unbedingtes sittliches Gebot und praktisches Faktum. Erst im Praktischen wirkt sich die Vernunft damit tatsächlich aus, wird sie unleugbar ›wirklich‹ und erfolgt also in einem höheren Sinne als im Theoretischen ein *Gebrauch* der Vernunft.

---

[333] Werner Flach misst dementgegen der theoretischen Philosophie eine Zentralstellung bei. Entgegen Kants eigenem Bestehen auf dem Primat der praktischen Philosophie habe die theoretische Philosophie unter bestimmten Aspekten dennoch Primatcharakter. Denn nur in der reflexiven theoretischen Philosophie könne sich die Erkenntnis selbst begründen. Auch wir setzen vor allem bei der theoretischen Vernunft an, weil zwar der praktischen der Primat zukomme, die Neugründung der selbstbezüglich strukturierten Vernunft in ihrem Gebrauch jedoch in der theoretischen Philosophie erfolgt. In der Perspektive des Gebrauchs zeigt sich nun jedoch, dass auch die theoretische Vernunft gerade in ihrer reflexiven Selbstbegründung auch praktisch verstanden werden kann. Flachs Einschätzung bedeutet daher, den praktischen Charakter der Selbstbegründung der Vernunft in ihrem Gebrauch nicht zu berücksichtigen. Vgl. Werner Flach: Immanuel Kant: Die Idee der Transzendentalphilosophie, S. 30–33.

[334] So betont auch Sommer, dass »der immanenten Struktur dieses Prinzips [des Prinzips der Selbsterhaltung der Vernunft] auch dort, wo es noch nicht zum Grundsatz der Vernunft avanciert ist, eine vorprädikative implizite Rationalität, die erst durch den Adoptionsprozess als solche faßbar wird«, innewohnt (Sommer: Die Selbsterhaltung der Vernunft, S. 13). Dem expliziten, theoretischen Akt des Selbstentwurfs (vgl. Kapitel 2.3.6) und der Selbsterhaltung der Vernunft (Vgl. Kapitel 2.4) liegt eine immanente Vernünftigkeit im Gebrauch zugrunde und geht ihnen voraus.

2.6 Zusammenführung der Ergebnisse (Kapitel 2)

Damit ist die Bedeutung des Begriffs des Gebrauchs in Kants Werk herausgearbeitet; die Ergebnisse seien noch einmal zusammengefasst: Zunächst wurde die kantische Philosophie innerhalb ihres philosophiehistorischen Kontextes betrachtet, in dem sie auf spezifische philosophische Bedürfnisse hin entworfen wurde (Kapitel 2.2). Angesichts des ›Kampfplatzes der Metaphysik‹ musste es Kant darum gehen, einen *brauchbaren* Begriff der Vernunft erneut zur Verfügung zu stellen, der durch das *Entwerfen* und Bereitstellen von Ordnungen des Denkens dem Menschen Orientierung im Denken und Handeln innerhalb der ihn umgebenden sinnlich-konkreten, erfahrbaren Welt ermöglicht. Sein Unternehmen zur Neubegründung der Metaphysik ist daher weniger durch den Willen zur Feststellung einer apriorischen Wahrheit um ihrer selbst willen motiviert als vielmehr durch ein pragmatisches Interesse: Es dient nicht der Erkenntnis einer ›Vernunft an sich‹, auf sie wird verzichtet, sondern der Ermöglichung des sicheren theoretischen und praktischen *Gebrauchs* eines hypothetisch vorausgesetzten, für Kant jedoch in seiner Orientierungsleistung für den Menschen unverzichtbaren Vernunftbegriffs.

Seine Neugründung erfolgt dann zunächst in Kants theoretischer Philosophie, in der er die Erkenntnisansprüche des Rationalismus einschränkt und zugleich die Möglichkeit eines Vernunftbegriffs gegen den aus dem Empirismus erwachsenden Skeptizismus absichert. Dazu muss seine Transzendentalphilosophie, wie Kant schreibt, »das Wissen aufheben, um zum Glauben Platz zu bekommen« (KrV, Vorrede B XXX). Wo zuvor Anspruch auf sichere Erkenntnis erhoben worden war, werden nun durch das vernünftige Subjekt vorläufige Wahrheiten in den Modi des Fürwahrhaltens *entworfen*, die nur insofern als legitim gelten können, als sie die Sinnenwelt als Ganzes widerspruchsfrei und zweckmäßig verstehen lassen und sich insofern in pragmatischer Hinsicht als *brauchbar* erweisen. So begrenzt Kant durch den Begriff des *Gebrauchs* rationalistische Erkenntnisansprüche, weist durch ihn zugleich aber auch den Skeptizismus zurück. Eine Folge ist die konsequente Bindung des Denkens an die sinnlich erfahrbare Welt, die bei Kant durch den Begriff des *Gebrauchs* angezeigt wird.

Deutlich wird dies wird bereits an Kants Auffassung von der philosophischen Sprache (Kapitel 2.3.1). Die Philosophie bedient sich demnach nicht wie die Mathematik einer vom Sinnlich-Konkreten abstrahierten und daher konstruier- und abschließend definierbaren Sprache, sondern entnimmt ihre Begriffe dem auf die Erfahrungswelt bezogenen alltäglichen Sprach*gebrauch*. Es geht ihr darum, in Bezug auf die pragmatischen Bedürfnisse in der sich wandelnden Sinnenwelt die uns im alltäglichen Sprachgebrauch gegebenen Begriffe in ihrer Unterscheidungskraft zu schärfen und so *brauchbare* philosophische Begriffe zu entwickeln, die in ihren Bedeutungen dann allerdings

2.6 Zusammenführung der Ergebnisse (Kapitel 2)

nicht mehr abschließend festgelegt, sondern nur noch in ihrem Gebrauch ›expliziert‹ werden können.

Demgemäß entwirft Kant auch seinen neuen Begriff der Vernunft. Wie er die philosophische Sprache an die sinnlich-konkrete Welt gebunden sieht, so entwirft er auch einen an die Sinnlichkeit gebundenen *brauchbaren* Begriff der Vernunft. Die Bindung der Vernunft an die Sinnlichkeit erfolgt über Kants Unterscheidung von Verstand und Sinnlichkeit. Er denkt sie durch die von Form und Inhalt (Kapitel 2.3.2). Der Verstand ist demzufolge eine Form, deren Inhalt die Sinnlichkeit ist. Will das Denken Erkennen werden, muss es sich nach Kant auf einen sinnlich erfahrbaren Inhalt beziehen. Damit aber droht der Verstand vom Empirischen abhängig und selbst zu etwas Aposteriorischem zu werden. Eine Wissenschaft von der Vernunft wäre damit unmöglich und diese wiederum in ihrem Bestand gefährdet. Damit der Verstand selbst rein bleibt, muss er selbst reine Inhalte haben, welches Problem Kant durch seinen transzendentalen Idealismus von Raum und Zeit löst: Demnach hat der Verstand als reine Form Anschauungen zum Inhalt, die ihrerseits Raum und Zeit als reine Formen aufweisen. Die reinen Formen der Anschauung sind somit zugleich die reinen Inhalte der reinen Form ›Verstand‹. Durch die Selbstanwendung der Form-Inhalt-Unterscheidung im transzendentalen Idealismus von Raum und Zeit auf sich selbst rettet Kant einerseits die Möglichkeit der Metaphysik, andererseits sind damit Verstand und Sinnlichkeit im Erkennen fest aneinander gebunden, ist das erkennende Denken stets ein Denken der Sinnenwelt. *Gebrauch* von seiner Vernunft zu machen, bedeutet insoweit, sie als Verstand funktional zu verwenden, um die Sinnenwelt zu erkennen. Im Erkennen ist die Vernunft damit keine von allem Sinnlichen losgelöste ›Schwärmerei‹, sondern funktional auf die Sinnenwelt bezogen, um sich in ihr zu orientieren, und insofern ›*brauchbar*‹.

Im Erkennen von Gegenständen wird das Subjekt damit selbstbezüglich, weil es sich im Denken als reine Form auf Gegenstände als Inhalte bezieht, die dem Subjekt entstammende reine Formen der Anschauung enthalten und insofern Erscheinungen (von Dingen an sich) sind. Das Subjekt stellt demnach keine Tatsachen ›an sich‹ fest, sondern bringt sie als Erscheinungen in seiner Erkenntnis von ihnen selbst hervor, *entwirft* sie in den Formen seiner Erkenntnis in Verstandesurteilen. Vom Verstand *Gebrauch* zu machen bedeutet demnach, in Verstandesurteilen hypothetische Ordnungen zu entwerfen, in denen die sinnlich-konkrete Mannigfaltigkeit der uns umgebenden und affizierenden Welt gegenständlich gedacht und erkannt werden kann. Und nur insofern das Denken diese Funktion erfüllt, ist es für Kant als Erkennen gerechtfertigt (Kapitel 2.3.3).

Wird Erkenntnis so verstanden, dass das Subjekt das Erkannte im Erkennen selbst entwirft, stellt sich die Frage nach den Kriterien des Verstandesgebrauchs (Kapitel 2.3.4), denn diese können nicht mehr in der Übereinstimmung mit vom Subjekt selbst unabhängigen Gegenständen ›an sich‹ bestehen. Als ein Kriterium konnte die den Verstandesgebrauch lediglich begrenzende Widerspruchsfreiheit des Denkens ausgemacht werden (Kapitel 2.3.4.1). Die Frage nach einem Kriterium, das ›positive‹ Festlegungen im Verstandesgebrauch ermöglicht, führt hingegen zu Kants Begriff der Zweckmäßigkeit, die im Sinne von *Brauchbarkeit* zu verstehen ist (Kapitel 2.3.4.2). Sie ist das Prinzip der Urteilskraft, die, insofern sie das Allgemeine des Verstandes und das Konkrete der Sinnlichkeit miteinander vermittelt, als dasjenige Vermögen zu verstehen ist, in dem der *Gebrauch* des Verstandes letztlich erfolgt. Indem der Verstand in seinem Gebrauch über die Urteils- und die Einbildungskraft mit dem mannigfaltigen Konkreten vermittelt wird, ordnet der Verstand die Empfindungen der Sinne widerspruchsfrei nach brauchbaren Regeln. So ist das letzte Kriterium des Verstandesgebrauchs kein ontologisches, sondern ein pragmatisches. Anstatt Wahrheiten ›festzustellen‹, geht es im Gebrauch des Verstandes um den Entwurf von Ordnungen nach dem Kriterium ihrer Brauchbarkeit für unser Leben. Die Urteilskraft als das Vermögen, ›passende‹ Ordnungen zu finden bzw. brauchbar unter gegebene Ordnungen zu subsumieren, oder kurz: *Gebrauch* vom Verstand zu machen, kann dabei jedoch selbst nicht mehr auf Regeln zurückgeführt werden, womit die kantische Analyse unseres Erkenntnisvermögens letztlich beim *Gebrauch* endet, über den man nicht verfügt und auf den man sich mehr oder weniger versteht.

Damit ist gezeigt, dass der Verstand als Teilvermögen der Vernunft von Kant im Hinblick auf seine pragmatische Funktion gedacht ist, das Mannigfaltige der Empfindungen und damit die den Menschen umgebende Welt in brauchbaren Ordnungen zu denken und so verfügbar zu machen. Auch die Vernunft als das Vermögen, im Bereich des Theoretischen die im Verstand zweckmäßig entworfenen Einzelerkenntnisse als ein systematisches, in sich widerspruchsfreies Ganzes zu denken, verlässt zwar den Bereich der sinnlichen Erfahrung, ist aber dennoch keine unbrauchbare ›Schwärmerei‹. Denn die Erfahrungsgrenze wird mit ihnen genau soweit überschritten, wie dies notwendig ist, um eine Erkenntnis der Sinnenwelt als eines in sich widerspruchsfreien Ganzen denkbar werden zu lassen. Damit ist auch die Voraussetzung der Ideen in ihrer auf die Sinnenwelt bezogenen Ordnungsfunktion gerechtfertigt (Kapitel 2.3.5). Und auch ihr Entwurf erfolgt durch die Urteilskraft, die als teleologische Urteilskraft die Natur als ein *brauchbar* eingerichtetes Ganzes entwirft, in ihrem Entwerfen ihrerseits jedoch nicht mehr auf Regeln gebracht werden kann. Die Untersuchung endet damit auch hier beim *Gebrauch*.

Was für die Ideen gilt, gilt dann auch für die transzendentalen Begriffe überhaupt, eingeschlossen ihren obersten, den der Vernunft selbst, aus dem alle weiteren transzendentalen Begriffe abgeleitet werden sollen (Kapitel 2.3.6). Die transzendentalen Begriffe und die Vernunft selbst sind in

2.6 Zusammenführung der Ergebnisse (Kapitel 2)

ihrer Voraussetzung als Bedingungen der Möglichkeit gerechtfertigt, die Sinnenwelt widerspruchsfrei und *brauchbar* zu ordnen. Die Vernunft selbst ist eine Hypothese, die ihr Recht aus ihrer auf die Sinnenwelt bezogenen Ordnungsfunktion bezieht. Und auch sie hat sich dadurch als legitim zu erweisen, dass sie sich im Gebrauch in ihrer Ordnungsfunktion als *brauchbar* bewährt. Wurden die Verstandesbegriffe und die Ideen von der Vernunft gedacht, so muss sich die Vernunft als das Vermögen des Denkens schlechthin jedoch selbst denken. Sie ist selbstbezüglich, als sich in seiner Selbstkritik selbst entwerfender und ausdifferenzierender Begriff, gedacht, der im *Gebrauch* erfolgt und sich im Erfolg seines *Gebrauchs* bewährt. Für Kant bewährt sie sich in einem »Experiment« der Vernunft, in dem er nachgewiesen zu haben überzeugt ist, dass man mit seiner Transzendentalphilosophie »in den Aufgaben der Metaphysik [...] besser fortkommen« (KrV, B XVI) könne.

Die Vernunft ist von Kant als eine daraufhin beschränkte Funktion hypothetisch vorausgesetzt, in der sich wandelnden Sinnenwelt Ordnungen für das Denken und Handeln zur Verfügung zu stellen. Sie entwirft sich selbst, zu ihrem Gebrauch, aber auch in ihrem Gebrauch und bewährt sich in ihm. Da die Vernunft in ihrer Selbstkritik aber schon vorausgesetzt wird, ist das Letzte also nicht die Vernunft, denn diese wird ja erst in der Kritik konstituiert. Das Letzte ist der Gebrauch – und allein von ihm ausgehend kann die Vernunft gedacht werden. In ihm werden Ordnungen entworfen und die Vernunft als oberste Ordnung, ohne dass dies weiter auf Regeln gebracht werden könnte. Der Gebrauch ist damit eine Art ›Horizont‹ der Theoriebildung, der sich selbst jedweder Theoretisierung entzieht. Daher verwendet Kant den Begriff des Gebrauchs selbst nur, macht ihn aber nicht selbst zum thematischen Gegenstand der Untersuchung.

Weil die Vernunft jedoch von ihrem Gebrauch in einer sich im Wandel befindlichen Welt bedingt ist, sind ihre Ordnungen und auch ihr Selbstentwurf nie endgültig. Ihr Selbstentwurf erfolgt daher als Prozess, in dem ihre Ordnungen und sie selbst immer wieder in Frage gestellt und aufs Neue entworfen werden. Es ist ein Prozess der Selbsterhaltung, in dem die Vernunft zwischen Selbstkonstruktion, Selbstkritik und erneuter Selbstkonstruktion oszilliert (Kapitel 2.4). Zum Ansatzpunkt für ein Infragestellen der von der Vernunft entworfenen je eigenen Ordnungen wird bei Kant die Erfahrung ›fremder Vernunft‹. Aus der ästhetischen Bedingtheit der Vernunft folgt die Bindung des Subjekts an einen individuellen Standpunkt, von dem aus es in seiner Erkenntnis der Welt auf perspektivische Horizonte beschränkt ist. In ihnen unterscheidet sich die je ästhetisch bedingte eigene von ›fremder Vernunft‹, was letztlich dazu nötigt, das eigene objektive Urteilen zu einem subjektiven Fürwahrhalten zu relativieren und dieses an fremdem Urteilen zu prüfen. Das unreflektierte Wissen wird so zu einem berechtigten Glauben zu wissen. Dies gilt dann notwendiger Weise auch für Kants eigenen

Vernunftgebrauch, weshalb er seine Transzendentalphilosophie im Ganzen dem Leser zu dessen eigenem Urteil vorlegt. Der zunächst unreflektierte, Ordnungen entwerfende Gebrauch der Vernunft wird auf diese Weise durch einen *selbstkritischen* ergänzt. Im Gebrauch entwirft sich die Vernunft in einem fortlaufenden Prozess, in dem sie stets aufs Neue in Frage gestellt wird, immer wieder selbst. Kants eigene Neugründung des Vernunftbegriffs kann dann als Beitrag im philosophiehistorischen Prozess der Selbsterhaltung der Vernunft verstanden werden, in dem die Vernunft zu seiner Zeit ›unbrauchbar‹ geworden ist und in dem sie sich nun im Gebrauch selbst und zu ihrem Gebrauch neu entwirft.

Dass die Vernunft angesichts der Erfahrung fremder Vernunft zur kritischen Selbstprüfung angehalten wird, eröffnet zugleich eine praktische Dimension des Vernunftgebrauchs. Denn die Urteile der eigenen Vernunft, das eigene subjektive Fürwahrhalten nicht mit einem ungerechtfertigten normativen Wahrheitsanspruch zu verbinden, ist vor allem ein moralisches Gebot. Es verhütet, fremder Vernunft gegenüber ungerecht und anmaßend zu werden.

Schließlich ist die Vernunft auch in ihrem Selbstentwurf und in ihrer Selbsterhaltung kein bloß theoretisches Vermögen, sondern zuletzt ein vornehmlich praktisches (Kapitel 2.5): Durch den transzendentalen Idealismus wird nicht nur die Idee einer Welt als Ganze möglich, sondern im Bereich des Praktischen auch die Idee der Freiheit, werden Kausalität durch Freiheit, eine autonome Gestaltung der Natur nach den Vorstellungen der eigenen Vernunft und eben darin ein praktischer *Gebrauch* der Vernunft denkbar. Nach Kant kann aber nicht nur die Möglichkeit, sondern auch die Wirklichkeit der Freiheit ›nachgewiesen‹ werden. In der Erfahrung der moralischen Nötigung durch den Kategorischen Imperativ und im Widerstand gegen die natürliche Neigung im Handeln spreche sich die reine praktische Vernunft selbst als ein unbestreitbares, apriorisches »Faktum« aus (KpV, 56). In der Erfahrung der moralischen Nötigung erhält das Subjekt die Gewissheit, dass Kausalität aus Freiheit möglich ist und es selbst gegen alle Naturgesetzlichkeit eine Wirklichkeit durch *Gebrauch* seiner Vernunft hervorzubringen vermag. Dieser im praktischen Gebrauch in der Handlung gesetzten Wirklichkeit weist Kant gegenüber der im theoretischen Gebrauch durch das Verstandesurteil hervorgebrachten einen Vorrang zu: denn während die Ordnungen der theoretischen Vernunft immer wieder in Zweifel gezogen werden können, versteht Kant die Nötigung durch das Sittengesetz als eine durch theoretische Gründe »unleugbar[e]« (KpV, 56, Anm.) ›Wirklichkeit‹. Die Vernunft selbst zeige sich in ihr nicht allein als theoretische Hypothese, sondern als unleugbar ›wirklich‹. Auch zu ihrem Selbstentwurf und ihrer Selbsterhaltung wird sie also vor allem praktisch genötigt: Das moralische Gebot, das die Vernunft zu ihrem Selbstentwurf und ihrer Selbsterhaltung aufruft und den Gebrauch als praktische *Handlung* in Gang setzt, ist dasjenige, durch die Voraussetzung

2.6 Zusammenführung der Ergebnisse (Kapitel 2)

einer ›allgemeinen Menschenvernunft‹ das fremde und das eigene Urteilen trotz der bestehenden Differenz als lediglich unterschiedlich bedingt, aber dennoch gleichermaßen vernünftig anzusehen, um anderen gegenüber nicht anmaßend zu werden. Die Vernunft erweist sich nicht mehr bloß als vorläufige und in ihrer Brauchbarkeit immer wieder zu bestätigende Hypothese, sondern zeigt sich, in dem moralischen Gebot, von ihr *Gebrauch* zu machen, auch als praktisches Faktum. Erst im Praktischen erfolgt damit in höherem Sinne als im Theoretischen, nämlich ›unleugbar‹ ein wirklicher *Gebrauch* der Vernunft.

3
Der Gebrauch der Sprache nach Wittgenstein

3.1 Einführung

Während es Platon um Formen des Wissens vom Sein geht, von denen unterschiedlicher Gebrauch gemacht werden kann, und die kantische Transzendentalphilosophie die antike Ontologie den Bedingungen des Subjekts unterwirft, das unvermeidlich einen individuellen Gebrauch von der Vernunft macht, geht Wittgenstein in der Philosophie von der Sprache aus.[335] Er folgt damit einer grundlegenden Neuorientierung, in der sich die Philosophie systematisch der Sprache zuwandte und die heute als ihre »sprachphilosophische Wende« bekannt ist. In seinem Frühwerk versteht er die Sprache zunächst noch ausgehend von einer allgemeinen Logik, in seinem Spätwerk hingegen ebenfalls von ihrem offenen, nicht festgelegten und individuellen Gebrauch her. Für den Begriff der Sprache hat das folgende Bedeutung:

Seitdem mit der modernen Bewusstseinsphilosophie die antike und mittelalterliche Ontologie überwunden wurde, es der Philosophie nicht mehr um das Erkennen eines vorausgesetzten Seins geht, weil es das erkennende Subjekt selbst ist, das die Dinge in den Strukturen seines Denkens, seiner Vernunft, erst entwirft, kann es nicht mehr darauf ankommen, im Sinne einer Richtigkeit der Referenz die Dinge so, wie sie ›an sich selbst‹, unabhängig vom erkennenden Subjekt, sind, ›zur Sprache zu bringen‹. Wenn das erkennende Subjekt selbst die ›Erscheinungen‹ von ›Dingen‹ aus seiner eigenen Vernunft hervorbringt, dann kann es mithilfe der Sprache nicht auf ›Dinge an sich‹ referieren, sondern nur noch auf Dinge, die es in seiner Vernunft

---

[335] Wittgenstein hatte nicht nur eine Vielzahl von Schülern, die nach ihm zu namhaften Philosophen des 20. Jahrhunderts wurden, sondern beeinflusst über den engeren Kreis seiner Schüler hinaus bis heute das Denken vieler Philosophen. Sein erheblicher Einfluss ist wohl auch darauf zurückzuführen, dass sein Werk breite Anschlussmöglichkeiten auf nahezu allen Sachfeldern der Philosophie und anderer Disziplinen bietet. Vgl. hierzu z. B. Joachim Schulte: Ludwig Wittgenstein. Leben, Werk, Wirkung, Frankfurt a. M. 2005, S. 113–136; oder auch Wulf Kellerwessel/Thomas Peuker: Einleitung: Wittgensteins Spätphilosophie und die Philosophie der Gegenwart, in: dies. (Hg.): Wittgensteins Spätphilosophie. Analysen und Probleme, Würzburg 1998, S. 9–21, hier S. 9. Der Wittgenstein-Schüler Anthony C. Grayling schätzt den Einfluss von Wittgensteins Frühwerk auf die weitere Philosophie hingegen erstaunlicher Weise als recht gering ein und ist sich der philosophiehistorischen Bedeutung seiner Philosophie, unter Einschluss des späteren Schaffens, durchaus nicht sicher (Anthony C. Grayling: Wittgenstein, Oxford 1988, dt. Ausgabe Freiburg/Basel/Wien 2004, S. 75–82, 143–152).

entwirft. Aus der sprachlichen Referenz auf Dinge ›an sich‹ wird so bei Kant eine sprachliche Referenz auf Vorstellungen des Subjektes selbst. Wittgenstein bringt die bewusstseinsphilosophische Auffassung der Sprache auf folgende Formel: »Der Zweck der Sprache ist, Gedanken auszudrücken« (PU, 501). Ist es demzufolge Aufgabe der Philosophie, gedankliche Klarheit durch Reflexion der Methoden, durch die wir im Denken zu Gegenständen gelangen, zu ermöglichen, dann ist die Sprache ein bloßes Mittel, die Ergebnisse dieser Reflexion klar zu formulieren.

Der sprachphilosophische Ansatz geht demgegenüber von der Einsicht aus, dass wir unser Denken nicht von der Sprache trennen können. Wir verfügen nicht unabhängig von unseren sprachlichen Ausdrucksformen über das Denken und müssen unsere Gedanken dann nur noch identifizieren und einen angemessenen sprachlichen Ausdruck für sie finden. Denn sobald wir unser Denken identifizieren, uns klar machen, was wir denken, vollziehen wir dies bereits in der Sprache. Diese Einsicht liegt gleichermaßen Wittgensteins Früh- wie seinem Spätwerk zugrunde. Daher »bedeuten«, wie Wittgenstein dies in seinem Frühwerk, dem *Tractatus logico-philosophicus*, ausdrückt, »*Die Grenzen meiner Sprache* [...] die Grenzen meiner Welt.« (TLP, 5.6), und in seinem Spätwerk formuliert er: »›Der Zweck der Sprache ist, Gedanken auszudrücken‹, so ist es wohl der Zweck jedes Satzes, einen Gedanken auszudrücken. Welchen Gedanken aber drückt der Satz ›Es regnet‹ aus? – « (PU, § 501). Versucht der Leser, auf die gestellte Frage zu antworten, kommt er doch nur zu der Antwort: »der Satz ›Es regnet‹ drückt eben aus, dass es regnet.« Es bleibt in der Antwort bei den gegebenen sprachlichen Zeichen, hinter die zu dringen nicht möglich, aber eben auch nicht nötig ist. Der Satz ist, wie er ist, bereits vollkommen klar, seine Bedeutung evident. So lässt sich die Bedeutung des Satzes von diesem Satz selbst nicht unterscheiden. Sie bedarf keiner weiteren zusätzlichen Erläuterungen, um sie weiter ›aufzuklären‹.[336] Die bewusstseinsphilosophische Vorstellung, Sprache drücke Gedanken aus, referiere anstatt auf ›Dinge an sich‹ auf Gedanken als ihrer Bedeutung, kann also unter dieser Maßgabe nicht mehr so einfach gelten. Eine Analyse der Strukturen unseres Denkens kann die Sprache dann nicht außer Acht lassen, zumal der sprachliche Ausdruck den Vorzug bietet, dass er im Gegensatz zu einem unterstellten abstrakten Denken beobachtbar ist, damit einen sinnlichen Zugang bietet und so ein Stück weit metaphysische Voraussetzungen zu vermeiden hilft.

---

[336] Vgl. außerdem: »Die Frage nach dem Sinn. Vergleiche: / ›Dieser Satz hat Sinn‹ – ›Welchen?‹ / ›Diese Wortreihe ist ein Satz‹ – ›Welcher?‹« (PU, § 502); auf selbiges Ergebnis läuft auch PU, § 504 hinaus: »Wenn man aber sagt: ›Wie soll ich wissen, was er meint, ich sehe ja nur seine Zeichen‹, so sage ich: ›Wie soll *er* wissen, was er meint, er hat ja auch nur nur seine Zeichen.‹«

3.1 Einführung

An die Stelle der Referenz der Sprache auf Außersprachliches, seien es ›Dinge an sich‹, seien es Gedanken, tritt eine Selbstbezüglichkeit der Sprache. Sie rückt an die Stelle des ehemals seinerseits selbstbezüglich strukturierten vernünftigen Subjekts. Dennoch kann Wittgenstein nicht im Ganzen eine transzendentalphilosophische Denkweise unterstellt werden. Wolfgang Stegmüller meinte, Wittgenstein habe »Kants transzendentalen Idealismus von der Ebene der Vernunft auf die Ebene der Sprache transformiert[ ]«[337] – eine Sichtweise, die zu Recht kritisiert worden ist.[338] Kant bestritt jeden Anspruch auf Erkenntnis, die über die Erfahrung hinausgeht, sicherte aber das Recht, an die Erfahrungsgrenze reichende transzendentale Begriffe aus pragmatischen Gründen zu deduzieren oder vorauszusetzen. Durch den Rückgriff auf den Begriff der Sprache als philosophischen Letztbegriff kann Wittgenstein auf solche Voraussetzungen weitgehend verzichten. Von einer kritischen Metaphysik, die abstrakte Vermögen wie die Vernunft oder den Verstand als Voraussetzungen des Denkens benötigt, kann er auf diese Weise Abstand nehmen, letztlich auch von der Unterscheidung von Subjekt und Objekt. Bei Kant waren Subjekt und Objekt, auch wenn das Objekt letztlich im Subjekt gründet, deutlich voneinander unterschieden. Wahrheit bleibt bei Kant eine, wenn auch neu verstandene, Referenz der Sprache auf etwas, zumindest auf einen Gedanken von etwas. Auch diese Art von Referenz kann Wittgenstein durch seinen Rückgriff auf den Begriff der Sprache nun tilgen.

Für die Philosophie bedeutet dies, dass es weder darum gehen kann, das Sein zu erkennen und sprachlich ›richtig‹ auf dieses zu referieren, noch darum, zu einer methodischen Klärung der Gedanken zu gelangen, die dann lediglich mithilfe der Sprache als eines bloßen Mittels der Gedankenübertragung ausgedrückt werden. Vielmehr muss unter der Voraussetzung einer Einheit

---

[337] Wolfgang Stegmüller: Hauptströmungen der Gegenwartsphilosophie, Bd. 1, 7. Aufl., Stuttgart 1989, S. 555. Vgl. zu dieser Position auch Erik Stenius: Wittgensteins Traktat, Frankfurt a. M. 1969, Kap. XI.

[338] Vgl. z. B. Vossenkuhl: Sagen und Zeigen, insbes. S. 54 ff. An die Frage nach dem Verhältnis zwischen der kantischen Transzendental- und Wittgensteins Sprachphilosophie (sowohl in Gestalt des *Tractatus* als auch der *Philosophischen Untersuchungen*) schließt sich ein weites Forschungsfeld an, das hier nicht vollständig aufgerollt werden kann. Wenn wie hier auf Parallelen (wie in der Auseinandersetzung mit Manfred Geiers Position, der insbes. in Wittgensteins Grenzziehung zwischen Sinn und Unsinn eine Parallele zur kantischen Kritik sieht) oder auf Differenzen zwischen beiden in wichtigen philosophischen Denkfiguren hingewiesen wird, wird dies stets in Bezug auf den Begriffs des Gebrauchs oder in Bezug auf Einzelfragen, die eben mit der Rolle des Gebrauchs zusammenhängen, geschehen. Einen Überblick zumindest über die etwas ältere Sekundärliteratur, die auf das Verhältnis zwischen Kant und Wittgenstein Bezug nimmt, liefern S. Morris Engel: Wittgenstein and Kant, in: Philosophy and Phenomenological Research 30.4 (1969), S. 483–513, und Susanne Fromm: Wittgenstein Erkenntnisspiele contra Kants Erkenntnislehre, München 1979, die insbesondere Kant und Wittgensteins Spätphilosophie in den *Philosophischen Untersuchungen* zueinander ins Verhältnis setzt.

von Sprechen und Denken eine Klarheit der Welt in der Klarheit der Sprache gegeben sein – und wo sprachliche Klarheit nicht vorliegt, muss sie gewonnen werden:

> Der Zweck der Philosophie ist die logische Klärung der Gedanken. Die Philosophie ist keine Lehre, sondern eine Tätigkeit.
> Ein philosophisches Werk besteht wesentlich aus Erläuterungen.
> Das Resultat der Philosophie sind nicht ›philosophische Sätze‹, sondern das Klarwerden von Sätzen.
> Die Philosophie soll die Gedanken, die sonst, gleichsam, trübe und verschwommen sind, klar machen und scharf abgrenzen. (TLP 4112)

An die Stelle einer methodischen Klärung des Denkens, wie Kant sie verfolgte, tritt ein Streben nach Klarheit im Sprechen und eben damit zugleich im Denken. Dieses Ziel verfolgt Wittgenstein in seinem frühen wie in seinem späten philosophischen Werk gleichermaßen. Der von ihm gewählte Weg, auf dem er zu sprachlicher Klarheit gelangen will, ändert sich in seinem Spätwerk gegenüber seinem *Tractatus* hingegen deutlich. Es wird sich zeigen, dass die Revision seines Ansatzes, sprachliche Klarheit zu ermöglichen, entscheidend mit Wittgensteins Neubewertung des Verhältnisses zwischen Logik und Gebrauch der Sprache zusammenhängt. Beide Ansätze sollen kurz voneinander abgegrenzt werden:

Mit seinem ersten Hauptwerk, dem *Tractatus logico-philosophicus*, schloss Wittgenstein zunächst an die Arbeiten seiner Lehrer Gottlob Frege und Bertrand Russell an, die als Gründungsväter der sprachanalytischen Philosophie gelten können.[339] Auch sie waren der Überzeugung, dass die philosophischen Probleme vor allem Scheinprobleme seien, die aus ungenauem und unklarem Sprachgebrauch resultieren, eine Klärung oder ›Reinigung‹ von Sprache und Gedanken daher Ziel aller philosophischen Tätigkeit sein müsse. Weil sie der Überzeugung waren, dass der Sprache die Einheit eines Systems logischer Regeln zugrunde liege, meinten sie, diese Scheinprobleme könnten durch eine Klärung des Sprachgebrauchs mithilfe einer logischen Analyse aufgelöst wer-

---

[339] Zunehmend und mit Recht wird heute darauf hingewiesen, dass Wittgenstein aufgrund seines sprachanalytischen bzw. sprachkritischen Ansatzes lange zu Unrecht ausschließlich der angelsächsischen Philosophietradition zugeordnet wurde. Vgl. in diesem Sinne den jüngst erschienenen Band von Gunter Gebauer/Fabian Goppelsröder/Jörg Volbers (Hg.): Wittgenstein – Philosophie als ›Arbeit an Einem selbst‹, München 2009. Die Herausgeber verweisen darauf, dass gerade Wittgensteins sprachanalytischer Ansatz im *Tractatus* auf eine indirekte Begrenzung des Mystischen, etwa des Ethischen, abzielte und keinesfalls allein zum Ziel hatte, eine klare Sprache über empirische Sachverhalte zur Verfügung zu stellen. Wittgenstein habe in seinem sprachanalytischen Ansatz vielmehr gerade die klassischen Themen der kontinentalen Philosophie stets im Blick behalten und sei daher tief in der kontinentaleuropäischen Philosophietradition verwurzelt.

3.1 Einführung

den. Schließlich sei durch eine gänzliche Freilegung des der Sprache zugrunde liegenden Systems einheitlicher, logischer Strukturen die Konstruktion einer idealen Sprache der Wissenschaft möglich, die den vermeintlich unklaren und ungenauen Gebrauch der Sprache begrenzt.

Wittgenstein schließt zunächst an diese Vorstellungen an. Seinem *Tractatus* zufolge sind »[a]lle Sätze unserer Umgangssprache [...] tatsächlich, so wie sie sind, logisch vollkommen geordnet« (TLP, 55563) – nämlich eben gemäß der unseren Sätzen immer schon zugrundeliegenden einheitlichen Logik, der »allgemeinen Form des Satzes«, die sich, weil sie den Sätzen unserer Sprache nicht direkt entnommen werden könne, im Gebrauch von Sätzen *zeigen* müsse. Anders als Kant die Vernunft, versteht Wittgenstein den Grundbegriff seiner Philosophie, die Sprache, im *Tractatus* damit zunächst nicht von ihrem offenen, nicht festgelegten und individuellen Gebrauch her, sondern sieht den Gebrauch der Sprache von einer der Sprache innewohnenden einheitlichen Logik bestimmt und damit begrenzt. »Alles, was sich überhaupt aussprechen läßt, läßt sich klar aussprechen« (TLP, 4116), doch es lässt sich deshalb klar aussprechen, weil es die unserer Sprache schon innewohnende Logik ist, die unseren Sprachgebrauch leitet. Weil sich diese Logik im Gebrauch der Sprache *zeige*, könne sie durch eine logische Analyse des Sprachgebrauchs freigelegt werden. Die letzte Instanz, durch die sprachliche Klarheit möglich wird, ist damit dem *Tractatus* zufolge die der Sprache innewohnende und ihren Gebrauch begrenzende einheitliche Logik.

In seinem Spätwerk dreht Wittgenstein dieses Verhältnis um und versteht die Logik der Sprache aus ihrem nicht festgelegten, individuellen und vielfältigen Gebrauch. Demnach sind die Sätze unseres alltäglichen Sprachgebrauchs, »so wie sie sind«, zwar klar und »logisch vollkommen geordnet« (TLP, 55563), doch nicht, weil unser Sprachgebrauch von einer von ihm unabhängigen und ihm innewohnenden einheitlichen Logik oder einer allen Sätzen zugrunde liegenden allgemeinen Form des Satzes begrenzt würde. Vielmehr sei die Logik unserer Sprache überhaupt nicht einheitlich, sondern so vielfältig wie der Gebrauch der Sprache selbst (vgl. Kapitel 3.3.2). Wittgensteins Spätwerk zufolge begrenzt nicht eine Logik der Sprache ihren Gebrauch, sondern es ist der vielfältige Gebrauch der Sprache in ihren immer anderen, mannigfachen Kontexten, an dem sich eine vielfältige, nicht festgelegte Logik unserer Sprache zeige. Damit lässt sich Wittgenstein erst in seinem Spätwerk entschieden auf die Perspektive des nicht aus einer scheinbar einheitlichen Logik begriffenen alltäglichen untheoretischen Gebrauchs der Sprache ein. Seine Vorstellung vom Grundbegriff seiner Philosophie, dem der Sprache, geht sowohl im *Tractatus* als auch in Wittgensteins Spätwerk mit seiner jeweils vertretenen Auffassung vom Gebrauch der Sprache einher. Und wie sich zeigen wird, entscheidet sich auch der Wandel seiner Vorstellungen von der Sprache eben am Wandel seiner Bewertung ihres Gebrauchs. Deshalb wird dieses Verhältnis und seine Entwicklung bei Wittgenstein im Weiteren untersucht.

Für Furuta ergibt sich in diesem Ansatz beim Gebrauch eine deutliche Parallele zwischen Wittgensteins Spätwerk und der Philosophie Martin Heideggers. Diesem zufolge stellen ihre Philosophien »zwei Variationen des Versuchs« dar, »das normative Phänomen des menschlichen Geistes [...] im Zusammenhang seines direkten Umgangs mit der Welt zu konzipieren.«[340] Tatsächlich wollen beide ihre Philosophie nicht als Erkenntnistheorie verstanden wissen, die theoretische Richtigkeit und Falschheit feststellt, sondern als Disziplin, die zunächst die pragmatischen oder ›lebensweltlichen‹ Bedingungen in den Blick nimmt, auf deren Grundlage es überhaupt erst zu Erkenntnis kommen kann. Setzt Heidegger dabei direkt beim In-der-Welt-Sein des Menschen und beim Umgang mit der Welt an, in dem uns die Dinge, die wir alltäglich gebrauchen, ›zuhanden‹ statt ›vorhanden‹ sind, so geht Wittgenstein in seinem Spätwerk vom vertrauten und untheoretischen Gebrauch sprachlicher Zeichen im Umgang mit der Welt aus.

Diese Bezüge zu Heidegger sollen hier aus den eingangs genannten Gründen nicht weiter verfolgt werden. Stattdessen wird mit Blick auf den vorangegangenen zweiten Teil der vorliegenden Arbeit gezeigt, dass die Weise, in der Wittgenstein in seinem Spätwerk den Grundbegriff seiner Philosophie, den der Sprache, in die Perspektive des Gebrauchs stellt, ihn in eine Nähe zu Kant bringt. Die auffällige gemeinsame Verwendung des Begriffs des Gebrauchs gründet in tieferliegenden, systematischen Parallelen zwischen beiden Philosophien. Wie der Begriff des Gebrauchs schon bei Kant seinen systematischen Ort dort fand, wo ein rationalistischer Erkenntnisanspruch begrenzt wurde (vgl. Kapitel 2.2), so greift auch Wittgenstein, wie aufzuzeigen sein wird, in seinem Spätwerk auf den Begriff des Gebrauchs zurück, um Konzepte zu kritisieren, welche die Sprache auf eine einheitliche Logik, auf einheitliche Funktionen, auf bestimmte Regeln oder Bedeutungen festzulegen trachten, um so zu einer geschlossenen Theorie der Sprache und damit zugleich zu einer definitiven Erkenntnis der Welt zu gelangen. Wittgenstein sucht in seiner Spätphilosophie wie Kant, ungerechtfertigte Ansprüche der philosophischen Theorie, deren letzten Ausdruck er schließlich in seinem eigenen *Tractatus* entdeckt, kritisch in ihre Grenzen zu verweisen.[341] In diesem Sinne haben auch Wittgensteins *Philosophische Untersuchungen* die uns

---

[340] Siehe Hirokiyo Furuta: Wittgenstein und Heidegger. ›Sinn‹ und ›Logik‹ in der Tradition der analytischen Philosophie, Würzburg 1996, insbesondere S. 142–158, hier S. 155.

[341] Vgl. zu dem in diesem Sinne kritischen Charakter der wittgensteinschen Sprachphilosophie: Robert J. Fogelin: Wittgenstein's critique of Philosophy, in: Hans Sluga/David G. Stern (Hg.): The Cambridge Companion to Wittgenstein, Cambridge 1996, S. 34–58, der sich hier mit Wittgensteins Kritik der philosophischen Tradition befasst.

von Kant her bekannte Form der Kritik. Wittgenstein erinnert durch den Begriff des Gebrauchs – wie Kant an den mannigfachen Gebrauch der eigenen und fremden Vernunft – an den prinzipiell offenen, unabgeschlossenen und letztlich nicht festlegbaren Charakter der Sprache und damit der Welt, in der es folglich keine letzten Gewissheiten geben kann, sondern nur die fortwährende Notwendigkeit, sich neue Orientierungen auf Zeit zu schaffen. Die Verwendung des Begriffs des Gebrauchs führt damit wie bei Kant so auch bei Wittgenstein – nun ausgehend vom Begriff des Sprache – zu einer Brechung des Anspruchs auf Endgültigkeit im philosophischen Denken.

Für unsere Untersuchung des Begriffs des Gebrauchs bei Wittgenstein ergibt sich daraus folgendes Vorgehen: Zunächst soll Wittgensteins *Tractatus* im Vordergrund stehen, in dem er danach strebt, durch eine Analyse des Sprachgebrauchs zu einer der Sprache innewohnenden, einheitlichen und ihren Gebrauch begrenzenden Logik vorzustoßen, die als letzter Maßstab möglicher Klarheit im Sprechen und Denken dienen soll (Kapitel 3.2). Dieser Ansatz führt in eine Aporie, die dem im *Tractatus* konstruierten Verhältnis zwischen Logik und Gebrauch der Sprache entspringt, in der Konsequenz zu einer Neubewertung des Gebrauchs der Sprache führt und diesen in den Mittelpunkt seiner Philosophie rücken lässt (Kapitel 3.3). Schließlich wird das Bild der Sprache ins Auge gefasst, das sich für den späteren Wittgenstein aus dieser Verschiebung zur Perspektive des vielfältigen Gebrauchs ergibt (Kapitel 3.4). Am weitesten ausgearbeitet ist Wittgensteins später Ansatz beim Gebrauch der Sprache in seinen *Philosophischen Untersuchungen*, auf die wir uns daher konzentrieren werden, auch wenn Wittgenstein ihre Herausgabe selbst nicht mehr erlebt hat. Durch ihre Entgegensetzung zum frühen *Tractatus* wird Wittgensteins Revision seiner Philosophie besonders deutlich.

3.2 Logik und Gebrauch der Sprache im *Tractatus logico-philosophicus* – Die Einheit des Gebrauchs der Sprache in der Einheit ihrer Logik

3.2.1 Einführung

3.2.1.1 Der Textbefund: Wittgensteins Gebrauch des Begriffs des Gebrauchs im *Tractatus*

Im *Tractatus* verwendet Wittgenstein den Begriff des Gebrauchs, etabliert ihn aber noch nicht ausdrücklich als festen Terminus. Er denkt hier die Sprache ausgehend von einer allgemeinen Logik, der gegenüber er noch einen untergeordneten Gesichtspunkt darstellt. So variiert Wittgenstein seine Ausdrucksweise im *Tractatus* noch und spricht nicht nur vom Gebrauch etwa von Wörtern (TLP 4123, 41272, 6211) und Zeichen (TLP 3326, 3328, 4241), sondern ebenso von der »Anwendung« (TLP 3262), der »Verwendung« oder vom »[V]erwende[n]« (TLP 3325, 3327) von Zeichen, aber auch von der »Anwendung« der Logik (TLP 5557). Dass hier lediglich eine Variation im Ausdruck, aber keine Unterscheidung in der Bedeutung vorliegt, zeigt sich darin, dass sie wie in folgender Passage des *Tractatus* austauschbar verwandt werden:

> 3326 Um das Symbol am Zeichen zu erkennen, muss man auf den sinnvollen Gebrauch achten.
> 3327 Das Zeichen bestimmt erst mit seiner logisch-syntaktischen Verwendung zusammen eine logische Form.
> 3328 Wird ein Zeichen *nicht gebraucht*, so ist es bedeutungslos.

»Gebrauch« und »Verwendung« werden hier in direkter Aufeinanderfolge und im selben Zusammenhang offensichtlich austauschbar gebraucht, was schon dem *Tractatus* zufolge ein Hinweis auf gleiche Bedeutungen von Ausdrücken ist.[342] Dementsprechend legt Wittgenstein auch selbst dem Leser gegenüber Rechenschaft über seinen eigenen Sprachgebrauch ab (siehe TLP 41272, 4241). Im Ganzen sind die hiermit bereits vollständig angeführten Belegstellen für den Begriff des Gebrauchs im *Tractatus* überschaubar, aber aussagekräftig.

3.2.1.2 Problemaufriss und Stand der Forschung

So wie der Gebrauch der Sprache im *Tractatus* gegenüber ihrer Logik eine nur untergeordnete Rolle spielt, steht er auch in der Rezeption des *Tractatus* nur am Rande und wird als untergeordnetes Problem behandelt. Eine Ausnahme bildet hier Hidé Ishiguro, der die Bedeutung des Begriffs des Gebrauchs im *Tractatus* deutlicher als andere hervorhebt, wenn er sie im Zusammenhang mit den Namen behandelt.[343] Sofern in der Forschung überhaupt ein besonderes Augenmerk auf die Rolle des Gebrauchs im *Tractatus* gelegt wird, resultiert dies jedoch eher aus einem besonderen Interesse am Spätwerk, in dem der Gebrauch dann ins gedankliche Zentrum rückt. In der nahezu unübersichtlich gewordenen Forschungsliteratur fällt eine solche Akzentset-

---

[342] Vgl. TLP 4123: »[...] (Hier entspricht dem schwankenden Gebrauch der Worte ›Eigenschaft‹ und ›Relation‹ der schwankende Gebrauch des Wortes ›Gegenstand‹)«; TLP 6211: »[...] (In der Philosophie führt die Frage: ›Wozu gebrauchen wir eigentlich jenes Wort, jenen Satz?‹ immer wieder zu Wertvollen Einsichten.)«

[343] Siehe Hidé Ishiguro: Use and Reference of Names, in: Peter Winch (Hg.): Studies in the Philosophy of Wittgenstein, London 1969, S. 20–50; dt. Ausgabe in der Übersetzung von Joachim Schulte: Namen. Gebrauch und Bezugnahme, in: ders. (Hg.): Texte zum Tractatus, Frankfurt am Main 1989, S. 96–135.

3.2 Logik und Gebrauch der Sprache im *Tractatus logico-philosophicus*

zung in einer Einführung Joachim Schultes auf.[344] Auch wir kommen nicht umhin, den Begriff des Gebrauchs im *Tractatus* vornehmlich aus der Perspektive der späteren Philosophie Wittgensteins zu entwickeln. Er wird in der Tat am besten verständlich, wenn man vom Wandel in Wittgensteins philosophischer Konzeption und von der erst im Spätwerk erreichten zentralen Stellung des Gebrauchs in Wittgensteins Sprachkonzeption ausgeht. Dabei muss der *Tractatus* nicht zugleich in seinen philosophischen Kontexten umfassend und vollständig gedeutet werden. Wir diskutieren die Zusammenhänge des Werks ausschließlich mit Blick auf ihre Relevanz für das Verständnis des Begriffs des Gebrauchs.

Wie dargestellt, geht Wittgenstein von einer Einheit von Sprache und Denken aus, weil das Denken und die Bedeutung von Sätzen der Sprache nicht von diesen Sätzen selbst unterschieden werden können. So sind dem *Tractatus* zufolge die Grenzen der Sprache die Grenzen der Welt (vgl. hierzu entsprechend TLP 5.6–5.62). Wir haben die Welt nur in den Grenzen unserer Sprache, die zugleich die Grenzen unseres Denkens sind. Jenseits dieser Grenzen befindet sich der Bereich des Mystischen, über den keine sinnvollen Aussagen getroffen werden können. »Alles« dasjenige, so Wittgenstein, »was sich aussprechen [und denken] läßt, läßt sich klar aussprechen [und denken].« (TLP 4116). Was klar gesagt und gedacht werden kann, sind dann Sätze der Naturwissenschaft, die sich auf den Bereich der Welt beziehen, und es ist Aufgabe der Philosophie und damit des *Tractatus*, diese Grenze zwischen dem, was klar gesagt, und dem, was nicht klar gesagt werden kann, zu ziehen.

Auch Wittgensteins *Tractatus* weist daher mit seinem Charakter der Grenzziehung die uns von Kant her bekannte Form der Kritik auf.[345] Nach Geier, der nachdrücklich auf die Bedeutung Kants für Wittgenstein hinweist, ist Wittgensteins »Grenzziehung zwischen Sinn und Unsinn durch und durch kantianisch«.[346] Schulte argumentierte: »Das Geschäft der Philo-

---

[344] Siehe Joachim Schulte: Wittgenstein. Eine Einführung, bibliographisch ergänzte Ausgabe, Stuttgart 2001, bes. S. 71–80, 89–93. Da Schulte in einem Aufsatz desselben Jahres jedoch kaum auf die in seiner Einführung hervorgehobene Rolle des Gebrauchs eingeht, bleibt unklar, welche Bedeutung er der Rolle des Gebrauchs im *Tractatus* tatsächlich zumisst. Siehe Joachim Schulte: ›Ich bin meine Welt‹, in: Ulrich Arnswald/Anja Weiberg (Hg.): Der Denker als Seiltänzer. Ludwig Wittgenstein über Religion, Mystik und Ethik, Düsseldorf 2001, S. 193–212.

[345] Buchheister und Steuer betonen wiederum den kritischen Charakter der wittgensteinschen Spätphilosophie gegenüber dem *Tractatus*, denn ihnen zufolge besteht der Kontrast zwischen Wittgensteins Früh- und Spätwerk vor allem darin, dass an die Stelle einer Interpretation der Welt im *Tractatus* eine kritische Hinterfragung bestehender Vorstellungen von der Sprache (auch der eigenen früheren) rückt. Vgl. Kai Buchheister/Daniel Steuer: Ludwig Wittgenstein, Stuttgart 1992, S. 105–107.

[346] Manfred Geier: Ludwig Wittgenstein und die Grenzen des Sinns, in: Chris Bezzel (Hg.): Sagen und zeigen. Wittgensteins ›Tractatus‹, Sprache und Kunst, Berlin 2005, S. 15–29, hier S. 18.

sophie ist demnach Kritik. Ähnlich wie der von Wittgenstein verehrte Kant, der die Grenzen der menschlichen Erkenntnis aufzeigen wollte, versucht Wittgenstein durch seine sprachlogischen Untersuchungen die Grenzen des sinnvollen Redens deutlich zu machen.« Dann aber weist Schulte auch auf die Differenzen zwischen Wittgenstein und Kant hin und fährt fort: »Aber anders als Kant, der die Erkenntnis auf sichere Grundlagen stellen wollte, endet die Untersuchung bei Wittgenstein in Mystik und Schweigen.«[347] Auch Schweidler legt den Akzent darauf, dass es die Grenzziehung selbst, die Kritik als solche, sei, auf die es Wittgenstein im *Tractatus* ankomme.[348]

Ist die Grenze gezogen, so ist der Bereich des Mystischen, obwohl über ihn nach Wittgenstein keine Aussagen getroffen werden können, dann keinesfalls irrelevant für den Menschen.[349] Griffin hat schon früh darauf hingewiesen, dass die Zielstellung des *Zeigens* des Unsagbaren im *Tractatus* Vorrang vor der Analyse der Beziehung zwischen Sprache und Welt (und damit auch der Abbildtheorie) habe bzw. dass diese Analyse dem Zeigen des Unsagbaren diene.[350] Mit der Unterscheidung des Mystischen vom Bereich der Welt, über den Aussagen möglich sind, wird damit auch die Unterscheidung von *Sagen* und *Zeigen* zu einer zentralen Unterscheidung des *Tractatus*. Mit ihr hat sich vor allem Abel auseinandergesetzt.[351] Sie spielt im Weiteren eine wichtige Rolle, wenn es um Wittgensteins Verständnis der Namen, später aber auch um die Logik der Sprache und die Rolle des Gebrauchs als ›Subjekt‹ der frühen Sprachphilosophie Wittgensteins geht. Vossenkuhl diskutiert die Unterscheidung von Sagen und Zeigen gar als das »Hauptproblem« der Philosophie nach Wittgenstein.[352]

---

[347] Schulte: Wittgenstein, S. 64f.
[348] ... freilich um auf diese Weise Wittgensteins Philosophiebegriff ins Zentrum seiner Interpretation rücken zu können. Siehe Walter R. Schweidler: Wittgensteins Philosophiebegriff, Freiburg/München 1983, S. 154–163.
[349] Vgl. an dieser Stelle Anm. 364.
[350] Siehe James Griffin: Wittgenstein's Logical Atomism, Oxford 1964, insbes. S. 22.
[351] Siehe Abel: Sprache, Zeichen, Interpretation, S. 169–208. Abels zeichentheoretische Behandlung dieser Unterscheidung, die von einer Interpretation des *Tractatus* ausgeht, wurde bereits zum Verständnis der Unterscheidung von theoretischem Wissen und sicherem Gebrauch im Platon-Kapitel dieser Untersuchung herangezogen (vgl. Anm. 46).
[352] Siehe Wilhelm Vossenkuhl: Sagen und Zeigen. Wittgensteins ›Hauptproblem‹, in: ders. (Hg.): Ludwig Wittgenstein. Tractatus logico-philosophicus, S. 35–63, der hierzu auf: BW, S. 88, Brief an Bertrand Russell vom 19.08.1919 aus dem Gefangenenlager Montecassino, verweist. Dabei setzt sich Vossenkuhl gerade mit der Problematik auseinander, die diese Unterscheidung im Zusammenhang mit Wittgensteins Subjektbegriff spielt, ohne dabei allerdings die Relevanz der für uns zentralen Thematik des Sprachgebrauchs zu berücksichtigen. Vossenkuhl verweist auch darauf, dass für die Thematik von »Sagen« und »Zeigen« auch die den *Prototractatus* enthaltende kritische Edition des *Tractatus* von McGuinness und Schulte unverzichtbar ist (Ludwig Wittgenstein: Logisch-philosophische Abhandlung, Tractatus logico-philosophicus.

3.2 Logik und Gebrauch der Sprache im *Tractatus logico-philosophicus* 199

Wenn sich nach Wittgenstein auf der anderen Seite der Grenze dasjenige, was sich aussprechen lässt, auch klar aussprechen lässt, so ist Klarheit hier möglich, weil der Sprache eine einheitliche logische Ordnung, die allgemeine Form des Satzes, zugrunde liege, welche die Einheit der Sprache gewährleiste. Weil Wittgenstein sie als eine Ordnung logischer Möglichkeiten versteht, die zugleich die Ordnung der Möglichkeiten unserer Sprache ist, in denen sich die Welt allein konstituieren kann, gewährleistet sie damit, obwohl dies auch im Einzelnen durchaus umstritten ist, auch den einheitlichen Aufbau der Welt. Diese Welt besteht der Konstruktion und der Abbild-Theorie des *Tractatus* zufolge aus in Sätzen abgebildeten Tatsachen, die ihrerseits aus in Elementarsätzen abgebildeten Sachverhalten zusammengesetzt sind, welche wiederum aus Gegenstände bedeutenden Namen bestehen.

Der Begriff des Gebrauchs erhält seine Relevanz im *Tractatus* zunächst im Zusammenhang mit eben diesen als kleinste Bestandteile der Sprache vorausgesetzten Namen. Denn über sie will Wittgenstein zur einheitlichen, allgemeinen Logik der Sprache gelangen, die dieser zugrunde liege, ihr jedoch nicht direkt entnommen werden könne, sondern sich im Gebrauch der Sprache *zeige*. So werden wir uns ihnen, den Gegenstände bedeutenden Namen, allererst zuwenden (Kapitel 3.2.2). In Bezug auf den ontologischen Status der Gegenstände in Wittgensteins *Tractatus* werden – wie auch bezüglich der Namen – sehr kontroverse Positionen vertreten. Die Ausführungen in TLP 3263 gehören dementsprechend zu den am meisten diskutierten im *Tractatus*. So vertreten Interpreten wie Malcolm und Pears eine realistische Auffassung von Wittgensteins Gegenständen und verstehen diese als eine Art ›wirklicher‹ oder physikalischer, unteilbarer kleinster Teile, die sich in den uns bekannten Objekten nur auf unterschiedliche Weise zusammensetzen.[353] Andere Interpreten wie Merill und Jaakko Hintikka neigen eher dazu, in den Gegenständen so etwas wie phänomenologische Entitäten zu sehen.[354] Ishiguro, McGuinness und Winch zufolge ist den Gegenständen überhaupt kein eigenständiges Wesen zuzusprechen. Vielmehr seien diese erst aus den Funktionen der sie bezeichnenden Namen zu verstehen, zu denen Wittgenstein in der logischen Analyse der Sprache vorstoßen will.[355] Auch Schulte tendiert zu dieser Position und schreibt: »Urzeichen, können wir annehmen, kommen

---

Kritische Edition, hg. v. Brian F. McGuinness und Joachim Schulte, Frankfurt a. M. 1989). Vgl. auch den von Chris Bezzel herausgegebenen Band, der die Unterscheidung von »Sagen« und »Zeigen« im *Tractatus* aus der Perspektive der Kunst betrachtet (Chris Bezzel: Sagen und zeigen).

[353] Vgl. zu solchen Positionen u. a. Norman Malcolm: Nothing is Hidden, Oxford 1986; David Pears: The False Prison, Oxford 1987.

[354] Vgl. Merill B. und Jaakko Hintikka: Investigating Wittgenstein, Oxford 1986, S. 50–120.

[355] Vgl. Ishiguro: Namen. Gebrauch und Bezugnahme; Brian F. McGuinness: The So-Called Realism of Wittgenstein's *Tractatus*, in: Irving Block (Hg.): Perspectives on the Philosophy of

überhaupt nicht so im Satz vor, wie die geschriebenen oder ausgesprochenen Wörter unserer Umgangssprache. Sie lassen sich vielleicht schematisch andeuten, doch ansonsten wird ihre Funktion erst durch die *Anwendung* der sprachlichen Zeichen erkennbar. [...] [D]ie Beschaffenheit der Gegenstände ist nur in Abhängigkeit der Funktion der sie bezeichnenden Ausdrücke zu begreifen; ein selbständiges Wesen kommt ihnen nicht zu.«[356]

Dass sich in den Einschätzungen des ontologischen Status der Gegenstände, die durch Namen bezeichnet werden, auch ein grundsätzliches Verständnis des *Tractatus* spiegelt, dürfte klar sein. Wer etwa eine realistische Auffassung der Gegenstände vertritt, der wird Wittgensteins Ansatz im *Tractatus* auch im Ganzen als einen realistischen einschätzen, nach dem Wittgenstein von einem der Sprache und der Welt enthobenen Standpunkt aus Aussagen über das Verhältnis von Sprache einerseits und der unabhängig von ihr existierenden Welt andererseits trifft. Wer hingegen Wittgensteins Gegenstände als kleinste Elemente der Wahrnehmung oder letzte, unteilbare Sinnesdaten für ein Subjekt versteht, der wird Wittgensteins Ansatz eher als einen transzendentalphilosophischen verstehen. Der letztgenannte funktional-pragmatische Ansatz in der Deutung der Gegenstände führt wiederum im Ergebnis zu einem pragmatisch-sprachphilosophischen Verständnis des *Tractatus*. Der Begriff des Gebrauchs spricht dafür, die Gegenständen funktional zu deuten: Weil es im *Tractatus* der Gebrauch der Sprache ist, in dem sich entscheidet, welche der Möglichkeiten, die durch die allgemeine Logik zur Verfügung gestellt werden, realisiert werden, sind auch die Gegenstände allein aus den konkreten Funktionen der Namen im Gebrauch der Sprache zu verstehen.

Aus der Untersuchung der Gegenstände ›bedeutenden‹ Namen ergibt sich dann ein weitergehendes Verständnis des Verhältnisses zwischen Logik und Gebrauch der Sprache. Es wird zu zeigen sein, dass die Logik der Sprache die Möglichkeiten ihres Gebrauchs und damit die Möglichkeiten der Gestalt der Welt begrenzt und auf diese Weise zugleich ihren einheitlichen Aufbau gewährleistet (Kapitel 3.2.3). Davon ausgehend kann die systematische Stellung des Begriffs des Gebrauchs im *Tractatus* auch anhand des Subjekt-Begriffs gedeutet werden, worin wir erneut an Schulte anschließen, der auf die Rolle des Gebrauchs der Sprache als den »ausdehnungslose[n] Punkt« des Subjekts innerhalb der im *Tractatus* entwickelten Sprachphilosophie aufmerksam macht[357] (Kapitel 3.2.4).

Wittgenstein, Oxford 1981, S. 60–73; Peter Winch: Language, Thought and World in Wittgenstein's *Tractatus*, in: ders. (Hg.): Trying to Make Sense, Oxford 1987, S. 3–17.

[356] Siehe Schulte: Wittgenstein, S. 71–74. Hier findet sich auch ein Überblick über die zur Frage des ontologischen Status' der Gegenstände im *Tractatus* vertretenen Positionen.

[357] Vgl. Schulte: Wittgenstein, S. 85–93, hier S. 90.

3.2.2 Der Gebrauch von Namen

Der Begriff des Gebrauchs spielt im *Tractatus* zunächst eine Rolle, wo es im Rahmen der Abbild-Theorie um den Status der Gegenstände abbildenden Namen geht. Gegenstände werden nicht wie Sachverhalte durch Elementarsätze oder Tatsachen durch Sätze ›abgebildet‹, sondern Namen »bedeuten« Gegenstände (TLP, 3203), und dass sie Gegenstände bedeuten, verknüpft Sprache und Wirklichkeit. Es ist die Bedingung der Möglichkeit, dass Elementarsätze und Sätze Sachverhalte und Tatsachen abbilden und damit, dass die Sprache die Wirklichkeit abbildet. Unter Gegenständen versteht Wittgenstein letzte Einheiten. Anders als Sachverhalte oder Tatsachen sind sie weder zusammengesetzt noch teilbar oder auch nur veränderbar. Welche konkreten Phänomene sich hinter solchen Gegenständen verbergen könnten, bleibt jedoch fraglich, denn letzte unveränderliche und unteilbare Einheiten nehmen wir in unserer Welt nicht wahr, und Wittgenstein führt keinerlei konkrete Beispiele für Gegenstände an. Was wir für gewöhnlich mit Namen versehen, etwa Personen oder Orte, sind jedenfalls keine letzten Einheiten, sind nicht unteilbar und unveränderlich.

Doch Wittgenstein setzt im *Tractatus* zunächst gar nicht bei den Gegenständen, sondern bei den »Namen« an, unter denen Gegenstände in der Sprache vorkommen. Auch ob Wittgenstein mit »Namen« dasselbe meint, was wir in unserer Alltagssprache unter Namen verstehen, bleibt fraglich, denn abermals mangelt es im *Tractatus* an konkreten Beispielen. Jedenfalls sind Namen ihm zufolge »Urzeichen«. Anders als Gegenstände im Bereich der Wirklichkeit sind sie letzte ›unteilbare‹ Einheiten im Bereich der Sprache, können Wittgenstein zufolge »durch keine Definition weiter« zergliedert werden (TLP, 3.26). »Namen *kann* man nicht durch Definitionen auseinanderlegen« (TLP, 3261), man kann sie nicht durch die Angabe von Merkmalen bestimmen. Sie vertreten Gegenstände.[358] »Zwei Zeichen«, schreibt Wittgenstein, »ein Urzeichen und ein durch Urzeichen definiertes, können nicht auf dieselbe Art und Weise bezeichnen.« (ebd.) Ein Urzeichen ist nach Wittgenstein überhaupt »[k]ein Zeichen, welches allein, selbständig eine Bedeutung hat.« (ebd.) Dennoch »bedeuten« Namen Gegenstände, nur sind diese Bedeutungen eben nicht »selbständig«. Bedeutungen von Urzeichen kommen zwar

---

[358] Vgl. Ebd. S. 71f.: Die Namen, die im Elementarsatz vorkommen, sind ›Urzeichen‹ (3.26), die durch keine Definition weiter bestimmt werden können: d. h. Namen wie ›Paul‹ und ›Rom‹, deren richtiger Gebrauch sprachlich (durch ›Definition‹ oder Angabe eindeutig kennzeichnender Informationen über die Träger der Namen) erläutert werden kann, sind nicht Namen der von Wittgenstein gemeinten Art. Die Namen, die selbst Urzeichen sind, bezeichnen in ganz anderer Weise als die durch Urzeichen definierten Zeichen. Urzeichen, können wir annehmen, kommen überhaupt nicht so im Satz vor wie die geschriebenen oder ausgesprochenen Wörter unserer Umgangssprache.«

nicht isoliert und damit identifizierbar ›zum Ausdruck‹, wohl aber *zeigen* sie sich nach Wittgenstein in der »*Anwendung*« der Urzeichen: »Was die Zeichen verschlucken, das spricht ihre Anwendung aus.« (TLP, 3262) Die Bedeutungen von Namen bzw. Urzeichen zeigen sich also im *Gebrauch*. Sie können zwar nicht wie die Bedeutungen durch andere Zeichen identifiziert werden und lassen sich nicht unabhängig von ihrem Gebrauch in weiteren Sätzen unserer Sprache feststellen, dennoch kann die Bedeutung nach Wittgenstein in Sätzen, in denen die Urzeichen gebraucht werden, »erläutert« werden:

> Bedeutungen von Urzeichen können durch Erläuterungen erklärt werden. Erläuterungen sind Sätze, welche die Urzeichen enthalten. Sie können also nur verstanden werden, wenn die Bedeutungen dieser Zeichen bereits bekannt sind. (TLP, 3263)

»Erläuterungen« nennt Wittgenstein Sätze, in denen die erläuterten Urzeichen nicht durch Angabe von Merkmalen gekennzeichnet werden, in denen sie aber »enthalten« sind und somit zur »Anwendung« kommen, *gebraucht* werden. Wenn die Erläuterung der Bedeutung von Urzeichen diese Urzeichen selbst erhält, so muss die Bedeutung, um sie zu verstehen, »bereits bekannt« sein – man versteht durch die Erläuterung *zugleich* oder jetzt erst die Bedeutung der Namen.[359] Wir verstehen die Urzeichen aus den in jedem Satz mit gegebenen Gebrauchskontexten. »Nur der Satz hat Sinn; nur im Zusammenhang des Satzes hat ein Name Bedeutung.« (TLP, 3.3) So ergibt sich die Bedeutung von Namen aus ihrem Verhältnis zu anderen Zeichen der Sprache, in das sie im Gebrauch treten.

Namen scheinen also von Wittgenstein wie folgt gedacht zu sein: Durch sie sind Gegenstände in der Sprache vertreten. Sie sind im Gebrauch der Sprache als letzte sprachliche Einheiten, als »Urzeichen«, stets enthalten. Ihre Bedeutungen können nicht wie die anderer Zeichen identifiziert und ausgesprochen werden; dennoch *zeigen* sie sich im Gebrauch in Kontexten, was zugleich die Bedingung für das Verstehen von Elementarsätzen und Sätzen darstellt. Im Gebrauch der Sprache *zeigt* sich uns, wie diese zu verstehen ist, und dies gewährleisten die mit enthaltenen und in ihrer Bedeutung verstandenen Urzeichen, deren Verständnis selbst nicht abgeleitet werden kann, sondern die wir verstehen, wenn wir mit ihnen im Gebrauch der Zeichen vertraut sind. Wir verstehen sie aus ihrer Anwendung heraus, aus den in »Erläuterungen« gegebenen Gebrauchskontexten der Sprache. Den Sinn von Sätzen unserer Sprache zu verstehen, heißt letztlich nichts anderes, als mit den Kontexten einer Äußerung so weit vertraut zu sein, dass man versteht, unter welchen kommunikativen Bedingungen eine Aussage sinnvoll ist – und in diesem Sinne ist dann das Verstehen der Bedeutung von Namen aufzufassen. Sie

---

[359] Vgl. hierzu Ishiguro: Namen. Gebrauch und Bezugnahme, S. 107 ff.

3.2 Logik und Gebrauch der Sprache im *Tractatus logico-philosophicus*

zeigen ihre Bedeutungen im Gebrauch der Sprache und beziehen sie aus den sprachlichen Kontexten, in denen sie in Sätzen gebraucht werden, aus ihrem Verhältnis zu anderen Wörtern der Sprache. Die »Gegenstände«, die den Namen oder Urzeichen entsprechen, sind dann ebenfalls nur in Abhängigkeit von den Funktionen der sie vertretenden Namen zu verstehen.

Als kleinste, nicht weiter zu zerlegende sprachliche Einheiten stellen sie eine Art Bedingung der Möglichkeit des Verstehens sprachlicher Zeichen überhaupt dar, von der Wittgenstein als einer philosophischen Voraussetzung ausgeht. Sie gründet in der philosophischen Forderung nach der Möglichkeit der Bestimmtheit des Sinns in der Sprache. So schreibt er: »Die Forderung der Möglichkeit der einfachen Zeichen ist die Forderung der Bestimmtheit des Sinnes.« (TLP, 3.23)[360] Das Bezeichnende für den *Tractatus* ist, dass Wittgenstein Namen und Gegenstände zusammen als *Einheit* voraussetzt. Denn nur wenn sie gemeinsam als letzte Bestandteile der Sprache vorausgesetzt werden, ermöglichen sie eine letzte *Einheit* der Sprache und eben damit die Bestimmtheit ihres Sinns. Der Sinn der Sätze der Sprache zeigt sich in ihrem Gebrauch – er ist dem *Tractatus* zufolge jedoch begründet in der vorausgesetzten Einheit der zugrunde liegenden kleinsten Bestandteile der Sprache. Da deren Unterstellung jedoch in einer bloßen »Forderung« begründet ist, macht Wittgenstein mit ihr eine Voraussetzung, die er später aufgeben wird, weil sie sich nicht sinnvoll aufrecht erhalten lässt:

> Je genauer wir die alltägliche Sprache betrachten, desto stärker wird der Widerstreit zwischen ihr und unserer Forderung. (...) Der Widerstreit wird unerträglich; die Forderung droht nun, zu etwas Leerem zu werden. – [...] (PU, 107)

Die »Forderung« wird »zu etwas Leerem« und so schließlich zum bloßen Selbstzweck. Wittgensteins Annahme von Elementarsätzen und Namen beruht letztlich auf einer bloß geforderten Einheit von Namen und Gegenständen und damit einer Bestimmtheit des Sinns der Sprache.

---

[360] So kann auch deshalb nicht explizit über die Zuordnung von Namen und Gegenständen gesprochen werden, weil es hier nur um die Voraussetzung einer Bedingung der Möglichkeit geht, nicht um eigenständige, womöglich beobachtbare Entitäten. Amereller meint dementgegen, dass Wittgenstein über die Natur der Zuordnung von Namen und Gegenständen lediglich deshalb schweige, weil sie in den Bereich der Psychologie, nicht in den der Logik falle (Erich Amereller: Die Abbildende Beziehung. Zum Problem der abbildenden Beziehung im *Tractatus*, in: Wilhelm Vossenkuhl (Hg.): Ludwig Wittgenstein. Tractatus logico-philosophicus, Berlin 2001 (= Klassiker Auslegen; Bd. 10), S. 111–139, hier. S. 119–132).

3.2.3 Die Einheit von Logik und Gebrauch der Sprache

Zu eben diesen der Sprache und ihrem Sinn innewohnenden kleinsten einheitlichen Bestandteilen will Wittgenstein mit seiner Analyse der Sprache gelangen, um über sie zur allgemeinen Logik der Sprache und zu der einen, allgemeinen Form des Satzes vorzustoßen. Sie ist es, was freigelegt werden soll, zu ihr gewähren die sich im Gebrauch der Sprache zeigenden Namen laut Wittgenstein einen Zugang. Was sich damit über die Namen im Gebrauch der Sprache *zeigt*, aber nicht unmittelbar und explizit zu *benennen* ist, ist demzufolge die Logik der Sprache. Der Sprache und ihrem Gebrauch, so Wittgensteins Vorstellung, liegt eine einheitliche, logische Ordnung immanent zugrunde, an der sich diese immer schon unmerklich ausrichten. Was immer gesagt und gedacht wird, bewegt sich in den Grenzen dieser logischen Ordnung. Wörter und Namen finden dem *Tractatus* zufolge ihren Gebrauch in ihrer feststehenden Rolle in der »logischen Syntax« (siehe hierzu: TLP 3.3 ff.) der Sprache. Und weil diese logische Ordnung eine allgemeine und einheitliche sei, gewährleiste sie als Bedingung das Verstehen der Sprache, also Sinn bzw. Bedeutung. An ihr entscheidet sich, was klar gesagt werden kann und was nicht klar gesagt werden kann, wie sich Sinn und Unsinn voneinander unterscheiden.

In der logischen Analyse der Sprache, beim Versuch, die Logik unserer Sprache freizulegen, ergibt sich für Wittgenstein jedoch eine Schwierigkeit. So schreibt er, es sei »menschenunmöglich, die Sprachlogik aus ihr *unmittelbar* zu entnehmen.« (TLP, 4002; Hervorh. MSvR). Es sei »menschenunmöglich«, auf direktem Wege zu den Namen und über diese zur Sprachlogik vorzustoßen und so Klarheit über die Funktionsweise der Sprache zu erlangen. Wittgenstein beschreibt die Problematik wie folgt:

> Der Satz kann die logische Form nicht darstellen, sie spiegelt sich in ihm. Was sich in der Sprache spiegelt, kann sie nicht darstellen. Was sich in der Sprache ausdrückt, das können wir nicht durch sie ausdrücken. Der Satz zeigt die logische Form der Wirklichkeit. Er weist sie auf. (TLP, 4121)

Die logische Form »spiegelt« sich demnach im Satz, kann aber nicht nochmals getrennt vom konkreten Satz in weiteren sprachlichen Ausführungen dargestellt werden. Dennoch könne ein Zugang zur Logik der Sprache gefunden werden, weil sich das, was man nicht *sagen* kann, nach Wittgenstein dennoch *zeige*. So bedürfe es, um die Sprachlogik offenzulegen oder zutage zu fördern, eines besonderen Instrumentariums der Analyse. Wittgenstein bedient sich hierzu in Anlehnung an die von Russell und Frege entwickelten Notationssysteme eines Instrumentariums, das Sätze auf eine bloße Zeichensprache reduzieren soll, die deren logische Form erfasst. Über ihren Gebrauch legt er im *Tractatus* Rechenschaft ab (vgl. z. B. TLP, 4123 oder 41272). Weil in der

3.2 Logik und Gebrauch der Sprache im *Tractatus logico-philosophicus* 205

logischen Notation die darstellenden Elemente von den logischen abgetrennt werden können, kann Wittgenstein sagen:

> Die logischen Sätze beschreiben das Gerüst der Welt, oder vielmehr, sie stellen es dar. Sie »handeln« von nichts. Sie setzen voraus, dass Namen Bedeutung, und Elementarsätze Sinn haben: Und dies ist ihre Verbindung mit der Welt. [...] (TLP, 6124)

Ziel der logischen Notation soll es sein, den Satz auf möglichst klare Elemente zurückzuführen (vgl. TLP 5.5 ff.), wodurch Wittgenstein schließlich zu einer einheitlichen, schematischen »allgemeinen Form des Satzes« gelangt (siehe TLP, 6). Die den *Tractatus* bestimmende Vorstellung, von der sich Wittgenstein in seinem späten Werk entschieden lossagen wird, ist zusammengefasst die, dass die Logik eines Satzes zwar nicht getrennt vom Satz nochmals formuliert werden kann, aber doch als eine allgemeine und einheitliche Logik in ihr verborgen liegt und durch eine schematische, logische Notation erläutert werden kann. Damit wäre die Forderung nach einer abschließenden Bestimmtheit des Sinns von Sprache erfüllt.

Die logische Analyse der Sprache als Wittgensteins Instrument, zu Klarheit über die Logik und damit über die Funktionsweise der Sprache zu gelangen, führt ihn zur Abbildfunktion der Sprache und zum Bildcharakter des Satzes. Sätze sind dem *Tractatus* zufolge Bilder der Wirklichkeit. Indem sie die Wirklichkeit *zeigen*, haben sie Sinn. Der Abbildcharakter der Sätze unserer Sprache ist zumeist nicht offenkundig. Die logische Analyse soll die abbildenden Elemente eines Satzes von seinen logischen Elementen, die zwar Bedingungen der Möglichkeit des Abbildens sind, selbst aber keine Abbildfunktion haben (denn sonst könnten sie selbst als sprachliche Zeichen ausgesprochen werden), absondern. Was Wittgenstein unter »Abbildung« versteht, illustriert er folgendermaßen:

> Die Grammophonplatte, der musikalische Gedanke, die Notenschrift, die Schallwellen, stehen alle in jener abbildenden internen Beziehung zu einander, die zwischen Sprache und Welt besteht. Ihnen allen ist der logische Bau gemeinsam. (TLP, 4014)

»Abbildung« ist damit nicht etwa im Sinne einer bloßen, visuellen Ähnlichkeit gemeint, wie sie etwa in Kopien, gegenständlichen Zeichnungen oder Fotos zu finden ist, sondern in dem Sinne, dass beide, Satz und Wirklichkeit, über den gleichen »logische[n] Bau« verfügen, oder, wie Wittgenstein an anderer Stelle ausführt, darin, dass sie »die gleiche logische (mathematische) Mannigfaltigkeit besitzen« (TLP, 4.04). Das bedeutet: »Am Satz muss gerade soviel unterschieden sein, als an der Sachlage, die er darstellt.« (ebd.) Eine Abbildung der Wirklichkeit wird im Satz dadurch möglich, dass Satz und Wirklichkeit in ihrer logischen Mannigfaltigkeit übereinstimmen. Doch kann man »[d]iese mathematische Mannigfaltigkeit [...] natürlich nicht selbst wieder abbilden. Aus ihr kann man beim Abbilden nicht heraus.« (TLP, 4041)[361] In der Abbildung *zeigt* sich daher der Sinn, ohne dass man ihn aussprechen kann.

Ob ein Satz dieselbe »logische [...] Mannigfaltigkeit« besitzt wie die »Sachlage«, die er darstellt, *zeigt* sich im Satz. Das aber bedeutet: es zeigt sich in seiner konkreten *Anwendung*. Die jeweilige logische Form muss im *Gebrauch* des Satzes ersichtlich werden; die logische Form *zeigt* sich im Gebrauch. Ob ein Satz dieselbe »logische [...] Mannigfaltigkeit« besitzt, wie die »Sachlage«, die er darstellt, hängt nämlich davon ab, welche Zwecke im Einzelnen verfolgt werden. Die von einem Architekten entworfenen Baupläne eines Hauses z. B. taugen zwar dazu, der Baufirma eine Anleitung zu geben, wie der Bau des Hauses vorgenommen werden muss, sie verfügen in diesem Gebrauchszusammenhang also durchaus über dieselbe logische Mannigfaltigkeit, wie die Sachlage, um die es geht. Als Vorlage für ein Gemälde aber, das ein Gebäude z. B. in einer Abendstimmung zeigen will, würden die Pläne nicht taugen, weil sie einerseits vielerlei Informationen enthielten, die für ein solches Gemälde irrelevant wären, und andererseits über vieles, was in dem Gemälde zum Ausdruck kommen müsste, keine Informationen bereitstellten. In Bauplan und Gemälde ist Unterschiedliches am Gebäude unterschieden. In gleicher Weise bilden Sätze Sachlagen dann ab, wenn sie sie so differenzieren, wie es für die pragmatischen Funktionen, welche die Sätze erfüllen sollen, erforderlich ist.

Wenn Wittgenstein der Auffassung ist, dass »der Satz [...] eine Welt [konstruiert]« (TLP, 4023), so bedeutet dies, dass der Satz eine Möglichkeit dessen, wie die Welt beschaffen ist, konstruiert, die immer schon »logisch vollkommen geordnet« (TLP 55563) ist. Die der Sprache zugrunde liegende Logik ist daher eine Ordnung der Möglichkeiten, die in Sätzen formuliert werden können. Sie stellt die Möglichkeiten bereit, in denen wir überhaupt nur Sätze bilden können und in denen sich uns die Welt darstellen kann. Sätze

---

[361] Schulte bemerkt zu dieser Auffassung Wittgensteins: »Diese Überzeugung hängt sowohl mit Wittgensteins Ablehnung von Russells Typentheorie [an deren Stelle die Abbildtheorie tritt] und der Konzeption einer Stufenfolge der Sprachebenen (Objekt- und Metasprache) zusammen als auch mit seiner Vorliebe für eine sinnfällige Darstellung der Logik. Sowohl die Wahrheitstafeln 4.31 als auch das Schema 5101 und die Darstellung 61203 sollen zu jeweils verschiedenen Zwecken das Logische möglichst *anschaulich* machen, ohne darüber zu reden. Das logische Element – das, was dem Bild die angemessene Multiplizität verleiht – kann seinerseits nicht Gegenstand eines Bildes werden. Auf dem gleichen Gedanken basiert auch die Devise »Die Logik muss für sich selbst sorgen« (5.473; TB, 22.8.14 u. ö.). Zum Ausdruck kommt er auch in der Bemerkung 40312, die den Grundgedanken des *Tractatus* enthält: »Die Möglichkeit des Satzes beruht auf dem Prinzip der Vertretung von Gegenständen durch Zeichen. Mein Grundgedanke ist, daß die ›logischen Konstanten‹ nicht vertreten. Daß sich die Logik der Tatsachen nicht vertreten läßt.« (Schulte: Wittgenstein, S. 79.)

sind dann bestimmte einzelne Realisierungen der Möglichkeiten, die uns die der Sprache zugrunde liegende Logik bereitstellt. Sie haben das Potenzial, wahr oder falsch zu sein. Werden wahre Sätze gebildet, konstituiert sich die konkrete Wirklichkeit im tatsächlichen sinnvollen Gebrauch der Sprache, in konkreten wahren Sätzen, in denen die Logik »zur Anwendung« kommt (vgl. TLP, 4023). Werden falsche Sätze gebildet, konstituiert sich die Wirklichkeit ebenfalls, allerdings nicht, wie sie tatsächlich ist, sondern wie sie möglich wäre.

Im Gebrauch der Sprache zeigt sich ihre einheitliche Logik, die ihr der Konzeption des *Tractatus* zufolge als Einheit zugrunde liegt und dadurch den einheitlichen Aufbau der Sprache und der Welt gewährleistet. Im Gebrauch entscheidet sich zwar, wie sich die Welt konkret konstituiert, weil hier einzelne Möglichkeiten, die die Logik bereitstellt, realisiert werden. Doch ist es eben die Logik, in der die Möglichkeiten bereitgestellt werden. Durch sie werden der Gebrauch der Sprache und die Welt begrenzt, zugleich jedoch ihr einheitlicher Aufbau gewährleistet.[362] Wie sich noch zeigen wird, wird Wittgenstein eben die Forderung des einheitlichen Aufbaus der Sprache und der Welt später aufgeben, um eine der Sprache innewohnende Logik nicht mehr voraussetzen zu müssen.

3.2.4 Der Gebrauch als »Subjekt« der Sprache

Das Verhältnis zwischen Logik und Gebrauch der Sprache im *Tractatus* lässt sich nun weitergehend beschreiben. Was die Logik der Sprache betrifft, zeigen sich zunächst bezeichnende Parallelen zwischen dem, was Wittgenstein über die Logik unserer Sprache sagt, und dem, was er mit dem Mystischen bezeichnet. Sie lassen sich abermals an der Unterscheidung von *sagen* und *zeigen* verdeutlichen. In Wittgensteins bekanntem, am Ende des *Tractatus* gezogenen Fazit »Wovon man nicht sprechen kann, darüber muß man schweigen.« (TLP, 7), kommt seine Absicht zum Ausdruck, eine Grenze zwischen dem, was klar gesagt werden kann, und dem, was nicht klar gesagt werden kann und daher auch nicht gesagt werden sollte, zu ziehen. Das Mystische ist Wittgensteins Ausdruck für all das, worüber nichts Klares gesagt werden kann, worüber keine naturwissenschaftlichen Sätze gebildet werden können. Indem er, wie oben herausgestellt, die Grenze zwischen klar Aussagbarem und nicht klar

---

[362] Schweidler formuliert in diesem Sinne: »Die Erfassung der Wirklichkeit in der Sprache ist freilich an die jeweilige Verwendungssituation gebunden: Evidenz ist momentan. Der ›Tractatus‹ jedoch sollte den Vorrang der spontanen Sphäre für immer im voraus sichern, indem er die Wirklichkeitserfassung noch einmal in der allgemeinen, abstrakten philosophischen These von der Abbildung der Welt in der Sprache wiederholte.« (Schweidler: Wittgensteins Philosophiebegriff, S. 161.)

Aussagbarem aus dem Inneren der Sprache selbst heraus zu ziehen versucht, geht es ihm zugleich immer auch um dieses Mystische – es ist sogar dasjenige, worauf es ihm in besonderem Maße ankam.[363]

So könne es z. B., obwohl sie für unser Leben keinesfalls belanglos ist, keine sinnvollen Sätze der Ethik, die er dem Bereich des Mystischen zurechnet, geben.[364] Wittgenstein bezeichnet die Ethik daher auch als »transzendental«:

6.42 Darum kann es auch keine Sätze der Ethik geben.
Sätze können nichts Höheres ausdrücken.
6421 Es ist klar, daß sich die Ethik nicht aussprechen läßt.
Die Ethik ist transzendental. [...][365]

In eben diesem Sinne ist für Wittgenstein aber auch »[d]ie Logik [...] transzendental.« (TLP, 6.13) Wie das Mystische so kann auch die Logik nicht ausgesprochen werden, es kann keine naturwissenschaftlichen Sätze über die Logik geben. Wie sich das Mystische nicht aussprechen lässt, sondern sich in der Welt zeigt, so kann es nach Wittgenstein über die Logik keine sinnvollen Sätze geben, die als wahr oder falsch klassifiziert werden könnten. Diese muss sich vielmehr im Gebrauch der Sprache zeigen. Sinnvolle Sätze können nur über etwas in der Welt gebildet werden. Die Logik aber »erfüllt die Welt; die Grenzen der Welt sind auch ihre Grenzen« (TLP, 5.61).

Die Grenzen der Welt werden in der neuzeitlichen Philosophie – und Wittgenstein schließt daran an – durch das Subjekt gezogen.[366] Dieses ist

---

[363] Vgl. BW, S. 96, Brief an von Ficker, Oktober oder November 1919: »[...] der Sinn des Buches ist ein Ethischer (sic!). Ich wollte einmal in das Vorwort einen Satz geben, der nun tatsächlich nicht darin steht, den ich Ihnen aber jetzt schreibe, weil er Ihnen vielleicht ein Schlüssel sein wird: Ich wollte nämlich schreiben, mein Werk bestehe aus zwei Teilen: aus dem, der hier vorliegt, und aus alledem, was ich nicht geschrieben habe. Und gerade dieser zweite Teil ist der Wichtige. Es wird nämlich das Ethische durch mein Buch von innen her begrenzt; und ich bin überzeugt, daß es, streng, nur so zu begrenzen ist.«

[364] Bezeichnender Weise lösten Wittgensteins Äußerungen über das Mystische insbesondere bei den Vertretern des logischen Positivismus' – auch bei sonstiger Hochschätzung des *Tractatus* – eher Befremden aus.

[365] Es ist durchaus umstritten, in welchem Sinne Wittgenstein hier »transzendental« verwendet. Es besteht sowohl die Möglichkeit, dass er es im Sinne Kants versteht, als »die Bedingungen der Möglichkeit betreffend«, als auch, dass er es als »den Bereich möglicher Aussagbarkeit überschreitend« versteht. An einer Stelle in seinen Tagebüchern spricht er auch davon, dass die Ethik »transcendent« sei, wobei unklar ist, inwiefern hier eine Ungenauigkeit in der Wortwahl oder eine Verschiebung seiner Auffassungen zum Ausdruck kommt. Diese Fragen sind hier von nachrangigem Interesse. Wichtig ist für uns die parallele Struktur des Ethischen und des Logischen in Bezug auf ihre Unaussagbarkeit. Vgl. hierzu auch Schulte, Wittgenstein. Eine Einführung, S. 85 f.

[366] Vgl. hierzu Vossenkuhl: Sagen und Zeigen, insbes. S. 48 ff.

3.2 Logik und Gebrauch der Sprache im *Tractatus logico-philosophicus*

selbst jedoch nicht Teil der Welt, weshalb Wittgenstein sagen kann: »Das denkende, vorstellende, Subjekt gibt es nicht« (TLP, 5631). »Das Subjekt gehört« dem *Tractatus* zufolge »nicht zur Welt, sondern es ist eine Grenze der Welt.« (TLP, 5632) Das Subjekt ist wie bei Kant nicht selbst als innerweltlicher Gegenstand, etwa als konkretes Lebewesen, sondern als diejenige Instanz gedacht, durch dessen Akt der Grenzziehung die Welt überhaupt erst zur Welt wird. Aufschlussreich hierfür sind Wittgensteins Ausführungen im *Tractatus* über das Verhältnis zwischen Auge und Gesichtsfeld, durch die er das Verhältnis zwischen Subjekt und Welt verdeutlicht (vgl. TLP, 5633f.). Was Wittgenstein mit dem Auge und dem Gesichtsfeld meint, kann dabei direkt mit den Begriffen des Standpunktes und des Horizontes verstanden werden.[367] Wittgenstein kommt zu der Einsicht, dass »nichts *am Gesichtsfeld* darauf schließen lässt, daß es von meinem Auge gesehen wird.« (TLP, 5633) Das Auge ist selbst nicht Teil meines Gesichtsfeldes, ist kein Objekt in meinem Gesichtsfeld. Obwohl alles im Gesichtsfeld, im Horizont meiner Wahrnehmung, vollständig vom Standpunkt meines Auges aus gesehen wird, kann ich den Standpunkt meines Auges nicht verlassen. Ich kann auch nicht versuchsweise oder vorübergehend den Standpunkt eines Anderen einnehmen. So macht es für Wittgenstein auch keinen Sinn, sich hier ein Nebeneinander verschiedener Perspektiven vorzustellen, von denen die eigene nur eine unter vielen wäre. Denn spreche ich von ›meiner‹ Welt, so ist dabei immer eine Welt mitgedacht, die sich von der meinigen unterscheidet, womit die Möglichkeit schon vorausgesetzt ist, meinen eigenen Standpunkt von einem diesem enthobenen Blickwinkel aus in den Blick zu nehmen – ganz so, als wäre es denkbar, von meiner Perspektive in eine andere hinüberzuwechseln. Konsequenter wäre es daher, statt von ›meinem‹ Gesichtsfeld, einfach von ›dem‹ Gesichtsfeld zu sprechen, und statt von ›meiner‹ Welt, die immer durch mich als ihrem Subjekt ihre Grenzziehung erfährt, einfach von ›der‹ Welt.

So ist für Wittgenstein in dem Maße, wie mein Gesichtsfeld das meines Auges ist, mein Horizont der meines Standpunktes ist, die Welt radikal meine Welt: »Die Welt und das Leben sind Eins. Ich bin meine Welt. [Der Mikrokosmos]« (TLP, 5621). Wittgenstein zieht die Konsequenz eines strengen Solipsismus und resümiert: »Hier sieht man, daß der Solipsismus, streng durchgeführt, mit dem reinen Realismus zusammenfällt. Das Ich des Solipsismus schrumpft zum ausdehnungslosen *Punkt* zusammen, und es bleibt die ihm koordinierte Realität.« (TLP, 5.64; Hervorh. MSvR). Eben dieser »Punkt« ist der individuelle Standpunkt eines jeden.

Doch weil Grenzen meiner Welt nach Wittgenstein mit denen meiner Sprache zusammenfallen (TLP, 5.62), müsste *ich*, um die Grenzen *meiner* Subjektivität und *meiner* Welt beschreiben zu können, die Grenzen *der* Spra-

---

[367] Vgl. hierzu Stegmaier: Philosophie der Orientierung, insbes. S. 191–216.

che in *meiner* Sprache selbst überschreiten können. Was beschrieben werden kann, kann aber *nur* innerhalb der Sprache selbst, nämlich durch sie beschrieben werden. Die Grenzen der Sprache und meiner Subjektivität und deshalb auch die der Welt können daher wie die Logik der Sprache nicht selbst beschrieben werden – sie müssen sich *zeigen*. Deshalb kommt Wittgenstein zu der Einsicht: »Was der Solipsismus nämlich *meint*, ist ganz richtig, nur lässt es sich nicht *sagen*, sondern es zeigt sich.« (TLP, 5.62)[368]

Die Grenzen der Logik, der Sprache und der Welt können nicht sprachlich identifiziert werden, sondern sie zeigen sich – wenden wir uns also der Frage zu, wie und worin sich diese Grenzen zeigen: Wie *mein* Gesichtsfeld zugleich einfach *das* Gesichtsfeld ist und *meine* Welt zugleich *die* Welt, so ist natürlich *die* Sprache zugleich auch *meine* Sprache. Obwohl Wittgenstein nicht davon ausgeht, dass die Sprache etwas Privates sein könnte, bin doch jeweils *ich* es, der sie *gebraucht*. Und die Grenze der Sprache zeigt sich darin, dass *ich* sie so und nicht anders gebrauche. *Ich* kann die Grenzen meiner Sprache nicht beschreiben, weil sie sonst weiter gefasst sein müssten als das Beschriebene. Ich müsste in meiner Sprache über diese hinaustreten. Doch zeigen sich die Grenzen meiner Sprache faktisch in dem Gebrauch, den ich von ihr mache. Während der Erarbeitung seiner Ausführungen zum Solipsismus notiert Wittgenstein in seinem Tagebuch am 11.09.1916 entsprechend: »Die Art und Weise, wie die Sprache bezeichnet, spiegelt sich in ihrem Gebrauche wieder.« Dies verdeutlichen die bereits zitierten Worte Wittgensteins: »Was in den Zeichen nicht zum Ausdruck kommt, das zeigt ihre Anwendung. Was die Zeichen verschlucken, das spricht ihre Anwendung aus.« (TLP, 3262) Im Gebrauch der Sprache zeigen sich die Grenzen der Sprache und damit der Welt.

Dennoch werden diese Grenzen Wittgensteins *Tractatus* zufolge nicht im Sprachgebrauch ›gesetzt‹, denn diesem liegt die einheitliche Logik als Ordnung der Möglichkeiten zugrunde: »Alle Sätze unserer Umgangssprache sind tatsächlich, so wie sie sind, logisch vollkommen geordnet.« (TLP, 55563) Indem diese Einheit der Logik im Gebrauch der Sprache ständig zur Anwendung kommt, ist sie es, die den einheitlichen Aufbau von Sprache und Welt gewährleistet, denn »[d]ie *Anwendung* der Logik entscheidet darüber, welche Elementarsätze es gibt« (TLP, 5557) – und damit auch darüber, welche Sachverhalte und Tatsachen in meiner Welt vorliegen können. Im Gebrauch der Sprache entscheidet sich über die Anwendung der Logik, welche der Möglichkeiten realisiert werden und damit der Aufbau der Welt, die ›meine‹ Welt ist. Vermittels der allgemeinen Logik verknüpfe ich Namen mit Gegenstän-

---

[368] Vgl. zu Wittgensteins Auseinandersetzung mit dem »Solipsismus« David Bell: Solipsismus, Subjektivität und öffentliche Welt, in: Vossenkuhl: Ludwig Wittgenstein. Tractatus logico-philosophicus, S. 275–303.

3.2 Logik und Gebrauch der Sprache im *Tractatus logico-philosophicus* 211

den, Elementarsätze mit Sachverhalten und Sätze mit Tatsachen, die auch von einem Anderen in der Kommunikation verstanden werden, weil die Einheit ihres Sinns durch die Einheit ihrer letzten Bestandteile gewährleistet wird. Immer aber, so Wittgensteins damalige Vorstellung, bleibt durch die Einheit der Logik der einheitliche Aufbau der Welt gewährleistet. Während die Logik den einheitlichen Aufbau der Welt dadurch sicherstellt, dass sie die Möglichkeiten, in der sich die Welt in unserer Sprache darstellen kann, begrenzt, so entscheidet sich im Gebrauch der Sprache, welche der Möglichkeiten zur Realisierung kommt.

Daher kann nur in diesem Gebrauch der Sprache jener »ausdehnunglose Punkt« des metaphysischen Subjekts, von dem Wittgenstein ausgeht (TLP, 5.64, 5641), bestehen, der selbst nicht Teil der Welt ist, dieser jedoch ihre Grenze zieht, in dem sich aber auch der in meinen Sätzen »verschluckte« Aufbau meiner Sprache, d. h. ihre einheitliche logische Form, zeigt.[369] Im Gebrauch der Sprache zeigt sich, dass die Welt *meine* Welt ›ist‹, weil ich nur darin, dass *ich* Sätze bilde, Gegenständen Namen geben und Gegenstände zu Sachverhalten verknüpfend Elementarsätze bilden kann. All dies zeigt sich im Gebrauch der Sprache, ohne dass es gesagt werden kann. Wie bei Kant das erkennende transzendentale Subjekt unter den Bedingungen seines Erkenntnisvermögens die Gestalt der Welt entwirft, selbst jedoch nicht Teil dieser Welt ist und in ihr nicht erkannt werden kann, so wird im *Tractatus* der Welt ihre Grenze innerhalb der Möglichkeiten, welche die allgemeine logische Ordnung der Sprache bereitstellt, gezogen, was sich im Gebrauch der Sprache zeigt, ohne dass es gesagt werden kann.

Damit kehren wir zu Wittgensteins Grundintention des *Tractatus* zurück. Die Welt ist meine Welt, und wie sie ist, kann vermittels der Sprache beschrieben und gesagt werden. Aber *dass* sie ist und dass sie meine ist, zeigt sich allein im Gebrauch der Sprache. Die Sätze des *Tractatus* erweisen sich so zunächst als sinnlose Scheinsätze, weil sie sich eben mit den Grenzen der Welt und der Sprache befassen, über die sinnvoll gar nicht gesprochen werden kann. So schreibt Wittgenstein:

> Meine Sätze erläutern dadurch, daß sie der, welcher mich versteht, am Ende als unsinnig erkennt, wenn er durch sie – auf ihnen – über sie hinausgestiegen ist. (Er muß sozusagen die Leiter wegwerfen, nachdem er auf ihr hinaufgestiegen ist.) (TLP, 6.54)

---

[369] Schulte hat auf diese Rolle des Gebrauchs der Sprache als des »ausdehnungslose[n] Punkt[es]« des Subjekts aufmerksam gemacht. Er formuliert entsprechend: »Der Gebrauch der Sprache ist ebenjener ausdehnungslose Punkt – das metaphysische Subjekt, wenn man so will (vgl. 5641) – auf dessen einer Seite die Verständigung durch Sätze der Umgangssprache, auf dessen anderer Seite der von diesen Sätzen ›verschluckte‹, von den Elementen meiner Welt ausgehende Aufbau der Sprache liegt.« Vgl. Schulte: Wittgenstein, S. 85–93, hier S. 90.

Doch wer imstande ist, sich mit ihrer Hilfe Klarheit über die Grenzen des Sagbaren und der Welt zu verschaffen, der mag vielleicht eine Ahnung von der Merkwürdigkeit des Faktums der Existenz der Welt als einem dem *Tractatus* zufolge noch begrenzten Ganzen gewinnen, was Wittgenstein mit dem Begriff des Mystischen umschreibt. Denn »[n]icht *wie* die Welt ist, ist das Mystische, sondern *daß* sie ist.« (TLP, 6.44) Mit dem *Tractatus* wird dem Sagbaren – durch Wittgensteins eigenen Gebrauch der Sprache als Subjekt – eine Grenze gezogen. Zugleich aber verbindet Wittgenstein damit die Hoffnung, dass sich dem Leser in den Sätzen des *Tractatus* durch diese Begrenzung die Erfahrung eines Gefühls vom begrenzten Ganzen der Welt eröffnet und dass sich das Mystische dadurch in ihm, im Gebrauch der Sprache des *Tractatus*, zugleich zeigt.[370]

3.2.5 Zwischenergebnis (Kapitel 3.2)

Damit ist die Rolle des Gebrauchs in Wittgensteins *Tractatus* herausgearbeitet. Führen wir uns die Konstruktion des *Tractatus* im Hinblick darauf noch einmal vor Augen, um im Weiteren Wittgensteins Einsichten, die ihn zur Revision des Ansatzes seines *Tractatus* bewegten, nachvollziehen zu können (Kapitel 3.3):

---

[370] Der von Wittgenstein selbst gesehene und formulierte Selbstwiderspruch (TLP, 6.54) wurde zunächst einhellig abgelehnt. So zuerst von Russell in dem von ihm verfassten Vorwort zum *Tractatus* (Ludwig Wittgenstein: Schriften, Beiheft 1, mit Beiträgen von Ingeborg Bachmann, Frankfurt a. M. 1960, S. 68–81, S. 80). In diesem Sinne ist auch Ramseys Bemerkung zu verstehen: »What we can't say we can't say, and we can't whistle it either.« (vgl. George Pitcher: The Philosophy of Wittgenstein, Eaglewood Cliffs 1964, S. 155; dt. Ausgabe in Übersetzung von von Savigny, Eike: Die Philosophie Wittgensteins. Eine kritische Einführung in den Tractatus und die Spätschriften, Freiburg/München 1979) Vgl. u. a. auch Max Black: A Companion to Wittgenstein's ›Tractatus‹, Cambridge 1964, S. 376 ff. Schweidler hingegen unterstreicht die von Wittgenstein gesehene »Selbstwidersprüchlichkeit« des *Tractatus* und das damit verbundene Scheitern des dort gewählten philosophischen Ansatzes, das sich darin zeigt, etwas sagen zu wollen, was er nicht sagen kann. Gerade dies habe letztlich zur Revision der philosophischen Methode und des philosophischen Ansatzes überhaupt geführt (Siehe Schweidler: Wittgensteins Philosophiebegriff, Freiburg/München 1983, S. 154–163, insbes. S. 158). Schulte scheint eine dem hier gemachten Vorschlag entsprechende Wirkung des *Tractatus* zu sehen, durch die der von Wittgenstein selbst gesehene Widerspruch gemildert wird (vgl. Schulte: Wittgenstein, S. 91 ff.). Auch die Deutung Gabriels ist in unserem Sinne, wenn dieser meint, dass der *Tractatus* das Ethische zwar nicht als Lehre, als Ethik, aussprechen kann, es aber dennoch andeuten will: »Der *Tractatus* vertritt nicht nur eine Auffassung des Ethischen, sondern er ist selbst eine ethische Tat, indem er mithilfe von unsinnigen Sätzen die richtige Sicht der Welt vermitteln will.« (Gottfried Gabriel: Literarische Form und philosophische Methode, in: Gebauer/Goppelsröder/Volbers (Hg.): Wittgenstein – Philosophie als ›Arbeit an Einem selbst‹, S. 195–205, hier S. 200.)

Wittgenstein geht im *Tractatus* davon aus, dass der Sprache, deren Grenzen die Grenzen unserer Welt sind, eine einheitliche logische Ordnung zugrunde liegt, die die Einheit und damit Erkennbarkeit der Welt gewährleistet. Die vorausgesetzte Einheit kleinster Bestandteile der Sprache, die Wittgenstein »Namen« nennt, stellt die Einheit des Sinns von Sprache und damit ihre Verstehbarkeit sicher. Die logische Ordnung begrenzt den Gebrauch unserer Sprache und damit die Gestalt der Welt, indem sie eine Ordnung der Möglichkeiten darstellt, die zugleich die Ordnung der Möglichkeiten unserer Sprache ist (denn »[a]lle Sätze unserer Umgangssprache sind tatsächlich, so wie sie sind, logisch vollkommen geordnet« (TLP, 55563)), in denen sich die Welt konstituieren kann. Die einheitliche Logik gewährleistet damit zugleich den einheitlichen Aufbau der Welt. Im Gebrauch der Sprache werden bestimmte Möglichkeiten realisiert, andere nicht, und damit entscheidet sich im jeweiligen Sprachgebrauch, wie sich die Welt in ihrer konkreten Gestalt konstituiert. Dieser rückt damit in die Funktion der Instanz des Subjektes, denn im Gebrauch der Sprache konstituiert sich die Welt unter den Bedingungen der allgemeinen logischen Ordnung, die ihm zugrunde liegt und der Welt ihre Möglichkeiten bereitstellt, selbst aber nicht Teil der Welt ist und sprachlich nicht erfasst werden kann.

Wie die Namen als kleinste, einheitliche Bestandteile der Sprache jedoch nicht für sich, sondern nur aus ihren weiteren Kontexten, in denen sie gebraucht werden, zu verstehen sind, so kann auch die logische Ordnung der Sätze nicht getrennt von diesen dargestellt werden, sondern sich nur im Gebrauch der Sprache selbst *zeigen*. Obwohl sich also die Logik der Sprache nur in ihrem Gebrauch zeigen kann und sich allein in ihm die Gestalt der Welt konstituiert, geht diesem dem *Tractatus* zufolge doch die Logik der Sprache voraus und gibt die Ordnung seiner realisierbaren Möglichkeiten vor. Es ist die Logik der Sprache, die ihren Gebrauch und damit die mögliche Gestalt der Welt begrenzt und zugleich dadurch, dass sie selbst als Einheit und Allgemeinheit vorausgesetzt ist, die Bestimmtheit des Sinns der Sprache sowie die Einheit des Aufbaus der Welt gewährleistet.

3.3 Von der Einheit der Logik der Sprache zur Vielfalt ihres Gebrauchs

3.3.1 *Problemaufriss und Stand der Forschung*

Mit eben dieser nun auseinandergelegten Konstruktion des *Tractatus* verband Wittgenstein zunächst die Überzeugung, die philosophischen »Probleme im Wesentlichen endgültig gelöst zu haben« (TLP, Vorwort). Dass diese Überzeugung einige Zeit Bestand hatte, wird dadurch bezeugt, dass er sich in den

Jahren nach der Veröffentlichung des *Tractatus* tatsächlich zunächst völlig von der Philosophie abwandte, bis schließlich, nach erneuter philosophischer Beschäftigung, in ihm die Einsicht reifte, dass die philosophischen Probleme mit dem *Tractatus* wohl doch nicht sämtlich gelöst sein könnten. Dabei diente Wittgensteins neuerliche Auseinandersetzung mit der Philosophie zunächst lediglich der Erläuterung seines *Tractatus*. So weist Kienzler mit Recht darauf hin, dass Wittgenstein sich nicht aufgrund seiner kritischen Einsichten bezüglich des *Tractatus* wieder der Philosophie zuwandte, sondern zunächst durchaus als der Autor des *Tractatus* aufgetreten sei: »Die Erläuterung, nicht die Kritik der *Tractatus*-Philosophie steht am Beginn seiner Rückkehr zur Philosophie. Letztere bildet sich erst im Verlauf dieser Erläuterungen heraus [...].«[371] Wittgenstein kam in der Folge sogar zu der Einsicht, dass dem eben nachgezeichneten Gedankengang des *Tractatus* »schwere Irrtümer« (PU, Vorwort) zugrunde liegen, und so stürzte er sich erneut in die philosophische Arbeit. Dabei stieß seine Selbstverwerfung zunächst ihrerseits auf breite Ablehnung.[372]

Im Folgenden werden die entscheidenden Einsichten untersucht, die Wittgenstein zur Abkehr von wichtigen Gedanken seiner frühen Philosophie und zu ihrer Weiterentwicklung in seinem Spätwerk veranlassten. Dabei ist unsere Untersuchung systematisch, nicht historisch angelegt, d. h. von Interesse wird nicht eine historisch-philosophische Darstellung der Entwicklung von Wittgensteins Gedanken in den Schriften der sich im Wesentlichen zwischen 1929 und 1935 vollziehenden Übergangszeit mit den in ihr enthaltenen Zwischenschritten sein.[373] Um die philosophischen Entwicklungen deutlich hervortreten zu lassen, werden wir vielmehr die systematischen Gründe für die Revision seines *Tractatus* verdeutlichen und diesen mit seiner Spätphilosophie, wie er sie vor allem in den *Philosophischen Untersuchungen* darlegt, kontrastieren. Dieses Vorgehen dürfte auch Wittgensteins eigenen Vorstellun-

---

[371] Wolfgang Kienzler: Wittgensteins Wende zu seiner Spätphilosophie 1930–1932, Frankfurt a. M. 1997, S. 13.
[372] So zuerst von Bertrand Russell: Vorwort zum Tractatus logico-philosophicus, in: Ludwig Wittgenstein: Schriften, Beiheft 1, S. 68–81, hier S. 80. Vgl. auch zu Ramseys Bemerkung diesbezüglich Pitcher: The Philosophy of Wittgenstein, S. 155, sowie Morris Lazerowitz: Wittgenstein on the Nature of Philosophy, in: Fann (Hg.): Wittgenstein, S. 131–147, S. 139; Max Black: A Companion to Wittgenstein's ›Tractatus‹, Cambridge 1964, S. 376 ff.; Fann, Kuang T.: Die Philosophie Ludwig Wittgensteins, München 1971, S. 32 f. Vgl. auch FN 370.
[373] Eine umfangreiche, nicht allein systematisch, sondern auch historisch angelegte Darstellung der Wende Wittgensteins von seiner frühen zu seiner Spätphilosophie findet sich bei Kienzler: Wittgensteins Wende zu seiner Spätphilosophie 1930–1932. Eine eher systematisch gehaltene, kompakte aber aufschlussreiche Darstellung der Übergangszeit zu seiner Spätphilosophie findet sich bei Schulte: Wittgenstein, S. 94–129.

3.3 Von der Einheit der Logik der Sprache zur Vielfalt ihres Gebrauchs

gen bezüglich des zur Interpretation seiner Schriften zu wählenden Verfahrens entsprechen, wie aus seinem eigenen ausdrücklichen Wunsch geschlossen werden kann, den *Tractatus* mit den *Philosophischen Untersuchungen* zusammen in einem Buch zu veröffentlichen. So schreibt Wittgenstein im Vorwort zu den *Philosophischen Untersuchungen*:

> Vor zwei Jahren aber hatte ich Veranlassung, mein erstes Buch (die »Logisch-Philosophische Abhandlung«) wieder zu lesen und seine Gedanken zu erklären. Da schien es mir plötzlich, daß ich jene alten Gedanken und die neuen zusammen veröffentlichen sollte: daß diese nur durch den Gegensatz und auf dem Hintergrund meiner älteren Denkweise ihre rechte Beleuchtung erhalten könnten. (PU, Vorwort)

Die Ursachen und Anstöße, die Wittgenstein zur Abkehr von wichtigen Gedanken seiner frühen Philosophie und zu ihrer Weiterentwicklung angestoßen haben, wurden vielfach untersucht. Die hierin unterschiedlichen Ansichten resultieren zumindest teilweise aus der Trennung der Rezeptionslinien, die sich jeweils vor allem an den *Tractatus* bzw. an Wittgensteins späte Schaffensphase mit den *Philosophischen Untersuchungen* als ihrem Hauptwerk heften. Während Wittgensteins *Tractatus* einerseits selbst noch stark unter dem Einfluss Freges und Russells stand und andererseits selbst vor allem von Russell sowie den Vertretern des Wiener Kreises, dem späteren logischen Empirismus und der analytischen Philosophie rezipiert wurde,[374] konnten diese seinen späteren Gedanken aus den *Philosophischen Untersuchungen* kaum noch etwas abgewinnen. Von seinen *Philosophischen Untersuchungen* nahm stattdessen vor allem die ›Philosophie der normalen Sprache‹ oder die ›Ordinary-Language-Philosophy‹ ihren Ausgangspunkt.

In der Frage nach dem Verhältnis zwischen dem *Tractatus* und Wittgensteins Spätphilosophie stehen einer *Kontrastthese*, derzufolge ein klarer Bruch zwischen Früh- und Spätwerk zu sehen ist, unterschiedliche Varianten einer *Kontinuitätsthese* gegenüber. Die Kontrastthese vertretend, meinte Stegmüller, Wittgenstein habe »zwei verschiedene Philosophien entwickelt [...], von denen die zweite nicht als eine Fortsetzung der ersten aufgefasst werden [könne]«[375]. Eine Kontrastthese vertritt auch Stenius, wenn er in Wittgensteins *Philosophischen Untersuchungen* nicht mehr als eine Destruktion des

---

[374] Die umfangreichste Darstellung der Rolle Wittgensteins in der Geschichte der analytischen Philosophie, wie also Wittgenstein einerseits auf die Logik und Sprachphilosophie Freges und Russells reagierte und wie andererseits die analytische Philosophie Wittgensteins philosophisches Früh- und Spätwerk rezipierte, hat Hacker vorgelegt (Peter M. S. Hacker: Wittgenstein's Place in Twentieth Century Analytic Philosophy, Oxford 1996, dt. Ausgabe: Wittgenstein im Kontext der analytischen Philosophie, übers. v. Joachim Schulte, Frankfurt a. M. 1997).

[375] Stegmüller: Hauptströmungen der Gegenwartsphilosophie, Bd. 1, S. 524.

Tractatus durch Wittgenstein selbst sieht und den *Philosophischen Untersuchungen* keine darüber hinausgehende philosophische Relevanz zugesteht.[376]

Demgegenüber hat sich mittlerweile jedoch weitgehend die Kontinuitätsthese durchgesetzt, wobei die Frage, worin genau die Kontinuität zwischen Früh- und Spätwerk begründet ist, überaus unterschiedlich beantwortet wird. So sieht Kenny die Kontinuität beider Schaffensphasen in der »Konstanz seiner [Wittgensteins] allgemeinen Auffassung der Philosophie« begründet,[377] während z. B. Haller das Kontinuität stiftende Moment in Wittgensteins philosophischer Entwicklung vor allem in einer beständigen Erweiterung seiner Auffassung von der Sprache vom *Tractatus* über die *Philosophische Grammatik* hin zum Sprachspielbegriff der *Philosophischen Untersuchungen* erkennt. Wittgensteins Spätphilosophie sei in dieser Hinsicht »eine Fortentwicklung der früheren Philosophie [...] und nicht eine völlige Wende«.[378] Auch Gabriel sieht eine konstante Entwicklung in Wittgensteins Philosophie insbesondere in Bezug auf den Sprachbegriff.[379] Eine Variante der Kontinuitätsthese vertritt Ule, der im Begriff der Operation im *Tractatus* und im Begriff der Regel seiner Spätphilosophie den Wechsel von einer »logikorientierten zu einer normalsprachlich orientierten« Untersuchung desselben Problems sieht.[380]

Kienzler hingegen meint, den Gegensatz von Kontrast- zu Kontinuitätsthese ein Stück weit zurücknehmend und nicht unberechtigt, dass Wittgenstein seine Spätphilosophie einerseits zwar in der Auseinandersetzung mit seinen früheren Gedanken entwickele, zu denen diese andererseits dann jedoch zugleich in deutlichem Kontrast stehe.[381] In ähnlicher Weise wird hier im Weiteren die Auffassung vertreten, dass die *Philosophischen Untersuchungen* vor allem als Selbstkritik Wittgensteins an seinem eigenen, im *Tractatus* vertretenen Bild der Sprache verstanden werden müssen, wodurch sie zugleich in Kontrast und Kontinuität zum *Tractatus* stehen. Buchheister und Steuer denken ebenfalls in diese Richtung, wenn ihnen zufolge der Kontrast zwischen Wittgensteins Früh- und Spätwerk vor allem darin besteht, dass an

---

[376] Siehe Erik Stenius: The picture theory of language and Wittgenstein's later attitude to it, in: Irving Block (Hg.): Perspectives on the Philosophy of Wittgenstein, Oxford 1981, S. 110–139, bes. S. 135.

[377] Anthony Kenny: Wittgenstein, Frankfurt a. M. 1974, S. 266.

[378] Siehe Rudolf Haller: Gespräch mit Dieter Mersch über Wittgenstein, in: Dieter Mersch (Hg.): Gespräche über Wittgenstein, Wien 1991, S. 125–140, hier S. 132.

[379] Siehe Gottfried Gabriel: Solipsismus: Wittgenstein, Weininger und die Wiener Moderne, in: ders. (Hg.): Zwischen Logik und Literatur. Erkenntnisformen von Dichtung, Philosophie und Wissenschaft, Stuttgart 1991, S. 89–108.

[380] Siehe Andrej Ule: Operationen und Regeln bei Wittgenstein. Vom logischen Raum zum Regelraum, Frankfurt a. M. 1997, hier S. 11. Vgl. zu Ansatz Ules auch Anm. 392.

[381] Siehe Wolfgang Kienzler: Wittgensteins Wende zu seiner Spätphilosophie 1930–1932, S. 15–26.

3.3 Von der Einheit der Logik der Sprache zur Vielfalt ihres Gebrauchs 217

die Stelle einer Interpretation der Welt eine kritische Hinterfragung bestehender Vorstellungen von der Sprache, auch der eigenen früheren, rückt.[382] Doch trotz aller entschiedenen späteren Kritikpunkte sind zentrale Gedanken, die in Wittgensteins Spätwerk entfaltet werden, bereits im *Tractatus* angelegt, ist Wittgensteins Gesamtwerk weniger durch eine scharfe Trennung gekennzeichnet als vielmehr durch eine Entwicklung, in der neue Gedanken in der Auseinandersetzung mit früheren hervorgebracht werden. Die Vorstellung eines scharfen Bruches erscheint somit nicht sinnvoll – es sei denn, man wollte an den logischen Ausarbeitungen des *Tractatus* festhalten und Wittgensteins eigene, in seinem Spätwerk formulierte Kritik daran nicht gelten lassen.

Rapic etwa wendet gegen die Gebrauchskonzeption der Sprache das vom *Tractatus* aus gedachte, theoretische Argument ein, dass auf ihrer Grundlage »die Differenz zwischen dem faktischen und dem ›richtigen‹ Gebrauch eines sprachlichen Ausdrucks« »ihre inhaltliche Bestimmtheit« verliere.[383] Doch theoretisch eindeutige ›Richtigkeit‹ ist in Wittgensteins Spätwerk gar nicht mehr Wittgensteins Gesichtspunkt. Denn »machen wir dadurch den Begriff erst brauchbar? Durchaus nicht! Es sei denn für diesen besonderen Zweck [...]« (PU, §69).

Wir werden uns zunächst den in der Konstruktion des *Tractatus* angelegten »schwere[n] Irrtümer[n]« (PU, Vorwort) zuwenden, deren Korrektur ihn in seinem Spätwerk veranlasst, den Gebrauch der Sprache nicht mehr durch eine ihr innewohnende allgemeine und einheitliche Logik begrenzt zu sehen, sondern derzufolge sich am vielfältigen Gebrauch der Sprache ihre vielfältige Logik zeigt (Kapitel 3.3.2). Mit dieser Umstellung geht zugleich ein neues Verständnis der ›Regeln‹ der Sprache einher (Kapitel 3.3.3), zu denen der Philosoph nicht mehr durch eine logische Analyse der Sprache vorstoßen, sondern über die er nur vermittels einer Beobachtung und Beschreibung des Sprachgebrauchs Übersicht erlangen kann (Kapitel 3.3.4).

3.3.2 Logik und Gebrauch der Sprache

Wie unsere Untersuchung des *Tractatus* ergab, merkte Wittgenstein selbst schon früh, dass wichtige Elemente seines Gedankengangs im *Tractatus* auf einer bloßen »Forderung« beruhen. Schon im *Tractatus* selbst formuliert er: »Die Forderung der Möglichkeit der einfachen Zeichen ist die Forderung der Bestimmtheit des Sinnes.« (TLP, 3.23) Es handelt sich bei den »einfachen Zeichen« um die »Forderung« einer »Möglichkeit«. Um eine Bestimmtheit des Sinns zu ermöglichen, unterstellt Wittgenstein der Sprache, dass ihr letzte, un-

---

[382] Siehe Buchheister/Steuer: Ludwig Wittgenstein, S. 105–107; vgl. auch Anm. 345.
[383] Rapic: Erkenntnis und Sprachgebrauch, S. 256. Siehe auch die nähere Darstellung zu Rapics Einwand in Anm. 396.

teilbare Bestandteile zugrunde liegen, zu denen er in seiner logischen Analyse gelangen will. Seine Annahme von Elementarsätzen und Namen beruht letztlich auf einer bloß geforderten Möglichkeit einer einheitlichen Bestimmtheit des Sinns der Sprache. Wäre es ihm in seiner Analyse tatsächlich gelungen, zu diesen kleinsten Bestandteilen zu gelangen, wäre die Einheit der dann von allem Erfahrungsmäßigen unabhängigen Logik, ihre »Kristallreinheit« (PU, § 107), gewährleistet. Damit verstieß Wittgenstein nicht nur gegen seinen eigenen Grundsatz, in der Philosophie nichts Neues entdecken zu wollen, sondern es ist, wie er später feststellt, dabei auch bei einer bloßen Forderung geblieben: »Die Kristallreinheit der Logik hatte sich mir ja nicht *ergeben*; sondern sie war eine Forderung.« (ebd.)

Die Einheit der Logik erkennt Wittgenstein also als eine Voraussetzung, die er machte, um einen einheitlichen Aufbau der Sprache und mit ihr der Welt denkbar werden zu lassen. Doch nicht allein die Annahme der Einheit der Logik als einer bloßen Voraussetzung lässt Wittgenstein seine eigene *Konstruktion* fragwürdig werden. Vielmehr ergibt sich der entscheidende Punkt, der Wittgenstein zur Abkehr von der Konstruktion des *Tractatus* führt, aus einer Spannung, die im Verhältnis zwischen einheitlicher Logik und Gebrauch der Sprache zutage tritt. Wittgenstein beschreibt diese Spannung ausführlich in seinen *Philosophischen Untersuchungen* (insbesondere in den §§ 88–115). Worin der Widerspruch in der Konstruktion des *Tractatus* besteht, bringt er in folgendem § dicht gedrängt zum Ausdruck:

> Einerseits ist klar, daß jeder Satz unserer Sprache ›in Ordnung ist, wie er ist‹. D. h., daß wir nicht ein Ideal *anstreben:* Als hätten unsere gewöhnlichen, vagen Sätze noch keinen untadelhaften Sinn und eine vollkommene Sprache wäre von uns erst zu konstruieren. – Andererseits scheint es klar: Wo Sinn ist, muß vollkommene Ordnung sein. – Also muß die vollkommene Ordnung auch im vagsten Satz stecken. (PU, § 98)

Der *Tractatus* ging, wie wir bereits gesehen haben, davon aus, dass einerseits »*alle*« Sätze unserer Umgangssprache »tatsächlich, so wie sie sind, logisch vollkommen geordnet« (TLP, 55563; Hervorh. MSvR) sind und dass andererseits diese ihnen zugrunde liegende Logik über eine einheitliche Ordnung verfügt. Demnach erschien die Logik im *Tractatus* als etwas »Sublimes«[384] (PU, § 89), weil ihr eine »besondere Tiefe« (ebd.) oder »allgemeine Bedeutung« (ebd.) zugemessen wurde. Denn die logische Analyse sollte gerade keine Wissenschaft sein, keine wahren oder falschen Sätze über »Erfahrungsmäßiges« (ebd.) hervorbringen, sondern »unter der Oberfläche« (PU, § 92) der Sprache »das Fundament« (PU, § 89) oder »das Wesen der Dinge« (ebd.)

---

[384] Vgl. hierzu Eike von Savigny: Der Mensch als Mitmensch. Wittgensteins ›Philosophische Untersuchungen‹, München 1996, S. 271 ff.

3.3 Von der Einheit der Logik der Sprache zur Vielfalt ihres Gebrauchs 219

bzw. des »Erfahrungsmäßigen« (ebd.) aufspüren. Die Sätze der Sprache seien demnach zu »durchschauen« (PU, § 90) und das Allgemeine, die allgemeine Form des Satzes in ihnen, sollte »ein für allemal« erkannt werden – »unabhängig von jeder künftigen Erfahrung« (PU, § 92). Die von aller Erfahrung und der dieser anhaftenden »Trübe« und »Unsicherheit« unabhängige Logik ist dann ein »reines« »Ideal«, ein »Kristall« (PU, § 97, 107).

Die in diesem Sinne »vollkommene« Logik musste, wenn sie zugleich die apriorische Ordnung der Welt gewährleisten sollte, als ausnahmslos allen Sätzen unserer Sprache zugrunde liegend vorausgesetzt werden; nur dann konnte sie als die reine Bedingung der Erfahrung der Welt (vgl. PU, § 97) gedacht werden. Aufgabe der Philosophie ist es demzufolge, den »Kristall«, der sowohl die Ordnung der Sprache als auch die der Welt ausmacht, »ans Licht zu befördern« (PU, § 91). Aus der Voraussetzung der allgemeinen Logik unserer Sprache folgt, dass diese in der Sprache und der Welt zu ›finden‹ sein sollen. »Der Satz, das Wort, von dem die Logik handelt, soll etwas Reines und Scharfgeschnittenes sein« (PU, § 105). »Wir leben [daher] nun in der Idee: das Ideal ›müsse‹ sich in der Realität finden« (PU, § 101) und können es uns gar nicht mehr anders vorstellen – als hätten wir »eine Brille auf unserer Nase« und kämen »gar nicht auf den Gedanken, sie abzunehmen« (PU, § 103).

Die tatsächliche Sprache des alltäglichen Gebrauchs lässt diese allgemeine Ordnung in ihr jedoch nicht so leicht erkennen; und »[j]e genauer wir die Sprache betrachten, desto stärker wird der Widerstreit zwischen ihr und unserer Forderung« (PU, § 105) nach einer Einheit ihrer Ordnung. Auf der Suche nach der logischen Ordnung unserer wirklichen Sprache »zerbrechen [wir] uns den Kopf« über ihr »eigentliches« (ebd.) Wesen – und werden angesichts dessen, dass wir sie nicht definitiv und »ein für allemal zu geben« (PU, § 92) imstande sind, mit dem »gewöhnlichen Leben« und seiner Umgangssprache »unzufrieden« (PU, § 105). Der »Widerstreit wird unerträglich« (PU, § 107). Wir glauben, einmal die allgemeine Form des Satzes erkannt, könnten wir an ihr als Maßstab »unseren Ausdruck exakter machen« und »einem bestimmten Zustand, der vollkommenen Exaktheit, zustreben« (PU, § 91), unsere Sprache nach Maßgabe einer allgemeinen Logik »reinigen« oder »sublimieren« (PU, § 94).[385]

---

[385] Nach einem aufschlussreichen Gedankengang Stanley Cavells, dem hier zugestimmt werden soll, handelt es sich bei der zu beobachtenden Spannung zwischen alltäglichem Sprachgebrauch und sublimierter, ins Metaphysische transformierter, ›feiernder‹ Sprache um eine Antinomie der Vernunft, die nicht endgültig zugunsten einer Seite auflösbar ist. Trotz Wittgensteins Kritik des metaphysischen Sprachgebrauchs und seiner Forderung, auf den »rauhen Boden« (PU, § 107) des Sprachgebrauchs zurückzukehren, habe er doch das bestehende metaphysische Bedürfnis des Menschen und die Neigung, sich den Verstand »verhexen« (PU, § 109) zu lassen, anerkannt. Zu Kant sieht Cavell darin eine Parallele, weil diesem zufolge die Vernunft

Mit diesem Anspruch aber, die unvollkommen und nicht an einer allgemeinen Ordnung ausgerichtet erscheinende Sprache »reinigen« zu wollen, tritt die im *Tractatus* angelegte (und in PU, § 98 formulierte) Spannung deutlich zutage: Wenn die Logik unserer Sprache eine allgemeine und ihr zugrunde liegende Ordnung sein soll, die zugleich die Ordnung der Welt ist, dann »muß die[se] vollkommene Ordnung auch im vagsten Satz stecken«, unsere Sprache müsste »tatsächlich, so wie sie ist, logisch vollkommen geordnet« (TLP, 55563) sein, eine »Reinigung« bräuchte daher nicht »angestrebt« zu werden. Die Diskrepanz zwischen der geforderten allgemeinen einheitlichen Ordnung der Logik der Sprache einerseits und der alltäglichen Gebrauchssprache, die eine solche Ordnung enthalten muss, jedoch nicht erkennen lässt, andererseits entzieht der Konstruktion des *Tractatus* den Boden. Die Voraussetzung der Einheit der Logik und die Akzeptanz des Sprachgebrauchs werden zu einem ausschließenden Gegensatz.

Das Bestreben einer Reinigung des Sprachgebrauchs drohe, so Wittgenstein, »zu etwas Leerem zu werden«. Mit ihm seien wir (und ist er selbst mit seinem eigenen *Tractatus*) »auf Glatteis geraten, wo die Reibung fehlt, also die Bedingungen in gewissem Sinne ideal sind, aber wir eben deshalb auch nicht gehen können.« (PU, § 107) Denn einerseits können wir dem *Tractatus* zufolge die logische Ordnung nur dem Sprachgebrauch selbst entnehmen, müssten demnach also die Maßstäbe zur ›Reinigung‹ der Sprache der ›unreinen‹ Sprache selbst entnehmen, andererseits hätte eine »kristallreine« Logik keinerlei Relevanz für unser tatsächliches Leben, wie Wittgenstein am Beispiel der in der logischen Analyse der Sprache geforderten »Genauigkeit« oder »Exaktheit« deutlich macht: Wenn wir im Alltag von Genauigkeit sprechen, ist demnach keine an einem abstrakten Maß gemessene Genauigkeit gemeint. Obwohl Sätze wie: »Halte dich ungefähr hier auf«, vage und nach formal-logischem Maßstab »unexakt« sind, seien sie doch keinesfalls »unbrauchbar« (vgl. PU, § 88, vgl. auch § 68). Eine abstrakte, z. B. logische oder mathematische, Genauigkeit hat demnach nichts mit der Genauigkeit eines Wortes des Sprachgebrauchs zu tun. Sie wäre Selbstzweck oder eben ›leer‹ (vgl. PU, § 107). Wir hätten mit einer Kristallreinheit der Logik daher nichts für das Verständnis unseres Sprachgebrauchs, in dem wir ja mit den uns

---

dazu neigt, sich selbst Fragen zu stellen, die sie nicht zu beantworten in der Lage ist. So sieht Cavell schließlich in Wittgensteins Spätwerk selbst einen Ausdruck des Ringens um sprachliche Klarheit im Rahmen der Antinomie der Vernunft. Siehe hierzu: Stanley Cavell: Das Wittgenstein'sche Ereignis, in: Gebauer/Goppelsröder/Volbers (Hg.): Wittgenstein – Philosophie als ›Arbeit an Einem selbst‹, S. 21–38; vgl. auch ders.: The Claim of Reason. Wittgenstein, Skepticism, Morality and Tragedy, Oxford 1979, dt. Ausgabe in Übersetzung von Christiana Goldmann: Der Anspruch der Vernunft: Wittgenstein, Skeptizismus, Moral und Tragödie, Frankfurt a. M. 2006.

3.3 Von der Einheit der Logik der Sprache zur Vielfalt ihres Gebrauchs 221

umgebenden Lebenszusammenhängen umgehen, gewonnen.[386] Wittgenstein folgert: »Wir wollen gehen; dann brauchen wir Reibung. Zurück auf den rauhen Boden!« (PU, § 107) Die Sprache muss dazu als konkretes »räumliche[s] und zeitliche[s] Phänomen« (PU, § 108) in ihrem alltäglichen Gebrauch ernst genommen werden.

Die Entscheidung, die Wittgenstein in seinem *Tractatus* traf, nämlich die, das Ideal zu fordern, revidiert er nun entschieden. Da das Ideal, die Kristallreinheit der Logik und damit der Sprache und der Welt, nur zu dem Preis zu haben ist, dass der Gebrauch der Sprache in ihren pragmatischen Kontexten diskreditiert wird, entscheidet sich Wittgenstein nun – anders als die logischen Empiristen und die Vertreter der analytischen Philosophie –[387] für die andere Seite der Alternative: Er opfert angesichts der beschriebenen Widersprüche das Ideal einer einheitlichen logischen Ordnung der Sprache und der Welt. »Wir erkennen«, schreibt er, »daß, was wir ›Satz‹, ›Sprache‹, nennen, nicht die formelle Einheit ist, die ich mir vorstelle, sondern die Familie mehr oder weniger miteinander verwandter Gebilde.« (PU, § 108)[388] Der Verzicht auf eine Einheit der Logik und des Sinns der Sprache und auf die Möglichkeit einer Festlegung ihres Gebrauchs bedeutet dabei nach Wittgenstein noch keine Strukturlosigkeit der Sprache, keinen Verzicht auf Logik und Sinn in der Sprache sowie auf eine Ordnung der Welt schlechthin. Diese

---

[386] Darauf, was dies für unsere traditionellen philosophischen Begriffe bedeutet, macht Schweidler aufmerksam: »Auf dem Boden des natürlichen Lebenszusammenhangs erscheinen nicht die herkömmlichen, sondern die philosophischen Ausdrücke merkwürdig, kann man mit ihnen nicht mehr richtig ›arbeiten‹.« Schweidler verweist in diesem Zusammenhang auch auf Stanley Cavell: Der Zugang zu Wittgensteins Spätphilosophie, in: Malcom, Norman (Hg): Über Ludwig Wittgenstein, mit Beitr. v. Norman Malcom, zusammengest. unter Mitarb. v. Ulrich Steinvorth, Frankfurt a. M. 1968, S. 119–153. hier S. 136 ff. (Schweidler: Wittgensteins Philosophiebegriff, S. 44).

[387] Vgl. Anm. 374.

[388] Schweidler leitet diese Wende in Wittgensteins Denken aus einem veränderten Philosophiebegriff ab. Wittgenstein habe die »Selbstwidersprüchlichkeit« des *Tractatus*, die darin bestehe, dass sich seine »Überwindung der Philosophie« selbst als philosophisch herausgestellt habe, in seinem Spätwerk dadurch vermeiden wollen, dass er nicht mehr bei einem Allgemeinen ansetze, sondern beim »Einzelfall« und beim Philosophieren als einem individuellen und »persönlichen Prozess[]« (vgl. Schweidler: Wittgensteins Philosophiebegriff, S. 154–163, hier. S. 158). Doch stellt sich dann die Frage, wie Wittgenstein, obwohl er diesen ›Widerspruch‹ selbst gegen Ende des *Tractatus* erkannte und formulierte, die philosophischen Probleme zunächst dennoch als endgültig gelöst betrachten konnte. Näher liegt daher, dass als Auslöser und Motivation für Wittgensteins Wende weniger die von ihm selbst erkannte Widersprüchlichkeit seines Philosophiebegriffs anzusehen ist, als vielmehr, wie dargelegt, die wachsende Spannung zwischen logischem Ideal und beobachtbaren gebrauchssprachlichen Phänomenen. Die daraufhin erfolgte Wende zum ›Einzelfall‹, die den Gebrauch in den Mittelpunkt stellt, wird dann eher den von Schweidler konstatierten neuen Philosophiebegriff als Konsequenz nach sich gezogen haben.

werden lediglich nicht mehr als feststehende Einheiten, sondern als flexibel und veränderlich verstanden.[389] Wittgenstein gibt die Logik der Sprache nicht gänzlich auf, sondern er dreht das Verhältnis zwischen Logik und Gebrauch der Sprache um, wobei sich zugleich der Charakter beider ändert: War es die Logik der Sprache, die als allgemeine und einheitliche dem Gebrauch der Sprache zugrunde liegen sollte und damit die Einheit des Sprachgebrauchs und die einheitliche Ordnung der Welt begründete, erhält der Sprachgebrauch nun seine Struktur in den vielfältigen, immer anderen Kontexten, in denen die Sprache pragmatische Funktionen hat. Entsprechend der Vielfalt ihres Gebrauchs versteht Wittgenstein die Logik dann nicht mehr als feststehende Einheit, sondern als so vielfältig wie die Vielzahl der verschiedenen Tätigkeiten, in denen sie gebraucht wird und stets mit dem Handeln und dem Verhalten des Menschen und den pragmatischen Kontexten ihres Gebrauchs verflochten ist. Nicht die angenommene einheitliche Ordnung der Logik gewährleistet die Einheit des Gebrauchs der Sprache, sondern die Logik folgt der Vielfalt des Sprachgebrauchs. Nicht die allgemeine Einheit einer Logik bestimmt die Ordnung des Gebrauchs, sondern die Vielfalt des Gebrauchs bestimmt die vielfältige Ordnung der Sprachlogik.

Mit Blick auf Wittgensteins frühere Vorstellung von der einen allgemeinen Form des Satzes formuliert er dementsprechend nun: » – Es ist interessant, die Mannigfaltigkeit der Werkzeuge der Sprache und ihrer Verwendungsweisen, die Mannigfaltigkeit der Wort- und Satzarten, mit dem zu vergleichen, was Logiker über den Bau der Sprache gesagt haben. (Und auch der Verfasser der *Logisch-Philosophischen Abhandlung*.)« (PU, § 23) Auch grammatische Theorien, die die Sprache zwar nicht auf eine allgemeine Form des Satzes reduzieren, aber doch auf die drei Satzarten der Behauptung der Frage und des Befehls festlegen wollen, kritisiert er auf diese Weise (vgl. u. a. PU, § 23). Schließlich setzt auch Wittgensteins Kritik bewusstseinsphilosophischer Ansätze nun bei deren Bestreben an, die Sprache, anstatt vom Bild der unüberschaubaren Mannigfaltigkeit des Gebrauchs der Sprache auszugehen, auf eine bestimmte Funktion festlegen zu wollen: »Das Paradox verschwindet nur dann, wenn wir radikal mit der Idee brechen, die Sprache funktioniere immer auf *eine* Weise, diene immer dem gleichen Zweck [...]« (PU, § 304).

Wenn Wittgenstein, so lässt sich festhalten, die Philosophie auf den Begriff der Sprache gründet, dann wollte er sie im *Tractatus* noch aus einer vorausgesetzten allgemeinen Logik verstehen, die durch eine logische Analyse der Sprache zutage gefördert werden sollte, und versteht sie in seinem Spätwerk, nachdem sich der Widerspruch zwischen gefordertem logischem

---

[389] Wie diese Strukturen nach Wittgenstein im Einzelnen aussehen, wird dann insbesondere Gegenstand des Kapitels 3.4 sein.

Ideal und tatsächlich beobachtbarem Sprachgebrauch gezeigt hat, aus dessen alltäglicher Vielfalt. Im Gebrauch der Sprache konstituiert sich dem *Tractatus* zufolge die Welt, die Einheit der Logik liegt jedoch dem Sprachgebrauch zugrunde und gewährleistet dadurch zugleich die Einheit der Welt, während nach Wittgensteins Verzicht auf die Voraussetzung einer einheitlichen Logik dann allein der vielfältige, nicht auf einheitliche Bedeutungen, nicht auf eine Einheit des Sinns, festgelegte Gebrauch der Sprache bleibt, in dem sich aber dennoch zugleich unsere Welt konstituiert.

3.3.3 *Vielfalt des Gebrauchs statt logischer Einheit von Regeln der Sprache*

Wenn Wittgenstein die Sprache in ihrer Struktur nicht mehr durch eine ihr zugrunde liegende einheitliche, allgemeine Logik bestimmt sieht, sondern durch den vielfältigen und nicht festgelegten Gebrauch, dann verändert sich in diesem Zuge sein Begriff der Regeln, den er sowohl im *Tractatus* als auch später noch verwendet. Mit der im *Tractatus* vollzogenen sprachphilosophischen Wende können, weil Wittgenstein referenztheoretische Bedeutungstheorien verwirft, die Regeln unseres Sprachgebrauchs nichts mehr sein, was von außen, von ›Dingen an sich‹, vorgegeben ist, sondern sie müssen in der Sprache selbst liegen. Wenn dem *Tractatus* zufolge die Logik der Sprache zugrunde liegt und die Möglichkeiten ihres Gebrauchs begrenzt, dann sind die Regeln des Sprachgebrauchs in dieser allgemeinen Logik begründet. Die Logik unserer Sprache gibt vor, wie, d. h. nach welchen Regeln, die Sprache überhaupt nur gebraucht werden kann. Mit dem Wechsel vom Gesichtspunkt der Einheit und Allgemeinheit der Logik der Sprache zu dem der nicht abschließend festgelegten Vielfalt ihres Gebrauchs muss daher ein entsprechend veränderter Begriff der Regel einhergehen. Die Preisgabe der Forderung nach einer Einheit der Logik der Sprache bedeutet dann auch die Preisgabe der Forderung nach einer Einheit ihrer Regeln.

In der Forschung scheint die Bedeutung der Regelthematik sowie die mit ihr verbundene Frage nach der Möglichkeit einer Privatsprache in ihrer Bedeutung für Wittgensteins Spätphilosophie überschätzt zu werden. Rapic etwa weist gleich die ganze Gebrauchskonzeption der Sprache mit dem auf die Regelthematik konzentrierten Argument zurück, dass man auf ihrer Grundlage letztlich »nicht eindeutig entscheiden« könne, »welche Verwendungsweisen eines sprachlichen Ausdrucks noch als akzeptable ›Normvarianten‹ und welche bereits als Regelverstöße anzusehen sind.«[390] Ein anschauliches Beispiel bieten auch Kellerwessel und Peuker, die Wittgensteins

---

[390] Vgl. Rapic: Erkenntnis und Sprachgebrauch, S. 256. Vgl. zur näheren Diskussion der Argumente Rapics die Anm. 396.

Spätphilosophie nahezu ausschließlich unter den Fragestellungen diskutieren, wie der Status der Regeln und wie die Möglichkeit einer Privatsprache zu beurteilen seien, als handele es sich hierbei um die zentralen Fragen der wittgensteinschen Spätphilosophie, aus denen heraus alles Übrige zu verstehen sei.[391] Hier wurde hingegen gezeigt, dass das ausschlaggebende Moment für Wittgensteins Revision seiner frühen Philosophie in der Spannung begründet liegt, die zwischen der Forderung nach einer der Sprache zugrunde liegenden logischen Einheit und der Beobachtung der Phänomene des Sprachgebrauchs besteht, die eine solche Einheit nicht erkennen lassen. Der veränderte Regelbegriff und damit auch die Folgerungen für die Möglichkeit einer Privatsprache resultieren demnach aus der an dieser Stelle neu getroffenen Grundentscheidung, das Verhältnis zwischen Logik und Gebrauch der Sprache zu verkehren. Eine allzu einseitige Fixierung der Regelthematik in der Wittgenstein-Forschung erscheint daher als fragwürdig, zumal Wittgenstein in seiner Darlegung der Gründe für die Revision seines *Tractatus* in den *Philosophischen Untersuchungen* (insbesondere PU, §§ 88–115) selbst den Regelbegriff kaum erwähnt. Wohl ist Wittgensteins revidierter Regelbegriff aber durchaus geeignet, die von ihm neu getroffenen Entscheidungen zu verdeutlichen und wird daher auch in dieser Arbeit thematisiert.[392] Die Abgrenzung des späteren Regelbegriffs, der aus dem Gesichtspunkt des Gebrauchs der Sprache resultiert, gegenüber Wittgensteins frühem Regelbegriff, der der Konstruktion einer allgemeinen und einheitlichen Logik erwächst, wird die Bedeutung des Gebrauchs selbst und die systematische Funktion, die er beim späteren Wittgenstein erfüllt, weiter verdeutlichen.

Führen wir uns zunächst Wittgensteins frühen Regelbegriff vor Augen: Der *Tractatus* geht von einem System der Logik der Sprache aus, dessen Struktur durch streng definierte und nicht entscheidbare Regeln, die durch eine Strukturanalyse der Sprache zutage gefördert werden können, bestimmt und festgelegt ist. Das Regelfolgen versteht er dementsprechend als einen inneren Vorgang, der nicht von äußeren Gebrauchsbedingungen abhängt, sondern in der logischen Ordnung der Regeln selbst begründet liegt. Weil die Logik der Sprache zugrunde liegt und ihren Gebrauch aus ihrem Innern heraus begrenzt und wir gar nicht die Möglichkeit haben, im Sprechen

---

[391] Siehe Kellerwessel/Peuker (Hg.): Wittgensteins Spätphilosophie.
[392] Vgl. zu einem Versuch, das Verhältnis zwischen Wittgensteins früher und seiner späten Philosophie vor allem unter einer Fixierung auf die Begriffe der Operation und der Regel zu verstehen, Ule, der anhand dieser Begriffe auf ansonsten interessante Weise eine Variante der Kontinuitätsthese belegen will, indem er im Begriff der Operation im *Tractatus* und im Begriff der Regel seiner Spätphilosophie den »Sprung von einer logikorientierten zu einer normalsprachlich orientierten« »Untersuchung eines jedoch gemeinsamen Problems« sieht (Ule: Operationen und Regeln bei Wittgenstein, hier S. 11).

oder Denken die Ordnung der Möglichkeiten, die die Logik bereitstellt, zu verlassen, unterliegen die Regeln keinerlei äußeren Einflüssen. Sie sind als Logik der Sprache immanent, sind unbedingt, allgemein und unveränderlich. Eben deshalb sind sie auch zwingend. Wittgenstein erläutert diesen Charakter der Regeln in der Rückschau auf sein frühes Werk durch das Bild von »Geleisen« (sic!) (PU, § 218), die es nicht erlauben, die Spur zu verlassen, sondern stets in die vorgegebene Richtung leiten, oder durch das Bild einer Maschine, die ihre »Bewegungsmöglichkeiten« oder ihre möglichen »Wirkungsweisen« »schon in sich« hat (PU, § 193, 194). Die so verstandenen Regeln scheinen uns zu einem bestimmten Gebrauch der Sprache als den verbindlich richtigen anzuhalten, uns zu ihm zu nötigen, ohne dass man eine Nötigung dabei spürte. Sie ›halten‹ uns auf den Gleisen, ohne dass wir etwas dafür tun müssten. Das Ergebnis ihrer Befolgung im Gebrauch scheint bereits im Voraus festzustehen. In gleicher Weise scheinen uns etwa mathematische Regeln zwingend zu sein und die Ergebnisse mathematischer Aufgaben bereits im Voraus und unabhängig davon, ob die Aufgabe tatsächlich gerechnet wird, festzustehen. ›Richtige‹ Bedeutungen lassen sich nach dieser Vorstellung ermitteln, sofern man sich mit den Regeln des Sprachgebrauchs ›richtig‹ auskennt.

Dass derjenige Bedeutungen versteht, der die Regeln des Sprachgebrauchs zu befolgen vermag, ändert sich auch in Wittgensteins Spätphilosophie nicht. Durch den Ansatz beim Gebrauch der Sprache ändert sich aber Wittgensteins Verständnis ihrer Regeln: Die Abkehr vom Ansatz bei der allgemeinen, einheitlichen und der Sprache in ihrem Innern zugrunde liegenden Logik bedeutet ebenso eine Abkehr von der Vorstellung, dass die Regeln der Sprache innewohnen und zwingend sind.

Wenn im vorangegangenen Kapitel gezeigt wurde, dass der Grund für Wittgenstein, seinen Ansatz bei der Einheit und Allgemeinheit der Logik der Sprache zu verwerfen, darin bestand, dass es ihm letztlich nicht gelang, diese Einheit der Logik dem vielfältigen Gebrauch der Sprache zu entnehmen, dann erübrigt sich aus demselben Grund sein früheres Verständnis der Regeln der Sprache sowie des Regelfolgens. Denn derjenige, so Wittgenstein, der glaubt, einer Regel zu folgen, habe letztlich doch kein Kriterium dafür, ob er ihr wirklich folgt. Auch von außen betrachtet, könnte er nur zufällig einer Regel gemäß handeln, obwohl er in diesem Moment gar nicht an sie denkt oder sie noch nicht einmal kennt. Letztlich haben wir nur den beobachtbaren vielfältigen und nicht festgelegten Gebrauch der Sprache, den wir aber nicht mit einem Regelsystem, das uns unabhängig vom Sprachgebrauch gegeben wäre, abgleichen können.

Wittgensteins Folgerung ist aber nicht, auf den Regelbegriff gänzlich zu verzichten und nun davon auszugehen, dass die Sprache dann eben keinerlei Regeln folgt, womit einerseits Kommunikation unmöglich und andererseits eine Ordnung der Welt undenkbar wäre.[393] Wir erfahren den Sprachgebrauch durchaus als regelmäßig und die Welt als geordnet. Dass Wittgenstein auf eine Einheit des Sinns und ein streng definierbares Netz logischer Regeln, die unabänderlich und von uns selbst unabhängig sind, verzichtet, bedeutet nicht, dass er überhaupt auf Sinn und auf Regeln der Sprache verzichtet. Stattdessen versteht er den Regelbegriff nun anders, nicht aus einer abgeschlossenen Einheit, sondern als veränderliche, nicht abschließend festgelegte Struktur, die sich aus dem Sprachgebrauch ergibt. Wie die Logik der Sprache, so versteht Wittgenstein nun auch ihre Regeln aus den vielfältigen Strukturen des Sprachgebrauchs. An die Stelle der Regelauffassung des *Tractatus* tritt Wittgensteins Vorstellung von Regeln als sozialen Praktiken, die sich im vielfältigen Gebrauch der Sprache in vielfältigen und sich ständig wandelnden Sprachspielen[394] ›einspielen‹.[395] Im Gebrauch der Sprache zielen wir weniger auf abstrakte Regelgemäßheit ab als vielmehr darauf, bestimmte Wirkungen und Reaktionen bei Kommunikationspartnern zu erzeugen. Das uns unter diesem Gesichtspunkt sehr wohl gegebene Kriterium dafür, ob wir den Regeln der Sprache folgen, ist dann ein kommunikatives: Kriterium für ein ›richtiges‹ Regelfolgen ist das fraglose Funktionieren der Kommunikation. Wird in der Kommunikation eine sprachliche Äußerung fraglos akzeptiert und verstanden und führt sie zu den erwarteten Reaktionen, ohne selbst dabei weiter aufzufallen und selbst zum Thema zu werden, kann sie als regelgemäß gebraucht gelten. Ein anderes Kriterium haben wir nicht.[396] Die

---

[393] Stegmaier betont in diesem Zusammenhang, dass für Wittgenstein gelte: »Denn nur wenn Zeichen nach Regeln gebraucht werden, werden sie gleich gebraucht, nur wenn der Zeichengebrauch durch Regeln gesichert ist, ist die allgemeine Mitteilbarkeit gesichert.« (Werner Stegmaier: Denkprojekte des Glaubens. Zeichen bei Kierkegaard und Wittgenstein, in: ders. (Hg.): Kultur der Zeichen, Frankfurt a. M. 2000 (= Zeichen und Interpretation, Bd. 6), S. 292–313.)

[394] Vgl. hierzu die vorliegende Arbeit, Kapitel 3.4.3.

[395] Vgl. Stegmaier, der darauf hinweist, dass sprachliche Zeichen Deutungs- und Gebrauchsspielräume lassen, innerhalb derer sich Regeln ›einspielen‹. In diesem Rahmen erörtert Stegmaier die Bedingungen und Möglichkeiten interkultureller Verständigung, des Sich-Einspielens in die Deutungsspielräume fremder Sprachkulturen. (Werner Stegmaier: Zwischen Kulturen. Orientierung in Zeichen nach Wittgenstein, in: Wittgenstein-Studien, hg. v. Wilhelm Lütterfelds/Djavid Salehi, Bd. 3: ›Wir können uns nicht in sie finden‹. Probleme interkultureller Verständigung und Kooperation, Frankfurt a. M. 2001, S. 53–67.)

[396] Rapic etwa verwirft die Gebrauchskonzeptionen der Sprache pauschal mit dem wenig überzeugenden Argument, dass man auf ihrer Grundlage letztlich »nicht eindeutig entscheiden« könne, »welche Verwendungsweisen eines sprachlichen Ausdrucks noch als akzeptable ›Normvarianten‹ und welche bereits als Regelverstöße anzusehen sind. [...] Die Differenz zwischen dem faktischen und dem ›richtigen‹ Gebrauch eines sprachlichen Ausdrucks verliert damit – im Rahmen der Gebrauchstheorie der Bedeutung – ihre inhaltliche Bestimmtheit.« (Rapic: Erkenntnis und Sprachgebrauch, S. 256) Rapic hat hier offensichtlich ein rein theoretisch-

3.3 Von der Einheit der Logik der Sprache zur Vielfalt ihres Gebrauchs

so verstandenen Regeln leiten uns zwar durchaus und geben uns Kriterien für Richtigkeit an die Hand, doch bilden solche Regeln kein maschinenhaftes System, dessen Bewegungsmöglichkeiten bereits feststehen, sofern wir sie nur ›richtig‹ befolgen. Sie wirken auch nicht wie Gleise, die uns zwangsläufig nur in eine Richtung führen – eher wie ein verzweigtes Schienennetz, auf dem keine Route vorgegeben ist, auf dem es stets unterschiedliche Möglichkeiten gibt, zu einem Ziel zu gelangen, und das um einzelne Strecken erweitert oder verkürzt werden kann. So zeichnen sich Regeln weniger dadurch aus, dass sie objektiv und unveränderlich wären als vielmehr dadurch, dass sie regelmäßig und wiederholt kollektiv angewandt werden, dass sie allgemein bekannte Praktiken und »Gepflogenheiten« sind, die sich ›eingespielt‹ haben. Wie regeln erst ›entstehen‹ verdeutlicht Wittgenstein mit seinem Bild einer Gruppe von Ballspielern:

> Wir können uns doch sehr wohl denken, daß sich Menschen auf einer Wiese damit unterhielten, mit einem Ball zu spielen, so zwar, daß sie verschiedene bestehende Spiele anfingen, manche nicht zu Ende spielten, dazwischen den Ball planlos in die Höhe würfen, einander im Scherz mit dem Ball nachjagen und bewerfen etc. Und nun sagt einer: Die ganze Zeit hindurch spielen die Leute ein Ballspiel, und richten sich daher bei jedem Wurf nach bestimmten Regeln.
> Und gibt es nicht auch den Fall, wo wir spielen und – ›make up the rules as we go along‹? Ja auch den, in welchem wir sie abändern – as we go along. (PU, § 83)

Regeln werden hier als ›Gepflogenheiten‹ beschrieben, in die man sich einübt oder ›einspielt‹ und die tradiert werden. Nach Stegmaier »geht es [hier] darum, wie Regeln *entstehen*. Sie entstehen hier selbst spielerisch, ›spielen sich ein‹, ohne explizit formuliert zu werden.«[397] Haben sie sich eingespielt, dann ist man mit ihnen vertraut und eben darum werden sie von anderen verstanden, ohne weiter aufzufallen. Sie sind Regeln, gerade weil es »einen ständigen« interindividuellen Gebrauch von ihnen gibt (vgl. PU, §§ 198, 199.). »Die Anwendung des Begriffs ›einer Regel folgen‹ setzt eine Gepflogenheit voraus.« (BGM, S. 322) Regeln sind damit soziale Praktiken, keinesfalls aber der Sprache zugrunde liegende oder gar zwingende Kriterien für Richtigkeit.

Als soziale Praktiken stellen Regeln hingegen lediglich Anhaltspunkte für ›Richtigkeit‹ dar, die erprobt sind und an denen man sich ›in der Regel‹

---

abstraktes Kriterium für ›richtigen‹ Sprachgebrauch im Sinn. Doch macht Wittgenstein gerade auf Kriterien ›richtigen‹ Sprachgebrauchs aufmerksam, die zwar nicht theoretisch-abstrakt, wohl aber pragmatisch eindeutig sind. Auf theoretische Eindeutigkeit kommt es Wittgenstein in seinem Spätwerk nicht mehr an, denn »machen wir dadurch den Begriff erst brauchbar? Durchaus nicht! Es sei denn für diesen besonderen Zweck [...]« (PU, § 69).

[397] Stegmaier: Zwischen Kulturen, S. 56.

sinnvoll orientieren kann,[398] die aber Spielräume lassen, innerhalb derer man zu unterschiedlichen Ergebnissen gelangen, Sprache unterschiedlich verstehen und gebrauchen kann.[399] Wittgenstein beschreibt diesen Charakter der Regeln mit dem Bild eines Wegweisers. Ein solcher Wegweiser zeigt eine Richtung an, die zu einem bestimmten Ziel führt, doch zwingt er keinesfalls dazu, diese Richtung auch tatsächlich einzuschlagen. Es steht dem Sprecher frei, einen anderen, ›eigenen‹ Weg zu suchen. Seine Wirkung, dass er uns führt und in unserem Handeln leitet, gründet sich nicht auf äußerem und dem Wegweiser inhärentem Zwang, sondern auf unserem Wissen davon, wie ein Wegweiser funktioniert, wie man ihn gebraucht, darauf, dass wir den Umgang mit ihm beherrschen.[400] Für die Sprache bedeutet dies, dass kein bestimmter Sprachgebrauch als einzig richtiger vorgeschrieben wird. Andere Verwendungsweisen der Sprache, das Übergehen zu anderen Regeln bleibt immer möglich. Das Gleichnis vom Wegweiser zeigt aber nicht nur, dass das Regelfolgen kein zwingender und unseren Sprachgebrauch festlegender Vorgang, sondern auch, dass es kein innerer Vorgang, keine geistige Tätigkeit und nichts ›Verborgenes‹ ist. Denn wer einen Wegweiser sieht, interpretiert ihn nicht, um dann in der Folge dementsprechend zu handeln und ihm zu folgen, sondern er schlägt einfach die entsprechende Richtung ein, worin bereits das Folgen einer Regel besteht. So schreibt Wittgenstein: »Wenn ich der Regel folge, wähle ich nicht. / Ich folge der Regel *blind*.« (PU, § 219)

Ein auf Kripke zurückgehender Einwand gegen Wittgenstein besagt, dass die bloße Übereinstimmung zwischen Regel und Handlung oder das bloße Faktum, dass eine Praxis oder Gepflogenheit besteht,[401] philosophisch belanglos seien, denn die Handlung selbst sei nicht durch die Regel bestimmt. Diese lasse nämlich noch immer die Möglichkeit zu, nach ihr zu handeln oder nicht, so wie der Wegweiser stets die Möglichkeit zulässt, in die angewiesene Richtung oder aber in eine andere zu gehen. Ein berühmtes, von Wittgenstein formuliertes Paradox besagt, dass sich jedwede Handlungsweise einerseits mit einer Regel in Übereinstimmung bringen, andererseits aber

---

[398] Zur Terminologie der Orientierung an Anhaltspunkten vgl. Stegmaier: Philosophie der Orientierung, S. 226–268.
[399] Vgl. Stegmaier: Zwischen Kulturen, S. 63: »Zeichen [...] sind ›Regeln‹, die man so und anders verstehen kann, die Spielräume ihrer Deutung lassen.«
[400] Stegmaier greift in seiner Orientierungsphilosophie auf dieses Bild Wittgensteins vom Wegweiser zurück, um den Begriff der »Orientierungsregel« zu plausibilisieren. Vgl. Stegmaier: Philosophie der Orientierung, S. 128–132, hier insbs. S. 131.
[401] Siehe Saul A. Kripke: Wittgenstein on Rules and Private Language, Oxford 1982; dt. Ausgabe aus dem Amerikanischen von Helmut Pape: Wittgenstein über Regeln und Privatsprache, Frankfurt a. M. 1987.

3.3 Von der Einheit der Logik der Sprache zur Vielfalt ihres Gebrauchs 229

auch in Widerspruch zu ihr verstehen lasse.[402] Kripke folgert daraus, dass, wenn dies so sei, jede Unterscheidung von Übereinstimmung und Widerspruch zwischen Regel und Handlung sinnlos werden müsse. Denn wenn immer beide Möglichkeiten bestehen blieben, könnte sich auch die Bedeutung eines Zeichens nur schwerlich durch Angabe der ihm zugrunde liegenden Regeln ermitteln lassen. Dieses ›Paradox‹ entspringt daraus, dass Kripke hier das Handeln nach einer Regel als eine Art Reflexionsleistung auffasst. Für den späten Wittgenstein erfolgt das Handeln nach einer Regel hingegen stets im Zusammenhang einer Praxis, er versteht das Regelfolgen ausgehend vom untheoretischen Gebrauch der Sprache. Von ›richtig‹ und ›falsch‹ kann hier trotzdem gesprochen werden, nämlich insofern ›Abrichtung‹ und ›Kontrolle‹ durch den Kommunikationspartner stattfinden. Das Folgen einer Regel setzt gerade keine richtige Interpretation, keine Reflexionsleistung, voraus. Stegmaier formuliert richtig, dass es nach Wittgenstein gar nicht sinnvoll sein könne, »ein allgemeines, ›direkt mitteilbares‹ Wissen von den Regeln vorauszusetzen, das dann wiederum nur nach Regeln erworben und angewendet werden könnte«.[403] Stattdessen ist das Regelfolgen eine Fähigkeit, die durch Einüben in die Praxis oder durch Abrichtung angeeignet wird.[404] Das Regelfolgen im Gebrauch der Sprache funktioniert eben so wie das Folgen eines Wegweisers: auch in die Regeln des Gebrauchs von Wörtern und in die Regeln von Sprachspielen übt man sich ein, vollzieht sie als Gepflogenheiten und Praktiken, ohne dass sie auf einer geistigen Reflexionsleistung beruhten oder in irgendeiner Form zwingend wären.[405] Und »[m]an kann sich [...]

---

[402] Vgl. PU, § 201: »Unser Paradox war dies: eine Regel könnte keine Handlungsweise bestimmen, da jede Handlungsweise mit der Regel in Übereinstimmung zu bringen sei. Die Antwort war: Ist jede mit der Regel in Übereinstimmung zu bringen, dann auch zum Widerspruch. Daher gäbe es hier weder Übereinstimmung noch Widerspruch.«

[403] Stegmaier: Denkprojekte des Glaubens, S. 311.

[404] Vgl. in diesem Zusammenhang die Debatte zwischen Gordon P. Baker und Peter M. S. Hacker auf der einen und von Savigny auf der anderen Seite bezüglich des Verhältnisses zwischen Regelkenntnis und Regelfolgen. Von Savigny (vgl. u. a. Der neue Begriff der Regel: Regelfolgendes Verhalten statt Regelung, in: ders.: Der Mensch als Mitmensch, S. 94–125) ist hier zuzustimmen, wenn er der Auffassung ist, dass das Regelfolgen als das Folgen einer *impliziten* Regel zu verstehen ist, die nicht *explizit* formuliert werden können muss, wie Baker und Hacker (vgl. u. a. Language, Sense and Nonsens; Scepticism, Rules and Language; An Analytical Commentary on the Philosophical Investigations, Bd. 2: Wittgenstein. Rules, Grammar and Necessity) meinen. Vgl. zu dieser Kontroverse auch die sorgfältig abwägende Darstellung von Achim Berndzen: Regelfolgen und explizite Regelkenntnis. Zu einer Kontroverse in der Interpretation der ›Philosophischen Untersuchungen‹, in: Kellerwessel/Peuker (Hg.): Wittgensteins Spätphilosophie, S. 117–151, der im Ergebnis ebenfalls dazu tendiert, der Position von Savignys zuzustimmen.

[405] Thomas Peuker diskutiert u. a. Argumentationsmöglichkeiten bezüglich der Frage, ob Sprechen und Verstehen von Sprache nach einer stärkeren These ausschließlich einem Mitglied

denken, Einer habe das Spiel gelernt, ohne je Regeln zu lernen, oder zu formulieren.« (PU, § 31) Gründete das Handeln nach einer Regel hingegen auf einer Reflexionsleistung, bedürfte es keiner Praktiken oder Sprachspiele als Institutionen, sondern die Reflexion könnte jedes Mal aufs Neue vollzogen werden. Aber nur in einem Sprachspiel, so Wittgenstein, hat eine Regel einen »Witz« (PU, § 142).[406]

Als soziale Praxis beruht das Regelfolgen dann auf bloßer »Übereinstimmung«:

> Das Wort ›Übereinstimmung‹ und das Wort ›Regel‹ sind miteinander verwandt, sie sind Vettern. Lehre einen den Gebrauch des einen Wortes, so lernt er damit auch den Gebrauch des anderen. (PU, § 224).

Eine private Regel kann es deshalb nicht geben. Glaubte jemand, einer solchen Regel zu folgen, gäbe es keinerlei Kriterien, anhand derer er dies überprüfen könnte:

> Darum ist ›der Regel folgen‹ eine Praxis. Und der Regel zu folgen glauben ist nicht: der Regel folgen. Und darum kann man nicht der Regel ›privatim‹ folgen, weil sonst der Regel zu folgen glauben dasselbe wäre, wie der Regel folgen. (PU, § 202)[407]

Die einzige Rechtfertigung für Regeln besteht in der Tatsache, dass ihr Gebrauch eine allgemein verbreitete Praxis darstellt, in der die Sprecher ›übereinstimmen‹.[408] Zwar sind Regeln nichts Objektives, was, wie im *Tractatus* vorausgesetzt, als überzeitliche Einheit unserer Sprache zugrunde läge, son-

---

einer Sprachgemeinschaft möglich sind oder ob Sprechen einer schwächeren These zufolge grundsätzlich für andere verstehbar und ein öffentlich zugängliches Phänomen ist, wobei er letztlich ein Argument für die zweite These formuliert (vgl. Thomas Peuker: Das Faktum der Öffentlichkeit unserer Sprache, in: Kellerwessel/Peuker (Hg.): Wittgensteins Spätphilosophie, S. 73–98).

[406] Vgl. zur Kritik der Position Kripkes auch Schulte: Wittgenstein, S. 160. Peter Niesen gibt in: Gemeinschaft, Normativität, Praxis. Zur Debatte über Wittgensteins Regelbegriff, in: Kellerwessel/Peuker (Hg.): Wittgensteins Spätphilosophie, S. 99–115, einen kritischen Überblick über die Debatte um Kripkes Interpretation des wittgensteinschen Regelbegriffs und setzt sich dabei vor allem auch mit den Einwänden Colin McGinns in: Wittgenstein on Meaning, Oxford 1984, Gordon P. Bakers und Peter M. S. Hackers u. a. in: Language, Sense and Nonsens, Oxford 1984; Scepticism, Rules and Language, Oxford, 1984; An Analytical Commentary on the Philosophical Investigations, Bd. 2: Wittgenstein. Rules, Grammar and Necessity, Oxford 1985, sowie der Position Malcolms in: Nothing is Hidden, gegen Kripke auseinander.

[407] Vgl. zur Frage nach der Möglichkeit einer Privatsprache außerdem PU, §§ 243 ff.

[408] Nach Stegmaier macht es für Wittgenstein deshalb keinen Sinn »zu sagen, einer allein könne einer Regel folgen, weil dann die Regel den Sinn verlöre, für den sie eingeführt wurde.« (Stegmaier: Denkprojekte des Glaubens, S. 311)

3.3 Von der Einheit der Logik der Sprache zur Vielfalt ihres Gebrauchs 231

dern spielen sich im individuellen Gebrauch der Sprache ein, doch kann man ihnen trotzdem nicht privat folgen, weshalb sie zugleich etwas Interindividuelles sind. Während im *Tractatus* die Regeln noch als allgemeingültig angenommen wurden, ist die legitime Begrenzung der Gültigkeit von Regeln laut den *Philosophischen Untersuchungen* der einfache Fall, dass ihr jemand nicht folgt. Die Rechtfertigung der Regeln liegt in ihrem Gebrauch selbst, die Suche nach einer allgemeinen, vom Menschen, der die Sprache gebraucht, unabhängigen Rechtfertigung lehnt Wittgenstein ab.[409] Wer Sprachspiele spielt, der wird dazu abgerichtet, sie so, nach diesen Regeln, und nicht anders zu spielen – und das »Lernen der Sprache ist wesentlich Abrichtung [...]« (Das Blaue Buch, S. 117).

Fassen wir zusammen: Wittgensteins Abkehr vom Ansatz bei der allgemeinen, einheitlichen und der Sprache immanenten Logik bedeutet auch eine Abkehr von der Vorstellung, dass der Sprache ein allgemeines System logischer Regeln zugrunde liegt, das ihren Gebrauch zwingend leitet. Wenn Wittgenstein seinen Ansatz bei der Einheit und Allgemeinheit der Logik der Sprache verwirft, weil sich im Gebrauch der Sprache nur eine nicht festgelegte Vielfalt, nicht aber die Einheit einer allgemeinen Logik zeigt, dann bedeutet dies für seinen Begriff der Regel und des Regelfolgens, dass wir letztlich nur die Praxis des beobachtbaren vielfältigen und nicht abschließend festgelegten Gebrauchs der Sprache haben, den wir aber nicht mit einem logischen Regelsystem, das uns unabhängig vom Sprachgebrauch als Abstraktum gegeben wäre, abgleichen können. Dennoch verzichtet Wittgenstein in seinem Spätwerk nicht auf den Regelbegriff, wie er auch nicht gänzlich auf Sinn und Strukturiertheit der Sprache oder eine Ordnung der Welt, die ja alltäglich erfahren werden, verzichtet. Er versteht stattdessen die Regeln wie die Logik der Sprache aus der in der Sprache selbst nicht überschaubaren und darum auch nicht abschließend zu ordnenden Vielfalt des Sprachgebrauchs: Demnach kann das Kriterium für die ›Richtigkeit‹ der Anwendung einer Regel nur im kommunikativen Erfolg liegen. Im kommunikativen Gebrauch spielen sich die Regeln als »Gepflogenheiten«, als soziale Praktiken ein. Sie sind insofern nicht privat, zeigen sich in gelingender Kommunikation, in gelingendem Handeln durch Sprache. Es bedarf ihrer äußeren Bestätigung – oder besser: Nicht-Verwerfung – in der Kommunikation. Wer glaubt, einer Regel privat zu folgen, hätte keinerlei Kriterien, anhand derer er dies überprüfen könnte. An die Stelle logischer Kriterien treten stattdessen sich zeigende Anhaltspunkte für einen erfolgreichen und damit ›richtigen‹ Sprachgebrauch, die in

---

[409] Stegmaier formuliert: »So wie man sich mit dem Gebrauch von Zeichen zufriedengeben muß, muß man sich nach Wittgenstein auch damit zufriedengeben, dass der Gebrauch von Zeichen geregelt sein muß – wie auch immer.« (Stegmaier: Denkprojekte des Glaubens, S. 311.)

willkommenen oder auch erwarteten Reaktionen der anderen auf meinen Sprachgebrauch bestehen. Ausgehend vom Gebrauch sind Regeln danach als erprobte Anhaltspunkte zu verstehen, an denen man sich orientieren kann, ohne dass sie dabei zwingend wären. Sie sind nichts, was unabhängig von uns wäre, wovon wir aber in unseren Handlungen zwingend geleitet wären. Zugleich sind sie jedoch auch nicht privat, individuell und frei entscheidbar, wohl aber interindividuell.

Über den Gebrauch ist damit gesagt, dass dieser nicht auf etwas von uns Unabhängiges und Autonomes zurückgeführt werden kann. Dennoch sind seine Regeln deshalb nicht in unsere freie, ›individuelle‹ oder ›private‹ Entscheidung gestellt, sondern der jeweilige Sprachgebrauch der jeweiligen Kommunikationssituation muss sich als brauchbar erweisen, ohne dass vorab Kriterien der Brauchbarkeit festgelegt werden könnten. Der Gebrauch ist damit als ein Begriff angezeigt, mit dem die starren Grenzen von Theoretisierungen durchbrochen werden, ohne völlige Struktur-, Ordnungs- und Haltlosigkeit zu hinterlassen. So zeigt er ein Bedingungsgeflecht an, in dem Gebrauchender und Gebrauchtes miteinander verflochten sind.

3.3.4 *Die Vielfalt des Gebrauchs der Sprache und die Methode(n) der Philosophie*

Im Gebrauch der Sprache spielen sich Strukturen ein, die als Regeln beschrieben werden können, die aber keine überzeitliche und systematisierbare Einheit darstellen, wie Wittgenstein sie im *Tractatus* noch voraussetzte, sondern eine für Veränderungen offene Vielfalt. Unter diesen Voraussetzungen kann es dann allerdings nicht mehr wie noch im *Tractatus* als Aufgabe der Philosophie verstanden werden, solche regelhaften Strukturen der Sprache als Allgemeinheiten durch eine logische Analyse der Sprache zutage zu fördern, weil die Sätze der Sprache nicht mehr »durchschau[t]« (PU, § 90), das Allgemeine, die allgemeine Form des Satzes, in ihnen, nicht mehr »ein für allemal« und »unabhängig von jeder künftigen Erfahrung« erkannt werden können (PU, § 92). Die Aufgabe der Philosophie, zu sprachlicher Klarheit zu gelangen, muss angesichts der nicht systematisch zu erfassenden und veränderbaren Vielfalt der Sprache in ihrem Gebrauch auf ganz anderem Wege verfolgt werden.

Trotz vieler Differenzen knüpft Wittgenstein in seinem Spätwerk in vielerlei Hinsicht an seine frühe Philosophie an. Die Vorstellung, dass wir die Welt nicht nur allein in unserem Denken haben, sondern auch, dass wir dieses Denken nicht von unserer Sprache zu trennen vermögen, die Welt sich daher immer in unserer Sprache konstituiert, stellt er nicht in Frage. Das Ziel der Philosophie besteht daher auch in seinem Spätwerk nicht darin, die Möglichkeit der Richtigkeit einer Referenz auf unabhängig vom Menschen

3.3 Von der Einheit der Logik der Sprache zur Vielfalt ihres Gebrauchs 233

Existierendes (Ontologie) oder auf von der Sprache unterschiedene Gedanken (Bewusstseinsphilosophie) sicherzustellen. Bereits mit dem *Tractatus* ist die Aufgabe der Philosophie vollständig in den Bereich der Sprache verschoben und wird unter den Bedingungen ihrer Selbstreferentialität durch das Streben nach sprachlicher Klarheit ersetzt, womit eine wichtige Konstante zwischen Wittgensteins Früh- und seinem Spätwerk benannt ist. Die grundsätzliche Aufgabe der Philosophie, Klarheit in unserem Sprechen und eben damit in unserem Denken zu ermöglichen, ändert sich mit Wittgensteins »Drehung der Betrachtung« nicht. »Alle Philosophie ist [nach wie vor] ›Sprachkritik‹« (TLP 40031).[410] Nur Wittgensteins Vorstellung von den angemessenen Methoden der Sprachkritik, davon, wie wir zu sprachlicher Klarheit gelangen können, muss sich angesichts der beschriebenen Verkehrung des Verhältnisses von Gebrauch und Logik der Sprache entscheidend ändern. Im *Tractatus* bedient sich Wittgenstein der Methode der logischen Strukturanalyse, die für ihn hier noch das schärfste Mittel der Sprachkritik darstellt, doch angesichts der Preisgabe der Forderung einer in unserer alltäglichen Sprache verborgenen, ihr aber zugrunde liegenden, allgemeinen und »kristallreinen« logischen Ordnung, die in einer durch die logische Notationsweise erläuterbaren allgemeinen Form des Satzes bestehen soll und in der eine Art idealer Klarheit, eine logische »Kristallreinheit«[411], bereits in der Umgangssprache verwirklicht zu sein scheint, muss auch die Aufgabe der Philosophie entfallen, diese durch eine logische Strukturanalyse zutage zu fördern, um so sprachliche Klarheit sicherzustellen. Wenn Wittgenstein nicht mehr den Sprachgebrauch aus der Logik der Sprache verstehen will, sondern umgekehrt die Logik der Sprache aus dem Gebrauch, dann muss als Methode der Philosophie an die Stelle der ›Analyse‹ der Logik, die doch immer Konstruktion bleiben muss, eine genaue Untersuchung des Gebrauchs der Sprache treten, dessen Strukturen dann als die Logik der Sprache gelten müssen. Mit der Verkehrung des Verhältnisses zwischen Logik und Gebrauch der Sprache muss also eine veränderte Methode der Philosophie einhergehen.

In der Forschung ist man sich weitgehend einig, dass Wittgenstein seine Vorstellungen von der Philosophie, ihrem Gegenstand und ihrer angemessenen Arbeitsweise, in den §§ 89 bis 133 der *Philosophischen Untersuchungen*

---

[410] Schweidler erkennt in diesem Sinne das Bestreben, eine Grenze zwischen Sagbarem und Nicht-Sagbarem zu ziehen, als die verbindende Konstante zwischen dem Früh- und dem Spätwerk Wittgensteins an, wobei die entscheidende Differenz zwischen Früh- und Spätwerk dann in der Umsetzung dieses Ziels liege. (Vgl. Schweidler: Wittgensteins Philosophiebegriff, S. 154–163) Vgl. zum Forschungsstand bezüglich des Themas der Grenzziehung zwischen Sagbarem und Nicht-Sagbarem im *Tractatus* Kapitel 3.2.1.2 und bezüglich des Themas der Kontinuitäten und Diskontinuitäten zwischen dem *Tractatus* und Wittgensteins Spätwerk Kapitel 3.3.1.
[411] Vgl. PU, §§ 97, 107 f.

darlegt, dass diese §§ gewissermaßen seine ›Metaphilosophie‹ enthalten, wobei von Savigny hier eine Ausnahme bildet.[412] Dass Wittgenstein hier zentrale Gedanken zur Philosophie selbst darlegt, kann tatsächlich kaum sinnvoll bestritten werden, doch wird im Weiteren deutlich, dass seine maßgeblich in den genannten §§ dargelegte ›Philosophie der Philosophie‹ nicht als eine ›Metaphilosophie‹ aufgefasst werden sollte.

Doch wie immer man Wittgensteins Reflexion der philosophischen Methode verstehen mag – es stellt sich die Frage, wie eine entsprechend veränderte philosophische Methode, eine Untersuchung des Gebrauchs der Sprache, aussehen könnte: Angesichts eines zwar »offen daliegenden« (vgl. PU, § 126), aber nicht abgeschlossenen, nicht begrenzbaren Gebrauchs der Sprache, muss die Philosophie ganz andere Wege als im *Tractatus* beschreiten, um den Sprachgebrauch zu ›klären‹ und auf diese Weise zu einer besseren Orientierung in der Welt zu verhelfen. Sie muss nun lernen, nicht eine verborgene und identifizierbare Einheit der Sprache freilegen zu wollen, und sich stattdessen damit begnügen, die Sprache in ihrem tatsächlichen Gebrauch zu beschreiben, um das Auge auf diese Weise für die der Alltagssprache schon innewohnende Klarheit zu schulen.[413] »Die Philosophie«, so heißt es bei Wittgenstein entsprechend, »darf den tatsächlichen Gebrauch der Sprache in keiner Weise antasten, sie kann ihn am Ende also nur beschreiben. / Denn sie kann ihn am Ende auch nicht begründen.« (PU, § 124) Sie darf nicht beanspruchen, den Gebrauch der Sprache ›reinigen‹ zu können, weil sie letztlich nicht in der Lage ist, das der Sprache unterstellte Ideal tatsächlich offenzulegen und muss sich eben darum darauf beschränken, das offene und unabgeschlossene »Gebiet« des Gebrauchs der Sprache beispielhaft, dabei jedoch möglichst charakteristisch zu beschreiben. Denn was keine Einheit, sondern eine offene Vielfalt ist, kann nicht vollständig erfasst, abschließend festgelegt und begriffen, sehr wohl aber ausschnitthaft und mehr oder weniger, in höherem oder geringerem Maße aussagekräftig beschrieben werden. So tritt an die Stelle der als Konstruktion entlarvten logischen Strukturana-

---

[412] Vgl. von Savigny: Der Mensch als Mitmensch, S. 269 ff.
[413] Schweidler verweist darauf, dass »[d]ie Sokratische Suche nach der Idee hinter der Mannigfaltigkeit der Einzelfälle […] für Wittgenstein, der oft auf die Platonischen Dialoge zu sprechen kommt, ein Urbild des Philosophierens« war sowie in diesem Zusammenhang auf PU, §§ 46, 518; BlB, 51; Z, § 454; VB, 63 (Schweidler: Wittgensteins Philosophiebegriff, S. 35 f.). Damit wendet sich Wittgenstein mit seiner »Drehung der Betrachtung«, damit, dass er nicht mehr den Gebrauch der Sprache aus einer idealen Logik, sondern die Logik der Sprache aus der Mannigfaltigkeit ihres Gebrauchs versteht, gegen ein Element, durch das Platon die Geschichte der europäischen Philosophie prägte, obgleich dies nur möglich war, weil in der Platon-Auslegung gerade unberücksichtigt blieb, dass auch Platon die Ideen aus ihrem mannigfaltigen Gebrauch verstanden hat, wie in Kapitel 1 dieser Arbeit dargelegt.

3.3 Von der Einheit der Logik der Sprache zur Vielfalt ihres Gebrauchs 235

lyse ein rein deskriptives Verfahren, das den Sprachgebrauch möglichst genau und aufschlussreich zu beobachten trachtet und auf diese Weise möglichst typische Funktionsweisen der Sprache freizulegen sucht.[414]

Dabei ist der alltägliche Sprachgebrauch in der Regel durchaus klar und wird in den meisten Fällen ohne Probleme verstanden. Denn da nach Wittgenstein in der alltäglichen Sprache »[...] alles offen daliegt, ist auch nichts zu erklären.« (PU, § 126)[415] Sprachverwirrungen begegnen uns in der Alltagssprache nur gelegentlich. Der Ort, an dem sie sozusagen ›heimisch‹ sind, ist hingegen die Philosophie, und für diesen Bereich interessiert sich Wittgenstein besonders. Seiner Spätphilosophie zufolge ist erst dann wirkliche Klarheit geschaffen, wenn die Probleme der Philosophie nicht ›gelöst‹ sind, sondern wenn sie sich gleichsam ›aufgelöst‹ haben, wenn sie »verschwunden« (PU, § 133) sind. Dass Wittgenstein die logische Analyse als Methode aufgibt, will er nicht in dem Sinne missverstanden wissen, dass damit sein Anspruch auf Klarheit oder Genauigkeit abschwächt würde: »Ich mache es mir in der Philosophie leichter und leichter. Aber die Schwierigkeit ist, es sich leichter zu machen und doch exakt zu bleiben.« (BT, 70) Exaktheit und Klarheit misst Wittgenstein nun jedoch nicht mehr an einem logischen Ideal, sondern an der *Brauchbarkeit* von Sprachverwendungen in konkreten Handlungssituationen (vgl. hierzu PU, § 88). Er beobachtet hierzu, wie die Sprache in ihrem Gebrauch »arbeitet« (vgl. PU, § 132). Die Bedeutung und den Sinn philosophischer Begriffe soll sich die Philosophie durch eine Beobachtung dessen erschließen, wie von ihnen in der Alltagssprache, dort, wo die Spra-

---

[414] Es ist diskutiert worden, ob Wittgenstein mit seiner Spätphilosophie nicht als Phänomenologe gelten muss. Gerd Brand formulierte beispielsweise: »Für mich ist Wittgenstein der Phänomenologe schlechthin.« Siehe Brand: Die grundlegenden Texte von Ludwig Wittgenstein, Frankfurt a. M. 1975, S. 16. Auch Gier betrachtet Wittgenstein als Phänomenologen (Nicholas F. Gier: Wittgenstein and Phenomenology, Albany 1981, S. 5). Bei Kienzler hingegen findet sich ein Überblick über die Diskussionen um Wittgensteins »phänomenologische Phase« von der in der Wittgenstein-Forschung heute weitgehend die Rede ist. In einer solchen habe sich Wittgenstein in der Zwischenzeit der Wende von seiner Früh- zu seiner Spätphilosophie – streng genommen nur für ein einziges Jahr – vorübergehend befunden, sich dann aber von einem phänomenologischen Ansatz insofern gelöst und einem »grammatischen« zugewandt, um bestimmte, in einem phänomenologischen Ansatz noch beheimatete Vorannahmen zu vermeiden (Kienzler: Wittgensteins Wende zu seiner Spätphilosophie 1930–1932, S. 105–142).

[415] Bevor Wittgenstein von der logischen Form auf den Begriff des Gebrauchs zurückgeht, versucht er noch, an die Stelle der logischen Analyse eine grammatische Analyse zu setzen. Ausdruck dieses Versuchs ist vor allem die *Philosophische Grammatik*. Doch auch diesen Versuch gibt er bald als ebenso voraussetzungsreich auf. Spätestens in den *Philosophischen Untersuchungen* tritt der Begriff der Grammatik hinter den des Sprachspiels zurück. Vgl. hierzu: Wilhelm Vossenkuhl: Ludwig Wittgenstein, München 1995, S. 136–168, bes. S. 139.

che gewissermaßen ›zu Hause‹ ist, Gebrauch gemacht wird.⁴¹⁶ Er formuliert hierzu:

> Wir wollen nicht das Regelsystem für die Verwendung unserer Worte in unerhörter Weise verfeinern oder vervollständigen.
> Denn die Klarheit, die wir anstreben, ist allerdings eine *vollkommene*. Aber das heißt nur, dass die philosophischen Probleme *vollkommen* verschwinden sollen.
> Die eigentliche Entdeckung ist die, die mich fähig macht, das Philosophieren abzubrechen, wann ich will. – Die die Philosophie zur Ruhe bringt, so daß sie nicht mehr von Fragen gepeitscht wird, die *sie selbst* in Frage stellen. (PU, § 133)

Der angemessene Weg, um Bedeutung und Sinn sprachlicher Zeichen zu verstehen, ist der, die Gebrauchsweisen von Wörtern und Sätzen in den verschiedenen Handlungszusammenhängen zu beobachten und auf diese Weise, über das Feststellen von Ähnlichkeiten in den Gebrauchszusammenhängen, die auf die pragmatischen Funktionen der Zeichen verweisen, zu einem angemessenen Verständnis der Begriffe zu gelangen. Wenn die Beobachtung des Sprachgebrauchs als leitende philosophische Methode auf der einen Seite die metaphysisch-philosophischen Probleme zu verhüten hilft, verlangt dies dem Philosophen andererseits einen Verzicht auf definitive metaphysische Festlegung der logischen Struktur der Sprache oder auch der Bedeutung von Wörtern und Sätzen ab, weil die einzelnen Situationen des Sprachgebrauchs immer unterschiedlich sind und nie in exakt gleicher Weise wiederkehren. Wenn Wittgenstein die Probleme der Philosophie auf diese Weise durch das Erlangen vollkommener Klarheit »verschwinden« (ebd.) lassen will, so bedeutet dies aber nicht, dass er sie selbst abzuschaffen trachtet oder dass er – wie noch im *Tractatus* – glaubt, sie vollendet oder abgeschlossen zu haben, denn abschließend klären lässt sich nur, was aus einem Prinzip abgeleitet werden und definitiv als Allgemeinheit festgelegt werden kann. Wittgenstein zielt stattdessen darauf, die Philosophie »zur Ruhe« (ebd.) zu bringen, indem sie nicht mehr weiterhin durch Missverständnisse der Sprache erzeugte Probleme selbst hervorbringt und sich damit letztlich selbst gefährdet und »in Frage stell[t]«. Die bisherige Philosophie habe Verwirrungen und Unklarhei-

---

⁴¹⁶ Hier zeigen zunächst Parallelen zwischen Heideggers und Wittgensteins Auffassung von der Sprache denken, wenn Heidegger die Sprache etwa als ›Zeig-Zeug‹ versteht (vgl. Heidegger: Sein und Zeit, § 17, S. 76–83.), das uns ›zuhanden‹ ist und von dem wir im Umgang mit der Welt Gebrauch machen. Beiden zufolge gehen wir, zur Welt wie zur Sprache selbst distanzlos, in der Sprache mit der Welt um. Zu solchen Parallelen in den ansonsten sehr unterschiedlichen Sprachauffassungen Wittgensteins und Heideggers vgl. Hirokiyo Furuta: Wittgenstein und Heidegger. ›Sinn‹ und ›Logik‹ in der Tradition der analytischen Philosophie, Würzburg 1996, S. 148–154.

3.3 Von der Einheit der Logik der Sprache zur Vielfalt ihres Gebrauchs 237

ten weniger beseitigt als vielmehr verstärkt, indem sie stets versucht habe, den Sinn von Wörtern und Sätzen abschließend und definitiv festzulegen, sei es durch das ›Feststellen‹ ›richtiger‹ Referenzbeziehungen oder durch eine logische Analyse, wobei sich die philosophische Sprache zusehends weiter vom alltäglichen Sprachgebrauch entfernte.[417] Wird die Sprache aus ihren Gebrauchskontexten isoliert, »arbeitet« sie nicht mehr richtig, sie »läuft leer« (vgl. PU, § 132) oder: »[…] die Sprache feiert« (PU, § 38), wie er es nennt. Die Probleme entstehen gerade dann, wenn man glaubt, ihre Gründe lägen ›tiefer‹ als die Sprache selbst. Tatsächlich seien solche Probleme aber nur scheinbar »tiefe« Probleme (vgl. PU, § 111), die »nicht durch Beibringung neuer Erfahrung, sondern durch Zusammenstellung des längst Bekannten« (PU, § 109) gelöst werden. Nicht nach verborgenen metaphysischen Bedeutungen soll geforscht, sondern die Funktionen der Sprache und ihrer Begriffe innerhalb ihrer Gebrauchskontexte beobachtet werden:

> Wenn die Philosophen ein Wort gebrauchen – ›Wissen‹, ›Sein‹, ›Gegenstand‹, ›Ich‹, ›Satz‹, ›Name‹, und das *Wesen* der Dinge zu erfassen trachten, muß man sich immer fragen: Wird denn dieses Wort in der Sprache, in der es seine Heimat hat, je tatsächlich so gebraucht? –
> *Wir* führen die Wörter von ihrer metaphysischen, wieder auf ihre alltägliche Verwendung zurück. (PU, § 116)

Die Verwirrungen der Philosophie resultieren also überhaupt erst daraus, dass Wörtern und Sätzen metaphysische Bedeutungen zugesprochen werden, aus den Versuchen also, über den alltäglichen Sprachgebrauch hinauszugelangen und, Tatsachen, d. h. vermutete »Bedeutungen« von Begriffen, »aufzuspüren« (PU, § 89) und festzulegen, wo sie doch in der unmittelbaren sprachlichen Klarheit im alltäglichen Sprachgebrauch bereits vorliegen. Sie resultieren aus den Versuchen, so könnte man mit Nietzsche sagen, die metaphysischen »Hinterwelten«[418] von Begriffen klären und Bedeutungen finden zu wollen, die sich getrennt von den zu verstehenden Begriffen selbst nochmals exakter formulieren lassen. Das Mittel, die Metaphysik aufzulösen, findet sich darin, von allen Hinterwelten abzusehen und keine metaphysische Bedeutungen mit den Mitteln des Denkens zu konstruieren oder zu »erklären« (PU, § 126),

---

[417] Schweidler weist treffender Weise darauf hin, dass Wittgenstein nicht nur die philosophischen Probleme, durch Beobachtung lösen will, sondern auch die Philosophie und ihre Arbeitsweise selbst, insofern sie in ihrer traditionellen Form problematisch ist, mit der derselben beobachtenden Methode über sich selbst aufklären will: »Man könnte sagen, daß Wittgensteins Philosophie mit einer Phänomenologie der Situation des Philosophierens beginnt.« (Schweidler: Wittgensteins Philosophiebegriff, S. 25)

[418] Vgl. z. B. Friedrich Nietzsche: Also sprach Zarathustra, in: ders.: Sämtliche Werke. Kritische Studienausgabe (KSA), hg. v. Giorgio Colli und Mazzino Montinari, Bd. 4, Neuausgabe, München [u. a.] 1999, Kapitel: Von den Hinterweltlern, S. 35–38.

sondern sie aus der Beobachtung und Beschreibung des Gebrauchs der Sprache in ihren Kontexten und pragmatischen Funktionen zu verstehen. Eine philosophische Arbeitsanweisung zur Klärung von Bedeutungen liegt Wittgenstein zufolge somit in der Anweisung: »Denk nicht, sondern schau!« (PU, § 66) Sein Anliegen ist dementsprechend, eine »Therapie« von der Theorie überhaupt.[419] So will Wittgenstein keine neue Form der Bedeutungstheorie begründen, weil Bedeutungen im zufolge gar nicht vermittels einer Theorie gesucht und aufgespürt werden müssen. Sie sind schon gefunden, weil ja bereits »alles offen daliegt« (PU, § 126).

Zu Klarheit und damit zu Orientierung gelangen wir, indem wir zu einer *Übersicht* über den Gebrauch der Wörter gelangen: »Es ist eine Hauptquelle unseres Unverständnisses, daß wir den Gebrauch unserer Wörter nicht übersehen.« (PU, § 122) Die Klarheit durch Übersicht über den Gebrauch der Wörter stellt Wittgenstein in seinem Spätwerk der Klarheit, die er in seinem Frühwerk durch Analyse der logischen Einheit der Sprache erlangen wollte, entgegen. »Übersicht« bedeutet nicht, etwas wie noch im *Tractatus* vollständig als Einheit und Allgemeinheit aus einem Prinzip zu erfassen, sondern sich ausreichend auszukennen und orientieren zu können.[420] Um sich eine Übersicht zu verschaffen, sind Beobachtung und Beschreibung des Sprachgebrauchs vonnöten, weil wir durch sie zu Mustern und Ähnlichkeiten, d. h. zu ›üblichen‹ Verwendungsweisen, die als *Regeln* beschrieben werden können, gelangen und auf eben diese Weise zu Sinn und Bedeutungen in der Sprache. Bedeutungen speisen sich dann aus den Kontexten, in denen die Sprache gebraucht wird. Abstrakte Bedeutungen können daher nicht ihrerseits ohne Weiteres zum Maßstab für die Kontexte gemacht werden. Die Sprache kann nur mehr oder weniger vertraut und in größerer oder geringerer Ähnlichkeit zu anderen Gebrauchssituationen verwandt werden.

---

[419] Vgl. zu diesem Programm insbesondere: PU, § 133; Auffällig ist Wittgensteins medizinische Terminologie auch in folgendem Satz: »Der Philosoph behandelt eine Frage; wie eine Krankheit« (PU, § 255). Vgl. zur Thematik der Philosophie als Therapie auch: Eugen Fischer: Therapie als philosophisches Projekt, in: Gebauer/Goppelsröder/Volbers (Hg.): Wittgenstein – Philosophie als ›Arbeit an Einem selbst‹, S. 167-193, der Wittgensteins »philosophische Therapie« als ein methodisches Prinzip Wittgensteins versteht. Schweidler behauptet mit Blick auf Wittgensteins als »Therapie von der Theorie« verstandene Sprachkritik, dass eine negative, kritische Seite in seiner Philosophie vorherrschend sei (Schweidler, Wittgensteins Philosophiebegriff, S. 86). Doch diese negativ-kritische Seite ist nur eine Seite seiner Philosophie, vermittels derer es auf der anderen Seite zugleich doch immer um die philosophische Zielsetzung geht: Klarheit in der Sprache, im Denken und in der Welt zu schaffen.

[420] Zur Orientierung durch Übersicht vgl. Stegmaier: Zwischen Kulturen, S. 62 f.: »[D]er Gebrauch von Zeichen [...] *orientiert*. Probleme, nicht nur philosophische [...], sind Orientierungsprobleme. Orientierungsprobleme werden gelöst, indem man, so Wittgenstein, zu einer ›übersichtlichen Darstellung‹ kommt.« Vgl. auch Philosophie der Orientierung, S. 177-190.

3.3 Von der Einheit der Logik der Sprache zur Vielfalt ihres Gebrauchs

Eine Übersicht fördert dann nichts »Verborgenes« (vgl. PU, § 126) zutage, sondern lässt uns das eigentlich längst Bekannte, Offensichtliche, Alltägliche und daher Unstrittige erst wieder sehen:[421]

> [...] es ist vielmehr für unsere Untersuchung wesentlich, daß wir nichts *Neues* mit ihr lernen wollen. Wir wollen etwas *verstehen*, was schon offen vor unsern Augen liegt. Denn *das* scheinen wir, in irgendeinem Sinne, nicht zu verstehen. (PU, § 89)

Die Philosophie hat das Verständnis von Wörtern und Sätzen, die in ihrem Gebrauch klar sind, gerade durch ihren Versuch, diese noch darüber hinaus präzisieren zu wollen, eher verstellt. Wie sich Wittgenstein hingegen die Arbeit der Philosophie vorstellt, entnehmen wir folgenden seiner Worte:

> Die Philosophie stellt eben alles bloß hin, und erklärt und folgert nichts. – Da alles offen daliegt, ist auch nichts zu erklären, denn, was etwa verborgen ist, interessiert uns nicht. (PU, § 126)

Die Philosophie könne das bereits Vorliegende lediglich in ein neues Licht rücken und so auf dieses aufmerksam machen. Neue Erkenntnisse bringt eine solche Philosophie dann nicht: »Wollte man *Thesen* in der Philosophie aufstellen, es könnte nie über sie zur Diskussion kommen, weil Alle mit ihnen einverstanden wären« (PU, § 128), schreibt Wittgenstein. So sind Klarheit und Übersicht in gewissem Sinne durchaus *trivial*. Der Weg, auf dem sie erreicht werden, das Philosophieren, müsse aber immer »[...] so kompliziert [sein] wie die Knoten, welche es auflöst« (Z, § 452). Nur die Lösungen unserer Probleme wären dann trivial, weil sie das Alltägliche, was »offen vor unseren Augen« liegt, was wir aber aus irgendeinem Grunde (vgl. PU, § 89) nicht sehen, wieder wahrnimmt.

Die Philosophie verfolgt als Beschreibung des Sprachgebrauchs damit keine eigenen Absichten. Sie will nicht begründen, nichts fordern, sondern stellt lediglich eine Übersicht über den Sprachgebrauch bereit und damit darüber, was mit der Sprache gesagt und wie mit ihr umgegangen wird. So kann sie zwar Probleme lösen, Bedeutungen klären, indem die jeweilige Gebrauchsweise der Sprache geklärt wird, zugleich aber kommen wir damit nie zu einem Ende, denn allgemeingültige Bedeutungen von Wörtern und Sätzen kennen wir nie, sondern sind in jedem Falle aufs Neue darauf angewiesen, den Gebrauch der Sprache in den besonderen, individuellen Fällen zu klären, womit noch deutlicher ist, weshalb Wittgenstein nicht mehr davon ausgehen kann, die philosophischen Probleme endgültig gelöst zu haben.

---

[421] Von Savigny merkt kritisch an, dass sich gerade in Wittgensteins *Philosophischen Untersuchungen* »überraschend wenige Beispiele für ›übersichtliche Darstellungen‹« finden. Siehe: Von Savigny: Der Mensch als Mitmensch, S. 265.

Wie schon im *Tractatus* geht es Wittgenstein nicht darum, Wahrheiten festzustellen, sondern um eine Reflexion der Bedingungen der Möglichkeit von Wahrheiten. Die Frage, wie Wahrheiten möglich sind, wird allerdings nun gänzlich anders beantwortet. Im *Tractatus* ging Wittgenstein noch von einer der Sprache zugrunde liegenden logischen Ordnung der Möglichkeiten, in denen allein Sätze gebildet werden können, die sich dann erst als wahr oder falsch erweisen, aus, und es sollte die Aufgabe der Philosophie sein, nicht wahre Sätze zu bilden, sondern mittels einer logischen Analyse der Sprache ihre Logik zutage zu fördern, die ihrerseits erst die Bedingung der Möglichkeit von Wahrheit und Falschheit ist. Auch Wittgensteins Spätwerk zufolge geht es der Philosophie nicht darum, wahre Sätze zu erzeugen, sondern um Klarheit über die Bedingungen der Möglichkeit von Wahrheit und Falschheit, nur soll diese nicht durch logische Analyse der Sprache, sondern durch Übersicht über den Sprachgebrauch erlangt werden.

Mit dem Begriff der Übersicht wird also kein theoretischer Standpunkt vorausgesetzt, der isoliert, unbedingt und den Kontexten enthoben wäre. Übersicht bedeutet vielmehr, von einer individuellen Perspektive auf eine Umgebung auszugehen, in der es erst gilt, sich Orientierung zu verschaffen. In diesem Sinne ist Wittgensteins Formulierung, »[e]in philosophisches Problem hat die Form: ›Ich kenne mich nicht aus‹«[422] (PU, § 123), zu verstehen. Ein philosophisches Problem kann dann jedoch nicht von einem theoretischen Standpunkt aus erfasst und gelöst werden. Der Grund hierfür liegt in Wittgensteins Einsicht, dass wir die Grenzen unserer Sprache nicht verlassen können. Wir sind daher darauf angewiesen, uns in ihr von innen her und aus ihr selbst heraus Orientierung zu verschaffen, sodass wir uns schließlich wieder in ihr auskennen. Wittgenstein umschreibt dies mit einem Bild, demzufolge wir wie ›Fliegen‹ sind, die sich in einem ›Glas‹ befinden und den Weg nach draußen suchen. Das »Ziel der Philosophie« aber sei es, »[d]er Fliege den Ausweg aus dem Fliegenglas zu zeigen« (PU, § 309). Wir erreichen dieses Ziel nicht, indem wir von außen das Glas in den Blick nehmen und so den möglichen Ausgang finden, denn wir befinden uns ja im Innern, müssen ihn also von innen her finden. Den Ausweg aus dem Glas, die Lösungen unserer in der Sprachverwirrung wurzelnden philosophischen Probleme zu finden, kann uns keine allgemeine Theorie der Sprache helfen,[423] weil wir selbst immer in

---

[422] Auffällig an diesem Satz ist, dass ein ›Sich-nicht-auskennen‹ zunächst nicht unbedingt eine logische Klärung und Ableitung einfordert, sondern vielmehr eine Orientierungskategorie im Sinne eines Gegensatzes zum »Sich-zurechtfinden« darzustellen scheint. Vgl. hierzu: Stegmaier: Philosophie der Orientierung, S. 151–158. Vgl. auch: »In der Philosophie besteht die Schwierigkeit darin, sich auszukennen« (VGM, 50).

[423] Vgl. PU, § 133: »Es gibt nicht eine Methode der Philosophie, wohl aber gibt es Methoden, gleichsam verschiedenen Therapien.«

3.3 Von der Einheit der Logik der Sprache zur Vielfalt ihres Gebrauchs 241

diese Probleme, solange sie nicht gelöst sind, verwickelt sind und selbst noch in ihnen denken.[424] Wittgensteins Spätphilosophie darf daher nicht als eine Metaphilosophie verstanden werden, weil eine solche gleichsam von außen auf die Sprache blickt. Ein derartiger Blick ist uns schon dem *Tractatus* zufolge verwehrt, es kann für uns nur eine Klärung des Gebrauchs der Sprache in der Sprache selbst geben. Mit Blick auf die Philosophie bedeutet dies, dass Wittgenstein mit seiner ›Drehung der Betrachtung‹ nicht nur den Gegenstand der Philosophie in die pragmatischen Lebenszusammenhänge verlegt, und sich damit ihre Methodik ändert, sondern das Philosophieren selbst wird, wenn es zwar schon im *Tractatus* nur innerhalb der Grenzen der Sprache vollzogen werden konnte, die Sprache nun aber in ihrem alltäglichen Gebrauch betrachtet wird, zugleich selbst in die pragmatischen Lebenszusammenhänge zurückverlagert.[425]

Nur innerhalb der Grenzen der unauflöslich in ihren Gebrauch und damit in die Lebenszusammenhänge verflochtenen Sprache, können Grenzen zwischen Sinn und Unsinn gezogen werden – wenn Wittgenstein unter solchen Grenzen in seinem Früh- und seinem Spätwerk auch etwas sehr Unterschiedliches versteht. Wenn wir es schaffen, Grenzen zu ziehen, wenn wir Klarheit über unsere Sprache geschaffen haben, wo zunächst Unklarheit herrschte, und wenn wir Verwirrung durch Einsicht in das Funktionieren der Sprache aufgelöst haben, so »kondensiert« schließlich »[e]ine ganze Wolke von Philosophie zu einem Tröpfchen Sprachlehre.« (PU II, xi, 565)

3.3.5 Zwischenergebnis (Kapitel 3.3)

Wittgensteins Vorstellung von den angemessenen Methoden, mit denen die Philosophie zu Klarheit über das Funktionieren unserer Sprache und damit auch zu Orientierung in der Welt gelangen kann, musste sich also angesichts der beschriebenen Verkehrung des Verhältnisses von Gebrauch und Logik der Sprache erheblich verändern: Bediente er sich im *Tractatus* der Methode der logischen Strukturanalyse, so kann die Philosophie angesichts der Preisgabe der Forderung nach einer in unserer alltäglichen Sprache verborgenen, ihr aber zugrunde liegenden, allgemeinen logischen Ordnung diese auch nicht mehr durch eine logische Strukturanalyse zutage fördern, um so sprachliche Klarheit zu gewährleisten. Sein Streben nach Einheit des Sinns und nach abschließend festlegbaren Bedeutungen der in ihren möglichen Gebrauchs-

---

[424] Vossenkuhl verdeutlicht die Problematik treffend: »Es ist das Münchhausen-Problem. Wir müssen uns an den eigenen Haaren aus den Verwirrungen herausziehen.« Vossenkuhl: Ludwig Wittgenstein, S. 311.

[425] Darauf weist Schweidler entschieden hin. Siehe Schweidler: Wittgensteins Philosophiebegriff, insbes. S. 34–40.

weisen durch die Logik festgelegten Sprache gibt Wittgenstein damit auf, nicht aber sein Streben nach sprachlicher Klarheit schlechthin: Wenn er nicht mehr den Sprachgebrauch aus der Logik der Sprache verstehen will, sondern umgekehrt die Logik der Sprache aus dem Gebrauch, dann muss als Methode der Philosophie an die Stelle der ›*Analyse*‹ der Logik eine genaue ›*Beobachtung*‹ des Gebrauchs der Sprache treten. Sprachliche Klarheit ergibt sich dann aus einer *Übersicht* über die nicht abschließend festgelegten, wohl aber vorhandenen Strukturen des Sprachgebrauchs, seinen *Regeln*, die aus seinen funktionalen Kontexten deutlich werden und dann als die Logik der Sprache gelten müssen. Mit der Verkehrung des Verhältnisses zwischen Logik und Gebrauch der Sprache muss also diese veränderte Methode der Philosophie einhergehen. Doch Wittgenstein belässt es nicht dabei, der Philosophie einfach diese neue Methode zur Verfügung zu stellen, sondern er wendet sie in seinem Spätwerk auch selbst an und führt umfangreiche Beobachtungen des ›offen zutage liegenden‹ Sprachgebrauchs durch. Über die dabei von ihm selbst beobachteten Strukturen desselben gelangt er zu einem neuen Bild vom Funktionieren der Sprache, das im Folgenden nachgezeichnet wird.

3.4 Die Vielfalt des Gebrauchs der Sprache – Wörter, Sprachspiele, Lebensformen

3.4.1 *Problemaufriss und Stand der Forschung*

›Offen‹ zutage liegt nach Wittgenstein, dass die Sprache, anders als im *Tractatus* vorausgesetzt, nicht als Ganzes überschaubar ist. Dass es ihm letztlich nicht gelang, eine einheitliche, allgemeine Logik, die durch die logische Strukturanalyse der Sprache ans Licht gebracht werden könnte, dem Sprachgebrauch zu entnehmen, war ja gerade das auslösende Moment für Wittgenstein, seine Forderung nach einer Einheit der Logik aufzugeben. So darf er in seinem Spätwerk im Verständnis der Sprache nicht mehr von ihrer Einheit, sondern muss von ihrer Offenheit und Vielfalt ausgehen. Hat Wittgenstein im *Tractatus* die Frage nach Sinn und Bedeutung von Sprache zu einer Frage nach der Möglichkeit sprachlicher Klarheit unter den Bedingungen sprachlicher Selbstreferentialität gemacht und diese im *Tractatus* noch in einer Einheit der Logik gesucht, so muss er sie nach der Aufgabe der Forderung einer allgemeinen Logik in der Vielfalt des Gebrauchs der Sprache suchen.[426] Es bleibt allein die Möglichkeit, Sinn und Bedeutung der Sprache aus ihrem Gebrauch zu verstehen, aus der Rolle, die sie in ihren konkreten Gebrauchskontexten spielt.

---

[426] Vgl. hierzu von Savigny: Der Mensch als Mitmensch, S. 35–73; und speziell S. 70–73.

3.4 Die Vielfalt des Gebrauchs der Sprache

Dementsprechend ist der Gebrauch der Sprache der leitende Gesichtspunkt in Wittgensteins Spätwerk. Da dies weder bestritten wird noch überrascht, sondern sich offensichtlich in Wittgensteins gesamten Spätwerk zeigt und von ihm auch so formuliert wird, ist ein Nachweis der zahlreichen Textstellen an dieser Stelle, anders als im Falle Kants, nicht erforderlich.

Wittgensteins Gleichsetzung von Gebrauch und Bedeutung wurde in der Forschung als seine sogenannte Identifikationsthese viel diskutiert. Einige Autoren kritisieren, dass diese den Bedeutungsbegriff zu unbestimmt lasse und einen systematisierenden Zugriff kaum ermögliche. Doch da es Wittgenstein mit Blick auf den Bedeutungsbegriff gar nicht mehr auf theoretische und systematische Bestimmbarkeit ankommt, muss gefragt werden, ob derartige Einwände nicht an Wittgensteins Intention vorbeigehen. So hält etwa Pitcher, der zwischen theoretischem Aspekt und philosophischem Ziel der Identifikationsthese unterscheidet, Wittgensteins Gleichsetzung von Bedeutung und Gebrauch für einen Fehler, wenngleich dieser Fehler auch keine negativen Auswirkungen habe, da Wittgenstein die Begriffe faktisch doch so behandle, als identifiziere er sie gar nicht miteinander.[427] Finch und Fann stellen sogar die These auf, dass Wittgenstein Bedeutung und Gebrauch gar nicht identifiziert habe. Das Missverständnis resultiere aus einer zu wortgetreuen Auslegung Wittgensteins, wo seine Worte lediglich als rhetorische Ermahnungen aufgefasst werden dürften.[428] Apel wendet sich gegen diese Einschätzung, wenn er meint, die von Wittgenstein angestrebte therapeutische Funktion der Philosophie setze eine Einsicht in den engen Zusammenhang von Bedeutung und Gebrauch voraus, die aber nicht als eine philosophische Wesenseinsicht zu begreifen sei,[429] was auch bei Hinsts Unterscheidung von mit dem Gebrauch identischer und vom Gebrauch unabhängiger Bedeutung zu berücksichtigen ist.[430] Fogelin sieht ebenfalls Wittgensteins Gleichsetzung von Gebrauch und Bedeutung, meint aber zutreffender Weise, dass daraus keine einheitliche Theorie der Bedeutung resultiere.[431] Bogen wiederum vertritt – entgegen etwa Malcolm und Pitcher und anders als wir – die Ansicht, dass sich nicht belegen lasse, dass Wörter nach Wittgenstein ihre Bedeutung stets ihrer Rolle im Sprachspiel verdanken.[432]

---

[427] Vgl. Pitcher: The Philosophy of Wittgenstein, insbes. S. 251 ff.
[428] Siehe Henry L. Finch: Wittgenstein – The Later Philosophy, New Jersey 1977, S. 53 ff; Kuang T. Fann: Wittgenstein's Conception of Philosophy, Oxford 1969, 102–103; dt. Ausgabe in der Übersetzung von Gisela Shaw: Die Philosophie Wittgensteins, München 1971, S. 99.
[429] Siehe Karl-Otto Apel: Transformation der Philosophie, Bd. I, Frankfurt a. M. 1976, S. 357 f.
[430] Vgl. Peter Hinst: Die Früh- und Spätphilosophie Wittgensteins, in: Philosophische Rundschau 15 (1986), S. 51–66, S. 64.
[431] Vgl. Robert J. Fogelin: Wittgenstein, London 1987, S. 122.
[432] Vgl. James Bogen: Wittgenstein's Philosophy of Language, London 1972, S. 200 ff.

Obwohl Wittgenstein Sinn und Bedeutung der Sprache in seinem Spätwerk aus ihrem Gebrauch versteht, entwickelt er keine systematische Gebrauchstheorie der Bedeutung, wie in der Regel zu lesen ist, zumal er philosophisch gerade eine Therapie von der Theorie überhaupt anstrebt. Angemessener ist es daher, von Wittgensteins Gebrauchskonzeption der Sprache zu sprechen. Denn der Begriff des Gebrauchs beschreibt gerade die Vielfalt der Verwendungsmöglichkeiten von Sprache, die an definitiven Bedeutungszuschreibungen scheitern muss.[433]

In den *Philosophischen Untersuchungen* heißt es in Bezug auf die Bedeutung von Wörtern:

> Man kann für eine große Klasse von Fällen der Benützung des Wortes »Bedeutung« – wenn auch nicht für *alle* Fälle seiner Benützung – dieses Wort so erklären: Die Bedeutung eines Wortes ist sein Gebrauch in der Sprache. (PU, § 43)

Die Komplexität dieser Worte Wittgensteins entfaltet sich erst auf den zweiten Blick. Für gewöhnlich sind die Interpreten geneigt, einfach den zweiten Satz zu betrachten und diesen als eine positive Aussage, eine ›Theorie‹ Wittgensteins über die Bedeutung von Wörtern zu nehmen. Er trifft eine Aussage über das Wort ›Bedeutung‹. Zu diesem zweiten Satz als Ergebnis gelangt er jedoch erst, indem er seinen Inhalt als methodische Anleitung im ersten Satz bereits voraussetzt. Die Annahme, die Bedeutung eines Wortes sei sein Gebrauch in der Sprache, bestätigt sich nach Wittgenstein dadurch, dass einfach der Gebrauch des Wortes ›Bedeutung‹ selbst in der Sprache beobachtet wird. Die Gebrauchskonzeption der Bedeutung wird damit nicht theoretisch hergeleitet, sondern als selbstbezügliche Verstehensvoraussetzung etabliert, die ihre Legitimation nicht aus Begründungen, sondern wiederum aus ihrer Brauchbarkeit bezieht, Klarheit im Sprechen und Denken zu erlangen.

---

[433] Wie sehr Wittgensteins Wende im Verständnis von Sinn und Bedeutung der Sprache von der Einheit der Logik zum offenen, nicht festlegbaren oder systematisierbaren Gebrauch der Sprache die Interpreten verunsichert, ist z. B. bei Costa zu beobachten, der nach einer Auseinandersetzung mit Wittgensteins Gebrauchskonzeption der Bedeutung meint, dem Gebrauchsbegriff beim späten Wittgenstein komme lediglich »ein methodischer und heuristischer Vorrang zu«, der uns helfen solle, metaphysische Vorurteile abzulegen und uns stattdessen an die »konkrete Praxis der Sprache« heranführe. Für eine »Systematisierung« des Bedeutungsbegriffs, auf die es Costa anscheinend ankommt, sei der Regelbegriff hingegen viel »verständlicher«, der Gebrauchsbegriff dagegen »undurchsichtiger«. Unter dem mit der Bedeutung gleichgesetzten Gebrauch sollten daher am besten die Gebrauchs*regeln* verstanden werden. Costa sperrt sich offensichtlich gerade gegen den offenen und nicht festgelegten Charakter, der mit dem Gebrauchsbegriff an die Begriffe der Bedeutung und der Sprache herangetragen wird, und den er durch den Begriff der Regel fester zu ›erfassen‹ können hofft (Claudio F. Costa: Wittgensteins Beitrag zu einer sprachlogischen Semantik, Konstanz 1990, S. 36 f.).

3.4 Die Vielfalt des Gebrauchs der Sprache

Allerdings macht Wittgenstein selbst Einschränkungen: Zur Beantwortung der Frage, weshalb er lediglich von einer »große[n] Klasse von Fällen«, nicht von »allen« spricht, könnte der oft kaum beachtete letzte Satz des § einen Hinweis geben: »Und die *Bedeutung* eines Namens erklärt man manchmal dadurch, daß man auf seinen *Träger* zeigt.«[434] Eine naheliegende Möglichkeit wäre demnach, die Fälle, in denen die Bedeutung eines Wortes nicht durch seinen Gebrauch in der Sprache erklärt werden kann, so zu deuten, dass für Wittgenstein das Herstellen einer Referenz, etwa durch ein Zeigen auf den Träger eines Namens, durchaus noch möglich ist, wie etwa Hallett argumentiert, wenn er den im letzten Satz von PU, § 43 beschriebenen Fall aus der »große[n] Klasse von Fällen« ausschließen will.[435] Das Benennen wäre dann von den Fällen, in denen Worte ihre Bedeutung durch ihren Gebrauch erhalten, ausgenommen, weil etwas, was noch nicht im Sprachgebrauch etabliert ist, durch Namen, das Benennen von etwas, überhaupt erst in die Sprache eingeführt werden müsste.[436] Dagegen spricht allerdings eindeutig Wittgensteins Auseinandersetzung mit dem »hinweisenden Lehren« bzw. »Definieren« von Wörtern, das er ebenfalls klar als ein Sprachspiel ausmacht, in dem die Worte ihre Bedeutung aus ihrem Gebrauch innerhalb eines Handlungsrahmens erhalten.[437] Wir werden hierauf im Zusammenhang mit den Sprachspielen zurückkommen (Kapitel 3.4.3). Plausibel wäre stattdessen, dass Wittgenstein mit den von ihm ins Spiel gebrachten Ausnahmen den philosophischen und wissenschaftlichen Sprachgebrauch im Blick hat, in dem die Möglichkeit einer Referenz auf von der Sprache Unabhängiges in der Regel vorausgesetzt wird. Explizit hat Wittgenstein hier das augustinische Sprachmodell vor Augen. Unabhängig davon, ob eine Referenz auf Außersprachliches hier tatsächlich möglich ist, wird das Wort Bedeutung hier, anders als im alltäglichen Sprachgebrauch, tatsächlich so verwandt. Wie immer man das Verhältnis des letzten Satzes von PU, § 43 zum Rest des Pa-

---

[434] Der letzte Satz aus PU, § 43 wird in den meisten Interpretationen kaum berücksichtigt. So etwa bei Garth Hallett: Wittgenstein's Definition of Meaning as Use, New York 1967; oder auch bei Schweidler: Wittgensteins Philosophiebegriff, S. 82–90, insbes. S. 83.

[435] Vgl. Garth Hallett: A Companion to Wittgensteins ›Philosophical Investigations‹, Ithaca/New York 1977.

[436] Siehe allgemein zu einer Interpretation von PU, § 43 (insbesondere auch die dortige Aufarbeitung der Forschungsliteratur zu PU, § 43) von Savigny: Der Mensch als Mitmensch, S. 270–273.

[437] So z. B. Newton Garver: The Other Sort of Meaning, in: Leinfellner, Elisabeth (Hg.): Wittgenstein und sein Einfluß auf die gegenwärtige Philosophie, 2. internat. Wittgenstein-Symposium, Wien 1978, S. 253–256, sowie Gordon P. Baker/Peter M. S. Hacker: An Analytical Commentary on the Philosophical Investigations, Bd. 1: Wittgenstein: Undestanding and Meaning, Oxford 1980, S. 17–75), die den im letzten Satz von PU, § 43 geschilderten Fall zu der »große[n] Klasse von Fällen« rechnen.

ragraphen beurteilen und worin immer man die möglichen Ausnahmen von der »große[n] Klasse von Fällen«, die Wittgenstein zugesteht, sehen mag, sie machen doch zumindest deutlich, dass Wittgenstein keinesfalls beansprucht, eine neue allgemeine Theorie der Bedeutung zu entwerfen, sondern mit der Gebrauchskonzeption ein Verständnis der Sprache entwickelt, demzufolge man sich durch Beobachtung ihres Gebrauchs in der Philosophie und anderswo einen Überblick über denselben, dadurch Klarheit in der Sprache und so Orientierung in der Welt verschaffen kann.

In der Frage, was im Rahmen von Wittgensteins Gebrauchskonzeption der Bedeutung unter ›Gebrauch‹ überhaupt genau zu verstehen ist, hat sich eine sogenannte instrumentalistische Deutung etabliert, in der unterschiedliche Akzente gesetzt werden. So will Grice den Gebrauch und damit die Bedeutung von Wörtern durch die mit ihnen verbundenen Äußerungsabsichten verstehen,[438] während Feyerabend die durch den Gebrauch hervorgerufenen Wirkungen des Gebrauchs in den Mittelpunkt seiner Deutung stellt.[439] Meggle wandelt die instrumentalistische Interpretation dann dahingehend ab, dass er die Bedeutung von Wörtern in dem Zweck zu finden meint, der von den Regeln des Sprachgebrauchs anzustreben vorgeschrieben werde.[440] Hier soll hingegen nicht unbedingt ein Widerspruch zwischen diesen einzelnen Gesichtspunkten des Gebrauchs gesehen werden: Absichten, Wirkungen und durch die Regeln des Sprachspiels vorgezeichnete Zwecke können als unterschiedliche Aspekte, aus denen sich Bedeutungen schöpfen, gesehen werden. Der vielfältige Gebrauch und mit ihm die Bedeutung müssen gerade nicht auf einen bestimmten Aspekt festgelegt werden können.[441]

Im Weiteren wird Wittgensteins eigenes, aus seinen Beobachtungen gewonnenes Bild der Sprache untersucht und dabei deutlich werden, was es heißt, dass ihm zufolge die Bedeutung eines Wortes sein Gebrauch in der Sprache ist (Kapitel 3.4.2). Es wird deutlich, dass sich Wittgensteins Gebrauchskonzeption der Bedeutung von Wörtern nur im Rahmen einer Gebrauchskonzeption von Sinn in der Sprache überhaupt angemessen verstehen lässt. Dementsprechend gelangen wir über Wittgensteins Vorstellung davon, wie es zu Wortbedeutungen kommt, zu seinen Begriffen des Sprachspiels (Kapitel 3.4.3) und der Lebensform (Kapitel 3.4.4). Seine Beobachtung des

---

[438] Siehe Paul Grice: Meaning, in: Philosophical Review 66 (1957), S. 377–388; ders.: Utterer's Meaning and Intentionsm, in: Philosophical Review 78 (1969), S. 147–177.

[439] Siehe Paul K. Feyerabend: Wittgenstein's Philosophical Investigations, in: Philosophical Review 64 (1955), S. 449–483, hier Abschnitt VII.

[440] Siehe Georg Meggle: Wittgenstein – ein Instrumentalist?, in: Dieter Birnbacher / Armin Burckhardt (Hg.): Sprachspiel und Methode, Berlin 1985, S. 71–88.

[441] Zu einer kritischen Auseinandersetzung mit der instrumentalistischen Deutung der Gebrauchskonzeption vgl. auch von Savigny: Der Mensch als Mitmensch, S. 39–47.

Sprachgebrauchs führt Wittgenstein, wie sich zeigen wird, zu einem neuen Bild einerseits von den Strukturen unserer Sprache, andererseits eben dadurch auch von der Weise, wie es in der Sprache zu Bedeutungen und Sinn kommt. Schließlich wird nach einer Zwischenbilanz (Kapitel 3.4.5) darauf aufmerksam gemacht, dass Wittgenstein seine eigenen *Philosophischen Untersuchungen* nach der Maßgabe dieses neuen, von ihm entworfenen Bildes der Sprache gestaltet (Kapitel 3.4.6).

3.4.2 Die Vervielfältigung und Verzeitlichung der Bedeutung von Wörtern durch ihren Gebrauch

Mit seiner Gebrauchskonzeption entwickelt Wittgenstein zunächst eine völlig neue Auffassung davon, wie es zu Bedeutungen von Wörtern kommt. Seiner Auffassung nach sind diese weder in einer Referenz noch in einer ihnen zugrunde liegenden logischen Einheit kleinster, unteilbarer Bestandteile begründet. Wittgenstein entwirft seine Konzeption von Wortbedeutungen u. a. in Abgrenzung zu referenztheoretischen Auffassungen, denen zufolge ein Begriff deshalb verwandt wird, weil den Gegenständen, die durch ihn bezeichnet werden, oder den Situationen, in denen er verwandt wird, eine bestimmte Anzahl von Merkmalen gemein ist, deren Vorhandensein die Subsumierung unter den betreffenden Begriff legitimiert. Ein bekanntes Beispiel, das immer wieder zur Verdeutlichung herangezogen wurde, ist der Begriff des Junggesellen, unter den eine Person genau dann subsumiert wird, wenn er unverheiratet und ein Mann ist. Die Merkmale ›unverheiratet‹ und ›Mann‹ konstituieren, wenn sie beide auf eine Person zutreffen, die Bedeutung ›Junggeselle‹. Freilich eignet sich dieses Beispiel vor allem, weil es tatsächlich recht eindeutig ist. Für die meisten anderen Begriffe ist eine genaue Angabe der Merkmale jedoch deutlich schwieriger und komplexer. Wittgensteins Beobachtung des Gebrauchs der Sprache führt ihn schließlich zu einer Kritik dieser Auffassung von der Bedeutung von Wörtern, aus der er dann seine eigene Vorstellung von der Konstitution von Bedeutungen im Gebrauch schöpft. Dass ein Wort seine Bedeutung durch die Weise seines Gebrauchs in der Sprache erhält, ist zunächst im Falle von Funktionswörtern plausibel, die auch nach referenztheoretischen Auffassungen nicht dazu dienen, einen unabhängig von der Sprache existierenden Gegenstand zu bezeichnen, sondern die lediglich Funktionen in Bezug auf andere Wörter haben, etwa ihre Gewichtung, Akzentuierung oder anderweitige Einordnung auszudrücken. Wittgensteins Überlegungen gehen aber viel weiter und führen ihn zu einem Konzept einer schlechthin flexibel strukturierten und zeitlich veränderbaren Sprache. Er verdeutlicht seine Beobachtungen in den *Philosophischen Untersuchungen* an dem Beispiel der Bedeutung des Wortes ›Spiel‹. Die berühmte Passage soll hier nochmals wiedergegeben werden:

> Betrachte z. B. einmal die Vorgänge, die wir »Spiele« nennen. Ich meine Brettspiele, Kartenspiele, Ballspiel, Kampfspiele, usw. Was ist allen diesen gemeinsam? Sag nicht: »Es *muß* ihnen etwas gemeinsam sein, sonst hießen sie nicht ›Spiele‹« – sondern schau, ob ihnen etwas gemeinsam ist. – Denn wenn du sie anschaust, wirst du zwar nicht etwas sehen, was allen gemeinsam wäre, aber du wirst Ähnlichkeiten, Verwandtschaften, sehen, und zwar eine ganze Reihe. Wie gesagt: denk nicht, sondern schau! – Schau z. B. die Brettspiele an, mit ihren mannigfachen Verwandtschaften. Nun geh zu den Kartenspielen über: hier findest du viele Entsprechungen mit jener ersten Klasse, aber viele gemeinsame Züge verschwinden, andere treten auf. Wenn wir nun zu den Ballspielen übergehen, so bleibt manches Gemeinsame erhalten, aber vieles geht verloren. – Sind sie alle ›*unterhaltend*‹? Vergleiche Schach mit dem Mühlfahren. Oder gibt es überall Gewinnen und Verlieren, oder eine Konkurrenz der Spielenden? Denk an die Patiencen. In den Ballspielen gibt es Gewinnen und Verlieren; aber wenn ein Kind einen Ball an die Wand wirft und wieder auffängt, so ist dieser Zug verschwunden. Schau, welche Rolle Geschick und Glück spielen. Und wie verschieden ist Geschick im Schachspiel und Geschick im Tennisspiel. Denk nun an die Reigenspiele: Hier ist das Element der Unterhaltung, aber wie viele der anderen Charakterzüge sind verschwunden! Und so können wir durch die vielen, vielen anderen Gruppen von Spielen gehen. Ähnlichkeiten auftauchen und verschwinden sehen. Und das Ergebnis dieser Betrachtung lautet nun: Wir sehen ein kompliziertes Netz von Ähnlichkeiten, die einander übergreifen und kreuzen. Ähnlichkeiten im Großen und Kleinen. (PU, § 66)

Zunächst stellt Wittgenstein in diesen Zeilen fest, dass es nicht gelingt, ein gemeinsames Merkmal auszumachen, das allen verschiedenen Gebrauchsmöglichkeiten des Wortes ›Spiel‹ zugrunde liegt, auf welchem sich seine Bedeutung gründen könnte, auf den das Wort festgelegt und durch den es definiert werden könnte. Stattdessen stellt er fest, dass das Wort ›Spiel‹ eine Vielzahl verschiedenartiger Tätigkeiten bezeichnet, die aber dennoch sämtlich ›Spiele‹ genannt und als solche verstanden werden. Wohl aber beobachtet Wittgenstein, wenn auch nicht ein allen Gebrauchsweisen zugrunde liegendes Merkmal, so doch »ein kompliziertes Netz von Ähnlichkeiten im Großen und Kleinen.«[442] Im Übergang von einer Situation des Gebrauchs des Wortes ›Spiel‹ zu einer anderen Situation des Gebrauchs desselben Wortes können »viele gemeinsame Züge verschwinden«, andere auftreten. »[...] so bleibt manches Gemeinsame erhalten, aber vieles geht verloren«. Doch ein allen Gebrauchsweisen gemeinsames Merkmal ist nicht auszumachen. Wittgenstein beschreibt diese Ähnlichkeiten mit dem Begriff der Verwandtschaft

---

[442] Schulte formulierte treffend: »Er [Wittgenstein] zeigt, daß das herkömmliche Muster ›gleicher Begriff, gleiche Merkmale‹ unzulänglich ist [...]«. Siehe: Schulte: Wittgenstein, S. 151 f.

3.4 Die Vielfalt des Gebrauchs der Sprache

und baut dieses Bild im direkt nachfolgenden Abschnitt mit den Begriff der Familienähnlichkeiten aus:

> Ich kann diese Ähnlichkeiten nicht besser charakterisieren als durch das Wort »Familienähnlichkeiten«; denn so übergreifen und kreuzen sich die verschiedenen Ähnlichkeiten, die zwischen den Gliedern einer Familie bestehen: Wuchs, Gesichtszüge, Augenfarbe, Gang, Temperament, etc. etc. – und ich werde sagen: die ›Spiele‹ bilden eine Familie. (PU, § 67)

Wie bei Familienmitgliedern oftmals eine Vielzahl verschiedener Ähnlichkeiten zu sehen sind, ohne dass man ein bestimmtes Merkmal fände, an dem jedes Familienmitglied als solches identifiziert werden könnte, so kann man auch beim Begriff des Spiels kein allgemeines Kriterium angeben, wann sein Gebrauch ›richtig‹ oder ›angemessen‹ ist.[443] Es müssen lediglich Überschneidungen in den Merkmalen der verschiedenen Gebrauchsweisen vorliegen. Dabei ist es sogar denkbar, dass sich in der Vielzahl von Gebrauchsmöglichkeiten eines Wortes sogar Gebrauchsweisen finden, die zwar viele Überschneidungen mit einigen anderen Gebrauchsweisen haben, die miteinander jedoch über gar keine Überschneidungen in ihren Merkmalen verfügen. Auch folgendes Bild Wittgensteins, in dem es beispielhaft um die Bedeutung des Begriffs der Zahl geht, legt dies nahe:

> Und wir dehnen unseren Begriff der Zahl aus, wie wir beim Spinnen eines Fadens Faser an Faser drehen. Und die Stärke des Fadens liegt nicht darin, daß irgend eine Faser durch seine ganze Länge läuft, sondern darin, daß viele Fasern einander übergreifen. (PU, § 67)

Der Faden wird aus einander übergreifenden Fasern gesponnen, doch es läuft nicht nur kein Faden ganz hindurch, sondern es ist bei einem längeren Faden durchaus ohne Weiteres denkbar – wenn Wittgenstein diesen Aspekt selbst auch nicht hervorhebt –, dass sich die ersten und die letzten Fasern gar nicht überschneiden. Von einem für ein Wort ›wesentlichen‹ oder ›essentialen‹ Bedeutungsmerkmal kann man nach Wittgenstein jedenfalls nicht ausgehen. Dementsprechend formuliert er: »Wie ist denn der Begriff des Spiels abgeschlossen? Was ist noch ein Spiel und was ist keines mehr? Kannst du die Grenzen angeben? Nein.« (PU, § 68)[444]

---

[443] Pitcher differenziert Wittgensteins Begriff des Sprachspiels in »reine« und »unreine« Sprachspiele, da dieser der Anwendung des Sprachspielbegriffs kein allgemeines Kriterium zugrunde legt. So versucht Pitcher letztlich wenigstens zu allgemeinen Kriterien für die Anwendung der genannten Unterbegriffe zu gelangen, was mit Blick auf Wittgensteins Intention, Verallgemeinerungen zu vermeiden, als fragwürdiges Vorgehen erscheint. Siehe Pitcher: Die Philosophie Wittgensteins, S. 279.

[444] Ich schließe mich hier einer schwächeren Lesart von Wittgensteins Begriff der Familienähnlichkeiten gegenüber einer stärkeren an. Demzufolge ist es zwar keinesfalls notwendig, durchaus

So tritt in Wittgensteins Konzeption der Bedeutung von Wörtern an die Stelle ›wesentlicher‹, ›essentialer‹ gemeinsamer Merkmale, welche die Subsumtion unter ein und denselben Begriff legitimieren und durch die eine Art Bedeutung eines Wortes konstituiert wird, eine sich in größerem oder kleinerem Maße ähnelnde Netzstruktur von Merkmalen, von denen keines unverzichtbar ist. Wittgenstein räumt zwar mit Blick auf die Wissenschaften ein, man könne stets für einen bestimmten Zweck der Bedeutung von Wörtern feste und eindeutige Grenzen ziehen, unverzichtbare Bedeutungsmerkmale also einfach festlegen, solche Bedeutungsgrenzen sind dann aber nichts ›an sich‹ Vorliegendes, was durch Analyse nur ›entdeckt‹ würde. Feste Regeln des Sprachgebrauchs, seien es logische, grammatische oder sei es der disziplinierte Sprachgebrauch der Wissenschaften oder der Philosophie, werden nachträglich, dem Gebrauch eines Wortes zeitlich nachgeordnet, identifiziert. Entsprechend schreibt Wittgenstein:

> [...] Wir kennen die Grenzen nicht, weil keine gezogen sind. Wie gesagt, wir können – für einen bestimmten Zweck – eine Grenze ziehen. Machen wir dadurch den Begriff erst brauchbar? Durchaus nicht! Es sei denn für diesen besonderen Zweck [...]. (PU, § 69)

In den Wissenschaften und in der Philosophie können dem Gebrauch von Begriffen engere Grenzen gesetzt werden. Dies ist dann aber nur für den jeweiligen speziellen Zusammenhang möglich. In anderen Zusammenhängen können die Begriffe wieder eine andere Verwendung finden.[445]

Überraschender Weise ergibt sich damit eine deutliche Nähe zu den Vorstellungen Kants von der alltäglichen Sprache. Der in Kapitel 2.3.1 angeführten Passage zur Sprache der Philosophie zufolge können Bedeutungsmerkmale in den unterschiedlichen Situationen des Gebrauchs von Begriffen ›wegfallen‹ oder ›hinzugesetzt‹ werden. Wittgensteins Bild von der Sprache findet sich hier erstaunlich deutlich wieder.

Mit seiner Auffassung von nicht-essentialen und in Netzstrukturen organisierten Bedeutungen nimmt Wittgenstein vor allem den historischen, d. h.

---

aber möglich, dass es Begriffe gibt, deren Gegenständen, die unter sie fallen, sämtlich ein Merkmal gemein ist. Wennerberg unterscheidet hier so, dass es auch nach Wittgenstein Begriffe geben mag, deren Gegenständen ein Merkmal »gemeinsam« ist; er schließe lediglich aus, dass es Begriffe gebe, denen ein Merkmal der unter sie fallenden Gegenstände »eigentümlich« ist. Vgl. Hjalmar Wennerberg: Der Begriff der Familienähnlichkeit in Wittgensteins Spätphilosophie, in: Eike von Savigny (Hg.): Ludwig Wittgenstein. Philosophische Untersuchungen, Berlin 1998 (= Klassiker auslegen; Bd. 13), S. 41–69, insbes. S. 43–46.

[445] In speziellen Fällen feste Grenzen zu ziehen, bedeutet hier jedoch nicht, in diesen Fällen wieder von einer Referenz auszugehen. Denn auch Grenzen des Sprachgebrauchs können nur sprachlich definiert werden, also wieder durch Wörter, die keine feste Bedeutung, sondern einen Verstehensspielraum haben.

3.4 Die Vielfalt des Gebrauchs der Sprache

zeitlichen Charakter der Sprache ernst. Die begrenzte und nur in kleinerem Umfang veränderliche Anzahl von Wörtern, die eine Sprache zur Verfügung stellen kann, muss in immer neuen Situationen und auf immer neue Phänomene angewandt werden können. Neue Phänomene müssen stets unter das bereits vorhandene Repertoire an Wörtern subsumiert werden, wobei die ausschlaggebenden Mechanismen, die zu einer bestimmten Variante der Subsumtion und eben nicht zu einer anderen führen (zumeist sind wohl mehrere Varianten denkbar, von denen aber nur eine realisiert wird), sehr undurchsichtig und komplex sein können.[446] Ein üblicher Fall wird sicherlich so aussehen, dass zur Bezeichnung eines Phänomens ein Wort gewählt wird, das bis dahin zur Bezeichnung von Phänomenen mit besonders großen Ähnlichkeiten zu dem aktuell zu bezeichnenden Phänomen gebraucht wurden. Phänomene werden aufgrund ihrer Ähnlichkeiten unter dasselbe Wort subsumiert. In einem »Netz von Ähnlichkeiten« können Elemente, sprich: Bedeutungsmerkmale, einfach »auftauchen« oder aber wieder »verschwinden«. Durch den Wegfall einzelner Gebrauchsweisen eines Wortes entstehen Löcher in dem Netz, durch neu hinzutretende Gebrauchsweisen zusätzliche Verknüpfungen, ohne dass dadurch die Stabilität der Netzstruktur im Ganzen gefährdet wäre. Letztlich treten durch die immer anderen Kontexte des Gebrauchs eines Wortes bei jedem einzelnen Gebrauch neue Bedeutungsmerkmale hinzu. Wittgenstein schreibt in *Über Gewissheit*: »[...] Eine Bedeutung eines Wortes ist *eine* Art seiner Verwendung [...]« (ÜG, §61; Hervorh. MSvR) *Eine* Art der Verwendung eines Wortes findet immer nur *einmal* statt, da sich die Gebrauchssituationen nie exakt wiederholen. So hat ein Wort letztlich in jeder Situation, in der es gebraucht wird, aufgrund der verschiedenen Gebrauchskontexte eine etwas andere Bedeutung. Wörter sind daher in kleinerem oder größerem Maße einer Verschiebung ihrer Bedeutung innerhalb der Zeit unterworfen.

Insbesondere das von Wittgenstein gezeichnete Bild von Familienähnlichkeiten[447] verdeutlicht neben dem nicht-essentialen auch den eben konstatierten zeitlichen Charakter der Bedeutungen von Wörtern. Das Bild der Familienähnlichkeiten hebt eine zeitliche und unwillkürlich-evolutionär-genetische Dimension, der Sprache hervor, in welcher sprachliche Phänomene

---

[446] Ein kurze aber aufschlussreiche Reflexion dieser Mechanismen findet sich bei Wennerberg: Der Begriff der Familienähnlichkeit in Wittgensteins Spätphilosophie, insbes. 53f.; siehe auch Schulte: Wittgenstein, S. 149–155.

[447] Schweidler macht darauf aufmerksam, dass der Begriff der Familienähnlichkeiten in ähnlichem Sinne bereits bei Nietzsche zu finden sei, und verweist auf Friedrich Nietzsche: Jenseits von Gut und Böse, in: ders.: Sämtliche Werke. Kritische Studienausgabe (KSA), hg. v. Giorgio Colli und Mazzino Montinari, Bd. 5, Neuausgabe, München [u. a.] 1999, Erstes Hauptstück, Kap. 20; Schweidler: Wittgensteins Philosophiebegriff, S. 124.

stets aus einer zeitlich vorausgehenden Herkunft zu verstehen sind. Familienähnlichkeiten vererben und verschieben sich über die Zeit hinweg, wie Wörter ihre Bedeutung verschieben können. Wortneuschöpfungen, welche gar keinen Bezug zu älteren sprachlichen Phänomenen haben, sind hingegen kaum zu beobachten.[448] Mit dem Begriff der Familienähnlichkeiten werden die Spielräume der möglichen Verschiebung von Begriffen und damit die zeitliche Dimension von Bedeutungen verdeutlicht.

Sprache erscheint somit als dynamische und veränderbare, evoluierende Struktur. Die »nicht-essentiale« und »zeitliche« Bedeutungsstruktur von Wörtern kann schließlich durch den Begriff der Fluktuanz treffend gefasst werden.[449] In einer fluktuanten Bedeutungsstruktur bleiben die Wörter weitgehend dieselben, während sich die Merkmale der Situationen, in denen sie Anwendung finden und durch die sich je ihre Bedeutungen konstituieren, einander nach und nach ablösen können.

Doch wie kann es unter diesen Bedingungen einer als fluktuant verstandenen Bedeutungsstruktur überhaupt ein Kriterium für einen sinnvollen Gebrauch von Wörtern geben? Wenn die Bedeutung eines Wortes nicht mehr eindeutig benennbar und nicht mehr abschließend erfassbar ist, löst sie sich dann nicht gleichsam auf? Diesem eher theoretischen Argument kann das pragmatische entgegengesetzt werden, dass die Sprache, gerade weil die Bedeutung von Wörtern fluktuant ist, sie also nicht abschließend festgelegt ist, auch verstanden werden kann. Denn dass man Wittgensteins Gebrauchskonzept der Bedeutung zufolge nicht von festen, definierbaren Grenzen des sinnvollen Gebrauchs von Wörtern ausgehen kann, bedeutet keinesfalls eine Beliebigkeit ihrer Bedeutung und ihres Gebrauchs und schon gar nicht, dass diese Wörter in der Folge unbrauchbar wären. An die Stelle eindeutiger Bedeutungsgrenzen treten stattdessen Spielräume[450] eines sinnvollen Gebrauchs, die sich mit der Zeit weiten, verengen oder verschieben können. Kommunikation findet in ständig wechselnden Kommunikationssituationen statt, in denen die begrenzte Anzahl der Begriffe einer Sprache immer wieder aufs Neue Anwendung findet und verstanden werden muss. Somit *müssen* Begriffe geradezu, wenn sie für die alltägliche Kommunikation tauglich sein sollen, ihren Sinn mit den Situationen ihres Gebrauchs zu verschieben in der

---

[448] Dies zeigt z. B. der im Jahre 1999 gestartete, aber gescheiterte Versuch des Dudens, das Wort »sitt« für »nicht mehr durstig« zu etablieren (vgl. ⟨http://de.wikipedia.org/wiki/Sitt⟩, Stand: 19.07.2012, 20:06 Uhr), aber auch die Vergeblichkeit von Versuchen, Plansprachen wie Esperanto zu verbreiten.

[449] Vgl. hierzu den von Stegmaier geprägten Begriff der Fluktuanz in: Stegmaier: Philosophie der Fluktuanz, bes. S. 190–210, 298–304.

[450] Zum Begriff des Spielraums als eine »geregelte Grenze ungeregelten Verhaltens«, die sich ihrerseits verschiebt, vgl. Stegmaier: Philosophie der Orientierung, S. 221–225.

3.4 Die Vielfalt des Gebrauchs der Sprache

Lage sein.⁴⁵¹ Das bedeutet jedoch nicht, dass Bedeutungen nach Wittgensteins Gebrauchsmodell der Sprache beliebig verändern. In der Netzstruktur können sich Bedeutungen zwar verschieben, dies vollzieht sich im Gebrauch zumeist aber so, dass Ähnlichkeiten zu früheren Gebrauchsweisen deutlich bleiben, im Bild gesprochen: dass die einzelnen Fasern eines Fadens einander »übergreifen« (PU, § 67).⁴⁵²

So stehen die Grenzen einer Wortbedeutung nie fest, sind nie abgeschlossen, sondern befinden sich in einem ständigen Prozess der Verschiebung in Spielräumen. Die Spielräume von Bedeutungsverschiebungen wirken hier in zwei Richtungen: mit ihnen öffnen sich einerseits die Räume, in denen sich Bedeutungsverschiebungen vollziehen können. Andererseits begrenzen sie diese aber auch. Zwar ist der Austausch von Bedeutungsmerkmalen von Gebrauchssituation zu Gebrauchssituation von Wörtern möglich, doch zugleich müssen immer ausreichend Bedeutungsmerkmale erhalten bleiben, damit Wiedererkennbarkeit gewährleistet bleibt und Wörter trotz Verschiebung ›verstanden‹ werden. So sind fluktuante Bedeutungen nach Wittgensteins Gebrauchskonzeption der Bedeutung weder festgelegt noch beliebig. An die Stelle von ›essentialen‹ Bedeutungsmerkmalen oder kleinsten Bedeutungseinheiten, die aufzuspüren wären, tritt die Vorstellung von fluktuanten Bedeutungen, die sich eine Weile lang in sich einspielenden Strukturen halten, sich aber auch in stärkerem Maße und in den Grenzen von Spielräumen verschieben können, ihre Stabilität aber trotz ihrer Bewegung bewahren.

Kann man die Grenzen nach Wittgensteins nicht-essentialer und zeitlicher Konzeption der Bedeutung auch nicht explizit angeben, so werden diese in der Kommunikation doch wirksam. Die Grenzen der Spielräume eines sinnvollen Sprachgebrauchs zeigen sich hier, weil man doch merkt, wenn sie überschritten werden, wenn ein Wort nicht ›angemessen‹⁴⁵³ gebraucht

---

⁴⁵¹ Vgl. Stegmaier: Zwischen Kulturen, S. 64f.: »Die Orientierung wird durch die Deutungsspielräume der Zeichen nicht behindert, sondern sogar erst ermöglicht. Ein einfacher Gedanke macht das klar: Wir müssen mit einem begrenzten Vorrat an Zeichen (z. B. Wörtern einer Sprache) auskommen, weil wir in begrenzter Zeit nur begrenzt viele Zeichen lernen können. Von diesem begrenzten Vorrat müssen wir aber in unbegrenzt vielen Situationen Gebrauch machen. Also müssen Zeichen in verschiedenen Situationen in gewissen Spielräumen verschieden gebraucht werden, sie müssen, um überhaupt brauchbar zu sein, Spielräume des Verstehens lassen.«

⁴⁵² Siehe auch das anschauliche und ausführliche Beispiel für diese, unseren Begriffen zugrunde liegende Netzstruktur, das Wittgenstein mit einer Überlegung zur biblischen Figur des Moses in § 79 gibt.

⁴⁵³ Der Begriff der Angemessenheit wurde im ausdrücklichen Anschluss an Wittgenstein zu einem Kriterium zur normativen Sprachkritik. Siehe z. B. Manfred Kienpointner: Dimensionen

wird.⁴⁵⁴ Funktioniert die Kommunikation schließlich mit einem relativ stabilen Repertoire an Wörtern auch in sich voneinander unterscheidenden Situationen und zeigt der Kommunikationspartner keine Anzeichen für ›Verstehens‹-Schwierigkeiten, dann kann die Sprache als ›sinnvoll‹ gebraucht betrachtet werden. Es kann jedoch der Fall eintreten, dass der Kommunikationspartner nicht die gewünschten oder erwarteten »Reaktionen« (PU, § 495) auf den eigenen Gebrauch der Zeichen zeigt, sondern stattdessen bestimmte Verhaltensweisen, die Unverständnis oder Irritation vermuten lassen.⁴⁵⁵ Es kann der Fall eintreten, dass man seine pragmatischen Ziele in der Kommunikation nicht erreicht, der Kommunikationspartner nicht auf die eigenen »Zeichen so reagiert, wie ich es will«, dass man es nicht vermag, ihn im eigenen Sinne zu »beeinflussen« (PU, § 495, vgl. auch § 491). Dies – vor allem, wenn es häufiger auftritt – muss dann Anlass geben, die ›Sinnhaftigkeit‹ des jeweiligen eigenen Sprachgebrauchs zu überprüfen.

So verändert sich das Kriterium von sprachlicher Klarheit in Wittgensteins Spätwerk von einem formal-logischen in ein interindividuelles und kommunikatives. Der fluktuante Charakter der umschriebenen Bedeutungsstruktur wird diesem Kriterium gerecht. Denn die Sprache ist eben erst dadurch, dass Bedeutungen in ihr in fluktuanten Netzstrukturen bzw. evolutionär strukturiert sind, sich in Spielräumen verschieben können, zum Gebrauch tauglich. Sie ermöglicht innerhalb der Zeit eine gemessen am Wandel der Gebrauchssituationen stabile Struktur, die sich in ihrer äußeren Form nur relativ langsam verändert, durch die aber die stets neuen Gebrauchssituationen zu anderen, früheren, in Beziehung gesetzt werden. Die Sprache erbringt so letztlich eine Orientierungsleistung für das Verstehen der uns umgebenden und sich in stetem Wandel befindlichen Welt und den Umgang mit ihr. Wittgensteins Gebrauchskonzeption der Bedeutung von Wörtern wird den pragmatischen Erfordernissen, die an die Sprache gestellt werden, auf diese Weise erst richtig

---

der Angemessenheit. Theoretische Fundierung und praktische Anwendung linguistischer Sprachkritik, in: Aptum (2005), H. 3, S. 193–219.

⁴⁵⁴ Stegmaier macht darauf aufmerksam, dass Wittgenstein dies mit der Wendung, etwas »könne man sagen« ausdrückt. Wittgenstein eröffnet »zahlreiche Aphorismen der *Philosophischen Untersuchungen* mit Wendungen wie ›Wenn man aber sagt, […]‹ (z. B. § 504), ›Wenn gesagt wird, […]‹ (z. B. § 500), ›Wenn ich sage, […]‹ (z. B. § 498), ›Man will sagen: […]‹ (z. B. § 519) und prüft dann, ob ›man‹ das in der Tat so sagen kann.« (Stegmaier: Zwischen Kulturen, S. 59.) Wittgenstein spielt demnach Möglichkeiten dessen durch, ›was man sagen kann‹, ob man ein Wort also auf eine bestimmte Weise gebrauchen kann und es auch verstanden wird. Sein Kriterium, ob man ›etwas sagen kann‹, deutet Stegmaier dann mithilfe Heideggers: Es sei »die ›Diktatur‹ eines nicht näher zu fassenden ›Man‹, dem man manches, aber nicht alles zumuten kann. Letzte, in definitiven Regeln niedergelegte Entscheidungen über das, was man sagen kann oder nicht, trifft Wittgenstein nicht.« (ebd.)

⁴⁵⁵ Vgl. Stegmaier: Zwischen Kulturen, S. 61 f.

gerecht. Denn, so Wittgenstein, »[n]ur im Fluß des Lebens haben die Worte ihre Bedeutung.« (LS, 913)[456]

3.4.3 Der Gebrauch von Wörtern in Sprachspielen

Wenn Wittgenstein die Vorstellung einer abgeschlossenen Einheit der Bedeutung von Wörtern aufbricht und Spielräume öffnet, die ein Verschieben von in Netzstrukturen organisierten Bedeutungen ermöglichen, deren Grenzen nie explizit festzustellen sind, so ist es dennoch möglich, diese Grenzen und ihr Zustandekommen näher zu untersuchen. Fluktuante Wortbedeutungen können sich innerhalb der sich wandelnden Gebrauchskontexte und den in ihnen begründeten Bedürfnissen entsprechend verschieben. Die Grenzen der Spielräume der Verschiebung von Wortbedeutungen werden also in den unübersichtlichen und sich verändernden Gebrauchskontexten hervorgebracht. Wittgenstein widmet sich ihnen ebenfalls ausführlich, denn auch die Gebrauchskontexte der Sprache wandeln sich nicht in beliebiger, völlig unregelmäßiger, unstrukturierter Weise, sondern sie sind in dem organisiert, was Wittgenstein in seinem Spätwerk *Sprachspiele* nennt. So stellt von Savigny – vor allem im Kontext einer Abgrenzung gegen instrumentalistische Deutungen der Gebrauchskonzeption – richtig heraus, dass nach Wittgenstein »sprachliche Ausdrücke ihre Bedeutung ihrer Rolle im Sprachspiel verdanken«.[457] Ähnlich betont Finch, dass Sprachspiele als fundamentale Sinneinheiten aufzufassen seien, die damit in Wittgensteins Spätphilosophie eine ähnliche Rolle wie die Elementarsätze seines *Tractatus* übernähmen, was sicherlich nicht von der Hand zu weisen ist,[458] woraus Schweidler den Schluss zieht, dass ein methodisches Vorgehen in der wittgensteinschen Spätphilosophie bei diesem Begriff des Sprachspiels ansetzen müsse.[459] Wittgenstein entwickelt ihn im Laufe der Übergangszeit der 30er Jahre zunächst als Alternative zu seinem früheren Begriff des Kalküls und baut ihn dann im *Blauen Buch* und im *Braunen Buch* weiter aus. Im Folgenden wird der von Wittgenstein in seiner Spätphilosophie, v. a. den *Philosophischen Untersuchungen*, dann voll entfaltete Begriff des Sprachspiels einer genaueren Untersuchung unterzogen, ohne seine Entwicklungsgeschichte an dieser Stelle weiter auszubreiten.

---

[456] Vgl. auch: »Nur in dem Fluß der Gedanken und des Lebens haben die Worte Bedeutung.« (Z, § 173); sowie: »Jedes Zeichen scheint *allein* tot. Was gibt ihm Leben? – Im Gebrauch *lebt* es. Hat es da den lebenden Atem in sich? – Oder ist der *Gebrauch* sein Atem?« (PU, § 432)
[457] Siehe von Savigny: Der Mensch als Mitmensch, S. 47–50.
[458] Siehe Finch: Wittgenstein – The Later Philosophy, S. 66 ff.
[459] Siehe Schweidler: Wittgensteins Philosophiebegriff, S. 118 f.

Der Begriff des Sprachspiels erfüllt zwar auch bei Wittgenstein selbst nicht eine einzige, sondern eine ganze Reihe von Funktionen. Wittgenstein entwickelt auch bewusst keine einheitliche und abgeschlossene Theorie des Sprachspiels. Doch eine sicherlich zentrale Funktion dieses Begriffs besteht darin, dass er unmittelbar veranschaulicht, dass Situationen des Gebrauchs von Sprache vor allem Handlungssituationen sind. So schreibt Wittgenstein: »Das Wort Sprachspiel soll hier hervorheben, daß das Sprechen ein Teil ist einer Tätigkeit« (PU, § 23). Die Sprache ist Teil unterschiedlichster Tätigkeiten, unterschiedlichster ›Spiele‹. Von ihnen ist die Sprache nicht zu trennen. Sie werden sämtlich nach den verschiedensten, je eigenen Regeln ›gespielt‹. Für Wittgenstein ist die Sprache in ihrem Gebrauch immer mit dem Handeln und dem Verhalten des Menschen und den pragmatischen Kontexten, die ihn umgeben, »verwoben« (PU, § 7). Und erst aus diesen erhält sie Sinn und Bedeutung: »Unsere Rede erhält durch unsere übrigen Handlungen ihren Sinn.« (ÜG, § 229) Spiele sind Tätigkeiten, in denen die Spielenden Interessen nachgehen, Strategien anwenden oder Ziele verfolgen können, an denen sich die einzelnen ›Spielzüge‹ ausrichten können und bezogen auf die sie sinnvoll werden. Gleichwohl kann man allein die Spielzüge selbst beobachten, während sich ›dahinterstehende‹ Intentionen jeder Beobachtung von außen entziehen. Die Spielzüge können nur auf solche Motive hin gedeutet, nicht aber auf solche festgelegt werden. Zahlreiche Charakterzüge dieser Art werden durch das Kompositum ›Sprachspiel‹ in den Begriff der Sprache hineingetragen.

Wittgenstein erläutert den durch den Begriff des Sprachspiels hervorgehobenen Handlungsaspekt der Sprache an mehreren Stellen, indem er Vorgänge des Erlernens des Sprachgebrauchs beschreibt, wobei er weniger vom Erlernen einer Fremdsprache als vielmehr vom Erwerb der Muttersprache, wie Kinder ihn vollziehen, ausgeht – allerdings ohne dabei eine Theorie des Spracherwerbs liefern zu wollen. Fremdsprachen werden ausgehend vom bereits erworbenen Verständnis der Muttersprache erlernt. Den Prozess des Spracherwerbs durch Kinder hingegen nennt Wittgenstein in scharfem Kontrast zur Referenz- bzw. Vorstellungstheorie der Sprache, ein »Abrichten« (vgl. v. a. PU, § 5, 6, 27, 86), wodurch, wie sich zeigen wird, der der Sprache innewohnende Handlungsaspekt besonders betont wird. Der Lernende einer Muttersprache kann nicht auf bereits erworbene sprachliche Grundstrukturen zurückgreifen, die er wie auf eine zu erlernende Fremdsprache überträgt, sondern eignet sich die Sprache in einer Art Drill an, über den er sich aber zugleich in bestimmte Praktiken einübt. In gänzlich unbekannten Tätigkeiten können keine früheren Erfahrungen weiterhelfen. Das Verstehen und Beherrschen der Muttersprache kann nicht aus bereits Bekanntem ›abgeleitet‹ werden. Man wird nur durch Vormachen und gleichzeitiges Vorsprechen einerseits und Nachahmen und Nachsprechen andererseits der Situationen Herr werden. Der Spracherwerb, in dem das Kind Sinn und Bedeutung der

3.4 Die Vielfalt des Gebrauchs der Sprache

Sprache kennenlernt, erfolgt also der Sprachspielkonzeption und überhaupt der Gebrauchskonzeption der Bedeutung zufolge also als ein Einüben in den *Gebrauch* der Sprache im Kontext typischer Tätigkeiten, mit denen unser Sprechen verflochtenen ist. Auch das eingangs erläuterte hinweisende Lehren im Sprachspiel des Benennens kommt besonders beim Erlernen der Muttersprache zum Einsatz.

> Es ist klar, ich kann durch Erfahrung feststellen, daß ein Mensch (oder Tier) auf ein Zeichen so reagiert, wie ich es will, auf ein anderes nicht. Daß z. B. ein Mensch auf das Zeichen ›→‹ hin nach rechts, auf das Zeichen ›←‹ hin nach links geht; daß er aber auf das Zeichen ›⊶‹ nicht so reagiert wie auf ›←‹, etc.
>
> Ja, ich brauche gar keinen Fall zu erdichten, und nur den tatsächlichen betrachten, daß ich einen Menschen, der nur Deutsch gelernt hat, nur mit der Deutschen Sprache lenken kann. (Denn das Lernen der deutschen Sprache betrachte ich nun als ein Einstellen des Mechanismus auf eine gewisse Art der Beeinflussung; und es kann uns gleich sein, ob der andere die Sprache gelernt hat, oder vielleicht schon von Geburt so gebaut ist, daß er auf die Sätze der deutschen Sprache so reagiert wie der gewöhnliche Mensch, wenn er Deutsch gelernt hat.) (PU, § 495)

Wittgenstein bringt seine Vorstellung vom Erlernen der Sprache als Abrichten anhand einer Auseinandersetzung mit der augustinischen Sprachauffassung gezielt gegen die Vorstellung ins Spiel, die Sprache würde erlernt, indem Gegenstände durch »hinweisendes Lehren von Wörtern« (vgl. z. B. PU, § 6) oder durch »hinweisendes Definieren der Wörter« (vgl. z. B. PU, § 28 ff.) benannt würden, dass durch die Sprache auf unabhängig von ihr existierende Gegenstände bzw. unabhängig von ihr existierende Vorstellungen von Gegenständen referiert würde und Kinder durch das Lernen der jeweiligen Referenzen die Sprache erlernten.[460] Das Referieren wird bei Wittgenstein zu einem Sprachspiel, das selbst schon auf Verstehensvoraussetzungen beruht: »Nach einer Benennung fragt nur derjenige sinnvoll, der schon etwas mit ihr anzufangen weiß.« (PU, § 31) So konstatiert Wittgenstein: »Man könnte also sagen: die hinweisende Definition erklärt den Gebrauch – die Bedeutung – des Wortes, wenn es schon klar ist, welche Rolle das Wort in der Sprache überhaupt spielen soll.« (PU, § 30) Der Gebrauch eines Wortes, die Kontexte, in denen ein Wort erst Sinn macht, müssen bereits klar sein. Kinder lernen die Sprache demzufolge nicht durch Referieren, sondern durch Einübung in den pragmatischen Umgang mit ihr – oder wie Wittgenstein es eben nennt: durch ›Abrichtung‹. Der Gebrauch der Sprache geht also einem möglichen Sprachspiel des Benennens von Gegenständen voraus und bildet die Bedingungen

---

[460] Mit seiner Auseinandersetzung mit der augustinischen Sprachauffassung in den ersten §§ eröffnet Wittgenstein seine *Philosophischen Untersuchungen*. So sind die ersten Worte des Werkes überhaupt nicht Wittgensteins eigene, sondern die Worte Augustinus'.

seines Verstehens (vgl. PU, § 27). Der Sinn der sprachlichen Äußerungen, der Sätze und Wörter, wird aus den Handlungskontexten deutlich.

Wittgensteins Vorstellung vom Spracherwerb als Abrichtung zeigt, dass es über den Sprachgebrauch hinaus nichts ›Tieferliegendes‹ zu entdecken gibt, dass die Sprache kein Instrument ist, mit dem über getrennt von ihr existierende Gegenstände oder auch nur Vorstellungen von Gegenständen gesprochen würde, deren Bedeutungen also außerhalb ihrer selbst zu suchen sind. Stattdessen zeigt Wittgensteins Begriff der Abrichtung, dass er die Sprache entschieden von ihrer Rolle aus denkt, die sie im kommunikativen Handeln spielt. So zeigt uns der Abrichtungscharakter des Spracherwerbs, wie sehr unsere Sprache mit den Praktiken verbunden ist, die wir täglich vollziehen. Sprechen ist nicht nur ein Handeln, sondern die Vertrautheit der mit dem Sprechen verbundenen Handlungen ist eine Voraussetzung für das Verstehen der Sprache.[461] Diese ergibt aus dem mit ihr verbundenen Handlungsrahmen heraus Sinn und wird verständlich, aber auch die Handlungen erhalten Sinn erst im Zusammenhang mit der Sprache. Beide spiegeln einander wieder, sind nicht sinnvoll voneinander zu trennen.[462] Der Begriff des Sprachspiels umschreibt, dass in unseren menschlichen Praktiken Sprechen und Handeln auf eben solche Weise miteinander »verwoben« sind (vgl. PU, § 7).[463] Insofern kann dann auch nicht mehr scharf zwischen sprachlichen und nichtsprachlichen Mitteln der Kommunikation unterschieden werden (vgl. z. B. PU, § 16).

Für die Frage nach dem Sinn von Sprache hat das Konzept, demzufolge sie in einer Vielzahl von Sprachspielen organisiert ist, in denen Sprechen und Handeln miteinander verwoben sind, weitreichende Konsequenzen. Während einzelne Wörter der Sprache ihre Bedeutungen aus ihren konkreten Gebrauchskontexten beziehen, ist der Gebrauch der Wörter in Sprachspielen organisiert, in denen die Sprache mit typischen Handlungen verflochten

---

[461] Der Ansatz John L. Austins und anderer Vertreter der späteren Sprechakttheorie, demzufolge Sprache auch stets ein Handeln ist, ist in diesen Gedanken Wittgensteins angelegt. Indem Wittgenstein aber die Berücksichtigung der Gebrauchskontexte zur notwendigen Bedingung des Verstehens von Sprache macht, geht er deutlich weiter als die Sprechakttheorie. Vgl z. B. John L. Austin: How to Do Things with Words (1961), dt. Bearb. von Eike von Savigny: Zur Theorie der Sprechakte, Stuttgart 1962.

[462] Es ist bereits hervorgehoben worden, dass sowohl Wittgenstein als auch Heidegger »das normative Phänomen des menschlichen Geistes, das auch Logik und Sinn genannt werden kann, im Zusammenhang seines direkten Umgangs mit der Welt« konzipieren (Furuta: Wittgenstein und Heidegger, S. 155) und dass, obwohl beide die Sprache so verstehen, dass wir in ihr mit der Welt umgehen und in ihr weder Distanz zur Welt noch zur Sprache selbst haben, sie zugleich jedoch sehr unterschiedlich konzipieren. Vgl. die Anm. 416 sowie Furuta: Wittgenstein und Heidegger, S. 148–154.

[463] Vgl. hierzu die Darstellung und Aufzählung möglicher Gebrauchskontexte bei Stegmüller: Hauptströmungen der Gegenwartsphilosophie, Bd. 1, S. 592.

3.4 Die Vielfalt des Gebrauchs der Sprache

ist. Wie einzelne Wörter ihre Bedeutung aus Gebrauchsweisen, so schöpfen Sprachspiele ihren Sinn aus den mit ihnen verbundenen Handlungsmustern und deren Handlungskontexten.[464] Unsere Sprachspiele sind so vielfältig, wie die Tätigkeiten, die wir als Menschen üblicher Weise vollziehen. Sie sind ebenso vielfältig, wie die uns eigenen natürlichen, kulturellen oder sozialen Praktiken, in die wir uns von Kindesalter an einüben und in denen Sprechen und Handeln im Gebrauch miteinander verwoben sind. Wittgenstein nennt in den *Philosophischen Untersuchungen* eine Vielzahl von Beispielen für solche Sprachspiele. Demnach gebrauchen wir die Sprache, um zu befehlen, zu beschreiben, zu berichten, Vermutungen anzustellen, eine Hypothese aufzustellen oder zu prüfen, Ergebnisse eines Experiments darzustellen, Geschichten zu erfinden oder vorzulesen, Theater zu spielen, Reigen zu singen, Rätsel zu raten, einen Witz zu erzählen, aus einer Sprache in eine andere zu übersetzen, zu bitten, zu danken, zu fluchen, zu grüßen oder zu beten (vgl. PU, § 23). Die Verschiedenartigkeit dieser wenigen Beispiele zeigt bereits, dass die alltägliche Sprache in einer Vielzahl verschiedenster, »unzählige[r]« (ebd.) Sprachspiele organisiert ist. Die alltägliche Sprache folgt demnach nicht einer begrenzten Anzahl von Regeln oder einer Logik, sondern einer offenen Vielzahl von Regeln oder einer Logik, die keine geschlossene Einheit bildet. Man könnte sagen – auch wenn Wittgenstein selbst sich so nicht ausdrückt –, sie folgt einer offenen Vielzahl von ›Logik*en*‹. Die Sprache ist mit diesem Bild einer Vielfalt von Sprachspielen in der je aktuellen Vielfalt ihrer Gebrauchsweisen unüberschaubar und konzeptionell nicht vollständig erfassbar, weshalb zuletzt die eingangs erläuterte rein funktionalistische Festlegung, derzufolge sich Sinn und Bedeutung der Sprache nach Wittgenstein allein aus Absichten und Wirkungen des Sprachgebrauchs ergeben, ein zu enges Schema darstellen, auf das Wittgenstein die Sprache wohl nicht festlegen würde.

Darüber hinaus weist der Begriff des Sprachspiels die Sprache nicht nur als eine prinzipiell unüberschaubar vielfältige, sondern auch als eine in zeitlicher Hinsicht nicht abgeschlossene Struktur aus. Wittgenstein schreibt: »[...] neue Typen der Sprache, neue Sprachspiele, wie wir sagen können, entstehen, andere veralten und werden vergessen« (PU, § 23). Dass Sprachspiele »vergessen« werden, ist wohl dann der Fall, wenn sich die kulturellen Praktiken und Handlungsmuster der Menschen, mit denen die Sprache in Sprachspie-

---

[464] Erstmals verwies Hallett darauf, dass Wittgenstein durchweg den Begriff der Bedeutung im Zusammenhang mit einzelnen Wörtern verwendet, den Begriff des Sinns aber auf ganze Sätze bezieht. Siehe Hallett: A Companion to Wittgenstein's ›Philosophical Investigations‹. Von der Weise, wie Frege Bedeutung und Sinn unterscheidet, ist dies jedoch grundlegend verschieden. Im Anschluss an Hallett wird auch hier, wenn es um einzelne Wörter geht, von Bedeutungen, und wenn es um größere Sprachstrukturen als einzelne Wörter geht, von ›Sinn‹ gesprochen.

len verbunden ist, ändern. Im selben Zuge können sich jedoch auch neue Sprachspiele ›einspielen‹. Die Sprache ist damit nicht nur aufgrund der je aktuellen, unübersehbaren Vielfalt ihrer Gebrauchsweisen unabgeschlossen und nicht systematisch erfassbar, sondern auch aufgrund ihrer zeitlichen, dynamischen Entwicklung.[465] Auch und gerade Sprachspiele sind also fluktuant. Theoretische Konzeptionen, welche die Sprache in einer abgeschlossenen Theorie vollständig und systematisch erfassen wollen, müssen demnach an ihr scheitern.

Wittgenstein entwirft damit in seinem Spätwerk das Bild einer unüberschaubaren, unabgeschlossenen und damit theoretisch nicht zu erfassenden Mannigfaltigkeit fluktuanter Sprachspiele, in denen die Sprache mit den Handlungen und Handlungsweisen des Menschen als ihren Gebrauchskontexten verwoben ist. Versteht man Sprache hingegen als etwas fest Geregeltes, so erscheint die Wortschöpfung des Sprachspiels als Oxymoron, legt doch der Begriff des Spiels eine dynamische Struktur nahe, in der es kein an einem überzeitlichen Maßstab gemessenes ›Richtig‹ und ›Falsch‹ gibt, als vielmehr verschiedene Handlungsalternativen, die in pragmatischer Hinsicht besser oder schlechter zu einem Ergebnis führen. Ob eine Handlungsmöglichkeit erfolgreich ist, stellt sich hierbei erst im Nachhinein heraus, nachdem man sie ausprobiert hat. Man probiert einen Spielzug aus, den man bei Erfolg weiterverfolgt, bei Misserfolg durch die Wahl eines anderen Mittels ersetzt.

Auf solche Weise werden Wörter und Sätze in konkreten Kommunikationssituationen gebraucht. Die Gebrauchssituationen bilden das prinzipiell nie vollständig überschaubare und zeitlich nie abgeschlossene Bedingungsgeflecht, in dem sprachliche Äußerungen verstanden werden. Daher steht im Voraus auch nie gänzlich fest, welche Reaktion eine Äußerung beim Kommunikationspartner hervorrufen wird, wie sie also im Detail ›verstanden‹ und zu welchem Kommunikationserfolg sie führen wird. Wittgenstein verdeutlicht dies am Beispiel des Erklärens der Bedeutung eines Wortes: Wie jemand eine solche Erklärung »›auffaßt‹, zeigt sich darin, wie er von dem erklärten Wort [im Weiteren] Gebrauch macht.« (PU, § 29, vgl. auch erneut § 495.) Über den Grad, in dem ein Gebrauch der Sprache angemessen war, entscheidet nicht eine überprüfbare ›Richtigkeit‹ im Sinne einer Referenz oder im Sinne grammatischer oder logischer Regeln des Gebrauchs, sondern ob sich erwartete oder eben irritierende Reaktionen im kommunikativen Handeln einstellen,

---

[465] Daher weist Schweidler: Wittgensteins Philosophiebegriff, S. 122 f., berechtigter Weise darauf hin, dass eine Kontroverse, wie sie etwa J. Smart und R. Gehringer um die Angemessenheit des Vergleichs von Sprache und Spiel geführt haben, und mehr noch eine »Beschwerde über die Inexaktheit des Sprachspielmodells [wie bei Ernst Konrad Specht] die gesamte Konzeption vollkommen verfehlen« und erinnert an Wittgensteins Satz: »Ist das Unscharfe nicht gerade das, was wir brauchen?« (PU, § 71)

3.4 Die Vielfalt des Gebrauchs der Sprache

ob sich ein zuverlässiger »Mechanismus« in der »Beeinflussung« (PU, § 495) anderer eingestellt hat.

Zugleich bedeutet der Begriff des Sprachspiels, wenn in ihm Sprache und Handlungsmuster bzw. kulturelle Praktiken des Menschen zusammengedacht sind, nicht nur unüberschaubare Mannigfaltigkeit und zeitliche Unabgeschlossenheit. Die Sprache ist in Sprachspielen trotzdem strukturiert, d. h. ihr Gebrauch ist zugleich immer auch begrenzt oder ›geregelt‹.[466] So verwundert es nur auf den ersten Blick, wenn Wittgenstein geradezu als Illustration der Mannigfaltigkeit und Unfestgelegtheit der Sprache und ihrer Sprachspiele ausgerechnet »die Wandlungen der Mathematik« anführt (PU, § 23), gilt uns die Mathematik unserem alltäglichen Verständnis nach doch als etwas in besonderem Maße fest Geregeltes. Selbst wenn man anerkennt, dass die Mathematik eine Geschichte besitzt, in der durchaus eine Entwicklung ihrer Grundlagen stattgefunden hat, so bedeutet dies doch nicht, dass wir sie in der Konsequenz als eine Disziplin ansähen, in der letztlich alles beliebig und ungeregelt wäre (was dem Begriff der ›Disziplin‹ selbst widerspräche).[467] Wittgensteins Vergleich mit der Mathematik zeigt deutlich, dass es ihm nicht darum geht, die Sprache als letztlich völlig ungeregelt zu verstehen. Er versteht sie wie die Mathematik als eine geregelte Struktur, die allerdings in der Lage ist, sich im Gebrauch wie die Netzstrukturen der Bedeutung von Wörtern als Struktur in begrenzten Spielräumen zu verschieben und zu entwickeln – ohne ihre Eigenschaft, strukturiert oder ›geregelt‹ zu sein, einzubüßen.

Wie Wittgenstein offensichtlich die Mathematik als ein solches Sprachspiel versteht, so sieht er auch die Wissenschaft überhaupt und die Logik als spezielle Sprachspiele unter vielen. Er versteht sie als kulturelle Praktiken, die sich in Europa unter speziellen Bedingungen entwickelt und die ganz spezifische Regeln der Sprachverwendung hervorgebracht haben. Diese besitzen innerhalb des wissenschaftlich-logischen Sprachspiels volle Gültigkeit, können ihren Gültigkeitsanspruch aber nicht einfach auf den Bereich anderer Sprachspiele oder auf den Bereich des alltäglichen Sprachgebrauchs ausdehnen. Das wissenschaftlich-logische Sprachspiel kann nicht beanspruchen, dass seine Kriterien als die einzig legitimen Kriterien sprachlicher Klarheit überhaupt

---

[466] Vgl. zur Rolle der Regeln in Sprachspielen erneut: Stegmaier: Denkprojekte des Glaubens, insbes. S. 309–313.

[467] Wittgenstein hat hier die Grundlagenkrise der Mathematik vor Augen, in die insbesondere seine direkten Lehrer Frege und Russell verstrickt waren. Vgl. zur Grundlagenkrise der Mathematik Christian Thiel: Grundlagenkrise und Grundlagenstreit. Studie über das normative Fundament der Wissenschaften am Beispiel von Mathematik und Sozialwissenschaft, Meisenheim am Glan 1972; Stuard Shapiro: Thinking about Mathematics, Oxford 2000.

zu gelten haben.[468] So unterscheidet sich Wittgensteins Position zunächst nicht grundlegend von der Kants, wenn dieser, wie wir gesehen haben, der Auffassung ist, dass die Vernunft einer Kultivierung und Disziplinierung ihres Sprachgebrauchs bedürfe, der diesen über seinen »gute[n] und sichere[n] Gebrauch« (KrV, A 731/B 759) in der Alltagssprache hinaus differenziert – jedenfalls sofern Wissenschaft betrieben werden soll.[469] Mit Wittgenstein ist dann aber weiterhin zu bedenken, dass auch ›exakte‹ Definitionen letztlich mithilfe anderer Wörter des alltäglichen Sprachgebrauchs vorgenommen werden. So wurzelt auch die Klarheit wissenschaftlich-logischer Definitionen zuletzt in der Klarheit des alltäglichen Sprachgebrauchs.

Das begrenzende Element, das unseren Sprachspielen Regeln und damit eine Struktur verleiht, durch die sie überhaupt erst zu einem zur Kommunikation tauglichen Instrument wird, ist im selben Aspekt zu finden, in dem die unüberschaubare Mannigfaltigkeit und zeitliche Unabgeschlossenheit der in Sprachspielen organisierten Sprache, aufgrund derer sie nicht systematisch abschließend erfasst werden kann, begründet liegt: ihr Verwoben-Sein mit den Handlungen und kulturellen Praktiken der Menschen. Sprachspiele sind in dem Maße strukturiert, in dem auch unsere Handlungen in natürlichen, sozialen und kulturellen Praktiken strukturiert sind. Wir handeln nicht immer aufs Neue und völlig anders als zuvor, sondern die meisten unserer Handlungen werden wiederholt vollzogen, sind für unsere Kultur und Lebensweise typische Praktiken und werden teilweise von klein auf eingeübt. Mit den so ›regelmäßigen‹ und ›wiederkehrenden‹ Handlungen, die wir auch Routinen nennen können,[470] wiederholen sich auch die auf ihnen beruhenden Sprachspiele, die so durchaus stabile Strukturen hervorbringen. Dennoch

---

[468] Wenn Putnam sich mit dem Argument gegen Wittgensteins angebliche ›Theorie‹ der Bedeutung wendet, dass wissenschaftliche Neuerungen jederzeit den alltäglichen Sprachgebrauch zu korrigieren in der Lage seien und daher der bisher übliche Sprachgebrauch irrelevant für die Bezeichnung neuer Phänomene sei (Siehe Hilary Putnam: Mind, Language and Reality, London 1975), verkennt er damit genau diesen Ansatz Wittgensteins, demzufolge das wissenschaftliche Sprachspiel auf derselben Ebene mit allen anderen Sprachspielen steht, die Philosophie aber eine Diszplin der Beobachtung und Reflexion der Sprachspiele darstellt. Schweidler urteilt: »Das philosophische Problem, wie Wittgenstein es begreift, kommt für Putnam, für den Philosophie auf gleicher Ebene mit den Erfahrungswissenschaften steht […] und Realismus eine empirisch überprüfbare Hypothese kausaler Erklärung darstellt (Putnam: Meaning and the Moral Science, [Boston 1978, S.] 107), niemals in Sicht.« (Schweidler: Wittgensteins Philosophiebegriff, S. 84) Zwar kann das wissenschaftliche Sprachspiel den übrigen Sprachgebrauch, wie es auch unserer alltäglichen Erfahrung entspricht, beeinflussen, doch stets nur von seiner Stellung als eines unter vielen Sprachspielen ausgehend. Es kann ihn nicht von einer dem übrigen Sprachgebrauch übergeordneten Ebene aus »korrigieren«.

[469] Vgl. Kapitel 2.3.1.

[470] Zum Begriff der Routine im Rahmen von Stegmaiers Philosophie der Orientierung vgl. ders.: Philosophie der Orientierung, S. 291–320.

3.4 Die Vielfalt des Gebrauchs der Sprache

kehren auch sie aufgrund der sich langsam wandelnden pragmatischen Bedingungen kaum in exakt gleicher Weise wieder. Sprachspiele, in denen wir die Sprache gebrauchen, verändern sich langsam, entwickeln sich, während Ähnlichkeiten bestehen bleiben, weiter.[471] Sie können sich im Gebrauch der Sprache in verschiedene Sprachspiele differenzieren, einzelne jedoch immer auch gänzlich ›vergessen‹ werden. Sie sind damit in eben der Weise, die wir für die Bedeutungen einzelner Wörter beschrieben haben, fluktuant, weil sie einerseits stets eine Reihe von Ähnlichkeiten wahren, sich andererseits aber ständig weiterentwickeln. Weil sich so etwas wie ›Standardzüge‹ in ihnen ›einspielen‹, sind sie stabil, auch wenn stets Spielräume für Verschiebungen, für neue ›Züge‹ im Sprachspiel, offenstehen.

An dieser Stelle zeigt sich, wie treffend Wittgensteins Wortschöpfung des Sprachspiels ist. Denn ›Spiele‹ sind zwar durch ein jeweils engeres oder weiteres Geflecht von Strukturen geregelt, doch sind diese Strukturen veränderlich und können auf einem mehr oder weniger formellen Wege den sich ändernden Bedingungen, unter denen ›gespielt‹ wird, angepasst werden. Vor allem aber sind Spiele nicht in jedweder Hinsicht geregelt, sondern regeln und begrenzen gerade einen Raum, in dem man vor einer ungeregelten Wahl von Handlungsalternativen steht.[472] So ist ein Sprachspiel nach Wittgenstein

> [...] nicht überall von Regeln begrenzt; aber es gibt ja auch keine Regel dafür z. B., wie hoch man im Tennis den Ball werfen darf, oder wie stark, aber Tennis ist doch ein Spiel und es hat auch Regeln. (PU, § 68)

Wie das vorangegangene Kapitel zeigte, geht es Wittgenstein darin, dass er sich gegen Theorien von abschließend feststellbaren Bedeutungen von Wörtern wendet, keinesfalls darum, dass diese völlig ungeregelt wären, sondern um Spielräume der Verschiebung von in sich dennoch stabil strukturierten Bedeutungen, die durch die Kontexte des Gebrauchs begrenzt werden, aber nicht abschließend systematisch festzustellen sind. Diese Kontexte des Gebrauchs von Wörtern, so kann nun ergänzt werden, sind ihrerseits nicht völlig beliebig oder unregelmäßig-chaotisch, sondern als Sprachspiele strukturiert. Einzelne Wörter werden in Sprachspielen und damit in Zusammenhang mit den ihnen zugrunde liegenden menschlichen Handlungsweisen gebraucht, die ihrerseits nicht unveränderlich, sondern fluktuant sind. Wie der Gebrauch

---

[471] Von Savigny zufolge zeichnen sich Sprachspiele nach Wittgenstein durch zweierlei aus: zum einen dadurch, dass in ihnen die Sprache mit nichtsprachlichen Tätigkeiten »verwoben« ist, zum anderen durch Regelmäßigkeiten: »Ein Sprachspiel [...] ist also eine Menge von Regelmäßigkeiten im Zusammenhang von Äußerungen und Tätigkeiten.« Siehe von Savigny: Der Mensch als Mitmensch, S. 48 f.

[472] Vgl. zum Thema der Regeln Kapitel 3.3.3, sowie zum Begriff des Spielraums als eine »geregelte Grenze ungeregelten Verhaltens«, die sich ihrerseits verschiebt, Stegmaier: Philosophie der Orientierung, S. 221–225.

und die Bedeutungen von Wörtern so ist auch der Gebrauch der Sprache in Sprachspielen trotz ihrer Strukturiertheit nicht abschließend festzulegen und durch theoretische Konzepte abschließend zu erfassen. Sie evoluieren bzw. fluktuieren langsamer als Wortbedeutungen, sind relativ zu ihnen gesehen stabiler und können diesen daher einen stabilisierenden Halt und eine Begrenzung geben. Fluktuante Sprachspiele und ihr Sinn bilden somit einen begrenzenden Raum, innerhalb dessen sich wiederum Bedeutungen von Wörtern verschieben können. Wie wir jedoch sehen werden, findet auch die Entwicklung von Sprachspielen in Wittgensteins Konzeption ihrerseits wiederum einen sie begrenzenden Spielraum.

3.4.4 Das Spielen des Sprachspiels in Lebensformen

Die Spielräume, in denen Sprachspiele ihrerseits evoluieren, will Wittgenstein ebenfalls begrifflich erfassen. So nimmt er die pragmatischen Bedingungen des Verstehens von Sprachen im Ganzen in den Blick: Von ›Sprachspiel‹ spricht Wittgenstein in einem doppelten Sinn. Er nennt nicht nur, wie aus Kapitel 3.4.3 hervorgeht, die vielen verschiedenen Tätigkeiten, in denen unsere Sprache und unser Handeln miteinander verflochten sind, ›Sprachspiele‹, sondern er schreibt: »Ich werde auch das Ganze: der Sprache und der Tätigkeiten, mit denen sie verwoben ist, das ›Sprachspiel‹ nennen.« (PU, §7). Wittgenstein unterscheidet die Mannigfaltigkeit *der* Sprachspiele von *dem* Sprachspiel im Ganzen als der Gesamtheit der einzelnen Sprachspiele. Der Sinn dieser Unterscheidung zeigt sich in folgendem, von Wittgenstein formuliertem Satz: »Das Wort ›Sprachspiel‹ soll [...] hervorheben, daß das Sprechen der Sprache ein Teil ist einer Tätigkeit, oder einer Lebensform.« (PU, §23) ›Sprachspiel‹ bezieht sich hier offensichtlich auf Unterschiedliches: Einzelne Sprachspiele sind Verflechtungen von Sprache mit einzelnen Tätigkeiten, das Sprechen überhaupt aber, *das* Sprachspiel, ist Teil einer ganzen Lebensform. Die Praktiken der Menschen, mit denen ihre Sprache verwoben ist, werden den natürlichen menschlichen Anlagen gemäß und innerhalb der die jeweilige Sprachgemeinschaft umgebenden natürlichen, aber auch historisch-kulturellen Verhältnisse – etwa ein spezifischer Kulturraum mit bestimmten klimatischen Voraussetzungen und einem bestimmten Stand der technischen Entwicklung – vollzogen.[473] Die pragmatischen Bedingungen des Verstehens

---

[473] Dementsprechend ist von der Möglichkeit einer unabgeschlossenen Vielfalt von Lebensform*en* – im Plural – auszugehen. In einer Kontroverse zwischen Haller und Garver meinte Garver, dass Wittgenstein lediglich von Modifikationen einer einheitlichen, allen Menschen gemeinsamen Lebensform ausgegangen sei, welche Garver zufolge in der »gemeinsame[n] menschliche[n] Handlungsweise« bestünde (Newton Garver: Form of Life in Wittgenstein's Later Work, in: Dialectica 44, (1990), S. 175–201; dt. Ausgabe: Die Lebensform in Wittgensteins

3.4 Die Vielfalt des Gebrauchs der Sprache

von Sprachen im Ganzen sucht Wittgenstein mit dem Begriff der *Lebensform* begrifflich zu fassen. Er schreibt: »[...] eine Sprache vorstellen heißt, sich eine Lebensform vorstellen.« (PU, § 19) Lebensformen sind die Gesamtheit der Praktiken einer Sprachgemeinschaft, wie eine Sprache die Gesamtheit der in einer Sprachgemeinschaft üblichen Sprachspiele ist. So wie Wittgenstein, um ein Sprachspiel zu schildern, vor allem die Äußerungsumstände des Sprachspiels schildert (vgl. PU, § 2, 8), so müssten, um eine Sprache im Ganzen zu denken, die Lebensumstände ihrer Sprecher im Ganzen mit den bei ihnen üblichen Praktiken geschildert werden, eine ganze Lebensform also.

In solch einer Lebensform finden sich die Verstehensbedingungen einer Sprache. Das Verstehen einer Sprache findet unter den Bedingungen statt, die die Lebensform ihrer Sprecher mit sich bringt. Eine Sprache ist in die Lebensform ihrer Sprecher eingebettet; diese selbst bleibt dabei jedoch unausgesprochen und unreflektiert. Lebensformen sind insofern »[d]as Hinzunehmende, Gegebene« (PU II, S. 572). Sie werden selbst nicht verstanden, sondern bilden die Bedingung des Verstehens der jeweils in sie eingebetteten Sprache. Andere Sprachen, deren Verstehensbedingungen man nie vollständig teilen kann, weil man nicht Teil der Sprachgemeinschaft ist und ihre Lebensform nicht vollständig teilt, lassen sich daher, so Wittgenstein, nur im Rahmen derjenigen menschlichen Lebensmuster interpretieren, die beiden Sprachgemeinschaften gemein sind: »Die gemeinsame menschliche Handlungsweise ist das Bezugssystem, mittels dessen wir uns eine fremde Sprache deuten.« (PU, § 206, siehe auch PU, § 207) Man versteht eine Fremdsprache immer ausgehend von der eigenen Muttersprache und gemeinsamen oder zumindest ähnlichen menschlichen Handlungsweisen.[474]

Das Verstehen einer Sprache beruht Wittgenstein zufolge wie das Verstehen eines Sprachspiels oder eines Wortes nicht darauf, dass man sich in ihr gemeinsam auf etwas unabhängig von ihr Existentes zu beziehen meinen kann oder darin, dass eine der Sprache innewohnende allgemeine und einheitliche Logik uns im Sprechen verbindet, sondern: »[...] in der Sprache stimmen die Menschen überein. Dies ist keine Übereinstimmung der Meinungen, sondern der Lebensform« (PU, § 241). Wie innerhalb einer Sprachgemeinschaft das Verstehen von Wörtern und Sprachspielen auf den gemeinsamen, ihnen zu-

---

›Philosophischen Untersuchungen‹, in: Grazer Philosophische Studien 21 (1984), S. 33–54). Wir schließen uns hingegen der Gegenposition Hallers an (siehe Rudolf Haller: Lebensform oder Lebensformen: Eine Bemerkung zu Newton Garvers Interpretation von ›Lebensform‹, Grazer Philosophische Studien 21 (1984), S. 55–61) sowie der von Savigny, der ausdrücklich an Haller anschließend meint, »daß jedes Sprechen einer Sprache in eine Lebensform eingebettet ist; und verschiedene Sprachen können gerade durch Unterschiede zwischen den einbettenden Lebensformen zustande kommen.« (Von Savigny: Der Mensch als Mitmensch, S. 77 f.)

[474] Zur Frage nach den Möglichkeiten, eine Fremde Sprache zu deuten, siehe von Savigny: Der Mensch als Mitmensch, S. 80–93.

grunde liegenden Handlungsweisen beruhen, so beruht das Verstehen einer Sprache im Ganzen auf den »Übereinstimmungen« in der Lebensform als der Gesamtheit der gemeinsamen, üblichen Handlungsweisen im Kontext der uns umgebenden Welt. Es beruht damit auf gemeinsamen Gebrauchsbedingungen im Verwenden und Verstehen der Sprache.

Der Gebrauch der Sprache in Sprachspielen kann sich wie der Gebrauch von Wörtern entwickeln und verschieben. Dies wird jedoch stets nur in einem Maße geschehen, das durch die Grenzen unserer typischen menschlichen und kulturellen Handlungsweisen, durch unsere Lebensform, abgesteckt bleibt. Lebensformen bilden damit den begrenzenden Rahmen, innerhalb dessen sich Sprachspiele überhaupt nur wandeln können, einen Spielraum für die Verschiebung von Sprachspielen, in denen die Sprache gebraucht wird – so wie diese einen solchen für den Gebrauch und damit die Bedeutung von Wörtern darstellen.

Die tatsächlichen Lebensformen der Menschen sind, wie Sprachspiele und Wortbedeutungen, nie im Ganzen in einem abgeschlossenen theoretischen Konzept erfassbar. Wären sie es, würde das einen theoretischen Standpunkt voraussetzen, von dem die eigene Lebensform im Ganzen überblickt und beschrieben werden könnte. Wittgenstein mahnt: »[...] so frage dich, ob unsere Sprache vollständig ist [...]« (PU, § 18). Denn einerseits befindet sich jeder, der einen solchen Versuch einer Beschreibung unternehmen wollte, selbst immer schon innerhalb des zu beschreibenden Gegenstandes und ist ihm nicht in theoretischer Distanz enthoben, andererseits ist eine Lebensform auch in zeitlicher Hinsicht niemals abgeschlossen. Lebensformen sind wie Sprachspiele und Wortbedeutungen nicht unveränderlich, sondern unabgeschlossen, wandeln sich, wie sich ganze Zivilisationen mitsamt ihren grundlegenden Kulturtechniken und Lebensräumen wandeln.[475] So sind aus einer Lebensform heraus ihre eigenen Grenzen nicht exakt und abschließend festzustellen.

Damit beschreibt der Begriff der Lebensform wie auch der des Sprachspiels für Wortbedeutungen einen zwar begrenzenden, aber doch nur relative Stabilität bietenden Spielraum, der selbst nicht abschließend festgelegt ist. Lebensformen stecken den evoluierenden pragmatischen Spielraum ab, in-

---

[475] Siehe zu dem Gedanken, dass Lebensformen – und gerade weil Sprachen in Lebensformen eingebettet sind, auch diese – unabgeschlossen und offen für weitere Entwicklungen sind: von Savigny: Der Mensch als Mitmensch, S. 76–80; vgl. zu dieser Frage auch Frederick Mosedale: Wittgenstein's Builders Revisited, in: Leinfellner (Hg.): Wittgenstein und sein Einfluß auf die gegenwärtige Philosophie, S. 430–443; Baker/Hacker: An Analytical Commentary on the Philosophical Investigations, Bd. 1: Wittgenstein: Undestanding and Meaning, S. 47 ff, 72, 136 f; Bd. 2: Wittgenstein. Rules, Grammar and Necessity, S. 238–243; Douglas Birsch: Working with Wittgenstein's Builders, in: Philosophical Investigations 13 (1990), S. 338–349.

nerhalb dessen die Sprache als *das* Sprachspiel gebraucht wird und innerhalb dessen es sich mitsamt seiner vielfältigen Sprachspiel*e*, die in einer Sprache ›gespielt‹ werden, nach und nach verändern und entwickeln kann, während diese Sprachspiele ihrerseits wiederum den Spielraum für die evoluierenden Wortbedeutungen darstellen.

3.4.5 Zwischenergebnis (Kapitel 3.4.2 bis 3.4.4)

Es ergibt sich also nach Wittgenstein ein Bild des Gebrauchs der Sprache, in dem weitere und nähere, dichtere und weniger dichte Gebrauchskontexte unterschieden sind. So spricht Wittgenstein vom Gebrauch einzelner Wörter. Diese werden in Sprachspielen gebraucht und diese wiederum in den Grenzen von Lebensformen ›gespielt‹. Sowohl der Gebrauch von Wörtern in ihren Gebrauchskontexten als auch der Gebrauch der Sprache in Sprachspielen sowie das Spielen *des* Sprachspiels, also der Gebrauch der Sprache überhaupt, innerhalb von Lebensformen sind dabei evolutionär strukturiert. Sie alle sind nicht unveränderlich, sondern können sich bei gleichzeitiger Wiedererkennbarkeit verschieben und weiterentwickeln, weil sie in fluktuanten Netzstrukturen organisiert sind, in denen von Gebrauchssituation zu Gebrauchssituation zugleich ›Ähnlichkeiten‹ wegfallen, während andere vorerst bestehen bleiben. Die jeweils weiteren Gebrauchskontexte, also die Sprachspiele in Bezug auf den Gebrauch einzelner Wörter und die Lebensform in Bezug auf den Gebrauch von Sprachspielen, bilden jeweils Spielräume, in denen sich der Sprachgebrauch jeweils verschieben kann. Zugleich wird durch sie der Gebrauch der Sprache aber auch begrenzt und über Kontinuitäten ihre Verständlichkeit sichergestellt. Weil diese Spielräume aber selbst evoluieren, sind sie theoretisch nicht abschließend erfassbar und festlegbar. Die je weiteren Gebrauchskontexte sind dabei relativ zu den je näheren und dichteren stabiler. Die weiteren, weniger dichten Gebrauchskontexte evoluieren langsamer und können daher dem schnelleren Wandel der näheren Kontexte einen zeitlichen Halt und damit Orientierung im Verstehen von Sprache und Welt bieten.

So lässt sich die Sprache nach Wittgenstein als eine in ihrem Gebrauch dynamische, fluktuante Struktur beobachten und beschreiben, die sich flexibel den jeweiligen Kontexten, in denen sie gebraucht wird, anzupassen in der Lage ist. Unsere Sprache ist als *das* Sprachspiel Wittgenstein zufolge kein vollständiges systematisches Ganzes, sondern eine historisch gewachsene dynamisch-fluktuante Struktur, die sich im Gebrauch in ihren unterschiedlichen, weiter und weniger weit gefassten Gebrauchskontexten in unterschiedlichem Tempo verschiebt. In folgendem Bild, mit dem das Kapitel mit Wittgensteins eigenen Worten beschlossen werden soll, wird dieses Verständnis der Sprache veranschaulicht:

Unsere Sprache kann man ansehen als eine alte Stadt: Ein Gewinkel von Gäßchen und Plätzen, alten und neuen Häusern, und Häusern mit Zubauten aus verschiedenen Zeiten; und die umgeben von einer Menge neuer Vororte mit geraden und regelmäßigen Straßen und mit einförmigen Häusern. (PU, § 18)

3.4.6 Wittgensteins eigener Gebrauch der Sprache in den Philosophischen Untersuchungen

Bleibt noch, darzustellen, dass in Wittgensteins Vorgehen auch ein reflexives Moment auszumachen ist, dass seine Auffassungen von der Sprache auch seinen eigenen Gebrauch der Sprache in den *Philosophischen Untersuchungen* bestimmen. Wenn Wittgenstein sowohl in seinem Früh- wie auch in seinem Spätwerk die Unterscheidung von Sprechen und Denken zurücknimmt und davon ausgeht, dass unser Denken nicht von unserer Sprache zu trennen ist, dann können Reflexionen über die Sprache nur innerhalb der Strukturen der Sprache selbst und damit des zu untersuchenden Gegenstandes stattfinden. Im *Tractatus* kommt dieser Zirkel in Wittgensteins Willen zum Ausdruck, »das Undenkbare von innen durch das Denkbare [zu] begrenzen« (TLP, 4114) – und das bedeutet für seine Untersuchung: »Sie wird das Unsagbare bedeuten, indem sie das Sagbare klar darstellt.« (TLP, 4115) Wenn über die Sprache nur in der Sprache selbst geredet werden kann, weil wir uns nicht etwa vorübergehend für unsere Untersuchung einer anderen als der unsrigen Sprache, einer Art Metasprache, bedienen können, dann kann die Form der Sprache auch nicht in dieser Sprache selbst von einem theoretisch-distanzierten Standpunkt aus vollständig dargestellt werden. Sie muss daher zugleich *gezeigt* werden. Für Wittgenstein bedeutet dies, dass er nicht nur Aussagen über die Beschaffenheit der Sprache treffen, sondern dass er sie dem Leser zugleich durch die Form seiner Darstellung vorführen und so verdeutlichen muss. Dies gilt nicht allein für den *Tractatus*, sondern im selben Maße für Wittgensteins *Philosophische Untersuchungen*. Im *Tractatus* spiegelt die strenge, schnörkellose Sprache, die kaum Erläuterungen, keinerlei Umschweife und fast nur Aussagesätze kennt, Wittgensteins Vorstellung einer der Sprache zugrunde liegenden, völlige Klarheit ermöglichenden einheitlichen Logik. Auch die schriftstellerische Form seiner *Philosophischen Untersuchungen*, Wittgensteins eigener Gebrauch der Sprache in ihnen, spiegelt und verdeutlicht das von ihm gezeichnete und von uns untersuchte (Kapitel 3.4.2–3.4.4) Bild der Sprache. Er selbst legt darüber im Vorwort der *Philosophischen Untersuchungen* Rechenschaft ab.

Zunächst, so berichtet er, habe er versucht, seine »Gedanken in einer natürlichen und lückenlosen Folge fortschreiten« (PU, Vorwort, S. 231.) zu lassen. Baker und Hacker sowie von Savigny versuchen auch, die in den *Philosophischen Untersuchungen* dem Leser präsentierten Gedankengänge

3.4 Die Vielfalt des Gebrauchs der Sprache

in eine detailliert ausgearbeitete systematische Ordnung zu bringen. Von Savigny kommt gar zu der Einschätzung, in den *Philosophischen Untersuchungen* ›rundeten‹ sich Wittgensteins Gedanken zu einem »Gesamtbild vom Wesen des Menschen«,[476] während Schweidler die »Einheitlichkeit seines [Wittgensteins] Denkens« in dessen in den *Philosophischen Untersuchungen* dargelegten »Philosophiebegriff« zu finden meint.[477] Doch scheinen solche Versuche, die Gedankengänge der *Philosophischen Untersuchungen* zu systematisieren, fragwürdig, denn Wittgenstein selbst führt weiter aus, dass er eben damit scheiterte:

> Nach manchen mißglückten Versuchen, meine Ergebnisse zu einem solchen Ganzen zusammenzuschweißen, sah ich ein, daß mir dies nie gelingen würde. Daß das Beste, was ich schreiben konnte, immer nur philosophische Bemerkungen bleiben würden; daß meine Gedanken bald erlahmten, wenn ich versuchte, sie, gegen ihre natürliche Neigung, in einer Richtung weiterzuzwingen. (PU, Vorwort, S. 231 f.)

Offensichtlich hatte sich Wittgenstein zunächst über die »Natur« seiner Gedanken geirrt, weshalb diese »erlahmten«, sobald er sie in einer ihrer tatsächlichen Natur widersprechenden Form, nämlich einer »lückenlosen«, systematischen Folge, niederzuschreiben versuchte. Es liegt nahe, dass er mit diesen Worten zugleich sein früheres Werk, den *Tractatus*, mit dessen vermeintlich strengem Aufbau und der Vorstellung einer der Sprache zugrunde liegenden einheitlichen Logik im Blick hatte. Demnach käme mit den eben zitierten Worten auch Wittgensteins Abkehr vom *Tractatus* deutlich zum Ausdruck.

Die »Natur der Untersuchung« habe ihn stattdessen ›gezwungen‹, »ein weites Gedankengebiet, kreuz und quer, nach allen Richtungen hin zu durchreisen«, wobei »philosophische Bemerkungen« entstanden seien, die nicht einmal ein einheitliches Thema haben. Stattdessen beträfen die Gedanken in den *Philosophischen Untersuchungen* »viele Gegenstände«, die nicht nach einem einzigen, dem Buche zugrunde liegenden Gedanken angeordnet sind. Er habe seine Gedanken als »Bemerkungen, kurze Absätze,« niedergeschrieben, »[m]anchmal in längeren Ketten, über den gleichen Gegenstand, manchmal in raschem Wechsel von einem Gebiet zum anderen überspringend.« (ebd.)

---

[476] Von Savigny: Der Mensch als Mitmensch, Vorwort S. 8.
[477] Siehe Schweidler: Wittgensteins Philosophiebegriff, S. 9–14, der in diesem Zusammenhang u. a. an Kenny, Pitcher und O'Brian anschließt (vgl. Kenny: Wittgenstein, S. 266; Pitcher: The Philosophy of Wittgenstein, S. 327; Dennis O'Brian: The Unity of Wittgenstein's Thought, in: Fann, Kuang T. (Hg.): Wittgenstein – The Man and his Philosophy, New Jersey 1967, S. 380–404, hier S. 383) und Hacker als Gegenposition nennt (vgl. Peter M. S. Hacker: Einsicht und Täuschung. Wittgenstein über Philosophie und die Metaphysik der Erfahrung, Frankfurt a. M. 1978, insbes. S. 157).

Unschwer lässt sich hierin Wittgensteins Auffassung von der fluktuanten Netzstruktur der Bedeutungen von Wörtern wiedererkennen, wie auch sein Bild von einem Faden, der allein dadurch hält, dass sich in ihm viele Fasern einander übergreifend ablösen, ohne dass eine einzige, ›zentrale‹, für den Faden ›wesentliche‹ Faser durch ihn hindurchliefe. Wie Wittgenstein einen Bedeutungskern von Wörtern und eine durch kleinste sprachliche Elemente gewährleistete Sinnhaftigkeit der Sprache bestreitet, die in einem außersprachlichen Sachverhalt, in Gedanken oder in einer der Sprache zugrunde liegenden einheitlichen Logik begründet sind, so entbehren auch seine *Philosophischen Untersuchungen* eines wesentlichen, ihre Struktur bestimmenden, ›zwingenden‹ Gedankens. Sie sind stattdessen in einer Netzstruktur, einer Vielfalt von »Bemerkungen« zu einander »übergreifenden und kreuzenden« Gedanken, organisiert, welche die systematisch unabgeschlossene Vielfalt des über Netzstrukturen und Familienähnlichkeiten organisierten Gebrauchs der Sprache widerspiegeln. Die thematische Ordnung der *Philosophischen Untersuchungen* ist damit keine systematische, sondern entsprechend des in ihnen gezeichneten Bildes der Sprache eine fluktuante.

Da Wittgenstein die Sprache nicht mehr aus einer ihr zugrunde liegenden logischen Einheit versteht, sondern aus der Vielfalt ihres Gebrauchs als offene Struktur, und die Philosophie als Disziplin, die diesen vielfältigen Gebrauch allenfalls ausschnitthaft, nie aber systematisch abgeschlossen zu beschreiben vermag, kann er dieser Vorstellung nur gerecht werden, indem seine ›philosophischen Untersuchungen‹, wie er schreibt, aus einer »Menge von Landschaftsskizzen [bestehen], die auf [...] langen und verwickelten Fahrten entstanden« sind und die zusammen ein »Album« ergeben. Was er dabei allerdings sehr wohl leisten kann, ist, möglichst keine »verzeichnet[en]« oder »uncharakteristisch[en]« Skizzen anzufertigen oder auszuwählen (ebd.). Er kann Gebrauchsweisen der Sprache beschreiben, in denen besonders charakteristische ›Übereinstimmungen‹ zu anderen anzutreffen sind und die das Funktionieren der Sprache dem Leser daher besonders deutlich werden lassen. Es geht darum, einen möglichst aussagekräftigen Überblick über den Gebrauch unserer Sprache zu gewinnen, wobei zugleich der Leser selbst, weil die *Philosophischen Untersuchungen* nicht von vorn herein eine systematisch geordnete Gedankenfolge vorgeben, genötigt ist, sich einen solchen Überblick zu verschaffen.[478] Von Savignys Auffassung, Wittgenstein sei einfach »seinem eigenen Ideal der übersichtlichen Darstellung nicht so nahe gekommen [...], wie er es gerne wollte«, und es müsse daher Aufgabe des Interpreten sein, den *Philosophischen Untersuchungen* in einer Interpretation

---

[478] Vgl. in diesem Sinne Gottfried Gabriel: Literarische Form und philosophische Methode, S. 195–205, insbes. S. 201–203.

eine Ordnung zu verleihen,[479] scheint angesichts dessen zu kurz gegriffen. Sie muss folgendermaßen akzentuiert werden: Der Leser muss diese Ordnung nicht schaffen, um Wittgensteins Mangel an Ordnung auszugleichen, Wittgensteins Gedanken also deutlicher darzustellen, als Wittgenstein selbst es vermocht hat, sondern weil es vermutlich Wittgensteins Absicht war, den Leser gemäß seiner philosophischen Anweisung zu animieren, sich selbst eine Übersicht zu verschaffen. Dass eine solche Absicht Wittgensteins seinen eigenen Sprachgebrauch erneut als ein Handeln verstehen lässt, spricht nur für diese Deutung.

Darauf aber, dass ihm solches mit Blick auf den Leser gelingt, kann Wittgenstein nur hoffen, erzwingen kann er es nicht. Sein Erfolg wird sich allenfalls am einzig möglichen Kriterium, der Reaktion der Leser, *zeigen* und ablesen lassen. Denn die Sprache ist zwar nicht privat, ihr Gebrauch zugleich aber doch individuell. Sie ist interindividuell, denn der Gebrauch der Sprache ist der von Einzelnen, doch zugleich ist er als Mittel zur Kommunikation vom Verstehen anderer abhängig, davon, dass andere etwas mit ihm ›anfangen‹ können, das er sich ›gebrauchen‹ lässt, weshalb Wittgenstein sein Werk nur mit »zweifelhaften Gefühlen der Öffentlichkeit« (PU, Vorwort, S. 232) übergeben kann.

Die *Philosophischen Untersuchungen* verfügen damit über eine schriftstellerische Form, die zugleich den Inhalt ihrer Aussagen, das von Wittgenstein gezeichnete Bild der Sprache, widerspiegelt. Die Form führt die Aussage zugleich vor, Form und Inhalt bilden eine Einheit. Die Ausführungen der *Philosophischen Untersuchungen* sind somit selbst als »Tätigkeit« (PU, §7), als Sprachhandlung, angelegt. Durch die Äußerungsumstände soll zugleich *gezeigt* werden, wie das Gelesene zu verstehen ist. Die sprachlichen Zeichen erhalten damit konsequenter Weise auch in Wittgensteins *Philosophischen Untersuchungen* selbst Sinn und Bedeutung in der Weise ihres Gebrauchs.

3.5 Zusammenführung der Ergebnisse (Kapitel 3)

Sowohl im *Tractatus* als auch in Wittgensteins Spätwerk erweist sich der Gebrauch als zentraler Begriff. Er spielt hier nicht nur jeweils und auf je eigene Weise eine wichtige Rolle, sondern der Gebrauch der Sprache muss in seinem Zusammenspiel mit und seiner Abgrenzung zur Logik der Sprache als derjenige begriffliche Angelpunkt verstanden werden, aus dessen Uminterpretation Wittgensteins Revision seiner frühen Philosophie und in der Konsequenz die Neuausrichtung und Neugestaltung der Philosophie in seinem

---

[479] Siehe von Savigny: Wittgensteins ›Philosophische Untersuchungen‹. Ein Kommentar für Leser, Bd. I, 2. völlig überarb. und vermehrte Aufl., Frankfurt a. M. 1994, S. 8.

Spätwerk resultieren. Dementsprechend stellte sich nach der Untersuchung der Rolle des Gebrauchs in den Zusammenhängen der frühen Philosophie Wittgensteins (Kapitel 3.2) die Frage nach seiner Abkehr vom *Tractatus* und nach der Neuausrichtung seines philosophischen Denkens, die sich eben aus einer veränderten Sichtweise auf den Gebrauch und der Umkehr des Verhältnisses zwischen Gebrauch und Logik der Sprache ergeben (Kapitel 3.3). Mit dieser Wendung geriet schließlich Wittgensteins Spätphilosophie, insbesondere seine *Philosophischen Untersuchungen*, in den Blick, in der er in seinem Verständnis der Sprache und mit ihr der Welt nun entschlossen vom Begriff des Gebrauchs ausgeht (Kapitel, 3.4).

Wittgenstein führt die Philosophie im Rahmen der sprachphilosophischen Wende des beginnenden 20. Jahrhunderts sowohl im *Tractatus* als auch in seinem Spätwerk gegenüber Kant vom Grundbegriff der Vernunft auf den der Sprache zurück. Demzufolge sind wir in der Erkenntnis der Welt stets durch unsere Sprache bedingt, wir ›haben‹ die Welt und verfügen über sie allein in unserer Sprache. Dieser wiederum liegt dem *Tractatus* zufolge immer schon eine allgemeine logische Ordnung zugrunde, die sich im Sprachgebrauch *zeigt* und durch eine logische Analyse der Sprache ans Licht gebracht werden kann. Die vorausgesetzte Einheit kleinster Bestandteile der Sprache (Namen), zu denen die Analyse vordringen soll, stellt die Einheit des Sinns von Sprache und damit ihre Verstehbarkeit sicher (Kapitel 3.2.2). Die der Sprache innewohnende logische Ordnung ist eine Ordnung der Möglichkeiten unserer Sprache, die insofern auch die Möglichkeiten ihres Gebrauchs begrenzt. Zugleich begrenzt die logische Ordnung der Möglichkeiten unserer Sprache damit die Möglichkeiten, in denen sich die Welt allein nur konstituieren kann, also die mögliche Gestalt der Welt. Und weil die Logik eine einheitliche ist, gewährleistet sie auch den einheitlichen Aufbau der Welt (Kapitel 3.2.3). Im konkreten Gebrauch der Sprache werden dann stets bestimmte Möglichkeiten des Sprachgebrauchs realisiert, andere nicht. Die konkrete Gestalt der Welt entscheidet sich und konstituiert sich damit überhaupt erst im jeweiligen Sprachgebrauch, der damit zugleich in die Funktion des Subjekts rückt (Kapitel 3.2.4). Wie die Namen als kleinste Bestandteile der Sprache mit den von ihnen abgebildeten Gegenständen nicht explizit zu erfassen sind, sondern sich im Gebrauch der Sprache *zeigen*, so kann auch die logische Ordnung der Sätze nicht getrennt von diesen dargestellt werden, sondern sich nur im Gebrauch der Sprache *zeigen*. Denn sie geht diesem, ihm seine Möglichkeiten bereitstellend, voraus und kann sich eben deshalb in ihm ›spiegeln‹. Obwohl sich die Logik der Sprache nur in ihrem Gebrauch *zeigen* kann und sich in ihm die Gestalt der Welt konstituiert, geht dem Gebrauch doch die Logik der Sprache voraus und stellt die Ordnung seiner Möglichkeiten bereit. Es ist daher die Logik, die den Gebrauch der Sprache und damit die mögliche Gestalt der Welt begrenzt und zugleich dadurch, dass sie selbst

3.5 Zusammenführung der Ergebnisse (Kapitel 3) 273

als Einheit und Allgemeinheit vorausgesetzt ist, die Bestimmtheit des Sinns der Sprache sowie die Einheit des Aufbaus der Welt gewährleistet. Sprache und Welt sowie die Möglichkeiten ihrer Erkenntnis versteht Wittgenstein damit im *Tractatus* noch nicht ausgehend vom Gebrauch der Sprache in pragmatischen Handlungssituationen, sondern aus einer als Allgemeinheit und Einheit vorausgesetzten Logik, die in einer Analyse ans Licht zu bringen Aufgabe der Philosophie ist und die dann Aufschluss über die Möglichkeiten des Gebrauchs gibt.

Ist Wittgenstein zunächst im Glauben, mit dieser Konzeption die philosophischen »Probleme im Wesentlichen endgültig gelöst zu haben« (TLP, Vorwort), nimmt er später eine entschiedene Revision seiner frühen Philosophie vor, die sich an der Rolle des Begriffs des Gebrauchs als ihrem Angelpunkt entscheidet (Kapitel 3.3.2). Auslöser hierfür ist Wittgensteins Einsicht, dass die Konstruktion des *Tractatus* zwar mit der Forderung verbunden ist, der Sprache müsse eine allgemeine Logik zugrunde liegen, dass sich eine solche im Sprachgebrauch letztlich jedoch nicht beobachten lässt (vgl. PU, § 98). Was durch Analyse ans Licht gebracht werden sollte, wird nun als bloße Voraussetzung und Konstruktion entlarvt. In der Folge verzichtet Wittgenstein auf seine »Forderung« nach Einheit der Logik – was bleibt, ist dann der vielfältige, nicht auf allgemeine Bedeutungen und eine Einheit des Sinns festlegbare Gebrauch der Sprache, in dem sich gleichwohl unsere Welt konstituiert. Damit verkehrt sich das im *Tractatus* angedachte Verhältnis zwischen Logik und Gebrauch der Sprache. Wenn Wittgenstein die Sprache zum Grundbegriff seiner Philosophie macht, dann will er diese im *Tractatus* noch aus einer allgemeinen Logik verstehen, die durch eine Analyse der Sprache zutage gefördert werden soll, in seinem Spätwerk hingegen aus der offenen und nicht festgelegten Vielfalt des alltäglichen Gebrauchs der Sprache.

Wird die Logik der Sprache aus ihrem Gebrauch verstanden, bedeutet dies ein völlig verändertes Verständnis der Strukturiertheit der Sprache und damit der Ordnung der Welt, wie sich zunächst anhand des mit Wittgensteins Revision seiner frühen Philosophie einhergehenden Wandels seines Regelbegriffs zeigt (Kapitel 3.3.3): So geht Wittgenstein im *Tractatus* noch von einem allgemeinen System logischer Regeln aus, das der Sprache als Abstraktum und unabhängig vom konkreten Gebrauch zugrunde liegt und von dem umgekehrt die Möglichkeiten des Gebrauchs der Sprache aus ihrem Innern begrenzt werden. Wird die Logik hingegen aus dem Gebrauch der Sprache verstanden, kann das Kriterium für die ›Richtigkeit‹ der Anwendung einer Regel nur im kommunikativen Erfolg, im fraglosen Funktionieren der Kommunikation und in der Übereinstimmung mit anderen in der Kommunikation bestehen. Die Bedingungen der Kommunikation sind dabei stetem Wandel unterworfen. Regeln ›spielen‹ sich im Gebrauch dann als »Gepflogenheiten« und gemeinsame soziale Praktiken ein. Sie sind nicht privat und das Regelfolgen ist kein innerer, bewusster Vorgang. Stattdessen bedürfen die Regeln der äußeren Bestätigung und Kontrolle in der Kommunikation. Sie bestehen in den vielfältigen Ordnungen, die sich im kommunikativen und von den jeweiligen Kontexten bedingten Gebrauch der Sprache ›einspielen‹ und in denen wir erfahrungsgemäß mit anderen in der Sprache »übereinstimmen«. Solche regelhaften »Übereinstimmungen« sind dann Anhaltspunkte für einen erfolgreichen Sprachgebrauch, der erprobt ist und an dem man sich orientieren kann, ohne dass sie dabei zwingend den Sprachgebrauch bestimmen würden.

Sich im Gebrauch ›einspielende‹ und verschiebende regelhafte Strukturen der Sprache können dann nicht mehr durch logische Analyse der Sprache freigelegt werden. Klarheit über das regelhafte Funktionieren unserer Sprache und damit auch Orientierung in der Welt können auf diesem Wege nicht erlangt werden. Angesichts der Verkehrung des Verhältnisses von Gebrauch und Logik der Sprache muss sich daher auch Wittgensteins Vorstellung von den methodischen Möglichkeiten der Philosophie verändern (Kapitel 3.3.4). Mit der Preisgabe der Forderung nach einer unserer Sprache zugrunde liegenden, allgemeinen logischen Ordnung kann die Philosophie diese auch nicht mehr durch die Methode einer logischen Strukturanalyse zutage fördern, um so sprachliche Klarheit zu gewährleisten. Wenn Wittgenstein nicht mehr den Sprachgebrauch aus der Logik der Sprache verstehen will, sondern umgekehrt die Logik der Sprache aus dem Gebrauch, dann muss als Methode, um zu sprachlicher Klarheit zu gelangen, an die Stelle der *Analyse* der Logik eine genaue *Beobachtung* des Gebrauchs der Sprache treten. Sprachliche Klarheit ergibt sich dann aus einer Übersicht über die nicht abschließend festgelegten, wohl aber vorhandenen, sich ›einspielenden‹, regelhaften Strukturen des Sprachgebrauchs. Wittgensteins philosophische Anweisung lautet entsprechend: »Denk nicht, sondern schau!« (PU, § 66)

Doch er belässt es nicht dabei, der Philosophie diese neue Methode zur Verfügung zu stellen, sondern unternimmt in seinem Spätwerk dann auch tatsächlich umfangreiche Beobachtungen des ›offen zutage liegenden‹ Sprachgebrauchs und seiner regelhaften Strukturen, wodurch er zu einem neuen Bild vom Funktionieren der Sprache gelangt (Kapitel 3.4). Der Gebrauch der Sprache ist demnach ebenso wenig festgelegt und ebenso wandelbar, wie der Aufbau der Welt. Er kann als evolutionär und fluktuant strukturiert beschrieben werden. Dies zeigte sich zunächst an der Bedeutungsstruktur von Wörtern (Kapitel 3.4.2): An die Stelle von ›essentialen‹ Bedeutungsmerkmalen oder kleinsten Bedeutungseinheiten, die aufzuspüren wären, tritt die Vorstellung einer Vielzahl von Bedeutungsmerkmalen, von denen keines unverzichtbar wäre und die sich in sich einspielenden, fluktuanten Netzstrukturen organisieren. Die Bedeutungsmerkmale ergeben sich aus den Funktionen, die die Wörter in Bezug auf die Gebrauchskontexte erfüllen. Wortbedeutungen ver-

3.5 Zusammenführung der Ergebnisse (Kapitel 3)   275

schieben sich dementsprechend, weil sich die Gebrauchskontexte in stetem Wandel befinden. Sie verschieben sich durch einen Austausch von Bedeutungsmerkmalen, bewahren jedoch trotz ihrer Verschiebung ihre Stabilität. Die Verschiebung wird durch Spielräume begrenzt, denn die Verstehbarkeit von Wörtern beruht darauf, dass im Wandel der Gebrauchssituationen eines Wortes stets ausreichend viele Ähnlichkeiten, also Bedeutungsmerkmale, zu vorherigen Gebrauchssituationen erhalten bleiben, sodass Wiedererkennbarkeit gewährleistet bleibt. Das Kriterium dafür, ob die Grenzen der Spielräume der Verschiebung überschritten werden und ein Sprachgebrauch regelwidrig ist, letztlich das Kriterium für sprachliche Klarheit, ist dann kein logisches und der Sprache selbst innewohnendes mehr, sondern ein pragmatisch-kommunikatives. Es besteht in dem durch den Sprachgebrauch als einer Sprachhandlung erzielten kommunikativen Erfolg, im Gelingen der Kommunikation und den erwarteten oder unerwarteten »Reaktionen« (PU, § 495) der Kommunikationspartner auf den eigenen Sprachgebrauch.

Sind Wortbedeutungen und ihre Verschiebung also durch die Gebrauchskontexte und deren Wandel bedingt, so sind diese Kontexte und ihr Wandel ihrerseits durch unsere typischen Handlungsweisen und Praktiken strukturiert. Diese sind mit unserer Sprache verflochten und als solche Verflechtungen in »Sprachspielen« organisiert, in denen wir die Sprache gebrauchen (Kapitel 3.4.3). Insofern diese wiederholt vollzogen werden, sind auch Sprachspiele ihrerseits relativ stabil. Sie sind jedoch nicht unveränderlich, sondern fluktuant und evoluieren in dem Maße, in dem sich auch unsere Praktiken und Handlungsweisen nach und nach verändern. Sie evoluieren jedoch langsamer als Wortbedeutungen, sind relativ zu ihnen gesehen stabiler und können ihnen daher einen stabilisierenden Halt und ihrem Wandel eine Begrenzung geben.

Schließlich erfährt in Wittgensteins Konzeption auch der Wandel von Sprachspielen einen durch die Kontexte des Gebrauchs gegebenen, ihn begrenzenden Spielraum. Denn die mit unseren typischen Handlungsweisen verbundenen Sprachspiele wandeln sich innerhalb dessen, was Wittgenstein im Ganzen unsere Lebensform nennt (Kapitel 3.4.4). Unsere typischen Handlungsweisen können sich zwar verändern, jedoch nur innerhalb der Möglichkeiten, die unsere Lebensform zulässt. Doch auch sie ist nicht unveränderlich, sondern fluktuant und wandelt sich im Ganzen mit unseren Handlungsweisen innerhalb der sie bedingenden Kontexte unserer Welt. So stecken Lebensformen den auch seinerseits fluktuanten pragmatischen Spielraum ab, innerhalb dessen *das* Sprachspiel im Ganzen mit seinen vielfältigen Sprachspielen, die in einer Sprache ›gespielt‹ werden, evoluieren kann.

Damit ergibt sich ein Bild des Sprachgebrauchs, in dem die ihn bedingenden Kontexte in nähere und weitere, dichtere und weniger dichte unterschieden werden. Wörter beziehen ihre Bedeutungen aus ihren jeweiligen

Gebrauchskontexten, und der Gebrauch von Wörtern erfolgt innerhalb von Sprachspielen, die in ihrer Gesamtheit als *das* Sprachspiel innerhalb der Grenzen unserer Lebensform gespielt werden. Die Sprachspiele bilden dabei für den Gebrauch der einzelnen Wörter und die Lebensform für den Gebrauch von Sprachspielen je einen Spielraum, innerhalb dessen die Sprache evoluiert, der den Gebrauch der Sprache in ihm jedoch zugleich begrenzt und damit ihre Verständlichkeit sicherstellt. Diese Spielräume, also die Sprachspiele und Lebensformen, sind ihrerseits fluktuant, evoluieren jeweils selbst und können damit theoretisch nicht abschließend erfasst werden. Die je weiter gefassten Spielräume sind zu den je engeren und dichteren Kontextbereichen des Sprachgebrauchs stabiler. ›Ähnlichkeiten‹ fallen in ihnen von Gebrauch zu Gebrauch langsamer weg, bleiben in ihnen länger erhalten. Die Spielräume evoluieren im Verhältnis zu dem von ihnen jeweils begrenzten Bereich langsamer; sie bieten dem schnelleren Wandel in ihnen damit einen zeitlichen Halt und ermöglichen auf diese Weise Orientierung im Verstehen von Sprache und Welt.

Die Sprache ist danach in Wittgensteins Spätwerk nicht mehr, wie noch im *Tractatus* vorausgesetzt, durch eine ihr innewohnende logische Ordnung begrenzt und in ihren Möglichkeiten abschließend festgelegt. Sie bezieht ihre Bedeutungen und ihren Sinn nicht aus kleinsten, ihr innewohnenden, unwandelbaren Bedeutungseinheiten, sondern aus ihrem Gebrauch und über ihn aus seinen sich in stetem Wandel befindlichen pragmatischen Kontexten, in denen sie gebraucht wird. Der Gebrauch unserer Sprache ist also als *das* Sprachspiel Wittgenstein zufolge kein vollständiges systematisches Ganzes, sondern erfolgt in historisch gewachsenen, evoluierenden Ordnungen. Er verschiebt sich in seinen unterschiedlichen, durch die Gebrauchskontexte begrenzten Spielräumen unterschiedlich schnell. Diese bieten einander relative Stabilität, sind jedoch in der Lage, sich flexibel mit den jeweiligen sich wandelnden Kontexten, in denen die Sprache gebraucht wird und in denen sie Sinn erhält, zu verschieben und weiterzuentwickeln.

Schließlich gestaltet Wittgenstein auch seinen eigenen Gebrauch der Sprache in den *Philosophischen Untersuchungen* so, dass die schriftstellerische Form des Werkes zugleich dem von Wittgenstein gezeichneten Bild der Sprache entspricht (Kapitel 3.4.6). Die Netzstruktur, in der die *Philosophischen Untersuchungen* organisiert sind, führt ihre Aussagen zugleich vor, Form und Inhalt spiegeln einander. Die Ausführungen der *Philosophischen Untersuchungen* sind somit selbst »Tätigkeit« (PU, § 7), sind Sprachhandlung innerhalb von Handlungskontexten. Durch die Äußerungsumstände wird zugleich *gezeigt*, wie das Gelesene zu verstehen ist. Die sprachlichen Zeichen erhalten damit konsequenter Weise auch in Wittgensteins *Philosophischen Untersuchungen* selbst Sinn und Bedeutung in der Weise ihres Gebrauchs.

4
Schluss: Gebrauch als Bedingung von Theorie – drei herausragende historische Beispiele für die philosophische Bedeutsamkeit des Begriffs des Gebrauchs

Unsere Untersuchung des Begriffs des Gebrauchs bei Platon, Kant und Wittgenstein ist damit abgeschlossen und seine Bedeutung für die drei philosophischen Konzeptionen herausgearbeitet. Über Einzeldarstellungen hinaus wird nun eine Spiegelung der drei ausgewählten Philosophien aneinander vorgenommen, welche die bezeichnenden Parallelen und Unterschiede in der Verwendung des Begriffs des Gebrauchs und ihre Auswirkungen auf die jeweiligen philosophischen Gesamtkonzeptionen deutlich macht. Ausgehend von dieser Gegenüberstellung wird ein Muster deutlich, nach dem der Begriff des Gebrauchs in systematischen Zusammenhängen der Philosophie seinerseits ›gebraucht‹ wird. Die vergleichbare systematische Funktion, die dem Gebrauch in den unterschiedlichen philosophiehistorischen Kontexten bei Platon, Kant und Wittgenstein zugemessen werden kann, lässt die Möglichkeiten sichtbar werden, die durch ihn der Philosophie überhaupt eröffnet werden. Sein Sinn als philosophischer Terminus kann so herausgearbeitet werden.

Der Ansatz beim Gebrauch legte in Bezug auf Platon nahe, dessen Werk unter der Perspektive der Unterscheidung theoretischen Wissens und zwar sicheren, aber untheoretischen Gebrauchs zu deuten. Es zeigte sich, dass das theoretische Wissen seine Gegenstände als Einzelne aus ihren konkreten, pragmatischen Kontexten isoliert und sie von diesen abstrahiert. Erst auf diese Weise wird theoretisches Wissen möglich und identifizierbar und werden seine Gegenstände überhaupt erst zu ›etwas‹. Es wird damit auch sprachlich fixier- und mitteilbar. Demgegenüber werden im sicheren Gebrauch gerade nicht Gegenstände aus einem konkreten und sich in stetem Wandel befindlichen Bedingungsgeflecht, in das sie verwoben sind, isoliert. Das, worum es im Gebrauch geht, womit pragmatisch umgegangen wird, kann daher auch nicht abschließend umgrenzt und identifiziert werden. Doch gerade weil im Gebrauch nicht von den relevanten konkreten Kontexten abstrahiert wird, befähigt dieser zum erfolgreichen sicheren Umgang mit den Situationen oder Gegenständen, um die es jeweils geht.

Da der Gebrauch nicht auf allgemeingültige Regeln zurückgeführt werden kann, kann er auch nicht mit ihrer Hilfe vermittelt werden. Er entzieht sich der Möglichkeit, sprachlich fixiert und über das Medium der Sprache gelehrt und erlernt zu werden. Er kann allein durch konkretes und exemplarisches Vormachen, Vorführen oder Beispielgeben im Handeln ›gelehrt‹ und nur über eigenes Sich-Einüben in eine Praxis und das Sammeln eigener Erfahrungen erlernt werden. In Platons Schriften tritt daher neben die thematische Erörterung theoretischen Wissens die dialogische Handlungsebene. Denn weil die Fähigkeit zum sicheren Gebrauch nicht theoretisch-sprachlich vermittelt werden kann, muss dieser durch die literarische Gestaltung von Handlungssituationen, in denen er stets in den konkreten, unbeständigen Zusammenhängen der Welt vollzogen wird, vorgeführt werden.

Theoretisches Wissen und sicherer untheoretischer Gebrauch werden in Platons Dialogen aber nicht bloß getrennt voneinander, das eine auf der Ebene thematischer Erörterung, das andere auf der unthematischen Handlungsebene, dargestellt. In der dialogischen Inszenierung wird darüber hinaus gezeigt, wie auch vom theoretischen Wissen innerhalb des pragmatischen Bedingungsgeflechts, in das wir in unserem Leben verflochten sind, funktional *Gebrauch* gemacht wird. Durch die von Platon inszenierten dialogischen Handlungssituationen wird das theoretische Wissen, indem von ihm Gebrauch gemacht wird, an dieses Bedingungsgeflecht, von dem es sich selbst lossagt, um allgemein, identifizierbar und lehrbar zu werden, dem es jedoch immer entstammt und von dem es stets bedingt bleibt, zurückgebunden. Der Handlungsrahmen, der den Gebrauch des Theoretischen zeigt, macht auf dessen Verflechtung in das pragmatische Bedingungsgeflecht, durch das es letztlich immer bedingt bleibt und auf das es selbst funktional bezogen ist, aufmerksam. Damit ist das theoretische Wissen selbst eine speziell disziplinierte Form des Umgangs mit den sich wandelnden pragmatischen Verhältnissen in der Welt, die ›lediglich‹, aber doch ›immerhin‹, vorläufige Festlegungen in ihnen ermöglicht.

Während sich der Gebrauch auf Konkretes bezieht, das im Gebrauch nicht abschließend positiv erfasst und bestimmt wird, soll sich das theoretische Wissen hingegen eben dadurch auszeichnen, und Sokrates begibt sich dementsprechend in den von ihm geführten Gesprächen auf die Suche nach abschließenden Festlegungen. Doch weil zuletzt auch die Theorie in ihrem Gebrauch in ein konkretes Bedingungsgeflecht verflochten ist, *zeigen* die Dialoge in ihrem Handlungsverlauf, dass es im *Gebrauch* letztlich nur gelingt, auf Zeit zu Ergebnissen zu gelangen, nicht zu endgültigem, den Wandel der Kontexte überdauerndem Wissen. Auf der theoretischen Ebene enden die Dialoge dementsprechend in der Aporie, auf der Handlungsebene jedoch mit dem Beschluss, möglichst bald aufs Neue philosophieren zu wollen.

Das sich hier beim theoretischen Wissen zeigende Muster findet sich ebenso bezogen auf die platonische Ideenannahme: Den Ideen kommt nicht der Status gegenständlicher, autonomer Entitäten zu. Sie werden zu ihrem

4 Schluss: Gebrauch als Bedingung von Theorie

Gebrauch im Denken und folglich auch im Handeln und in der Kommunikation funktional vorausgesetzt und dienen als Gesichtspunkte zur vorläufigen Identifikation von Anhaltspunkten der Orientierung. In der Ausrichtung des Denkens auf sie strukturieren sie die Mannigfaltigkeit des sich beständig wandelnden Konkreten und lassen in ihm gegenständliche, aber auch abstrakte Einheiten identifizieren, benennen und machen sie für den pragmatischen Gebrauch tauglich. Gerade deshalb entziehen sich die Ideen der abschließenden thematischen Identifikation, denn in ihrem Gebrauch werden sie nicht zugleich selbst intendiert und so von den konkreten, pragmatischen Kontexten isoliert, sondern bleiben in diese verflochten und daher unthematisch. In seinem Werk inszeniert und zeigt Platon dementsprechend den unthematischen *Gebrauch* der Ideen, enthält sich jedoch einer Theorie, eines Systems oder einer Lehre derselben, was seiner vermeintlichen Ideen-›Lehre‹ den Vorwurf der ›Inhaltsleere‹ einbrachte. Auch die Ideen sind damit bei Platon durch den *Gebrauch* funktional auf das Konkrete bezogen, bleiben aber eben deshalb thematisch und inhaltlich unbestimmt.

So kann mit Blick auf Kant und Wittgenstein festgehalten werden, dass bei Platon durch den Gebrauch eine Bindung des Theoretischen, des Wissens und der Ideen, an das Konkrete erfolgt. Platon zeigt die pragmatischen Bedingungen, in denen Theoretisches überhaupt erst ins Spiel gebracht wird, seinen Sinn und seine Rechtfertigung erhält. Über den im *Charmides* und *Lysis* explizit als Begriff entwickelten und in der Dialogform in Szene gesetzten Gebrauch ist das Theoretische je in das Konkrete verflochten, von dem es bedingt und auf das es selbst funktional bezogen ist. Die Konzeption theoretischen Wissens und die Voraussetzung von Ideen erfolgen bei Platon damit nicht um der Feststellung einer unabhängig vom Menschen gegebenen Wahrheit willen, sondern stets im Hinblick auf ihre pragmatische Ordnungs- und Orientierungsfunktion, die sie innerhalb der pragmatischen Lebensverhältnisse dem Menschen erfüllt. Eben aufgrund ihres im Gebrauch gegebenen Bezugs auf das Konkrete ist das theoretische Allgemeine dann nicht mehr abschließend, sondern allenfalls auf Zeit positiv bestimmbar. Um seine Funktionalität in Bezug auf das unbeständige Konkrete zu wahren, darf das Allgemeine selbst nicht abschließend definiert sein. Das Wissen (auch als Wissen um den Gebrauch des Theoretischen) sowie die Ideen entziehen sich daher in den platonischen Dialogen der Möglichkeit endgültiger theoretischer Festlegung. Sie richten das Denken im Erkennen von Gegenständen aus, ohne dabei zugleich selbst als Gegenstände intendiert zu werden. In der Suche nach Wissen und mit seinen Ideen geht es Platon damit weniger darum, zu abschließenden und endgültigen Festlegungen zu gelangen, als vielmehr um die Ordnungsfunktion, die sie in ihrer Voraussetzung im Denken, und damit um ihre Orientierungsfunktion, die sie in den pragmatischen Zusammenhängen des Lebens erfüllen. Sie sind nicht Selbstzweck, sondern es geht Platon um die Entfaltung der Möglichkeiten ihres *Gebrauchs*. Letztlich nimmt er durch ihre Kritik vermittels des Begriffs des Gebrauchs aber auch eine Begründung der Theorie vor. Er zeigt kritisch das nicht erfassbare Bedingungsfeld auf, innerhalb dessen Theorien bloß als vorläufige Festlegungen auf Ordnungen möglich, darin dann aber durchaus *brauchbar* sind.

Kant philosophierte in einem völlig anderen historischen und auch philosophischen Umfeld, verwandte aber dennoch den Begriff des Gebrauchs in einer systematischen Funktion, die deutliche Parallelen zu der für Platon herausgearbeiteten aufweist. Suchte die antike und mittelalterliche Philosophie als metaphysische Ontologie das Seiende, wie es ›an sich‹ und unabhängig vom Menschen gegeben sei, zu erkennen, werden mit der neuzeitlichen Philosophie, ausgehend von Descartes, die Bedingungen jedweder Erkenntnis in das erkennende, vernünftige Subjekt hineinverlegt. Kants theoretischer Philosophie zufolge konstituieren sich Objekte mit Hilfe der reinen Formen des Denkens und der Anschauung, die ihren Sitz im Subjekt selbst haben, also subjektiven Ursprungs sind. Objektivität ist demnach allein unter den Bedingungen ihr zugrundeliegender Subjektivität möglich. Aus der Referenz auf als unabhängig vom Menschen Gedachtes wird eine Selbstreferenz des Subjekts, das die Objekte seiner Erkenntnis in deren reinen Formen selbst hervorbringt.

Auch dieses kantische Konzept einer möglichen Objektivität aus Subjektivität ist vor dem Hintergrund ihres Gebrauchs zur Ordnung der Welt und damit zur Orientierung in ihr zu sehen. So erfolgt bei Kant durch den Begriff des Gebrauchs eine funktionale Bindung des Allgemeinen an das Konkrete, der verschiedenen Vermögen des Denkens und der Theoriebildung an die sinnlich wahrnehmbare Welt. Die oberste Instanz, von der in der kantischen Philosophie jedwede Theorie entworfen wird, ist die Vernunft. Ihre Bindung an das Sinnlich-Konkrete nimmt ihren Ausgang bei der Unterscheidung von Sinnlichkeit und Denken und erfolgt über die Urteilskraft als ›zuständigem‹ Teilvermögen der Vernunft. Durch die Anwendung der Form-Inhalt-Unterscheidung im transzendentalen Idealismus von Raum und Zeit auf sich selbst rettet Kant die Möglichkeit der Metaphysik – und damit des Denkens von Ordnung –, zugleich sind dadurch Verstand und Sinnlichkeit im Erkennen fest aneinander gebunden, ist das erkennende Denken stets ein Denken der Sinnenwelt. *Gebrauch* von seiner Vernunft zu machen, bedeutet insoweit, sie als Verstand funktional zu verwenden, um sich in der Sinnenwelt zu orientieren, indem diese in durch die Urteilskraft entworfenen, zweckmäßigen, d. h. *brauchbaren*, Ordnungen gedacht wird. Im Erkennen ist die Vernunft daher nach Kant keine abstrakte und vom Konkreten losgelöste ›Schwärmerei‹, sondern funktional auf die Sinnenwelt bezogen und insofern ›*brauchbar*‹. Und allein im Erfolg dieses auf die Sinnenwelt bezogenen *Gebrauchs*, nicht in der Richtigkeit einer Übereinstimmung mit einem unabhängig vom Sub-

4 Schluss: Gebrauch als Bedingung von Theorie

jekt gegebenen ›Ding an sich‹, erfährt der Entwurf ihrer Ordnungen seine vorläufige Bestätigung. Wie aber die Vernunft im Vermögen der Urteilskraft ihre Ordnungen der Natur entwirft, kann nach Kant nicht mehr auf Regeln gebracht werden. Als Ausgangspunkt jedes theoretischen, ordnenden Erkennens der Sinnenwelt entzieht sie sich selbst der Theoretisierung.

Doch auch in ihrem Entwurf von Ordnungen, denen kein Gegenstand der Erfahrung entspricht und von denen es nach Kant daher keine Erkenntnis geben kann, bleibt die Vernunft funktional auf die Sinnenwelt bezogen. Denn die Ideen werden allein als ›notwendige‹ Begriffe auf ihren Zweck hin entworfen, die Welt im Denken als ein systematisches Ganzes *brauchbar* einzurichten. Und nur insofern sie sich in dieser auf die konkrete Sinnenwelt bezogenen Funktion im Gebrauch als brauchbar erweisen, ist ihre hypothetische Voraussetzung gerechtfertigt. Schließlich sind auch die transzendentalen Begriffe und die Vernunft selbst als ihr oberster, aus dem alle weiteren abgeleitet werden sollen, funktional auf die Sinnenwelt bezogen, weil sie als Bedingungen der Möglichkeit einer Erkenntnis der Sinnenwelt gedacht sind. Auch ihr hypothetischer Entwurf, einschließlich des Selbstentwurfs der Vernunft, ist damit genau soweit gerechtfertigt, als sie funktional auf die Sinnenwelt bezogen bleiben und sich im auf die Sinnenwelt bezogenen Gebrauch als brauchbar erweisen. Und auch in ihrem über die Urteilskraft erfolgenden Entwurf transzendentaler Begriffe und in ihrem Selbstentwurf kann die Vernunft Kant zufolge selbst nicht mehr auf Regeln gebracht und abschließend festgelegt werden, sondern entzieht sich ihrer Theoretisierung.

Dass sich das Konkrete, auf das die Vernunft als oberstes Vermögen der Theoriebildung über den Gebrauch funktional bezogen ist, in stetem Wandel befindet, hat bei Kant zur Folge, dass die Vernunft, um sich selbst zu erhalten, darauf angewiesen ist, die von ihr entworfenen Ordnungen immer wieder infrage zu stellen. Die Erfahrung differenter fremder Vernunft kann dazu Anlass geben, ihre Ordnungen zu revidieren und neue ›passende‹ zu entwerfen. Aus dem Selbstentwurf der Vernunft wird so ein fortlaufender Prozess ihrer Selbsterhaltung, in dem sie in ihrem Gebrauch zwischen Selbstentwurf, anschließender Selbstkritik und erneutem Selbstentwurf oszilliert. Die Vernunft ist damit, weil sie im theoretischen Gebrauch funktional auf das sich beständig wandelnde Konkrete bezogen und von diesem bedingt ist, selbst nicht endgültig bestimmbar und entzieht sich abschließenden, positiven Festlegungen. Über den Begriff des Gebrauchs an das Konkrete gebunden und in ihrem Gebrauch Ordnungen in diesem stiftend, kann die Vernunft selbst nicht abschließend festgelegt werden. So gibt Kant ihrem Ordnungen ermöglichenden Gebrauch und ihrer Orientierungsfunktion den Vorrang vor der Möglichkeit ihrer theoretischen Festlegung.

Nach dem Vorbild des theoretischen Vernunftgebrauchs konzipiert Kant auch den praktischen. Wie im theoretischen geht es in ihm darum, Ordnungen zu ermöglichen und mit ihnen Orientierung – in diesem Falle moralische Orientierung. Der praktische Gebrauch der Vernunft verläuft wie der theoretische über die Urteilskraft, denn diese vermittelt, ohne dass diese Vermittlung auf Regeln zu bringen wäre, zwischen Allgemeinem und Konkretem, bezieht allgemeine Handlungsmaximen auf das konkrete Handeln. Durch den transzendentalen Idealismus wird neben der Idee der Welt als Ganze auch die Freiheit als brauchbare Vernunftidee, werden eine autonome Gestaltung der Natur nach den Vorstellungen der eigenen Vernunft und eben darin auch ein praktischer *Gebrauch* der Vernunft und Moralität im Umgang der Menschen miteinander denkbar. Allerdings erlangt der praktische Vernunftgebrauch gegenüber dem theoretischen bei Kant nun eine Vorrangstellung. Sie liegt einerseits darin begründet, dass Kant die moralische Nötigung durch das Sittengesetz nun als eine durch theoretische Gründe ›unleugbare‹ und daher höhere ›Wirklichkeit‹ versteht. Andererseits wird die Vernunft in ihrem theoretischen Gebrauch zu ihrem Selbstentwurf und ihrer Selbsterhaltung auch praktisch genötigt, weshalb sich in der Erfahrung der moralischen Nötigung durch den Kategorischen Imperativ zuletzt auch die reine praktische Vernunft selbst als ein unbestreitbares, apriorisches ›Faktum‹ ausspreche. Die Vernunft selbst zeigt sich nach Kant im Widerstand gegen die natürliche Neigung im Handeln nicht mehr allein als vorläufige und in ihrer Brauchbarkeit immer wieder zu bestätigende theoretische Hypothese, sondern sie zeigt sich in der moralischen Nötigung, von ihr *Gebrauch* zu machen als praktisches ›Faktum‹, wenn dieses auch nicht theoretisch erkannt werden kann. Im Praktischen erfolgt damit nach Kant in höherem Sinne, nämlich ›unleugbar‹, ein ›wirklicher‹ *Gebrauch* der Vernunft.

Mit dem Gebrauch als Vermittlung von Allgemeinem und Konkretem durch das Vermögen der Urteilskraft wiederholt sich bei Kant eine für den Begriff des Gebrauchs bei Platon herausgearbeitete Figur, die jedoch zugleich im Rahmen seines neuzeitlichen bewusstseinsphilosophischen Ansatzes beim Subjekt eine Verschiebung erfährt: Unsere Untersuchungen zu Platon zeigten, dass die platonischen Ideen nicht als unabhängig von allem Konkreten und vom Menschen selbst gegebene Entitäten vorausgesetzt werden. Sie werden vielmehr bezogen auf die sich wandelnden pragmatischen Verhältnisse als zeitlos vorausgesetzt, um in der Ausrichtung des Denkens auf sie Beständiges im sich wandelnden Mannigfaltigen vorläufig identifizieren zu können und es pragmatisch *brauchbar* werden zu lassen, in welcher Funktion sie sich selbst jedoch zugleich jedweder thematischer Identifikation entziehen. Sie werden also zwar funktional, d. h. zu ihrem Gebrauch, vorausgesetzt, jedoch so, dass diese ihren Ort außerhalb des Menschen selbst haben. Eben dies ändert sich bei Kant, in dessen neuzeitlicher philosophischer Konzeption die Ordnungen der Welt ihren Ursprung im erkennenden Subjekt selbst haben. Die Ordnungen, die bei Platon als Ideen zwar als funktional, aber doch als

4 Schluss: Gebrauch als Bedingung von Theorie

zeitlos und außerhalb des Menschen gelegen vorausgesetzt werden, stehen Kant zufolge in Abhängigkeit vom Subjekt, das sie den Strukturen seiner eigenen Vernunft und seines eigenen Erkenntnisvermögens gemäß sowie nach Maßgabe ihrer Brauchbarkeit für unser Leben entwirft. Die zum Gebrauch vorausgesetzten platonischen Ideen werden bei Kant zu brauchbaren Begriffen, die der Vernunft selbst entspringen. Die Idee des Guten wiederum als oberste Idee mit der Funktion, alle anderen Ideen zu einem konsistenten Ganzen zu integrieren, wird zur menschlichen Vernunft, die die Sinnenwelt als ein brauchbar eingerichtetes, systematisches Ganzes denkt. Und wie die Ideen und die Idee des Guten können die Verstandes- und Vernunftbegriffe, die brauchbare Ordnung und Orientierung im Unbeständigen ermöglichen, sowie die Vernunft selbst nicht abschließend definiert, sondern nur expliziert werden. Sie bleiben also von ihrer exemplarischen Verdeutlichung am sich wandelnden Konkreten, auf das sie funktional bezogen sind, abhängig, ermöglichen Ordnungen im Ungeordneten, entziehen sich aber genau darin selbst der abschließenden theoretischen Identifikation. So erfolgt auch die kantische Vernunftkritik vermittels des Begriffs des Gebrauchs, indem sie an die Stelle der Erkenntnis von Zeitlosem das Recht auf ein selbst nicht mehr erfassbares Entwerfen vorläufiger Ordnungen zum Zwecke ihres *Gebrauchs* setzt.

Bei Wittgenstein verschiebt sich die philosophische Perspektive abermals. Machte Kant gegenüber dem Begriff des Seienden den der Vernunft zum Ausgangspunkt der Philosophie, so geht Wittgenstein gegenüber dem Grundbegriff der Vernunft auf den der Sprache zurück. Verschob Kant gegenüber Platon die Bedingungen möglicher Erkenntnis von den als außerhalb des Menschen angesiedelt vorausgesetzen Ideen in das als vernünftig und transzendental gedachte Subjekt hinein, weil sich ihm zufolge Erkenntnisobjekte in den reinen Formen des Denkens und der Anschauung konstituieren, so werden diese Bedingungen mit Wittgenstein in den Bereich der Sprache verschoben. Demzufolge sind wir in der Erkenntnis der Welt stets durch unsere Sprache bedingt. Wir ›haben‹ die Strukturen der Welt und verfügen über sie allein in den Strukturen unserer Sprache und können unabhängig von dieser über jene keine Aussagen treffen. Wie in Kants theoretischer Philosophie die Objektivität unter den Bedingungen von Subjektivität gedacht ist, Referenz auf unabhängig vom Menschen Gegebenes zur Selbstreferenz des Subjekts auf von ihm selbst in den Formen seiner Erkenntnis entworfene Objekte wird, so wird die Referenz der Sprache, sei es auf unabhängig vom Menschen Gegebenes oder auf Vorstellungen von ihm, bei Wittgenstein nun zur unhintergehbaren sprachlichen Selbstreferenz. Eine Referenz auf unabhängig von der Sprache Gegebenes ist nach Wittgenstein ebenso undenkbar, wie für Kant eine Referenz auf unabhängig vom Erkenntnisvermögen gegebene ›Dinge an sich‹.

An Wittgensteins eigener Entwicklung seines sprachphilosophischen Ansatzes lässt sich die systematische Funktion des Begriffs des Gebrauchs nun besonders klar veranschaulichen. Denn stellte sich heraus, dass Platon der Brauchbarkeit des Wissens bzw. der Ideen und Kant der Brauchbarkeit der Vernunft den Vorrang vor der Einheit ihres jeweiligen Begriffs einräumen, die theoretische Identifizierbarkeit der Ideen und die abschließende Einheit der Vernunft letztlich hinter ihre Funktion zurücktreten lassen, in ihrem Gebrauch Ordnungen im nicht abschließend festlegbaren Konkreten zu ermöglichen, so gilt dies in Bezug auf den Begriff der Sprache für Wittgensteins frühes Hauptwerk, den *Tractatus logico-philosophicus*, zunächst gerade nicht. Wittgenstein gibt hier einer einheitlichen Konzeption der Sprache den Vorzug vor der Frage nach den Möglichkeiten ihres Gebrauchs, meint jedoch zunächst, diesen dennoch angemessen zu berücksichtigen, indem er ihn aus einer vorausgesetzten Einheit der Sprache selbst als einheitlich begreift. So setzt er in seinem Frühwerk eine der Sprache zugrunde liegende einheitliche und zeitlose logische Ordnung voraus. Als eine Ordnung der Möglichkeiten der Sprache begrenze sie zugleich die Möglichkeiten, in denen diese überhaupt nur gebraucht werden und in denen allein sich die Welt in ihrer konkreten Gestalt konstituieren kann. Weil die Logik die Möglichkeiten des Gebrauchs bereitstelle und diesem vorausgehe, könne sie sich in ihm ›zeigen‹, durch eine logische Analyse der Sprache zutage gefördert und so erkannt werden. Die vorausgesetzte Einheit der Sprache gewährleistet damit eine in ihren Möglichkeiten festgelegte Einheit ihres Gebrauchs und dadurch eine in ihren Möglichkeiten festgelegte Einheit der Welt.

Mit seinem Spätwerk dreht Wittgenstein dieses Verhältnis zwischen Logik und Gebrauch der Sprache um und versteht nun die Sprache, wie Platon die Ideen und Kant die Vernunft, aus ihrem auf das Uneinheitliche, nicht Festgelegte und nie vollständig Erfassbare gerichteten *Gebrauch*. Diese Revision seiner frühen Philosophie und ihr auslösendes Moment lassen die Funktion des Begriffs des Gebrauchs deutlich hervortreten: Der Auslöser für Wittgensteins Wende zum Gebrauch findet sich in seiner Einsicht, dass sich die Vorstellung, der Sprache müsse eine allgemeine Logik zugrunde liegen, die sich in ihrem Gebrauch ›zeige‹, letztlich nicht phänomenal am Sprachgebrauch nachweisen lässt. Die logische Einheit der Sprache, die durch ›Analyse‹ ans Licht gebracht werden sollte, wird als ungerechtfertigte Voraussetzung und bloße Konstruktion entlarvt, die dem konkret beobachtbaren, unbeständigen und nie vollständig erfassbaren Gebrauch der Sprache nicht gerecht wird. Sie ist daher für ein Verständnis der ›tatsächlichen‹ Sprache, der sich über sie konstituierenden Verhältnisse in der den Menschen umgebenden Welt und auch zu einer gelingenden Kommunikation mit anderen über diese Verhältnisse *unbrauchbar*. Der Gebrauch der Sprache folgt offensichtlich anderen Ordnungen, die sich gerade nicht als einheitlich erfass- und abschließend

4 Schluss: Gebrauch als Bedingung von Theorie

identifizierbar zeigen. So denkt Wittgenstein in seinem Spätwerk die Ordnungen der Sprache und damit der Welt – wie schon Kant die Ordnungen der Vernunft, in denen die Welt als Ganze entworfen wird, und Platon die Ideen, nach denen ausgerichtet der Mensch die Welt zu denken vermag – ausgehend von ihrem auf das unbeständige Konkrete bezogenen und daher selbst vielfältigen und nicht auf allgemeine Bedeutungen und eine Einheit des Sinns festlegbaren alltäglichen Gebrauch.

Dieser ist, weil er durch keine logische Einheit abschließend festgelegt ist, deshalb keinesfalls völlig ungeordnet. Entsprechend der den Menschen umgebenden, sich wandelnden und nie im Ganzen überschaubaren Verhältnisse evoluiert der Gebrauch von Wörtern in mit unseren Handlungen verflochtenen Sprachspiel*en*, die wir als *das* Sprachspiel im Rahmen unserer Lebensform spielen. Der Sprachgebrauch ist weder unveränderlich noch ungeordnet, sondern in fluktuanten Netzstrukturen organisiert, in denen er sich bei gleichzeitiger Wiedererkennbarkeit in Spielräumen möglichen Verstehens verschiebt und weiterentwickelt. Die Sprachspiele bilden für den Gebrauch einzelner Wörter und die Lebensform für den Gebrauch von Sprachspielen solche Spielräume. Sie begrenzen den Gebrauch der Sprache und stellen dadurch Verstehbarkeit sicher, sind jedoch ihrerseits fluktuant und können damit theoretisch nicht abschließend und vollständig erfasst werden. Die je weiter gefassten Spielräume sind zu den je engeren und dichteren Kontextbereichen des Sprachgebrauchs, weil in ihnen ›Ähnlichkeiten‹ von Gebrauch zu Gebrauch langsamer wegfallen, lediglich stabiler. Sie evoluieren im Verhältnis zu dem von ihnen jeweils begrenzten Bereich langsamer, bieten damit dem schnelleren Wandel in ihnen einen zeitlichen, vorläufigen Halt und ermöglichen so Ordnungen im Verstehen von Sprache und Welt, ohne dass ihre Entwicklung vorbestimmt oder aus einem Allgemeinen ableitbar wäre.

Indem Wittgenstein die alltägliche Sprache in ihrem Gebrauch nicht durch zeitlose, sondern durch zeitliche, fluktuante Ordnungen und Bedeutungen strukturiert sieht, öffnet er den Begriff der Sprache ins Individuelle und nicht abschließend Festlegbare. Die Ordnungen und Bedeutungen der Sprache bleiben von den sich wandelnden individuell-situativen Bedingungen ihres Gebrauchs bedingt, wie Platon die Ideen und das Wissen stets in Abhängigkeit von ihren jeweiligen Gebrauchssituationen inszenierte und Kant seinen Begriff der Vernunft als im Gebrauch einer je anders bedingten eigenen und fremden Vernunft konzipierte. Ausgehend von ihrem auf das unbeständige Konkrete bezogenen Gebrauch ist die Sprache dann wie die kantische Vernunft und die platonischen Ideen nicht mehr abschließend theoretisch erfassbar. Dafür beschreibt Wittgenstein mit ihr ein Vermögen, von dem in pragmatischem Sinne vor allem zur Bewältigung von Situationen des Lebens Gebrauch gemacht wird. Eben deshalb nimmt er eine Kritik von Theorieansätzen vor, die sie auf einheitliche Funktionen oder Funktionsweisen festlegen, und zeigt, dass diese nur einzelne ihrer Funktionsweisen benennen und in unzulässiger Weise generalisieren. Ihnen entgegen erinnert er, dem mannigfachen Gebrauch der Vernunft bei Kant und den vielfältigen Situationen des Gebrauchs theoretischen Wissens und der Ideen bei Platon entsprechend, an die prinzipielle Unübersichtlichkeit der verschiedenen Funktionen und Gebrauchsweisen der Sprache. Wird sie nicht wie noch in seinem eigenen *Tractatus* von ihrem konkreten Gebrauch abstrahiert und als einheitlich und zeitlos vorausgesetzt, sondern in ihrem Gebrauch gedacht, stiftet sie vorläufige Ordnungen im unbeständigen und nie vollständig überschaubaren Konkreten, lässt dieses verstehen und gebrauchen, entzieht sich eben darin jedoch selbst jeder abschließenden positiven Bestimmung.

Der Übergang von der Konzeption des *Tractatus* zu Wittgensteins Spätwerk lässt die systematische Funktion, die mit der Verwendung des Begriffs des Gebrauchs nicht nur bei ihm selbst, sondern auch bei Kant und Platon einhergeht, nun deutlich zutage treten: Werden Ordnungen als zeitlose Einheiten abschließend theoretisch erfasst, ist dies nur möglich, indem sie von allem wandelbaren und nie vollständig überschaubaren Sinnlich-Konkreten abstrahiert und konstruiert werden. Eben deshalb sind sie dann auf dieses Konkrete bezogen *unbrauchbar*. Wittgenstein stellt den Ansatz seines *Tractatus* daher schließlich selbst infrage und gibt in der philosophischen Konzeption seines Spätwerks der auf das Konkrete bezogenen Funktionalität des Allgemeinen den Vorrang vor dessen theoretischer Einheit, die er nun preisgibt. Die Rückbindung des Allgemeinen an das Konkrete, der Sprache an die sich in ihr konstituierende unübersichtliche und unbeständige konkrete Welt, erfolgt wie bei Platon und Kant über den Begriff des *Gebrauchs*. Mit ihm werden die pragmatischen Bedingungen beleuchtet und philosophisch berücksichtigt, unter denen es überhaupt erst zu den verschiedenen Formen des Theoretischen kommt. Über diesen funktional auf das uneinheitliche und zeitliche Konkrete bezogen, sind dann immer nur vorläufige und unvollständige Ordnungen und Entwürfe des Allgemeinen, sind immer nur Orientierungen auf Zeit möglich. Der späte Wittgenstein liefert damit auch nur eine vorläufige und unvollständige Übersicht über die Sprache, wie auch Kant und Platon nur vorläufige und unvollständige Begriffe der Vernunft und der Ideen bzw. dem platonischen Sokrates nur vorläufige und unvollständige Bestimmungen des Wissens gelingen. Wittgenstein wehrt sich dementsprechend auch dagegen, mit seinem Spätwerk eine neue *Theorie* der Sprache, eine Gebrauchstheorie, zu entwickeln. Denn »[...] wir dürfen keinerlei Theorie aufstellen. Es darf nichts Hypothetisches in unseren Betrachtungen sein. Alle *Erklärung* muss fort, und nur Beschreibung an ihre Stelle treten.« (PU, § 109) – Beschreibung des auf das nicht festgelegte und nicht vollständig überschaubare Konkrete bezogenen *Gebrauchs*. Durch den Begriff des Gebrauchs wird damit auch bei Wittgenstein das Allgemeine, hier

4 Schluss: Gebrauch als Bedingung von Theorie

in Gestalt der Sprache, funktional auf das Konkrete bezogen; es ermöglicht Ordnungen in diesem, um den Preis, dass sich dieses Allgemeine selbst dann der Möglichkeit endgültiger theoretischer Erfassung und Festlegung entzieht.

Die drei in den Blick genommenen Philosophien bilden für eine Verwendung des Begriffs des Gebrauchs denkbar unterschiedliche philosophische Kontexte. Doch zeigt sich, dass diesem in den drei so unterschiedlichen philosophischen Konzeptionen dennoch vergleichbare systematische Funktionen zukommen.

Sowohl bei Platon als auch bei Kant und Wittgenstein wird über den Begriff des Gebrauchs das Allgemeine, von dem jeweils unterschiedliche Formen des Theoretischen ihren Ausgang nehmen, funktional auf das unbeständige und unüberschaubare Konkrete bezogen. Mit der philosophiehistorischen Entwicklung von der antiken metaphysischen Ontologie zur neuzeitlichen Bewusstseinsphilosophie bis hin zur Sprachphilosophie des 20. Jahrhunderts wird dieses Allgemeine, von dem ausgehend das Konkrete seine Ordnungen erhält, jedoch völlig unterschiedlich angesetzt. Es sind bei Platon das Wissen und die Ideen, bei Kant die Vernunft und schließlich bei Wittgenstein die Sprache. Werden die Ideen und wird die Idee des Guten noch als außerhalb des Menschen befindlich vorausgesetzt, das Wissen als ein Wissen von außerhalb des Menschen gelegenen Ideen, so wird die Instanz, von der jegliche Ordnung ausgeht, bei Kant zur Vernunft, die als Form im Denken Ordnungen im mannigfaltigen Konkreten entwirft. Damit wird die oberste Instanz, von der jede Identifikation und jedwede Theorie ausgeht, bei Kant zu einem menschlichen Vermögen und in das Subjekt selbst hineingelegt, bevor es mit Wittgenstein abermals, nämlich in den Bereich der Sprache verschoben wird, in deren Ordnungen sich die den Menschen umgebende Welt konstituiert. Ist Wissen bei Platon durch eine Referenz auf außerhalb des Menschen Gegebenes gedacht, so wird diese bei Kant zur widerspruchsfreien Selbstreferenz des Subjekts, das sich im Denken auf von ihm selbst entworfene Ordnungen bezieht, während bei Wittgenstein aus der Selbstreferenz des Subjekts eine sprachliche Selbstreferenz wird, in der sich sprachliche Klarheit einstellt oder nicht.

Durch die Verwendung des Begriffs des Gebrauchs wird das Allgemeine, Ideen, Vernunft und Sprache, funktional an das Konkrete gebunden und so auf die pragmatischen Bedingungen aufmerksam gemacht, in denen es überhaupt erst zum Allgemeinen kommt. Zugleich wird so gezeigt, dass das Allgemeine nicht um seiner selbst willen als abstrakte theoretische Einheit gedacht und vorausgesetzt wird. Ideen, Vernunft und Sprache werden im Hinblick auf ihre Ordnungsfunktionen entworfen, die sie in Bezug auf die konkreten, den Menschen umgebenden pragmatischen Verhältnisse erfüllen, um Orientierungen auf Zeit im unüberschaubaren und unbeständigen Konkreten denkbar werden zu lassen. In seiner Gestalt gerät das Allgemeine dadurch in Abhängigkeit vom Konkreten. Die Ideen sind dann Funktionsideen, die Vernunft eine je ästhetisch bedingte und im ständigen Prozess ihrer Selbsterhaltung befindliche eigene und fremde Vernunft, und die Sprache ist kein bloßes Abstraktum, sondern ein stets in ihre Gebrauchskontexte verflochtenes und durch diese bedingtes ›Sprachspiel‹. Die Kontexte und damit der Funktionsrahmen, durch den das Allgemeine bedingt ist, verändern sich, sind in jeder Situation andere. Die Ideen, die Vernunft und die Sprache entziehen sich daher selbst jeder abschließenden und festlegenden Bestimmung, durch den Gebrauch werden ihre Begriffe ins Unbestimmbare und Individuelle geöffnet, denn würden sie in abschließenden positiven Begriffen festgelegt, wären sie bezogen auf das sich wandelnde Konkrete *unbrauchbar*. So vermeidet Platon in seiner ›inhaltsleeren‹ Ideenannahme allgemeine Festlegungen, was diese seien. Die Ideen und das Wissen davon, was etwas ist, zeigen sich je nach dialogischem Handlungsrahmen, in dem gleichwohl erfolgreicher Gebrauch von ihnen gemacht wird, auf andere Weise. Kant öffnet die Vernunft von ihrem allgemeinen Begriff in das individuelle und theoretisch nur negativ, nie positiv Fassbare hinaus, indem er sie ausgehend von ihrem jeweils eigenen und fremden, individualisierten und immer anders bedingten Gebrauch denkt, in dem sie sich immer anders zeigt. Wittgenstein schließlich öffnet seinen theoretisch geschlossenen Sprachbegriff des *Tractatus* ins nicht abschließend Bestimmbare hinaus, indem er in seinem Spätwerk nicht mehr von einer einzigen Ordnung oder Funktion ausgeht, die der Sprache wesentlich zueigen, ausfindig zu machen und positiv zu formulieren ist, sondern es bei der Vielzahl unterschiedlichster und vorläufiger Funktionen und Regeln belässt, die sich in der Beobachtung des in fluktuanten Netzstrukturen evoluierenden Gebrauchs der Sprache innerhalb sich wandelnder Kontexte zeigen. Daher kann nicht abschließend gesagt werden, was die Ideen, die Vernunft oder die Sprache sind. Es zeigt sich jeweils in den einzelnen, individuellen Situationen ihres Gebrauchs aufs Neue.

Letztlich scheint es Platon, Kant und Wittgenstein darauf aber auch nicht anzukommen. Es geht ihnen nicht vorrangig darum, Ideen, Vernunft und Sprache in ihren Begriffen abschließend zu definieren und endgültig festzulegen, sondern um die Orientierungsfunktion, die sie dem Menschen innerhalb des alltäglichen und konkreten Bedingungsgeflechts erfüllen. Sie sind nicht Selbstzweck, sondern es geht um die Möglichkeiten ihres *Gebrauchs* innerhalb der sich wandelnden und den Menschen umgebenden Verhältnisse. Und eben damit sie diese Funktion erfüllen können, zum Gebrauch tauglich werden, werden ihre Begriffe als vorläufige Ordnungen vorausgesetzt, letztlich jedoch für sich wandelnde Gebrauchskontexte offen gehalten und erfahren keine letzte positive Bestimmung.

Durch den Begriff des Gebrauchs werden damit sowohl bei Platon also auch bei Kant und Wittgenstein die Grenzen von Theoretisierungen durch das Individuelle und nicht abschließend Bestimmbare gezogen. Das Feld möglicher Theorie wird erst vor dem Hintergrund ihres immer individuellen Gebrauchs fassbar und klar umgrenzbar. Die Theorie erfährt damit eine Einschränkung, zugleich erhält sie aber auch ihr Recht und ihren Sinn. Philosophen vom Rang Platons, Kants und Wittgensteins philosophieren weniger um der abschließenden Festlegung abstrakter Wahrheiten willen, sondern um Orientierungen auf Zeit zu ermöglichen, die *brauchbar* sind.

Zitierweise

Platon wird zitiert nach: ders.: Werke in 8 Bänden. Griechisch und Deutsch, hg. v. Gunther Eigler, Wissenschaftliche Buchgesellschaft, 4. unveränderte Aufl. 2005 (Griechischer Text von »Les Belles Lettres« in der jeweils letzten Ausgabe; die deutsche Übersetzung: beruht mit mit leichten Anpassungen in allen Dialogen, die von Friedrich Schleiermacher übersetzt wurden, auf dessen Übersetzung aus: ders.: Platons Werke, 2. verb. Aufl., Berlin 1817–1828; die Briefe in Übersetzung von Dietrich Kurz; *Timaios*, *Kritias*, *Minos* und die *Gesetze* in Übersetzungen von Hieronymos Müller, Klaus Schöpsdau).

Die K*ritik der reinen Vernunft* (KrV) wird nach der Seitenzählung der Originalausgaben zitiert: die erste Auflage von 1781 unter der Sigle A, die zweite, erheblich überarbeitete Auflage von 1787 unter der Sigle B. Die *Kritik der praktischen Vernunft* (KpV) wird nach den Seitenzahlen der Originalausgabe der 1. Auflage (A) zitiert. Die *Kritik der Urteilskraft* (KU) wird nach den Seitenzahlen der korrigierten und ergänzten 2. Auflage der Originalausgabe (B) von 1793 zitiert. Die erste Fassung der Einleitung zur *Kritik der Urteilskraft* wird nach den Seitenzahlen der Originalhandschrift unter der Sigle H zitiert. Die übrigen Schriften Kants werden nach der Ausgabe der Preußischen Akademie (AA) der Wissenschaften zitiert, die seit 1900 erarbeitet wird.

Wittgenstein wird zitiert nach: Ludwig Wittgenstein. Werkausgabe in 8 Bänden, hg. v. Gertrude E. M. Anscombe und Georg H. von Wright, 1. Aufl., Frankfurt a. M. 1984. Wittgensteins Briefwechsel wird zitiert nach: Ludwig Wittgenstein: Briefe. Briefwechsel mit B. Russell, G. E. Moore, L. M. Keynes, F. P. Ramsey, W. Eccles, P. Engelmann und L. von Ficker, hg. v. Brian F. McGuinness und G. H. von Wright, Frankfurt a. M. 1980 (BW). Die *Vorlesungen über die Grundlagen der Mathematik* werden zitiert nach: Ludwig Wittgenstein: Vorlesungen über die Grundlagen der Mathematik, Cambridge, 1939: Nach den Aufzeichnungen von R. G. Bosanquet, Norman Malacolm, Rush Rhees u. Yorick Smythies, in: Ludwig Wittgenstein: Schriften, Bd. 7, hg. v. Cora Diamond, übers. v. Joachim Schulte, Frankfurt 1978.

Sofern Hervorhebungen in zitierten Texten vorgenommen werden, wird darauf unter Angabe des Kürzels »MSvR« verwiesen.

Siglenverzeichnis

Platon:

Alk.   *Alkibiades I*, in: Platon: Werke in 8 Bänden. Griechisch und Deutsch, hg. v. Gunther Eigler, 4. unveränderte Aufl., Bd. 1, Darmstadt: Wissenschaftliche Buchgesellschaft 2005, S. 527–637.

Apol.   *Die Apologie des Sokrates*, in: Platon: Werke in 8 Bänden. Griechisch und Deutsch, hg. v. Gunther Eigler, 4. unveränderte Aufl., Bd. 2, Darmstadt: Wissenschaftliche Buchgesellschaft 2005, S. 1–69.

Charm.   *Charmides*, in: Platon: Werke in 8 Bänden. Griechisch und Deutsch, hg. v. Gunther Eigler, 4. unveränderte Aufl., Bd. 1, Darmstadt: Wissenschaftliche Buchgesellschaft 2005, S. 287–349.

Ep.   *Briefe*, in: Platon: Werke in 8 Bänden. Griechisch und Deutsch, hg. v. Gunther Eigler, 4. unveränderte Aufl., Bd. 5, Darmstadt: Wissenschaftliche Buchgesellschaft 2005, S. 321–481.

Euthyd.   *Euthydemos*, in: Platon: Werke in 8 Bänden. Griechisch und Deutsch, hg. v. Gunther Eigler, 4. unveränderte Aufl., Bd. 2, Darmstadt: Wissenschaftliche Buchgesellschaft 2005, S. 109–219.

Euthyphr.   *Euthyphron*, in: Platon: Werke in 8 Bänden. Griechisch und Deutsch, hg. v. Gunther Eigler, 4. unveränderte Aufl., Bd. 1, Darmstadt: Wissenschaftliche Buchgesellschaft 2005, S. 351–397.

Gorg.   *Gorgias*, in: Platon: Werke in 8 Bänden. Griechisch und Deutsch, hg. v. Gunther Eigler, 4. unveränderte Aufl., Bd. 2, Darmstadt: Wissenschaftliche Buchgesellschaft 2005, S. 269–503.

Hipp.   Mai. *Hippias Maior*, in: Platon: Werke in 8 Bänden. Griechisch und Deutsch, hg. v. Gunther Eigler, 4. unveränderte Aufl., Bd. 1, Darmstadt: Wissenschaftliche Buchgesellschaft 2005, S. 453–525.

Krat.   *Kratylos*, in: Platon: Werke in 8 Bänden. Griechisch und Deutsch, hg. v. Gunther Eigler, 4. unveränderte Aufl., Bd. 3, Darmstadt: Wissenschaftliche Buchgesellschaft 2005, S. 395–575.

Lach.   *Laches* , in: Platon: Werke in 8 Bänden. Griechisch und Deutsch, hg. v. Gunther Eigler, 4. unveränderte Aufl., Bd. 1, Darmstadt: Wissenschaftliche Buchgesellschaft 2005, S. 219–285.

Lys.   *Lysis*, in: Platon: Werke in 8 Bänden. Griechisch und Deutsch, hg. v. Gunther Eigler, 4. unveränderte Aufl., Bd. 1, Darmstadt: Wissenschaftliche Buchgesellschaft 2005, S. 399–451.

Men.   *Menon*, in: Platon: Werke in 8 Bänden. Griechisch und Deutsch, hg. v. Gunther Eigler, 4. unveränderte Aufl., Bd. 2, Darmstadt: Wissenschaftliche Buchgesellschaft 2005, S. 505–599.

Parm.   *Parmenides*, in: Platon: Werke in 8 Bänden. Griechisch und Deutsch, hg. v. Gunther Eigler, 4. unveränderte Aufl., Bd. 5, Darmstadt: Wissenschaftliche Buchgesellschaft 2005, S. 195–319.

Phd.	*Phaidon*, in: Platon: Werke in 8 Bänden. Griechisch und Deutsch, hg. v. Gunther Eigler, 4. unveränderte Aufl., Bd. 3, Darmstadt: Wissenschaftliche Buchgesellschaft 2005, S. 1–207.
Phdr.	*Phaidros*, in: Platon: Werke in 8 Bänden. Griechisch und Deutsch, hg. v. Gunther Eigler, 4. unveränderte Aufl., Bd. 5, Darmstadt: Wissenschaftliche Buchgesellschaft 2005, S. 1–193.
Pol.	*Politikos*, in: Platon: Werke in 8 Bänden. Griechisch und Deutsch, hg. v. Gunther Eigler, 4. unveränderte Aufl., Bd. 6, Darmstadt: Wissenschaftliche Buchgesellschaft 2005, S. 403–579.
Prot.	*Protagoras*, in: Platon: Werke in 8 Bänden. Griechisch und Deutsch, hg. v. Gunther Eigler, 4. unveränderte Aufl., Bd. 1, Darmstadt: Wissenschaftliche Buchgesellschaft 2005, S. 83–217.
Rep.	*Politeia (Der Staat)*, in: Platon: Werke in 8 Bänden. Griechisch und Deutsch, hg. v. Gunther Eigler, 4. unveränderte Aufl., Bd. 4, Darmstadt: Wissenschaftliche Buchgesellschaft 2005.
Soph.	*Sophistes*, in: Platon: Werke in 8 Bänden. Griechisch und Deutsch, hg. v. Gunther Eigler, 4. unveränderte Aufl., Bd. 6, Darmstadt: Wissenschaftliche Buchgesellschaft 2005, S. 219–401.
Symp.	*Symposion*, in: Platon: Werke in 8 Bänden. Griechisch und Deutsch, hg. v. Gunther Eigler, 4. unveränderte Aufl., Bd. 3, Darmstadt: Wissenschaftliche Buchgesellschaft 2005, S. 209–393.
Theait.	*Theaitetos*, in: Platon: Werke in 8 Bänden. Griechisch und Deutsch, hg. v. Gunther Eigler, 4. unveränderte Aufl., Bd. 6, Darmstadt: Wissenschaftliche Buchgesellschaft 2005, S. 1–217.

Kant:

Anth.	*Anthropologie in pragmatischer Hinsicht*, in: AA VII, S. 117–333.
BFA	Beantwortung der Frage: Was ist Aufklärung?, in: AA VIII, S. 33–42.
De mundi	*De mundi sensibilis atque intelligibilis forma et principiis*, in: AA II, S. 385–419.
KpV	*Kritik der praktischen Vernunft*
KrV	*Kritik der reinen Vernunft*
KU	*Kritik der Urteilskraft*
KU,	H 1. Fassung der *Einleitung* zur *Kritik der Urteilskraft*, in: Kant, Immanuel: Erste Einleitung in die Kritik der Urteilskraft. Faksimile und Transskription, hg. v. Norbert Hinske, Festgabe f. Wilhelm Weischedel zum 60. Geburtstag, Stuttgart-Bad Cannstadt 1965.
Log.	*Logik*, in: AA IX, S. 1–150.
MA	*Metaphysische Anfangsgründe der Naturwissenschaften*, in: AA IV, S. 465–565.
MS	*Metaphysik der Sitten*, in: AA VI, S. 203–493.
O	Was heißt: Sich im Denken orientieren?, in: AA VIII, S. 131–147.
Prol.	*Prolegomena zu einer jeden künftigen Metaphysik, die als Wissenschaft wird auftreten können*, in: AA IV, 253–383.

Siglenverzeichnis 293

R. *Nachlassrefelxionen*, in: AA XIV–XXIII.
VTF *Verkündigung des nahen Abschlusses eines Tractats zum ewigen Frieden in der Philosophie*, in: AA VIII, 411–422.
VUGR *Von dem ersten Grunde des Unterschiedes der Gegenden im Raume*, in: AA II, S. 375–383.

Wittgenstein:

BGM *Bemerkungen über die Grundlagen der Mathematik*, in: Ludwig Wittgenstein. Werkausgabe in 8 Bänden, hg. v. Gertrude E. M. Anscombe und Georg H. von Wright, 1. Aufl., Bd. 6, Frankfurt a. M. 1984.
BW *Briefwechsel*, in: Ludwig Wittgenstein: Briefe. Briefwechsel mit B. Russell, G. E. Moore, L. M. Keynes, F. P. Ramsey, W. Eccles, P. Engelmann und L. von Ficker, hg. v. Brian F. McGuinness und G. H. von Wright, Frankfurt a. M. 1980.
BlB *Das Blaue Buch*, in: Ludwig Wittgenstein. Werkausgabe in 8 Bänden, hg. v. Gertrude E. M. Anscombe und Georg H. von Wright, 1. Aufl., Bd. 5, Frankfurt a. M. 1984.
LS *Letzte Schriften über die Philosophie der Psychologie*, in: Ludwig Wittgenstein. Werkausgabe in 8 Bänden, hg. v. Gertrude E. M. Anscombe und Georg H. von Wright, 1. Aufl., Bd. 7, Frankfurt a. M. 1984.
PG *Philosophische Grammatik*, in: Ludwig Wittgenstein. Werkausgabe in 8 Bänden, hg. v. Gertrude E. M. Anscombe und Georg H. von Wright, 1. Aufl., Bd. 4, Frankfurt a. M. 1984.
PU *Philosophische Untersuchungen*, in: Ludwig Wittgenstein. Werkausgabe in 8 Bänden, hg. v. Gertrude E. M. Anscombe und Georg H. von Wright, 1. Aufl., Bd. 1, Frankfurt a. M. 1984.
TLP *Tractatus logico-philosophicus*, in: Ludwig Wittgenstein. Werkausgabe in 8 Bänden, hg. v. Gertrude E. M. Anscombe und Georg H. von Wright, 1. Aufl., Bd. 1, Frankfurt a. M. 1984.
ÜG *Über Gewissheit*, in: Ludwig Wittgenstein. Werkausgabe in 8 Bänden, hg. v. Gertrude E. M. Anscombe und Georg H. von Wright, 1. Aufl., Bd. 8, Frankfurt a. M. 1984.
VB *Vermischte Bemerkungen*, in: Ludwig Wittgenstein. Werkausgabe in 8 Bänden, hg. v. Gertrude E. M. Anscombe und Georg H. von Wright, 1. Aufl., Bd. 8, Frankfurt a. M. 1984.
VGM *Vorlesungen über die Grundlagen der Mathematik*, Cambridge, 1939: Nach den Aufzeichnungen von R. G. Bosanquet, Norman Malacolm, Rush Rhees u. Yorick Smythies, in: Ludwig Wittgenstein: Schriften, Bd. 7, hg. v. Cora Diamond, übers. v. Joachim Schulte, Frankfurt 1978.
Z *Zettel*, in: Ludwig Wittgenstein. Werkausgabe in 8 Bänden, hg. v. Gertrude E. M. Anscombe und Georg H. von Wright, 1. Aufl., Bd. 8, Frankfurt a. M. 1984.

Literaturverzeichnis

Werkausgaben

Friedrich Schleiermacher: Platons Werke, 2. verb. Aufl., Berlin 1817–1828.
Platon: Werke in 8 Bänden. Griechisch und Deutsch, hg. v. Gunther Eigler, Wissenschaftliche Buchgesellschaft, 4. unveränderte Aufl. 2005.
Kant's gesammelte Schriften, hg. v. d. königlich preußischen Akademie der Wissenschaften, 29 Bde., Berlin 1900 ff., Nachdruck 1972.
Ludwig Wittgenstein. Werkausgabe in 8 Bänden, hg. v. Gertrude E. M. Anscombe und Georg H. von Wright, 1. Aufl., Frankfurt a. M. 1984.
Ludwig Wittgenstein: Briefe. Briefwechsel mit B. Russell, G. E. Moore, L. M. Keynes, F. P. Ramsey, W. Eccles, P. Engelmann und L. von Ficker, hg. v. Brian F. McGuinness und G. H. von Wright, Frankfurt a. M. 1980.
Ludwig Wittgenstein: Schriften, hg. v. Cora Diamond, übers. v. Joachim Schulte, Frankfurt 1978.

Forschungsliteratur

Abel, Günter: Sprache, Zeichen, Interpretation, Frankfurt a. M. 1999.
Adams, Don: A Socratic Theory of Friendship, in: International Philosophical Quarterly 35 (1995), S. 269–282.
Allen, Reginald E. (Hg.): Studies in Plato's Metaphysics, London 1965, S. 97–147.
Amereller, Erich: Die Abbildende Beziehung. Zum Problem der abbildenden Beziehung im *Tractatus*, in: Vossenkuhl, Wilhelm (Hg.): Ludwig Wittgenstein. Tractatus logico-philosophicus, Berlin 2001 (= Klassiker Auslegen, Bd. 10), S. 111–139.
Apel, Karl-Otto: Die Herausforderung der totalen Vernunftkritik und das Programm einer philosophischen Theorie der Rationalitätstypen, Concordia 11 (1987).
Apel, Karl-Otto: Transformation der Philosophie, Bd. I, Frankfurt a. M. 1976.
Aportone, Anselmo: Gestalten der transzendentalen Einheit. Bedingungen der Synthesis bei Kant, Berlin/New York 2009 (= Kant-Studien Ergänzungshefte; Bd. 161).
Aristoteles: Nikomachische Ethik, hg. v. Günther Bien, 4. Aufl., Hamburg 1985.
Arnswald, Ulrich/Weiberg, Anja (Hg.): Der Denker als Seiltänzer. Ludwig Wittgenstein über Religion, Mystik und Ethik, Düsseldorf 2001.
Ast, Friedrich: Platons Leben und Schriften. Ein Versuch, im Leben wie in den Schriften des Platon das Wahre und Aechte vom Erdichteten und Untergeschobenen zu scheiden, und die Zeitfolge der ächten Gespräche zu bestimmen. Als Einleitung in das Studium des Platon, Leipzig/Frankfurt 1816, 428–434.

Austin, John L.: How to Do Things with Words (1961), dt. Bearb. v. Eike von Savigny: Zur Theorie der Sprechakte, Stuttgart 1962.
Baker, Gordon P./Hacker, Peter M. S.: An Analytical Commentary on the Philosophical Investigations, Bd. 2: Wittgenstein. Rules, Grammar and Necessity, Oxford 1985.
Baker, Gordon P./Hacker, Peter M. S.: Language, Sense and Nonsens, Oxford 1984.
Baker, Gordon P./Hacker, Peter M. S.: Scepticism, Rules and Language, Oxford, 1984.
Baker, Gordon P./Hacker, Peter M. S.: An Analytical Commentary on the Philosophical Investigations, Bd. 1: Wittgenstein. Undestanding and Meaning, Oxford 1980.
Barnes, Jonathan: Review of: Creationism an its Critics in Antiquity by David Sedley, in: London Review of Books 30.11 (2008), S. 30–31.
Bartuschat, Wolfgang: Zum systematischen Ort von Kants Kritik der Urteilskraft, Frankfurt a. M. 1972.
Baudy, Gerhard J.: Adonisgärten. Studien zur antiken Samensymbolik, Frankfurt a. M. 1986.
Baumanns, Peter: Kants Philosophie der Erkenntnis. Durchgesehener Kommentar zu den Hauptkapiteln der ›Kritik der reinen Vernunft‹, Würzburg 1997.
Becker, Sven: Kant zur moralischen Selbsterkenntnis, in: Kant-Studien 97 (2006), S. 163–183.
Begemann, Albertus W.: Plato's Lysis, Amsterdam 1960.
Bek, Michael: Die Vermittlungsleistung der reflektierenden Urteilskraft, in: Kant-Studien 92 (2001), S. 296–327.
Bell, David: Solipsismus, Subjektivität und öffentliche Welt, in: Vossenkuhl, Wilhelm: Ludwig Wittgenstein. Tractatus logico-philosophicus, Berlin 2001 (=Klassiker Auslegen, Bd. 10), S. 275–303.
Berlich, Alfred: Elenktik des Diskurses. Karl-Otto Apels Ansatz einer transzendentalpragmatischen Letztbegründung, in: Kuhlmann, Wolfgang/Böhler, Dietrich (Hg.): Kommunikation und Reflexion. Zur Diskussion der Transzendentalpragmatik. Antworten auf Karl-Otto Apel, Frankfurt a. M. 1982, S. 251–287.
Berndzen, Achim: Regelfolgen und explizite Regelkenntnis. Zu einer Kontroverse in der Interpretation der ›Philosophischen Untersuchungen‹, in: Kellerwessel, Wulf/Peuker, Thomas (Hg.): Wittgensteins Spätphilosophie. Analysen und Probleme, Würzburg 1998, S. 117–151.
Bezzel, Chris (Hg.): Sagen und zeigen. Wittgensteins ›Tractatus‹, Sprache und Kunst, Berlin 2005.
Birnbacher, Dieter/Burckhardt, Armin (Hg.): Sprachspiel und Methode, Berlin 1985.
Birsch, Douglas: Working with Wittgenstein's Builders, in: Philosophical Investigations 13 (1990), S. 338–349.
Black, Max: A Companion to Wittgenstein's ›Tractatus‹, Cambridge 1964.

Block, Irving (Hg.): Perspectives on the Philosophy of Wittgenstein, Oxford 1981.
Blondell, Ruby: The Play of Character in Plato's Dialogues, Cambridge 2002.
Böhme, Gernot: Kants Kritik der Urteilskraft in neuer Sicht, Frankfurt a. M. 1999.
Bogen, James: Wittgenstein's Philosophy of Language, London 1972.
Bojanowski, Jochen: Kant über das Prinzip der Einheit von theoretischer und praktischer Philosophie (Einleitung I-V), in: Höffe, Otfried (Hg.): Immanuel Kant. Kritik der Urteilskraft, Berlin 2008, S. 23–39.
Bojanowski, Jochen: Kants Theorie der Freiheit. Rekonstruktion und Rehabilitierung, Berlin/New York 2006.
Bolotin, David: Plato's Dialogue on Friendship. An Interpretation of the Lysis with a New Translation, Ithaca/London 1979.
Bonitz, Hermann: Platonische Studien, 3. Aufl., Berlin 1886.
Bonitz, Hermann: Anmerkungen zu dem vorstehenden Aufsatz [Kvičala, Über Platon's Lysis], in: Zeitschrift für die Österreichischen Gymnasien 10 (1859), S. 285–287.
Bordt, Michael: Kommentar, in: Platon Werke. Übersetzung und Kommentar, Bd. V 4 Lysis, Göttingen 1998.
Borsche, Tilman: Wer spricht, wenn wir sprechen? Überlegungen zum Problem der Autorenschaft, in: Allgemeine Zeitschrift für Philosophie 13/3 (1988), S. 37–50.
Brand, Gerd: Die grundlegenden Texte von Ludwig Wittgenstein, Frankfurt a. M. 1975.
Brandt, Reinhard: Kritischer Kommentar zu Kants Anthropologie in pragmatischer Hinsicht (1798), Hamburg 1999 (=Kant-Forschungen; Bd. 10).
Brandt, Reinhard: Die Schönheit der Kristalle. Überlegungen zu Kants Kritik der Urteilskraft, in: Riconda, Giuseppe/Ferretti, Giovanni/Poma, Andrea (Hg.): Giudizzio e Interpretazione in Kant, Università dagli Studi di Macerata, Publicazioni della Facoltà di Lettere e Filosofia, Bd. 63, Genova 1992, S. 177-137.
Brandt, Reinhard: Die Urteilstafel, Kritik der reinen Vernunft A 67–76; B 92–201, Hamburg 1991.
Bromand, Joachim/Kreis, Guido (Hg.): Was sich nicht sagen lässt. Das Nicht-Begriffliche in Wissenschaft, Kunst und Religion, Berlin 2010
Brandwood, Leonard: The Chronology of Plato's Dialogues, Cambridge 1990, S. 249–252.
Buchheister, Kai/Steuer, Daniel: Ludwig Wittgenstein, Stuttgart 1992.
Bühler, Winfried/Herrmann, Peter/Zwierlein, Otto (Hg.): Untersuchungen zur antiken Literatur und Geschichte, Bd. 25.
Burkert, Walter: Griechische Religion der archaischen und klassischen Epoche, Stuttgart 1977.
Burnet, John: Greek Philosophy, London 1924.
Caimi, Mario: ›Gedanken ohne Inhalte sind leer‹, in: Kant-Studien 96 (2005), S. 135–146.

Cavell, Stanley: Das Wittgenstein'sche Ereignis, in: Gebauer, Gunter/Goppelsröder, Fabian/Volbers, Jörg (Hg.): Wittgenstein – Philosophie als ›Arbeit an Einem selbst‹, München 2009, S. 21–38.

Cavell, Stanley: The Claim of Reason. Wittgenstein, Skepticism, Morality and Tragedy, Oxford 1979; dt. Ausgabe in Übersetzung von Goldmann, Christiana: Der Anspruch der Vernunft: Wittgenstein, Skeptizismus, Moral und Tragödie, übers. v. Christina Goldmann, Frankfurt a. M. 2006.

Cavell, Stanley: Der Zugang zu Wittgensteins Spätphilosophie, in: Malcom, Norman (Hg): Über Ludwig Wittgenstein, mit Beitr. v. Norman Malcom, zusammengest. unter Mitarb. v. Ulrich Steinvorth, Frankfurt a. M. 1968, S. 119–153.

Cholava, Stephan: Über die Unechtheit des Dialogs Lysis, in: Zeitschrift für die Österreichischen Gymnasien 9 (1858), S. 793–802.

Clay, Diskin: Platonic Questions. Dialogues with the Silent Philosopher, Pennsylvania 2000.

Cooper, John M.: Introduction, in: ders. (Hg.): Plato Complete Works, Indianapolis 1997.

Cooper, John M. (Hg.): Plato Complete Works, Indianapolis 1997.

Corlett, J. Angelo: Interpreting Plato's Dialogues, Las Vegas 2005.

Costa, Claudio F.: Wittgensteins Beitrag zu einer sprachlogischen Semantik, Konstanz 1990.

Coventry, Linda: The Role of the Interlocutor in Plato's Dialogues. Theory and Practice, in: Christopher Pelling (Hg.): Characterisation and Individuality in Greek Literature, Oxford 1990, S. 174–196.

Dalfen, Joachim: Platonische Intermezzi. Diskurse über Kommunikation, in: Grazer Beiträge 16 (1989), S. 71–123.

Davidson, Donald: A Coherence Theory of Truth and Knowledge, in: Dieter Henrich (Hg.): Kant oder Hegel. Über Formen der Begründung in der Philosophie, Stuttgart 1983, S. 423–438.

Derrida, Jacques: Platons Pharmazie, in: ders.: Dissemination, hg. v. Peter Engelmann, übers. v. Hans-Dieter Gondek, Wien 1995, S. 69–193.

Derrida, Jacques: Signature événement contexte, in: ders.: Marges de la Philosophie, Paris 1972, S. 365–393, dt. Ausgabe: Signatur Ereignis Kontext, in: ders.: Randgänge der Philosophie, hg. v. Peter Engelmann, 2. überarb. Aufl., Wien 1999, S. 325–351.

Descartes, René: Von der Methode des richtigen Vernunftgebrauchs und der wissenschaftlichen Forschung, übers. v. Lüder Gäbe, Hamburg 1978 (= Philosophische Bibliothek; Bd. 26a).

Desmond, William: Kant and the terror of Genius: Between Enlightenment and Romanticism, in: Parret, Herman (Hg.): Kants Ästhetik, Kant's Aesthetics, L'esthétique de Kant, Berlin 1998, S. 594–614.

Diogenes Laertius: Vitae philosophorum. Excerpta Byzantina et Indices, hg. v. Miroslav Marcovich und Hans Gärtner, 3 Bde., Stuttgart/Leipzig 1999 (Bd. 1 und 2), München/Leipzig 2002 (Bd. 3: Indices).

Diogenes Laertius: Leben und Meinungen berühmter Philosophen, übers. und erläutert von Otto Apel, neu hg. und mit einem Vorw. versehen von Hans Günter Zekl, 3. Aufl., Hamburg 1990.

Dörflinger, Bernd/Kruck, Günter: Über den Nutzen von Illusionen. Die regulativen Ideen in Kants theoretischer Philosophie, Hildesheim/Zürich/New York 2011 (= Studien und Materialien zur Geschichte der Philosophie; Bd. 81).

Düsing, Klaus: Subjektivität und Freiheit. Untersuchungen zum Idealismus von Kant bis Hegel, Stuttgart-Bad Cannstatt 2002.

Düsing Klaus: Schema und Einbildungskraft in Kants *Kritik der reinen Vernunft*, in: Lothar Kreimendahl (Hg.): Aufklärung und Skepsis. Studien zur Philosophie und Geistesgeschichte des 17. und 18. Jhs., Günter Gawlick zum 65. Geburtstag, Stuttgart/Bad Cannstatt 1995, S. 47–71.

Ebbinghaus, Julius: Die Formeln des kategorischen Imperativs und die Ableitung inhaltlich bestimmter Pflichten, in: Prauss, Gerold (Hg.): Zur Deutung seiner Theorie von Erkennen und Handeln, Köln 1973, S. 274–291.

Ebeling, Hans: Das neuere Prinzip der Selbsterhaltung und seine Bedeutung für eine Theorie der Subjektivität, in: ders. (Hg.): Subjektivität und Selbsterhaltung. Beiträge zur Diagnose der Moderne, Frankfurt a. M. 1976, S. 9–40.

Ebeling, Hans: Grundsätze der Selbstbestimmung und Grenzen der Selbsterhaltung, in: ders. (Hg.): Subjektivität und Selbsterhaltung. Beiträge zur Diagnose der Moderne, Frankfurt a. M. 1976, S. 375–394.

Ebeling, Hans (Hg.): Subjektivität und Selbsterhaltung. Beiträge zur Diagnose der Moderne, Frankfurt a. M. 1976.

Ebert, Theodor: Meinung und Wissen in der Philosophie Platons. Untersuchungen zum ›Charmides‹, ›Menon‹ und ›Staat‹, Berlin 1974.

Eckert, Wilhelm: Dialektischer Scherz in den frühen Gesprächen Platons, Erlangen 1911.

Edelstein, Ludwig: Platonic Anonymity, in: American Journal of Philology 83 (1962), S. 1–22.

Effe, Bernd: Platons Charmides und der Alkibiades des Aischines von Sphettos, in: Hermes 99 (1971), S. 198–208.

Eisler, Rudolf: Kant-Lexikon. Nachschlagewerk zu Kants sämtlichen Schriften, Briefen und handschriftlichem Nachlaß, 10. unveränd. Nachdr. d. Ausg. Berlin 1930, Hildesheim/Zürich/New York 1998.

Elm, Ralf (Hg.): Horizonte des Horizontbegriffs. Hermeneutische, phänomenologische und interkulturelle Studien, Sankt Augustin 2004.

Engel, S. Morris: Wittgenstein and Kant, in: Philosophy and Phenomenological Research 30.4 (1969), S. 483–513.

Engfer, Hans-Jürgen: Artikel Horizont II, in: Historisches Wörterbuch der Philosophie, 3. Bd., Basel/Darmstadt 1974, Sp. 1194–1200.

Erler, Michael: Sophisten, in: Horn, Christoph/Müller, Jörn/Söder, Joachim (Hg.): Platon-Handbuch. Leben Werk Wirkung, Stuttgart/Weimar 2009, S. 83–86.

Erler, Michael: Platon, Basel 2007 (= Grundriss der Geschichte der Philosophie. *Ueberweg*: Antike 2/2).

Erler Michael: Vom Werden zum Sein. Über den Umgang mit Gehörtem in Platons Dialogen, in: Jain, Elenor/Grätzel, Stephan (Hg.): Sein und Werden im Lichte Platon. Festschrift für Karl Albrecht, Freiburg/München 2001, S. 123–143.

Erler, Michael: Der Sinn der Aporien in den Dialogen Platons. Übungsstücke zur Anleitung im philosophischen Denken, Berlin/New York 1987 (= Untersuchungen zur antiken Literatur und Geschichte; Bd. 25).

Fann, Kuang T: Die Philosophie Ludwig Wittgensteins, München 1971.

Fann, Kuang T.: Wittgenstein's Conception of Philosophy, Oxford 1969, dt. Ausgabe in der Übersetzung von Gisela Shaw: Die Philosophie Wittgensteins, München 1971.

Fann, Kuang T. (Hg.): Wittgenstein – The Man and his Philosophy, New Jersey 1967.

Ferber, Rafael: Warum hat Platon die ›ungeschriebene Lehre‹ nicht geschrieben?, München 2007 (erweiterter Nachdr. von: Die Unwissenheit des Philosophen oder warum hat Platon die ›ungeschriebene Lehre‹ nicht geschrieben?, St. Augustin 1991).

Feyerabend, Paul K.: Wittgenstein's Philosophical Investigations, in: Philosophical Review 64 (1955), S. 449–483.

Finch, Henry L.: Wittgenstein – The Later Philosophy, New Jersey 1977.

Fine, Gail: Plato on Knowledge and Forms. Selected Essays, Oxford 2003.

Fine, Gail: Separation, in: Oxford Studies in Ancient Philosophy, 2 (1984), S. 31–87.

Fine, Gail: Knowledge and Belief in Republic V, in: Archiv für Geschichte der Philosophie 60 (1978), S. 121–139.

Fischer, Eugen: Therapie als philosophisches Projekt, in: Gebauer, Gunter/Goppelsröder, Fabian/Volbers, Jörg (Hg.): Wittgenstein – Philosophie als ›Arbeit an Einem selbst‹, München 2009, S. 167–193.

Fischer, Norbert/Hattrup, Dieter: Metaphysik aus dem Anspruch des Anderen. Kant und Levinas, Paderborn, München, Wien, Zürich 1999.

Flach Werner: Immanuel Kant: Die Idee der Transzendentalphilosophie, Würzburg 2002.

Fogelin, Robert J.: Wittgenstein, London 1987.

Fogelin, Robert J.: Wittgenstein's critique of Philosophy, in: Sluga, Hans/Stern, David G.: The Cambridge Companion to Wittgenstein, Cambridge 1996, S. 34–58.

Frede, Dorothea: Platons Ideen: Form, Funktion, Struktur, in: Information Philosophie 2 (2011), S. 44–57.

Frede, Michael: Plato's Arguments and the Dialogue Form, in: Klagge, James/Smith, Nicholas (Hg.): Methods of Interpreting Plato and his Dialogues, Oxford 1992, S. 201–219.

Fricke, Christel: Kants Theorie der schönen Kunst, in: Parret, Herman (Hg.): Kants Ästhetik, Kant's Aesthetics, L'esthétique de Kant, Berlin 1998, S. 674–689.

Friedländer, Paul: Platon, 3 Bde., 3. Aufl., Berlin 1964/1964/1975.

Fromm, Susanne: Wittgenstein Erkenntnisspiele contra Kants Erkenntnislehre, München 1979.
Früchtl, Joseph: Ästhetische Erfahrung und moralisches Urteil. Eine Rehabilitierung, Frankfurt a. M. 1996.
Fulda, Hans Friedrich/Stolzenberg, Jürgen (Hg.): Architektonik und System in der Philosophie Kants. System der Vernunft, Hamburg 2001 (= Kant und der deutsche Idealismus; Bd. 1).
Furuta, Hirokiyo: Wittgenstein und Heidegger. ›Sinn‹ und ›Logik‹ in der Tradition der analytischen Philosophie, Würzburg 1996.
Gabriel, Gottfried: Literarische Form und philosophische Methode, in: Gebauer, Gunter/Goppelsröder, Fabian/Volbers, Jörg (Hg.): Wittgenstein – Philosophie als ›Arbeit an Einem selbst‹, München 2009, S. 195–205.
Gabriel, Gottfried: Solipsismus: Wittgenstein, Weininger und die Wiener Moderne, in: ders. (Hg.): Zwischen Logik und Literatur. Erkenntnisformen von Dichtung Philosophie und Wissenschaft, Stuttgart 1991, S. 89–108.
Gabriel, Gottfried (Hg.): Zwischen Logik und Literatur. Erkenntnisformen von Dichtung Philosophie und Wissenschaft, Stuttgart 1991.
Gadamer, Hans-Georg: Logos und Ergon im Platonischen ›Lysis‹, in: ders., Gesammelte Werke, Bd. 6, Tübingen 1985, 171–186.
Gadamer, Hans-Georg: Wahrheit und Methode, Tübingen 1972.
Gaiser, Konrad (Hg.): Das Platonbild. Zehn Beiträge zum Platonverständnis, Hildesheim 1969.
Gaiser, Konrad: Platons ungeschriebene Lehre. Studien zur systematischen und geschichtlichen Begründung der Wissenschaften in der Platonischen Schule, Stuttgart 1962; mit einem Nachw. vers. 2. Aufl., Stuttgart 1968.
Garver, Newton: Form of Life in Wittgenstein's Later Work, in: Dialectica 44, (1990), S. 175–201; dt. Ausgabe: Die Lebensform in Wittgensteins ›Philosophischen Untersuchungen‹, in: Grazer Philosophische Studien 21 (1984), S. 33–54.
Garver, Newton: The Other Sort of Meaning, in: Leinfellner, Elisabeth (Hg.): Wittgenstein und sein Einfluß auf die gegenwärtige Philosophie, 2. internat. Wittgenstein-Symposium, Wien 1978, S. 253–256.
Gebauer, Gunter/Goppelsröder, Fabian/Volbers, Jörg (Hg.): Wittgenstein – Philosophie als ›Arbeit an Einem selbst‹, München 2009.
Geier, Manfred: Ludwig Wittgenstein und die Grenzen des Sinns, in: Bezzel, Chris (Hg.): Sagen und zeigen. Wittgensteins ›Tractatus‹, Sprache und Kunst, Berlin 2005, S. 15–29.
Geiger Rolf: Literarische Aspekte der Schriften Platons, in: Horn, Christoph/Müller, Jörn/Söder, Joachim (Hg.): Platon-Handbuch. Leben Werk Wirkung, Stuttgart/Weimar 2009, S. 376–386.
Geiger, Rolf: Dialektische Tugenden. Untersuchungen zur Gesprächsform in den Platonischen Dialogen, Paderborn 2006.
Geismann, Georg: Kant über Freiheit in spekulativer und in praktischer Hinsicht, in: Kant-Studien 98 (2007), S. 283–305.
Gerhardt, Volker: Immanuel Kant. Vernunft und Leben, Stuttgart 2002.

Gerhardt, Volker/Horstmann, Rolf-Peter/Schumacher, Ralph (Hg.): Kant und die Berliner Aufklärung. Akten des IX. Internationalen Kant-Kongresses, Bd. 2, Berlin/New York 2001.
Gier, Nicholas F.: Wittgenstein and Phenomenology, Albany 1981.
Glaser, Konrad: Gang und Ergebnis des Platonischen Lysis, in: Wiener Studien 53 (1935) 47–67.
Gloy Karen: Platons Theorie der ἐπιστήμη ἑαυτῆς im Charmides als Vorläufer der modernen Bewußtseinstheorien, in: Kant-Studien 77 (1986), S. 137–164.
Goldbacher, Alois: Zur Erklärung und Kritik des Lysis, Graz 1893 (= Analecta Graeciensia) S. 123–140.
Gonzales, Francisco J.: Plato's *Lysis*: An Anactment of Philosophical Kinship, in: Ancient Philosophy 15 (1995), S. 69–90.
Goy, Ina: Architektonik oder Die Kunst der Systeme. Eine Untersuchung zur Systemphilosophie der ›Kritik der reinen Vernunft‹, Paderborn 2007.
Grayling, Anthony C.: Wittgenstein, Oxford 1988, dt. Ausgabe Freiburg/Basel/Wien 2004.
Grice, Paul: Utterer's Meaning and Intentionsm, in: Philosophical Review 78 (1969), S. 147–177.
Grice, Paul: Meaning, in: Philosophical Review 66 (1957), S. 377–388.
Griffin, James: Wittgenstein's Logical Atomism, Oxford 1964.
Gundert, Hermann: Der platonische Dialog, Heidelberg 1968.
Guthries, William K. C.: A History of Greek Philosophy, 6 Bde., Cambridge 1962–1981.
Habermas, Jürgen: Der philosophische Diskurs der Moderne, Frankfurt a. M. 1985.
Hacker, Peter M. S.: Wittgenstein's Place in Twentieth Century Analytic Philosophy, Oxford 1996; dt. Ausgabe: Wittgenstein im Kontext der analytischen Philosophie, übers. v. Schulte, Joachim, Frankfurt a. M. 1997.
Hacker, Peter M. S.: Einsicht und Täuschung. Wittgenstein über Philosophie und die Metaphysik der Erfahrung, Frankfurt a. M. 1978.
Haller, Rudolf: Gespräch mit Dieter Mersch über Wittgenstein, in: Mersch, Dieter (Hg.): Gespräche über Wittgenstein, Wien 1991, S. 125–140.
Haller, Rudolf: Lebensform oder Lebensformen: Eine Bemerkung zu Newton Garvers Interpretation von ›Lebensform‹, Grazer Philosophische Studien 21 (1984), S. 55–61.
Hallett Garth: A Companion to Wittgensteins ›Philosophical Investigations‹, Ithaca/New York 1977.
Hallett, Garth: Wittgenstein's Definition of Meaning as Use, New York 1967.
Hamann, Johann G.: Metakritik über den Purismus der Vernunft, in: Nadler, Josef (Hg.): Johann Georg Hamann. Werke, 3. Bd. (Schriften über Sprache, Mysterien, Vernunft: 1772–1788), Wien 1951, S. 281–289.
Hauswald, Rico: Umfangslogik und analytisches Urteil bei Kant, in: Kant-Studien 101 (2010), S. 283–308.
Heckmann, Reinhard: Kants Kategoriendeduktion. Ein Beitrag zu einer Philosophie des Geistes, Freiburg/München 1997.

Hegel, Georg W. F.: Sämtliche Werke. Jubiläumsausgabe in 20 Bänden, hg. v. Hermann Glockner, Stuttgart 1927–1939.

Hegel, Georg F. W.: Über die wissenschaftlichen Behandlungsarten des Naturrechts, seine Stelle in der praktischen Philosophie, und sein Verhältnis zu den positiven Rechtswissenschaften, in: ders.: Sämtliche Werke. Jubiläumsausgabe in 20 Bänden, hg. v. Hermann Glockner, Bd. 1, Stuttgart 1927, S. 435–537.

Hegel, Georg W. F.: Vorlesungen über die Ästhetik. Erster Band, in: ders.: Sämtliche Werke. Jubiläumsausgabe in 20 Bänden, hg. v. Hermann Glockner, Bd. 12, Stuttgart 1927.

Hegel, Georg W. F.: Vorlesungen über die Geschichte der Philosophie. Zweiter Band, in: ders.: Sämtliche Werke. Jubiläumsausgabe in 20 Bänden, hg. v. Hermann Glockner, 18. Bd., Stuttgart 1928.

Hegel, Georg F. W.: Wissenschaft der Logik. Zweiter Teil. Die Subjektive Logik oder Lehre vom Begriff, in: ders.: Sämtliche Werke. Jubiläumsausgabe in 20 Bänden, hg. v. Hermann Glockner, Bd. 5, Stuttgart 1928.

Heidegger, Martin: Sein und Zeit, 18. Aufl., Tübingen 2001.

Heidegger, Martin: Kant und das Problem der Metaphysik, 3. Aufl., Frankfurt a. M. 1965.

Heidegger, Martin: Platons Lehre von der Wahrheit, Bern 1947.

Heidemann, Ingeborg: Die Funktion des Beispiels in der kritischen Philosophie, in: Kaulbach, Friedrich/Ritter, Joachim (Hg.): Kritik und Metaphysik. Heinz Heimsoeth zum achtzigsten Geburtstag, Berlin 1966, S. 21–39.

Heimsoeth, Heinz: Die sechs großen Themen der abendländischen Metaphysik und der Ausgang des Mittelalters, 6. Aufl., Darmstadt 1974 (unveränderter reprographischer Nachdr. der 3. durchges. Aufl).

Heitsch, Ernst: Wege zu Platon. Beiträge zum Verständnis seines Argumentierens, Göttingen 1992.

Henrich, Dieter: Bewusstes Leben. Untersuchungen zum Verhältnis von Subjektivität und Metaphysik, Stuttgart 1999.

Henrich, Dieter: Aesthetic Judgment and the Moral Image of the World. Studies in Kant, Stanford 1992.

Herbart, Johann F.: De Platonici systematis fundamento communitatio (1805), in: ders.: Sämtliche Werke, Bd. 1, in chronolog. Reihenfolge hg. v. Kehrbach, Karl/Flügel, Otto, Aalen 1964, S. 311–348.

Herbart, Johann F.: Sämtliche Werke, in chronolog. Reihenfolge hg. v. Karl Kehrbach und Otto Flügel, Aalen 1964.

Herder, Johann Gottfried: Eine Metakritik zur Kritik der reinen Vernunft, Berlin 1955.

Hermann, Kai-Uwe (Hg.): Protest. Systemtheorie und soziale Bewegungen, Frankfurt a. M. 1996.

Hermann, Karl F.: Geschichte und System der Platonischen Philosophie, Heidelberg 1839.

Hiltscher, Reinhard/Klinger, Stefan/Süß, David (Hg.): Die Vollendung der Transzendentalphilosophie in Kants ›Kritik der Urteilskraft‹, Berlin 2006.

Hiltscher, Reinhard: Wahrheit und Reflexion. Eine transzendentalphilosophische Studie zum Wahrheitsbegriff bei Kant, dem frühen Fichte und Hegel, Bonn 1998.

Hinske, Norbert: Zur Geschichte des Textes, in: Kant, Immanuel: Erste Einleitung in die Kritik der Urteilskraft. Faksimile und Transskription, hg. v. Norbert Hinske, Festgabe f. Wilhelm Weischedel zum 60. Geburtstag, Stuttgart-Bad Cannstadt 1965, S. III–XII.

Hinst, Peter: Früh- und Spätphilosophie Wittgensteins, in: Philosophische Rundschau 15 (1986), S. 51–66.

Hintikka, Merill B./Hintikka, Jaakko: Investigating Wittgenstein, Oxford 1986.

Höffe, Otfried: Immanuel Kant. Kritik der Urteilskraft, Berlin 2008.

Höffe, Otfried: Lebenskunst und Moral. Oder macht Tugend glücklich? München 2007.

Höffe, Otfried: Immanuel Kant, 5. überarb. Aufl. München 2000.

Höffe, Otfried (Hg.): Grundlegung zur Metaphysik der Sitten. Ein kooperativer Kommentar, Frankfurt a. M. 1993.

Höffe, Otfried: Kants Kategorischer Imperativ als Kriterium des Sittlichen, in: Zeitschrift für philosophische Forschung 31 (1977), S. 354–384.

Horn, Christoph/Müller, Jörn/Söder, Joachim (Hg.): Platon-Handbuch. Leben Werk Wirkung, Stuttgart/Weimar 2009.

Horn, Ferdinand: Platonstudien I, Wien 1893.

Hoyos, Luis E.: Der Skeptizismus und die Transzendentalphilosophie. Deutsche Philosophie am Ende des 18. Jahrhunderts, Freiburg 2008.

Hume, David: An Enquiry Concerning Human Understanding, 4.: Of Probability, Part 1., in: ders.: Philosophical Works, hg. v. Thomas H. Green/Thomas H. Grose, Bd. 4, Aalen 1992 (Reprint of the new edition London 1882), S. 3–135.

Hume, David: Philosophical Works, hg. v. Thomas H. Green/Thomas H. Grose, 4 Bde., Aalen 1992 (Reprint of the new edition London 1882).

Hume, David: Treatise of Human Nature, Book 1.: Of the Understanding, Part 3.: Of Knowledge and Probability, 14.: Of the Idea of Necessary Connexion, in: ders.: Philosophical Works, hg. v. Thomas H. Green/Thomas H. Grose, Bd. 1, Aalen 1992 (Reprint of the new edition London 1882), S. 450–466.

Hunter, Joseph L.: Kant's Doctrine of Schemata, Blacksburg 2000.

Hutter, Axel: Das Interesse der Vernunft. Kants ursprüngliche Einsicht und ihre Entfaltung in den transzendentalphilosophischen Hauptwerken, Hamburg 2003.

Hyland, Drew: Questioning Platonism. Continental Interpretations of Plato, Albany 2004.

Illies, Christian F. R.: Orientierung durch Universalisierung. Der Kategorische Imperativ als Test für die Moralität von Maximen, in: Kant-Studien 98 (2007), S. 306–328.

Irrlitz, Gerd: Kant. Handbuch. Leben und Werk, 2. überarb. u. erg. Auflage, Sonderausgabe, Stuttgart 2010.

Ishiguro, Hidé: Use and Reference of Names, in: Peter Winch (Hg.): Studies in the Philosophy of Wittgenstein, London 1969, S. 20–50 [dt. Ausgabe in der Übersetzung von Joachim Schulte: Namen. Gebrauch und Bezugnahme, in: Schulte, Joachim (Hg.): Texte zum Tractatus, Frankfurt am Main 1989, S. 96–135].

Jaspers, Karl: Die großen Philosophen, Bd. 1, 6. Aufl., München 1991.

Jensen, Bernhard: Was heißt: sich im Denken orientieren? Von der Krise der Aufklärung zur Orientierung der Vernunft nach Kant, München 2003.

Kahn, Charles H: Plato and the Socratic Dialogue. The Philosophical Use of a Literary Form, Cambridge 1996.

Kahn, Charles H.: Drama and Dialectic in Plato's Gorgias, in: Oxford Studies in Ancient Philosophy 1 (1983), S. 75–121.

Kamlah, Andreas: Kants Antwort auf Hume und eine linguistische Analyse seiner Modalbegriffe, in: Kant-Studien 100 (2009), S. 28–52.

Kaulbach, Friedrich: Philosophie des Perspektivismus, 1. Teil: Wahrheit und Perspektive bei Kant, Hegel und Nietzsche, Tübingen 1990.

Kaulbach, Friedrich: Das Prinzip der Handlung in der Philosophie Kants, Berlin/New York 1978.

Kaulbach, Friedrich/Ritter, Joachim (Hg.): Kritik und Metaphysik. Studien. Heinz Heimsoeth zum achtzigsten Geburtstag, Berlin 1966.

Kaulbach, Friedrich: Weltorientierung, Welterkenntnis und pragmatische Vernunft bei Kant, in: Kaulbach, Friedrich/Ritter, Joachim (Hg.): Kritik und Metaphysik. Studien. Heinz Heimsoeth zum achtzigsten Geburtstag, Berlin 1966, S. 60–75.

Kaulbach, Friedrich: Der Begriff des Standpunktes im Zusammenhang des Kantischen Denkens, in: Archiv für Philosophie 12 (1963), S. 14–45.

Kellerwessel, Wulf/Peuker, Thomas: Einleitung: Wittgensteins Spätphilosophie und die Philosophie der Gegenwart, in: dies. (Hg.): Wittgensteins Spätphilosophie. Analysen und Probleme, Würzburg 1998, S. 9–21.

Kellerwessel, Wulf/Peuker, Thomas (Hg.): Wittgensteins Spätphilosophie. Analysen und Probleme, Würzburg 1998.

Kenny, Anthony: Wittgenstein, Frankfurt a. M. 1974.

Keuth, Herbert: Fallibilismus versus transzendentalpragmatische Letztbegründung, in: Zeitschrift für allgemeine Wissenschaftstheorie 14 (1983), S. 320–337.

Kienpointner, Manfred: Dimensionen der Angemessenheit. Theoretische Fundierung und praktische Anwendung linguistischer Sprachkritik, in: Aptum (2005), H. 3, S. 193–219.

Kienzler, Wolfgang: Wittgensteins Wende zu seiner Spätphilosophie 1930–1932, Frankfurt a. M. 1997.

Kierkegaard, Sören: Gesammelte Werke, hg. v. Emanuel Hirsch und Hayo Gerdes, 2. Aufl., Gütersloh 1991.

Kierkegaard, Sören: Über den Begriff der Ironie mit ständiger Rücksicht auf Sokrates, in: ders.: Gesammelte Werke, hg. von Hirsch, Emanuel/Gerdes, Hayo, 31. Abteilung, 2. Aufl., Gütersloh 1991.

Kierkegaard, Sören: Über meine Wirksamkeit als Schriftsteller, in: ders.: Gesammelte Werke, hg. v. Hirsch, Emanuel/Gerdes, Hayo, 33. Abteilung (Die Schriften über sich selbst), 2. Aufl., Gütersloh 1991.
Klagge, James/Smith, Nicholas (Hg.): Methods of Interpreting Plato and his Dialogues, Oxford 1992.
Klemme, Heiner F.: Perspektiven der Interpretation: Kant und das Verbot der Lüge, in: Schönecker, Dieter/Zwenger, Thomas (Hg.): Kant verstehen/Understanding Kant. Über die Interpretation philosophischer Texte, Sonderausgabe Darmstadt 2010, S. 85–105.
Klemme, Heiner F.: Kant und die Paradoxien der kritischen Philosophie, in: Kant-Studien 98 (2007), S. 40–56.
Klimmek, Nikolai F.: Kants System der transzendentalen Ideen, Berlin/New York 2005.
Kobusch, Theo/Mojsisch, Burkhard (Hg.): Platon. Seine Dialoge in der Sicht neuerer Forschungen, Darmstadt 1996.
Koch, Anton F.: Subjekt und Natur. Zur Rolle des ›Ich denke‹ bei Descartes und Kant, Paderborn 2004.
Krämer, Hans J.: Areté bei Platon und Aristoteles. Zum Wesen und zur Geschichte der platonischen Ontologie, Heidelberg 1959 (Abh. d. Heidelberger Akademie d. Wiss., phil.-hist. Kl., Jg. 1959, Nr. 6).
Kraut, Richard (Hg.): The Cambridge Companion to Plato, Cambridge 1992.
Kreimendahl, Lothar (Hg.): Aufklärung und Skepsis. Studien zur Philosophie und Geistesgeschichte des 17. und 18. Jhs., Günter Gawlick zum 65. Geburtstag, Stuttgart/Bad Cannstatt 1995.
Kripke, Saul A.: Wittgenstein on Rules and Private Language, Oxford 1982; dt. Ausgabe aus dem Amerikanischen von Pape, Helmut: Wittgenstein über Regeln und Privatsprache, Frankfurt a. M. 1987.
Krüger, Gerhard: Die Herkunft des philosophischen Selbstbewußtseins, in: ders.: Freiheit und Weltverwaltung Freiburg/München 1958, S. 11–69.
Lorenz Krüger: Wollte Kant die Vollständigkeit seiner Urteilstafel beweisen?, in: Kant-Studien 59 (1968), S. 333–356.
Kudielka, Robert: Urteil und Eros. Erörterungen zu Kants Kritik der Urteilskraft, Tübingen 1977.
Kühn, Wilfried: Welche Kritik an wessen Schriften? Der Schluss von Platons Phaidros, nichtesoterisch interpretiert, in: Zeitschrift für philosophische Forschung, 52 (1998), S. 23–39
Kuhlmann, Wolfgang: Kant und die Transzendentalpragmatik, Würzburg 1992.
Kuhlmann, Wolfgang/Böhler, Dietrich (Hg.): Kommunikation und Reflexion. Zur Diskussion der Transzendentalpragmatik. Antworten auf Karl-Otto Apel, Frankfurt a. M. 1982.
Kulenkampff, Jens: Kants Logik des ästhetischen Urteils, Frankfurt a. M. 1978.
Kullmann, Wolfgang: Platons Schriftkritik, in: Hermes 119 (1991), S. 1–21.
Kullmann, Wolfgang: Hintergründe und Motive der platonischen Schriftkritik, in: ders./Markus Reichel (Hg.): Der Übergang von der Mündlichkeit zur Literatur bei den Griechen, Tübingen 1990, S. 317–337.

Kvičala, Jan: Über Platon's Lysis, in: Zeitschrift für die Österreichischen Gymnasien 10, (1859), S. 275–284.
Lazerowitz, Morris: Wittgenstein on the Nature of Philosophy, in: Fann, Kuang T. (Hg.): Wittgenstein – The Man and his Philosophy, New Jersey 1964, S. 131–139.
Ledger, Gerald R.: Re-Counting Plato. A Computer-Analysis of Plato's Style, Oxford 1989.
Leibniz, Gottfried W.: Neue Abhandlungen über den menschlichen Verstand, in: ders.: Philosophische Schriften, Bd. 3/2, hg. und übers. v. von Engelhardt, Wolf/Holz, Hans Heinz, 2. Aufl., Darmstadt 1985.
Leinfellner, Elisabeth (Hg.): Wittgenstein und sein Einfluß auf die gegenwärtige Philosophie, 2. internat. Wittgenstein-Symposium, Wien 1978.
Löw, Reinhard : Philosophie des Lebendigen. Der Begriff des Organischen bei Kant, sein Grund und seine Aktualität, Frankfurt a. M. 1980.
Longuenesse, Béatrice: Kant on the Human Standpoint, Cambridge 2005.
Loock, Reinhard: Idee und Reflexion bei Kant, Hamburg 1998 (= Schriften zur Transzendentalphilosophie; Bd. 12).
Luhmann, Niklas: Einführung in die Systemtheorie, hg. v. Dirk Baecker, 4. Aufl., Heidelberg 2008.
Luhmann, Niklas: Tautologie und Paradoxie in den Selbstbeschreibungen der modernen Gesellschaft (1987), in: Hermann, Kai-Uwe: Protest. Systemtheorie und soziale Bewegungen, Frankfurt a. M. 1996, S. 79–106.
Luhmann, Niklas: Soziale Systeme, Frankfurt a. M. 1987.
Luhmann, Niklas: Ökologische Kommunikation. Kann die moderne Gesellschaft sich auf ökologische Gefährdungen einstellen?, Opladen 1986.
Lyotard, Jean-François: Die Analytik des Erhabenen. Kant-Lektionen, Kritik der Urteilskraft, §§ 23–29, aus dem Franz. von Christine Pries, München 1994.
Mackenzie, Mary Margaret: Paradox in Platos ›Phaedrus‹, in: Proceedings of the Cambridge Philological Society 208 (1982), 65–76.
Malcolm, Norman: Nothing is Hidden, Oxford 1986.
Malcom, Norman (Hg): Über Ludwig Wittgenstein, mit Beitr. v. Norman Malcom, zusammengest. unter Mitarb. v. Ulrich Steinvorth, Frankfurt a. M. 1968.
Marquard, Odo: Skeptische Methode im Blick auf Kant, 3. Aufl., Freiburg 1982.
Mayer, Verena: Das Paradox des Regelfolgens in Kants Moralphilosophie, in: Kant-Studien 97 (2006), S. 343–368.
McGinn, Colin: Wittgenstein on Meaning, Oxford 1984.
McGuinness, Brian F./Schulte, Joachim (Hg.): Ludwig Wittgenstein: Logisch-philosophische Abhandlung, Tractatus logico-philosophicus. Kritische Edition, Frankfurt a. M. 1989.
McGuinness, Brian F.: The So-Called Realism of Wittgenstein's *Tractatus*, in: Block, Irving (Hg.): Perspectives on the Philosophy of Wittgenstein, Oxford 1981, S. 60–73.
McGuinness, Brian F./von Wright, G. H. (Hg.): G. H.: Ludwig Wttgenstein. Briefe. Briefwechsel mit B. Russell, G. E. Moore, L. M. Keynes, F. P. Ramsey, W. Eccles, P. Engelmann und L. Von Ficker, Frankfurt a. M. 1980 (BW).

Meggle, Georg: Wittgenstein – ein Instrumentalist?, in: Birnbacher, Dieter/ Burckhardt, Armin (Hg.): Sprachspiel und Methode, Berlin 1985, S. 71–88.
Meinwald, Constance C.: Good-bye to the Third Man, in: Richard Kraut (Hg.): Cambridge Companion to Plato, Cambridge 1992, S. 365–396.
Meinwald, Constance C.: Plato's Parmenides, Oxford 1991.
Mersch, Dieter (Hg.): Gespräche über Wittgenstein, Wien 1991.
Michelini, Ann N. (Hg.): Plato as Author, Leiden 2003.
Miles, Murray: Kant's Copernican Revolution: Towards Rehabilitation of a Concept and Provision of a Framework for the Interpretation of the *Critique of Pure Reason*, in: Kant-Studien 97 (2006), S. 1–32.
Mittelstraß, Jürgen (Hg.): Enzyklopädie Philosophie und Wissenschaftstheorie, Stuttgart/Weimar 1996, Bd. 4, S. 717–719.
Mittelstraß, Jürgen: Art. Wissen, in: Enzyklopädie Philosophie und Wissenschaftstheorie, hg. v. dems., Stuttgart/Weimar 1996, Bd. 4, S. 717–719.
Mosedale, Frederick: Wittgenstein's Builders Revisited, in: Leinfellner, Elisabeth (Hg.): Wittgenstein und sein Einfluß auf die gegenwärtige Philosophie, 2. internat. Wittgenstein-Symposium, Wien 1978, S. 430–443.
Müller, Enrico, in: Die Griechen im Denken Nietzsches, Berlin/New York 2005 (= Monographien und Texte zur Nietzsche-Forschung; Bd. 50).
Munk, Eduard: Die natürliche Ordnung der platonischen Schriften, Berlin 1857.
Musil, Robert: Aus einem Rapial und anderen Aphorismen: Tagebücher, Aphorismen, Essays und Reden, Hamburg 1958.
Nadler, Josef (Hg.): Johann Georg Hamann. Werke, 3. Bd. (Schriften über Sprache, Mysterien, Vernunft: 1772–1788), Wien 1951.
Nails Debra: The people of Plato: A Prosopography of Plato and Other Socratics. Indianapolis/Cambridge 2002.
Nails, Debra: Agora, Academy and the conduct of of Philosophy, Dordrecht/ Boston/London 1995.
Nails, Debra: Problems with Vlastos's Platonic Develomentalism, in: Ancient Philosophy 13 (1993), S. 273–291.
Natorp, Paul: Platons Ideenlehre, 2., durchges. und um einen metakritischen Anh. verm. Ausg., Leipzig 1921.
Nerheim, Hjördis: Zur kritischen Funktion ästhetischer Rationalität in Kants Kritik der Urteilskraft, Frankfurt a. M. 2001.
Niesen, Peter: Gemeinschaft, Normativität, Praxis. Zur Debatte über Wittgensteins Regelbegriff, in: Kellerwessel, Wulf/Peuker, Thomas (Hg.): Wittgensteins Spätphilosophie. Analysen und Probleme, Würzburg 1998, S. 99–115.
Nietzsche, Friedrich: Also sprach Zarathustra, in: ders.: Sämtliche Werke. Kritische Studienausgabe (KSA), hg. v. Giorgio Colli und Mazzino Montinari, Bd. 4, Neuausgabe, München [u. a.] 1999.
Nietzsche, Friedrich: Die fröhliche Wissenschaft, in: ders.: Sämtliche Werke. Kritische Studienausgabe (KSA), hg. v. Giorgio Colli und Mazzino Montinari Kritische Studienausgabe Bd. 3, Neuausgabe, München [u. a.] 1999.

Nietzsche, Friedrich: Götzen-Dämmerung, in: ders.: Sämtliche Werke. Kritische Studienausgabe (KSA), hg. v. Giorgio Colli und Mazzino Montinari, Bd. 6, Neuausgabe, München [u. a.] 1999.

Nietzsche, Friedrich: Jenseits von Gut und Böse, in: ders.: Sämtliche Werke. Kritische Studienausgabe (KSA), hg. v. Giorgio Colli und Mazzino Montinari, Bd. 5, Neuausgabe, München [u. a.] 1999.

Nietzsche, Friedrich: Menschliches, Allzumenschliches, in: ders.: Sämtliche Werke. Kritische Studienausgabe (KSA), hg. v. Giorgio Colli und Mazzino Montinari, Bd. 2, Neuausgabe, München [u. a.] 1999.

Nietzsche, Friedrich: Sämtliche Werke. Kritische Studienausgabe (KSA), hg. v. Giorgio Colli und Mazzino Montinari, Neuausgabe, München [u. a.] 1999.

Nightingale, Andrea W.: Genres in Dialogue. Plato and the Construct of Philosophy, Cambridge 1995.

O'Brian, Dennis: The Unity of Wittgenstein's Thought, in: Fann, Kuang T. (Hg.): Wittgenstein – The Man and his Philosophy, New Jersey 1967, S. 380–404.

Oehler, Klaus: Der Entwicklungsgedanke als heuristisches Prinzip der Philosophiehistorie, Zeitschr. f. Philos. Forschung 17 (1963), S. 377–392.

Oehler, Klaus: Die Lehre vom noetischen und dianoetischen Denken bei Platon und Aristoteles, München 1962.

Parret, Herman (Hg.): Kants Ästhetik, Kant's Aesthetics, L'esthétique de Kant, Berlin 1998.

Pascal Blaise: Pensées/Über die Religion und über einige andere Gegenstände, übertr. und hg. v. Ewald Wasmuth, 9. Aufl., Darmstadt 1994.

Pears, David: The False Prison, Oxford 1987.

Penner, Terry/Rowe, Christopher: Plato's Lysis, Cambridge 2005.

Peters, Horst: Platons Dialog *Lysis*. Ein unlösbares Rätsel?, Frankfurt a. M./Berlin/Bern [u. a.] 2001.

Peters, Horst: Platons Lysis: Untersuchungen zur Problematik des Gedankenganges und zur Gestaltung des Kunstwerks, Diss. Kiel 1968.

Peuker, Thomas: Das Faktum der Öffentlichkeit unserer Sprache, in: Kellerwessel, Wulf/Peuker, Thomas (Hg.): Wittgensteins Spätphilosophie. Analysen und Probleme, Würzburg 1998, S. 73–98.

Pitcher, George: The Philosophy of Wittgenstein, Eaglewood Cliffs 1964; dt. Ausgabe in Übersetzung von Savigny, Eike von: Die Philosophie Wittgensteins. Eine kritische Einführung in den Tractatus und die Spätschriften, Freiburg/München 1979.

Pohlenz, Max: Aus Platos Werdezeit. Philologische Untersuchungen, Berlin 1913.

Polanyi, Michael: Personal Knowledge. Towards a post-critical Philosophy, London 1973.

Prauss, Gerold: Kants Problem der Einheit theoretischer und praktischer Vernunft, in: Kant-Studien 72 (1981), S. 286–303.

Prauss, Gerold: Kant und das Problem der Dinge an sich, Bonn 1974.

Prauss, Gerold (Hg.): Kant. Zur Deutung seiner Theorie von Erkennen und Handeln, Köln 1973.

Press, Gerald (Hg.): Who Speaks for Plato? Studies in Platonic Anonymity, Lanham 2000.
Putnam, Hilary: Meaning and the Moral Science, Boston 1978.
Putnam, Hilary: Mind, Language and Reality, London 1975.
Radke-Uhlmann, Gyburg (Hg.): Phronesis – die Tugend der Geisteswissenschaften: Beiträge zur rationalen Methode in den Geisteswissenschaften, Heidelberg 2012.
Rapic, Smail: Erkenntnis und Sprachgebrauch. Lichtenberg und der englische Empirismus, Göttingen 1999 (= Lichtenberg-Studien; Bd. VIII).
Ratke, Heinrich: Systematisches Handlexikon zu Kants Kritik der reinen Vernunft, Hamburg 1991.
Reich, Klaus: Die Vollständigkeit der kantischen Urteilstafel, Berlin 1932; 3. Aufl., Hamburg 1986.
Reis, Burkhard (Hg.): Der Platoniker Albinos und sein sogenannter Prologos (kritische Edition der *Eisagoge* mit Übersetzung), Wiesbaden 1999.
Reschke, Renate (Hg.): Nietzsche. Radikalaufklärer oder radikaler Gegenaufklärer?, Internationale Tagung der Nietzsche-Gesellschaft in Zusammenarbeit mit der Kant-Forschungsstelle Mainz und der Stiftung Weimarer Klassiker und Kunstsammlungen von 15.–17. Mai 2003 in Weimar, Berlin 2004 (Nietzscheforschung, Sonderband 2).
Rickless, Samuel: How Parmenides Saved the The Theory of Forms, in: Philosophical Review 107 (1998), S. 501–554.
Riconda, Giuseppe/Ferretti, Giovanni/Poma, Andrea (Hg.): Giudizzio e Interpretazione in Kant, Università dagli Studi di Macerata, Publicazioni della Facoltà di Lettere e Filosofia, Bd. 63, Genova 1992.
Römpp, Georg: Die Sprache der Freiheit. Kants moralphilosophische Sprachauffassung, in: Kant-Studien 95 (2004), S. 182–203.
Römpp, Georg: Schönheit als Erfahrung von Freiheit. Zur transzendentallogischen Bedeutung des Schönen in Schillers Ästhetik, in: Kant-Studien 89 (1998), S. 428–445.
Roochnik, David: The Tragedy of Reason. Toward a Platonic Conception of Logos, London 1990.
Rorty, Richard: Transzendentale und holistische Methoden in der Philosophie. Einführung zu einem Kolloquium, in: Dieter Henrich (Hg.): Kant oder Hegel. Über Formen der Begründung in der Philosophie, Stuttgart 1983, S. 408–411.
Ross, David: Plato's Theory of Ideas, Oxford 1951.
Roth, Michael D.: Did Plato Nod? Some Conjectures on Egoism and Friendship in the *Lysis*, in: Archiv für Geschichte der Philosophie 77 (1995), Berlin/New York 1995, S. 1–20.
Ruffing, Margit: Über den Nutzen von Illusionen. Die regulativen Ideen in Kants theoretischer Philosophie. Bericht zur Tagung am 20. und 21. Juni 2008 in Frankfurt am Main, in: Kant-Studien 99 (2008), S. 393–395.
Russell, Bertrand: Vorwort zum Tractatus logico-philosophicus, in: Wittgenstein, Ludwig: Schriften, Beiheft 1, mit Beiträgen von Ingeborg Bachmann, Frankfurt a. M. 1960, S. 68–81.

Ryle, Gilbert: Plato's Parmenides (I+II), Mind 48 (1939), S. 129–151, 302–325; auch in: Allen, Reginald Edgar (Hg.): Studies in Plato's Metaphysics, London 1965, S. 97–147.

Ryle, Gilbert: The Concept of Mind, London 1949.

Schefer, Christina: Platons unsagbare Erfahrung. Ein anderer Zugang zu Platon, Basel 2001.

Schirlitz, Carl: Der Begriff des Wissens vom Wissen in Platons Charmides und seine Bedeutung für das Ergebnis des Dialogs, in: Jahrbücher für classische Philologie 43 1897, S. 451–476, 513–537.

Schlegel, Friedrich 1794–1802. Seine prosaischen Jugendschriften, hg. von J. Minor, Bd. 2: Zur deutschen Literatur und Philosophie, Wien 1882.

Schleiermacher, Friedrich D. E.: Über die Philosophie Platons, hg. v. Peter M. Steiner, Hamburg: Meiner 1996.

Schleiermacher, Friedrich D. E.: Einleitung, in: Schleiermacher, Friedrich: Platons Werke, Theil 1, Bd. 1, 3. Aufl., Berlin (1818) 1855, S. 5–36.

Schmid, Carl C. E.: Wörterbuch zum leichtern Gebrauch der Kantischen Schriften, neu hg., eingel. und mit neuem Personenregister versehen von Norbert Hinske, 3., um ein Nachwort erg. Aufl., Darmstadt 1996.

Schönecker, Dieter/Zwenger, Thomas (Hg.): Kant verstehen/Understanding Kant. Über die Interpretation philosophischer Texte, Sonderausgabe, Darmstadt 2010.

Schulte, Joachim: Ludwig Wittgenstein. Leben, Werk, Wirkung, Frankfurt a. M. 2005.

Schulte, Joachim: ›Ich bin meine Welt‹, in: Arnswald, Ulrich/Weiberg, Anja (Hg.): Der Denker als Seiltänzer. Ludwig Wittgenstein über Religion, Mystik und Ethik, Düsseldorf 2001, S. 193–212.

Schulte, Joachim: Wittgenstein. Eine Einführung, bibliographisch ergänzte Ausgabe, Stuttgart 2001.

Schulte, Joachim (Hg.): Texte zum Tractatus, Frankfurt am Main 1989.

Schwartz, Maria: Der Begriff der Maxime bei Kant. Eine Untersuchung des Maximenbegriffs in Kants praktischer Philosophie, Berlin 2006.

Schweidler, Walter R.: Wittgensteins Philosophiebegriff, Freiburg/München 1983.

Schwemmer, Oswald: Vernunft und Moral. Versuch einer kritischen Rekonstruktion des Kategorischen Imperativs bei Kant, in: Prauss (Hg.): Kant. Zur Deutung seiner Theorie von Erkennen und Handeln, Köln 1973, S. 225–273.

Schwemmer, Oswald: Philosophie der Praxis. Versuch zur Grundlegung einer Lehre vom moralischen Argumentieren in Verbindung mit einer Interpretation der praktischen Philosophie Kants, Frankfurt a. M. 1971.

Sedley, David: Creationism an its Critics in Antiquity, Berkley 2007.

Seech, Paul Zachary: Plato's ›Lysis‹ as Drama and Philosophy, San Diego 1979.

Shapiro Stuard: Thinking about Mathematics, Oxford 2000.

Shorey, Paul: The Unity of Plato's Thought, Chicago 1903.

Simmel, Georg: Das individuelle Gesetz. Ein Versuch über das Prinzip der Ethik, in: ders.: Das individuelle Gesetz. Philosophische Exkurse, hg. und eingel. v. Landmann, Michael, Frankfurt a. M. 1987, S. 174–230.

Simmel, Georg: Das individuelle Gesetz. Philosophische Exkurse, hg. und eingel. v. Landmann, Michael, Frankfurt a. M. 1987.

Simon, Josef: Das Ich und seine Horizonte. Zur Metapher des Horizonts bei Kant, in: Elm, Ralf (Hg.): Horizonte des Horizontbegriffs. Hermeneutische, phänomenologische und interkulturelle Studien, Sankt Augustin 2004, S. 85–102.

Simon, Josef: Kant. Die fremde Vernunft und die Sprache der Philosophie, Berlin/New York 2003.

Simon, Josef/Stegmaier, Werner (Hg.): Fremde Vernunft, Frankfurt a. M. 1998 (= Zeichen und Interpretation, Bd. 4).

Simon, Josef (Hg.): Distanz im Verstehen, Frankfurt a. M. 1995 (= Zeichen und Interpretation, Bd. 2).

Simon, Josef: Philosophie des Zeichens, Berlin 1989.

Sluga, Hans/Stern, David G. (Hg.): The Cambridge Companion to Wittgenstein, Cambridge 1996.

Smith, Nicholas D.: Plato on Knowledge as a Power, in: Journal of the History of Philosophy 38 (2000), S. 145–168.

Socher, Josef: Über Platons Schriften, München 1829.

Söder, Joachim: Zu Platons Werken, in: Horn, Christoph/Müller, Jörn/Söder, Joachim (Hg.): Platon-Handbuch. Leben Werk Wirkung, Stuttgart/Weimar 2009, S. 19–59.

Sommer, Manfred: Die Selbsterhaltung der Vernunft, Stuttgart-Bad Cannstatt 1977.

Sommer, Manfred: Ist Selbsterhaltung ein rationales Prinzip?, in: Ebeling, Hans (Hg.): Subjektivität uns Selbsterhaltung. Beiträge zur Diagnose der Moderne, Frankfurt 1976, S. 345–374.

Sprague, Rosamond K.: Platonic Unitarianism, or what Shorey said, in: Classical Philology 71 (1976), S. 109–112.

Spremberg, Heinz: Die Bedeutung von Kants Begründung der Ästhetik für die Philosophie der Kunst, Köln 1959.

Steckeler-Weithofer, Pirmin: Kultur und Autonomie. Hegels Fortentwicklung der Ethik Kants und ihre Aktualität, in: Kant-Studien 84 (1993), S. 185–203.

Stegmaier, Werner: Orientierung an anderer Orientierung. Zum Umgang mit Texten nach Kant, in: Schönecker, Dieter/Zwenger, Thomas (Hg.): Kant verstehen/Understanding Kant. Über die Interpretation philosophischer Texte, Sonderausgabe, Darmstadt 2010, S. 199–234.

Stegmaier, Werner: Philosophie der Orientierung, Berlin/New York 2008.

Stegmaier, Werner: Nietzsches und Luhmanns Aufklärung der Aufklärung, in: Renate Reschke (Hg.): Nietzsche. Radikalaufklärer oder radikaler Gegenaufklärer?, Internationale Tagung der Nietzsche-Gesellschaft in Zusammenarbeit mit der Kant-Forschungsstelle Mainz und der Stiftung Weimarer Klassiker und

Kunstsammlungen von 15.–17. Mai 2003 in Weimar, Berlin 2004 (Nietzscheforschung, Sonderband 2), S. 167–178.
Stegmaier Werner: Zwischen Kulturen. Orientierung in Zeichen nach Wittgenstein, in: Wittgenstein-Studien, hg. v. Wilhelm Lütterfelds/Djavid Salehi, Bd. 3: ›Wir können uns nicht in sie finden‹. Probleme interkultureller Verständigung und Kooperation, Frankfurt a. M. 2001, S. 53–67.
Stegmaier, Werner: Interpretationen. Hauptwerke der Philosophie. Von Kant bis Nietzsche, Stuttgart 1997.
Stegmaier, Werner: Philosophieren als Vermeiden einer Lehre. Inter-individuelle Orientierung bei Sokrates und Platon, Nietzsche und Derrida, in: Simon, Josef (Hg.): Distanz im Verstehen, Frankfurt a. M. 1995 (= Zeichen und Interpretation, Bd. 2), S. 213–238.
Stegmaier, Werner: Philosophie der Fluktuanz. Dilthey und Nietzsche, Göttingen 1992.
Stegmaier, Werner: Wahrheit und Orientierung. Zur Idee des Wissens, in: Gerhardt, Volker/Herold, Norbert (Hg.): Perspektiven des Perspektivismus. Gedenkschrift zum Tode Friedrich Kaulbachs, Würzburg 1992, S. 287–307, insbes. S 287–292.
Stegmaier, Werner: ›Was heißt: Sich im Denken Orientieren?‹ Zur Möglichkeit philosophischer Weltorientierung nach Kant, in: Allgemeine Zeitschrift für Philosophie 17.1 (1992), S. 1–16.
Stegmüller, Wolfgang: Hauptströmungen der Gegenwartsphilosophie, Bd. 1, 7. Aufl., Stuttgart 1989.
Steigleder, Klaus: Kants Moralphilosophie. Die Selbstbezüglichkeit reiner praktischer Vernunft, Stuttgart 2002.
Stemmer, Peter: Platons Dialektik. Die frühen und mittleren Dialoge, Berlin/ New York 1992.
Stenius, Erik: The Picture Theory and Wittgenstein's Later Attitude to it, in: Block, Irving (Hg.): Perspectives on the Philosophy of Wittgenstein, Oxford 1981, S. 110–139.
Stenius, Erik: Wittgensteins Traktat, Frankfurt a. M. 1969.
Stenzel, Julius: Studien zur Entwicklung der platonischen Dialektik von Sokrates bis Aristoteles, Leipzig/Berlin 1931.
Szaif, Jan: Wissen – Meinen, in: Horn, Christoph/Müller, Jörn/Söder, Joachim (Hg.): Platon-Handbuch. Leben Werk Wirkung, Stuttgart/Weimar 2009, S. 354–358.
Szlezák, Thomas A.: Gilt Platons Schriftkritik auch für die eigenen Dialoge? Zu einer neuen Deutung von Phaidros 278 b8-e4, in: Zeitschrift für philosophische Forschung, 53 (1999), S. 259–267.
Szlezák, Thomas A.: Theaitetos und der Gast als Elea. Zur philosophischen Kommunikation in Platons Sophistes, in: Günther, Hans-Christian/Rengakos, Antonios (Hg.): Beiträge zur antiken Philosophie. Festschrift für Wolfgang Kullmann, Stuttgart 1997, S. 81–101.
Szlezák, Thomas A.: Platon lesen, Stuttgart/Bad-Cannstadt 1993.

Szlezák, Thomas A.: Platon und die Schriftlichkeit der Philosophie. Interpretationen zu den frühen und mittleren Dialogen, Berlin/New York 1985.
Taylor, Alfred E.: The Parmenides of Plato, Oxford 1934.
Thesleff, Holger: Studies in the Style of Plato, Helsinki 1967.
Thiel, Christian: Artikel ›Paradoxie‹, in: Jürgen Mittelstraß (Hg.): Enzyklopädie Philosophie und Wissenschaftstheorie, 3. Bd., Stuttgart/Weimar 1995, S. 40f.
Thiel, Christian: Grundlagenkrise und Grundlagenstreit. Studie über das normative Fundament der Wissenschaften am Beispiel von Mathematik und Sozialwissenschaft, Meisenheim am Glan 1972.
Thiel, Detlef: Platons Hypomnemata. Die Genese des Platonismus aus dem Gedächtnis der Schrift, Freiburg/München 1993.
Tigerstedt, Eugène N.: Interpreting Plato, Uppsala 1977.
Trottein, Serge: Esthétique ou philosophie de l'art?, in: Parret, Herman (Hg.): Kants Ästhetik, Kant's Aesthetics, L'esthétique de Kant, Berlin 1998, S. 660–673.
Tuckey, Th. Godfrey: Plato's Charmides, London 1951.
Ule, Andrej: Operationen und Regeln bei Wittgenstein. Vom logischen Raum zum Regelraum, Frankfurt a. M. 1997.
Ulivari, Massimo: Die Welt des Gebrauchs im Spannungsfeld zwischen Platon und Heidegger. Ein Beitrag zum Politischen, Marburg 2007.
Usener Sylvia: Isokrates, Platon und ihr Publikum. Hörer und Leser von Literatur im 4. Jahrhundert v. Chr., Tübingen 1994.
Vaihinger, Hans: Die Philosophie des Als Ob. System der theoretischen, praktischen und religiösen Fiktionen der Menschheit auf Grund eines idealistischen Positivismus, Berlin 1913.
Villers, Jürgen: Kant und das Problem der Sprache. Die historischen und systematischen Gründe für die Sprachlosigkeit der Transzendentalphilosophie, Konstanz 1997 (= Reflexionen zur Sprachtheorie; Bd. 1).
Vlastos, Gregory: Socrates. Ironist and Moral Philosopher, Ithaca/New York 1991.
Vlastos, Gregory: Platonic Studies, 2. Aufl., Princeton 1981.
von Savigny, Eike (Hg.): Ludwig Wittgenstein. Philosophische Untersuchungen, Berlin 1998 (= Klassiker auslegen; Bd. 13).
von Savigny, Eike: Der Mensch als Mitmensch. Wittgensteins ›Philosophische Untersuchungen‹, München 1996.
von Savigny, Eike: Wittgensteins ›Philosophische Untersuchungen‹. Ein Kommentar für Leser, Bd. I, 2. völlig überarb. und vermehrte Aufl., Frankfurt a. M. 1994.
von Savigny, Eike: Die Philosophie Wittgensteins. Eine kritische Einführung in den Tractatus und die Spätschriften, Freiburg/München 1979.
von Wilamowitz-Moellendorff, Ulrich: Platon. Leben und Werke. Beilagen und Textkritik, 2 Bde., 2. Aufl., Berlin 1920.
Vossenkuhl, Wilhelm (Hg.): Ludwig Wittgenstein. Tractatus logico-philosophicus, Berlin 2001 (= Klassiker Auslegen, Bd. 10).

Vossenkuhl, Wilhelm: Sagen und Zeigen. Wittgensteins ›Hauptproblem‹, in: ders. (Hg.): Ludwig Wittgenstein. Tractatus logico-philosophicus, Berlin 2001 (= Klassiker Auslegen, Bd. 10), S. 35–63.
Vossenkuhl, Wilhelm: Ludwig Wittgenstein, München 1995.
Vossenkuhl, Wilhelm: ›Von der äußeren Grenze aller praktischen Philosophie‹, in: Höffe, Otfried (Hg.): Grundlegung zur Metaphysik der Sitten. Ein kooperativer Kommentar, Frankfurt a. M. 1993, S. 299–313.
Weidemann, Hermann: Platon über die Dialektik von Freundschaft und Liebe (Lysis 212a8–213d5), in: Rainer Enskat (Hg.): Amicus Plato magis amica veritas. Festschrift für Wolfgang Wieland zum 65. Geburtstag, Berlin/New York 1998, 268–276.
Wennerberg, Hjalmar: Der Begriff der Familienähnlichkeit in Wittgensteins Spätphilosophie, in: von Savigny, Eike (Hg.): Ludwig Wittgenstein. Philosophische Untersuchungen, Berlin 1998 (= Klassiker auslegen; Bd. 13), S. 41–69.
Wieland, Wolfgang: Urteil und Gefühl. Kants Theorie der Urteilskraft, Göttingen 2001.
Wieland, Wolfgang: Platon und die Formen des Wissens, 2. durchges. und um einen Anh. und ein Nachw. erw. Aufl., Göttingen 1999.
Willaschek, Marcus: Die Mehrdeutigkeit der kantischen Unterscheidung zwischen Dingen an sich und Erscheinungen, in: Gerhardt, Volker/Horstmann, Rolf-Peter/Schumacher, Ralph (Hg.): Kant und die Berliner Aufklärung. Akten des IX. Internationalen Kant-Kongresses, Bd. 2, Berlin/New York 2001, S. 679–690.
Winch, Peter: Language, Thought and World in Wittgenstein's *Tractatus*, in: ders. (Hg.): Trying to Make Sense, Oxford 1987, S. 3–17.
Winch, Peter: Trying to Make Sense, Oxford 1987.
Winch, Peter (Hg.): Studies in the Philosophy of Wittgenstein, London 1969.
Wittgenstein, Ludwig: *Logisch-philosophische Abhandlung, Tractatus logico-philosophicus*. Kritische Edition, hg. v. Brian F. McGuinness und Joachim Schulte, Frankfurt a. M. 1989.
Wohlers, Christian: Kants Theorie der Einheit der Welt. Eine Studie zum Verhältnis von Anschauungsformen, Kausalität und Teleologie bei Kant, Würzburg 2000.
Wolf, Ursula: Die Suche nach dem guten Leben. Platons Frühdialoge, Hamburg 1996.
Wolf, Ursula: Die Freundschaftskonzeption in Platons Lysis, in: Emil Angehrn/Hinrich Fink-Eitel/Christian Iber/Georg Lohman (Hg.): Dialektischer Negativismus. Michael Theunissen zum 60. Geburtstag, Frankfurt a. M. 1992, S. 103–129.
Wolff, Michael: Die Vollständigkeit der kantischen Urteilstafel. Mit einem Essay über Freges Begriffsschrift, Frankfurt a. M. 1995.
Young, Charles M.: Plato and Computer Dating, in: Oxford Studies in Ancient Philosophy, 12 (1994), S. 227–250.
Zeller, Eduard: Die Philosophie der Griechen in ihrer geschichtlichen Entwicklung II, Tübingen 1862, Nachdr.: Darmstadt 2006.

Internetquellen

⟨http://de.wikipedia.org/wiki/Sitt⟩, Stand: 19.07.2012, 20.06 Uhr.

Personenregister

Abel, Günter: 25, 198
Adams, Don: 32
Albinos: 80
Allen, Reginald E.: 86
Amereller, Erich: 203
Angern, Emil: 44
Apel, Karl-Otto: 117, 243
Aportone, Anselmo: 145
Arendt, Hannah: 17f.
Aristoteles: 11, 17, 56, 67, 82, 127
Arnswald, Ulrich: 197
Ast, Friedrich: 31, 66
Augustinus: 17, 257
Austin, John L.: 258
Baker, Gordon P.: 229, 245, 266, 268
Barnes, Jonathan: 90
Bartuschat, Wolfgang: 135
Baudy, Gerhard J.: 67
Baumanns, Peter: 121, 158
Baumgarten, Alexander Gottlieb: 164
Becker, Sven: 174
Bek, Michael: 134, 141f., 144
Bell, David: 210
Berndzen, Achim: 229
Berlich, Alfred: 110, 160
Bezzel, Chris: 197
Bien, Günther: 11
Birnbacher, Dieter: 246
Birsch, Douglas: 266
Black, Max: 212, 214
Block, Irving: 199f.
Blondell, Ruby: 63
Bogen, James: 243
Bojanowski, Jochen: 135, 137, 176
Bolotin, David: 44
Böhler, Dietrich: 110
Böhme, Gernot: 136
Bonitz, Hermann: 22, 30f.
Bordt, Michael: 44f., 47, 65
Brand, Gerd: 235
Brandt, Reinhard: 111, 128, 144f., 169
Brandwood, Leonard: 88
Bromand, Joachim: 49

Buchheister, Kai: 197, 216f.
Burckhardt, Armin: 246
Burkert, Walter: 67
Burnet, John: 87
Caimi, Mario: 127
Cavell, Stanley: 219–221
Clay, Diskin: 80
Cholava, Stephan: 31
Corlett, J. Angelo: 24
Cooper, John M.: 24
Costa, Claudio F.: 244
Coventry, Linda: 63
Cross, Robert Craigie: 82
Dalfen, Joachim: 80
Davidson, Donald: 128
Descartes, René: 11, 13, 105, 116, 132, 280
Desmond, William: 145
Derrida, Jacques: 70
Diogenes Laertius: 19, 24, 80
Dörflinger, Bernd: 154f.
Düsing, Klaus: 143, 152
Ebbinghaus, Julius: 174
Ebeling, Hans: 163
Ebert, Theodor: 15, 67
Eckert, Wilhelm: 22
Edelstein, Ludwig: 65
Effe, Bernd: 30
Eisler, Rudolf: 109
Elm, Ralf: 164
Engel, S. Morris: 191
Engfer, Hans-Jürgen: 164
Erler, Michael: 22, 30, 57, 60, 66f., 70, 88
Euklid: 131
Fann, Kuang T.: 214, 243
Ferber, Rafael: 20
Feretti, Giovanni: 111
Feyerabend, Paul K.: 246
Finch, Henry L.: 243, 255
Fine, Gail: 91
Fink-Eitel, Hinrich: 44
Fischer, Eugen: 238
Fischer, Norbert: 179
Flach, Werner: 110, 112, 181

Personenregister

Fogelin, Robert J.: 194, 243
Frede, Dorothea: 16, 22, 27, 83f., 90, 92
Frede, Michael: 24
Frege, Gottlob: 192, 204, 215, 259, 261
Fricke, Christel: 136
Friedländer, Paul: 56
Fromm, Susanne: 191
Früchtl, Joseph: 135
Fulda, Hans Friedrich: 157
Furuta, Hirokiyo: 194, 236, 258
Gäbe, Lüder: 11
Gabriel, Gottfried: 12, 212, 216, 270
Gadamer, Hans-Georg: 135f.
Gaiser, Konrad: 19, 21
Galilei, Galileo: 132, 140
Gärtner, Hans: 19
Garver, Newton: 245, 264
Gebauer, Gunter: 17, 192, 212, 220, 238
Geier, Manfred: 191, 197
Geiger, Rolf: 24, 68, 72, 80f.
Geismann, Georg: 176
Gerhardt, Volker: 15, 110f., 133, 159, 169
Gier, Nicholas F.: 235
Glockner, Hermann: 20
Gloy, Karen: 30
Goethe, Wolfgang von: 135
Goldbacher, Alois: 45f.
Goldmann, Christiana: 220
Gonzales, Francisco J.: 44
Goppelsröder, Fabian: 17, 192, 212, 220, 238
Goy, Ina: 157
Grayling, Anthony C.: 189
Gretzel, Stephan: 70
Grice, Paul: 246
Griffin, James: 198
Gründer, Karlfried: 12
Gundert, Hermann: 67
Günther, Hans-Christian: 81
Guthrie, William K. C.: 23, 31, 82
Habermas, Jürgen: 117
Hacker, Peter M. S.: 215, 229f., 245, 266, 268f.
Haller, Rudolf: 216, 264f.
Hallett, Garth: 245, 259
Hamann, Johann Georg: 170
Hattrup, Dieter: 179
Hauswald, Rico: 124
Heckmann, Reinhard: 128
Hegel, G. W. F.: 17, 20, 22, 26, 81, 127f., 175

Heidegger, Martin: 12f., 15, 17f., 56, 117, 127f., 194, 236, 254, 258
Heidemann, Ingeborg: 174
Heimsoeth, Heinz: 126
Henrich, Dieter: 128, 144, 162
Herbart, Johann F.: 23
Herder, Johann Gottfried: 170
Hermann, Kai-Uwe: 152
Hermann, Karl F.: 22f., 82
Herold, Norbert: 15
Hiltscher, Reinhard: 134f.
Hinske, Norbert: 137
Hinst, Peter: 243
Hintikka, Jaakko: 199
Hintikka, Merill B.: 199
Höffe, Otfried: 111, 121, 132, 135, 144, 159, 173f.
Holz, Hans Heinz: 11
Horn, Ursula: 44
Horn, Christoph: 60, 66, 68, 88
Horstmann, Rolf-Peter: 133
Hoyos, Luis E.: 117
Hume, David: 116f.
Hunter, Joseph L.: 143
Husserl, Edmund: 17, 111
Hutter, Axel: 109, 136, 140, 163, 172
Hyland, Drew: 24
Iber, Christian: 44
Illies, Christian, F. R.: 175
Irrlitz, Gerd: 109
Ishiguro, Hidé: 196, 199, 202
Jaeger, Werner: 82
Jain, Elenor: 70
Jaspers, Karl: 56, 129, 133, 151
Jensen, Bernhard: 112
Kahn, Charles H.: 24, 80
Kamlah, Andreas: 117
Kant, Immanuel: 11, 13f., 16f., 28, **105–186**, 190–195, 197f., 208f., 211, 219f., 243, 250, 262, 272, 277, 279–289
Kaulbach, Friedrich: 109, 111f., 141, 155, 164, 166f., 171, 174f.
Kellerwessel, Wulf: 189, 223f., 229f.
Kenny, Anthony: 216, 269
Keuth, Herbert: 110, 160
Kienpointner, Manfred: 253f.
Kienzler, Wolfgang: 214, 216, 235
Kierkegaard, Sören: 56, 69f.
Klagge, James: 24

Klemme, Heiner: 152f., 174
Klimmek, Nikolai F.: 151
Klinger, Stefan: 135
Koch, Anton F.: 116
Kopernikus, Nikolaus: 132, 134, 139–141, 147, 149, 153
Krämer, Hans J.: 19, 32
Kraut, Richard: 87
Kreimendahl, Lothar: 143
Kreis, Guido: 49
Kripke, Saul A.: 228–230
Kruck, Günter: 154f.
Krüger, Gerhard: 31
Krüger, Lorenz: 128
Kudielka, Robert: 135
Kühn, Wilfried: 68
Kuhlmann, Wolfgang: 109f., 118f., 126, 160, 167
Kulenkampff, Jens: 137
Kullmann, Wolfgang: 73
Kvičala, Jan: 31
Ladger, Gerald R.: 88
Lazerowitz, Morris: 214
Leibniz, Gottfried W.: 11, 13, 164
Leinfellner, Elisabeth: 245
Lévinas, Emmanuel: 110, 179
Lichtenberg: 11
Locke, John: 11
Löw, Reinhard: 111
Lohman, Georg: 44
Longuenesse, Béatrice: 164
Loock, Reinhard: 135
Luhmann, Niklas: 127, 152, 172
Lyotard, Jean-François: 136
Malcom, Norman: 199, 221, 230, 243
Marcovich, Miroslav: 19
Marquard, Odo: 136
Mayer, Verena: 175
Meggle, Georg: 246
Mersch, Dieter: 216
McGinn, Colin: 230
McGuinness, Brian F.: 198–200
Meier, Georg Friedrich: 164
Meinwald, Constance C.: 87
Mendelssohn, Moses: 112
Michelini, Ann N.: 24
Miles, Murray: 132
Mosedale, Frederick: 266
Müller, Enrico: 55

Müller, Jörn: 60, 66, 68, 88
Munk, Eduard: 27, 82
Musil, Robert: 57
Nader, Josef: 170
Nails, Debrah: 24, 41
Natorp, Paul: 93
Nerheim, Hjördis: 136
Niesen, Peter: 230
Nietzsche, Friedrich: 110, 117f., 145f., 166f., 237, 251
Nightingale, Andrea W.: 24
O'Brian, Dennis: 269
Oehler, Klaus: 23, 30
Pape, Helmut: 228
Parret, Herman: 136, 145
Pascal, Blaise: 67
Pears, David: 199
Pelling, Christopher: 63
Penner, Terry: 32f.
Peters, Horst: 32
Peuker, Thomas: 189, 223f., 229f.
Pitcher, George: 212, 243, 249, 269
Platon: 11, 13–18, **19–104**, 105, 110, 114, 125, 154, 189, 234, 277–280, 282–289
Pohlenz, Max: 23, 30, 82
Polanyi, Michael: 49
Poma, Andrea: 111
Prauss, Gerold: 133, 173f.
Press, Gerald: 65
Ptolemäus: 139
Putnam, Hilary: 262
Ramsey, Frank P.: 212, 214
Ratke, Heinrich: 109
Radke-Uhlmann, Gyburg: 56
Rapic, Smail: 11, 217, 223, 226f.
Reich, Klaus: 128
Reichel, Markus: 73
Reis, Burkhard: 80
Rengakos, Antonios: 81
Reschke, Renate: 112
Rickless, Samuel: 87
Riconda, Giuseppe: 111
Ritter, Joachim: 12, 109, 174
Römpp, Georg: 136, 170
Roochnik, David: 67
Rorty, Richard: 128
Ross, David: 90
Roth, Michael D.: 45
Rowe, Christopher: 32f.

Personenregister

Rufing, Margit: 155
Russell, Bertrand: 192, 204, 206, 212, 214f., 261
Ryle, Gilbert: 49, 86
Schlegel, Friedrich: 56
Schleiermacher, Friedrich: 21f., 29, 75, 95
Schefer, Christina: 20
Schiller, Friedrich: 136
Schirlitz, Carl: 30
Schmid, Carl C. E.: 109
Schönecker, Dieter: 112, 174
Schopenhauer, Arthur: 117, 135
Schulte, Joachim: 189, 197–200, 206, 208, 211f., 214, 230, 248, 251
Schumacher, Ralph: 133
Schwartz, Maria: 174
Schweidler, Walter R.: 198, 207, 212, 221, 233f., 237f., 241, 245, 251, 255, 260, 262, 269
Schwemmer, Oswald: 173f.
Sedley, Davis: 90
Shapiro, Stuard: 261
Shorey, Paul: 24, 82
Simon, Josef: 15f., 110–112, 117, 124, 128, 138, 147, 160f., 163–166, 168, 170
Simmel, Georg: 111
Sluga, Hans: 194
Smith, Nicholas: 24, 91
Socher, Josef: 31, 66
Söder, Joachim: 60, 66, 68, 88
Sokrates: 15, 19, 23, 25, 27, 34–41, 43–48, 50f., 53–57, 59–65, 69, 71–74, 83–86, 88f., 91, 93–101, 103, 105, 278, 286
Sommer, Manfred: 163, 171f., 181
Specht, Ernst Konrad: 260
Sprague, Rosamond K.: 24
Spremberg, Heinz: 136
Steckeler-Weithofer, Pirmin: 175
Stegmaier, Werner: 11–13, 15, 21, 25f., 32, 34f., 37, 39, 41, 48, 52, 54, 57, 63, 69f., 72, 77, 92, 107, 112f., 117, 122–124, 126, 129f., 133, 135, 137–139, 145–147, 152, 155, 161, 164, 166, 168, 170, 172, 175, 178, 209, 226–231, 238f., 252–254, 261–263
Stegmüller, Wolfgang: 191, 258
Steigleder, Klaus: 137, 176

Stenius, Erik: 191, 215f.
Stenzel, Julius: 19
Stern, David G.: 194
Steuer, Daniel: 197, 216f.
Stolzenberg, Jürgen: 157
Süß, David: 135
Szlezàk, Thomas A.: 31, 67f., 81
Taylor, Alfred E.: 87
Thesleff, Holger: 81
Thiel, Christian: 261
Thiel, Detlef: 67
Tigerstedt, Eugène: 23, 82
Torricelli, Evangelista: 132
Trottein, Serge: 136
Tuckey, Th. Godfrey: 30
Ule, Andrej: 216, 224
Ulivari, Massimo: 12, 15–18, 22, 29, 34, 59, 96
Usener, Sylvia: 70
Vaihinger, Hans: 109f., 145f., 150f.
Villers, Jürgen: 170
Vlastos, Gregory: 19, 23, 45, 82
Volbers, Jörg: 17, 192, 212, 202, 238
von Engelhardt, Wolf: 11
von Savigny, Eike: 212, 218, 229, 234, 239, 245f., 250, 255, 258, 263, 265f., 268–271
von Wilamowitz-Moellendorff, Ulrich: 23, 30, 82
Vossenkuhl, Wilhelm: 144, 191, 198, 203, 208, 210, 235, 241f.
Weiberg, Anja: 197
Wennerberg, Hjalmar: 250f.
Wieland, Wolfgang: 15f., 20f., 24f., 27, 31, 33, 37, 40, 46, 50f., 54f., 57, 59f., 62f., 65, 71f., 76, 82f., 88–91, 98, 142, 144, 154
Willaschek, Marcus: 133
Winch, Peter: 196, 199f.
Wittgenstein, Ludwig: 12–14, 16f., 25, 28, 114, 123, 161, **189–276**, 277, 279, 283–289
Wohlers, Christian: 142, 153
Wolf, Ursula: 46
Wolff, Michael: 128
Young, Charles M.: 88
Zekl, Hans Günter: 19
Zeller, Eduard: 22
Zwenger, Thomas: 112, 174

Behandelte Platon-Dialoge

Apologie: 83
Charmides: 15f., 21, 25f., **28–66**, 71, 83, 97, 100, 279
Euthydemos: 16
Euthyphron: 83
Kratylos: 16
Kritias: 34–37, 41
Kriton: 83
Laches: 64
Lysis: 15f., 21, 25f., **28–66**, 71, 83, 100, 279

Parmenides: 27f., 61, 73, 82–89, 93, 103
Phaidon: 83, 87, 88f., 91, 103
Phaidros: 21, 32, 66, 69, 70–72, 75f., 80
Sophistes: 83, 87–89, 103
Symposion: 64, 80
Politeia: 94–97
Politikos: 83, 96
Protagoras: 83
Theaitetos: 83
Timaios: 82